Michael Žantovský

Václav Havel

Michael Žantovský

VÁCLAV HAVEL

In der Wahrheit leben

Aus dem Englischen
von Helmut Dierlamm und Hans Freundl

Propyläen

MIX
Papier aus verantwortungsvollen Quellen
FSC® C014889
www.fsc.org

Propyläen ist ein Verlag der Ullstein Buchverlage GmbH
www.propylaeen-verlag.de

ISBN: 978-3-549-07437-4

Lektorat: Malte Ritter

Gesetzt aus der Minion Pro
Satz: Pinkuin Satz und Datentechnik, Berlin
Druck und Bindearbeiten: Pustet, Regensburg
Printed in Germany

Mein ganzes Leben lang glaubte ich einfach, dass das, was einmal geschehen ist, niemals ungeschehen gemacht werden kann, und dass insofern eigentlich alles auf immer währt. Das Sein hat, kurz gesagt, ein Gedächtnis. Und so wird auch meine Wenigkeit – bourgeoises Kind, Laborant, Soldat, Kulissenschieber, Theaterautor, Dissident, Häftling, Präsident, Pensionär, öffentliches Phänomen und Einsiedler, angeblicher Held und heimlicher Angsthase – auf ewig hier sein. Beziehungsweise nicht hier, sondern irgendwo. Aber nicht anderswo. Irgendwo hier.

Václav Havel, Fassen Sie sich bitte kurz

Für David, Ester, Jonáš und Rebeka

INHALT

PROLOG

Drei Fragen sollte man sich als Autor stellen, bevor ein weiteres kleines Waldstück einer Buchidee zum Opfer fällt. Und man sollte versuchen, diese Fragen zumindest ansatzweise zu beantworten: Interessiert das Thema außer dem Autor auch noch andere? Gibt es schon Abhandlungen, die das Interesse befriedigen könnten? Ist der Autor die richtige Person, um über das Thema zu schreiben?

Václav Havel war einer der faszinierendsten Politiker des vergangenen Jahrhunderts. Seine einzigartige Lebensgeschichte – gewissermaßen vom Millionär zum Tellerwäscher und wieder zurück zum Millionär – lässt sich leicht in vereinfachenden Darstellungen erzählen. Tatsächlich besteht ja auch kein Zweifel, dass er eine der dramatischsten sozialen Umwälzungen der jüngeren Geschichte prägend mitgestaltet hat und maßgeblich dazu beitrug, eine der verführerischsten Utopien aller Zeiten zu Grabe zu tragen.

Viele Menschen, auch Havel selbst, staunten häufig darüber, wie schnell er in das höchste politische Amt seines Landes aufgestiegen war, doch dies hatte nichts Geheimnisvolles oder Zufälliges an sich. Wie dieses Buch zeigen möchte, war das Streben danach, »die Welt zu verbessern«, schon früh in Havels Leben angelegt; bereits im Alter von zehn Jahren träumte er von einer Fabrik, die anstatt von Gütern das »Gute« herstellen sollte. Er hatte ein starkes Verantwortungsbewusstsein, das ihn dazu führte, sich niemals unterkriegen zu lassen und sich gegen Widerstände zu behaupten, und – was weniger augenfällig, aber umso realer war – er besaß Disziplin und Fleiß. Das befähigte ihn, an die vor ihm liegenden Aufgaben heranzugehen und im November 1989 zum einzigen überzeugenden Kandidaten für die Rolle des Revolutionsführers in der Tschechoslowakei zu avancieren.

Doch die Person Václav Havel lässt sich nicht auf einen Dissidenten oder Politiker reduzieren. Václav Havel war auch ein beeindruckender Denker, der stets versuchte, die Ergebnisse seines Denkprozesses ebenso wie die moralischen Grundsätze, die dessen Kern bildeten, in sein praktisches politisches Handeln einfließen zu lassen. Manche mögen bezweifeln, dass er ein originärer Denker von bleibender Bedeutung war. Obgleich sehr belesen, mangelte es ihm an der formalen Bildung, der umfassenderen Gelehrsamkeit und der systematischen Disziplin eines echten Gelehrten, und er neigte auch häufig dazu, seine Leser und Zuhörer auf dieses Handicap hinzuweisen. Seine Moralphilosophie lässt sich auf drei Grundkonzepte zurückführen, die untrennbar mit seinem Namen verbunden sind. Das erste Konzept, die »Macht der Ohnmächtigen«, auch der Titel seines bekanntesten Essays, ist in seiner Schlichtheit fast ein politischer Slogan. Es taugt zu einem großen Schlachtruf, doch auf den ersten Blick scheint dieses Motto nicht recht zu den alltäglichen Situationen zu passen, in denen die Macht eben doch bei den Mächtigen liegt und die Machtlosen machtlos sind. Noch weniger ist es anwendbar, wenn die Machtlosen plötzlich in Machtpositionen aufsteigen. Aber dennoch fand dieses Konzept einen unauslöschlichen Ausdruck in der einzigen Revolution der Geschichte, die keine Opfer durch Gewalt forderte. Das zweite Konzept, »Leben in der Wahrheit«, hat einen fast messianischen Beiklang und setzt seinen Urheber dem Vorwurf aus, ein naiver Träumer oder noch Schlimmeres zu sein. Nach den meisten herkömmlichen Definitionen von »Wahrheit« kann man Havel bisweilen dabei ertappen, wie er gegen seine eigenen Lehren verstößt, doch kaum jemand konnte seine Entschlossenheit in Zweifel ziehen, diesem Grundsatz entsprechend zu leben, so gut er es konnte. Das Konzept »Verantwortung«, das im »Gedächtnis des Seins« wurzelt, vervollständigt das Ideengebäude. Alles Weitere gruppiert sich darum. Havel hinterließ kein zusammenhängendes Werk und kein geschlossenes philosophisches System. In einigen seiner metaphysischen Schriften, vor allem in jenen aus seiner Zeit als Staatspräsident, bewegt er sich gefährlich am Rande des New-Age-Denkens und der populären Philosophie. Meist aber bestimmen kristallklare moralische Eindeutigkeit und Konsistenz sein Denken.

Neben seinen Rollen als Dissident, Politiker und philosophischer Denker war Havel auch – nicht weniger wichtig – ein wunderbarer, geistreicher und origineller Autor. Seinen Erfolg auf diesem Gebiet verdankte er nicht seinem Status als bekannter Dissident oder Politiker; er setzte vielmehr schon ein, bevor er der bekannteste politische Häftling der Tschechoslowakei wurde, und erst recht, bevor er zum Staatspräsidenten aufstieg. Im Gegenteil, man könnte sogar sagen, dass Havels politische Karriere sein schriftstellerisches Wirken ernsthaft beeinträchtigte. Die Höhepunkte seines literarischen Schaffens liegen in der Mitte der sechziger Jahre mit Werken wie *Das Gartenfest* (1964) und *Die Benachrichtigung* (1965). Obwohl er von den kommunistischen Kulturfunktionären nie anerkannt wurde, erlangte Havel in dieser Zeit eine beträchtliche künstlerische Freiheit und konnte zahlreiche Möglichkeiten nutzen. *Abgang* (2008), sein letztes Theaterstück, das er vor seiner Wahl zum Präsidenten begonnen hatte und nach seinem Ausscheiden aus dem Amt vollendete, ist eine eindrucksvolle Erinnerung an sein schriftstellerisches Potential. Die dazwischenliegende Zeit enthält einige kleine Glanzstücke wie die Einakter *Audienz* (1975) oder *Vernissage* (1975), überzeugende moralische Dramen wie *Versuchung* (1985), große Würfe wie *Die Gauneroper* (1972) oder *Largo Desolato* (1984) sowie ein paar weniger gelungene Werke wie *Protest* (1971) oder *Das Berghotel* (1976). Die beiden Autobiographien, die als Gespräche mit Karel Hvížďala aufgebaut sind, *Fernverhör* (1986) und *Fassen Sie sich bitte kurz* (2006), bezeugen sowohl Havels einzigartige Fähigkeit zur Innenschau als auch seinen subversiven Humor. Seine

Prosaschriften, die auf dem Höhepunkt seiner Dissidentenzeit entstanden, darunter auch einige seiner denkwürdigsten Essays und seine *Briefe an Olga*, ein einzigartiges Werk der Briefliteratur, sind eine Verbindung aus kreativem Schreiben, Philosophie und politischer Prosa, die vor ihrem Entstehungshintergrund verstanden werden müssen. Nichtsdestoweniger haben einige dieser Schriften den Test der Zeit und der sich verändernden Umstände bestanden.

Und schließlich gab es den Menschen Havel, der seine Wirkung auf andere durch Mittel erzielte, die so einzigartig waren wie sein Leben insgesamt. Von der Jugendzeit an war er eine Führungspersönlichkeit; er war derjenige, der die Agenda setzte, stets vorneweg lief, die Richtung angab. Doch dies war in keiner Weise verbunden mit der Monomanie eines überzeugten Visionärs, sondern mit Bescheidenheit, Freundlichkeit und Höflichkeit, die so unerschütterlich (und bisweilen auch ungerechtfertigt) waren, dass Havel selbst sie in einigen seiner Stücke karikierte. Gekrönt wurden diese Charakterzüge durch einen ausgeprägten Sinn für Humor und für das Absurde, der meist liebenswürdig, aber niemals böse oder grausam war. Havel war ein Mann, der die Gesellschaft anderer Menschen liebte, der Herz und Seele eines jeden Festes sein konnte, ein Mensch, der leicht Freundschaften schloss und Zuneigung überreichlich erwiderte.

Es gab aber auch noch einen anderen Havel, den »heimlichen Angsthasen«[1], deprimiert, krank, wütend über seine eigene Unfähigkeit, ein Mann, der in den Alkohol flüchtete, in Medikamente, Krankheit und bisweilen unüberlegte sexuelle Abenteuer. Seine Zuversicht geriet nicht ins Wanken, als er im November 1989 an der Spitze von Millionen Menschen stand und befürchten musste, dass die Panzer vorrücken würden. Doch nachdem er Präsident geworden war und all den Fallstricken der Macht ausgesetzt, war er nie sicher, seiner Aufgabe gewachsen zu sein; nach eigenem Bekunden zweifelte er an sich selbst. Da er in der Wahrheit zu leben versuchte, maß er sich selbst, niemals jedoch andere, an diesen unerreichbar hohen Ansprüchen, denen er ausnahmslos nicht genügen konnte. Er war ein unvollkommener Mensch, wie wir alle.

Havels enorme und – wie sich nach seinem Tod zeigte – andauernde Popularität lässt sich daher nur verstehen, wenn man verschiedene Perspektiven einnimmt. So genügt es nicht, nur einzelne Bereiche seines Werkes und seines Handelns zu betrachten, so faszinierend und erhellend sie sein mögen. Auch reicht es nicht, allein die verschiedenen Aspekte seiner komplexen Persönlichkeit zu beleuchten. Stattdessen ist zu untersuchen, wie sich die einzelnen Teile zu einem kohärenten, dauerhaften und sich gegenseitig verstärkenden, wenngleich paradoxen Ganzen zusammenfügten, das so viel mehr war als die Summe seiner Teile. Havel verkörperte auf idealtypische Weise den Satz »Was du siehst, bekommst du auch«, er war eine authentische, echte Persönlichkeit, wie die meisten Menschen sie nur erstreben können und wofür Politiker alles geben würden. Selbst seine Schwächen waren real, nicht irgendwelche kleinen Sünden einer von den Medien geschaffenen Karikatur einer Berühmtheit.

Es gibt bereits einige ältere biographische Studien über Havel, die aus unterschiedlichen Blickwinkeln geschrieben sind, auf Tschechisch, auf Englisch und in anderen Sprachen. Allesamt – mit einer Ausnahme – sind sie vor Havels Tod entstanden.[2] Sie alle liefern wertvolle Erkenntnisse über verschiedene Aspekte seines Lebens, seines Wirkens und seiner Persönlichkeit, bleiben notwendigerweise jedoch fragmentarisch. Keine Darstellung eines Lebens kann vollständig sein, bevor dieses Leben vorüber ist; die bisher vorliegenden Studien sind jedoch auch in dem Sinne unvollständig, dass sie sich jeweils auf einen bestimmten Teil des Mythos konzentrieren, sei es auf Havels lebenslange Rolle als Außenseiter und Rebell, seine ambivalente Haltung gegenüber der Politik im Allgemeinen und seiner Präsidentschaft im Besonderen, seine Moralphilosophie, seine künstlerische Kreativität oder seinen lockeren Lebenswandel. Somit gibt es keine definitive Biographie, und auch das vorliegende Buch kann nur ein Wegweiser sein, um den wahren Václav Havel zu entdecken.

Und zu guter Letzt: Wer ist eigentlich der Autor? Wer bin ich? Ich war befreundet mit Václav Havel, aber ich kann nicht behaupten, jene Person gewesen zu sein, die ihm am nächsten gestanden oder ihn am längsten gekannt hätte. Ich kannte ihn zwei Drittel seines Lebens, wirklich gut aber erst in seinem letzten Drittel. Wir standen uns sehr nahe, doch aufgrund der Wechselfälle der Geschichte und all unserer Verpflichtungen sahen wir uns oft lange Zeit nicht. Zu den Geheimnissen von Havels Leben – einem jener Geheimnisse, die dieses Buch zumindest zum Teil erhellen möchte – gehört die Frage, welche Menschen zu seinem engsten Umkreis zählten. Neben seinen beiden Ehefrauen und seinem Bruder Ivan, die zusammen die Familie bildeten, und vielleicht dem verstorbenen Zdeněk Urbánek, der zwischen den Rollen von Havels *alter ego* und *super ego* wechselte, gab es eine große Zahl von Menschen, mit denen er engen Umgang pflegte; aber keiner von ihnen hätte für sich in Anspruch nehmen können, sein engster Freund gewesen zu sein, ohne damit bei den anderen auf Widerspruch zu stoßen. Wärme und Freundlichkeit zeichneten Václav Havels Persönlichkeit aus, aber auch eine gewisse Distanziertheit, es gab einen inneren undurchdringlichen Kern, den niemand ergründen konnte.

Das war auch der Grund für eine gewisse Asymmetrie in seinen persönlichen Beziehungen, auch im Verhältnis zwischen uns beiden. Unabhängig davon, wie wichtig bestimmte Menschen zu bestimmten Zeiten für ihn waren, herrschte stets der Eindruck vor, dass sie ihn mehr brauchten als er sie. Soweit ich es beurteilen kann, versuchte Havel seinerseits nie, andere zu dominieren oder ihnen in irgendeiner Weise voraus zu sein. Im Gegenteil, er neigte dazu, gegenüber Freunden übermäßig bescheiden aufzutreten, unprätentiös, ja sogar unterwürfig, aber dennoch war er immer derjenige, der oben stand. Ich glaube, das war der geheime Schlüssel zu seinem einzigartigen, ungewöhnlich effektiven Führungsstil. Ich werde darauf später noch ausführlicher eingehen.

Ich darf sagen, dass Havel und ich uns in der Gesellschaft des anderen wohl fühlten, wir teilten viele glückliche, aber auch traurige Erlebnisse. Wir lachten zusammen und erlebten einige unglaubliche Momente, sowohl vor als auch während seiner Zeit als Staatspräsident. Am erhebendsten für mich war nicht jener Augenblick, als wir »gemeinsam« eine Rede vor beiden Kammern des US-Kongresses hielten – er sprach auf Tschechisch, ich übersetzte simultan ins Englische – oder als er mich mit der britischen Königin bekannt machte. Es war der Moment, als er am 17. Mai 1989 nach Verbüßung seiner letzten Haftstrafe durch einen Seitenausgang das Gefängnis Pankrác verließ und mir erlaubte, seine persönliche Habe in einem Einkaufsnetz zu tragen.

In den ersten beiden seiner vier Amtszeiten als Staatspräsident (von 1989 bis 1992) verbrachte ich wahrscheinlich mehr Zeit mit Václav Havel als irgendein anderer Mensch, einschließlich seiner Ehefrau. Das soll kein Hinweis auf meine besondere Wichtigkeit sein, sondern hatte mit der Natur meiner Tätigkeit zu tun: Als sein Sprecher und Pressebeauftragter musste ich an jeder Auslandsreise teilnehmen, bei jeder ergebnislosen Besprechung und jedem noch so unbedeutenden Ereignis anwesend sein, um darüber den Medien berichten zu können – im Auftrag eines Staatspräsidenten, der die Aufmerksamkeit der Medien nicht sonderlich schätzte.

Ich hatte gewaltigen Respekt vor seinen Ideen, seiner Aufrichtigkeit, seiner unerschütterlichen Freundlichkeit, seiner Authentizität und seinem Mut. Dennoch war ich nicht immer mit ihm einer Meinung, sowohl in Bezug auf die praktischen Entscheidungen während seiner Präsidentschaft, als auch im Hinblick auf die ihnen zugrunde liegenden philosophischen Überzeugungen. Zu meinem Job gehörte es, den *advocatus diaboli* zu spielen und Argumente dafür vorzubringen, dass man etwas anders machen, ganz andere Entscheidungen treffen oder gar nichts tun sollte.

Gelegentlich – wenn auch nicht häufig – setzte ich mich durch. Das führte dazu, dass ich zugleich zum politischen Koordinator der Präsidialkanzlei ernannt wurde, ein problematisches Amt, da es nicht mit besonderen Befugnissen verbunden war. Außerdem war es schwierig, sich in einem aus Freunden zusammengesetzten Team durchzusetzen. Die Autorität des Amtes zählte da nicht viel.

Im Laufe der Zeit wuchsen unsere Differenzen, nicht im Hinblick auf unsere Ziele, unsere Sicht der Welt oder unsere Rolle in ihr, sondern in Bezug auf die konkrete Ausgestaltung der Präsidentschaft. Ob zu Recht oder nicht, ich hatte das Gefühl, dass es immer schwieriger werden würde, tatsächlich Einfluss zu nehmen auf die politische und gesellschaftliche Entwicklung des Landes, solange Havel nicht die große Zahl seiner Anhänger und Bewunderer in einer wirkungsvollen politischen Formation organisierte oder es ihnen ermöglichte, sich selbst zu organisieren. Er respektierte die vorgebrachten Argumente und teilte auch die zugrunde liegende Analyse weitgehend. Am Ende aber lebte er doch lieber mit dem Nachteil, über keinen effizienten politischen Apparat zu verfügen, mit dem er in der Parteipolitik hätte aktiv werden können. Das hatte ich zu respektieren. Aber dennoch war es ein Hauptgrund dafür, dass ich am Ende von Havels zweiter Amtszeit aus der Präsidialkanzlei ausschied, obwohl man mich bat weiterzumachen. Bei ein paar Drinks im späten Frühjahr 1992 akzeptierte Havel dankenswerterweise die Gründe für mein Ausscheiden und versprach mir, mit seinem ganzen Gewicht meinen nächsten Karriereschritt zu unterstützen, meine Ernennung zum tschechischen Botschafter in Washington. Er stand mir stets zur Seite und schenkte mir großzügig seine Zeit und seine Freundschaft, auf drei Kontinenten und wann immer sich eine Gelegenheit ergab.

Meine Beziehung zu Václav Havel lässt sich am besten mit einem Ausdruck beschreiben, den ich nur sehr widerwillig verwende. Aber wenn Liebe nicht nur bedeutet, dass man einen anderen Menschen mag und sich an seiner Gesellschaft erfreut, sondern auch, dass man sich um ihn sorgt, sich mit seinen Gedanken beschäftigt, auch über weite Entfernungen und großen zeitlichen Abstand hinweg, und ungeduldig auf seine Zustimmung oder seine Einwände wartet – dann war es Liebe. Ich war vermutlich nicht die einzige Person in Havels innerem Zirkel, die ihre Beziehung zu ihm auf diese Weise beschreiben würde. Aber es war dieses Band, das uns zusammenhielt und gegenseitig bestärkte in der turbulenten Anfangsphase der demokratischen Transformation der Tschechoslowakei.

Dem Gegenstand der Biographie in Liebe verbunden zu sein ist nicht gerade die ideale Qualifikation dafür, sie zu schreiben. Es bringt die Gefahr einer hagiographischen Deutung mit sich, eines Mangels an Distanz und einer Verzerrung von Tatsachen. Ich bin nicht sicher, dass ich diese Gefahren immer umschiffen kann, zumal sie zum größten Teil unter der Wasseroberfläche verborgen liegen. Besser dagegen wäre es wohl, sollte ich gelegentlich in die Gewohnheiten meines alten Berufes als klinischer Psychologe zurückfallen. Ein vielleicht etwas unangenehmer, doch wesentlicher Aspekt dieses und anderer medizinischer Berufe ist die Fähigkeit, eine »klinische Haltung« einzunehmen, das heißt zu beobachten, wie andere Menschen, auch nahestehende, kämpfen, triumphieren, absteigen, leiden und sterben, und dabei leidenschaftslos das Erlebte aufzuzeichnen. Das Resultat mögen die Leser beurteilen.

18. DEZEMBER 2011, EIN DUNKLER, KALTER TAG

Er verschwand im tiefsten Winter;
Die Bäche waren vereist, die Flugplätze fast verlassen,
Und Schnee entstellte die Denkmäler;
Das Quecksilber sank im Mund des sterbenden Tages.
Was an Instrumenten wir haben, bestätigt es:
Sein Todestag war ein dunkler, kalter Tag.

W. H. Auden, Zum Gedenken an W. B. Yeats

Es war ein frostiger Sonntagmorgen in Prag am letzten Wochenende vor Weihnachten. Die meisten Menschen beschäftigten sich gedanklich mit ihren Weihnachtsgeschenken oder hofften darauf, ein wenig Ruhe zu finden. Es war kein besonders gutes Jahr gewesen. Das Land war zwar besser als die meisten anderen Länder durch die europäische Schuldenkrise gekommen, aber dennoch war die Konjunktur rückläufig, und die Sparmaßnahmen wurden allmählich schmerzhaft spürbar.

Als sich die Nachricht verbreitete, zuerst über die sozialen Netzwerke, dann auch über Rundfunk und Fernsehen, wirkte sie wie ein Schock, obwohl man eigentlich mit ihr hätte rechnen müssen. Die gesamte Nation hatte gewusst, dass der ehemalige Staatspräsident krank war. Seit dem Frühjahr war seinen Freunden bekannt, wie ernst es um Václav Havel stand. Sein Zustand war nicht die Folge einer akuten Erkrankung, sondern einer fortschreitenden allgemeinen Erschöpfung, verbunden mit einem plötzlichen Verlust des Lebenswillens und des Kampfgeistes, die ihn den größten Teil seines Lebens ausgezeichnet hatten.

Dass es keine große öffentliche Anteilnahme an Havels Befinden gegeben hatte und die Medien nicht vor seinem Haus in

Stellung gegangen waren, lag daran, dass das Schicksal des Ex-Präsidenten nicht mehr von Bedeutung war für die aktuellen Ereignisse und Probleme. Vertreter des kulturellen und literarischen Lebens brachten ihm aufgrund seiner jüngsten Werke noch ein gewisses Interesse entgegen, und sein Name tauchte neben jenem seiner Ehefrau auch noch manchmal in den Klatschspalten auf. Aber Nachrichten über ihn erschienen wie aus ferner Vergangenheit. Das Haus in Hrádeček, wo er die letzten Monate verbracht hatte, lag 140 Kilometer von Prag entfernt an einer Landstraße, in der Nähe gab es nur wenige Unterkünfte. Den Medienleuten erschien der Aufwand, dort hinzufahren, zu hoch.

Ministerpräsident Petr Nečas, der gerade an einer Fernseh-Talkshow teilnahm, als die Meldung kam, reagierte als Erster öffentlich. »Sein Tod ist ein großer Verlust«, erklärte er respektvoll. Noch deutete nichts darauf hin, dass mehr als nur ein paar Tage stillen Gedenkens bevorstanden.

Kurz nach Mittag begannen die Menschen Blumen und Kerzen zur Prager Burg, dem Sitz des tschechischen Staatspräsidenten, zu bringen und an der Mauer niederzulegen. Auch vor dem Haus in Hrádeček gab es Blumen und Kerzen. Einige gute Seelen stellten zwei Flaschen Bier aus der Brauerei von Trutnov ab, die Havel zu seinem Werk *Audienz* inspiriert hatte.

Um 14 Uhr meldete sich Havels Amtsnachfolger zu Wort. »Václav Havel ist zum Symbol des modernen tschechischen Staates geworden«, erklärte Václav Klaus.[3] Der Nachruf eines Mannes, der mit Havel in so vielen tagespolitischen Fragen uneins gewesen war, wirkte überzeugend und beeindruckend.

Spontan begannen Menschen auf den Wenzelsplatz zu strömen, wo 22 Jahre zuvor die Demonstrationen ihren Anfang genommen hatten. Die Menschen rasselten mit ihren Schlüsseln, wie sie es im November 1989 getan hatten. Eine Gruppe zog zur Moldau, auf demselben Weg wie die Studentendemonstration vom 17. November 1989, die die Samtene Revolution in Gang gesetzt hatte, allerdings in entgegengesetzter Richtung. Die Marschierer verharrten eine Weile vor der Tafel, die zum Gedenken an diesen entscheidenden Augenblick angebracht worden war. Einige ließen Zigarettenpäckchen zurück.

Es gab nur wenige demonstrative Trauerbezeugungen und keine großen Emotionsausbrüche. Als der britische Dramatiker Tom Stoppard zehn Wochen später[4] Havel die Ehre erwies, indem er John Motleys Grabrede für Wilhelm von Oranien zitierte – »Zeit seines Lebens war er der Leitstern für ein tapferes Volk, und als er starb, weinten die Kinder auf der Straße um ihn«[5] –, sprach er selber von einer »sentimentalen Übertreibung«.[6] Vorherrschend war ein gemeinschaftliches Gedenken, ein Geist des Erinnerns und auch von Feierlichkeit. Auch in anderen tschechischen Städten versammelten sich Menschen.

Man musste unwillkürlich an eine andere Art von Staatstrauer denken, weit entfernt auf einem anderen Kontinent. Kim Jong Il, der Geliebte Führer Nordkoreas, war einen Tag vor Havel gestorben. Hier war W. H. Audens Paraphrase von Motleys Satz eindeutig angebracht: »Wenn er lachte, brachen ehrwürdige Senatoren in Gelächter aus. Und wenn er weinte, weinten auch die kleinen Kinder auf den Straßen.«[7] Die staatliche nordkoreanische Nachrichtenagentur veröffentlichte Aufnahmen langer Schlangen von Menschen, die gemeinsam trauerten und wehklagten. Zweifellos weinten auch viele der 200 000 politischen Gefangenen im Land, ihre Tränen aber waren Freudentränen. In Prag dagegen trafen Beileidsbekundungen aus allen Teilen der Welt ein, es kamen offizielle Schreiben von Staatsoberhäuptern und Regierungschefs, auch Briefe von Freunden, Schriftstellern und ehemaligen Dissidenten. Das russische Staatsfernsehen strahlte einen Nachruf eigener Art aus: »Václav Havel war die treibende Kraft hinter den Demonstrationen in der Tschechoslowakei und der Totengräber der hochentwickelten tschechischen Rüstungsindustrie, deren Niedergang einer der Gründe für den Zerfall der Tschechoslowakei war.« Eine abgewogene Einschätzung, sie hätte direkt aus Havels *Gartenfest* stammen können.

Dem Sprecher des Verbands der tschechischen Reisebüros gelang es, das Positive zu sehen. »Lange Zeit ist die Tschechische Republik nicht mehr so sichtbar gewesen wie jetzt«, erklärte Tomio Okamura, der einige Wochen später seine eigene Kandidatur für das Präsidentenamt verkünden sollte. »Im Winter entscheiden die Menschen darüber, wo sie ihren Sommerurlaub verbringen wollen. Havels Tod ist eine traurige Sache, aber auch eine sehr gute Werbung für unser Land.«[8]

Am Montag war der Organisation der Trauerzeremonie noch immer eine Angelegenheit der Familie. Havels sterbliche Überreste wurden in einem schlichten Sarg nach Prag überführt und in der ehemaligen St.-Anna-Kirche aufgebahrt, jener gotischen Kirche, die Havel zusammen mit seiner Ehefrau Dagmar restauriert und in eine kulturelle Begegnungsstätte umgewandelt hatte. Während der beiden folgenden Tage und Nächte standen die Menschen Schlange, um dem Verstorbenen ihre Ehre zu erweisen. Die tschechische Regierung verkündete Staatstrauer. Die Regierung der Slowakei, eines Landes, das Havel zeitweilig scheinbar nicht sehr wohlgesinnt war, tat es ihr gleich.

Am Mittwoch übernahm der Staat die Organisation der Trauerfeierlichkeiten. Der Sarg wurde über die Moldau und den Hügel hinauf zur Burg gebracht, begleitet von Tausenden von Menschen. In der Kaserne der Palastwache wurde er auf denselben Wagen geladen, der auch bei der Beerdigung des ersten tschechoslowakischen Staatspräsidenten Tomáš Garrigue Masaryk zum Einsatz gekommen war. Dann wurde er zum Vladislav-Saal in der Prager Burg gefahren, dem aus dem 15. Jahrhundert stammenden Zeremoniensaal, in dem früher die Königskrönungen stattgefunden hatten und wo Havel Ende 1989 das erste Mal zum Staatspräsidenten gewählt worden war. Abermals traf Václav Klaus den richtigen Ton: »Unsere Samtene Revolution und die Zeit der Wiederherstellung von Freiheit und Demokratie werden für immer mit seinem Namen verbunden bleiben. Mehr als jeder andere hat sich Václav Havel für das internationale Ansehen der Tschechischen Republik verdient gemacht ... Als Schriftsteller und Dramatiker glaubte er daran, dass das Wort die Kraft besitzt, die Welt zu verändern.«[9]

Freitag, der 23. Dezember, war der Tag der Beisetzung und zugleich der letzte Tag vor Beginn der Weihnachtsferien in Tschechien. Trotz des ungünstigen Termins landeten Regierungsflugzeuge in kurzen Abständen auf dem Prager Flughafen Ruzyně, der wenig später den Namen des Verstorbenen erhalten sollte. In einer schier endlosen Prozession von schwarzen Limousinen fuhren 18 Staats- und Regierungschefs sowie weitere Würdenträger, darunter Staatspräsident Sarkozy, Premierminister Cameron, Hillary und Bill Clinton, Madeleine Albright, Lech Wałęsa, John Major und Prinz Hassan von Jordanien zum Veitsdom auf der Prager Burg, wo sie sich zu den rund 2000 tschechischen Regierungsangestellten, Freunden und Familienangehörigen gesellten.

Ich steckte in dem vertrauten Dilemma, dass ich einerseits ungehindert um einen Freund trauern wollte, andererseits meinen Pflichten als Botschafter im Vereinigten Königreich nachkommen musste. Dazu gehörte, dass ich am Rollfeld stand und den ehemaligen und den amtierenden britischen Premierminister begrüßte. Ich würde es nicht rechtzeitig zur Trauerfeier in die Kathedrale schaffen, denn die Briten hatten sich verspätet, und ihre Wagenkolonne fuhr unmittelbar am Rollfeld vom Flughafen ab, während mein Fahrer draußen wartete, fast einen Kilometer entfernt. Die Polizeieskorte stand nur der Wagenkolonne zur Verfügung, so dass die Zeremonie vorüber sein würde, wenn ich alle Sicherheitskontrollen hinter mich gebracht hätte. Die zuständige Sicherheitsbeamtin lehnte in kühlem Ton meine Bitte ab, in einem der Fahrzeuge der Kolonne mitfahren zu dürfen. Ich überlegte, was Havel in dieser Situation getan hätte, und sprang kurzentschlossen in die bereits anfahrende Limousine von Sean McLeod, dem hilfsbereiten britischen Botschafter in Prag, bevor die Sicherheitsbeamtin ein Wort in ihr Ärmelmikrofon sprechen konnte. Bei den ersten Tönen der Musik nahm ich meinen Platz in der Kathedrale ein.

So wie Havel, ein konfessionsloser Gläubiger, bei seiner Wahl mit dem *Te Deum* geehrt worden war, wurde nun eine katholische Totenmesse für ihn zelebriert, begleitet durch Antonín Dvořáks *Requiem*. Josef Abrhám, der in der Verfilmung von *Abgang* den Kanzler Rieger verkörpert hatte, trug aus *Dies Irae*, dem Hymnus vom Jüngsten Gericht, Worte vor, die auf bedrückende Weise Havels Denken widerspiegelten:

Welch ein Graus wird sein und Zagen,
Wenn der Richter kommt, mit Fragen
Streng zu prüfen alle Klagen!
Laut wird die Posaune klingen,
Durch der Erde Gräber dringen,
Alle hin zum Throne zwingen.
Schaudernd sehen Tod und Leben
Sich die Kreatur erheben,
Rechenschaft dem Herrn zu geben.
Und ein Buch wird aufgeschlagen,
Treu darin ist eingetragen,
Jede Schuld aus Erdentagen.

Havel war bei seinem Tod nicht mehr Mitglied der katholischen Kirche, und in seinen letzten Lebenstagen hatte er auch nie nach den Sterbesakramenten verlangt, doch seinem Sinn für das Theater und für Rituale wäre diese Messe entgegengekommen. Sie, wie auch die Prozession, die ihr vorausgegangen war, wurde von seinem ehemaligen Mithäftling Kardinal Duka zelebriert und von Bischof Václav Malý, der sich ebenfalls an der Samtenen Revolution beteiligt hatte. Auch die rühmenden Worte seiner Freunde, von Madeleine Albright und Karel Schwarzenberg, hätte er wohl mit Freude und auch einer gewissen Verlegenheit vernommen.

Zum dritten Mal ergriff der Staatspräsident das Wort; diesmal umriss er Havels geistiges Vermächtnis. Dieses sei verkörpert in den Gedanken, dass »Freiheit ein Wert ist, für den es sich lohnt,

Opfer zu bringen«, dass »wir die Freiheit leicht verlieren können, wenn wir uns zu wenig um sie kümmern und sie nicht schützen«, dass »sich die menschliche Existenz in den transzendentalen Bereich ausdehnt und dass wir uns dieses Bereichs bewusst sein sollten«, dass »Freiheit ein universelles Prinzip ist«, dass »ein Wort beträchtliche Macht besitzt, dass es töten und heilen, dass es verletzen und helfen kann« und dass »die Meinung der Minderheit nicht notwendigerweise falsch sein muss«.[10] Viele lobende Worte wurden an diesem Tag gesagt, doch die von Václav Klaus besaßen wahrscheinlich das größte Gewicht, allein wegen des Mannes, der sie aussprach.

Während die Staatsoberhäupter und die übrigen ausländischen Würdenträger an einem kurzen Empfang beim Staatspräsidenten teilnahmen, begaben sich die Familienangehörigen und die Freunde, auch ich, zur Aufbahrungshalle im Krematorium im Prager Stadtteil Strašnice, um sich ein letztes Mal von Havel zu verabschieden. Anders als im Dom wurden hier mehrere Ansprachen gehalten, die meisten von ihnen waren improvisiert und herzlich, aber nicht besonders denkwürdig. Einige von Havels engsten Freunden zogen es vor, nichts zu sagen. Neben dem Abschiednehmen von dem Verstorbenen war dieses Zusammentreffen auch eine Gelegenheit, die übrigen Anwesenden zu begrüßen. Dann fiel der Vorhang.

Es sollte noch ein dritter Akt folgen, ein Abend mit Musik, Aufführungen und Unterhaltung, um diesmal den Bohemien, den Intellektuellen, den Rock-'n'-Roll-Liebhaber und Häuptling eines Indianerstammes, ein Titel, der ihm bei einem Open-Air-Rockfestival in Trutnov verliehen worden war, zu ehren. Die Veranstaltung fand im Palais Lucerna statt, einem Vergnügungskomplex, den Havels Großvater im Zentrum von Prag gebaut hatte. Als letzte Gruppe traten die Plastic People of the Universe auf, eine Band, die eine wichtige Rolle in seinem Leben und in der tschechischen Geschichte gespielt hatte.

Es war eine erstaunliche Woche gewesen, eine Woche der

Trauer über einen Verlust und eine Woche, in der eine große Entdeckung oder vielleicht auch Wiederentdeckung gefeiert wurde. Die Menschen kamen aus der »Zelle ihres Ichs«[11] und vergaßen zumindest für eine Weile den heraufziehenden Winter, die tausend Dinge, die so kurz vor Weihnachten zu erledigen waren, und die unsicheren Zukunftsaussichten. Sie nahmen teil an einem Ritual des Trauerns und der Respektbezeugung, waren nett zu ihren Mitmenschen und sprachen freundlich von ihren Feinden. In dieser eigenartigen Mischung aus Traurigkeit und Freude schien Letztere die Oberhand zu gewinnen, die Freude darüber, dass man hier mit etwas Großem konfrontiert war. Havel hätte dieses Wort nicht gemocht. Er wäre ein wenig verlegen gewesen angesichts des Rummels, und in seinen Kommentaren hätte sich eine Mischung aus verhaltener Freude und subtiler Ironie widergespiegelt, und eine gewisse Verwunderung über eine Nation, die, wie er einige Male gesagt hatte, zu erstaunlichen Hervorbringungen von Würde, Solidarität und Mut fähig war – wenn auch nur auch nur alle zwanzig Jahre und dann auch nur für ein paar Wochen.

MIT DEM GOLDENEN LÖFFEL IM MUND GEBOREN

Mythologien sind nicht zu unterschätzen. Im Rückblick jedenfalls erscheint es nicht zufällig, dass der erstgeborene Sohn einer wohlhabenden Prager Familie, die im Kleinen all die Errungenschaften einer erst vor kurzem unabhängig gewordenen Nation mit langer Geschichte verkörperte, den Namen des böhmischen Schutzpatrons Svatý Václav (heiliger Wenzel) erhielt. Und es ist auch kein Zufall, dass er kraft seiner Herkunft und seines Namens zum Erben einer Dynastie wurde. Dem heiligen Wenzel, dem Přemysliden-Herzog aus dem 10. Jahrhundert, waren drei Könige gleichen Namens nachgefolgt. Auch Váczlav Havel, der Begründer der Havel-Dynastie, ein unternehmerisch denkender Müllersohn, der nebenbei auch Spiritist war, hatte seinen Namen an seinen Sohn Václav Maria weitergegeben, dieser wiederum führte die Tradition bei seinem am 5. Oktober 1936 geborenen Sohn fort. Die mythologischen Bezüge erschöpfen sich damit nicht, zeigt doch die Legendenbildung um den historischen Wenzel eine direkte Entsprechung zur Artussage, vielleicht haben sie sogar denselben Ursprung. Nicht weit von Prag entfernt liegt der Berg Blaník, dessen Name möglicherweise verwandt ist mit Planig im Rheinland, Blagny in der Nähe von Dijon und Bligny unweit von Paris – Orte, die allesamt keltische Wurzeln haben. Der Sage zufolge haben sich die letzten hussitischen Streiter in den Blaník zurückgezogen und sich dort schlafen gelegt. Sollte das Vaterland in Not geraten, werden die Ritter erwachen und unter Führung des heiligen Wenzel die Heimat befreien. Wer also diesen Namen zum dritten Mal in drei aufeinanderfolgenden Generationen verwendet, muss höhere Ziele im Sinn haben.

Für diese Ambitionen gab es auch gute Gründe. Nach bescheidenen Anfängen als Pflasterer und Bauunternehmer hatte Václav Havels Großvater ein Bau- und Immobilienimperium geschaffen, zu dem auch die stattliche Jugendstilvilla am Ufer der Moldau gehörte, in der die Familie lebte. Seine krönende Leistung war allerdings die Errichtung eines großen Handels- und Unterhaltungskomplexes, der am Wenzelsplatz lag, jenem zentralen Platz, der zugleich den Piccadilly Circus und die Champs-Élysées der geschäftigen Hauptstadt darstellte. Das Gebäude war der erste Stahlbetonbau in Prag. Mit seinem Tanzsaal, seinen Läden, Restaurants, einem Kino, einem Musikclub und den zahlreichen Büros würde man das Palais Lucerna heute als eine Mall bezeichnen. Prag ist keine Stadt von der Größe New Yorks oder Londons, aber auch keine Kleinstadt, und doch tauchen diese Orte und Namen immer wieder in Václav Havels Lebensgeschichte auf.

Auch die beiden Söhne Vácslavs brachten es zu etwas. Václav Maria trat in die Fußstapfen seines Vaters und vergrößerte das Bau- und Immobiliengeschäft, wenngleich ihm die wirtschaftliche Depression Anfang der dreißiger Jahre einen schweren Schlag versetzte. Angeregt durch eine Reise nach Kalifornien, die er als junger Mann unternommen hatte, errichtete er ein vornehmes Wohnviertel in Barrandov, einem Hügel über der Moldau am Rande von Prag. Er engagierte die modernsten Architekten der Zeit für den Bau der ersten funktionellen Flachdachvillen, die sich stark von den typischen Prager Giebeldachhäusern abhoben, und ließ einen Restaurationsbetrieb im amerikanischen Stil errichten, der dem Cliff House in San Francisco nachempfunden war und einen spektakulären Blick über den Fluss und die Stadt ermöglichte.[12]

Auch der andere Sohn, Miloš, wurde durch Kalifornien inspiriert, wenngleich mehr durch dessen Traumfabriken als durch seine Immobilien. Auf einer unbebauten Fläche neben der Villensiedlung seines Bruders baute er eines der größten Filmstudios des europäischen Kontinents und wurde damit zum Begründer der tschechischen Filmindustrie. Die Ähnlichkeit mit Hollywood war so auffallend, dass man auf dem Felsen eigentlich ein weithin sichtbares Namensschild erwarten würde. Und tatsächlich steht dort eine fünf Meter lange stählerne Gedenktafel mit dem Schriftzug »Barrande«, zu Ehren des französischen Paläontologen Joachim Barrande, nach dem der Felsen benannt ist. Sie wurde 1884 aufgestellt und damit vierzig Jahre vor dem Schild in den Bergen Hollywoods, womit sich die Frage aufdrängt, wer hier eigentlich wen inspiriert hat.

Die beiden Brüder standen sich sehr nahe, waren aber ganz unterschiedlich. Václav Maria war ein ernster, nüchterner Familienmensch, der die bürgerlichen Tugenden mustergültig verkörperte, wozu freilich auch gehörte, dass er sich eine oder zwei Geliebte hielt, die jedoch diskret im Hintergrund blieben. Sein Antrieb war »nicht jenes berühmte kapitalistische Streben nach Gewinn und Mehrwert«, wie sein Sohn später sagte, »sondern reine Unternehmungslust, der Wille, etwas zu schaffen«.[13] Er war eine Stütze der Gesellschaft, Mitglied der Rotarier, der Freimaurer und einer Reihe weiterer Clubs und Vereinigungen, ein aufgeklärter Patriot, der seine Söhne »in der ideellen Atmosphäre des Humanismus Masarykscher Prägung« erzog,[14] mit politischen Kontakten, wenn auch nicht politisch aktiv, ein kultivierter Mann, der mit bedeutenden tschechischen Schriftstellern und Journalisten befreundet war und eine umfangreiche Bibliothek sein Eigen nannte, ein guter Ehemann für seine Frau und ein »wunderbarer, gütiger« Vater für die beiden Söhne.[15] Er war zudem ein anständiger und bescheidener Mann, was auch daraus hervorgeht, wie er seine Untergebenen behandelte, und sich mehr noch in der ruhigen und würdevollen Art zeigte, wie er in den letzten dreißig Jahren seines Lebens mit Feindseligkeit und sozialer Verfemung zurechtkam.

Miloš, der Filmmogul, war der Bohemien der Familie, ein

fröhlicher Mann mit einem verschwenderischen Lebensstil, der gern feierte und die Gesellschaft von Filmstars und Musikern ebenso liebte wie jene von Bankiers und Politikern. Er und sein Kreis verkörperten in den dreißiger Jahre gewissermaßen das Glamouröse in der Tschechoslowakei. Den meisten Berichten zufolge widmete er sich engagiert seinen Studios und war loyal gegenüber seinen Stars, was dazu führte, dass er sich an einigen fragwürdigen Projekten beteiligte und noch fragwürdigere Zugeständnisse und Kompromisse machte, nachdem die Deutschen 1939 die Tschechoslowakei besetzt und seine Filmstudios in ihre Propagandamaschinerie eingegliedert hatten.

Václav Havels Mutter Božena konnte ihren Platz in dieser Familie aus starken Individuen durchaus behaupten. Sie war eine eigenständige Persönlichkeit, eine archetypische Prager Hausmutter, so wie ihr Ehemann die Verkörperung eines Gentlemans und ihr Schwager ein typischer *bonvivant* war. Sie organisierte das Familienleben, kümmerte sich mit der Hilfe mehrerer Kindermädchen um die Erziehung und Unterrichtung ihrer Söhne, war zuständig für die Erfüllung der sozialen Verpflichtungen und beschäftigte sich mit Musik, Kunst und Wissenschaft. Ihr Vater Hugo Vavrečka, ebenfalls ein bemerkenswertes Produkt der nationalen Wiedergeburt nach dem Ersten Weltkrieg, war ein schlesischer Ingenieur, Journalist, Autor und Diplomat, ein früher Visionär der europäischen Einigung und für kurze Zeit Minister in der tschechoslowakischen Regierung.

Allen Berichten zufolge war Božena zwar eine gute und pflichtbewusste Mutter, die bei ihren Söhnen intellektuelle Interessen jeglicher Art förderte – von der Beschäftigung mit Chemie und Naturwissenschaft bis zu literarischen Versuchen und häuslichen Marionettentheateraufführungen –, aber sie war keine große emotionale Stütze für ihre Kinder, vor allem nicht für ihren Erstgeborenen. Sie vergötterte ihren jüngeren Sohn Ivan, der zwei Jahre nach Václav auf die Welt gekommen war, machte den Älteren verantwortlich für dessen Wohlergehen und schob Václav die

Schuld zu, wenn etwas schiefgelaufen war – ein nicht ungewöhnliches Schicksal für ältere Geschwister.[16]

Im Großen und Ganzen jedoch verlebten die Söhne eine privilegierte, wohlbehütete und glückliche Kindheit, und Václav war ein privilegiertes, wohlbehütetes und glückliches Kind. Das einzige Problem bestand darin, dass diese Kindheit für einen 1936 Geborenen nicht allzu lange dauern sollte.

Seine Mutter, die die Entwicklung der Familie ausführlich dokumentierte, verdeutlichte vielleicht am besten die Widersprüche, die Havels Leben prägen sollten. Das Familienalbum von 1938, das sie liebevoll pflegte und mit eigenen Zeichnungen illustrierte, beginnt mit einer Panoramaaufnahme der Terrassen von Barrandov mit der Überschrift »Venóškovo« (Beim kleinen Václav),[17] ein eindeutiger, wenngleich irreführender Hinweis darauf, dass ihm dies alles eines Tages gehören solle.

Auf den unzähligen Fotografien – viele zeigen ihn zusammen mit seiner Mutter, seiner Familie, der gesamten Familie, ihren Freunden und dem Bruder Ivan, mit Spielzeugen, Villen und Luxusautos im Hintergrund – erscheint Václav Havel als das Musterbeispiel eines wunschlos glücklichen Kindes. Er steht selbstsicher lächelnd an seinem Platz, gekleidet und genährt wie ein kleiner Prinz. Seine Schüchternheit und Unsicherheit müssen sich erst später entwickelt haben. Eines der frühesten Fotos seines jüngeren Bruders, das wenige Tage nach dessen Geburt entstand, zeigt Václav, wie er einen Finger in Ivans Nase steckt. »Um zu überprüfen, ob ich tatsächlich existierte«,[18] wie sich Ivan später erinnert. Schon im Alter von vier Jahren war er ein kleiner Naseweis. Von einem kahlköpfigen Freund der Familie, einem gewissen Dr. Wahl, wollte er wissen, warum dieser keine Haare mehr habe. Als der Mann in dem Versuch, das Kind ein wenig auf den Arm zu nehmen, antwortete, das liege daran, dass seine Haare von außen nach innen wüchsen, erwiderte der Kleine fürsorglich: »Und weißt du, Onkel, dass dir die Haare auch schon aus der Nase wachsen?«[19]

Aber es gab auch eine dunklere Seite, die Božena ebenfalls im Familienalbum dokumentierte. Mehrere Seiten sind den Katastrophen gewidmet, die ohne Unterscheidung als »Scharlach«, »Mobilisierung« und »Krieg« etikettiert werden. Eine Woche vor Václavs zweitem Geburtstag mobilisierte die Tschechoslowakei ihre Armee, um auf Hitlers Drohungen zu reagieren, doch dann kapitulierte sie schon vor der »friedenssichernden« Vereinbarung, die Hitler, Mussolini, Daladier und Chamberlain 1938 in München unterzeichneten. Gemäß dem Münchner Abkommen trat die Tschechoslowakei das Sudetenland mit seiner zahlenmäßig starken deutschen Bevölkerung ab, wofür ihr die territoriale Integrität des restlichen Staatsgebiets garantiert wurde. Fünf Monate später marschierte die deutsche Wehrmacht in Prag ein, und Hitler errichtete das »Protektorat Böhmen und Mähren«, während die Slowakei ein unabhängiger Staat wurde, der sich jedoch eng an Deutschland anlehnte. Elf Monate später begann der Zweite Weltkrieg, der wie ein Wirbelsturm große Teile Europas verwüstete, seine politische Landkarte bis zur Unkenntlichkeit veränderte und das Wohlergehen und die Sicherheit von Millionen Familien erschütterte, auch von Havels Familie.

Bei den Havels erfolgte die unvermeidliche Implosion mit einer zeitlichen Verzögerung. Im Jahr 1942, als sich Onkel Miloš mit den Deutschen zu arrangieren versuchte, um seine geliebten Filmstudios zu retten, zog sich sein Bruder, der nie zu großen Auftritten geneigt hatte, aus dem öffentlichen und gesellschaftlichen Leben zurück und siedelte mit seiner Familie in das relativ sichere und beschauliche Havlov um, einen Rückzugsort der Familie im böhmisch-mährischen Bergland. Dort verbrachten die beiden Jungen, versorgt von einer eigenen Köchin, einer Dienstmagd und einer Erzieherin sowie unter den wachsamen Augen von Božena, weiterhin eine idyllische Kindheit, nicht unähnlich Prousts Figur in *Combray*, umgeben von rauschenden Kiefern, dem Ruf des Kuckucks und den Gerüchen von Boženas Malfarben. Sogar das Wasser aus dem Brunnen roch angenehm.[20] Anhand der Familienbriefe und der Kinderzeichnungen lässt sich kaum darauf schließen, dass der Krieg bereits im Gange war. Božena und die Jungen berichteten über das Skifahren in Barrandov im Winter 1941 und über die Scharlacherkrankung des kleinen Václav, als er seine Großeltern in Zlín besuchte; sie schilderten, wie sie in der Nähe von Havlov von einer Gans gejagt wurden oder dass sie von einer »Erkältung, die so groß war wie ein Elefant« niedergeworfen wurden, begleitet von einer zeichnerischen Darstellung des Ereignisses mit einem riesigen Elefanten.[21] Einige der Vorfälle, die in Václavs Briefen an seine Großmutter und seinen Großvater berichtet wurden, waren nur aus dem Blickwinkel eines Zehnjährigen von Bedeutung: »Am Nachmittag musste ich meine Strafaufgaben erledigen, weil wir uns bei dem Ausflug ungezogen benommen hatten. Wir waren in den Wald gegangen, um Zweige zu sammeln, und waren in alle Richtungen gelaufen, so dass der Lehrer uns nicht finden konnte.«[22] Schon in diesem Alter suchte Havel den dramatischen Effekt: »Heute sind wir ins Kino gegangen. Der Film hieß ›Tabu‹. Er war ganz nett, aber ein alter Mann hat alles verdorben. Er war schon ziemlich alt, hässlich und hatte es auf junge Mädchen abgesehen.«[23] Ein wichtiges Ereignis, das nicht weniger als dreimal in ebenso vielen Briefen erwähnt wurde, war der Bericht, dass Rezi (die Köchin), Marenka (die Dienstmagd) und Miss (die Erzieherin) einen Ball besucht hätten. Havel notiert, dass sich die drei gut amüsiert haben dürften, weil sie erst um vier Uhr morgens nach Hause gekommen seien. Mutter Božena habe die ganze Nacht kein Auge zugetan.[24]

Der selbstbewusste Václav und der nette, lockige Ivan, der von seiner Mutter Ivánek genannt wurde oder auch Iveček, blieben weiterhin unbehelligt durch den Aufruhr um sie herum. Im Sommer konnte man die Familie in der Nähe von Havlov bei Picknicks unter freiem Himmel beobachten. Als die Jungen einmal mit leerem Korb vom Pilzesuchen zurückkamen, half ihnen die Mutter aus der Patsche, indem sie einen kleinen Haufen appetitlicher Steinpilze in ein Foto hineinmalte. In Zlín verbrachte

Václav viel Zeit beim Spielen mit dem Familienhund, was den Beginn seiner lebenslangen Liebe zu Hunden bildete. Im Sommer schwammen die Jungen im nahegelegenen See, und im Winter, wenn er zugefroren war, liefen sie darauf Schlittschuh. Václav fühlte sich seinem kleinen Bruder offenkundig körperlich überlegen. »Nach einer Stunde flitzte ich wie der Teufel über das Eis, während Ivan oft hinfiel.«[25]

Ermutigt durch seine begabte Mutter, beschäftigte sich Václav ausführlich mit dem Zeichnen und Malen. Seine Themenwahl kann man als symptomatisch und nicht untypisch für einen Jungen seines Alters bezeichnen. Er zeichnete häufig Könige und Königinnen, Burgen und Kronen, er malte sogar den »Orden des heiligen Wenzel«,[26] anscheinend ohne zu wissen, dass zur damaligen Zeit die Marionettenregierung in der Slowakei eine gleichnamige Auszeichnung an Nazi-Kollaborateure verlieh. Außerdem zeichnete er gern Soldaten in historischen Uniformen, meist mit Schnurrbärten, die seinem späteren ähnelten, oder anderer Gesichtsbehaarung. Ivan dagegen zeigte sich mehr der Wirklichkeit zugetan und versuchte Figuren zu zeichnen, die aussahen wie Adolf Hitler.

Beide Jungen waren fasziniert von Instrumenten, komplexen Maschinen und Fabriken. »Großvater, kannst du bitte für mich aufzeichnen, wie der Staubsauger aufgebaut ist und wie der Strom hineinkommt, so dass er Staub und Schmutz aufsaugt? Ich kann es kaum erwarten.«[27] Großvater Vavrečka erfüllte den Wunsch bereitwillig. Doch die Wissbegier schien sich beim jungen Václav mit einem gehörigen Maß an Empathie und sozialem Bewusstsein zu verbinden. Als man ihn eines Tages nach der Temperatur fragte, antwortete er rätselhaft: »Sechzehn Grad auf der Réaumur-Skala« und fügte dann hinzu: »Mir tut der arme Mann leid. Alle verwenden die Celsius-Angabe, deshalb habe ich Mitleid mit Réaumur.«[28]

In Havlov besuchten die beiden Jungen während des Krieges die Dorfschule. Es ist zwar nichts bekannt darüber, welche Leistungsansprüche dort gestellt wurden, doch zumindest zweimal brüstete sich Václav gegenüber seinen Großeltern, dass in seinem Zeugnis in allen Fächern die Bestnote stand, während Ivan in Singen und in Handschrift nur eine Zwei bekommen habe.[29]

So erhalten wir das Bild eines aufgeweckten, begabten, selbstbewussten und durchaus klugen Kindes. Als seine Großmutter aus Zlín ihren Besuch ankündigte, schrieb ihr Václavs Mutter: »Ich bin sicher, er wird Dir politische Leitartikel vorlesen wollen und dann zweifellos auch noch seinen eigenen Kommentar hinzufügen.«[30] Havel war schon von klein auf ein *zoon politikon.*

Trotz aller beneidenswerten Umstände seiner Lebenssituation empfand Havel seine Kindheit im Rückblick nicht als besonders glücklich. Er führte dies auf die »sozialen Schranken« zurück, die er als bevorrechtigtes Kind erlebte, das in einem ländlichen – und größtenteils bäuerlichen und proletarischen – Umfeld aufwuchs. Er spürte eine »unsichtbare Mauer«, hinter der er sich »irgendwie vereinsamt, minderwertig, verloren, ausgelacht« und »durch meine Erhöhung erniedrigt« fühlte.[31]

Das Gefühl, ausgeschlossen und isoliert, zugleich aber auch mit Vorrechten ausgestattet zu sein, begleitete Havel sein ganzes Leben. Aus dieser Kindheitserfahrung erwuchs nach seiner Auffassung eine lebenslange Sicht »von unten« oder »von außen«.[32] Er führte seine Schwierigkeiten, deren existentielle Natur er damals noch nicht erkennen konnte, auf die »unabsichtlich ein Handicap darstellende Hilfe«[33] seiner Eltern zurück.

Anders als Kafka, eines seiner großen Vorbilder, empfand sich Havel nie als Opfer überwältigender, unpersönlicher Kräfte, die sich seinem Einfluss entzogen. Vielleicht veranlassten ihn seine angeborene Sturheit und sein Mut dazu, solche Kräfte immer wieder herauszufordern und sie bisweilen auch zu bezwingen, obwohl – oder vielleicht auch weil – er sich seiner eigenen Schwäche als Individuum bewusst war. Es war dieser rebellische Geist, der ihn für die Rolle des Ausgestoßenen anstatt des Opfers prädestinierte. Seine Sicht war stets eher eine »von außen«, weniger eine »von unten«.

Aber dennoch überschätzte Havel womöglich die Einzigartigkeit seiner Empfindungen. Es ist nicht ungewöhnlich, dass heranwachsende Kinder ein gewisses Gefühl der Nichtzugehörigkeit empfinden, gegenüber Gleichaltrigen, ihrer Familie und ihrem sozialen Umfeld. Dass er ein »gemästetes Dickerchen« war, betrachtete er selbst als einen jener Umstände, die bei ihm das Gefühl des Ausgeschlossenseins hervorriefen, eine nicht gerade selten vorkommende Empfindung in diesem Alter.

Aber damit ist das Bild noch nicht vollständig. In all seinen Erinnerungen, Zeugnissen und Interviews klafft eine Lücke. Man muss kein Psychologe sein, um festzustellen, dass Havels Mutter nur selten erwähnt wird, im Unterschied zu seinem Vater, dem Onkel, dem Bruder und seinen beiden Großvätern. Das ist umso befremdlicher, als die Mutter, die nach ihrem Vater geraten war, viel stärkere künstlerische und intellektuelle Neigungen an den Tag legte als ihr Ehemann. Sie beherrschte mehrere Sprachen und versuchte sich in der Malerei. Zudem hatte sie eine recht zupackende Art in der Erziehung ihrer Kinder. Es gab zwar eine Gouvernante, doch Božena Havlová kümmerte sich persönlich darum, ihren Söhnen das Alphabet beizubringen, entwarf sogar die Großbuchstaben selbst, die sie an die Wand heftete.[34] Sie förderte Havels künstlerisches Talent ebenso wie sein Interesse an den Naturwissenschaften. Dennoch erwähnt er sie nur selten, das meiste, was wir über sie wissen, stammt von seinem Bruder Ivan.

Die Unterschiede im Verhältnis Havels zu seiner Mutter und zu seinem Vater werden auch durch zwei spätere Briefe veranschaulicht, die Václav 1948 von seinem Internat aus verschickte, als die Kommunisten die Macht im Land übernahmen. An seine Mutter schrieb er am 31. Mai: »Habe ich nicht meinen Füllfederhalter vergessen? Wie waren die Wahlergebnisse in Prag und auf dem Land? Ansonsten ist alles bestens. Ergebenst, Václav.«[35] An seinen Vater hieß es, ungefähr um den 28. September, dem Namenstag des heiligen Wenzels: »Mein lieber Vater, ich möchte dir zu deinem Namenstag all das Beste wünschen, was das Herz begehren kann und Worte nicht ausdrücken können, vor allem, dass du deine künftigen Namenstage unter besseren Umständen feiern mögest. Dein Sohn Václav Havel.«[36]

Woran lag es, dass Havels Verhältnis zu seiner Mutter nicht besonders eng war? Auf den ersten Blick war alles in Ordnung. Božena entsprach dem Typus einer gutsituierten Prager Dame ihrer Zeit. Sie war die Herrscherin in ihrem Haushalt, sie überwachte die Erziehung der Kinder, sie sorgte abwechselnd mit ihrem Ehemann für die Unterhaltung der Gäste und ließ sich auch selbst unterhalten, und sie tolerierte die Seitensprünge ihres Gemahls. Die beiden führten eine gute, stabile Ehe, obwohl Václav Maria zum zweiten Mal verheiratet und sie 16 Jahre jünger war als er. Sie schützte und förderte ihre Söhne und schien auf deren Erfolg bedacht.

Doch irgendwie leistete sie im Laufe der Zeit einen Beitrag dazu, dass sich bei ihrem Ältesten eine tiefe, sein gesamtes Leben prägende Ambivalenz gegenüber dem anderen Geschlecht herausbildete. Da war das tiefverwurzelte Verlangen nach weiblicher Gesellschaft, nach Zärtlichkeit und Zuwendung, aber auch der Wunsch nach Führung und Ordnung, die eine Frau bieten konnte. Zeit seines Lebens suchte Havel instinktiv die Nähe von starken, dominanten Frauen, die sein Gefühl der Hilflosigkeit und Unsicherheit abmildern konnten. Auch auf die Gefahr hin, ein abgegriffenes psychoanalytisches Klischee zu strapazieren, kann man sagen, dass alle seine Frauen in gewisser Weise seiner Mutter glichen.

Zugleich aber missachtete oder entzog sich Havel häufig der Autorität und der Ordnung, die die Frauen in seinem Leben errichteten. Obwohl die Beschäftigung mit den vielschichtigen Aspekten der Beziehung zwischen den Geschlechtern viel von seiner Zeit in Anspruch nahm und sein Schaffen stark beeinflusste, verbrachte er den größten Teil seines Lebens in der Gesellschaft von Männern, wo er meistens die beherrschende Gestalt war. Auch wenn er den schärferen Instinkten der Frauen mehr

Bedeutung beimaß und ihnen zubilligte, die tieferen Geheimnisse des Lebens besser zu erfassen, zeigte er wenig Respekt – mit einigen erwähnenswerten Ausnahmen – für ihre intellektuellen Fähigkeiten. In seinen *Briefen an Olga* legte er eine recht gönnerhafte Haltung gegenüber dem schriftstellerischen Werk und dem Denken seiner Ehefrau an den Tag.

Diese widersprüchliche Einstellung spiegelte sich auch deutlich in seiner Präsidentschaft. Einerseits umgab er sich mit Frauen und lief einmal sogar Gefahr, mit Muammar Gaddafi verglichen zu werden, als er zwei weibliche Personenschützer hatte. Auf der anderen Seite betraute er nur selten eine Frau mit einem hohen, verantwortungsvollen Amt. Von den mehr als hundert Ministern, die er in seiner Zeit als Staatspräsident ernannte, waren nicht einmal fünf Frauen. Die beiden Frauen, die in seiner ersten Amtszeit zum inneren Kreis gehörten, Eda Kriseová, eine alte Freundin und exzellente Autorin von Kurzgeschichten, und Věra Čáslavská, die achtfache Olympiasiegerin im Turnen, hatten die Aufgabe, sich mit den Briefen des Präsidenten zu befassen, beziehungsweise ihn in gesellschafts- und sozialpolitischen Fragen zu beraten. In der folgenden Amtszeit drängte Havel die Frauen auf die Funktionen von Assistentinnen und Sekretärinnen zurück. Die einzigen wichtigen weiblichen Mitarbeiterinnen in seinem Team waren damals seine Rechtsberaterinnen, für den privaten wie für den offiziellen Bereich, sowie Anna Freimanová, die sich um seine Autorenrechte kümmerte. Letztlich setzte er also doch bevorzugt auf Frauen, um sein persönliches Wohlergehen und seine Interessen zu sichern.

Wer sich um ein differenziertes Bild von Havels Persönlichkeit bemüht, wird sich mit der tiefreichenden Dualität beschäftigen müssen, die bis in seine Kindheit zurückzuverfolgen ist und die sich nicht auf sein Verhältnis zu Frauen beschränkte. Verbunden mit der Unbeholfenheit und der Unsicherheit eines pummeligen Kindes, entwickelte sich schon im frühesten Alter die ausgeprägte Selbstsicherheit eines altklugen Jungen, der mit grenzenloser

Neugier und intellektuellen Interessen ausgestattet war, die weit über das hinausgingen, was man in diesem Alter erwarten konnte. Durch alle Höhen und Tiefen seines Lebens blieben beide Seiten seines Charakters stets deutlich sichtbar. Sein Selbstbewusstsein wuchs sogar in direktem Verhältnis zu den Schwierigkeiten und Feindseligkeiten, derer er sich zu erwehren hatte, und seine Zweifel verbanden sich untrennbar mit den Augenblicken seiner größten Triumphe. Eine solche mentale Ausstattung garantierte nicht notwendigerweise ein einfaches Leben, sie sorgte aber dafür, dass Václav Havel für die komplexen Herausforderungen, die auf ihn zukommen sollten, besser gerüstet war.

EIN PORTRÄT DES KÜNSTLERS ALS JUNGER MANN

Er war allein und jung und mutwillig und wildbeherzt …

James Joyce, Ein Porträt des Künstlers als junger Mann

Havel war knapp neun Jahre alt, als der Krieg zu Ende ging, aber da er stets aufmerksam den Gesprächen seiner Eltern lauschte, ahnte er wohl bereits, dass sich die Welt grundlegend verändert hatte. Das mörderische Joch der Besatzung durch Nazideutschland wurde durch zwei Armeen ersetzt, die ein wenig wohlgesinnter waren. Die eine kam aus dem Osten und besetzte den größeren Teil des Landes mit seiner Hauptstadt. Sie war in dieser Weltgegend nicht mehr aufgetaucht, seit sie zusammen mit den Österreichern von Napoleon bei Austerlitz besiegt worden war, einer Stadt in Mähren, die bei den Einheimischen Slavkow hieß. Doch nun kam diese Armee unter einer roten Fahne mit Stern, Hammer und Sichel. Die andere Armee, die eine Flagge mit vielen Sternen und Streifen mit sich führte, war am Ende jenes Krieges, der alle Kriege hätte beenden sollen, von Westen her bis Frankreich gekommen. Sie stand unter dem Befehl eines Präsidenten, der eine maßgebliche Rolle bei der Errichtung einer Nachkriegsordnung im Allgemeinen und für die Tschechoslowakei im Besonderen spielte. Die Sprache des ersten dieser beiden Länder ähnelte der tschechischen, seine Literatur aus dem 19. Jahrhundert, die ihrerseits von Frankreich beeinflusst war, hatte eine große Leserschaft in der tschechoslowakischen Intelligenz.

Das zweite Land, weit weg auf der anderen Seite des Atlantiks gelegen, war den Einheimischen bis ins 20. Jahrhundert weitgehend unbekannt geblieben, außer als Reiseziel für die vielen

Müden, Hungrigen, Entwurzelten und Abenteuerlustigen, von denen die meisten nicht wieder heimkehrten. Der Gründer der Tschechoslowakei, Tomáš Garrigue Masaryk, der das letzte Jahr des Ersten Weltkriegs in den Vereinigten Staaten von Amerika verbracht hatte und dessen Ehefrau eine Amerikanerin war, identifizierte sich so stark mit den USA, dass er den Familiennamen seiner Frau als eigenen Mittelnamen annahm und die Unabhängigkeit der Tschechoslowakei in Washington ausrief. Trotz seiner Sympathie für Russland als slawischem Bruderstaat misstraute er sowohl dessen zaristisch-theokratischer Verkleidung als auch der antidemokratischen bolschewistischen Revolution zutiefst. Sein Nachfolger Edvard Beneš, ein Diplomat durch und durch, betrieb das Spiel zwischen den Mächten sehr geschickt, aber mit wenig Rückgrat, und stand am Ende des Zweiten Weltkriegs so sehr unter sowjetischem Einfluss, dass die neue Nachkriegsadministration, obwohl er selbst und seine Regierung die Kriegszeit überwiegend in London verbracht hatten, in Moskau gebildet wurde.

Im Jahr 1945 hatte es jedoch noch den Anschein, als könne die Tschechoslowakei zwischen den beiden Optionen wählen oder zumindest versuchen, die sowjetischen und amerikanischen Einflüsse mehr oder weniger gegeneinander auszutarieren. Die demokratischen Institutionen wurden neu etabliert, wenngleich unter erheblichen Einschränkungen. Auch gab es eine zunehmend erbittert geführte intellektuelle Debatte zwischen der wachsenden Zahl von kommunistischen Überläufern und den Verteidigern der liberalen, humanistischen Traditionen des Staates, den Masaryk begründet hatte.

In den ersten Nachkriegsjahren kam es darüber hinaus zu einer Welle von Vergeltungsmaßnahmen gegen frühere nationalsozialistische Funktionäre und tschechische Kollaborateure der deutschen Besatzer. Schließlich wurde die Vergeltung auf den deutschen Bevölkerungsteil insgesamt ausgedehnt, auf rund drei Millionen Menschen, die kurzerhand aus der Tschechoslowakei vertrieben wurden, wobei Tausende, vielleicht Zehntausende von »revolutionären Garden« und vom Pöbel ermordet wurden. In einer Atmosphäre zunehmender Feindseligkeit gegen alle, die den Krieg mehr oder weniger unversehrt und einigermaßen wohlhabend überstanden hatten, zogen für die Gebrüder Havel dunkle Wolken herauf. Es gelang ihnen jedoch, ein erstklassiges »Gesundheitszeugnis« zu ergattern, das von einem Mitglied eines »Hilfskomitees« der Lokalverwaltung unterschrieben war. »Wir bestätigen hiermit, dass über die Gebrüder Havel bislang nichts bekannt ist und wir auch über keinerlei belastendes Material gegen sie verfügen.«[37] Das Palais Lucerna und andere Immobilien von Václav Maria Havel blieben zunächst unangetastet. Miloš Havel dagegen wurde mehrmals wegen seiner Kontakte zu den Besatzern und seiner Tätigkeit für die deutsche Filmwirtschaft verhört, und obwohl man ihm keine Vergehen nachweisen konnte, wurde er als moralisch ungeeignet für die Arbeit im Filmgeschäft eingestuft. Möglicherweise spielte auch seine Homosexualität eine Rolle, auch sein Wohlstand mag erschwerend hinzugekommen sein. Seine AB-Filmstudios wurden im Zuge der Nationalisierung von Großkonzernen und anderen Unternehmen vom Staat übernommen. Nach einem gescheiterten Fluchtversuch 1949 verbrachte er mehr als zwei Jahre im Gefängnis. Im Jahr 1952 kam er schließlich frei und übersiedelte nach München.

Abgesehen von einigen Zeichnungen gibt es keine Hinterlassenschaften, die Václav Havels Denken und Ziele in dieser Zeit dokumentieren. *Gute Werke* (Tadáran dobra) ist undatiert, aber aufgrund der Handschrift, der Wortwahl und mit Blick auf den Kontext ist es kurz nach Ende des Krieges anzusiedeln, vermutlich um den Jahreswechsel 1945/46.[38] Ivan arbeitete engagiert an dem Projekt mit. Havels selbstverkündetes Hauptziel, nämlich ein berühmter Wissenschaftler und Professor zu werden, entspricht seinem starken Interesse an wissenschaftlichen Themen, das er zu dieser Zeit entwickelte. Millionär zu werden war ebenfalls ein wichtiges Ziel, aber nur als Mittel, um sein großes Projekt, »Gute Werke«, umzusetzen, eine Fabrik mit 90 000 Beschäftigten. Sie sollte in jeder Stadt eine Niederlassung betreiben, in der es bereits eine Bata-Filiale gab. Bata war vor dem Krieg das größte Unternehmen weltweit gewesen, das Schuhe produzierte und verkaufte. Dies sowie eine Berechnung auf der letzten Seite, die der Handschrift nach von einer älteren Person stammte – möglicherweise von Großvater Vavrečka – legt die Vermutung nahe, dass das Dokument wahrscheinlich in Zlín entstand, dem Hauptsitz der Firma Bata. Es gibt keinen Hinweis darauf, was Václavs Fabrik eigentlich herstellen sollte, vermutlich aber sollte es »das Gute« sein.[39] Darüber hinaus sollte die Fabrik ihrem Gründer große Beliebtheit einbringen. Eine Zeichnung zeigt den Unternehmer, »Venda, wie wir ihn nannten«, wie er auf einem goldenen Stuhl sitzt und wie ihm eine begeisterte Menschenmenge zujubelt. Dieser Moment, ein unschuldiger Kindertraum, markiert den Höhepunkt einer Kindheit, deren Subjekt eindeutig dazu bestimmt war, auch nach seiner eigenen Vorstellung, Großes zu vollbringen. Doch schon bald musste Václav seine Ziele und Ansprüche herunterschrauben.

Im Sommer 1947, als das Schicksal des Landes durch die von den Sowjets erzwungene Ablehnung des Marshallplans besiegelt wurde,[40] kam für Václav die Zeit, seine Schulbildung zu vervollkommnen. Da sie das Beste für ihre Kinder wollten, schickten seine Eltern zuerst ihn und zwei Jahre später auch seinen Bruder auf ein Knabeninternat im Schloss des Kurortes Poděbrady, 50 Kilometer östlich von Prag gelegen. Das König-Georg-Internat verkörperte in gewisser Weise das Dilemma der Eltern, es war exklusiv, aber staatlich, elitär und zugleich karitativ, Eton-mäßig konservativ wie auch liberal-progressiv. Die Schüler kamen aus unterschiedlichen gesellschaftlichen Schichten. Einige waren Kinder von Landärzten, von Kollegen des Herzspezialisten, der die Schule mitbegründet hatte, andere stammten aus prominenten Prager Familien; manche waren, da man in diesem Land zunehmend jene kritisch beäugte, die mit der Außenwelt in Verbindung standen, gewissermaßen »in Geiselhaft gehaltene« Söhne von Diplomaten, die im Ausland Dienst taten. Viele waren auch Kriegswaisen. Die Schüler mussten eine Aufnahmeprüfung absolvieren, und die Schule zog eine Gruppe außergewöhnlich begabter Individuen an. In Václavs Klasse etwa befanden sich der spätere Präsident des tschechoslowakischen Olympischen Komitees, der Arzt Milan Jirásek, der spätere Generalsekretär der von den Kommunisten tolerierten Sozialistischen Partei, Jan Škoda, sowie der Sohn eines legendären Widerstandskämpfers gegen die deutsche Besatzung, der spätere antikommunistische Kämpfer Josef Mašin, in dem manche einen Helden, andere einen Mörder sahen.[41] Der Sprecher von Václavs Gruppe im Schlafraum war ein älterer Junge namens Miloš Forman, der später als Regisseur in den USA die Filme *Einer flog über das Kuckucksnest* und *Amadeus* drehen sollte. Auch Ivan Passer, später ebenfalls ein Hollywood-Regisseur, ging auf dieses Internat.

Die Räumlichkeiten befanden sich in einer Burg aus dem 13. Jahrhundert. Sie waren eindrucksvoll, aber nicht sonderlich komfortabel. In den Räumen mit den hohen Decken, in denen es nur Einzelöfen gab, war es im Winter bitterkalt, und die Jungen mussten regelmäßig Kohle vom Keller in den vierten Stock schleppen, wo Havels Klasse untergebracht war. Abends las er im Bett. Die meiste Zeit blieb er für sich allein. Sein einziger Freund war ein gewisser Lojza (Alois) Strnad.[42] Wegen der Nähe zu Prag durfte Václav jedes zweite Wochenende nach Hause fahren. Manchmal lud er einen anderen Jungen, der weniger Glück hatte, dazu ein, ihn zu begleiten.

In der Schule herrschte ein strenges Regiment. Die Jungen mussten ihre Schlafsäle und ihre Habseligkeiten penibel in Ordnung halten und wurden auf der Grundlage eines gefürchteten Punktesystems belohnt oder bestraft. Havel war zwar von Natur aus ordentlich, aber er galt als nicht sonderlich geschickt in praktischen Dingen und erhielt immer nur wenige Punkte. Jirásek, der Havel manchmal nach Prag begleitete, erinnerte sich, wie die stets fordernde Mutter Božena ihren Sohn einmal schimpfte: »Warum kannst du nicht so gut sein wie Jirásek und Cernošek?«[43]

Nach sechzig Jahren sind die Erinnerungen der noch lebenden Klassenkameraden nur noch bruchstückhaft, aber keiner kann sich an Havel als einen besonders herausragenden Schüler erinnern. Wie in den britischen Eliteschulen wurde auch auf dem König-Georg-Internat auf Sportlichkeit und Führungsqualitäten großen Wert gelegt. Forman erinnert sich an Havel als einen »kleinen Jungen mit intelligenten Augen, der übertrieben freundlich und ordentlich war«.[44] Nur eine gewisse verborgene Stärke bewahrte ihn davor, ein »Sklave« seiner Mitschüler zu werden, und immerhin trug sie ihm den »höflichen Respekt« der jüngeren Schüler ein.[45] Als die Jungen einmal ein geschenktes Fahrrad testeten und jeder eine Runde damit fuhr, aus dem Schulhof hinaus in die Stadt, um das Denkmal von König Georg herum und wieder zurück, konnte Havel nur mit Mühe auf das Rad steigen, verpasste den Wendepunkt und verschwand in der Ferne. »Havel flieht!«, riefen die Jungen. Nachdem der Lehrer mit dem Motorrad die Verfolgung aufgenommen und den Entschwundenen kurz vor der Nachbarstadt eingeholt hatte, stellte sich heraus, dass Havel nicht wusste, wie er wenden sollte oder das Rad zum Stehen bringen konnte. Seine Beine waren zu kurz und reichten nicht bis zum Boden.[46]

In der Klasse war er eher scheu und zurückhaltend, stiftete keine Unruhe. Sein Gefühl des Ausgeschlossenseins aufgrund seiner privilegierten Herkunft verstärkte sich anscheinend. Als ein Lehrer namens Bouček die Jungen aufforderte, von ihren Eltern und deren beruflicher Tätigkeit zu erzählen, blieb Havel bis zum Ende stumm und berichtete auch dann nur widerwillig, dass sein Vater ein Lokal betreibe oder eigentlich eine Reihe von Lokalen. »Lokale?«, fragte der Lehrer. »Welche Art von Lokalen?« – »Nun, Barrandov und Lucerna«, antwortete Havel flüsternd.[47]

Im Februar 1948 gelangten die Kommunisten durch einen unblutigen Putsch an die Macht. Außenminister Jan Masaryk, der Sohn des Staatsgründers, wurde im Hof seines Ministeriums tot aufgefunden; er war unter mysteriösen Umständen aus dem Fenster des im vierten Stock gelegenen Badezimmers seiner Dienstwohnung gestürzt.[48] Justizminister Prokop Drtina, ein Freund der Familie Havel, versuchte sich umzubringen, indem er aus dem Fenster sprang, überlebte den Sturz jedoch verletzt und wurde zu 15 Jahren Gefängnis verurteilt. Ein weiterer ranghoher und der Familie Havel nahestehender Politiker, Hubert Ripka, entkam einem ähnlichen Schicksal durch die Flucht ins Ausland. Václav Maria Havel sollte 1949 drei Monate unter Hausarrest verbringen, weil man ihn verdächtigte, einer Gruppe von Menschenschmugglern Beihilfe geleistet zu haben.

Auch wenn sie der Strudel der Ereignisse bald verschlingen sollte, konnte die Schule im Sommer 1948 ihren hohen ethischen Anspruch und ihren Lehrplan noch aufrechterhalten. Das jährliche Pfadfinderlager fand im Juli am See Kačlezský im bewaldeten Südosten Böhmens statt. Die Gruppe wurde als »Wasser-Pfadfinder« deklariert und musste ihre Zelte und Ausrüstung mit dem Boot zu ihrem Lagerplatz befördern, wobei unausweichlich einige Missgeschicke passierten.

Havel, dessen Spitzname – den er nicht sehr schätzte – »Mistkäfer« (Chrobák)[49] lautete, hatte sich an der Schule bereits als versierter Schreiber einen Namen gemacht, er war darin »seiner Klasse ein Jahr voraus«.[50] In seiner frühvollendeten, runden Schrift berichtete er über alle wichtigen Ereignisse in den folgenden vier Wochen des Lagerlebens. Unglücklicherweise war dieser Juli der verregnetste seit Jahren, weshalb seine Berichte vor allem über das Wetter und vom Warten auf die Sonne erzählen, die Berichte über Spiele, Wachdienste, das Binden von Knoten und Eidesleistungen rücken dagegen in den Hintergrund. Die Aufzeichnungen enthalten auch einen Dank des Lagerleiters an »Mistkäfer« für seine beispielhafte Führung der Chronik. Die meisten der täglichen Einträge begannen mit einem Tagesmotto, das häufig in deutlichem Gegensatz zu den herrschenden politischen Einstellungen stand. Schon sehr früh notierte Havel: »Jedes Wort ist eine Handlung.« Im Kontext der Zeit klang sein Masaryk-Zitat »Jesus, nicht Cäsar« wie ein mutiger Anachronismus.[51]

Im Jahr 1950 wurde auch die Schule, die erst seit vier Jahren bestand, zu einem Anachronismus. Im Frühjahr wurden Václav, sein Bruder Ivan, der gerade erst in das Internat gekommen war, und viele andere nach Hause geschickt. Die übrigen Schüler teilte man einer regulären Schule in Poděbrady zu. Direktor Jahoda kam ins Bergwerk.

DER SILBERWIND

Oh, Silberwind, gepriesen sei der Ort,
Wo Du das erste Mal unsere Fahne wehen ließest.
Wenn die Fahnen erschlaffen und aufhören zu flattern,
Werden wir Dir noch immer danken für den Lufthauch,
den Du uns brachtest.

Fráňa Šrámek, Pisecká

Seine Rückkehr nach Prag bedeutete für Havel nicht nur, dass er nicht in den Genuss einer Eliteausbildung kommen, sondern dass er vielleicht überhaupt keinen formalen Schulabschluss erhalten würde. Im Jahr 1950, er war 14 Jahre alt, wurde er als »bourgeoises Element« eingestuft, dem kein höherer Schulabschluss zustand. Die Kommunisten mochten Atheisten sein, aber sie glaubten anscheinend dennoch an einen eifersüchtigen Gott, der die Untaten der Väter an den Söhnen rächte, bis in die dritte und vierte Generation. Von dieser Schuld konnten sich die Söhne nur dadurch erlösen, dass sie sich durch die heilende Kraft der körperlichen Arbeit reinigten und sich die Lebensweise und die Werte der Arbeiterklasse in vollem Umfang zu eigen machten. Ob die Tätigkeit eines Laboranten an der Prager Schule für Chemische Technologie diese Voraussetzungen erfüllte, ist unklar, jedenfalls fand Václav hier mit der Hilfe seiner Eltern einen Unterschlupf. Zudem entdeckte er eine Möglichkeit, wie er seine höhere Schulausbildung fortsetzen konnte: nicht an einer Tagesschule, wo er allein durch seine Anwesenheit den Geist der Kinder aus der Arbeiterklasse vergiftet hätte, sondern in einer Abendschule, die er nach der Arbeit besuchte. Hier, an der Hochschule für die Werktätigen in der Štěpánská-Straße, einen Steinwurf vom Palais Lucerna entfernt, befand er sich in der Gesellschaft ähnlich dubioser sozialer

Elemente, die nicht nur teilweise die gleichen Probleme hatten, sondern auch viele seiner Interessen teilten. In Ivan Hartmann, Radim Kopecký und Standa Macháček fand Havel Schulkameraden, mit denen er streiten, debattieren und philosophieren konnte, ohne Angst haben zu müssen, als Abweichler gebrandmarkt zu werden. Sie waren ebenfalls alle schon abgestempelt.[52] So entwickelte sich ein informeller Debattierclub, dem Radim Kopecký den Namen »Die Sechsunddreißiger« gab, nach dem Jahr, in dem seine Mitglieder geboren waren.[53] Ihr Ziel bestand ursprünglich darin, sich durch Debatten über Politik, Wirtschaft und Philosophie gegenseitig voranzubringen. Da die Sechsunddreißiger praktisch keine Chance hatten, in einer der genannten Disziplinen beruflich Karriere zu machen, ist es nicht verwunderlich, dass sie in Bereichen Fuß zu fassen versuchten, die weniger von der politischen Orthodoxie bestimmt wurden, etwa im Tanz, in der Musik, Fotografie oder Dichtkunst. In den zwei Jahren ihres Bestehens veröffentlichte die Gruppe fünf Nummern einer Zeitschrift, die sie *Dialoge 36* nannte, sowie zwei Almanache mit dem Titel *Der Silberwind*, benannt nach einem populären Roman des Schriftstellers Fráňa Šrámek, in dem die Jugend gefeiert wurde.

Kopecký und Havel wurden bald zu den treibenden Kräften der Gruppe. Das hatte mit ihrer Fähigkeit zu tun, Netzwerke aufzubauen, und mit ihrem unabhängigen, oppositionellen Denken. Im Falle von Havel lag es auch daran, dass er einen Treffpunkt anzubieten hatte. Die Wohnung, die seine Familie nach dem Krieg wieder bezogen hatte, war sehr geräumig, komfortabel und zentral gelegen, und Václavs Eltern waren vollendete und großzügige Gastgeber.

Obwohl sich Havel in dieser Zeit mit Gedichten zu beschäftigen begann, verstand er sich in erster Linie als Denker. Man ist versucht, die Anfänge seines späteren philosophischen Denkens in dieser Periode zu suchen, doch dies wäre ein vergebliches Unterfangen. Havel selbst gestand später ein, wie peinlich es ihm gewesen sei, als man ihn fünfzig Jahre danach mit seinen »infantilen

Versuchen, allem einen positiven Inhalt und eine Bedeutung zu verleihen«, konfrontierte.[54]

Ursprünglich trat der junge Havel für eine Form von sozialistischem Humanismus ein, in dem sich das vorherrschende Credo seiner Familie und das Erbe von Masaryks idealistischer Philosophie niederschlugen. Er nannte diesen ersten Versuch einer universellen philosophischen Lehre »humanistischer Optimalismus«. Den Kern bildete der Gedanke eines »standardmäßigen universellen Optimums der Bedürfnisse« eines jeden Individuums, das durch gesellschaftliche Regulierung erreicht werden könne. Der Optimalismus unterschied sich nicht allzu sehr vom Konzept eines »sozialen Wohlfahrtsstaates«, wie er heute in vielen westlichen Gesellschaften praktiziert wird. Er war durchaus vereinbar mit Masaryks Humanismus und der Idee einer künftigen paneuropäischen Einheit, die Havels Großvater Vavrečka verfocht. Havel selbst war ein früher, in gewisser Weise prophetischer Anhänger der europäischen Integration. »Sieh doch«, schrieb er am 2. März 1953 an Radim Kopecký, »das vereinigte Europa wird bereits geboren …«[55] Zu dieser Zeit maßen nur wenige Leute dem im Jahr zuvor in Kraft getretenen Vertrag über die Bildung der Europäischen Gemeinschaft für Kohle und Stahl (EGKS) eine solch weitreichende Bedeutung bei, vor allem nicht, wenn sie hinter dem Eisernen Vorhang lebten. Havel lehnte Kopeckýs Vorstellung eines »nationalen Sozialismus« ab (die nicht zu verwechseln ist mit der nationalsozialistischen Interpretation dieser Idee) und erkannte vorausschauend die Tendenz zu einer supranationalen Integration, zu der er in späteren Jahrzehnten selbst einen Beitrag leisten sollte.

Andererseits war Havel mit seinen 16 Jahren, vielleicht stärker als seine Freunde, anfällig für die Täuschungen und die Trugschlüsse der herrschenden Ideologie. In dem Brief an Kopecký legt er mehr als nur ein Lippenbekenntnis zur marxistischen Dialektik ab. Er bestreitet Radims Ansicht, die politische Praxis der Kommunisten liefere den Beweis dafür, dass ihre Ideologie auf dem absteigenden Ast sei, außerdem erkennt er die Abhängigkeit des sozialen »Überbaus« von der Produktion an – eine Annahme, die er viele Jahre später in seiner Rede vor dem US-Kongress nachdrücklich zurückweisen sollte – und unterstützt generell die sozialistische Weltsicht. Doch es ist eine zögerliche, widersprüchliche Zustimmung. »Was ich in Klammern [] geschrieben habe, habe ich als Marxist gesagt, weniger als Ich.«[56]

Sein humanistischer Optimalismus war, vielleicht eher zufällig, nicht die Endstation von Havels philosophischem Denken. Schon in dieser Frühzeit war er sich des Zwangscharakters der gesellschaftlichen Regulierung bewusst, vor allem jener Form, wie sie in den kommunistischen Ländern praktiziert wurde; er setzte auf die Freiheit des Individuums, sofern dessen eigensüchtige Triebe gebändigt werden konnten. Dabei betrachtete er sich als Dialektiker und sah die Lösung in einer nur schwer denkbaren Verbindung von »monopolistischem Kapitalismus und marxistischem Kommunismus«. Noch weltfremder war seine Feststellung, dass sich »eine solche Weltordnung allmählich in den Vereinigten Staaten herausentwickelt … Hier besitzt weder der Staat noch das Individuum die Produktionsmittel, sondern die Menschen, die damit arbeiten.«[57] Vielleicht verleitete ihn die Lektüre klassischer amerikanischer Autoren von Walt Whitman bis John Steinbeck zu dieser Einschätzung, denn in den Zeitungsartikeln, die ihm Ende 1952 zur Verfügung standen, konnte er wohl kaum Anhaltspunkte dafür finden.

Es wäre müßig, sich über die philosophischen Gedanken eines 16-Jährigen lustig zu machen oder die oben zitierten Sätze als Beweis dafür zu nehmen, dass es sich dabei, damals und auch später, um das Denken eines heimlichen Etatisten handelte. Doch im Kontext der Zeit war Havel keineswegs ein Radikaler. Selbst Radim Kopecký, ein Sozialdarwinist und moralischer Nihilist, erkannte die Notwendigkeit einer Verstaatlichung der Großindustrie und eines gewissen Maßes an staatlicher Planung an. In den zunehmend hitzigen Debatten der beiden beharrte Havel auf der zentralen Bedeutung moralischer Werte, eine Überzeugung, die zu einem durchgängigen Bestandteil seines philosophischen Denkens werden sollte.

So ergibt sich ein anrührendes Bild dieser Akademie von Teenagern, Ausgegrenzte allesamt, denen es in erster Linie um die Intensität des geistigen Austausches ging, weniger um dessen Ergebnisse. Während andere jugendliche Gruppen ihr Ventil in Gewalt oder Drogen finden, berauschten sich diese jungen Leute an Thomas von Aquin, Kant und Hegel – die den Gruppenprozessen zugrunde liegende Dynamik war allerdings nicht sehr verschieden. Der Eindruck, den wir von Havel in dieser Zeit gewinnen, ist der eines engagierten, redseligen, etwas umständlichen jungen Mannes, der seine Unsicherheit dadurch zu überspielen versuchte, dass er eine Fliege trug und eine Stummelpfeife rauchte. In seinen Briefwechseln mit Jiří Paukert, einem korrespondierenden Mitglied der Gruppe aus Brünn, und mit Kopecký erscheint er als ein leicht überheblicher junger Mann, der leidenschaftlich seinen Standpunkt verfocht und nach eigenem Eingeständnis auch ein wenig dogmatisch war.

Diese »Sünden«, die in gewisser Weise typisch sind für intellektuell interessierte Heranwachsende, hatten aber auch den Vorteil, dass sie Havels Lust an der Debatte förderten und ihn – zur Plage seiner Gegner und zur Freude seiner späteren Biographen – ruhelos korrespondieren ließen. Fast zweitausend Briefe von ihm werden in der Václav Havel Library aufbewahrt, dazu sind Hunderte, vielleicht Tausende weitere anderwärtig untergebracht. Sie dokumentieren die Konstanten und Wandlungen seines Denkens und seines Stils, vom großspurigen besserwisserischen Dialektiker der Teenagerzeit zum stets zweiflerischen Moralphilosophen der reifen Jahre.

Die »umfassende Sensibilität«[58] eines Heranwachsenden war auch verantwortlich für eine Veränderung seiner Ziele. Während er sich zunächst als künftiger Naturwissenschaftler und Gelehrter gesehen hatte, wurde nun die Dichtkunst seine Muse. Ihre verschlüsselte Form ermöglichte es ihm, Gefühle auszudrücken, die zu stark oder zu gefährlich waren, um sie in Prosa zu fassen. Zudem entsprach die Poesie auch mehr der bohemehaften Halbwelt, zu der er sich zunehmend hingezogen fühlte.

In der modernen tschechischen Poesie gab es viele Inspirationen für ihn. Die zwanziger und dreißiger Jahre hatten zu einem beispiellosen Aufblühen der Dichtkunst geführt, zum Teil inspiriert durch Einflüsse aus dem Dadaismus und dem Surrealismus und anderen internationalen Bewegungen, teilweise auch ausgehend von den Werken tschechischer Dichter aus dem 19. und dem frühen 20. Jahrhundert. Viele, wenn auch nicht alle, dieser modernen Dichter hatten sich vor dem Krieg für die politische Linke engagiert. Dutzende Poeten und Schriftsteller, jüdischer wie nichtjüdischer Herkunft, waren von den Nationalsozialisten während des Krieges ermordet worden, einige hatten vor oder nach den Kämpfen das Land verlassen. Zwei bedeutende Dichter, František Halas und Konstantin Bieble, starben kurz nach der kommunistischen Machtübernahme, innerlich gebrochen durch das Ungeheuer, dem sie zum Leben verholfen hatten. Viele aber versuchten weiterhin so gut es ging, sich mit der Realität jener Gesellschaft zu arrangieren, deren Entstehen sie gewünscht hatten.

Diejenigen, die Havel nur als intellektuellen, ironischen und emotional zurückhaltenden Dramatiker, Essayisten und Menschen gekannt hatten, sollten später überrascht sein von seiner reichen, überschwänglichen, an Pathos und Schwulst grenzenden Poesie der jungen Jahre. Unter dem Einfluss von Dichtern wie Vitězlav Nezval, einst ein anerkannter Schriftsteller, der nun unterwürfige Lobeshymnen auf den Stalinismus verfasste, dem früh verstorbenen Jiří Wolker, Vladimir Majakowski, dem »Soldaten des Verses«,[59] oder Walt Whitman, dessen ekstatischen Humanismus er bewunderte, näherte sich Havel vermutlich am weitesten einer kritiklosen Begeisterung für die kollektivistische Utopie. Er sah sich in einer Zeit, in der er »eins wurde mit dem Land, heiß eingeschmolzen in die Kette der Hände«.[60] Ein Gedicht müsse

»widerhallen vom rhythmischen Marsch eines Trupps von Soldaten, die bereit sind, füreinander zu sterben.«[61] Hieraus sprach jedoch eher der Wunsch dazuzugehören, Teil von etwas Größerem zu sein, weniger ein rationales Akzeptieren der marxistischen Ideologie. So schrieb er Sätze, die auch einem weniger empfindsamen Leser die Schamesröte ins Gesicht treiben müssen: »Übersteigerter Individualismus, das Schwelgen im ›Dunklen‹, zu viel Subjektivismus und übertriebene Beschäftigung mit eigenen inneren Problemen führen zu einer Krankheit der Kunst, denn nur kranke Menschen spüren ihr Inneres.«[62] Diese Zeilen aus dem Jahr 1953 konnten dreißig Jahre später gut vom kommunistischen Propagandaapparat genutzt werden, um den Autor der *Briefe an Olga* anzugreifen.

Doch das Beharren darauf, dass ein wahrer Poet stets aufrichtig sich selbst gegenüber sein muss, »um die Augen für sein eigenes Herz zu öffnen«,[63] bestimmte Havel zeit seines Lebens und befähigte ihn auch schon in jungen Jahren, eine Trennlinie zwischen Kunst und Propaganda zu ziehen. Das war auch ein zuverlässiger Kompass bei der Suche nach Vorbildern. Er nutzte die Verbindungen seiner Familie und konnte so Kontakte zu verschiedenen Geistesgrößen knüpfen. Als Ersten besuchte er Jaroslav Seifert, einen Lyriker, dessen Werk sich durch eine irritierende Klarheit und eine dezente Bildsprache auszeichnete und der schon lange von seiner anfänglichen Begeisterung für den Kommunismus in den zwanziger Jahren geheilt war. Seifert verstand sich durch und durch als Dichter und stellte sich nur selten an die Spitze, wenn es darum ging, gegen Ungerechtigkeit, Verfolgung oder kulturelle Barbarei aufzustehen, doch er verweigerte niemals seine Unterstützung, wenn man ihn darum bat. Später vergalt er Havel seine jugendliche Bewunderung, indem er ein unerschütterlicher Unterstützer seines Kampfes wurde. Als ihm 1984 für sein Lebenswerk der Nobelpreis für Literatur verliehen wurde – als erstem tschechischem oder slowakischem Schriftsteller –, ignorierte das politische und literarische Establishment im Land dieses Ereignis weitgehend, weil Seifert die Charta 77 unterschrieben hatte. Selbst seine Beerdigung zwei Jahre später fand unter strenger Überwachung der Staatssicherheit statt.

Noch stärker beeindruckte Havel sein Besuch, der erste von vielen, beim großen Magier der tschechischen Dichtkunst, Vladimír Holan. Dieser Dichter, der prophetische Fähigkeiten mit einer surrealistischen Bildsymbolik verband, aber auch eine Ruhmesode an die Rote Armee, die Befreier von Prag im Mai 1945, verfasst hatte, verbrachte seine Zeit grübelnd in seiner Schreibstube, die im Prager Stadtteil Kleinseite lag, verfasste mystische Gedichte und empfing nur selten Besucher. Diese Begegnung vermittelte Havel erstmals eine Ahnung davon, dass ein Leben für die Kunst, mithin das Leben als solches, nichts mit Wahlfreiheit, sondern mit Schicksal zu tun hat – was er später unter dem Einfluss von Heidegger als »Geworfenheit« bezeichnen sollte.

Da sie noch zu jung waren, um sich in einer Kneipe ein Bier bestellen zu können, aber einen relativ ruhigen Ort suchten, wo sie diskutieren konnten, entdeckten die Sechsunddreißiger das Café Slavia, das nicht weit von Havels Wohnung entfernt lag, ein berühmter Treffpunkt aus der Vorkriegszeit, der in jeder Hinsicht mit seinen Pendants in Wien und Budapest mithalten konnte und eines der Zentren des Prager Geisteslebens darstellte. Dort begegneten sie, zunächst in respektvoller Entfernung, einer Gruppe älterer Intellektueller und Dichter, die ebenso hitzig debattierten wie die Sechsunddreißiger. Ihre Werke wurden nicht gedruckt, zum Teil aufgrund behördlicher Willkür, aber auch weil manche dieser Autoren es nicht wollten. Obgleich ebenfalls noch relativ jung, waren diese Schriftsteller die Überlebenden eines literarischen Zirkels der Vorkriegszeit, der von František Halas gefördert worden war. Sein talentiertestes Mitglied war Jiří Orten gewesen, der bei einem Verkehrsunfall mit einem deutschen Krankenwagen starb, andere waren in den Todeslagern im Osten ermordet worden. Einige hatten auch der »Gruppe 42« angehört, einer Künstlervereinigung, die während des Krieges entstanden war und deren Mitglieder später im Untergrund weitergearbeitet oder unter Pseudonymen veröffentlicht hatten. Wichtigster Kopf dieser Gruppe war Václav Černý, ein brillanter, aber aufmüpfiger Professor für Literaturwissenschaft an der Karlsuniversität in Prag, der wegen seiner nonkonformistischen sozialistischen Ansichten seinen Posten verlor.[64] Später ging die führende Rolle auf Jiří Kolář über, einen Dichter proletarischer Herkunft, der zunehmend der Mehrdeutigkeit und dem Missbrauch der Worte misstraute, deshalb das Verfassen von Gedichten einstellte und sich als bildender Künstler nur noch durch Collagen und Artefakte ausdrückte, in den sechziger Jahren Berühmtheit erlangte und später in Paris im Exil lebte. Ein weiteres Mitglied der Gruppe, der Übersetzer Zdeněk Urbánek, der Shakespeare und Joyce ins Tschechische übertrug, wurde Havels wohl engster lebenslanger Freund und Mentor, obwohl er damals mit 19 Jahren älter war als er. Die Gruppe verkörperte den alternativen Parnass zur Zentrale des offiziellen Schriftstellerverbands, die nur drei Häuser entfernt lag. Nach der baldigen Auflösung der Sechsunddreißiger wechselte Havel an den Tisch der Älteren. »Slavia war mein literarischer Kindergarten.«[65]

Ebenso bedeutsam war Havels Begegnung mit einer jungen Schauspielerin namens Olga Šplíchalova, die er ebenfalls im Café Slavia kennenlernte. Olga war drei Jahre älter und wies die ungeschickten Annäherungsversuche des 17-Jährigen zunächst ab, doch das sollte nicht ihr letztes Wort sein.

Durch das weitgespannte Netzwerk der Familie Havel fand der junge Václav auch Kontakt zu seinem ersten Kritiker und zu zwei bedeutenden tschechischen Philosophen. Der liberale Journalist und Schriftsteller Eduard Valenta las Václavs erste literarische Versuche, ermutigte ihn weiterzumachen und erlaubte ihm die Nutzung seiner umfangreichen Bibliothek. Der Philosoph J. L. Fischer war ein gelegentlicher Gast im Hause Havel und ein bekannter linker humanistischer Gelehrter, der trotz seiner eifrigen Bemühungen, sich mit den neuen Verhältnissen zu arrangieren, von den Parteiideologen als nicht zuverlässig eingestuft wurde und rasch seine Position und seinen Einfluss verlor. Der zweite Denker, Josef Šafařík, der durch den Vavrečka-Zweig der Familie in Havels Umkreis kam, war in mannigfacher Hinsicht Fischers Gegenteil: ein autodidaktischer Moralphilosoph, der das Scheinwerferlicht scheute und den Großteil seines Lebens in Zurückgezogenheit verbrachte, damit die Realität sein Denken nicht beeinträchtigte – was so weit ging, dass er später Havels führende Rolle bei der Charta 77 als eine falsche Flucht vor seiner Hauptaufgabe als Denker kritisierte. Von den beiden Männern war Šafařík derjenige, der Havel stärker beeinflusste.

Im Sommer 1954 wurde rund ein Dutzend Mitglieder der Sechsunddreißiger von Havels Eltern eingeladen, eine Woche in Havlov zu verbringen. Während der sommerlichen Freizeitvergnügungen spürte einer von ihnen, der tiefreligiöse Jiří Paukert, der sich allmählich seiner homosexuellen Veranlagung bewusst wurde, dass er sich zu dem jungen Ivan hingezogen fühlte. Das führte nicht nur dazu, dass sich eine lang währende Freundschaft zwischen ihm und Havels Mutter Božena entwickelte, die sich verpflichtet fühlte, den jungen Mann zu beschützen, sondern auch zu einer Lockerung der engen Bindung innerhalb der Gruppe. Niemand verurteilte Paukert, aber die Episode trug dazu bei, dass die Sechsunddreißiger erkannten, dass sie als ausgeprägte und unterschiedliche Persönlichkeiten eigene Wege gehen mussten. Gleichwohl hatte die »bedingungslose«[66] Freundschaft und Loyalität, die sie füreinander empfanden, lebenslang Bestand. Havel blieb mit Paukert in Verbindung und korrespondierte mit ihm,[67] den er als seinen engsten »literarischen Kameraden« betrachtete,[68] aber auch mit Kopecký und Viola Fischerová, außerdem entwickelte er eine enge Freundschaft zu Josef Topol, der später zu der Gruppe gestoßen war und künftig Dramatiker werden sollte. Als Staatspräsident ehrte Havel einige Gruppenmitglieder mit den höchsten Auszeichnungen, gewissermaßen als nachträgliche Anerkennung ihrer Leistungen für die Nation.

Im Jahr 1956 unternahm der Zwanzigjährige, vermutlich angeregt durch Bemerkungen von Jaroslav Seifert auf dem Jahreskongress der tschechoslowakischen Schriftsteller, seinen ersten Ausflug auf das Gebiet der Literaturpolitik. Er schrieb einen aufmüpfigen Artikel unter der Überschrift »Zweifel am Programm«,[69] der in der Literaturzeitschrift *Květen* abgedruckt wurde, und hielt anschließend eine Rede auf einer Konferenz junger Autoren in dem Barockschloss Dobriš, dem Sitz des tschechoslowakischen Schriftstellerverbandes. Beide Male plädierte er, wie Seifert vor ihm, für die Wiederaufnahme von verbannten oder ausgeschlossenen Autoren in die tschechoslowakische Literatur, von denen viele im Slavia am Tisch saßen. Sein Appell stieß auf taube Ohren.

Doch nicht alle Unternehmungen Havels Mitte der fünfziger Jahre waren intellektueller Natur. Sehr zum Unmut seiner Mutter entwickelte er Gefallen am Nachtleben und begann Bars und Weinstuben aufzusuchen, zusammen mit gleichgesinnten Freunden wie dem Lebemann Vladimír Višek, der auch zu den Sechsunddreißigern gehörte und sich später als Schriftsteller Theodore Wilden nannte, eine dubiose Figur.[70] Havel bemühte sich anscheinend um ein ähnliches Auftreten wie Višek, er trug einen »Gockel«, wie man damals eine breitknotige, bunte Krawatte nannte, Schuhe mit hochgebogener Spitze, »Ungarn« genannt, gestreifte Socken, eine eng zulaufende Hose, die ein bisschen zu kurz war, um die Socken zu verdecken, und eine tief ausgeschnittene Jacke.[71] Er nahm Tanzstunden, unverzichtbarer Bestandteil einer Erziehung in der Mittelschicht, und versuchte Freundschaften mit Angehörigen des anderen Geschlechts zu knüpfen, zunächst mit wenig Erfolg.

Havels späteres Werk unterschied sich deutlich von seinen ersten Versuchen als Mitglied der Sechsunddreißiger. Nachdem er erkannt hatte, dass einige seiner Kollegen auf diesem Gebiet wesentlich begabter waren, gab er den Wunsch auf, Dichter zu werden, und verwarf auch seine frühen philosophischen Versuche als weitgehend irregeleitet. Wegen seines familiären Hintergrunds blieb ihm eine weiterführende Ausbildung in Kunst und Philosophie verwehrt, doch dank der Sechsunddreißiger und seiner eigenen Bemühungen war er nun ein anerkanntes Mitglied der Prager Künstler- und Intellektuellenszene, insbesondere des im Verborgenen wirkenden, nonkonformistischen Untergrunds. Was immer er in Zukunft tun sollte, dieser Szene fühlte er sich stets verbunden.

DER BRAVE SOLDAT HAVEL

Diesen Krieg gewinnen wir, das kann ich Ihnen noch einmal bestätigen, meine Herren.

Jaroslav Hašek, Die Abenteuer des braven Soldaten Schwejk

Im Herbst 1957 verfasste der 21-jährige Havel ein bemerkenswertes siebenseitiges Briefdokument mit dem beunruhigenden Titel »Anweisungen für meine Hinterbliebenen«.[72] Sein Inhalt zeigt ihn als einen höchst organisierten, verantwortungsbewussten, wenngleich etwas pedantischen jungen Mann, Eigenschaften, die ihn ein Leben lang prägen sollten. Die Anweisungen bestehen im Wesentlichen aus einer Liste von verliehenen Büchern und dienten späteren Havel-Forschern als gute Einführung sowohl in seine Lesegewohnheiten als auch sein soziales Umfeld. Zu den Autoren, die sorgfältig mit einer gewellten Linie unterstrichen sind, gehören Dichter wie Ivan Blatný, Vladimír Holan, Comte de Lautréamont, Anna Achmatova, Edgar Allan Poe, Charles Baudelaire, Richard Weiner und Jiří Orten sowie Romanautoren wie Louis-Ferdinand Céline, Sinclair Lewis, Leo Tolstoi und Egon Hostovský. Unter den Entleihern befanden sich die Sechsunddreißiger Viola Fischerová, Vladimír Višek, Jiří Paukert und Ivan Hartmann, die Schriftsteller Jan Zábrana, Jiří Kolář und Jan Grossman, der Schulkamerad aus Poděbrady Miloš Forman, Olga Šplíchalová, die seit kurzem Havels Freundin war, und ein Mann, der »Karl Marx« genannt wurde. Ebenso sorgfältig listet Havel seine eigenen Verpflichtungen gegenüber Freunden und Bibliotheken auf. Die ganz unbescheiden »Meine Werke« betitelte dritte Abteilung umfasst Anweisungen zur Verteilung des noch sehr überschaubaren Korpus von Havels Gedichten und Essays, die in Manuskripten vorlagen. In der vierten Abteilung wird

Onkel Miloš gebeten, ihm aus seinem Exil in München folgende Dinge zu schicken: »1. einen knielangen Mantel, 2. ein Paar Blue Jeans [oder ›Texas-Hosen‹, wie man sie im Tschechischen nannte] und 3. einen Schweizer Atlas von Filmstars und Regisseuren.« Im fünften Teil wird den Hinterbliebenen – offenkundig seiner Familie und insbesondere seiner Mutter Božena, die die meisten seiner Anweisungen ernst nahm, wie aus ihren handschriftlichen Notizen am Rand zu ersehen ist – aufgetragen, seine Mokassin-Schuhe zu verkaufen oder reparieren zu lassen.

Aus diesen beiden letzten Teilen ergibt sich, dass Havel weder ernsthaft krank war noch an Selbstmord dachte. Auch die Anweisung im letzten Teil, »mein Zimmer so, wie ich es verlassen habe, in einem zweijährigen Schlummer zu belassen«, weist in dieselbe Richtung. Havel hatte mittlerweile das Abendgymnasium abgeschlossen und vergeblich versucht, an einer geisteswissenschaftlichen Fakultät einer Universität unterzukommen, wegen seiner »bürgerlichen« Herkunft wurde er nirgends zugelassen. Die angesehene Film- und Fernsehfakultät der Akademie der musischen Künste in Prag, wo bereits seine älteren Schulkameraden aus Poděbrady, Ivan Passer und Miloš Forman, studierten, war seine bevorzugte Wahl, blieb für ihn jedoch unerreichbar, obwohl sich an der Filmakademie ein junger Professor für Regie und Drehbuch namens Milan Kundera für ihn einsetzte.[73]

Da ihn die Aussicht auf den zweijährigen Militärdienst überhaupt nicht begeisterte, meldete sich Havel »aus Verzweiflung«[74] für das Fach Verkehrswissenschaft an der ökonomischen Fakultät der Technischen Hochschule an, »wo sie jeden nahmen«,[75] und tatsächlich wurde der junge Intellektuelle, der sich weder für Wirtschaft noch für Verkehr interessierte, zum Studium zugelassen. Doch Themen wie »Schotter« oder »Straßenbau«[76] langweilten ihn zu Tode, und als dann auch sein Versuch, zur Filmakademie zu wechseln, erwartungsgemäß scheiterte, verließ er die Hochschule und musste doch zum Militär.

Aber er tat es nicht kampflos. Nachdem seine Bewerbung an

der Filmakademie und damit seine Zurückstellung vom Militärdienst abgelehnt worden waren, berief er sich vor dem Musterungsausschuss auf »depressive Psychopathie«, um als untauglich eingestuft zu werden. Der Ausschuss ließ sich dadurch allerdings nicht beeindrucken; ein Politoffizier der Armee erklärte angeblich, dass Havel auch Dienst tun könne, wenn ihm ein Bein fehlen würde.[77] Einen Monat später rückte Havel ein.

Eines Morgens Ende Oktober 1957 machte sich auch ein großgewachsener junger Mann namens Andrej Krob am Prager Hauptbahnhof auf, um zu der Kaserne zu fahren, wo er seinen Armeedienst antreten sollte. »Ich stellte mich im Zug ans Fenster; Václav, den ich damals noch nicht kannte, stand an einem anderen, und auf dem Bahnsteig unter seinem Fenster sah ich ein außergewöhnlich hübsches Mädchen … Ich schaute noch einmal hin, und da stand dieser rundliche Bursche, und ich dachte mir, die Welt ist nicht gerecht …«[78] Obwohl Krob und Havel, die beide im 15. Pionierbataillon in derselben Kaserne dienten, sich erst nach ihrem Ausscheiden aus dem Militär näher kennenlernten, war Krob der Soldat Havel aufgefallen, weil er »stets vorschriftsmäßig gekleidet war«.[79] Krob, Havel und Olga sollten dann schnell Freunde, Nachbarn und Kollegen werden.

Während sich Krob mehr oder weniger damit abgefunden hatte, was ihn erwartete, fühlte sich Havel elend. Er war mehr als die meisten ein Gewohnheitsmensch und trauerte über den plötzlichen Verlust seiner Freunde, seiner Bücher und der Besuche im Café. »Ich bin traurig und unglücklich«, schrieb er an Paukert nach seiner Einberufung.[80] Schlimmer noch war, dass er sich selbst als Versager betrachtete. Das ist nur verständlich im Kontext einer »Atmosphäre ständiger Vorwürfe«, denen er zu Hause ausgesetzt war, wo man ihn für einen »Schwächling« hielt.[81] Havel erläuterte nicht, von wem diese Vorwürfe erhoben wurden, man darf aber wohl annehmen, dass sie nicht vom Vater kamen. Dennoch zeigte er schon hier jene Anzeichen von Aufmüpfigkeit, Optimismus und Widerstandsfähigkeit, die ihm später helfen sollten, die zahlreichen Prüfungen zu bestehen, die er zu erdulden hatte. »Zugegebenermaßen habe ich in einem bestimmten Stadium meines Lebens versagt, aber erstens besteht kein Grund, mir das dreißigmal am Tag ins Gesicht zu sagen, und zweitens akzeptiere ich es nicht, wenn gesagt wird, ich hätte mein Leben vermasselt. Das ist lächerlich.«[82]

Der Militärdienst in den fünfziger Jahren war für niemanden eine angenehme Zeit, am wenigsten für den Sohn eines »Klassenfeindes«. Doch Havel hatte Glück. Noch drei Jahre zuvor wäre er wahrscheinlich in ein Technisches Hilfsbataillon gekommen, eine der Abteilungen, die speziell für die Abkömmlinge der Kapitalisten und anderer unerwünschter Personen, wie beispielsweise Priester oder Zigeuner, geschaffen worden waren. Die jungen Männer mussten dort ohne Waffe Dienst tun und waren allen möglichen Schikanen und Demütigungen ausgesetzt. Havel traf es 1957 etwas besser; er wurde einem Pionierbataillon zugeteilt, das freilich ebenfalls dazu ausersehen war, in dem erwarteten nuklearen Armageddon als Erstes geopfert zu werden. Der andere Glücksfall war, dass er dort eine verwandte Seele traf, einen jungen Mann namens Karel Brynda, mit dem er eine Theatergruppe für das Regiment gründete.

Einige Havel-Biographen betrachten die Mitwirkung an diesem Militärtheater als einen organischen Bestandteil im Prozess der Verfeinerung seiner kreativen Ambitionen. Havel selbst bestritt dies und beharrte darauf, dass ganz nüchterne Gründe ihn dazu veranlasst hatten, in der Armee ein Amateurtheater aufzubauen. Er litt unter der Schinderei und der Sinnlosigkeit der Marschübungen, bei denen er eine schwere Panzerfaust mitschleppen musste. Selbstverständlich war er sich darüber im Klaren, dass alle von der Armee geförderten kulturellen Aktivitäten dazu dienen sollten, das ideologische Bewusstsein der Rekruten zu schärfen und sie auf den bevorstehenden Kampf vorzubereiten, wozu er nicht gerne einen Beitrag leisten wollte. Dennoch unternahm er alles Erdenkliche, um der Langeweile zu entkommen.

Dafür bediente er sich einer klassischen tschechischen List, die in den *Abenteuern des braven Soldaten Schwejk* unsterblich gemacht wurde, einem satirischen Schelmenroman des tschechischen Humoristen Jaroslav Hašek. Schwejk ist Soldat der österreichisch-ungarischen Armee im Ersten Weltkrieg und versucht sich vor dem Einsatz zu drücken, indem er alle absurden Befehle und Aufträge so begeistert und hingebungsvoll befolgt, dass er schließlich als geistig untauglich für den Militärdienst eingestuft wird.

Havel und Brynda widmeten sich mit der gleichen Begeisterung und Hingabe der Aufführung eines Stücks mit dem Titel *Septembernächte*, das der junge kommunistische Autor Pavel Kohout geschrieben hatte. Die Handlung ähnelte einer Seifenoper. Ein angesehener junger Offizier begeht eine verständliche, aber unentschuldbare Sünde, indem er dem Dienst unerlaubt fernbleibt, um seine schwangere Ehefrau im Krankenhaus zu besuchen. Dafür wird er von einem ehrgeizigen, unbarmherzigen Politoffizier zur Verantwortung gezogen, entgeht letztlich aber einer Bestrafung, weil sich ein väterlicher Kommandeur für ihn einsetzt. Dass die Aufführung einen bestimmten Zweck verfolgte, zeigte sich darin, dass Havel selbst die Rolle des gedankenlosen, übertrieben ehrgeizigen Eiferers übernahm. Er spielte diese unsympathische Rolle so überzeugend, dass sein Kompaniechef, der anscheinend zwischen Dichtung und Wahrheit nicht unterscheiden konnte, Havel bestrafte, indem er ihn der ehrenvollen Funktion des Panzerfaustschützen enthob – für diesen eine willkommene Strafe.

Der zweifelhafte Erfolg des Stücks (und der List) ermutigte die beiden angehenden Künstler, ein eigenes Theaterstück zu schreiben. Havel sagte es zwar nie so deutlich, aber die beiden wurden dabei wohl von der Überlegung geleitet, wenn ein anerkannter Künstler einen solchen Mist schreiben könne, dann könnten sie das auch. *Vor uns das Leben*[83] liest sich, als würde der brave Soldat Schwejk auf Monty Python treffen. In einer vorgeblich todernsten Handlung schläft ein junger Soldat während der Wache ein, während ein anderer mit der Waffe des Schlafenden einen Eindringling erschießt. Der eingeschlafene Soldat wird daraufhin als Held gefeiert und entsprechend belohnt. Er hat eine strahlende Zukunft vor sich, kann am Ende aber den Gedanken nicht ertragen, dass er aus einem unehrenhaften Verhalten Nutzen ziehen soll, und gesteht seinen Fehler ein.

Manche sehen in dieser absurden Konstruktion den ersten literarischen Ausdruck des Prinzips vom »Leben in der Wahrheit«.[84] Wenn das zutrifft, wäre es die einzige direkte Umsetzung dieses Konzepts in Havels Arbeit als Dramatiker: »Wahrheit« war für ihn stets mit Brechungen verbunden, was sie wesentlich komplexer und mehrdeutiger machte. Wahrscheinlicher ist, dass es sich bei diesem Werk nur um einen »lächerlichen kleinen Scherz« handelte, wie Karel Brynda es formulierte.[85] Havel selbst bezeichnete das Stück als »halb-kollaboratorisch«.[86] Es mit dem *Gartenfest* und der *Benachrichtigung* zu vergleichen oder auch nur nach Gemeinsamkeiten und einem »Ringen um Identität«[87] zu suchen, wäre übertrieben.

Havels Schwejk-Episode konnte nur als Farce enden. Das Stück, das auf »authentischem« Soldatenleben beruhte und von »authentischen« Soldaten geschrieben worden war, fand einigen Zuspruch in den Vorausscheidungen des jährlichen Armeewettbewerbs für junge Künstler und schaffte es sogar in das Finale in Marienbad, bis man in der Politischen Hauptabteilung die beiden Autoren überprüfte und zu der Ansicht gelangte, dass sie sich über das Militär lustig machen wollten.

Die fiktive Handlung wiederholte sich anschließend real in den Disziplinarmaßnahmen gegen die Autoren. Die Armee konnte ein Bühnenwerk, in dem ein Soldat während der Wache einschlief, nicht einfach als Travestie abtun, geschrieben von zwei boshaften und feindselig gesinnten Taugenichtsen. Dadurch hätten die Vorgesetzten zugeben müssen, dass auch sie geschlafen hatten. Am Ende wahrte man das Gesicht, indem man die fehlende Wirklichkeitsnähe des Stückes herausstellte – es war schlicht undenkbar, dass ein guter sozialistischer Soldat während des Wachdienstes einschlafen würde. Das Stück wurde als »armeefeindlich« verurteilt, aber es gab keine weitere, darüber hinausgehende Bestrafung. Havel und Brynda dagegen freuten sich, eine Woche in dem berühmten Kurort Marienbad verbringen zu können, und nutzten die Zeit, um nach Mädchen Ausschau zu halten.

Nur wenigen Leuten, damals wie auch später, ist die Ironie im Titel *Vor uns das Leben* aufgefallen. Der Eindringling, der *deus ex machina*, der ungewollt das Debakel heraufbeschwört, liegt tot auf dem Boden. Vor ihm liegt kein Leben mehr.

Wie seine »Anweisungen an die Hinterbliebenen« nahelegen, hatte Havel zu dieser Zeit noch immer die Absicht, in die Fußstapfen seines Onkels zu treten und sich im Filmgeschäft einen Namen zu machen. Vielleicht um vor der nächsten Runde der Aufnahmeprüfungen an der Filmakademie sein Repertoire zu erweitern, schrieb er, wiederum zusammen mit Brynda, ein Drehbuch. Im Unterschied zu *Vor uns das Leben* ist *Ach, die Armee*[88] keine Parodie, sondern eine sehr konventionelle Liebesgeschichte über einen Rekruten, der in der Garnisonsstadt ein Techtelmechtel mit einer naiven jungen Studentin beginnt, ohne zu wissen, dass sich zu Hause ein ehemaliger Verehrer an das Mädchen heranmacht, mit dem der Rekrut eigentlich zusammen ist. Die Moral der Geschichte, sofern sie eine hat, lautet: Was gut ist für den Jungen, das ist auch gut für das Mädchen, obwohl der Junge, der die Härte des Militärdienstes erdulden muss, nach deutlich großzügigeren Maßstäben beurteilt wird. Das könnte darauf deuten, dass der Autor vielleicht eine etwas unausgewogene Haltung zur Gleichbehandlung der Geschlechter hatte.

In dem Drehbuch kommt auch Havels wachsende Zuneigung zu Olga zum Ausdruck, ebenso wie die Verunsicherung, die ihn aufgrund ihrer zweijährigen Trennung erfasste. Es sind keine Briefe zwischen den beiden aus dieser Zeit verfügbar, weder damals noch später war Olga eine große Briefschreiberin. Václavs

Mutter archivierte gewissenhaft seine gesamte Korrespondenz, beachtete aber seine Freundin nicht besonders und hätte wohl nicht dieselbe Ehrfurcht vor den Briefen »dieses Mädchens« gezeigt. Havel, der während seines jährlichen Armeeurlaubs so viel Zeit wie möglich mit Olga verbrachte, berichtete von »Wogen des Unmuts«, die dies zu Hause hervorrief.[89] Wie sehr sich die beiden Frauen dem jungen Soldaten verbunden fühlten, wurde nichtsdestotrotz sehr anschaulich demonstriert durch ihre Bereitschaft, gewissermaßen einen Waffenstillstand zu schließen und an den Sonntagen gemeinsam zu seiner Kaserne zu fahren.

Ungeachtet seiner Faszination für den Film begann Havel während der Militärzeit auch Theaterstücke zu lesen. Edgar Lee Masters, Edgar Allan Poe und Comte de Lautréamont machten Platz für Arthur Miller, Eugène Ionesco und Samuel Beckett. Ihm war bewusst, dass die Kommunisten der Filmindustrie ebenso wie der Post, der Energieversorgung und der Eisenbahn strategische Bedeutung beimaßen, da diese Bereiche das Leben so vieler Menschen beeinflussten. Seine Chancen, doch noch an der Filmfakultät aufgenommen zu werden, schätzte er deshalb als sehr gering ein. Und doch versuchte er als Nächstes sein Glück an der Theaterfakultät der Akademie und bereitete seinen Angriff auf diese Festung der Musen mit dem Einfallsreichtum und der Detailbezogenheit eines Militärstrategen vor. Vor der Prüfungskommission erschien er in voller Militäruniform, worauf ihn einer der Professoren fragte, warum er nicht das Abzeichen eines vorbildlichen Soldaten trage. Dann versuchte er die Kommission dadurch zu beeindrucken, dass er die vier Gesetze der marxistischen Dialektik anhand eines Stückes des gewiss unverdächtigen türkischen Dramatikers Nâzım Hikmet demonstrierte, und freute sich, dass der Streich anscheinend bei einigen der weltanschaulich besonders gefestigten Genossen verfing. Doch obwohl er eine gute Figur in der Aufnahmeprüfung machte – auf die er von Milan Kundera und Jan Grossman, einem Schüler von Václav Černý und angesehenen Literatur- und Theaterkritiker, vorbereitet worden war – und obwohl sich seine Eltern sehr für ihn einsetzten und sogar eine Petition an das Präsidialamt richteten, wurde er erneut abgelehnt.[90] Havel schied aus dem Militärdienst aus, so wie er ihn angetreten hatte, ein Gescheiterter ohne Ausbildung und ohne Zukunftsperspektiven, dazu mit der Aussicht, zu Hause von einer Woge des Unmuts empfangen zu werden. Olga, die loyal auf ihn gewartet hatte, war der einzige Lichtblick in der Dunkelheit.

OLGA

Die Zeit hat sie zur Unwahrheit
verzerrt. Die Treu aus Stein,
die kaum in ihrer Absicht lag, ist nun
ihr letztes Wappenschild um zu beweisen,
dass unser Fast-Instinkt beinahe stimmt:
Was von uns übrigbleibt ist Liebe.

Philip Larkin, Ein Grabmal in Arundel

Václav Havel war noch keine 17 Jahre alt, als er der Frau seines Lebens begegnete. Viele Jahre später sollte er sich in Dagmar Veškrnová verlieben und sie nach Olgas Tod auch heiraten. In der Zeit dazwischen war er mindestens zweimal verliebt, machte ziemlich wahllos anderen Frauen den Hof, diese interessierten sich auch für ihn, aber Olga war fünfzig Jahre lang eine seiner »Lebensgewissheiten«,[91] seine Gefährtin, sein Gewissen, seine erste Leserin, seine entschiedenste Verteidigerin und seine erbittertste Kritikerin. Ihre Beziehung, die schwere Zeiten, die Abneigung seiner Mutter, Seitensprünge, Verfolgung und Gefängnis überstand, entzog sich allen hergebrachten Kategorien und wurde schließlich zu einer Kategorie eigener Art. Olga übte auf Havel – und er auf sie – einen derart beherrschenden Einfluss aus, dass er ohne sie wohl nicht das geworden wäre, was er wurde. Unbeirrbar warb der junge Dichter damals um sie – trotz ihres Altersunterschieds (sie war drei Jahre älter), ihres sozialen Hintergrunds (sie kam aus Žižkov, dem Prager Ostend, einem weniger von Armut, sondern eher von klassenbewussten Proletariern geprägten Stadtteil) und trotz ihrer langen Trennungsphasen. Havel ahnte wohl, wie unverzichtbar sie für ihn war.

Sie lernten sich im Café Slavia kennen. Die Umstände waren

wenig spektakulär. In seiner Arbeitsstelle hatte sich Havel mit seiner Laborkollegin Zdena Tichá angefreundet und war sogar halbherzig in sie verliebt. Das geht aus Gedichten hervor, zu denen er damals von ihr angeregt wurde. Zdena empfand anscheinend ähnlich zwiespältige Gefühle für ihn, und obwohl sie nicht seine Freundin wurde, stellte sie ihm im Café Slavia zwei ihrer Freundinnen aus dem Schauspielkurs vor, den sie gerade besuchte. Eine von ihnen war Olga Šplíchalová.[92]

Olga weckte sogleich Havels Aufmerksamkeit, doch sie fühlte sich zunächst nicht sonderlich stark zu ihm hingezogen. Er war unreif, unsicher und etwas pummelig, zudem hatte sie einen Freund, einen angehenden jungen Schauspieler, der an der Prager Akademie der musischen Künste studierte. Havel aber ließ nicht locker, und drei Jahre später waren sie ein Paar. Anscheinend hatte er vorher noch keine andere Freundin gehabt. Sie erklärte ihm damals: »Du wirst es nicht leicht mit mir haben«, doch bald musste sie feststellen, dass es eher andersherum war, dass das Leben mit ihm schwieriger war, als sie gedacht hatte.[93]

Was sah er in ihr? Sie war ihm geistig nicht ebenbürtig; was sie sich an Bildung aneignete, erlangte sie zum größten Teil durch ihn. Sie hatte keinen großen Freundeskreis und konnte ihn nicht mit interessanten Leuten oder berühmten Künstlern bekannt machen. Sie hatte ein hübsches, ausdrucksstarkes Gesicht, ein charmantes Lächeln und dichte, etwas stachelige dunkle Haare, doch nach den Maßstäben der damaligen Zeit hätte man sie nicht als besonders attraktiv oder sexy bezeichnet. An der rechten Hand hatte sie bei einem Arbeitsunfall zwei Finger verloren und trug häufig Handschuhe, um dies zu kaschieren. Sie flirtete nicht, versuchte nicht, andere zu bezirzen, und verstellte sich auch nicht, um der gesellschaftlichen Etikette zu genügen.

Sie war geradeheraus wie eine Herrscherin, sagte den Leuten unverblümt ihre Meinung. Menschen, die ihr das erste Mal begegneten, waren bisweilen irritiert durch ihre direkte, schonungslose Art. Doch wer häufiger mit ihr zu tun hatte, erkannte schnell, dass keine Aggressivität dahintersteckte, nicht das Bedürfnis, sich über andere zu erheben oder sie zu demütigen, sondern eine frappierende Sachlichkeit, die man nur selten in dieser Ausgeprägtheit und Intensität erlebte. Bemerkenswerter noch war, dass Olgas Urteile, vor allem jene bezüglich anderer Menschen, meist zutrafen. Anscheinend waren es diese ernsthafte Aufrichtigkeit und die Missachtung von Konventionen, die Havel anzogen. Auf seinem Weg zum Rebellen brauchte er eine lebenskluge, erfahrene Partnerin und keine Debütantin.

Was sah sie in ihm? Aufgrund seines Alters, seiner wenig beeindruckenden Erscheinung und seines rollenden »R« verkörperte er nicht gerade den klassischen Typus eines Jungen, den sich eine Frau zum Freund wünschte. Während viele Leute sie bemerkenswert fanden, hätten wahrscheinlich nur wenige dies über Václav gesagt. Seine intellektuelle Neugier und sein Wissen beeindruckten Olga wohl stark, doch das waren keine Eigenschaften, die ihn als einen verlässlichen Partner in den rauen Straßen von Žižkov empfahlen. Sie ähnelten sich jedoch darin, dass sie beide nichts Unbeständiges oder Oberflächliches an sich hatten. Ebenso wie Olga glaubte der 19-jährige Havel mit gravitätischer Ernsthaftigkeit tatsächlich an das, was er sagte. Hinzu kam eine unerschütterliche idealistische Hoffnung, eine gewisse Naivität, etwas fast Kindliches und ungemein Verletzliches. Olga konnte das verstehen; schon von klein auf hatte sie sich um die jüngeren Kinder in ihrer großen Familie kümmern müssen und erfüllte diese Aufgabe mit dem natürlichen fürsorglichen Instinkt einer liebevollen, wenn auch nüchternen Mutter. Sie erkannte schnell die unsichere, hilflose Seite dieses jungen Mannes und seinen unstillbaren Hunger danach, geliebt zu werden. Wenn er sie als seine geistige Schülerin annahm, so betrachtete sie ihn gewissermaßen als ihr Mündel. Die häufige Beobachtung von Freunden, dass sie »eher wie eine Mutter als wie eine Ehefrau neben ihm stand«,[94] könnte leicht zu einer psychologischen Deutung verleiten. Havel strebte eindeutig nicht danach, die Beziehung zu seiner Mutter zu wiederholen. Es stimmt, dass er als jemand, der »in der liebevoll festen Umschlossenheit einer Mutter« aufgewachsen war, »schon allein deshalb wesenhaft eine energische Frau neben sich benötigte, die er immerzu nach etwas fragen und die er immer auch ein bisschen fürchten konnte«.[95] Doch zugleich suchte er nach jener Art von ungeteilter Aufmerksamkeit und bedingungsloser Loyalität, die Božena ihm nicht hatte geben können. In gewisser Weise suchte er nach der Mutter, die er nicht gehabt hatte.

Und schließlich waren sie beide Außenseiter, sie mehr als er aufgrund eigener Entscheidung. In ihrer sozialen Realität jenseits der Künstler- und Intellektuellenkreise gab es eigentlich nichts, das sie anziehend oder beachtenswert finden konnten. »Die grundlegende Erfahrung meiner Generation«, schrieb Havel 1958 an Paukert, »besteht darin, dass sie die kommunistische Vorstellung von Sozialismus in ihrer praktischen Umsetzung erlebte … und eine Sichtweise darauf formulierte, die leider zum größten Teil negativ war.«[96] Aufgrund ihres ausgeprägten Sinns für Wahrheit und Aufrichtigkeit mussten sich die beiden abgestoßen fühlen von der Grausamkeit, den Anmaßungen und der Heuchelei der herrschenden Ideologie. Obwohl Olga wegen ihrer proletarischen Herkunft nicht mit den gleichen Schwierigkeiten um eine höhere Ausbildung hätte kämpfen müssen, wählte sie diesen Weg nicht; sie erkannte, dass eine solche Schule vollkommen unvereinbar sein würde mit jener, die sie am Cafétisch im Slavia erhielt. In ihrer Trotzhaltung lernten sie, eng zusammenzustehen, sich gegenseitig zu vertrauen, sich vorbehaltlos aufeinander zu verlassen.

Havels wachsender Freundeskreis aus den Reihen der Sechsunddreißiger und dem Slavia begann Olga zu akzeptieren und zu mögen. Intellektuell konnte sie zwar nicht brillieren, doch aufgrund ihrer bodenständigen Art und ihrer festen Verwurzelung fühlten sich die anderen ihr nicht überlegen, sondern verehrten sie in gewisser Weise, lebten allerdings auch ständig in der Angst, von ihr auf den Boden der Tatsachen zurückgeholt oder, noch schlimmer, als Aufschneider bloßgestellt zu werden.

Auch von Václavs Vater wurde Olga einigermaßen herzlich willkommen geheißen. Er war ein unkomplizierter Mann, ein wenig verlegen wegen seiner einstigen herausgehobenen sozialen Stellung, wenn auch nicht so beschämt deswegen wie sein Sohn. Ihm gefiel die junge Frau, und er konnte die Wahl seines Sohnes zumindest respektieren. Božena dagegen war weniger begeistert. Als Mädchen, das vom Land in die große Hauptstadt gekommen war, hatte sie vielleicht ein dringenderes Bedürfnis, an ihrem sozialen Status festzuhalten. Vielleicht war sie auch ein wenig eingebildet. Ihr missfielen Olgas Schlichtheit, ihre ungekünstelte Art, ihre Herkunft, ihr Arbeiterakzent und ihr Mangel an Bildung. Sie hatte sich für ihren Sohn eigentlich ein Mädchen aus der »guten Gesellschaft« vorgestellt, jemanden wie die nette Jana, die Tochter des Philosophen Jan Patočka, eines sehr angesehenen gelegentlichen Besuchers im Hause Havel.[97] Einige indirekte Anspielungen Václavs deuten darauf hin, dass Božena die junge Frau als eine berechnende Abenteurerin beargwöhnte, die aus eigennützigen Motiven ihren unsteten Jungen zu einem erfolgreichen Mann aufbauen wollte – was freilich kein Grund gewesen wäre, Olga zu verurteilen, selbst wenn es gestimmt hätte.[98]

Božena wollte zweifellos, dass ihr Sohn glücklich wurde, und sie hätte sich wahrscheinlich sogar Sorgen gemacht, wenn er keine feste Freundin nach Hause gebracht hätte – vor allem nachdem sich Jiří Paukert Hals über Kopf unglücklich und unerwidert in Ivan verliebt hatte. Das Gespenst von Onkel Miloš war wohl noch immer lebendig. Hätte Olga dieser Ehrfurcht gebietenden Hausmutter nur ein wenig schöngetan, sich um ihre Gunst bemüht, ihren Rat nachgefragt, dann wäre alles in Ordnung gewesen. Doch das hätte bedeutet, von Olga Unmögliches zu erwarten, und daher ging sie der älteren Frau aus dem Weg, um sie nicht zu provozieren. Das war nicht einfach: Mittlerweile hielt sich das junge Paar die meiste Zeit in Václavs »Bau« in der

Wohnung der Familie auf. Es war die klassische Situation, in der ein Kampf zwischen zwei starken Frauen, zwischen Mutter und Geliebter, entbrennen kann.

Doch dazu kam es nicht. Havel respektierte, ja fürchtete seine Mutter, zugleich aber legte er ein starkes Unabhängigkeitsstreben an den Tag, das ihn gegen ihre Autorität rebellieren ließ. Olga verkörperte die Rebellion an sich. Und während er Angst hatte, seine Mutter zu enttäuschen, fürchtete er bald genauso, Olga eine Enttäuschung zu bereiten. Nach seinem Verständnis war eine Heirat mit Olga eine Frage von »grundlegender menschlicher Würde und eines Selbstvertrauens, das ich tatsächlich niemals besaß«.[99] Als die beiden schließlich auf sein Betreiben hin am 9. Juli 1964 standesamtlich heirateten, entschloss er sich, es seinen Eltern vorerst nicht zu sagen. Erst fünf Tage später teilte er die Neuigkeit seinem Vater in einem Brief mit, den er aus der sicheren Entfernung ihres Flitterwochendomizils in einem kleinen Hotel in der Nähe von Karlsbad abschickte. Offenkundig überließ er es seinem Vater und Ivan, die Nachricht der Mutter zu überbringen.

In dem Brief an seinen Vater, der sich durch das völlige Fehlen von Bitterkeit und Schärfe deutlich von Kafkas berühmtem Schreiben unterschied, fasste Havel – mehr für sich selbst und seine Mutter als für den eigentlichen Empfänger, wie es schien – seine Motive für die Heirat und seine Gefühle für Olga nach ihrer nunmehr achtjährigen Bekanntschaft zusammen. Statt als leidenschaftliche Verteidigung der geliebten Frau liest sich das Schreiben eher wie eine nüchterne Kosten-Nutzen-Analyse – und legt doch Zeugnis ab von einer ernsthaften und verantwortungsvollen Bindung. Die wichtigste Aussage ist eine schlichte Tatsachenfeststellung: »Wir verstehen uns und kommen gut miteinander aus.«[100] Anstatt dies weiter auszuführen, gesteht Havel flüchtige Schwärmereien und Seitensprünge, die »anstatt mich von Olga wegzuführen, mich stets wieder zu ihr zurückbringen und mir wieder und wieder zeigen, wie bedeutungslos und nichtig alle diese ›Bettgeschichten‹ sind im Vergleich zu echtem und dauerhaftem Verständnis …«[101] Olga, so räumt er ein, »ist keine Professorin an der Harward-Universität [sic] und wird auch nie eine werden«.[102] Was sie in die Beziehung einbringen würde, sei »ein Element von Gesundheit, ein unmittelbares und reines Gefühl für das Leben und für schöpferische Werte; ein Element einer ursprünglichen und fast unangenehmen natürlichen Intelligenz bei der Bewertung all der Dimensionen der Welt, die uns umgibt.«[103]

Diese wie auch anderweitige Äußerungen zum anderen Geschlecht wirken in ihrer intellektuellen Überfrachtung nicht gerade überzeugend. Havel tritt auf wie ein Mann seiner Generation und Herkunft. Er legt die Bedingungen einer Beziehung fest, die Ansichten und Empfindungen der anderen Seite berücksichtigt er nicht. Es besteht kaum Zweifel, dass Olga, obwohl sie die Bedingungen ihrer Beziehung akzeptierte, sich wohl eine tiefere und emotionalere Hingabe ihres Mannes gewünscht hätte. Havel deswegen als Chauvinisten zu verurteilen wäre indes moralisch zu einfach. Ihre Beziehung war auch nach fünfzig Jahren noch lebendig und anregend, was nicht viele von ihren Beziehungen behaupten können.

Glückliche Paare sind sich ähnlich – eben dass sie ein Paar sind, das ist das charakteristische Merkmal. Zwei Menschen können sich leidenschaftlich lieben, ohne jemals ein Paar zu werden, was häufig am Ende zu katastrophalen Ergebnissen führt. Die Havels waren zweifellos ein Paar, einzigartig und unzureichend in bestimmten Aspekten. Vor anderen Menschen stritten sie häufig, so wurden sie wahrgenommen, gleichzeitig gab es aber auch diese stille Zufriedenheit, etwa wenn sie alleine waren und jeder ein Buch las oder mit einer anderen Tätigkeit beschäftigt war und scheinbar gar nicht merkte, dass der andere anwesend war. Diese Stille wurde erschüttert in dem Augenblick, in dem ein äußerer Reiz die Balance störte. »Olga«, flehte Havel, wenn eine bestimmte Aufgabe sein handwerkliches Geschick überstieg oder er etwas nicht finden konnte. »Vašku«, echote Olga, wenn sie in der kommunistischen Zeitung etwas Empörendes las oder feststellen musste, dass wieder irgendein Möchtegern-James-Bond in ihrer Nähe herumschnüffelte. Sie war sein Wachhund, wenn er sich zum Schreiben in sein Arbeitszimmer mit Gartenblick in Hrádeček zurückzog, und verscheuchte alle Eindringlinge, sie war am nächsten Morgen seine erste Leserin, während er nervös eine Zigarette nach der anderen rauchte und auf ihre Zustimmung wartete. Viele Paare zerbrechen durch Gegnerschaft, andere durch Erfolg; das Ehepaar Havel stellte stattdessen die Wagen im Kreis auf, bildete eine undurchdringliche Burg. Zugleich war Olga trotz des starken Bandes ebenso unabhängig wie er, wenn nicht sogar unabhängiger. Als er im Gefängnis saß, wurde sie zu seinen Augen und Ohren, zu seiner Managerin und Vermittlerin, aber sie spielte nicht die trauernde Witwe und fand für sich selbst Dinge, mit denen sie sich beschäftigen, und Leute, mit denen sie sich treffen konnte. Ebenso nahm sie pflichtbewusst an Staatsempfängen und offiziellen Terminen teil und begleitete Havel auf Auslandsreisen, nachdem er Präsident geworden war, aber sie weigerte sich, die First Lady in Vollzeit zu spielen, die ihren Tag mit belanglosen gesellschaftlichen Anlässen verbringt. Als sie krank wurde, stellte sie ihre Schmerzen und ihr Leiden nicht vor der Nation zur Schau, sondern litt und starb in stolzer Privatheit, ebenso wie sie gelebt hatte, und rief dadurch paradoxerweise die größte Welle an öffentlicher Trauer hervor, seit sich der Student Jan Palach 1969 aus Protest gegen den Einmarsch der Truppen des Warschauer Pakts selbst verbrannt hatte. Olga war ein Fels, und das wusste Havel anscheinend schon, als er den Brief an seinen Vater schrieb.

DER LEHRLING

Betrachte jeden Ausgang als den Eingang zu etwas anderem.

Tom Stoppard, Rosencrantz und Güldenstern sind tot

Als Havel im Herbst 1959 aus der Armee ausschied, sollten noch fünf Jahre verstreichen bis zu seiner Heirat mit Olga, doch er fühlte sich wohl. Zwar war die Zukunft unsicher, doch in gewisser Hinsicht war er in einer komfortableren Lage als viele seiner Altersgenossen. Er hatte eine treue Freundin, einen Ort, an dem er leben konnte, und die verlässliche Unterstützung durch seine Familie, die zwar nicht mehr reich war, aber noch von ihren Rücklagen zehren konnte. Was er brauchte, war eine Arbeit. Da es im Filmgeschäft für ihn keinen Platz gab, erschien ihm das Theater als die nächstbeste Option. Mit der Hilfe seines Vaters bekam er eine Anstellung als Bühnentechniker im ABC-Theater, einem etablierten Repertoiretheater, dessen angesehenes Ensemble von dem überlebensgroßen Jan Werich beherrscht wurde, einem Star der tschechischen Kulturszene vor dem Krieg.

Dass Havel hier landete, erschien logisch, denn Werich verkörperte alles, wofür die Familie Havel stand, eine aufgeklärte, linksbürgerliche Weltsicht, die alle fremdenfeindlichen und autoritären Tendenzen radikal ablehnte, die sich im Vorkriegseuropa verbreitet hatten, dazu eine Offenheit gegenüber Einflüssen der modernen Avantgarde, insbesondere des deutschen politischen Kabaretts, der Pariser Musikrevue sowie des amerikanischen Jazz und der Swingmusik. Werich hatte zusammen mit seinem Schauspieler-Kollegen Jiří (später George) Voskovec und dem Komponisten Jaroslav Ježek 1925 das Befreite Theater gegegründet, ein Musikkabarett erster Ordnung, an dem einige der besten Schauspieler, Musiker und Tänzer der Zeit aufgetreten waren. Nach ihrer Rückkehr aus dem Exil in den USA, wo sie als die Stimme der freien Tschechoslowakei über den Sender Voice of America das tschechische Publikum an den Radiogeräten in ihren Bann gezogen hatten, mussten sie feststellen, dass sich der Spielraum für politische Satire rasch verkleinerte. Im Jahr 1948 ging Voskovec abermals ins Ausland und begann in Amerika eine neue Karriere im Film und im Theater,[104] während seine Partner zu Hause blieben. Als Havel an das Theater kam, hatte Werich, obwohl er nach wie vor vom Publikum geliebt wurde, schon viel von seiner früheren Berühmtheit eingebüßt.

Durch die Arbeit mit Werich konnte der junge Künstler noch ein wenig die Atmosphäre der tschechischen Theateravantgarde der Vorkriegszeit in sich aufnehmen. Gleichzeitig bekam er durch die Mitwirkung an einer Produktion an einem der anderen städtischen Schauspielhäuser einen Eindruck vom großen klassischen Theater, das sich auf die besten dramatischen Traditionen Europas stützte. Alfred Radok, der sich auf dem Höhepunkt seiner Macht befand, als Havel ihn 1960 kennenlernte, hatte Regie geführt bei Lilian Hellmans *Herbstgarten*, Gogols *Heirat* und Rollands *Spiel von Tod und Liebe*. Havel wurde sein Assistent bei der Adaption der Erzählung *Das schwedische Zündholz* von Anton Tschechow, wodurch eine lebenslange Verbindung mit diesem Regisseur entstand und Havel eine innige Liebe zu Tschechow entwickelte.

Wie er mehrmals in seiner Analyse der Arbeit des Regisseurs erwähnte,[105] war Radok gleichsam die tschechische Entsprechung zu Konstantin Stanislawski und dessen »Method Acting«. Er entwickelte seine Produktionen in ständigem und oftmals intensivem Dialog mit den Schauspielern, um deren berufliche Manieriertheiten zu überwinden und ihr inneres, natürliches Selbst freizusetzen. Obwohl ihn seine Spielart des absurden Theaters unvermeidlich in eine andere stilistische Richtung führte, hielt Havel an der Idee fest, dass Theater eine nicht reduzierbare Form des Lebens selbst sei, nicht dessen Imitation oder Reflexion. Er bewahrte sich zeitlebens eine tiefe Zuneigung zu Radok, der für ihn zur wichtigsten Vaterfigur wurde, die er in der Welt der Literatur und des Theaters fand. Die Freundschaft der beiden ist in ihrem Briefwechsel aus den siebziger Jahren dokumentiert, nachdem Radok, dessen Karriere in der kommunistischen Tschechoslowakei gekennzeichnet war durch eine ständige Abfolge von Triumphen, Verfemungen und Rehabilitierungen, mit seiner Familie nach Schweden emigriert war.

Werich und Radok hatten Havel bei seinen ersten Schritten zur Seite gestanden, doch sein Ehrgeiz gab sich bald nicht mehr damit zufrieden, lediglich als deren Assistent zu arbeiten. Die Abläufe eines etablierten Theaters, das nach dem Starprinzip funktionierte, boten nicht viele Möglichkeiten für das eigene Vorwärtskommen. Dennoch wurden das ABC-Theater und die Arbeit mit Radok zu einem Wendepunkt für Havel, weil er hier vom Theatervirus infiziert wurde – und zwar unheilbar. Hier begann er zu verstehen, dass »Theater nicht nur ein Unternehmen zur Vorführung von Schauspielen sein muss bzw. eine mechanische Summe von Stücken, Regisseuren, Schauspielern, Kartenverkäufern, eines Saals und eines Publikums, sondern dass es auch etwas mehr sein kann: ein lebendiger geistiger Brennpunkt, ein Ort gesellschaftlichen Bewusstwerdens, ein Schnittpunkt von Kraftlinien der Zeit und ihr Seismograph, ein Raum der Freiheit und Instrument der Befreiung des Menschen.«[106] Als Werich am Ende von Havels erster Spielzeit in den Ruhestand ging, spielte die theatereigene Big Band ihm und seinem Partner zu Ehren ein Lied mit dem Titel »Werich ist ein Arschloch und Voskovec ein alter Narr«.[107] Eine Ära war zu Ende gegangen, und für Havel war es an der Zeit, sich nach einer anderen Beschäftigung umzusehen.

Er hatte Glück, denn ein paar Straßen weiter begann gerade eine neue Ära. Das war der erste von mehreren Momenten in Havels Leben, in denen er nicht vom Theater oder der Literatur seine Inspiration bezog, sondern aus der Musik, genauer gesagt aus dem Rock'n' Roll. Mit seinem subversiven Backbeat, seinen zweideutigen Texten, den gewagten Tanzschritten und der raffinierten Mode konnte dieser neue Musikstil auf keine herzliche Aufnahme hoffen, als er mit Verspätung auch in der Tschechoslowakei auftauchte. Der Rock'n' Roll richtete sich nicht nur gegen das Establishment – das war schon schlimm genug –, er war auch noch amerikanisch. (Dass seine gegen das Establishment gerichtete Haltung die Herkunft aus den USA ein wenig hätte relativieren können, war eine Überlegung, die den geistigen Horizont der Kulturfunktionäre überstieg.)

Eine junge Rockband, die sich Akkord-Club nannte und in dem kleinen Musikclub Reduta in der Innenstadt auftrat (wo Havel mehr als dreißig Jahre später einmal zu Bill Clintons Saxophon Schlagzeug spielen sollte), entschloss sich, um nicht in Schwierigkeiten zu kommen, ihre politisch unerwünschte Ware in Parodien und Monologe zu verpacken und als Musiktheater zu präsentieren. Der Trick funktionierte, auch mit Unterstützung durch zwei außerordentlich begabte Männer, Ivan Vyskočil, einem klinischen Psychologen, der die meisten theatralischen Intermezzi schrieb oder, besser gesagt, improvisierte, und Jiří Suchý, einem Grafiker, der zu vielen der amerikanischen Lieder originelle, lustige und poetische tschechische Texte verfasste. Dank einer beispiellosen Woge der Popularität entstanden aus diesem winzigen Samen Dutzende »kleiner« Theater. Sie trugen, während gleichzeitig Literatur, Kunst und Film aufblühten, dazu bei, die kulturelle Landschaft der Tschechoslowakei in den sechziger Jahren grundlegend zu verändern.

Wie bei jedem Urknall war die Lebensdauer dieser neuentstandenen Formationen äußerst kurz; sie veränderten sich ständig, mutierten und vervielfältigen sich. Aus dem Reduta gingen zwei größere Ableger hervor, die ebenfalls weitere Ensembles hervorbrachten. Jiří Suchý konzentrierte sich auf die Musik und die Poesie und bildete zusammen mit seinem Partner, dem Anwalt, Komponisten und Maler Jiří Šlitr, das nächste legendäre Duo im Theater SeMaFor, das die jungen Männer und Frauen in den sechziger Jahren begeisterte.

Rund hundert Meter vom Smetana-Ufer entfernt, liegt eine winzige Enklave der Ruhe, der Anna-Platz (Anenské), benannt nach dem Kloster St. Anna, auf dessen östlicher Seite es früher eine Kirche gab. In einem Haus gegenüber hatte 1958, als Havel noch bei den Pionieren Dienst tat, eine Gruppe von Unterhaltungskünstlern um Suchý und Vyskočil ein winziges Theater eröffnet, das sie »Theater am Geländer« nannten. Nachdem Suchý kurze Zeit später ausschied, um das SeMaFor zu gründen, was ihm öffentlichen Zuspruch und Starruhm einbrachte, begann das Theater am Geländer unter Leitung von Vyskočil mit intellektuellen Experimenten. Dennoch waren die Trennlinien, zumindest in der Anfangszeit, relativ verschwommen, und es gab ein hohes Maß an gegenseitiger Befruchtung.

Der Bühnentechniker Havel war fasziniert von dieser Invasion der jungen Wilden. Da er keine Möglichkeit sah, selbst ein solches Theater aufzumachen, begann er »mit der Frechheit der Jugend«,[108] wie er später sagte, über das Theater zu schreiben; er verfasste für Kulturzeitschriften theoretische Artikel über Werich und Horníček sowie das Phänomen der kleinen Theater und machte sich als scharfsinniger und einfühlsamer Kritiker einen gewissen Namen. Darüber hinaus begann er als Dramatiker zu arbeiten und schrieb einen »ionescohaften Einakter« mit dem Titel *Familienabend* (1960), eine schwarze Komödie über eine greisenhafte, Patiencen legende Großmutter, ein stumpfsinniges Ehepaar, das nichtssagende Gespräche führt, ein materialistisches Paar aus Tochter und Schwiegersohn und einen toten Kanarienvogel, den zu begraben oder wegzubringen sich niemand die Mühe macht. Am Ende des Stücks klingt bereits deutlich Havels Thema der entpersönlichten Charaktere an, als die Kulissenschieber, die einzigen konstruktiven Figuren in der Aufführung, auf die Bühne kommen und die Requisiten abräumen – die schlafende Familie, den toten Kanarienvogel und alles andere – und sich am Schluss vor dem Publikum verbeugen.[109] Dem *Familienabend* folgte der erste Entwurf der *Benachrichtigung*, ein absurdes Stück über die Kunstsprache Ptydepe, eine Idee, die von Havels Bruder Ivan stammte, der später Kybernetik am Prager Institut für Technologie studierte. Um der Eintönigkeit seines Militärdienstes im entlegenen östlichen Teil der Slowakei zu entkommen, hatte Ivan ein gesamtes Stück in Ptydepe geschrieben, woraus sich Václav einige Begriffe und ein paar Namen für die ersten Entwürfe seines eigenen Stückes ausborgte.[110] Als eine der Zeitschriften, für die Havel schrieb, ihn zusammen mit Vertretern der kleinen Theater zu einer Diskussion einlud, wurde Vyskočil auf den enthusiastischen jungen Theaterfreund aufmerksam und bot ihm eine Stelle am Theater am Geländer an. Zwar begann er hier abermals als Kulissenschieber, dennoch gab es für ihn hier die Perspektive, sich als Autor schöpferisch einzubringen und das Profil des Hauses mitzuprägen. Er betrat die Welt des Theaters gewissermaßen durch die Hintertür, aber diesmal war er Teil einer Revolution.

DAS GARTENFEST

Wenn er nur ein Intellektueller wäre, hol's der Teufel,
Intellektuelle sind ja heute beinahe wieder erlaubt.
Und ausgerechnet jetzt muss ihm einfallen,
ein bürgerlicher Intellektueller zu werden.

Das Gartenfest

Havel bezeichnete seine Tätigkeit am Theater am Geländer stets als eine »wunderbare Zeit in meinem Leben«.[111] Hier behandelte man ihn nicht als Außenseiter – dieses Wort hatte keine Bedeutung in der Werkstatt-Atmosphäre eines Theaters, das sich praktisch jeden Monat in etwas anderes verwandelte. Leute kamen und gingen, und jeder von ihnen brachte zehn großartige Ideen ein, die niemals verwirklicht wurden. Der junge Bühnentechniker machte alles: Er schob die Kulissen, sprang als Beleuchter ein, schrieb Sketche, betätigte sich als literarischer Berater und versuchte sich sogar als Regisseur. Für Vyskočils halb-improvisierte Revue *Autostop* (1961) schrieb er *Ela, Hela und Stop*,[112] einen überdrehten Sketch über zwei ältere Anhalterinnen, die ihrem Ärger freien Lauf lassen, während sie vergeblich am Straßenrand warten und doch keinen Versuch unternehmen, die Autos zu stoppen. In einem weiteren Sketch für diese Produktion, einer kafkaesken Burleske über eine Versammlung des Clubs der Autofeinde, in deren Verlauf der Hauptredner wie auch die übrigen Anwesenden sich in Autos *motomorphisieren*, wurde die Figur des Inaugurators eingeführt, eines etwas verrückten Zeremonienmeisters, der später von wichtiger Bedeutung in Havels erstem abendfüllendem Stück sein sollte.[113] Havel wurde zwar bei *Autostop* als Co-Autor genannt, doch Vyskočil, der seine Aufführungen nach Belieben arrangierte und änderte, nahm *Ela* nicht in seine letzte Produktion auf, machte aus *Motomorphosis* eine One-Man-Show und behauptete später, die Ideen stammten von ihm.[114] Ein weiterer Versuch Havels als Autor und ansatzweise als Regisseur war eine Art Musical für das Comeback eines der alten Gesangsstars des Befreiten Theaters, *Die besten Rocks der Frau Hermann* (1962).[115] Auch hier wurde Havel zusammen mit dem Komponisten Miloš Macourek als Autor angegeben, doch in diesem Fall war er es, der das Werk als zu unbedeutend betrachtete, um es in seiner Biographie zu erwähnen oder in seine gesammelten Werke aufzunehmen. Eine ähnlich distanzierte Haltung nahm er gegenüber der poetischen Szenenfolge *Verrückte Turteltaube* (1963) ein, die – aus welchen Gründen auch immer – mit »Grenoble«[116] bezeichnet wurde und zu der er drei kurze »eröffnende« Auftritte beisteuerte.

Wichtiger war vielleicht, dass es sich hierbei um die erste Produktion handelte, bei der Jan Grossman als Co-Regisseur aufgeführt wurde. Die Spielzeit 1962/63 war durch einen Wachwechsel am Theater am Geländer gekennzeichnet. Der aufbrausende und sprunghafte Vyskočil musste nach einer Revolte des Ensembles die Leitung abgeben, worauf dieser große Theatervisionär an anderer Stelle eine Reihe ähnlich origineller Projekte (etwa das charakteristische *Das Nicht-Theater*) auf die Beine stellen sollte. Seinen Managementstil vermisste er nicht, aber Havel bedauerte den Verlust an Inspiration, die Vsykočil geboten hatte. Für Vyskočil war der Prozess des Hervorbringens und Entwickelns einer Aufführung stets wichtiger als das Ergebnis. Nach eigenem Bekunden war Havel »einer der Letzten, die ihn gestützt hatten«.[117] Doch so sehr er Vyskočils Haltung auch bewundert hatte, sein eigenes künstlerisches Temperament, seine kontemplative, methodische und perfektionistische Art waren das genaue Gegenteil, und in Grossman, einem angesehenen Literaturkritiker, Übersetzer, Regisseur und Dramaturgen, hatte er auch schon einen neuen Guru gefunden. Er selbst hatte geholfen, ihn zu installieren. Ihm war klar, dass er mit Grossman, einem regelmäßigen Teilnehmer der Gesprächsrunden im Slavia, ein Element des politischen Protests in das Theater einbrachte.

Am Theater am Geländer begann Havel mit der Arbeit an einem Stück über die Abenteuer eines jungen Mannes, der ganz groß herauskommt. Die Idee, über »irgendwelche Konnektionen, Bekanntschaften, Protektion, Karriere«[118] zu schreiben, stammte von Ivan Vyskočil und war einer seiner vielfältigen Einfälle für Theaterstücke, die er von sich gab, wenn sie nach einer Vorstellung in der Weinstube saßen. Nach eigener Aussage gab Vyskočil »dem Geschichtenerzählen eindeutig den Vorzug vor dem Schreiben«,[119] weshalb er Havel aufforderte, sich an dieses Sujet heranzumachen. Es war dieses Stück, das von vielen als Havels bestes angesehen wird und mit dem er sich als Künstler einen Namen machte.

In gewisser Weise, und Havel räumte dies selbst auch ein, ähnelt die Geschichte dem klassischen tschechischen Märchen: Der einfältige Bauer Honza verlässt widerstrebend sein Heimatdorf, und nachdem er zahlreiche Abenteuer und Herausforderungen bestanden hat, fällt ihm das Königreich in den Schoß dank seiner bodenständigen Art und seiner Schlauheit. Es ist eine Geschichte, die jedes tschechische Kind kennt.

Der erste von mehreren Entwürfen des Stücks, das ursprünglich *Sein Tag* (Jeho den) hieß,[120] ist noch eher eine konventionelle Komödie über eine Familie, die alle ihre Hoffnungen bezüglich der Zukunft ihres vielversprechenden Sohnes auf einen geheimnisvollen Förderer in einer hohen Position setzt (der andere Sohn, der weniger gute Aussichten hat, ist ein »bürgerlicher Intellektueller«). Wie *Ein Abend mit seiner Familie* ist auch *Sein Tag* eindeutig das Werk eines aufmüpfigen Autors, doch die Rebellion richtet sich ebenso gegen die Familie wie gegen die Gesellschaft. Leicht lassen sich Gemeinsamkeiten entdecken zwischen Petr, dem nichtsnutzigen bürgerlichen Intellektuellen, der sich jedes Mal auf dem Dachboden verstecken muss, wenn die Familie ihren wichtigen Besucher erwartet, und dem Autor. Der analytische Hugo erinnert, etwas unfair, an Ivan, seinen »guten« Bruder (die

Kunstsprache Ptydepe, Ivans Erfindung, wird von Hugo in *Sein Tag* kurz erwähnt).

Wäre *Sein Tag* produziert worden, wie ursprünglich geplant, hätte es vielleicht als weitere Musikkomödie etwas Aufmerksamkeit gefunden (der Entwurf enthielt auch eine Reihe von Liedtexten). Der Plot war fadenscheinig, wie bei allen diesen Komödien, darüber hinaus mangelte es an Struktur und Rhythmus. Sein interessantester Teil war das Intermezzo, in dem Havel mit einer sich aufbauenden Kakophonie zunehmend unwahrscheinlicher klingender Dialoge experimentiert, was zum Markenzeichen seiner späteren Stücke wurde. Hier brachte er mit erstaunlicher Wirkung sein Talent zur geometrischen Abstraktion zur Geltung, das sich mit einem Ohr für musikalische Variation verband. In den späteren Entwürfen erweiterte er die strukturellen Prinzipien des Intermezzos auf das gesamte Stück. Er entkleidete die Figuren ihrer psychologischen Eigenschaften, unterdrückte die auf das echte Leben verweisenden Aspekte der Geschichte und reduzierte sie auf eine Reihe weitgehend bedeutungsloser, mechanisch sich wiederholender Muster, die abwechselnd von den Schauspielern reproduziert wurden. Das Warten auf den wichtigen Förderer gewann die abstrakte Qualität des Wartens auf Godot, und die absurde Verwechslung der Hauptfigur Hugo mit anderen Figuren des Stücks weitete sich zur existentiellen Bedeutung des Verlusts der Identität. Was als Musikkomödie begonnen hatte, war zu einem ausgereiften absurden Drama geworden.

Havel war nicht ohne Hilfe bis hierhin gelangt. Zu seinem Glück hatte er einen Kollegen und Freund als Resonanzboden, Gegenspieler und *advocatus diaboli* gewinnen können. *Das Gartenfest* ist Jan Grossman gewidmet, der nicht nur der erste Leser der verschiedenen Entwürfe war, sondern den jungen Dramatiker auch während des gesamten Prozesses praktisch unterstützte und leitete. Kam der Anstoß ursprünglich von Vyskočil, so beruhte die endgültige Fassung mehr auf Grossmans Einflüssen, der stets die Meinung vertrat, dass er zu diesem Stück von Havel »am meisten beigetragen«[121] habe. Ostern 1963 verbrachten die beiden dank der Beschäftigung von Havels Vater beim nationalen Sportverband (eine ziemlich absurde Variation des Themas Vetternwirtschaft im Stück) zwei Wochen in nebeneinanderliegenden Zimmern in einem Feriendorf für Spitzensportler in Harrachov. Havel schrieb die ganze Nacht und schob die Seiten unter Grossmans Tür durch, damit dieser sie am Morgen lesen konnte. (Zwischendurch fand er noch Zeit, ein junges Zimmermädchen zu umwerben, wobei er die junge Frau dadurch zu beeindrucken versuchte, dass er ihr Grossmans Exemplar von Kafkas *Verhör* zu lesen gab. Er hatte mehr Erfolg als erwartet; das Zimmermädchen verstand nicht viel von dem Buch, erklärte ihm aber, dass er es sehr schön geschrieben habe.)[122] Schließlich kam ein Text zustande, der mehr einer geometrischen Figur oder einer musikalischen Komposition glich als einem Theaterstück. Das war kein Zufall; Grossman erwähnt in einem Brief an seine Frau, dass er Havel dazu angeregt habe, »sich Bachs *Goldberg-Variationen* und einige seiner Kanones anzuhören. Beides gefiel ihm sehr und er empfand es als eine Inspiration für seine eigene Komposition«.[123] In der endgültigen Fassung wurde Grossman als Dramaturg angegeben, doch sein Einfluss ging darüber hinaus. Um dem Stück die bestmögliche Reputation und vielleicht auch einen Anschein von Seriosität zu verschaffen, engagierten die beiden Otomar Krejča, einen bekannten Regisseur am Nationaltheater, und dessen Kollegen Jiří Svoboda, den mit Preisen ausgezeichneten Set-Designer von *Laterna Magika*, einem frühen Multimedia-Performanceprojekt, das auf der Weltausstellung 1958 das Publikum begeistert und zwei von Havels Vertrauten, Alfred Radok und Miloš Forman, erstmals bekannt gemacht hatte. Doch tatsächlich wollten Havel und Grossman die Kontrolle nicht abgeben, nur um die Respektabilität des Unternehmens zu erhöhen. Wenn Krejča die täglichen Proben verlassen hatte, um sich anderen Projekten zu widmen, mauschelten sie mit der Direktion. Noch schlimmer, im Schutz der Dunkelheit verwüsteten sie unerkannt Teile von Svobodas Set, die ihnen nicht gefielen, die sie aber öffentlich nicht zu kritisieren wagten.[124] Die Widmung an Grossman war also wohlverdient.

Der Text des Stücks wurde vorab in einer Zeitschrift veröffentlicht, um die wachsamen Zensoren vorsorglich zu beschwichtigen.[125] Die Veröffentlichung erregte Aufsehen, aber niemand konnte ahnen, wie das Live-Publikum reagieren würde. Die Menschen lachten spontan, stießen Begeisterungsrufe aus, applaudierten mitten während der Aufführung, spendeten mehrfach Beifall in der Pause und belohnten die Autoren am Schluss mit einem Dutzend Beifallsrunden oder mehr, obwohl sie in der letzten Zeile des Stücks aufgefordert wurden: »Und jetzt geht so irgendwie ohne überflüssige Diskussionen auseinander!«[126] Manch einer, so wurde berichtet, sah sich die Aufführung bis zu zehnmal an.[127] Die als Volksweisheiten getarnten sinnfreien Sprüche von Hugos Eltern, »Wer weiß, wo die Hummel ihren Stachel hat, dem sind die Hosen nie zu kurz« oder »Wer um ein Mückensieb streitet, führt die Braut nicht heim«, wurden zu geflügelten Worten einer ganzen Generation.

All dies geschah ungeachtet der Tatsache, dass das Stück nicht allzu viel Sinn ergab – oder eben gerade deshalb. Von seiner Familie mit dem Auftrag losgeschickt, seinen Förderer zu suchen – einen Schulfreund des Vaters, der ihm den Weg in den Beruf weisen soll –, kommt Hugo auf ein Gartenfest des Amtes für Auflösung. Durch geschicktes Manipulieren der Worte kann er den anwesenden Vertretern des Amtes für Eröffnung suggerieren, dass ihr Amt kurz vor der Auflösung steht. Anschließend vermittelt er den Bediensteten des Amtes für Eröffnung erfolgreich den Eindruck, dass das Amt für Auflösung bald aufgelöst werden soll. Hier aber stellt sich ein Problem: Es muss jemanden geben, der die Auflösung eröffnet.

HUGO: *Wer? Nun, der zuständige Eröffner.*
DIREKTOR: *Der zuständige Eröffner? Aber die Eröffner können doch nicht eröffnen, wenn sie in der Auflösung sind!*

HUGO: *Richtig. Und deshalb sollte der zuständige Auflösungsbeamte eröffnen.*

DIREKTOR: *Der zuständige Auflösungsbeamte? Auflösungsbeamte sind doch dazu da, Sachen aufzulösen, nicht aber zu eröffnen.*[128]

Am Ende wird Hugo Pludek, jene Figur ohne Fachwissen und ohne Interesse weder am Auflösen noch am Eröffnen, zum verantwortlichen Leiter einer neu zu schaffenden Zentralkommission für Eröffnung und Auflösung ernannt.

Zweifellos erkannte das Publikum darin eine Persiflage auf die endlosen Reibereien zwischen den Behörden, die Umbenennungen der Einrichtungen des kommunistischen Regimes, dessen Säuberungsaktionen und Verurteilungen, denen Rehabilitierungen und Wiedereinsetzungen folgten. Die Zuschauer lachten über die Absurdität, dass menschliche Eigenschaften wie Mut, Veränderungsbereitschaft oder Kreativität von oben angeordnet wurden. »Die Kollegen von der Kultur wissen ganz genau, warum sie eine Verordnung über das künstlerische Experiment planen. Bereits vom zweiten Quartal ab wird sie in Kraft treten.«[129] Sie krümmten sich vor Lachen angesichts der verzweifelten Bemühungen der Figuren, die jeweils neueste Auflösung oder Eröffnung zu rechtfertigen, um dann mit denselben Worten das genaue Gegenteil zu begründen. Sie freuten sich über die Entlarvung dieser »metaphysischen Dialektik«[130] als der offiziellen wissenschaftlichen und philosophischen Methode zur Förderung einer »richtigen« Ideologie, die es ermöglichte, praktisch alles zu bekräftigen oder abzulehnen, je nach Bedarf und manchmal auch gleichzeitig. Und gewiss schmunzelten sie auch – wenngleich durchaus mitfühlend – über die verzwickte Lage, in der gewöhnliche Leute wie die Familie Pludek steckten, die nicht wussten, wie sie ihre Familien am besten schützen konnten und wie sie sich bei all den unerwarteten und irrationalen Kehrtwendungen hindurchlavieren sollten.

PLUDEK: *Hugo sollte diese Auflösung nicht annehmen.*

FRAU PLUDEK: *Wenn er sie nicht angenommen hätte, wäre das Amt für Auflösung nicht aufgelöst worden und man würde weiter auflösen. Und warum sollte unser Hugo nicht auflösen? Gut, dass er nicht abgelehnt hat.*

PLUDEK: *Wenn er nicht abgelehnt hat, löst sich das Amt für Auflösung auf und das Auflösen hört auf. Aber unser Hugo löst weiter auf und schließlich wird er davon Unannehmlichkeiten haben.*

FRAU PLUDEK: *Er sollte es ablehnen –*

PLUDEK: *Im Gegenteil: er sollte es nicht annehmen!*

FRAU PLUDEK: *Im Gegenteil: er sollte es nicht ablehnen!*

PLUDEK: *Sollte er nicht gleichzeitig annehmen und ablehnen?*

FRAU PLUDEK: *Lieber nicht ablehnen und nicht annehmen.*

PLUDEK: *In diesem Fall lieber nicht annehmen, nicht ablehnen, annehmen und ablehnen!*

FRAU PLUDEK: *Und wenn er gleichzeitig abgelehnt hat, nicht angenommen hat, nicht abgelehnt hat und nicht angenommen hat?*

PLUDEK: *Schwer zu sagen. Was meinen Sie?*

HUGO: *Ich? Ich würde sagen, dass er nicht annehmen sollte, nicht ablehnen sollte, annehmen sollte und ablehnen sollte, und gleichzeitig ablehnen sollte, nicht annehmen sollte, nicht ablehnen sollte und annehmen sollte. Oder umgekehrt …*[131]

Havel ging es mit dem *Gartenfest* zweifellos um mehr als nur um eine simple Karikatur des kommunistischen Systems. Hugos Identitätsverlust wird durch seine Konfrontation mit einem entpersönlichten und entmenschlichten System hervorgerufen, das sich nur in sinnlosen und widersprüchlichen Phrasen auszudrücken vermag. Das konnte das totalitäre System sein, und das tschechische Publikum sah es auch eindeutig so, es konnte aber zugleich auch jede allumfassende Bürokratie sein wie beispielsweise der anonyme Justizapparat in Kafkas *Prozess* oder die Militärmaschinerie in Joseph Hellers *Catch-22*. (Tatsächlich liegt Kafkas Geist riesengoß über diesem Stück, wenngleich sein Name kein einziges Mal genannt wird.) Anders lässt sich die Popularität des Schauspiels nicht erklären, das in Dutzende von Sprachen übersetzt und in einer Vielzahl von Ländern aufgeführt wurde.

Durch die vollkommene Dekonstruktion der Hauptfigur im *Gartenfest* bringt der junge Autor die Verurteilung sowohl des sozialen Milieus zum Ausdruck, dem er entstammte, als auch der politischen Verhältnisse, in denen er leben musste. Beides schien falsche, unscheinbare, willfährige Charaktere wie Hugo Pludek gegenüber begabten, unkonventionellen und mutigen Menschen zu begünstigen. Im Stück lobt Hugos Vater seinen Sohn, der mit sich selbst Schach spielt, indem er beide Seiten des Schachbretts bedient. »Ehe er eine Partie ganz gewinnt und die andere Partie ganz verliert, ist es besser, eine Partie gleichzeitig ein bisschen zu gewinnen und ein bisschen zu verlieren.« Worauf Hugos Mutter einstimmt: »So ein Spieler geht nie verloren!«[132]

Doch Havel gab dem Stück auch einen eigenen dialektischen Dreh. Trotz all seiner Unscheinbarkeit ist Hugo, der Mann ohne Eigenschaften, der Anti-Held und die Antithese zu Havels eigener Sicht des Lebens, letztlich derjenige, der das System schlägt, wenngleich er dadurch seine Identität einbüßt. Seine abschließenden Ausführungen, in gewisser Weise eine Variation von Hamlets berühmtem Monolog, berühren auch noch ein modernes Publikum:

> *Und alle sind wir ein bisschen das, was wir gestern waren, und ein bisschen das, was wir heute sind, und ein bisschen sind wir auch das nicht. Immer sind wir ein bisschen und sind doch auch immer ein bisschen nicht. So dass keiner von uns vollkommen ist und gleichzeitig keiner unvollkommen – es geht also nur darum, wann mehr Sein und weniger Nichtsein und wann weniger Sein und mehr Nichtsein – denn sonst ist derjenige, der zu sehr ist, bald überhaupt nicht mehr, und derjenige, der es in der einen Situation bis zu einem gewissen Grad versteht, nicht zu sein, kann in einer anderen Situation umso besser sein. Ich weiß nicht, ob ihr sein wollt oder mehr*

nicht sein: der Mensch nämlich, der ab und zu auch ein bisschen nicht ist, wird nie nicht sein! Und wenn ich in diesem Augenblick auch noch nicht genug bin, versichere ich euch, dass ich bald viel mehr sein werde als ich je vorher war – und dann können wir über all dies noch einmal plaudern, aber auf einer ein bisschen anderen Plattform![133]

Am Ende wird das *Gartenfest*, das zum großen Teil auf einer Vertauschung von Zeilen beruht, die im weiteren Verlauf immer weniger Sinn ergeben, für das Publikum zu einem kleinen Rorschach-Test. Ähnlich wie Psychologen die Rorschachbilder-Deutungen ihrer Patienten zu interpretieren versuchen, so kann fast jeder aus Havels Zeilen seine eigenen Erfahrungen mit einer lähmenden Bürokratie herauslesen. Das Lachen, das dieses Wiedererkennen begleitet, hat für den Moment eine befreiende Wirkung. Bei den Zuschauern rief Havels vernichtende Analyse nicht Frustration oder Wut hervor, sondern Heiterkeit.

Die meisten wollten nach Ende der Vorstellung gar nicht gehen. Die kleine Bar im Vorraum des Theaters gehörte fast ebenso zur Aufführung wie die Bühne. Dort konnten sich die Leute über das Gesehene austauschen, das Lachen noch einmal erleben und Kontakte zu Gleichgesinnten knüpfen. Die Isolierung, die durch die strengen Vorschriften und ständigen Drohungen des Regimes, sowohl indirekter wie auch expliziter Art, erzeugt wurde, ließ sich durch das gemeinschaftliche Erleben durchbrechen. Im Verlauf des Abends mischten sich die Schauspieler unter das Publikum und verwischten dadurch noch mehr die Trennlinie zwischen Zuschauern und Bühne. Oft schaute auch der Autor persönlich vorbei, plauderte mit Fremden, flirtete mit Mädchen (zurückhaltend, wenn Olga in der Nähe war) und teilte uneitel die Freude der anderen. So entstand eine Gruppe von Menschen mit gemeinsamen Empfindungen, Ansichten und Zielen. Würde sich dieser Kern mit ähnlich gesinnten Gruppen zusammenschließen, entstünde eine Lawine.

Als die Aufführungen des *Gartenfests* 1963 begannen, waren Karten für das 140 Sitzplätze umfassende Theater am Geländer ebenso schwer zu bekommen wie eine Reisegenehmigung in den Westen. Sobald am 23. eines Monats der Verkauf der Karten für den Folgemonat startete, bildete sich vor der winzigen Kasse, die gelegentlich von Olga besetzt war, eine lange Schlange von müden jungen Leuten, die schon die ganze Nacht vor dem Theater ausgeharrt hatten. Solchen Szenen wiederholten sich in den Jahren zwischen 1963 und 1965, einer Zeit, in der das Theater am Geländer nicht nur mit Havels Bühnenwerken, sondern auch mit denkwürdigen Aufführungen von Stücken von Eugène Ionesco (*Die kahle Sängerin*), Samuel Beckett (*Warten auf Godot*) und Alfred Jarry (*Ubu Roi*) die Speerspitze der kulturellen Revolution bildete. Die wenigen Glücklichen, die Karten ergattert hatten, konnten dann im Foyer und in der Bar auch noch eine Ausstellung von Grafiken besichtigen, die vollständig aus Buchstaben bestanden, die auf einer Schreibmaschine getippt worden waren. Das waren Václav Havels *Antikoden*,[134] eine Mischung aus Poesie und Kunst, auch Typogramme genannt. Die Inspiration dazu stammte von Jiří Kolář, dem die Sammlung auch gewidmet war und der mit Collagen aus maschinengeschriebenem Text und anderen Formen experimentierte, um poetischen Texten eine grafische Form zu geben. Havel erstellte seine Typogramme im Laufe mehrerer Jahre, oft auch als Ablenkung von seiner eigentlichen Arbeit an einem Bühnenstück oder einem längeren Text. Sein Leben lang machte er Kritzeleien und Zeichnungen und fertigte Diagramme an, um seine Gedanken besser visualisieren zu können – egal, ob es um ein Theaterstück ging, einen Text oder um ein Problem, mit dem er als Staatspräsident konfrontiert war.

Die Reaktionen der Besucher, die über diese einfachen Grafiken schmunzelten, lachten oder staunten, zeigten, dass es sich bei den *Antikoden* nicht nur um kleine Ablenkungsversuche handelte. Sie waren Kunst, vermittelten eine Botschaft. Die verborgene Bedeutung war »kodiert« in der Bezeichnung »Antikoden«, die man als ein Handeln gegen Kodes, also als Dekodierung einer versteckten Bedeutung oder auch als Entzifferung eines verschlüsselten Protestes verstehen konnte. Im Zweifelsfall waren sie beides.

Die *Antikoden* waren in mehrere Abschnitte zu typographischen Themen unterteilt. Eines befasste sich mit verschiedenen »-ismen«, wie zum Beispiel:

INDIVIDUALISMUS
Dua lismus
IDEA lismus
Materia LISMUS, und
E?X?I?S?T?E?N?T?I?A?L?S?M?U?S

Die Abteilung über Slogans enthielt Appelle wie den folgenden:

HELFEN WIR DEN UNTERENTWICKELTEN LÄNDERN

und

TRETEN WIR DIE KRIEGSTREIBER IN DEN HINTERN
BIS SIE BLUT SPUCKEN

Und in der Abteilung »Worte, Worte, Worte« hieß es:

In den letzten Jahren konnten wir auf unserem
....
zweifellos viele herausragende Erfolge verzeichnen. Wir dürfen uns jedoch nicht verhehlen, dass es auf diesem Gebiet auch weiterhin noch einige kleinere Mängel gibt. Insbesondere auf den Sektoren ....
....
....
....
....

....

....

....

.... *erwartet uns noch viel Arbeit.*

Die Besucher mussten den Eindruck gewinnen, dass der Künstler es darauf anlegte, Schwierigkeiten zu bekommen. Und wenn das stimmte, sollte sich sein Wunsch bald erfüllen.

DIE SECHZIGER JAHRE

Dann erlahmte plötzlich jeglicher Kampf:
Alle empfanden es auf die gleiche Weise.
Und jedes Leben wurde zu
Einem furiosen Durchbrechen des Begrenzenden,
Ein schlechthin nicht verlierbares Spiel.

Philip Larkin, Annus Mirabilis

Die Entwicklung der Tschechoslowkei vom stalinistischen Monolithen der fünfziger Jahre über das potemkinsche Dorf der siebziger Jahre zum lebenden Toten der achtziger Jahre lässt sich nur schwer erfassen ohne die seismische Anomalie der sechziger Jahre. Im Unterschied zu den anderen Jahrzehnten, als die Welt des »realen Sozialismus« meist nach ihrer eigenen insularen Musik tanzte, war dies eine Dekade, in der es weltweit gärte, in der sich die beiden Gegner des Kalten Krieges in einem unruhigen Tanz begegneten, Ideen, Alpträume und Körperflüssigkeiten austauschten.

Gemäß der existenzialistischen Mythologie leistete die angenommene Sinnlosigkeit der menschlichen Existenz angesichts des stets gegenwärtigen Gespenstes eines nuklearen Krieges der Aufmüpfigkeit und dem Gefühl des Ausgeliefertseins Vorschub, das sich in den sechziger Jahren ausbreitete. Man kann diese Entwicklung aber auch auf weniger dramatische Weise lesen. Die Berlinkrise von 1961 und die Kubakrise von 1962 brachten die beiden Supermächte an den Rand eines Zusammenstoßes, ließen sie aber auch kurz vor dem Abgrund innehalten. Zum ersten Mal erschien es möglich, dass eine Welt, die vollgestopft war mit Atomwaffen, trotz allem würde überleben können. Die Tollheit, die Überschwänglichkeit und die Ausgelassenheit dieses Jahrzehnts waren daher mehr ein Ausdruck von Hoffnung denn Verzweiflung. Zweifellos verschwendete Havel, der mit einem guten Gespür für die Gefahren und Bedrohungen der Zivilisation ausgestattet war, nicht allzu viele Gedanken an einen Nuklearkrieg. Die Gefahren, an der er dachte, waren eher in seiner Heimat angesiedelt.

Er war sowohl ein Antreiber als auch ein Nutznießer dieser Ära, denn er spielte eine wichtige Rolle bei der erstaunlichen Wiedergeburt der modernen tschechischen Kultur im Allgemeinen und des Theaters im Besonderen, während er den Großteil seiner Zeit damit verbrachte, all die neuartigen Geschmäcke und Düfte in sich aufzunehmen. Einige davon waren heimischen Ursprungs, andere aus dem Ausland importiert.

Die neue Welle der tschechoslowakischen Kinematographie brachte viele Filme hervor, die die Stimmungen der Zeit widerspiegelten, sie zum Teil aber auch mit erzeugten. Dies geschah parallel und nicht unabhängig zum Entstehen vieler kleiner Theater und neuer Formen des Theatermachens. Das neue Kino kündigte sich deutlich vernehmbar 1963 an – im selben Jahr, in dem das *Gartenfest* am Theater am Geländer Premiere feierte – durch zwei Filme, eine längere und eine kürzere Fassung, mit dem Titel *Konkurs* (deutscher Titel *Wettbewerb*), die ein junger Absolvent der Film- und Fernsehfakultät der Akademie der musischen Künste in Prag gedreht hatte, der auf dem König-Georg-Internat in Poděbrady Havels Zimmersprecher gewesen war: Miloš Forman. Der revolutionäre Charakter der beiden Filme zeigte sich schon durch ihr mangelndes Interesse daran, eine zusammenhängende Geschichte zu erzählen, sowie durch die Besetzung vieler Rollen mit Laiendarstellern. Durch den Bruch mit zahlreichen kinematographischen Traditionen erschien diese tschechische Version des *Cinéma vérité* als spontan, ungekünstelt und real und stand in deutlichem Gegensatz zu den vorherrschenden Kinoproduktionen, die von Helden der Arbeiterklasse oder von Widerstandskämpfern handelten. Ivan Passer, ebenfalls ein Absolvent aus Poděbrady, wirkte an beiden Filmen als Co-Drehbuchautor mit. Die Filmmusik in einem der beiden Streifen orientierte sich erkennbar an der Musik von Jiří Šlitr und am Beat des Rock'n' Roll, was es bis dahin im tschechischen Kino noch nicht gegeben hatte.

Havel und Forman, die seit der Schule Freunde geblieben waren, begannen sogar an einem gemeinsamen Filmprojekt zu arbeiten, das auf dem Roman *Das Schloss* von Franz Kafka beruhen sollte. Zu diesem Zweck unternahmen sie eine Exkursion in das Dorf Siřem, wo der tuberkulosekranke Kafka mit seiner Schwester Ottla »die schönsten acht Monate« seines Lebens verbracht hatte und dessen auf einem Hügel gelegener Getreidespeicher möglicherweise als Modell für das Schloss gedient hatte.[135] Der Film sollte davon handeln, wie eine Fremdenverkehrsbehörde die Verbindung des Dorfes mit Kafka nutzen wollte. Der Film kam allerdings nie zustande, da die Behörden dieses Thema nicht genehmigten. Doch eine kleine internationale wissenschaftliche Konferenz über Leben und Werk von Franz Kafka, die 1963 auf dem böhmischen Schloss Liblice stattfand, brach schließlich mit dem Tabu, das die kommunistischen Behörden über Kafka verhängt hatten. Dass diese Veranstaltung, die nur von intellektuell besonders aufmerksamen Tschechen und Slowaken wahrgenommen wurde, manchmal als der Beginn einer Kette von Ereignissen bezeichnet wird, die schließlich 1968 zum Prager Frühling führten, ist bezeichnend für die stark von kulturellen Phänomenen geprägte Entwicklung der modernen tschechischen Geschichte.[136] Bisweilen hat es den Anschein, dass die wichtigsten Kämpfe der vergangenen zwei Jahrhunderte in Theatern, Hörsälen und auf Musikbühnen ausgefochten wurden, anstatt auf Schlachtfeldern oder in Parlamenten.

Forman schlug als Erster eine Bresche in die Mauer. Ihm folgten eine Reihe begabter Filmemacher wie Jiří Menzel (*Liebe nach Fahrplan*, der den Oscar als bester ausländischer Film im Jahr 1968 gewann), das tschechisch-slowakische Regisseur-Gespann

Jan Kadár und Elmar Klos (*Das Geschäft an der Hauptstraße*, mit dem Oscar als bester fremdsprachiger Film des Jahres 1965 ausgezeichnet), Jiří Němec (*Vom Fest und den Gästen*, 1966, mit Ivan Vyskočil in der Hauptrolle), Věra Chytilová (*Tausendschönchen*, 1966), Pavel Juráček (*Joseph Kilian*, 1963 und *Jeder junge Mann*, 1965, in dem Václav Havel eine Nebenrolle als Soldat spielte), Ivan Passer (*Intime Beleuchtung*, 1965, wahrscheinlich der originellste Film dieser Zeit, in dem absolut nichts geschieht) sowie mehrere andere. Forman wurde zum ersten Mal mit *Die Liebe einer Blondine* (1966) für einen Oscar in der Sparte »Bester fremdsprachiger Film« nominiert und ein weiteres Mal mit *Der Feuerwehrball* (1967).

Auch auf dem Gebiet der Literatur tauchten plötzlich überall neue Talente auf (dieser Eindruck wurde durch die Tatsache verstärkt, dass einige der älteren, bis dahin verbotenen Autoren nun erstmals veröffentlicht werden durften). *Die Feiglinge* (1950), Josef Škvoreckýs Antihelden-Geschichte über das Ende des Zweiten Weltkriegs in einem kleinen tschechischen Dorf, durfte erst 1958 erscheinen und sorgte für einen Skandal. Bohumil Hrabal, der zum populärsten tschechischen Schriftsteller dieser Zeit avancierte, durfte erst nach seinem fünfzigsten Lebensjahr seine Werke publizieren (*Perlen auf dem Grund*, 1963, *Die Bafler*, 1964, *Liebe nach Fahrplan*, 1965). Zu diesen Unangepassten gesellten sich junge kommunistische Autoren wie Pavel Kohout (*Die dritte Schwester*, 1960) und Ludvík Vaculík (*Das Beil*, 1960), die sich rasch von ihren anfänglichen orthodoxen ideologischen Einstellungen verabschiedeten. Mit *Das Buch der lächerlichen Liebe* (1963) und seinen Folgebänden (1965, 1969) gewann Milan Kundera ein Massenpublikum, mit *Der Scherz* (1967) etablierte er sich endgültig als bedeutender Schriftsteller. Von sich reden machten auch experimentelle Autoren aus Havels Generation, zum Teil waren sie auch älter, wie Věra Linhartová (*Geschichten ohne Zusammenhang*, 1964), der Ehemann von Viola Fischerová Josef Jedlička (*Unterwegs*, 1966), Ivan Diviš oder Jiří Gruša.

Ähnliche Entwicklungen führten auch zu einem Wiederaufleben der bildenden Künste (das galt etwa für den Bildhauer Mikuláš Medek, ein Bruder des späteren Leiters der Präsidentschaftskanzlei, Vlastimil Boudnik, ein Trinkkumpan von Hrabal, Libor Fára, den Chefdesigner des Theaters am Geländer, Jiří Kolář vom Literatentisch im Café Slavia und andere), des Journalismus und sowohl der klassischen wie auch der Unterhaltungsmusik. Die fest verankerte Jazz- und Swingtradition, die in den Werken von Josef Škvorecký so eindrucksvoll zum Ausdruck gebracht wurde, machte dem Rock'n' Roll und der Rockmusik Platz. Das erste tschechische Filmmusical (*Starci na chmelu*) mit dem unmöglichen englischen Titel *The Love Story in Summer Job Camp* (1964) brach für eine ganze Generation aufgeweckter junger Leute mit dem Tabu der Sexualität Heranwachsender.

Hier begegneten sich in gewisser Weise auch Ost und West. Durch einen weiteren Zufall der Geschichte gelangte Allen Ginsberg Ende März, Anfang April 1965 nach Prag. Er war bei den kommunistischen Regimes ebenso verhasst wie beim amerikanischen Establishment, das ihn auf eine Liste von Personen gesetzt hatte, die die Sicherheit des Landes bedrohten.[137] Schließlich hatte ihn die kubanische Regierung ausgewiesen, weil er gegen den Umgang mit Homosexuellen auf Kuba demonstriert hatte. An der Karlsuniversität in Prag trug er vor einem begeisterten Publikum sein Gedicht *Howl* (Das Geheul) vor, wurde zum »König« des jährlich im Mai stattfindenden Studentenfestivals gewählt und prompt eine Woche später abermals ausgewiesen wegen angeblicher sexueller Belästigung minderjähriger Jungen.[138] Während seines kurzen Aufenthalts verbrachte er einige Abende im Weinlokal Viola Poetic in der Národni-Straße, einem beliebten Treffpunkt junger Dichter und Schriftsteller, wo er auch den tschechischen Übersetzer Jan Zábrana kennenlernte, einen Freund Havels.

Die Bedeutung der Národni-Straße, eines ungefähr 800 Meter langen Boulevards, der von der Moldau zum Wenzelsplatz führt, kann für die intellektuelle Renaissance der sechziger Jahre nicht hoch genug eingeschätzt werden. Hier standen den drei Säulen der etablierten Kultur, dem Nationaltheater, dem Sitz des Schriftstellerverbands und dessen verlegerischem Arm, zahlreiche mehr als ebenbürtige Gegengewichte gegenüber, etwa in Gestalt der Prager Film- und Fernsehhochschule, des Cafés Slavia mit seinen *Poètes maudits*, der Nachtasyle der Intellektuellen im Viola und in der Klosterweinstube, des Reduta-Musikclubs, des Odeons mit den mutigeren und nach außen wirkenden Verlegern und des Filmclubs mit seinen aufstrebenden Regisseuren. Daneben gab es in der Gegend, die manchmal auch als Bermuda-Dreieck bezeichnet wurde, mehrere etwas heruntergekommene Bars, wo einige der früheren Talente mit ihrem verblassenden Ruhm haderten und bisweilen in einer Wolke aus Alkohol und Verzweiflung verschwanden.

Drogen erreichten die Tschechoslowakei erst relativ spät, und lange Zeit handelte es sich dabei nur um selbstangebautes und nicht sehr starkes Marihuana. Doch es gab einen Markt für psychotrope verschreibungspflichtige Medikamente wie Phenmetrazin,[139] das Havel nach eigenem Bekunden häufig und über einen längeren Zeitraum konsumierte. Eine der ersten Anspielungen auf diese Gewohnheit findet sich in einem Brief an Jan Grossman, den Havel aus der selbstgewählten Abgeschiedenheit eines Ferienhauses in Budislav schrieb, wo er am *Gartenfest* arbeitete. Er fragte Grossman, ob dieser ihm etwas »Vitamin F« beschaffen könne. »Wäre es nicht möglich, spezielle Quoten für Dramaturgen in Urlaubsquartieren für Schriftsteller einzuführen?«[140] Zudem war Lysergsäurediethylamid, kurz LSD, dessen größter Produzent die Tschechoslowakei eine Zeitlang war, nicht nur legal erhältlich, sondern wurde auch Freiwilligen in kontrollierten psychologischen Experimenten verabreicht. Nicht jeder musste in den Drogenrausch flüchten, aber einige taten es.

Mitte des Jahrzehnts begann sich die deprimierende Düsternis, die das Regime über die alte tschechische Hauptstadt gelegt hatte, allmählich zu verziehen. Neue Farben kamen zum Vorschein. Die Haare wurden länger, die Röcke kürzer. Das Leben war schön. Havel hatte anscheinend sowohl die Privilegien als auch die Nachteile seiner Herkunft hinter sich gelassen und wurde ein anerkannter Künstler. *Das Gartenfest* wurde vor ausverkauften Häusern gespielt, gleichzeitig war er an weiteren denkwürdigen Produktionen des Theaters am Geländer beteiligt, insbesondere an Aufführungen von Samuel Becketts *Warten auf Godot* und Alfred Jarrys *Ubu Roi*. Als sein Ruhm allmählich über die Grenzen der Tschechoslowakei hinausdrang und nachdem die erste Ablehnung seines Antrags auf ein Reisevisum zu einem kleinen Aufstand am Theater geführt hatte, erlaubte man ihm doch, die Aufführungen seiner Stücke in Deutschland und Österreich zu besuchen. Er hatte das Glück, dass er in Klaus Juncker vom Rowohlt Verlag einen fähigen und loyalen Agenten besaß, der ihn auch entdeckt und international bekannt gemacht hatte und mit dem er lebenslang befreundet blieb. Trotzdem, nur wer die Aufsehen erregende erste Aufführung des *Gartenfests* und die öffentliche Reaktion darauf nicht miterlebt hatte, kann behaupten, »dass ohne das Interesse von drei westdeutschen Intellektuellen [Juncker wurde von zwei weiteren Personen auf Havel aufmerksam gemacht] im Dezember 1963 die tschechische Geschichte in der zweiten Hälfte des 20. Jahrhunderts wahrscheinlich anders verlaufen wäre«.[141] Die treibenden Kräfte hinter dieser Entwicklung waren zweifellos heimischen Ursprungs.

Wie viele aufsteigende Sterne in ihren Zwanzigern arbeitete auch Havel nicht nur hart, sondern schlug auch sonst nicht selten über die Stränge, wohl zum Teil auch als Ausgleich für die Zurückhaltung in seiner Jugend. In den sechziger Jahren fand er für seine Streifzüge durch Bars und andere Schandtaten willige Begleiter in Künstlerkollegen wie den Regisseuren und Drehbuchautoren Jan Němec und Pavel Juráček, den Malern und Grafikern Jan Koblasa und Josef Vyleťal. Am wichtigsten wurde für ihn die lebenslange Freundschaft mit dem aus der Provinz stammenden autodidaktischen Schauspieler und späteren Theaterautor Pavel Landovský. Die beiden waren höchst verschieden, passten aber gerade deswegen gut zusammen. Landovský war eine Rabelais'sche Naturgewalt mit gewaltigem Appetit. Er bahnte sich mit robustem Körpereinsatz seinen Weg durch das byzantinische Labyrinth des kommunistischen Systems, das Havel mit feineren Waffen auszumanövrieren und zu überlisten versuchte. Havels Image des Kaffeehaus-Intellektuellen wirkte auf Landovský ebenso anziehend wie auf den scheuen jungen Dramatiker Landovskýs Vorliebe für das Milieu zwielichtiger Kaschemmen. Für Landovský war Havel eine Verbindung zur Welt von Prag und des anspruchsvollen Theaters. Für Havel verkörperte Landovský einen Führer und Türöffner zur Welt der irdischen Freuden. »Ich konnte in den Nachtclub Barbara gehen mit Havel im Schlepptau und dem Türsteher sagen: ›Der Bursche gehört zu mir.‹«[142] Es ist leicht zu sagen, dass Landovský einen gewissen verderblichen Einfluss auf Havel ausübte, und Olgas Abneigung gegen den Freund ihres Ehemannes hatte zweifellos auch solche Hintergründe. Zugleich bewirkte Landovský mit seinem unverhohlenen Aufbegehren gegen die Autoritäten, dass Havel sich für die bevorstehenden Prüfungen stählte. Und hinter Landovskýs theatralischem Gepöbel und Gepolter steckte ein aufrichtiger, loyaler und tapferer Mensch, der Heuchelei und Blenderei verabscheute und sich selbst stets treu blieb. Er war nicht nur bei den nächtlichen Streifzügen durch die Kneipen Prags für Havel da, sondern auch während der Jahrzehnte dauernden Reise durch die Nacht, die später folgen sollte.

Doch im Augenblick sah die Zukunft noch hell und freundlich aus. Zum ersten Mal in seinem Leben war Havel populär und erfolgreich. Sogar die kommunistische Parteizeitung *Rudé právo* äußerte sich lobend und schrieb durchaus zutreffend, dass *Das Gartenfest* »seine Herkunft aus dem Land des Befreiten Theaters und Schwejks nicht verleugnet«, und würdigte die Bemühungen des Autors, »die Wurzeln all dessen zu benennen, was in unserem

Leben mechanisch, entmenschlicht und sinnlos ist«.[143] Die große Welt lockte. Leute, die absurde Komödien für kleine, unabhängige Theater schrieben, wurden damit nur selten reich, doch aufgrund des damaligen enormen Unterschieds der Gehaltsniveaus zwischen der Tschechoslowakei und dem Westen war Havel in kurzer Zeit ziemlich wohlhabend geworden, jedenfalls nach tschechischen Maßstäben. Er hatte eine Frau, die für ihn schwärmte. Er hätte zufrieden und dankbar sein können.

Doch das entsprach ihm nicht. Seine Aktivitäten in dieser Zeit lassen zum ersten Mal einen Mann erahnen, der für etwas Größeres und Wichtigeres kämpfte als bloß für den eigenen Erfolg. Neben den Theaterstücken schrieb er Essays und Artikel über eine Vielzahl von Themen. Darin nutzte er häufig sein neugewonnenes Ansehen, um seine Künstlerkollegen und die Öffentlichkeit auf die Existenz und das Werk von Schriftstellern und Künstlern hinzuweisen, die weniger Glück hatten und aufgrund ihrer politischen Ansichten, ihrer Vergangenheit oder einfach weil sie nicht in das System passten, an den Rand gedrängt worden waren. In seiner zweiten Konfrontation mit dem literarischen Establishment auf einer Konferenz des Schriftstellerverbands im Juni 1965 erinnerte er seine Kollegen daran, dass viele moderne Dichter wie Jiří Kolař, Josef Hiršal, Jan Grossman und Jan Vladislav und Theoretiker wie Jindřich Chalupecký und Václav Černý schon lange zum Schweigen verurteilt seien, dass man die Werke von Vladimír Holan und Josef Škvorecký verboten habe, dass es noch viele unbeglichene Schulden gegenüber älteren Autoren wie Richard Weiner, Ladislav Klima und Jakub Deml gebe. Er ging sogar noch weiter und verurteilte die Überwachung und die Zensur der Behörden: »Das Thema des Grundsatzreferats, das hier gehalten wurde, lautete ›Die Aufgaben der Literatur und der Tätigkeit des Schriftstellerverbands‹, was den Eindruck erwecken könnte, dass es die Aufgabe des Schriftstellerverbands wäre, Literatur zu beauftragen. Ich glaube, dass es eher umgekehrt sein sollte: Die Literatur sollte die Schriftstellervereinigung beauftragen.«[144] Das war keine Kritik mehr, das war offene Rebellion.

In einem Artikel über den Künstler und Autor Josef Čapek, den Bruder des berühmteren Karel Čapek, der vor allem als Kinderbuchillustrator zu Popularität gelangt, von den Nationalsozialisten in einem Konzentrationslager ermordet und schließlich von den Kommunisten posthum verfemt worden war, entwickelte Havel sein eigenes Kriterium für den Wert eines Künstlers – ein Kriterium, dem zu genügen er sich zeit seines Lebens nach Kräften bemühte. Es bestand darin, eine »spirituelle Geschichte« zu leben.[145] »Wir können Čapeks wahre Bedeutung in der Geschichte unseres modernen künstlerischen und kulturellen Lebens nur verstehen, wenn wir die Grenzen der individuellen schöpferischen Disziplinen und von deren von Fachleuten festgelegten Kriterien überschreiten und den Künstler nicht nur danach zu beurteilen versuchen, was er geleistet hat, sondern in erster Linie danach, *wer er geworden ist.*«[146]

Mit »spiritueller Geschichte« war offenkundig die Suche nach dem Sinn des Lebens gemeint, »nach einem erfüllten und rechtschaffenen Leben, nach der Befriedigung des Verlangens nach existentieller Versöhnung und Erlösung«.[147] Das war der letzte Horizont, dem alles andere untergeordnet war, auch der Horizont der Politik. Doch im Gegensatz zu vielen Künstlern und den meisten Politikern näherte sich Havel diesem Thema mit Demut, fast mit einer gewissen Ehrfurcht. »Ist es möglich, eine Antwort auf diese grundlegende Frage zu finden? Bisher hat die Suche nach Wissen stets eine Antwort zu liefern versucht – schließlich war der Mensch ihr *Ziel!* –, doch sie hat ihre Gültigkeit unvermeidlicherweise dadurch widerlegt, dass sie sie irgendwie – zumindest teilweise – beantwortete. Eine neuartige Lösung besteht – paradoxerweise – darin, dass sie nicht versucht, sie zu beantworten, sondern sie einfach nur *stellt.*«[148]

Was Havel von den zahlreichen Talenten unterschied, die zu dieser Zeit in Erscheinung traten, war seine Fähigkeit, die vielfältigen Stränge seines theaterbezogenen, kritischen und essayistischen Schaffens zu so etwas wie einer kohärenten Philosophie zu verflechten. Andererseits war ihm auch bewusst, dass die Rebellion eines einzelnen Mannes noch keine Revolution bedeutete. Wenn er sich mit dem offiziellen literarischen Establishment und der Macht der kommunistischen Partei und der hinter ihr stehenden Ideologie anlegen wollte, dann musste er sich eine Plattform suchen. Und er brauchte Verbündete.

EINE PRIVATSCHULE DER POLITIK

Der Junge kann uns gefährlich werden.

Pavel Auersperg, Chefideologe der Kommunistischen Partei der Tschechoslowakei

Schließlich suchte sich diese Plattform ihn. Nach einem holprigen Start im Jahr 1964 kam es in der kulturellen Monatsschrift für junge Literatur mit dem Titel *Tvář* (Das Gesicht)[149] zu »einer Art Revolution«, und das Blatt begann nach neuen Autoren und neuen Mitgliedern für das Redaktionskollegium zu suchen. Havel trat Anfang 1965 in den Redaktionsrat ein, trug aber, da er am Theater und auch anderweitig viel zu tun hatte, zunächst als Autor nicht viel bei. Als anerkannter Schriftsteller war er für die lockere Gruppe, die das Magazin und dessen Veröffentlichungspolitik bestimmte, ein nützliches Aushängeschild. Für ihn war dies die einzige Gruppierung im Bereich der Literatur, »in der ich mich ohne innere Hemmungen und Verlegenheiten engagieren oder mit der ich mich identifizieren konnte«.[150] Dennoch oder bezeichnenderweise begann sich Havel erst dann intensiv für die Zeitschrift zu engagieren, als sie in Schwierigkeiten geriet, unter anderem weil sie Texte von »militanten Verfechtern des zeitgenössischen Klerikalismus« druckte.[151] Diese Bemerkung bezog sich offensichtlich auf einige praktizierende Christen, die dem Redaktionsrat angehörten oder als Autoren für die Zeitschrift tätig waren.

In der Kampagne zur politischen Säuberung von *Tvář*, die darauf folgte, verteidigte Havel offen und kompromisslos seine Kollegen, obwohl er persönlich kaum in die Sache involviert war. Als der Vorstand des Schriftstellerverbands eine »endgültige Lösung« für das Problem erwog, organisierte Havel eine Petition und sammelte Hunderte Unterschriften, auch von bekannten

Schriftstellern und Intellektuellen, wie beispielsweise einem seiner frühen Idole, dem späteren Nobelpreisträger Jaroslav Seifert. Als der Schriftstellerverband auf der Absetzung des Chefredakteurs Jan Nedvěd und dem Ausschluss von Jiří Němec und Emanuel Mandler aus dem Redaktionsrat beharrte, widersetzte sich die Redaktion und stellte das Erscheinen der Zeitschrift ein, traf sich aber weiterhin, beschaffte und redigierte Texte, als hätte es das staatliche Verbot nicht gegeben. Angeregt dazu wurden die Redakteure zweifellos vom Literatentisch im Café Slavia; die Schriftsteller, die sich dort trafen, verfolgten diese Taktik schon seit Jahren. Sie wurde schließlich auch zu einem Modell für die Zukunft. Die Erkenntnis, dass die Erhaltung und Sicherung eines Textes in mancherlei Hinsicht wichtiger sind als seine Veröffentlichung – was den meisten Autoren ziemlich fremd ist, die unter normalen Verhältnissen arbeiten –, ermöglichte das Entstehen einer Samisdat-Kultur und wurde am Ende zu deren eigentlicher *raison d'être*.

Hier zeigte sich noch ein weiteres Muster. Immer wieder bezog Havel Stellung, um gegen eine von ihm erkannte oder empfundene Ungerechtigkeit anzukämpfen, und zwar unter hohen persönlichen Risiken und unabhängig davon, ob er persönlich betroffen war. Und immer wieder bediente er sich dabei seiner schier unbegrenzten Fähigkeit, Kontakte zu knüpfen, Netzwerke zu bilden und eine große Zahl von Menschen zu überzeugen, um dem Protest mehr Gewicht zu verleihen. Er war weit davon entfernt, ein verweichlichter Intellektueller zu sein, das war eher eine Maskerade, die er sich zulegte, um sich der unangenehmen Aufmerksamkeit sowohl seiner Verfolger als auch seiner Bewunderer zu entziehen. Er war vielmehr eine geborene Führungspersönlichkeit.

Die *Tvář*-Episode hatte jedoch noch einen weiteren, eher zwiespältigen Aspekt, der die Auseinandersetzung mit dem Establishment noch mehr erschwerte und weit in die Zukunft nachwirken sollte. Havel wusste bereits Bescheid über die Fallstricke der Politik im Allgemeinen, doch bei *Tvář* betrat er das erste Mal die gefährlichen Minenfelder der politischen Arbeit in kleinen Gremien oder Redaktionskollegien und entdeckte erstaunt, dass es hier ebenso intrigant zugehen konnte wie bei den Machtkämpfen im Politbüro. Die vier Mitglieder des »engsten Kreises«, der Chefredakteur Nedvěd sowie die Redaktionsmitglieder Mandler, Doležal und Lopátka, überließen es ihm gerne, in den langwierigen Sitzungen mit den Fachausschüssen des Schriftstellerverbands für die Zeitschrift zu kämpfen, aber sie ignorierten seine Vorschläge zu ihrem Stil und Inhalt. In der Art, wie die Gruppe die redaktionelle Linie festlegte und das Plenum des Redaktionsrates manipulierte, entdeckte Havel ein Element von »Sektierertum«,[152] etwas, das ihm völlig fremd war. Andererseits betrachtete manch anderer ihn wohl als übertrieben ehrgeizig und machthungrig. Da er nicht akzeptieren konnte, dass *Tvář* »seine Gerichtsverfahren [hatte], seine Häretiker, seine Disziplin usw. usw.«,[153] schied Havel aus dem Redaktionskollegium aus, kehrte aber wieder zurück, als die Zeitschrift während des Prager Frühlings eine vorübergehende Wiederbelebung erfuhr und neue Autoren engagierte, wie etwa einen vielversprechenden jungen Ökonomen namens Václav Klaus. Schließlich aber »schlug er die Tür zu«,[154] als man ihm vorwarf, dass er in seinem Diskussionsbeitrag auf dem Gründungskongress des tschechischen Schriftstellerverbands 1969 angeblich von der offiziellen und verbindlichen Linie von *Tvář* abgewichen sei.

Rückblickend ist schwer zu erkennen, worin der tatsächliche Grund für das Zerwürfnis in dieser kleinen Gruppe gleichgesinnter Intellektueller bestand. Sie hatten gemeinsam gegen die monolithische kommunistische Orthodoxie wie gegen deren »antidogmatische« Ableger gekämpft, doch noch ein halbes Jahrhundert später war das Echo der internen Auseinandersetzungen vernehmbar. In *Fernverhör* widmet Havel mehr als 15 von gut 200 Seiten dieser Episode, die zumindest Uneingeweihten als ziemlich undurchsichtig erscheinen muss. Andere Mitglieder des Redaktionsrates maßen ihr noch größere Bedeutung bei und schienen dem Kampf gegen Havel und die Charta 77 ebenso viel Zeit zu widmen wie der Auseinandersetzung mit den Herrschenden.[155] Nach dem Ende des Kommunismus wandelten Mandler und Doležal ihre vor dem November entstandene Demokratische Initiative in eine politische Partei um, die Liberaldemokraten, und zogen ins Parlament ein, wo sie sich im Wesentlichen darauf konzentrierten, tatsächliche oder angebliche Verfehlungen von Havel und seinem Kreis zu brandmarken. Als ihre politischen Karrieren ihr Ende fanden, setzten sie ihren Feldzug als Kritiker und Autoren fort. Havel erwarb sich durch diese Episode eine dauerhafte Abneigung gegen jene Art von Politik, die durch Verhandlungen in Ausschüssen und Mauscheleien in Hinterzimmern bestimmt wird. Er misstraute einer Politik, wie sie auf den Parlamentsgängen, in den Parteivorständen und in Redaktionsleitungen gepflegt wird. Andererseits hat er vielleicht niemals in vollem Umfang erkannt, dass Politik zum Großteil darin besteht, dass sich kleine Jungen gegenseitig ihre Sandburgen zerstören.

Für Havel selbst war die *Tvář*-Episode ein maßgeblicher Beitrag dazu, dass er sich vom »Fachidioten«[156] am Theater zum politischen Aktivisten wandelte. Indem er viel Zeit damit verbrachte, mit Vertretern der Kommunistischen Partei, mit Funktionären des Schriftstellerverbands und Autorenkollegen über unterschiedliche Fragen zu diskutieren, verfeinerte er nicht nur sein schriftstellerisches Können, sondern verbesserte auch seine Kenntnisse in politischer Taktik und Strategie. Schon früh erkannte er, dass die Politik der kleinen Zugeständnisse eine Selbsttäuschung war, die darauf beruhte, vermeintlich weniger wichtige Werte und weniger bedeutende Personen für größere Dinge zu opfern. Er bezeichnete dies als eine Politik der »Selbstzerstörung«. Obwohl ihn seine künstlerische Sensibilität und seine offene, mitnehmende Art fast von Anfang an gegen die sektiererischen Tendenzen der *Tvář*-Redaktion in Stellung brachten und obwohl er mehrmals verwarnt, unter Druck gesetzt und gedrängt wurde, im Interesse der Erhaltung der Zeitschrift nachzugeben, wusste er, dass ein Einlenken der sicherste Weg in den Untergang gewesen wäre.

Der andere Aspekt, der ihn und die *Tvář*-Leute von ihren lautstärkeren reformerischen oder (wie sie sich selbst nannten) »antidogmatischen« Kollegen unterschied, die sich von anfänglichen Mitläufern und Stützen des Stalinismus zu Kritikern wandelten, war ein gewisser paradoxer Widerwillen, die offene Konfrontation zu suchen. Sie wussten, dass sie in einer Auseinandersetzung über das Wesen der Gesellschaft und die wahre Natur der herrschenden Ideologie den Kürzeren ziehen und unvermeidlich den Zorn der Mächtigen auf sich lenken würden, aber eigentlich waren sie an einer derartigen Debatte auch gar nicht interessiert. Anders als ihre reformistischen Kollegen fühlten sie sich dem marxistischen Sozialismus in keiner Weise verbunden und suchten auch nicht nach Wegen, ihn zu verändern, sondern waren überzeugt, dass er das Problem und nicht die Lösung darstellte. Diese Ansicht laut auszusprechen, hätte den Tatbestand der »Untergrabung des sozialistischen Systems« erfüllt und wäre mit langjährigen Haftstrafen geahndet worden. Daher ersannen sie »Scharmützel«-Taktiken, fochten nur kleine Gefechte um konkrete Verbesserungen aus – die sie bisweilen auch gewannen –, wie etwa den Kampf um die Aufnahme eines bislang verfemten Autors in den Schriftstellerverband, die Forderung nach Zuteilung einer größeren Ration von Druckpapier[157] oder die Verteidigung einer Ausgabe gegen Zensurauflagen. Für Havel war dies seine »private Schule der Politik«.[158]

Nachdem er den ersten Schritt getan hatte, wurde es immer schwerer, sich nicht weiter zu engagieren. Ursprünglich wurde ihm die Mitwirkung im Redaktionsrat von *Tvář* unter der Bedingung angeboten, dass er in den Schriftstellerverband eintrat. Als erfolgreichem Dramatiker wurden ihm mehr Chancen eingeräumt, sich dort erfolgreich für die Zeitschrift einzusetzen. Nach seinem Eintritt in den Verband irritierte ihn das höchst widersprüchliche Verhalten vieler Mitglieder, die offen jene einflussreichen Positionen verächtlich machten oder geringschätzten, die sie zuvor so entschlossen angestrebt hatten. Havel dagegen engagierte sich rückhaltlos. »Wenn ich zu etwas hinzugezogen wurde, für eine Kommission benannt wurde oder etwas Ähnliches, dann habe ich mich dem voll gewidmet, in allem herumgewühlt, war immer vorbereitet, habe über alles diskutiert, immerzu irgendwelche Missstände kritisiert und Vorschläge gemacht.«[159] Dadurch bekam er immer mehr zu tun, wurden ihm immer neue Aufgaben übertragen. Als sich allmählich die Nichtkommunisten in der Gesellschaft zu Wort zu melden begannen, wurde er zum Vorsitzenden des »Aktivs junger Autoren« gewählt, »einer ein bisschen wilden Institution«,[160] und später auch zum Vorsitzenden des »Kreises der unabhängigen Schriftsteller«.

Die Episode bei *Tvář* und seine Funktionärsaktivitäten ließen Havels Ansehen und Respekt in intellektuellen Kreisen wachsen, vor allem bei Angehörigen der jüngeren Generation, aber sie beunruhigten auch die herrschenden Kräfte und weckten die Aufmerksamkeit der im Verborgenen wirkenden eigentlichen Macht im Lande, der gefürchteten Staatssicherheit (StB), die nach dem Modell des sowjetischen KGB aufgebaut war. Ein regierungsfeindliches Flugblatt, das ans Theater geschickt wurde, wahrscheinlich als Provokation gedacht (und das von Havel den Behörden gemeldet wurde), führte zu dem kafkaesken Besuch eines StB-Hauptmanns namens Odvárka und mehrerer Geheimpolizisten in Havels Wohnung. Anschließend wurde er als »Kandidat für eine geheime Zusammenarbeit« eingestuft. Das war eine Kategorie in den Akten der Staatssicherheit, die sowohl künftige »geheime Mitarbeiter« als auch »Staatsfeinde« erfasste, je nachdem, ob die betreffende Person bereit oder imstande war, sich weiterem Druck zu widersetzen. Bisweilen fiel beides auch in einer Person zusammen. Die zwei Polizisten konnten aus ihrem Gespräch mit Havel an diesem Tag nicht viele nützliche Informationen mitnehmen, sie waren aber nicht die Ersten und auch nicht die Letzten, die von seiner außergewöhnlichen Höflichkeit und Liebenswürdigkeit beeindruckt waren. Sie hätten allerdings seine Bemerkung zum Abschied, dass diese Begegnung für ihn »eine Anregung für meine künftigen literarischen Aktivitäten«[161] sein würde, nicht als verheißungsvolles Zeichen auffassen sollen. Hier war vielmehr der brave Soldat Havel wieder in seinem Element.

DIE BENACHRICHTIGUNG

GROSS: Wenn Sie erlauben, Herr Direktor, so ist das, worauf ich mir erlaubt habe, aufmerksam zu machen, eine Tatsache.
BALAS: Na und? Wir werden doch nicht vor den Tatsachen kapitulieren?

Die Benachrichtigung

Nichts ist erfolgreicher als der Erfolg. Plötzlich war Havel ein anerkannter und gefeierter Autor, dessen Werke zu Hause und im westlichen Ausland einhellig gelobt und nicht nur an tschechischen und slowakischen Theatern, sondern bald auch in zahlreichen Häusern in Deutschland, Österreich, Ungarn, Polen, Jugoslawien, Schweden, Frankreich, Großbritannien und anderen Ländern aufgeführt wurden. Es gab unterschiedlichste Angebote und Optionen, doch schließlich wandte sich Havel wieder seiner ersten Liebe zu, dem Film. Im Februar 1964 verkaufte er zusammen mit seinen alten Klassenkameraden aus Poděbrady, Miloš Forman und Ivan Passer, sowie dem Drehbuchautor Ivan Papoušek das Exposé für einen Film mit dem Titel *Der Wiederaufbau* an die Barrandov-Studios.[162] Havels Anteil am Erlös betrug 500 Kronen.[163] Im selben Monat verkaufte er, diesmal mit anderen Mitarbeitern, das Exposé für einen weiteren Film, der den Titel *Der Besuch* tragen sollte.[164] Havel und Forman arbeiteten die Idee von *Der Wiederaufbau* zu einem Treatment[165] aus, für das sie jeweils 8000 Kronen bekamen, ein hübsches Sümmchen für damalige Verhältnisse. Noch vor der Erstaufführung des *Gartenfests* verkaufte Havel an die Barrandov-Studios das Exposé für einen gleichnamigen Film.[166] Im Mai 1964 unterschrieb er einen Vertrag über ein literarisches Treatment[167] und im Juni[168] dieses

Jahres einen weiteren über ein fast fertiges Drehbuch.[169] Dieser Film wurde nie gedreht – glücklicherweise, wie Havel später sagte. Seine Aktivitäten auf den Gebieten der Literatur und des Theaters waren noch immer eher ein kleines Heimgewerbe und teilweise abhängig von der Mitarbeit und den Talenten einer eng verbundenen Gruppe von Freunden.[170]

In *Die Benachrichtigung* (1965), Havels zweitem Stück, das am Theater am Geländer aufgeführt wurde und das in Wirklichkeit sein erstes »seriöses« Bühnenwerk war, griff er die Idee einer Komödie über eine Kunstsprache wieder auf, die erfunden worden war, um die Kommunikation zwischen den Menschen zu erleichtern, sie stattdessen aber weiter komplizierte. Havel schrieb einen ersten Entwurf, als er noch am ABC-Theater beschäftigt war, legte ihn aber zur Seite, nachdem Vyskočil die Idee für zu riskant hielt. Erst nach dem großen Erfolg des *Gartenfests* nahm Havel die Arbeit daran wieder auf. Dass er in Jan Grossman einen Freund, Mitarbeiter, Kritiker und diesmal auch Regisseur in einer Person hatte, spielte eine wichtige Rolle. Wie das *Gartenfest* ist auch die Handlung der *Benachrichtigung* in einer bürokratischen Institution angesiedelt, deren Direktor Gross eines Tages auf seinem Schreibtisch einen Brief vorfindet, der in einer ihm unverständlichen Sprache geschrieben ist. Havel widmete das Stück dem Ensemble und benannte auch einige der Charaktere nach dessen Schauspielern, darunter auch Grossmans Partnerin Marie Málková; es ist daher unwahrscheinlich, dass der Name der Hauptfigur zufällig gewählt wurde. Wie im *Gartenfest* wird das Sprachexperiment, das von irgendwo »oben« angeordnet wird, zum Mittel für eine Intrige, diesmal von Gross' Stellvertreter und dessen Helfern. Da Gross die Gefahr nicht rechtzeitig erkennt und schutzlos ist gegen Benachrichtigungen, die er nicht versteht und ohne Genehmigung auch nicht übersetzen lassen darf, was letztlich die Kenntnis von Ptydepe voraussetzt (»Was in einer Benachrichtigung steht, können wir nur dann erfahren, wenn wir es wissen.«[171]), wird Gross von seinem Stellvertreter und dessen

Zirkel aus Anhängern der künstlichen Kommunikation abgelöst. Erwartungsgemäß nimmt das Experiment ein böses Ende: Nur wenige Menschen sind imstande, die neue Sprache zu erlernen, und zudem wird Ptydepe durch vergiftete Elemente aus der gewöhnlichen Sprache verunreinigt. Gross wird rehabilitiert und wieder in sein Amt eingesetzt, um anschließend festzustellen, dass er nun die Einführung einer weiteren synthetischen Sprache – *Chorukor* – überwachen soll, die auf gegenteiligen Annahmen beruht, aber das gleiche Ziel verfolgt, nämlich die Ungenauigkeiten und Vieldeutigkeiten der natürlichen Sprache und ihre menschliche Färbung auszumerzen.

Es gab Ähnlichkeiten mit dem *Gartenfest*. Dieses Mal veranstalteten Havel und Grossman vor der Premiere am 26. Juli 1965 eine öffentliche Lesung des Stücks in der Städtischen Bibliothek, um zu testen, wie sich die Zensurbehörde verhalten würde. Sowohl die Lesung wie auch die Erstaufführung wurden mit stehendem Applaus aufgenommen. Abermals lobten die etablierten Medien den mittlerweile international bekannten Autor, wenngleich die Parteizeitung *Rudé právo* mit ihrer Billigung mehr als zwei Monate wartete.[172] Die meisten Kritiker verstanden das Stück ebenso wie seinen Vorläufer als eine Satire auf das bürokratische System. In ihren Augen war es jene Art von Satire, die Mitte der sechziger Jahre vom Regime toleriert und sogar als Bestandteil einer notwendigen sozialen Hygiene gefördert wurde. Nur wenige waren willens oder in der Lage, die wesentlichen Unterschiede zwischen den beiden Stücken und die radikalen Absichten des Autors zu erkennen. »Der Mechanismus der Feigheit, der Macht und der Gleichgültigkeit – all dies ist weit entfernt von einem reinen Produkt einer absurden Phantasie des Dramatikers, so absurd sie unbestreitbar ist.«[173]

Die Benachrichtigung besitzt einen dunkleren, subversiveren Subtext als *Das Gartenfest*. Direktor Gross hat einen anderen Charakter als der opportunistische Hugo. Er ist der »ordentliche«, »wohlmeinende« Mensch, der, sei es aus Mut oder aus Unbedachtheit, seinen Kopf hinausstreckt und dafür bestraft wird, der aber am Ende »gesteht« und sich so weit anpasst, dass er seinen Job behalten darf und sich – wie er sich einredet – seine Fähigkeit bewahren kann, Schlimmeres zu verhindern. Indem er »innerhalb« des Systems bleibt und Maries Vorschlag ablehnt, eine »Stelle am Theater« anzunehmen, wird er ein Helfershelfer des Bösen, das er als Erster erkannt und vor dem er als Erster gewarnt hat.

In der *Benachrichtigung* warf Havel erstmals die Frage einer passiven Mitwirkung am Bösen auf, zu der er in den kommenden Jahrzehnten immer wieder zurückkehren sollte. Dadurch erschütterte er die moralische Selbstgefälligkeit vieler seiner Zeitgenossen, die sich damit begnügten, innerhalb sorgfältig beachteter Grenzen ihre Kritik zu üben und Reformen zu verlangen. Im Jahr 1965, einer Zeit, in der die Toleranz, die Liberalisierung und die Durchlässigkeit in der Tschechoslowakei ein bislang nicht gekanntes Maß erreichten, schien sich die unverhohlene Warnung des Stücks in erster Linie auf die Vergangenheit, auf die bereitwilligen Opfer der kommunistischen Säuberungen, der Reformkampagnen und der Reformen der Reformen zu beziehen. Weder Havel noch sein Publikum konnten wissen, welche Bedeutung seine Warnung in der nahen Zukunft haben würde.

Das Problem der moralischen Mehrdeutigkeit kommt anschaulich in der Austauschbarkeit der positiven und negativen Charaktere zum Ausdruck. Die gleichen Argumente, die »ernsthaft« von Gross verwendet werden, werden später mit größtmöglichem Zynismus auch von seinem Widersacher Balas gebraucht. Das Publikum weiß nicht – und soll vielleicht auch nicht wissen –, ob ein Satz in einem Dialog ernst oder als Farce gemeint ist. Dieses Mittel sollte Havel in seinen späteren Theaterstücken noch häufig anwenden, und er äußert sich dazu auch in seinen Essays, und zwar mit einer eindeutigen Botschaft: Worte allein und an sich bedeuten nichts. Nicht einmal Meinungen, für die Worte stehen, wie tief empfunden und echt sie auch sein mögen, haben viel zu bedeuten, ohne die Bereitschaft, auch entsprechend zu handeln.

Am Ende gibt es keinen großen Unterschied zwischen einem zynischen Mann der Tat und einem gutwilligen Schwächling. Es könnte sogar wünschenswert sein, sich mit dem Mann der Tat zu arrangieren, denn bei ihm besteht nicht das Risiko, dass man enttäuscht werden könnte. Gross, den in wichtigen Momenten das Selbstmitleid erfasst, wird durch den kalten, nihilistischen Balas daran erinnert:

> GROSS: *Warum kann ich nicht wieder ein kleiner Junge sein? Ich würde alles ganz anders anfangen!*
> BALAS: *Sie würden es anders anfangen, aber es würde am Ende auf das Gleiche hinauslaufen, also bleiben Sie entspannt!*[174]

Dieses Stück wie viele seiner übrigen Texte aus dieser Zeit zeigen, wie sehr Havel von der existenzialistischen Philosophie und deren Konzepten von Uneigentlichkeit, Entfremdung, des Absurden, der gesellschaftlichen Isolierung und Entpersönlichung beeinflusst wurde. Der Endpunkt in den Werken von Camus und Beckett ist zwar ähnlich, der Weg dahin aber unterscheidet sich wesentlich. Während deren existenzialistische Helden durch den Verlust eines metaphysischen Horizonts oder aufgrund einer der *conditio humana* innewohnenden Absurdität aus der Bahn geworfen werden, ist es in Havels Werk die Gesellschaft oder vielmehr die totalitäre Kontrolle durch die Gesellschaft, die sie in die Isolation treibt und dazu bringt, anderen mit Furcht und Argwohn zu begegnen und sie zu meiden. Auch die Folgewirkungen aus dieser existentiellen Situation unterscheiden sich potentiell. Während für Beckett und andere die existentielle Einsamkeit eine unabänderliche objektive Tatsache darstellt, die nur durch Akzeptieren transzendiert werden kann, ist sie in Havels Werk ein Ergebnis der entsozialisierenden Eigenschaften des herrschenden Systems. Sie ist folglich das Werk von Menschen und kann deshalb auch überwunden werden. So wird Ptydepe am Ende durch die unerbittliche Präsenz des Menschlichen verfälscht und zerstört. Obwohl im Stück scheinbar das System am Ende die Oberhand behält, gibt es Signale der Zuversicht:

> BALAS: *Und welche Erfahrungen hat man woanders gemacht?*
> KUNZ: *Im Allgemeinen gute. Nur, dass überall, wo Ptydepe in größerem Ausmaß benutzt wird, automatisch einige Eigenschaften aus der gewöhnlichen Sprache übernommen werden, wie emotionelle Untertöne, Ungenauigkeiten und Vieldeutigkeiten. Stimmt's Hella?*
> HELENE: *Ja, ich habe von Burschen sogar gehört, dass je mehr man Ptydepe benutzt, desto mehr wird es durch diese Eigenschaften verschmutzt.*[175]

In der *Benachrichtigung* schlug sich sowohl der damalige Zeitgeist nieder wie auch Havels persönliche Einstellung. Es wird gezeigt, dass das System nicht nur in der Praxis korrumpiert ist, sondern auch seinem Wesen nach korrumpierend wirkt. Das Problem sind nicht die einzelnen Handlungen des Systems oder Handlungen, die vorherige Handlungen korrigieren sollen, oder die künftigen Korrekturen seiner früheren Korrekturen, sondern das System an sich ist das Problem. Nicht nur, dass es nicht funktioniert – es kann gar nicht funktionieren. Mitte der sechziger Jahre war erst eine Minderheit zu dieser Erkenntnis gelangt, und selbst innerhalb dieser Minderheit blieb es eher bei einer Vermutung, die man nicht explizit formulierte.

Wenn freilich so viele Deformationen, Absurditäten und Abscheulichkeiten unmittelbar aus der Natur des Systems erwuchsen und nicht aus seinen einzelnen Handlungen, dann musste man gegen diesen Missstand angehen. Anstatt Zeit damit zu vergeuden, am System herumzudoktern, in der Hoffnung, es lebensfähig und nachhaltig zu machen, war es notwendig, das System insgesamt zu ersetzen.

DER STURM BRAUT SICH ZUSAMMEN

In den Jahren bis 1967 kam die tschechische »Ur-Perestroika« allmählich in Gang. Der Raum für künstlerische und individuelle Entfaltungsmöglichkeiten vergrößerte sich in bislang ungekannter, wenngleich willkürlicher Weise. Die kleinen Theater, Clubs und Cafés blühten auf. Ein oder zwei Jahre später erreichte mit *Lady Chatterleys Liebhaber* und der ersten LP der Beatles schließlich auch die sexuelle Revolution Prag. Dutzende Rockgruppen mit Namen wie The Primitives oder The Last Cause entstanden. Die Beat-Poeten Lawrence Ferlinghetti, Allen Ginsberg, Jack Kerouac und Gregory Corso wurden publiziert, analysiert und in Büchern und Zeitschriften diskutiert; Harold Pinter, Samuel Beckett, Edward Albee, Eugène Ionesco und Václav Havel beherrschten die Bühnen.

Sogar die Wirtschaft gab neue Lebenszeichen von sich. Im Januar 1965 beauftragte das Zentralkomitee der Kommunistischen Partei den Wirtschaftswissenschaftler Ota Šik mit dem Entwurf eines Reformprogramms, durch das die Stagnation der Kommandowirtschaft überwunden werden sollte, die in kaum zwanzig Jahren aus einer der zehn größten europäischen Volkswirtschaften vor dem Zweiten Weltkrieg einen nahezu hoffnungslosen Fall gemacht hatte. Wie bei allen Reformen in den sechziger Jahren war dies freilich kein Blankoscheck für die Erneuerer. Die ideologischen Grundlagen des Systems, insbesondere die führende Rolle der Kommunistischen Partei und das Gemeinschaftseigentum an den Produktionsmitteln, durften nicht angetastet werden. Die Reformer konnten daher nur in Randbereichen Änderungen herbeiführen. Šik und seine Mannschaft lockerten die staatliche Wirtschaftsplanung, um die mit ihr verbundenen Preisverzerrungen abzumildern und eine effizientere Ressourcenverteilung zu ermöglichen. Das war keineswegs ein Übergang zur Marktwirtschaft, es wurden lediglich einige marktwirtschaftliche Ansätze übernommen, um größeren Problemen vorzubeugen. Auch der Vorschlag, ein Anreizsystem für die Beschäftigten einzuführen, war kein Schritt zu einem freien Arbeitsmarkt. Šiks Ideen hatten nicht genügend Zeit, um sich in der Praxis zu bewähren, aber dennoch landeten auch sie auf der langen Liste von Ketzereien, welche die Bezwinger des Prager Frühlings später den Reformkräften zur Anklage vorhielten.

Abermals waren es die Debatten von Dichtern und Romanciers, nicht jene von Politikern und Ökonomen, die das Geschehen vorantrieben. Auf dem 4. Schriftstellerkongress wurden Meinungen geäußert, für die gewöhnliche Leute auf der Straße zu zehn Jahren Zwangsarbeit in einer Uranmine verurteilt worden wären. Hier aber äußerten sie die bekanntesten Schriftsteller und Parteimitglieder. Milan Kundera sprach davon, dass die Kultur und die Tradition des Landes durch eine fremde und intolerante Macht von Europa entfremdet worden seien. Pavel Kohout las einen Brief von Alexander Solschenizyn an den sowjetischen Schriftstellerkongress vor, den die Führung des tschechoslowakischen Schriftstellerverbands vor ihren Mitgliedern hatte geheim halten wollen. Am denkwürdigsten war der Auftritt von Ludvík Vaculík, einem Parteimitglied mit unanfechtbaren proletarischen Referenzen, der eine flammende, herausfordernde Rede hielt, in der er die Fahne der Rebellion schwenkte und unter Bezug auf einige nur selten erwähnte Artikel aus der tschechoslowakischen Verfassung Bürgerrechte einforderte, insbesondere das uneingeschränkte Recht auf freie Meinungsäußerung sowie die allgemeine Versammlungs- und Vereinigungsfreiheit. Selbst als Jiří Hendrych, der für die Ideologie zuständige Sekretär des Zentralkomitees, mit den Worten »Sie haben alles verspielt«[176]

wütend die Sitzung verließ, gingen die aufmüpfigen Reden weiter. Einige richteten ihren Blick auch über die Grenzen des Landes. Zwei Wochen vorher hatte die Tschechoslowakei ebenso wie die Sowjetunion und andere sozialistische Länder nach der Niederlage der arabischen Staaten im Sechstagekrieg gegen Israel die diplomatischen Beziehungen zum jüdischen Staat abgebrochen. Mehrere Schriftsteller, jüdische wie nicht-jüdische, protestierten auf der Tribüne des Kongresses gegen diesen Schritt.

Die Herrschenden versuchten diese Rebellion zu unterdrücken, indem sie die Literaturzeitschrift *Literární noviny* der Federführung des Schriftstellerverbands entzogen und die führenden Rebellen aus der Partei ausschlossen. Im Gegenzug sagten sich viele der bekanntesten tschechischen und slowakischen Schriftsteller öffentlich von der Partei los.

Überraschend für viele spielte Václav Havel, der lange Zeit als der aufmüpfigste Schriftsteller des Landes gegolten hatte, bei diesen Vorgängen nur eine Nebenrolle. Er vermied es, eine grundsätzliche Stellungnahme abzugeben. In seinen Bemerkungen hielt er sich an die Taktik, nur kleine und gewinnbare, aber nichtsdestotrotz wichtige Kämpfe zu bestreiten. Er forderte lediglich, dass *Tvář* wieder zugelassen und die schwarzen Schafe – seine nichtkommunistischen Kollegen und Freunde – wieder in den Schriftstellerverband aufgenommen werden sollten.

Tatsächlich war Havel bestürzt über den Radikalismus, der in einigen der Reden zum Ausdruck kam, und sein Redebeitrag auf dem Schriftstellerkongress hatte fast einen missbilligenden, warnenden Unterton:

> *Wenn es zum Beruf des Schriftstellers gehört, dass er mehr als jeder andere immer wieder die Welt hinterfragt und in Zweifel zieht, ist es nur logisch, dass er immer und immer wieder – mühsamer als alle anderen – versuchen muss, das Vertrauen der Welt zu gewinnen. Und wenn diese Welt uns nach strengeren Maßstäben misst als viele andere – was in gewisser Weise eine Ehre ist –, werden wir sie nicht*

> *beschwichtigen oder verwirren können, indem wir eine psychische Störung oder eine Stimmung anführen – am Ende wird sie jeden von uns mit kalter Grausamkeit fragen, was wir gesagt und was wir anschließend getan haben, ob das, was wir getan haben, auch dem entsprach, was wir gesagt haben, oder ob wir das Recht hatten, etwas zu sagen, das wir nicht tun wollten. Die Frage lautet schlicht, ob wir alle dazu fähig sind, letzten Endes die Verantwortung für unsere Worte zu übernehmen, ob wir wirklich und uneingeschränkt in der Lage sind, für uns selbst einzustehen, unsere Erklärungen durch unsere Handlungen und ihre Kontinuität zu verbürgen und uns niemals – und seien wir auch von den besten Absichten geleitet – in einem bestimmten Augenblick durch uns selbst in einer Falle zu verfangen, sei es aus Eitelkeit oder aus Angst. Das soll kein Aufruf zur Berechnung sein, sondern zur* Authentizität.[177]

Hier kommt das Konzept der authentischen Verantwortung oder, mit anderen Worten, des Lebens in der Wahrheit, das keineswegs allein ein Produkt des später unbestreitbaren Einflusses von Jan Patočka oder der Dissidentenzeit ist, schon deutlich zum Vorschein. Am Cafétisch im Slavia war es bereits immer wieder erprobt und auf den gefährlichen Pfaden der institutionalisierten Literaturpolitik verfeinert worden.

Die Bestrafung der bekannten Schriftsteller stieß auch bei manchen Mitgliedern der Parteiführung auf Widerspruch. Wichtiger aber noch war, dass die öffentliche Zuschaustellung von Unbotmäßigkeit auf dem Kongress auch andere zum Aufbegehren ermutigte. Auf der Tagung des Zentralkomitees der Kommunistischen Partei im Oktober 1967 wurde ein weiteres Tabu gebrochen – erstmals wurde offene Kritik geübt am obersten Genossen des Landes, dem Führer der Partei und Staatspräsidenten, einem blassen Funktionärstyp namens Antonín Novotný. Plötzlich wurde alles an ihm kritisiert – seine verfehlte Wirtschaftspolitik, sein ungeschickter Umgang mit dem slowakischen Teil der Partei und die Konzentration der Macht in den Händen eines einzelnen Mannes.

Auf der Tagung des Zentralkomitees im Dezember brach die Rebellion mit voller Wucht aus, und Novotný wurde mit Rücktrittsforderungen konfrontiert. Es gelang ihm, das Unvermeidliche hinauszuschieben, indem er die Sitzung am 23. Dezember vertagte mit dem berühmt gewordenen Argument, dass die »weiblichen Genossen Weihnachtsgeschenke einkaufen müssen«, doch am 5. Januar wurde er schließlich durch Alexander Dubček, den wenig bekannten, aber beliebten Sekretär des slowakischen Zweigs der Partei, als Generalsekretär abgelöst. Der Prager Frühling konnte beginnen.

Der Prager Frühling und sein plötzliches Ende sind zu einem prägenden Ereignis in der Geschichte des 20. Jahrhunderts geworden, und das aus gutem Grund: Sowohl die Dynamik der Reformbewegung als auch die Art ihrer Niederwerfung versetzten der marxistischen Ideologie einen vernichtenden Schlag. Obwohl schon der Stalinismus und seine Auswirkungen ebenso wie die Niederschlagung der Aufstände in Berlin und Budapest viele der ursprünglichen Anhänger dazu gebracht hatten, ihren Glauben zu hinterfragen und oder sich gleich ganz loszusagen, galt es Anfang der sechziger Jahre häufig noch nicht als anrüchig, sich als Marxist-Leninist zu verstehen. Nach 1968 wurde diese Haltung jedoch für viele zu einem Synonym für Opportunismus, Dickköpfigkeit oder Schlimmeres.

Die Bedeutung des Prager Frühlings stand eigentlich in keinem angemessenen Verhältnis zum tatsächlichen Ausmaß der Veränderungen, die sich in den nun folgenden sieben Monaten vollzogen. Institutionell waren die Reformen sehr moderat, mit Ausnahme der Abschaffung der Zensur Ende Juni, was jedoch nicht mehr als eine juristische Anerkennung des Status quo war, der bereits seit mehreren Monaten galt. Andere Maßnahmen waren rückwirkende und eher moralische Gesten, wie etwa die rechtliche Rehabilitierung der Opfer des kommunistischen Terrors in den Jahren nach 1948. Alles andere war nicht mehr als Rhetorik.

Aber was für eine! Zum ersten Mal seit zwanzig Jahren wurde buchstäblich alles hinterfragt, kritisiert und zur Diskussion gestellt, sei es das Privateigentum, die führende Rolle der Partei, die Religionsfreiheit, die Reisefreiheit, die sowjetischen Straflager, die Hippie-Bewegung oder die Gleichberechtigung der Geschlechter. Über alles wurde debattiert, formell und informell, auf Hunderten organisierten und improvisierten Veranstaltungen, in Vortragssälen und Besprechungsräumen, in Cafés und Bars, im Bett und auf der Straße. Überall entstanden neue Vereinigungen und Clubs, ob mit oder ohne offizielle Erlaubnis. Die Zeitschrift *Literární noviny* (Literaturzeitung), umbenannt in *Literární listy* (Literaturblätter), wurde Tag für Tag radikaler, war aber immer noch relativ konservativ im Vergleich zu neugegründeten Publikationen wie *Der Reporter* oder *Der Student*.

Dis Diskrepanz zwischen formellen und informellen Prozessen, zwischen nominellen und tatsächlichen Veränderungen führte letztlich zu zwei unterschiedlichen Deutungen der Geschichte des Prager Frühlings. Auf der einen Seite gibt es die weitgehend mythologisierende Erzählung vom »Sozialismus mit menschlichem Antlitz«, einer Bewegung, die darauf zielte, das sozialistische Ideal neu zu erfinden, von aufgeklärten Reformern vorangetrieben und von der Bevölkerung unterstützt. Im August sei diese Bewegung durch den von sowjetischen Truppen angeführten Einmarsch unter dem Vorwand, einer drohenden »Konterrevolution« begegnen zu müssen, gewaltsam niedergeschlagen worden. Auf der anderen Seite steht eine gut dokumentierte Kette von Ereignissen, die den Schluss nahelegt, dass die Reformer weit davon entfernt waren, die Bewegung anzuführen, und bereits in einem frühen Stadium die Kontrolle über die Vorgänge verloren hatten und gezwungen waren, sich den ständig neuen Forderungen einer zunehmend mutiger werdenden Bevölkerung anzupassen. Nach dieser Sichtweise hatten die Sowjets paradoxerweise recht mit ihrer Vermutung, dass ein Umsturz bevorstehe, wenngleich ein friedlicher. Nichtsdestotrotz aber sei es ein Verbrechen gewesen, gewaltsam die Souveränität des Landes zu verletzen, um diesen Umsturz zu verhindern.

Dennoch sind diese beiden Betrachtungsweisen nicht komplett unvereinbar. Die Aufrichtigkeit und das konziliante Auftreten von Alexander Dubček brachten ihm echte Sympathien ein. Dass die Einschränkungen der Rede-, Versammlungs- und Vereinigungsfreiheit zurückgenommen wurden, stieß fast einhellig auf Zustimmung. Die teilweise Öffnung der Wirtschaft und die Einführung marktwirtschaftlicher Elemente wurden von einer Bevölkerung, die sich nach einem breiteren Angebot an Konsumgütern sehnte, willkommen geheißen. Im Zuge der sowjetischen Intervention im August entstand eine starke und vereinte Unterstützungsfront für Dubček und seine Leute.

Freilich lässt all das nicht den Schluss zu, dass die Ziele der kommunistischen Führung und der Bevölkerung zum größten Teil deckungsgleich gewesen wären oder nahe beieinandergelegen hätten. Zweifellos waren die meisten Menschen froh über die neuen Freiheiten, aber sie wollten sie auch über jene Grenzen hinaus nutzen, welche die Kommunisten für angemessen hielten. Bereits in den ersten Monaten des Reformprozesses entstanden im Land viele der alten sozialen und politischen Bewegungen aufs Neue, wie etwa die Organisation der Pfadfinder, die nationale Sport- und Gymnastikbewegung Sokol sowie die Sozialdemokratische Partei, die bis dahin im Untergrund gewirkt hatte. Auch neue Organisationen bildeten sich, wie beispielsweise K-231 (ein Zusammenschluss ehemaliger politischer Gefangener), KAN (eine Vereinigung von Nichtparteimitgliedern) und ein Kreis unabhängiger Schriftsteller, der sich zum ersten Mal in Havels Wohnung traf und ihn am 6. Juni zum Vorsitzenden wählte.

Wer allerdings erwartet hatte, dass Havel aufgrund seiner bisherigen Aktivitäten eine führende Rolle bei diesen Ereignissen spielen würde, sollte enttäuscht werden. Er verharrte eher auf einer Beobachterposition und ließ freimütigeren reformkommunistischen Intellektuellen den Vortritt. Er nahm an dem ersten einer Reihe von öffentlichen Treffen teil, auf denen zunehmend radikalere Ideen formuliert wurden, doch er empfand auch eine eigenartige Traurigkeit, »weil die Menschen, die von der herrschenden Ideologie gebunden sind, sich hier nach zwanzig Jahren ihrer eigenen Regierung Dinge klarmachen, die allen außer ihnen diese ganzen zwanzig Jahre lang klar sind«, und außerdem störten ihn etwas die »Showmanieren«, mit denen sich die tonangebenden Leute gegenseitig zu überbieten suchten.[178] Von dieser »übertriebenen Nüchternheit« rückte er vorübergehend ab, als Ministerpräsident Černik am 11. Juli die bekannten Schriftsteller zu einem Treffen mit führenden Politikern einlud. Dies war Havels einzige persönliche Begegnung mit den Protagonisten des Prager Frühlings. Sein eigener Bericht über dieses Treffen ist möglicherweise nicht ganz zuverlässig, da er sich, um seine anfängliche Schüchternheit zu überwinden, zunächst mit ein paar Gläsern Cognac stärkte, bevor er eine lange Debatte mit Dubček über den Reformprozess und notwendige weitere Schritte anfing und sich dabei »wohl ziemlich grob benahm«.[179] Dubčeks Analyse der Lage überzeugte ihn nicht, doch er war beeindruckt von dessen Bereitschaft, einem leicht angetrunkenen Dramatiker zuzuhören. Diese ambivalente Haltung behielt er auch weiterhin bei; er bewunderte Dubček zwar niemals als Politiker, schätzte ihn jedoch als Person.

Sein einziger öffentlicher Beitrag zur politischen Debatte in dieser Zeit war ein abgewogener, fast distanzierter Artikel »Zum Thema Opposition«, den er in den *Literární listy* publizierte,[180] ein bemerkenswerter Text, der eher konservativ klang, doch einen Gedanken zum Ausdruck brachte, der selbst den kühnsten Reformern fernlag. Das alte Barbier-Paradoxon des Zenon von Elea wurde hier einer erneuten Überprüfung unterzogen, als Journalisten und Philosophen, ermutigt durch das plötzliche Verschwinden der Zensur, sich mit dem offenkundigen Dilemma auseinandersetzten, ob demokratischer Sozialismus und freie Debatte mit einem Einparteiensystem vereinbar seien. In seinem

Artikel erörtert Havel die Frage, ob die einstmals demokratischen Parteien, die in der von den Kommunisten beherrschten Nationalen Front vereint und politisch nur noch leere Hülsen waren, eine authentische politische Opposition aufbauen könnten. Er gelangt zu dem unabweisbaren Schluss, dass jede Opposition ohne eine vollständige Unabhängigkeit von der herrschenden Partei von vornherein instabil und leicht zu unterminieren sein würde. Völlige Unabhängigkeit erfordere eine neue politische Partei, die imstande sei, die Funktion einer institutionellen Opposition wahrzunehmen. In seiner Analyse war implizit eine weitere Schlussfolgerung enthalten, nämlich dass jede Partei, die in der Lage wäre, eine echte Opposition darzustellen, auch die herrschende Partei ablösen und selbst die Regierung stellen könnte. Diese Implikation blieb auch im Kreml nicht unbemerkt, der Havels Aussagen später als einen wichtigen Anhaltspunkt für das Wirken einer »Konterrevolution« in der Tschechoslowakei anführte.[181] Wie jeder originelle Denkansatz fand auch dieser Artikel seine Kritiker, zur damaligen Zeit und später. Und es ist auch nicht sonderlich überraschend, dass Havel selbst dazugehörte. Mehr als ein Jahrzehnt später äußerte er sich deutlich reserviert zu diesem Artikel, bekräftigte seine Skepsis gegenüber dem Prinzip der politischen Massenparteien und insbesondere seine Überzeugung, dass »die Gründung einer Partei vorschlagen [soll], wer wirklich entschlossen ist, eine Partei zu gründen – und das war ich natürlich nicht.«[182]

Wie er sich später erinnerte, habe er damals bei mehreren Gelegenheiten seine »nüchterne und reflektierte Position« einem größeren Publikum präsentiert und dabei eine »erbärmliche Vorstellung« gegeben.[183] Er unterschrieb auch mehrere der Petitionen und offenen Briefe, die fast täglich verfasst wurden. Stärker aber konzentrierte er sich auf kleinere, praktische Projekte, dessen bedeutendstes die Gründung eines Zirkels unabhängiger Autoren war, der eine offene Oppositionsplattform innerhalb des Schriftstellerverbands darstellen sollte.

Havel sah seine Aufgabe nach wie vor in erster Linie als Schriftsteller und Künstler und als das, was man heute einen »politischen Intellektuellen« nennen würde. Mitten während des Prager Frühlings kam sein drittes abendfüllendes Theaterstück *Erschwerte Möglichkeit der Konzentration*[184] heraus, das seinem philosophischen Mentor Josef Šafařík gewidmet war. Es wurde am Theater am Geländer erstaufgeführt, erhielt wohlwollende Aufnahme, entwickelte sich aber nicht zum Publikumsrenner wie die beiden Vorläufer.

Dass es geringere Wirkung erzielte, lag teilweise auch an Havel selbst. Dem Stück fehlte eine klare Zielrichtung, wie sie beim *Gartenfest* und der *Benachrichtigung* erkennbar war. Die Geschichte des untreuen Geisteswissenschaftlers Huml und dessen Begegnung mit einem computergesteuerten analytischen Roboter namens *puzuk*[185] ist zum einen Teil eine Farce über einen Mann, der sich bemüht, die Forderungen und Erwartungen seiner Ehefrau, seiner Geliebten und seiner übrigen möglichen Sexualpartnerinnen unter einen Hut zu bekommen, und zum anderen Teil eine Kritik an den Versuchen der Wissenschaft, die unzähligen, oftmals widerstreitenden und inkonsistenten Motive und Regungen des menschlichen Verhaltens zu verstehen und zu analysieren. In gewisser Weise spiegeln sich in diesem Stück Havels persönliche Reflexionen über seinen frisch erworbenen Ruhm, über die vielfältigen Anforderungen an seine Zeit und Aufmerksamkeit wie auch die erotischen Chancen, die sich dadurch eröffneten, und die moralischen Zwickmühlen, die all dies zur Folge hatte.

Der andere Grund für den mäßigen Erfolg war der ungünstige Zeitpunkt der Aufführung. Wovon das Stück auch handeln mochte, es schien nicht im Entferntesten etwas zu tun zu haben mit den dramatischen Ereignissen, die sich außerhalb des Theaters vollzogen. Man beschäftigte sich damit, wie man mit dem Kommunismus, mit Freiheit und Demokratie umgehen sollte, nicht mit dem Verhalten gegenüber der Ehefrau und der Geliebten.

Für Havel jedoch war *Erschwerte Möglichkeit der Konzentration* ebenso bedeutsam wie die beiden Vorgänger, vielleicht sogar noch wichtiger. Es ist das persönlichste der drei Stücke, begründet die Fortsetzung eines inneren Dialogs zwischen dem Bohemien und dem Moralisten Havel, und es spiegelt die Spannungen wider, die sich zwischen den beiden entwickeln. Im Schlussmonolog des Stückes sagt Huml:

> *Der Schlüssel zur wirklichen Erkenntnis des Ich liegt nicht in der besser oder schlechter begriffenen Komplexität des Menschen als Objekt wissenschaftlicher Erkenntnis, sondern einzig und allein in seiner Komplexität als Subjekt menschlicher Annäherung, denn die Unendlichkeit unseres eigenen Menschseins ist vorerst das Einzige, was sich der Unendlichkeit anderer Menschen zu nähern vermag, wenn auch nur unvollkommen … Mit allem anderen können wir den Menschen mehr oder weniger erklären, jedoch in keiner Weise begreifen und somit auch in keiner Weise erkennen. Der Hauptschlüssel zum Menschen liegt also nicht im Gehirn, sondern im Herzen.*[186]

Der ansonsten sehr wohlwollende Kritiker der *New York Times*, der die Aufführung im Lincoln Repertory Theater gesehen hatte, missverstand diesen letzten Satz als eine »banale Schlussfolgerung, die vieles von der vorher vorhandenen Ironie abschwächt«.[187] Es handelt sich hier jedoch nicht um einen Versöhnungsappell, sondern um eine Parodie. »Über manches lässt sich sehr leicht reden von Leuten, die sich in Wirklichkeit am wenigsten daran halten.«[188]

In dem Stück bediente sich Havel einer Methode, auf die er auch später häufiger zurückgreifen sollte. Während er in *Briefe an Olga* und anderen Essays seine moralischen und philosophischen Ansichten in methodischer, gewissenhafter und höchst ernsthafter, bisweilen sogar pedantischer Manier formulierte, arbeitete er mit ihnen in seinen Stücken auf ironische und lustige Weise. Manchmal legte er sie gerade schwachen, makelbehafteten und fehlbaren Charakteren in den Mund. Das diente vermutlich nicht nur dazu, die Kluft zu verdeutlichen, die zwischen dem von ihnen selbst gewünschten und dem tatsächlichen Handeln seiner Charaktere klaffte. Der Bezugspunkt ist vielmehr der Autor selbst; es scheint, als wolle er versuchen, seine Überzeugungen gewissermaßen in Situationen des wirklichen Lebens zu überprüfen, oder als bemühe er sich, auf eine noch persönlichere Weise seine öffentliche Person mit seinem inneren Selbst zu versöhnen. Die Ergebnisse dieses Experiments, sofern es ein Experiment war, waren nicht ermutigend. Havels Charaktere, im Allgemeinen Ausgeschlossene und keine realen Menschen, sind allesamt moralische Versager, und dadurch sagen sie auch etwas aus über die Einstellung des Autors zu sich selbst.

Laut Berichten seiner Zeitgenossen verhielt sich Havel zu dieser Zeit ähnlich wie viele begabte und erfolgreiche Künstler, die sich auf dem Höhepunkt ihres Schaffens befinden. Er schlief lange, schrieb tagsüber ein wenig und stürzte sich abends in das aufregende Nachtleben. Er verbrachte noch immer viel Zeit in der Gegend um das Theater am Geländer und besuchte das Theater Hinter dem Tor und den Schauspielclub, deren große Stars Havels enge Freunde Jan Tříska beziehungsweise Pavel Landovský waren. Nach eigener Aussage mied er die Politik, da ihm eine aktive Einmischung als unvereinbar erschien mit dem »Dienst an der Wahrheit«, den er als die Hauptaufgabe eines Schriftstellers betrachtete.[189] Seine nächtlichen Streifzüge mit Landovský, den Olga überhaupt nicht mochte, begannen stets mit einem Drink nach der Vorstellung in der Weinstube Mozart oder in einer der Kneipen in der Nähe des Theaters, und wurden manchmal in noch zweifelhafteren Etablissements fortgesetzt. Havel suchte sich die Gesellschaft von Zeitgenossen, die einen ähnlichen Lebensstil pflegten, und das waren neben Landovský und Tříska die Filmregisseure Miloš Forman, Jan Němec und Pavel Juráček. Bei den faszinierenden Diskussionen über Kunst, Politik und Fragen der Zeit gab es immer auch reichlich Alkohol. Und es gab Frauen.

Irgendwann erkannte Havel anscheinend, dass es heuchlerisch wirken musste, wenn er in seinem Privatleben den hohen moralischen Ansprüchen nicht gerecht wurde, die er öffentlich propagierte. So glaubte er wohl, dass der Vorwurf der Heuchelei seinen Stachel verlieren würde, wenn er von sich aus seine moralischen Unzulänglichkeiten eingestand. Auf diese Weise entwickelte sich wohl seine lebenslang beibehaltene Angewohnheit, seine Seitensprünge Olga zu offenbaren und sich sogar um ihr Verständnis oder ihren Rat zu bemühen, wie die Figur Huml es in der *Erschwerten Möglichkeit der Konzentration* tut. Anscheinend gelangte er zu dem Schluss, dass er zu moralischer Vollkommenheit nicht in der Lage und es daher am besten war, sich ehrlich zu geben, mit allen seinen Fehlern. Die *Erschwerte Möglichkeit der Konzentration* ist in gewisser Weise auch eine Beschreibung von Havels innerer Verfassung und der Auseinandersetzung mit seiner Berühmtheit. Das kann zumindest teilweise die eher distanzierte Haltung erklären, die er gegenüber den dramatischen Ereignissen um ihn herum einnahm. In einer Zeit, in der sich die meisten Menschen Gedanken über ein menschlicheres Antlitz des Sozialismus machten, kämpfte er mit seinen inneren Dämonen.

Vielleicht als eine Art Wiedergutmachung schrieb er in dieser Zeit zwei kürzere Stücke, eines für das Radio, das andere für das Fernsehen. Das Radiostück, eine Mischung aus einem Kafkatext und einem Schauerroman, trägt den Titel *Der Schutzengel*,[190] der TV-Einakter heißt *Der Schmetterling auf der Antenne*.[191] In Ersterem schleicht sich ein überaus freundlicher Fremder in das Haus des Dramatikers Vavák ein, stellt allerlei harmlose Fragen, äußert sich über Vaváks Lebensstil und schneidet schließlich, in einer höchst bedauerlichen Abweichung von der Norm, Vavák die Ohren ab. Eine allgegenwärtige und allmächtige Bürokratie, die auf der Durchsetzung komplexer, sehr detaillierter und scheinbar rationaler Regeln zur Steuerung des Lebens der Bürger beruht, führt schließlich unvermeidlich zum Ausbruch irrationaler, willkürlicher und absurder Gewalt.

Das Fernsehstück *Der Schmetterling auf der Antenne*, das es auch während der kurzen Liberalisierungsperiode des Prager Frühlings nicht auf den Bildschirm schaffte, ist etwas weniger abstrakt und zeugt von Havels eher verhaltener Einschätzung der Ereignisse, die im In- und Ausland so große Begeisterung hervorriefen. Eine typische tschechische Familie, symbolisiert durch die Namen der Charaktere Jenik und Mařenska, den Helden sowohl aus dem bekannten Märchen über zwei Kinder und eine böse Hexe als auch aus Bedřich Smetanas »nationaler« Oper *Die verkaufte Braut*, sitzt zu Hause und führt eine müßige Diskussion, während das Wasser, das man im Hintergrund ständig tropfen hört, rund um sie herum steigt – bis schließlich die Großmutter, die einzige einigermaßen vernünftige Figur in dem Stück, den Hahn zudreht. Diese Variation von *Familienabend* zeugt gewissermaßen von der Enttäuschung und den Sorgen des Autors über die Flut des belanglosen, inkonsequenten Geredes in den aufwühlenden Monaten der Freiheitstrunkenheit, während sich bereits dunkle Wolken über dem Land zusammenzogen. *Der Schmetterling* ist ein Stück über den Tanz auf der *Titanic*.

Die Distanzierung des Dramatikers, der Widerstreit seiner Prioritäten und seine mangelnde Fähigkeit zur Konzentration dauerten bis in das Frühjahr und den Sommer 1968 fort. Während sich die dramatische Wendung ankündigte, die verschleierten Drohungen aus Moskau häufiger wurden und der Warschauer Pakt Militärmanöver auf dem Gebiet der Tschechoslowakei abhielt, unternahm Havel ausgedehnte Auslandsreisen, zunächst in die USA, wo er einer Aufführung der *Benachrichtigung* in New York beiwohnte, und, nach einen kurzen Stopp in Prag, anschließend nach Großbritannien.

Er hätte für diese Reisen keine interessantere Zeit wählen können. Das Jahr 1968 war geprägt von Unruhe und Rebellion. In den USA tobte ein hitziger Präsidentschaftswahlkampf zwischen Richard Nixon und Hubert Humphrey vor dem Hintergrund von Attentaten und Antikriegsprotesten, Flower-Power und

Rauschgifttrips. In Frankreich wurden Barrikaden errichtet von Studenten, von denen sich viele für noch militantere Spielarten des Kommunismus begeisterten und die die Namen von Mao Tse-tung und Che Guevara skandierten.

Havels Gespür für das Drama und seine establishmentkritische Haltung lagen zweifellos auf einer Wellenlänge mit der anarchistischen Energie der Protestbewegung. In der Ablehnung der Werte der Mittelschicht, die den Umwälzungen in Amerika wie in Frankreich zugrunde lag, klang auch die eigene Verunsicherung über seine privilegierte Herkunft an. Es bestärkte ihn in seiner Vermutung, dass nicht nur mit dem kommunistischen Experiment etwas schieflief, sondern dass allgemein in der westlichen Gesellschaft und Kultur, die den Kommunismus einst hervorgebracht hatte, einiges im Argen lag.

Ihn deswegen jedoch als einen Sympathisanten der antikapitalistischen Protestbewegung darzustellen und dies als Beweis für seine lebenslange linke politische Einstellung anzuführen, geht an der Sache vorbei. Havel fand den überwältigenden Ausbruch der Energie der Jugend, der durch 1968 repräsentiert wurde, zweifellos sympathisch, er bewunderte auch das »innere Ethos – stark, aber nicht fanatisch«,[192] der Antikriegsdemonstrationen, und er trug aus dieser Zeit eine dauerhafte Faszination für den Rock'n' Roll und für Rockmusiker davon. Es gibt jedoch keinerlei Hinweise darauf, dass er sich, damals oder später, dafür ausgesprochen hätte, Freiheit durch Gewalt zu erkämpfen, durch halluzinatorische Visionen oder freien Sex, was viele junge Amerikaner und Europäer zu extremen Verhaltensweisen trieb. Er unterstützte ihr Recht zu demonstrieren und zu protestieren, war jedoch abgestoßen von ihrer blinden Gewalt, ihren mutwilligen Zerstörungen und dem verwirrten Denken. Mit Erstaunen nahm er auch zur Kenntnis, dass Menschen davon träumten, freiwillig die gleiche Art von doktrinärem, tyrannischem System einzuführen, das er und seine Landsleute gerade abzuschütteln versuchten.

Havel taugte nicht zum Revolutionär, was vielleicht auch zu

dem weichen, »samtenen« Charakter jener Revolution beitrug, an der er zwei Jahrzehnte später unmittelbar beteiligt war. Mit den Revolutionären teilte er allerdings den inneren Drang, außergewöhnliche Dinge zu tun. Zugleich war sein ausgeprägter Sinn für Ordnung und Harmonie vollkommen unvereinbar mit der Neigung der Revolutionäre, Chaos und Verwüstung anzurichten, seine umfassende Toleranz ließ es sehr unwahrscheinlich erscheinen, dass er sich in eine blutrünstige Phalanx einreihte, und seine bemerkenswerte Höflichkeit und Umgänglichkeit verboten es ihm, dem Gegner oder dem Feind das rachsüchtige Gesicht der Revolution zu zeigen. »Ich bin zu höflich, um ein guter Dissident zu sein«, sagte er viele Jahre später.[193] Sein ebenso starker Hang zur Innenschau und zur Selbstreflexion ließ ihn stets an sich und seinen Motiven zweifeln und bewahrte ihn zuverlässig davor, sich jene Härte anzueignen, die für die Durchführung einer gewaltsamen Revolution erforderlich ist.

Darunter verbarg sich noch eine ernstere Schwäche – zumindest für einen Revolutionär: Havel hatte keine Vorstellung vom Feind und sollte auch nie eine entwickeln. Seine jahrzehntelange Kritik am kommunistischen System zielte stets auf die Herstellung eines Dialogs, in dem er sich bemühte, die Motive der anderen Seite zu verstehen, anstatt sie zu dämonisieren, und ihr, soweit es möglich war, den Nutzen des Zweifels nahezubringen. Diese Herangehensweise stieß später teilweise auf Kritik, als er sich zunächst als Führer der Samtenen Revolution und später als Staatspräsident mit der asymmetrischen Natur politischer Beziehungen auseinandersetzen musste. Dass er Gegner nicht als solche benannte, bedeutete nicht, dass er keine gehabt hätte. Seine Haltung brachte ihm auch den Vorwurf ein, dass er zu nachgiebig und zu weich gegenüber den Vertretern des alten Regimes sei oder dass er vielleicht sogar eine geheime Absprache mit ihnen getroffen hätte. Auf der anderen Seite trug sein Mangel an revolutionärem Eifer gewiss auch dazu bei, dass die Tschechen und Slowaken Blutvergießen und öffentliche Demütigungen vermeiden konnten, dass es keine bizarren Standgerichte gab wie etwa in Rumänien, wo das Ehepaar Ceauşescu vor ein Erschießungskommando gestellt wurde. Letztlich fiel es Havel dadurch auch leichter, sich den Problemen der Gegenwart und der Zukunft zu stellen, während viele seiner allzu lange gehorsamen Landsleute nach Vergeltung verlangten, um die vergangenen Demütigungen zu rächen.

Die sechswöchige Reise in die USA im Frühjahr 1968 hinterließ bleibende Eindrücke, bei dem jungen Autor und bei jenen, die er unterwegs kennenlernte. Es besteht eine gewisse Uneinigkeit über den genauen Ablauf der Reise, was angesichts der Fülle von Ereignissen in diesem Jahr nicht verwundert. Wenngleich es sich dabei weitgehend um eher unwichtige Einzelheiten handelt, könnte manches doch zu falschen Rückschlüssen führen.

Maßgeblichen Anteil an dieser Verwirrung haben Havels Biograph John Keane und seine *Tragödie in sechs Akten*. Keanes fünfseitige, sehr detailreiche Rekonstruktion der Reise stützt sich im Wesentlichen auf ein Interview, das er 1996 mit Pavel Tigrid führte. Tigrid war damals knapp achtzig Jahre alt, und man wusste, dass seine Erinnerung schon etwas lückenhaft war und er bisweilen auch seine Phantasie walten ließ. Auch trieb er recht gern mit blauäugigen Gesprächspartnern böse Scherze. In seiner Darstellung schreibt Keane, Havel und Olga hätten sich am 11. Mai in Paris befunden und den Beginn des französischen Generalstreiks miterlebt, während Havel in Wirklichkeit zu dieser Zeit schon drei Wochen in Amerika war.[194] Außerdem hatte Olga die Heimat überhaupt nicht verlassen und erzürnte stattdessen ihren Ehemann durch ihre knappen, wenig informativen Briefe über die Ereignisse in Prag. Havel traf sich mit Tigrid auf seiner Rückreise aus den USA in Prag, wie er selbst berichtete.[195] Zu diesem Zeitpunkt aber war die Rebellion in Paris bereits im Abklingen. Darüber hinaus behauptete Keane, Havel sei nach Prag zurückgekehrt »gerade noch rechtzeitig, um eine Rede vor dem 4. Schriftstellerkongress zu halten«,[196] der Kongress hatte aber schon ein Jahr vorher stattgefunden. Und schließlich lässt Keane Havel an der Maidemonstration auf dem Wenzelsplatz in Prag teilnehmen, was dem überhaupt nicht ähnlich sah.[197]

Zweifellos kam es auf dieser Amerikareise zu lange aufgeschobenen Begegnungen mit Menschen, die für Havels Leben und sein Denken wichtig waren. In New York wohnte er in der 63 W 69th Street im Haus von George Voskovec, der einen Hälfte des berühmten Komikerduos aus der Vorkriegszeit, dessen andere Hälfte, Jan Werich, Havel beim Start seiner Theaterkarriere unterstützt hatte. Havel traf sich mit seinem früheren Schulkameraden Miloš Forman, der gerade von der Tschechoslowakei nach Amerika übersiedelte. Er besuchte Ferdinand Peroutka, den großen alten Mann des liberalen tschechischen Journalismus, und führte ein Interview mit ihm, das allerdings verlorengegangen ist; er sprach mit anderen Exilschriftstellern wie dem Romancier Egon Hostovský und verbrachte viel Zeit mit Joseph Papp, dem Gründer des Public Theater in New York, der Havel eingeladen hatte, sich die Premiere der *Benachrichtigung* anzuschauen.

Alle diese Begegnungen sind nicht nur deshalb bedeutsam, weil sie Havel intellektuelle Anregungen boten, sondern auch, weil sie eine präzisere Einschätzung seiner politischen und geistigen Haltung ermöglichen. Keiner der Freunde, die er hier traf oder fand, konnte als radikal bezeichnet werden. Einige von ihnen, wie etwa Peroutka, hatten eine deutlich voreingenommene Haltung gegenüber der Hippie-Bewegung und der Jugendrevolte.[198] Sie alle verkörperten die aufgeschlossene, kritische und neugierige Tradition des liberalen Denkens, das auf Werten wie Rationalität, sozialem Verantwortungsbewusstsein und einem gemeinsamen Moralkodex beruhte und damit in gewisser Weise im Gegensatz zum irrationalen, hedonistischen und agnostischen Geist der damaligen Zeit stand.

Ebenso bedeutsam für das Verständnis dieses entscheidenden Augenblicks in Havels geistigem und moralischem Universum sind die Treffen, die auf dieser Reise offenkundig *nicht* zustande kamen. Die Postkarten, die Havel aus New York schickte, kamen nicht aus dem Fillmore East oder The Factory, sondern aus dem Russian Tea Room oder dem Museum of Modern Art, zwei Orten, die nicht gerade die Zentren der Weltrevolution waren. Trotz aller späteren Bewunderung Havels für Lou Reed und der Freundschaft zwischen den beiden gibt es keinen Bericht über eine Begegnung mit ihm, obwohl Havel ein Album von The Velvet Underground mit nach Hause brachte.[199] Auch traf sich Havel nicht mit Andy Warhol, einem Förderer der Band, der mit Geburtsnamen Andrej Warhola hieß und Amerikaner slowakischer Herkunft war. Havels Musikgeschmack zu dieser Zeit war etwas schlichter. Ihm gefielen die Songs von Simon and Garfunkel, das Phänomen Bob Dylan dagegen schien ihn nicht zu berühren. In dem Konflikt zwischen den Beatles- und den Rolling-Stones-Fans war Havel ein Anhänger der Beatles. Das Lied, das er in diesem Sommer seinen Freunden immer wieder vorspielte, war nicht *I'm Waiting for the Man* von Velvet Underground, sondern *Massachussetts* von den Bee Gees, das sich kaum als revolutionäre Kampfeshymne eignete.

Havel hätte ein Autist sein müssen, wäre er nicht in dieser Zeit von den Ereignissen beeinflusst worden, die sich rings um ihn herum vollzogen. Zugleich aber identifizierte er sich weder mit dem innerkommunistischen Reformprozess, den der Prager Frühling in seinem Heimatland ausgelöst hatte, noch mit der radikalen Ablehnung der gesellschaftlichen Normen, die er im Westen erlebte. Er sympathisierte mit den Bemühungen, dem Sozialismus ein menschlicheres Erscheinungsbild zu verleihen und die westliche Konsumgesellschaft durch ein geschärftes Bewusstsein für die menschliche Emotionalität zu transzendieren, aber das waren nicht seine persönlichen Kämpfe. Seine künstlerische Sensitivität reagierte auf das psychedelische Kaleidoskop aus Musik, Kleidung und Ideen, das bestimmend war für das Jahr 1968, doch sein sanftmütiges und ordnungsliebendes Wesen rebellierte zugleich gegen das Chaos und die Gewalt, die es begleiteten.

Politisch und philosophisch wurde Havel mehr *in* den sechziger Jahren und nicht *durch* die sechziger Jahre geprägt. Seine Hauptthemen Identität, Wahrheit und Verantwortungsbewusstsein hatte er bereits gefunden.

In seinem Heimatland trieb derweil die Entwicklung auf ihren Höhepunkt zu. Die mutigen Veränderungen, die vor ein paar Monaten eingeleitet worden waren, erschienen mittlerweile wie ängstliche Kompromisse. Die »Aktionsplattform«, die die Kommunistische Partei im April vorlegte, war schon nach kurzer Zeit überholt. Der Reformprozess entwickelte sich schnell zu einem Transformationsprozess. Am 27. Juni veröffentlichten die *Literární listy* das »Manifest der 2000 Worte«, das von einer Gruppe von Akademikern und Sozialwissenschaftlern angeregt und von dem Schriftsteller Ludvík Vaculík verfasst worden war. Darin wurden zwar die Absichten und das Reformprogramm der Partei unterstützt, zugleich aber riefen die Unterzeichner die Bürger dazu auf, zivile Komitees und Initiativen zu gründen, um die Reformen auf der lokalen Ebene voranzutreiben. Noch aufmüpfiger war der Appell, Spitzel der Staatssicherheit zu melden und das Mandat der Regierung, das ihr von den Bürgern übertragen worden war, »notfalls mit Waffengewalt« sicherzustellen.[200] Das Manifest schloss mit den prophetischen Worten: »Dieser Frühling ist zu Ende und wird nicht wiederkehren. Bis zum Winter werden wir Klarheit haben.«[201] In den Augen der konservativen Kräfte in Prag und in Moskau war dies ein eindeutiger Aufruf zur Konterrevolution.

Aus seiner Sicht hatte der Kreml durchaus recht. Die Logik der Ereignisse erforderte, dass entweder der Prozess unterdrückt und das Machtmonopol der Kommunistischen Partei bekräftigt wurden oder dass sich das System öffnete und damit in seinen Untergang fügte. Zwanzig Jahre später entfaltete sich dieses Szenario mit voller Wucht und mit zwiespältigen Ergebnissen im gesamten Ostblock. 1968 jedoch blieb es bei Zurückhaltung und Gleichgültigkeit in weiten Teilen der tschechoslowakischen Bevölkerung, für die der Reformprozess entweder nur ein Gesellschaftsspiel war, das die Genossen miteinander spielten, oder bestenfalls der Auftakt zu Veränderungen.

Statt der Veränderungen kamen die russischen Panzer. Erst in diesem Augenblick stand die Nation auf und scharte sich hinter Alexander Dubčeks Führung. Doch damit wollten die Menschen nicht den Reformprozess retten oder den »Sozialismus mit menschlichem Antlitz«, wie die neue kommunistische Führung in einer verständlichen Selbsttäuschung glaubte, sondern sie wollten sich für das souveräne Recht einer Nation einsetzen, ihre Geschicke selbst zu bestimmen, auch wenn damit der Reformprozess zwangsläufig zu einem Ende kam.

Während sich die historischen Ereignisse abspielten und in die Erinnerung einer ganzen Generation einbrannten – die aufwühlenden Radiomeldungen über die Invasion, die Menschenmengen, die die sowjetischen Panzer umringten und mit den jungen, unschuldig wirkenden und verständnislosen Soldaten in den Geschütztürmen zu diskutieren versuchten, das Rattern der Maschinengewehre, die zerstörten Fahrzeuge und die blutigen Leichen, die Loyalitätsbekundungen, die Akte von verzweifelter Tapferkeit, das tränenreiche Eingeständnis der Niederlage –, während all das geschah, begnügte sich Havel mit seiner kleinen, aber mutigen und verantwortungsbewussten Rolle. Sein eigentlicher Auftritt in dem Drama begann erst, nachdem die Panzer ins Land gerollt waren.

Als seine aktivistischen Kollegen über den bevorstehenden Parteitag der Kommunistischen Partei im Herbst diskutierten, auf dem die Reformen institutionalisiert werden sollten, und als die Drohungen aus der Sowjetunion immer unverhüllter wurden und die gesamte Nation angespannt die Gespräche zwischen der tschechoslowakischen und der sowjetischen Parteiführung in einem Eisenbahnwaggon im Grenzbahnhof Čierna nad Tisou[202] und das anschließende Gipfeltreffen der Staaten des Warschauer Pakts in Bratislava verfolgte, das die Spannungen scheinbar entschärfte, während die Invasionstruppen in Stellung gingen – genoss Havel den Sommer. Ein Jahr vorher hatte er in dem Weiler Hrádeček in Nordostböhmen für sich und Olga ein Haus gekauft mit Hilfe seines alten Freundes Andrej Krob vom Theater am Geländer und mit 14000 Kronen (rund 500 Dollar) aus seinen Tantiemen. Nun war er damit beschäftigt, es in ein behagliches Heim zu verwandeln, arbeitete in dem großen Garten, empfing und bewirtete eine Vielzahl von Freunden, die er während seiner Auslandsreisen vermisst hatte. Am Abend des 20. August saß er in der nordböhmischen Stadt Liberec beim Wein mit Freunden, die er zusammen mit Olga und Jan Tříska besuchte. Und dann stürzte der Himmel ein.

SCHLIMME ZEITEN

Der Oger tut, was ein Oger kann
Taten nicht wie jedermann,
Nur eines bleibt ihm immer fern,
Der Sprache wird er nie zum Herrn.
Im planen, unterjochten Land,
Verzweifelt, ohne Widerstand,
Stelzt er, die Hände aufgestützt
Und Geifer aus dem Mund ihm spritzt.

W. H. Auden, August 1968

Der 21. August 1968 hat eine doppelte Bedeutung in der modernen Geschichte des Landes. Einerseits markiert er die gewaltsame Niederschlagung der Reformbestrebungen des Prager Frühlings durch eine der massivsten militärischen Invasionen in der europäischen Geschichte. Auf der anderen Seite repräsentiert dieses Datum den Höhepunkt des Widerstands der Bevölkerung gegen die herrschende Ideologie und das Ende des Legitimitätsanspruchs dieser Ideologie. Erst als schon alles verloren schien, rückten die Menschen zusammen und brachten ihre wahren Gefühle zum Ausdruck. Direkt nach dem Einmarsch spielte es keine Rolle mehr, ob man ein Reformkommunist war, ein grundsätzlicher Gegner des Kommunismus oder ein gekränkter Patriot. Jeder begreift es und spürt es, wenn ihm Gewalt angetan wird, ungeachtet seiner politischen Überzeugung.

Dieses Gefühl war es auch, das Havel aus seinem sommerlichen Müßiggang riss und ihn zu hektischer politischer Aktivität veranlasste. Es war bezeichnend für ihn, dass er den Anschein eines unbeteiligten und desinteressierten Menschen erwecken konnte, solange alles gut lief. Doch wenn die Katastrophe ausbrach, machte sich sein stark ausgeprägtes Verantwortungsgefühl umgehend bemerkbar.

Havel und Tříska, deren Entsetzen am Morgen des Einmarsches durch ihren Kater vom Vorabend noch verstärkt wurde, bildeten ein machtvolles Gespann. Hier paarte sich die scharfe Feder des Schriftstellers mit der Stimme eines bekannten Schauspielers – genau das Richtige in dieser Situation. Havel schrieb tägliche Kommentare, und Tříska verlas sie im lokalen Radiosender. Auch in einer täglichen Fernsehsendung traten sie auf. In der folgenden Woche waren die Ätherwellen, unangreifbar durch die Panzer, die wichtigste Waffe des Widerstands in Liberec und im ganzen Land. Radio- und Fernsehstudios wurden in nicht gekennzeichnete Gebäude verlegt, und für die Sendungen nutzte man Reservefrequenzen, was Störversuche erschwerte. Wenn ein Studio oder eine Sendeantenne von den Besatzungstruppen ausfindig gemacht und stillgelegt wurde, entstand binnen Stunden anderswo eine neue improvisierte Sendeanlage. Einige Tage lang wirkten die Sowjets verwirrt und ratlos. Sie waren auf erbitterte Gefechte und terroristische Anschläge vorbereitet gewesen, aber nicht auf diese Art von Widerstand.

Havel, der sich später eher gegen die populäre Mythologisierung dieser Augustwoche sträubte, räumte ein, dass er besonders von der »allgemeinen Solidargemeinschaft« beeindruckt war, von den kleinen und großen Akten der Hilfsbereitschaft, von dem Einfallsreichtum der Menschen, davon, dass sie sich gegenseitig Schutz gewährten.

In seiner ersten Radiosendung aus Liberec, die in den ersten Stunden nach der Invasion ausgestrahlt wurde, wandte sich Havel an die Außenwelt und bat um Hilfe. Typisch für ihn und auch durchaus realistisch, forderte er keine Intervention der NATO oder amerikanischer Truppen, die nur ein paar hundert Kilometer entfernt im Westen stationiert waren, sondern er appellierte an seine Kollegen und Freunde, die Schriftsteller und Kritiker Günter Grass, Hans Magnus Enzensberger, Helmut Heißenbüttel,

Kenneth Tynan, Kingsley Amis, John Osborne, Arnold Wesker, Friedrich Dürrenmatt, Max Frisch, Jean-Paul Sartre, Louis Aragon, Michel Butor, Arthur Miller, Samuel Beckett, Eugène Ionesco und Jewgeni Jewtuschenko, gegen diese abscheuliche Tat zu protestieren. Es war eine eigenartige Kampfformation, die hier angesichts einer mit Panzern durchgeführten militärischen Operation mobilisiert werden sollte, aber Havel hatte seine Gründe dafür und berief sich auf die Rolle, die Schriftsteller und Intellektuelle im Prager Frühling gespielt hatten. »Sie gehörten zu den Ersten, die die Nation zu politischem Handeln aufriefen. Zweifellos werden sie auch zu den Ersten gehören, die die Besatzer verfolgen und einsperren werden.«[203] Damit sollte er recht behalten. Und tatsächlich erhoben auch die meisten der Schriftsteller, an die er appellierte, ihre Stimme gegen die Invasion.

Zum ersten Mal in seinem Leben wurde Havel zum Sprachrohr der Kommunistischen Partei. Am 26. August erschien in Liberec ein ausführliches Handbuch darüber, wie man sich gegenüber den Besatzungstruppen verhalten solle. Es wurde gemeinsam von der Regionalverwaltung und der regionalen Gliederung der Partei in Nordböhmen herausgegeben, doch die Sprache war eindeutig Havels:

> »Verhalten Sie sich gegenüber den ausländischen Truppen so, wie Sie sich beispielsweise gegenüber einer Naturkatastrophe verhalten würden: Verhandeln Sie nicht mit ihnen – so wie Sie auch nicht mit sintflutartigen Regenfällen verhandeln würden –, sondern stellen Sie sich auf sie ein und versuchen Sie ihnen zu entkommen, so wie Sie auch der Regenflut zu entkommen versuchen würden. Nutzen Sie Ihren Verstand, Ihre Intelligenz und Ihre Phantasie. Gegen diese Waffen ist der Feind, wie es scheint, so machtlos wie der Regen gegen einen Regenschirm. Verwenden Sie gegen den Feind alle Methoden, mit denen er nicht rechnet. Zeigen Sie ihm gegenüber keinerlei Verständnis, machen Sie ihn lächerlich und verdeutlichen Sie

ihm die Absurdität seiner Lage … Wenn Sie in einem bestimmten Augenblick zu der Ansicht gelangen, dass es angemessener ist, sich wie Hus[204] zu verhalten, dann verhalten Sie sich wie Hus; wenn Sie aber glauben, dass es wirkungsvoller ist, sich wie der Soldat Schwejk zu verhalten, dann verhalten Sie sich wie der Soldat Schwejk.«[205]

Das Wunder der »allgemeinen Solidargemeinschaft« dauerte kaum eine Woche. Als Dubček und die übrigen Mitglieder der Parteiführung am 29. August aus Moskau zurückkehrten, mit Tränen in den Augen und einer Kapitulationsurkunde in den Händen, begann eine neue Ära. Das war noch nicht unmittelbar zu erkennen, denn der Widerstand, die Proteste und die Solidaritätsbekundungen setzten sich mit Unterbrechungen noch weit ins folgende Jahr fort. Doch es waren Wochen des Zurückweichens, einer endlosen Reihe von Zugeständnissen und Rückzugsgefechten, die die Moral der Nation zermürbten und die kommende Resignation ankündigten. »Das Schiff sank allmählich, aber den Passagieren war es erlaubt, hinauszuschreien, dass sie untergehen.«[206]

Einen Monat später verbreitete sich Desillusionierung. Dies ist auch ersichtlich aus der düsteren Stimmung in der zweiten Serie von Havels Typogrammen, die in den »traurigen Tagen«[207] im September 1968 entstanden. Die Parolen, die während des Prager Frühlings an den Wänden aufgetaucht waren, verkamen zu unverständlichem Geschwätz. »HUMANISMUS, FREIHEIT, DEMOKRATIE, PATRIOTISMUS, LOYALITÄT und EINHEIT« endeten als »… Kekse für Dubček«.[208] In einem weiteren Typogramm rekapituliert Havel resigniert die politischen Gebote, die er zu befolgen hat:

Ich darf nicht den Namen des Herrn lästern,
Ich darf nicht das Weib meines Nachbarn begehren.
Ich darf nicht töten.

Ich darf nicht stehlen,
Und im nationalen Interesse
Darf ich mich nicht mit politischem Journalismus befassen.[209]

Nach und nach begannen die vereinte nationale Front und der gewaltfreie Widerstand zusammenzubrechen. Von den führenden Reformpolitikern, die alle nach Moskau gebracht und nach vier Tagen intensiver »Verhandlungen« zur Kapitulation gezwungen worden waren, weigerte sich nur einer, nämliche František Kriegel, ein kommunistischer Veteran, der am Spanischen Bürgerkrieg teilgenommen hatte, die Vereinbarung über die »vorübergehende« Stationierung sowjetischer Truppen in der Tschechoslowakei zu unterschreiben. Nur vier Abgeordnete des Parlaments waren nicht bereit, ihre Hand zu heben für ein Abkommen zwischen den beiden Ländern, durch das die Besetzung rückwirkend legalisiert wurde. Allmählich wurde der Bevölkerung bewusst, dass sie von jetzt an auf sich selbst gestellt war. Aber dennoch ging der Widerstand weiter. Im November streikten die Studenten an den Universitäten und verlangten eine Fortsetzung der Reformen. Im Januar 1969 verbrannte sich der junge Philosophiestudent Jan Palach auf dem Wenzelsplatz, was zu landesweiten Demonstrationen führte. Wie andere Intellektuelle nutzte auch Havel das Fernsehen, um seine Gefühle zum Ausdruck zu bringen. Doch im Unterschied zu vielen anderen ließ er sich vom emotionalen Sog des Augenblicks nicht dazu verleiten, Tränen, Verzweiflung oder blinde Wut zu zeigen, vielmehr sprach er wie ein Politiker. Er nannte Palachs Selbstmord »einen überlegten politischen Akt … eine Warnung vor Gleichgültigkeit, Zweifel, Hoffnungslosigkeit«.[210] Die Tat war für ihn »eine Chance, die uns Lebenden gegeben wurde«.[211] Er rief weder zu Trauerbekundungen auf noch zu leeren Gesten des Trotzes, sondern zur Fortsetzung des Widerstands: »Uns steht nur ein einziger Weg offen: unseren politischen Kampf bis zum Schluss weiterzuführen … Ich begreife den Tod von Jan Palach als eine Warnung vor einem moralischen Selbstmord von uns allen.«[212]

In der wachsenden Verzweiflung war Havels Vorschlag eine der wenigen klarsichtigen, überlegten Handlungsanleitungen. Über Fragen von Taktik und Strategie wurde ausführlich in Vortragssälen, in den Medien und in Kneipen diskutiert. Einige wollten abwarten, andere plädierten für Formen passiven Widerstands, eine kleine Gruppe radikaler linker Aktivisten versuchte, Untergrundzellen aufzubauen, die direkte Aktionen durchführen sollten. Es ließ sich kaum vermeiden, dass auch zwei der bedeutendsten Intellektuellen, der Romancier Milan Kundera und sein zeitweiliger Schützling Václav Havel, in diese Debatte hineingezogen wurden. In der Weihnachtsausgabe 1968 von *Listy* veröffentlichte Kundera einen Aufsatz mit dem Titel *Das tschechische Schicksal*, in dem er der Nation eine lindernde Salbe für ihre Wunden verabreichte und sie für die bevorstehenden Zeiten zu ermutigen versuchte. Kundera erklärte, dass die »Bedeutung des tschechoslowakischen Herbstes vielleicht noch jene des tschechoslowakischen Frühlings übersteigt«.[213] Der Prager Frühling sei von bleibender Bedeutung und habe die Tschechen und Slowaken in den Mittelpunkt der Weltgeschichte gerückt.[214] Kundera stellte die umstrittene These auf, die Politik des Prager Frühlings habe »dem schrecklichen Konflikt widerstanden, dem sie ausgesetzt war«,[215] habe »den Rückzug angetreten«, sei »aber nicht gescheitert und nicht zusammengebrochen«.[216] Er beklagte, dass sich der Defätismus als Kritik maskiere, und setzte sich dafür ein, die nationale Einheit aufrechtzuerhalten bei der Verteidigung des Projekts eines »Sozialismus mit menschlichem Antlitz«. Schließlich, so schrieb er, hänge »das Ausmaß an relativer Sicherheit für jeden Einzelnen davon ab, wie viele Menschen den Mut aufbringen, in unsicheren Zeiten standzuhalten.«[217]

Havels Erwiderung, die einen Monat später folgte, verblüffte viele Leser durch ihren schroff ablehnenden, fast feindseligen Ton, mit dem sie Kunderas Argumente angriff. »Immer wenn dem tschechischen Patrioten der Mut fehlt, sich einer grausamen Gegenwart mit unbestimmten Ende zu stellen, alle ihre Aspekte anzuerkennen und erbarmungslos die nötigen Schlüsse zu ziehen, auch wenn diese unsere eigenen Reihen betreffen, dann flüchtet er sich in eine bessere, aber eindeutig abgeschlossene Vergangenheit, in der wir alle vereint waren …«[218] Havel betrachtete die von Kundera beschworene nationale Einheit unter der Fahne eines Sozialismus mit menschlichem Antlitz als eine Illusion und fand es sinnlos, standhalten zu wollen, wenn man nicht über die Fähigkeit verfüge, »die eigene Haltung durch konkrete und auch gefährliche Aktionen zum Ausdruck zu bringen«.[219] Havel erlag nicht dem Mythos eines unbestimmten »tschechischen Schicksals«, sondern betonte, dass sie alle zusammen eine Wahl hätten. »Unser Schicksal hängt von uns selbst ab. Die Welt besteht nicht aus … dummen Supermächten, die alles tun können, und schlauen kleinen Nationen, die nichts tun können.«[220]

Darüber hinaus stellte er die bleibende Bedeutung des Prager Frühlings in Frage. Seiner Ansicht nach sei es eine grandiose Selbsttäuschung, anzunehmen, dass der Versuch, bestimmte Rechte einzuführen, wie etwa die Redefreiheit – »etwas, das in den meisten Teilen der zivilisierten Welt selbstverständlich ist«[221] –, dem Land einen Platz im Zentrum der modernen Geschichte zuweisen würde. Während Kundera im Prager Frühling das Bemühen erkennen wollte, etwas radikal Neues zu schaffen, sah Havel hierin bestenfalls eine Rückkehr zur Normalität. Er warnte vor »nationalistischen Selbsttäuschungen« und beharrte darauf, dass das Land mit denselben Maßstäben zu messen sei »wie der Rest der zivilisierten Welt«.[222]

Der Konflikt zwischen den beiden Interpretationen der Ereignisse von 1968 sollte in den beiden folgenden Jahrzehnten fortdauern. Von der einen Seite wurde der Prager Frühling als das ehrenwerte Bestreben betrachtet, die Mängel des Kommunismus zu beseitigen und eine neue Art von Sozialismus zu entwickeln, für die andere Seite war er der unausgereifte Versuch, ein dysfunktionales System insgesamt zu überwinden. Dieser Konflikt, in dem sich die einen in eine »bessere, aber eindeutig abgeschlossene Vergangenheit« flüchteten und die anderen sich mit einer

»grausamen, aber offenen Gegenwart« konfrontiert sahen, sollte schließlich im Sinne Havels durch die Samtene Revolution gelöst werden. Zu diesem Zeitpunkt hatte sich Kundera bereits seit zehn Jahren aus der öffentlichen Debatte zurückgezogen.

Doch die unterschiedlichen Betrachtungsweisen zweier Männer, die sich intellektuell und zeitweise auch gesellschaftlich sehr nahestanden, kann die Härte der Auseinandersetzung nicht vollständig erklären, insbesondere da es sich bei einem der beiden um den stets höflichen und auf Ausgleich bedachten Václav Havel handelte. Es musste mehr dahinterstecken. Vermutlich spielte bei Havels harscher Reaktion seine moralische Entrüstung nach Palachs Selbstverbrennung mit hinein, seine anhaltenden Zweifel am Mut des Älteren, nachdem dieser sich geweigert hatte, die Petition für den Erhalt von *Tvář* zu unterschreiben, vielleicht auch ein Infragestellen seiner Entschlossenheit und seines Durchhaltevermögens. Als Kundera die Petition für die Freilassung der politischen Häftlinge, für die Havel Unterschriften unter seinen Kollegen sammelte,[223] nicht unterstützen wollte und 1975 das Land verließ, sich dann auf seine schriftstellerische Karriere konzentrierte und in einem Artikel den Niedergang der mitteleuropäischen Kultur beklagte,[224] konnte man es Havel nicht verdenken, dass er seine Vermutungen bestätigt sah. »Ich bin irritiert durch seine wiederholten Erklärungen über den kulturellen Friedhof, den wir hier haben, wobei wir uns selbst doch gar nicht als Leichname betrachten.«[225] Die Auseinandersetzung Anfang 1969 führte zum Bruch zwischen den beiden Männern, der auch zwanzig Jahre später noch spürbar war. Während Kunderas Verbitterung anscheinend dauerhaft anhielt, beschäftigte sich Havel schon bald nicht mehr mit dieser Episode und unternahm mehrere halbherzige Versuche, das Verhältnis wieder ins Reine zu bringen und dem mittlerweile weltbekannten Autor nach 1989 zu helfen, neue Verbindungen zu seinem Heimatland aufzubauen. Als Kundera öffentlich unter Beschuss geriet, weil er angeblich 55 Jahre zuvor einen Emigranten, der als amerikanischer Agent illegal in die

Tschechoslowakei zurückgekehrt war, bei der Polizei denunziert hatte,[226] zögerte Havel nicht, ihm zur Seite zu springen.

Anfang 1969 hatte Havel noch mit einem anderen Problem zu kämpfen. Am 21. Januar informierte er die Polizei über die zufällige Entdeckung einer Abhörwanze in der Decke seiner Wohnung, die aus dem darüberliegenden Dachboden gesteuert wurde. Erwartungsgemäß verlief die polizeiliche Untersuchung im Sande. Um möglichst großen öffentlichen Wirbel zu verursachen, wandte sich Havel an den Schriftstellerverband und an ein paar Parlamentsabgeordnete, die sich noch eine gewisse Unabhängigkeit bewahrt hatten und die dann auch beim Generalstaatsanwalt gegen diese illegalen Praktiken protestierten. Dem Innenminister entlockten sie damit ein gewundenes Eingeständnis, die Abhörmaßnahme in Auftrag gegeben zu haben. Darüber hinaus verfasste Havel einen eigenen Bericht über die Angelegenheit.[227] Die Wanze war zwar real und sprach für sich, doch fiel es ihm ein wenig schwer einzuräumen, dass er die schockierende Entdeckung inszeniert hatte, war er doch erst durch einen wohlmeinenden Mitarbeiter der Staatssicherheit, der mit einem Freund von ihm bekannt war, darauf aufmerksam gemacht worden.[228]

Kurze Zeit später kehrte Havel nach Hrádeček zurück, das immer mehr zu seinem bevorzugten Arbeits- und Erholungsort wurde. Er vermisste viele seiner Freunde. Radok übernahm einen Managerjob in Göteborg, ursprünglich nur für eine Saison, aber dann blieb er dort für den Rest seines Lebens. Miloš Forman suchte sein Glück als Filmregisseur in Amerika. Auch Havels Bruder Ivan verließ das Land und ging als Doktorand nach Berkeley. Im Januar 1969 erwog auch Václav, mit einem Stipendium der Ford Foundation gemeinsam mit Olga ein halbes Jahr in Amerika zu verbringen, doch wegen eines »dummen Gefühls«, dass er etwas verpassen könnte, verschob er diesen Plan bis September. Bis dahin jedoch war sein Reisepass eingezogen worden. Er hatte nun auch keine Arbeit mehr, nachdem er das Theater am Geländer verlassen hatte und dadurch einer Entlassung zuvorgekommen war.

Als der erste Jahrestag des Einmarschs näherrückte, schrieb Václav Havel einen privaten Brief an Alexander Dubček, der nun nicht mehr Generalsekretär der Kommunistischen Partei war, sondern die Galionsfigur eines Marionettenparlaments, der sogenannten Bundesversammlung. Da Havel zu Recht befürchtete, dass der Tag nicht mehr fern war, an dem die Partei die sowjetische Interpretation des Prager Frühlings übernehmen und ihn als Konterrevolution einstufen würde, appellierte er an den ehemaligen Parteiführer, diesem schändlichen Akt nicht seinen persönlichen Segen zu erteilen. Havel machte sich keine Illusionen, dass eine Weigerung den Beschluss verhindern könnte, doch er beharrte darauf, dass Dubčeks Ablehnung der Unterschrift die einzige Möglichkeit sei, nicht nur dessen Selbstachtung, sondern auch jene der gesamten Nation zu wahren. Zum ersten und nicht zum letzten Mal erinnerte Havel an die Schändlichkeit des Münchner Abkommens von 1938 und der nachfolgenden Kapitulation von Staatspräsident Beneš und seiner Regierung. Anders als viele der Reformer, die ihren Rückzug und ihre immer weiter reichenden Zugeständnisse als Versuch rechtfertigten, zumindest noch einen kleinen Rest der Reformen zu retten, erklärte Havel unmissverständlich: »Der tschechoslowakische Reformversuch ist niedergeschlagen worden. Wir sollten jedoch nicht eingestehen, dass auch die Wahrhaftigkeit dieses Versuchs niedergeschlagen worden sei.«[229]

Havels Glaube an die reinigende und motivierende Kraft einer individuellen, rein moralischen Haltung mag etwas naiv erscheinen. Doch dahinter stand dieselbe Überzeugung, die ihn und andere einige Jahre später dazu veranlasste, die Charta 77 zu formulieren. Das erkannte er selbst, als ihm eine Kopie dieses Briefes an Dubček 17 Jahre später wieder in die Hände kam: »[Ich hatte geschrieben], dass auch eine rein sittliche Tat, die keine Hoffnung auf einen augenblicklichen und sichtbaren politischen Effekt hat, mit der Zeit allmählich und indirekt politisch bewertet werden kann.«[230]

Ob Dubček den Brief dieses Dramatikers, den er nur einmal in seinem Leben, dazu noch in angetrunkenem Zustand, getroffen hatte, las oder nicht, er fand die Kraft, sich vor seinen Genossen nicht als Ketzer zu bekennen, und verteidigte die Politik des Prager Frühlings als einen aufrichtigen und von hehren Absichten geleiteten Versuch, dem Sozialismus ein menschliches Gesicht zu geben. Dubček wurde daraufhin aus der Kommunistischen Partei ausgeschlossen. Nach einer kurzen Episode als Botschafter in der Türkei, wohin die »Normalisierer« ihn geschickt hatten in der vergeblichen Hoffnung, dass er in den Westen überlaufen und dadurch seine Schuld eingestehen würde, verbrachte er den größten Teil der nächsten zwanzig Jahre in völliger Abgeschiedenheit und unter dauerhafter polizeilicher Überwachung.

Am Jahrestag des Einmarsches beteiligte sich Havel an einer Protestaktion, die er nicht selbst organisiert hatte. Das war eine Petition mit dem Titel »Zehn Punkte«, die Luděk Pachman initiiert hatte, ein etwas exzentrischer Schachgroßmeister und anerkannter Theoretiker, der sich allmählich von einem radikalen Kommunisten zu einem gläubigen Katholiken wandelte. Seinen endgültigen Wortlaut erhielt der Aufruf durch Ludvík Vaculík, einen Mann, der durch seine Rede auf dem Schriftstellerkongress und seine Mitwirkung an dem »Manifest der 2000 Worte« als Aufwiegler bekannt war, zunächst jedoch eine »schreckliche Abneigung«[231] empfunden hatte, sich an dieser Aktion zu beteiligen. In der Petition wurde der Einmarsch als eine Verletzung des Völkerrechts verurteilt und der Abzug der Besatzungstruppen gefordert. Ferner wurden die fortdauernden Säuberungen in der Partei und im Beamtenapparat beklagt. Die Wiedereinführung der Zensur stieß auf entschiedene Ablehnung. Zudem wurde die automatische Führungsrolle der Kommunistischen Partei abgelehnt und das Recht auf eine abweichende Meinung als »traditionelles Naturrecht des Menschen« bezeichnet. Havel, der überzeugt war, dass »nüchterne Ausdauer wirksamer [ist] als schnell begeisterte Emotionen«,[232] wurde etwas abgeschreckt durch den Ton der Erklärung, der radikal und leichtsinnig zugleich war. Er »wollte sie eigentlich nicht unterschreiben, habe es dann aber doch getan«,[233] zusammen mit zehn weiteren Unterzeichnern, darunter der Parlamentsabgeordnete Rudolf Battěk und der legendäre Langläufer und Olympiasieger Emil Zátopek.[234] Die Unterzeichner beriefen sich auf das »Recht, Einwendungen zu erheben«, das in der tschechoslowakischen Verfassung garantiert wurde. Irgendjemand musste vorab die Behörden informiert haben, denn Pachmans Wohnung wurde bereits einige Tage vor der Veröffentlichung der Petition am 21. August unter polizeiliche Beobachtung gestellt, am 22. August wurde Pachman verhaftet. Ein paar Wochen später beschuldigte man Havel und die übrigen Unterzeichner der Aufwiegelung.

Die polizeilichen Untersuchungen dauerten ein Jahr. Pachman und zwei der weiteren Unterzeichner, Battěk und der Historiker Jan Tesař, verbrachten den größten Teil dieser Zeit in Haft. Die Anklage lautete schließlich auf »Verschwörung zur Untergrabung der Republik«, worauf bis zu zehn Jahre Gefängnis standen. Doch das Stadtgericht in Prag verwies den Fall wegen Mangels an Beweisen zurück an die Staatsanwaltschaft und nahm ihn erst nach einer Anweisung des Obersten Gerichtshofs wieder auf.[235] Einen Tag vor Prozessbeginn erhielten Havel und die übrigen Angeklagten eine knappe Mitteilung, dass der Prozess verschoben werde, eine Erklärung wurde nicht gegeben, auch kein neuer Termin genannt. Die Mitteilung war vom Vorsitzenden Richter Antonín Kašpar unterschrieben.[236] Der Fall der »Zehn Punkte« gelangte nie zur Verhandlung und wurde schließlich im Jahr 1980 zu den Akten gelegt, als Havel bereits seine viereinhalbjährige Haftstrafe wegen seiner Mitwirkung im Komitee zur Verteidigung unschuldig Verfolgter verbüßte. Der zuständige Richter in diesem Fall war wiederum Antonín Kašpar. Nun hatte er seinen Mann endlich hinter Schloss und Riegel.

Die ganze Aktion war, wie Jan Tesař, einer der Unterzeichner, es ausdrückte, »ein Kamikaze-Unternehmen«. Havel aber war alles andere als ein Kamikaze-Kämpfer, er verachtete sowohl die Helden- als auch die Märtyrerpose. Aber er wurde beeinflusst durch die »allgemeine geistige Müdigkeit … ein Gefühl, dass alles gesagt, geschrieben, produziert, verfilmt und dargestellt ist«.[237] Während der Widerstand erlahmte und die Säuberungen begannen, veränderte er seine Lebensweise vollkommen. Als Ivan aus Berkeley zurückkehrte und mit seiner Ehefrau Květa in die Familienwohnung zog, räumte Havel das »eigenartige provisorische Arrangement« und bezog mit Olga eine Wohnung in einem neuerbauten Haus im Stadtteil Dejvice und richtete sich dort »einen Haushalt ein«. Da er zunehmendem Druck ausgesetzt war und öffentlich als Feind bezeichnet wurde, zog er sich schließlich mit Olga in Hrádeček »in sich selbst zurück«,[238] um »zu schreiben, zu lesen, spazieren zu gehen und gelegentlich zu kochen«.[239] Auch die Familie wurde kleiner. Božena Havlová, die Matriarchin der Familie, starb am 11. Dezember 1970 an Speiseröhrenkrebs. In Havels erhaltenen Briefen aus dieser Zeit wird ihr Tod nur einmal erwähnt, als er Jiří Kuběna dafür dankte, dass er bei ihrer Beerdigung gesprochen hatte.[240] Viel stärker als ihren Sohn berührte Boženas Tod ihren Ehemann, der auf Anraten seiner Ärzte den Rest des Jahres in einem Krankenhaus verbrachte, bis ihn Václav und Olga schließlich nach Hrádeček holten und *taťuška*, wie sie ihn liebevoll nannten, Pflege und Zuwendung zuteilwerden ließen.

Auch Havels körperliche Erscheinung veränderte sich. Während er noch vor einem Jahr trotz längerer Haare und modischer Kleidung wie ein gutgenährtes Dickerchen ausgesehen hatte, war er jetzt schlanker, trug einen Schnurrbart und strahlte eine gewisse Sorglosigkeit und Unbekümmertheit aus. Er war ein echter Kerl geworden, in mehrfacher Hinsicht, im Guten wie im Schlechten. Einer, der seinen eigenen Weg ging.

BERGHOTEL

Die Hotelordnung gilt für alle.

Das Berghotel

Im April 1969 – Havel hegte mittlerweile keinerlei Illusionen mehr bezüglich der Zukunft – machte er eine Beobachtung, die auf sein Leben in den folgenden fünf Jahren vorausdeutete: »Immer wenn wir das Gefühl haben, dass uns die Sicherheiten abhandengekommen sind, auf die wir uns stützten, und dass wir die Möglichkeit verlieren, unsere Lebensumstände zu beeinflussen und uns gesellschaftlich zu behaupten, wenden wir uns stärker als je zuvor Freunden zu. Der enge ›Raum‹, der durch Freundschaft umrissen wird, erlaubt es uns weiterhin, uns frei auszudrücken, unsere Gedanken und die Ergebnisse unserer Unternehmungen mit anderen zu teilen, etwas zu bewahren von unserer Lebensart, unserer Art zu denken, unserer Sprache, unserem Humor – einfach von uns selbst.«[241]

Ein Jahr später glitt das Land in ein tiefes Tal des Nichts und der Depression. Wer die erste Hälfte der siebziger Jahre in der Tschechoslowakei nicht miterlebt hat, kann sich kaum die bedrückte Stimmung vorstellen, die Erstarrung, die Betäubung. Die Niederschlagung des Prager Frühlings ging nicht mit dem unverhüllten Terror einher, wie er in der ersten Zeit nach dem Eingreifen der Sowjetunion Budapest 1956 erfasst hatte, aber es kam auch nicht zu der langsamen, vorsichtigen Liberalisierung, wie es sie in den nachfolgenden Jahren in Ungarn gegeben hatte. Die Dinge lagen irgendwo dazwischen.

Das Ausmaß der Unterdrückung war sehr weitreichend, wenn auch ihre Intensität in der Regel nicht lebensbedrohend war. Dutzende von Menschen wurden inhaftiert. Zehntausende verließen das Land, um anderswo ein neues Leben anzufangen. Mehr als 300 000 Personen wurden aus der Kommunistischen Partei ausgeschlossen, nicht in erster Linie weil sie die liberalen Reformen unterstützt hatten, sondern weil sie nicht in der Lage oder willens waren, ihren Irrtum einzugestehen und sich öffentlich selbst zu demütigen.

Durch die Strategie der »Normalisierung«, wie sie offiziell beschönigend genannt und von den Medien, die nun abermals der Zensur unterlagen, immer wieder gerechtfertigt wurde, gelang es, das Leben im Land tatsächlich als »normal« erscheinen zu lassen. Die Menschen gingen ihrer Arbeit nach und schauten am Abend fern, Kinder wurden geboren, und die Züge fuhren mehr oder weniger pünktlich.

Hinter dieser Fassade allerdings kam das politische Leben zum Stillstand. In den Medien wurde der lebendige Geist, der noch vor ein paar Jahren geherrscht hatte, ersetzt durch eine unablässige, ermüdende Phrasendrescherei. Alle unabhängigen Organisationen und Vereinigungen wurden aufgelöst, alle unabhängigen Gedanken verfemt. Lehrbücher wurden von allem gesäubert, was auch nur entfernt von der offiziellen Linie abwich oder nach individueller Kreativität oder Originalität klang, die nun zu den Hauptsünden gezählt wurden. Beschauliche alte Stadtviertel und Kleinstadtzentren wurden abgerissen, um Platz zu schaffen für riesige Wohnbausiedlungen, wo eine große Zahl von Menschen günstig untergebracht und überwacht und dazu angehalten werden konnte, sich gegenseitig zu überwachen. Auslandsreisen wurden bis auf ein Minimum eingeschränkt und waren nur noch wenigen Auserwählten möglich; sogar für Reisen in das sozialistische Jugoslawien benötigte man eine spezielle Reiseerlaubnis.

Verständlicherweise versuchten sich die Menschen in ihrem Privatleben einen Ausgleich zu schaffen für die gesellschaftliche Tristesse und die öffentliche Leere. Das Aufblühen der »Heimindustrie« im wörtlichen Sinne, die Notwendigkeit, sich einen Ort zu schaffen, wo man sich mit der Familie und Freunden verkriechen, die Wochenenden mit mühsamer, aber auch sinnvoller Arbeit verbringen konnte, um das Leben ein bisschen lebenswerter und ein wenig schöner zu machen, war nur eines der Symptome. Die gutbesuchten Bars und Kneipen, wo Männer und Frauen sich abends mit billigem, aber gutem Bier oder billigem, aber schlechtem Wein betrinken konnten, waren ein anderes. Auch die relativ lockere Sexualmoral gehörte dazu. Die unterschiedlichen Kombinationen dieser drei Faktoren brachten eine endlose Abfolge von Feiern und anderen geselligen Zusammenkünften hervor, deren Ziel darin bestand, die Zeit auf möglichst absurde und angenehme Weise totzuschlagen. Es gab viele bekannte Kneipen und Bars für Nachtschwärmer, etwa den Junior Club unweit von Havels Haus, wo man immer einen Trinkkumpan oder ein Mädchen zum Abschleppen fand. Im Haus des Schriftstellers Jiří Mucha, Sohn von Alfons Mucha, gab es einen »Salon«, den auch Havel gelegentlich aufsuchte und der von Muchas Geliebter Marta Kadlečíková geführt wurde. Über ihn waren verschiedene Gerüchte von Sexorgien und politischen Intrigen im Umlauf, von denen einige auch stimmten. Es gab eine »Gesellschaft«, die es zu ihrer Aufgabe erklärte, ihre eigene Geschichte auf Italienisch niederzuschreiben, obwohl keines ihrer Mitglieder Italienisch beherrschte, ihr anderer Zweck bestand darin, in den über das Land verteilten Wochenendhäusern ihrer Mitglieder Frauen unterzubringen und zu verköstigen, die als das »auswechselbare Frauen-Hilfskorps« bezeichnet wurden. Es gab einen »Club der Ballonfahrer«, in dem einige der Mitglieder tatsächlich Ballonfahrten durchführten, während die meisten aber, auch Havel, nur die jährlichen Bälle besuchten. Die älteste, bekannteste und bedeutendste derartige Vereinigung war ein Club von Künstlern, Filmregisseuren und Sportlern, der sich »Die Palette des Vaterlands« nannte. Eine ihrer vielfältigen Aktivitäten, zu denen auch ein Jahresball gehörte, auf dem weiße Krawatten und lange Kleider getragen werden mussten, war die jährlich stattfindende Rallye Monte Vaterland, an der 1971 auch ein mexikanisch aussehender Fahrer mit einem großen schwarzen Mercedes teilnahm, der kein anderer als Václav Havel war.

Einige nahmen diese Lebensweise als dauerhafte Existenzform an. Häufig allerdings mit irreversiblen Konsequenzen, wie zwei Freunde von Havel, der Schriftsteller und Filmregisseur Pavel Juraček und der Maler Josef Vylet'al, die beide ihren fünfzigsten Geburtstag nicht erlebten.

Für die meisten aber handelte es sich bestenfalls um vorübergehende Vergnügungen, die am Ende die Trostlosigkeit der Situation und die mangelnde Aussicht auf eine Verbesserung nicht abmildern konnten. Es würde immer so weitergehen, dachte auch der Autor dieses Buches, man würde von einer Party zur nächsten wandern, sich mit stets denselben Leuten betrinken, mit vollkommen Fremden ins Bett gehen und am nächsten Morgen mit einem Gefühl aufwachen, das zwischen Gleichgültigkeit, leichter Übelkeit und blanker Verzweiflung schwankte.

Dieses Leben forderte einen hohen Preis in Bezug auf die Selbstachtung und den Respekt gegenüber anderen, auch gegenüber alten Freunden. Ende 1971 richtete Havel zusammen mit Jan Němec (mit dem er ein Drehbuch mit dem Titel *Herzschlag* geschrieben hatte), Juráček und Vylet'al eine regelmäßige Kneipenrunde ein, die er »Freie Dienstage« nannte. Doch das Unternehmen nahm ein böses Ende, als Němec – ein wenig aus der Bahn geworfen, nachdem ihn seine Ehefrau Marta Kubišová verlassen hatte, die berühmte Sängerin des Prager Frühlings – sich mit Pavel Landovský zusammentat, um Havels Mercedes zu stehlen oder, wie die beiden es nannten, »auszuborgen«, und sich dann tagelang weigerte, ihm den Wagen zurückzugeben. Der Streich führte zu gegenseitigen Beleidigungen und eskalierte in einer Kneipenrauferei.[242] Ein anderes Mal ging Landovský, der noch immer als Schauspieler Beschäftigung fand, im Haus von Mucha auf Havel und Juráček los, die beide bereits auf der schwarzen Liste standen, und warf ihnen vor, dass sie ihr Schicksal selbst verschuldet hätten und nun die Märtyrer spielten.[243] Havels Biograph Daniel Kaiser berichtet unter Bezug auf etwas dubiose Geheimdienstquellen, dass Juráček auf einer Party Havel attackierte und ihm angeblich vorwarf, er verhalte sich exhibitionistisch und bedenke nicht die negative Auswirkungen seiner Aktivitäten auf das Leben seiner Landsleute.[244]

In der ersten Hälfte der siebziger Jahre befand sich Václav Havel in der komfortablen Lage, diese ausufernde Lebensweise ausprobieren und gleichzeitig beobachten zu können. Er war ein fleißiger Besucher von Partys, von denen viele auch in Hrádeček stattfanden, doch er erlag nie dem selbstzerstörerischen Drang, bis zur Besinnungslosigkeit zu feiern. Da sich die Repression hauptsächlich auf die ehemaligen Kommunisten konzentrierte und er nie einer gewesen war, wurde er zwar vom Regime als Feind des Sozialismus gebrandmarkt, sah sich häufig polizeilichen Überwachungen ausgesetzt und wurde »Dutzenden von Verhören« unterzogen,[245] doch wurde er nicht inhaftiert oder auf direkte Weise verfolgt.[246] Das Drehbuch zu *Herzschlag*, das auf einem früheren, ebenfalls gemeinschaftlichen Treatment eines Comics[247] von Havel und Němec[248] beruhte, war als *film noir* gedacht. Es ging um die lebensrettende Praxis der Herztransplantation, die in einer amoralischen Welt zwangsläufig zu mörderischen Orgien führt. Mit Blick auf ein internationales Publikum geschrieben, wurde das Drehbuch nie umgesetzt. Es war kein besonders gelungenes Werk; der Leser erkennt Havels Beitrag nur in einigen flüchtigen Momenten, die ansonsten, wie es scheint, in den Rauchschwaden eines Schreib- und Trinkgelages zweier Freunde verschwinden.

Havel hatte keine reguläre Arbeit mehr, aber dank seiner Einnahmen aus den Aufführungen seiner Stücke im Ausland, die von seinen deutschen Agenten beim Rowohlt Verlag geschickt verwaltet und regelmäßig überwiesen wurden, ließ es sich auf absehbare Zeit relativ komfortabel leben. Durch seinen Rückzug nach Hrádeček konnte er sich zudem der Aufmerksamkeit der Polizei und der bedrückenden Atmosphäre Prags entziehen. Er und Olga renovierten das Haus, statteten es mit Annehmlichkeiten wie

Warmwasser und Zentralheizung aus, richteten mehrere Schlafzimmer sowie ein Arbeitszimmer ein, von dem aus der Dramatiker in den kleinen Obstgarten auf dem Grundstück blicken konnte, und öffneten diesen Ort für Freunde und Bekannte. Mit seinem Einkommen konnte sich Havel nicht nur einen Mercedes kaufen, sondern auch Lebensmittel und Getränke, die man nur in Läden erhielt, die harte Währung akzeptierten, und mit denen er seine Freunde großzügig bewirtete.[249] Er nutzte seine Einnahmen auch, um sich eine technisch hochmoderne Stereoanlage zuzulegen, die für die musikalische Untermalung bei seinen Partys sorgte. In dieser Zeit bevorzugte er, bevor er mit dem »Underground« in Verbindung kam, Johnny Cash[250] und Burt Bacharach.[251] Da er nun zu jenen Personen gehörte, die man meiden musste, was viele seiner früheren Freunde auch gehorsamst taten, wurde die Gruppe, die sich in seinem Haus traf, allein aufgrund dieser Selbstselektion außergewöhnlich eng zusammengeschweißt. Der Besucherstrom nahm bisweilen überhand, vor allem im Sommer, und Havel musste Mitteilungen an Freunde schicken, die man nicht gerade als herzliche Einladungen betrachten konnte. »In den Sommerferien halten sich die ganze Zeit einige meiner Prager Freunde hier auf, von denen man die meisten als Säufer bezeichnen muss.«[252]

Die häufigen Partys boten Havel auch Gelegenheit, sich mit seinem Hobby, dem Kochen, zu beschäftigen. Wie an alles andere in seinem Leben ging er auch an die Kochkunst mit Engagement und größter Ernsthaftigkeit heran, eignete sich verschiedene Techniken an, tauschte Tipps mit anderen aus und bat Freunde im Ausland, ihm Zutaten zu schicken, die er zu Hause nicht bekam.[253] Im Allgemeinen bevorzugte er das Experimentieren gegenüber der strengen Befolgung erprobter Rezepte, was häufig zu durchwachsenen Ergebnissen führte. Pavel Kohout, der sich ebenfalls für die Kulinarik interessierte, erinnerte sich, wie sie beide, diesmal bei Kohout zu Hause, den Versuch unternahmen, das opulente Mahl des vierfach gefüllten Bratens für den äthiopischen Kaiser aus Hrabals Roman *Ich habe den englischen König bedient* nachzukochen. Da in den tschechischen Metzgereien kein Kamel- oder Hammelfleisch zu bekommen war, mussten sie mit einem Truthahn vorliebnehmen, der mit Gans gefüllt wurde, diese ihrerseits mit Ente und diese mit Huhn. Doch die beiden bekamen nicht die Möglichkeit, ihre Kreation zu probieren; während der Braten abkühlte, gingen sie erschöpft vom Ausstopfen für eine Zigarettenpause nach draußen und mussten anschließend feststellen, dass die Hunde ihnen das Essen weggeschnappt hatten.[254]

Viele der Besucher in Hrádeček waren Schriftstellerkollegen. Einige von ihnen gehörten zu den nonkonformistischen und größtenteils unpublizierten Autoren und Lyrikern und waren Havels alte Freunde aus den späten fünfziger und den sechziger Jahren wie etwa Zdeněk Urbánek, Josef Hiršal oder Jan Vladislav. Sie bildeten hier eine Art Sommerfiliale des Café Slavia auf dem Lande. Havels Freunde außerhalb von Prag, Josef Topol, Jiří Kuběna und Josef Šafařík, pilgerten jedes Jahr hierher. Auch vor kurzem aus der Partei ausgeschlossene »antidogmatische« Kommunisten wie Pavel Kohout, Ludvík Vaculík, Alexander Kliment oder Ivan Klíma[255] schauten vorbei. Wie alle Autoren sehnten sie sich nach Publikum und lasen sich daher ihre neuen Texte gegenseitig vor – ein kleiner, aber wichtiger Trost dafür, dass ihnen der Weg in die Öffentlichkeit versperrt war. Die ausgefeilten, lustigen und bewegenden Einträge im liebevoll geführten Gästebuch von Hrádeček, die zum größten Teil die Hausdurchsuchungen und Beschlagnahmungen der Staatssicherheit überstanden, aber dann bedauerlicherweise im Zuge des nachrevolutionären Durcheinanders, der Umzüge und des Partnerwechsels verlorengingen, legten Zeugnis ab von dem gemeinschaftlichen Geist und der Konzentration von Talenten in diesem Haus.

Havel griff später einen Satz von John Lennon auf, der in einem Interview die siebziger Jahre als »beschissen« bezeichnet hatte.[256] Er und seine Freunde fühlten sich, als würden sie alle »im eigenen Saft schmoren«.[257] »Mir persönlich verschwimmt die erste

Hälfte der siebziger Jahre in einen formlosen Nebel, ich könnte nicht mehr sagen, wodurch sich etwa das Jahr 1972 vom Jahr 1973 unterschieden hätte und was ich selbst in dem einen oder dem anderen getan habe.«[258]

Eines tat er aber dann doch, auch wenn es ihm nicht viel Freude machte oder Befriedigung verschaffte: Er schrieb. Insgesamt war Havel ein sehr produktiver Autor, obwohl ihm das Schreiben nie leichtfiel. Er konzentrierte sich am Nachmittag auf das Lesen und Nachdenken und schrieb dann bis spät in die Nacht, wobei er sich nur selten Unterbrechungen erlaubte, auch wenn das Haus in Hrádeček am Abend voller Gäste war. Dann schlief er bis in den Vormittag, abgeschirmt durch Olga, die ihre Gäste sich selbst überließ.

Für die meisten seiner Stücke brauchte Havel einige Wochen, für manche nur ein paar Tage. Gewöhnlich hatte er beim Schreiben schon eine bestimmte Bühne, manchmal auch bestimmte Schauspieler dafür im Kopf. Nun aber stellte er fest, dass er die Jahre damit verbrachte, Stücke zu erfinden, zu schreiben und umzuschreiben, ohne ein bestimmtes Publikum im Sinn zu haben – sofern es überhaupt ein Publikum für sie gab. »Ein Stück, das für einen abstrakten Zuschauer, der überall sein kann, und ›für die Ewigkeit‹ geschrieben wird, wird oft nirgendwo verstanden, und insbesondere die Geschichte ignoriert es.«[259] Der fehlende Kontakt zum Theater und zu seinem Publikum trug anscheinend dazu bei, dass sein schöpferischer Prozess allmählich erlahmte. Eigentlich hatte er alles, was er zum Leben und Arbeiten brauchte, aber dennoch empfand er seine Situation als schwierig und belastend. »Mir fällt das Arbeiten schwer, da ich einfach ein geselliger Mensch bin, der nicht dafür geschaffen ist, jahrelang in Abgeschiedenheit, wenngleich relativem Luxus zu leben. Man sieht es mir äußerlich nicht an. Ich laufe nicht wie ein geprügelter Hund im Haus umher … Ich führe ein zufriedenes, fast könnte ich sagen, frohes Leben …«[260] Das Schreibproblem hatte tatsächlich wohl nicht so sehr mit der Isolation des Schriftstellers zu tun als mit der Erstarrung der Gesellschaft, die sich nicht vom Schock des Einmarsches erholen konnte und immer weiter eingeschnürt wurde. »Plötzlich war einem nicht mehr nach Lachen zumute, sondern nach Weinen.«[261] Havel musste einen anderen Zugang finden. Der Gefahr ausgesetzt, von der Situation überwältigt und erdrückt zu werden, wie so viele Menschen um ihn herum, verlegte er seine Bühne an einen anderen Ort. Während das *Gartenfest*, die *Benachrichtigung* und die *Erschwerte Möglichkeit der Konzentration*, so abstrakt sie auch waren, Züge der modernen tschechoslowakischen Gesellschaft trugen, spielten seine nächsten drei Stücke (*Die Retter, Die Gauneroper* und *Das Berghotel*) nicht mehr im eigenen Land, sondern irgendwo anders.

In dem Stück *Die Retter*, das er 1970 begann, Anfang 1971 überarbeitete und gegen Ende dieses Jahres fertigstellte, verfolgte Havel ehrgeizige Ziele: Offensichtlich versuchte er eine Metapher zu finden für die inneren Prozesse der Verdächtigungen und der Paranoia. Die Anregung zu dem Stück lieferte ihm das abstoßende Schauspiel, das sich damals überall im Lande vollzog. In dem Stück hat sich eine Gruppe von Amtsträgern, die in einer jungen, fragilen Demokratie lebten, gerade von ihrem langjährigen Diktator befreit, aber die Mitglieder der Gruppe bestärken sich gegenseitig in ihrer Verunsicherung und ihren Ängsten. Mit besten Absichten diskutieren sie darüber, wie man die junge Demokratie stützen und die neugewonnenen Freiheiten sichern könnte. Allmählich beginnen sie jedoch, sich Gedanken über ihre jeweilige Rolle zu machen, und stellen Vermutungen über die Motive der anderen an. Je mehr in den Gesprächen die Gefahren für die Demokratie in den Vordergrund rücken, umso verschwörungslastiger werden die Diskussionen darüber, wie man sie abwenden könnte. Und je verschwörungslastiger die Gespräche werden, umso düsterer und unheilschwangerer werden die Diskussionen über die Bedrohungen und Verschwörungen. Am Ende räumen die Retter, nachdem sie sich gegenseitig verdächtigt und auszumanövrieren versucht haben, die eigene Regierung beiseite und setzen jene

Person wieder ein, die als einzige das Chaos verhindern und die Stabilität wiederherstellen kann: den alten Diktator.

Es ist bezeichnend für die Stimmung der Zeit, dass diesem Stück, anders als seinen Vorläufern und obwohl es voller kafkaesker Absurdität steckt, der verspielte Humor Havels weitgehend fehlt. Einige der Mittel, die er regelmäßig einsetzte – groteske Objekte wie ein Stück eines Stricks oder ein Reißnagel als Folterinstrument –, muten hier mechanisch und gekünstelt an. Die zirkulare Struktur ist allzu berechenbar; das Ergebnis wird schon vor der Auflösung deutlich angezeigt.

Das Stück fand nicht viele Bewunderer und kein großes Publikum, auch der Autor selbst äußerte sich später sehr reserviert und verglich es mit einem »Huhn, das zu lange in der Röhre und daher völlig trocken geworden war«.[262] Der Grund für das Scheitern lag schlicht in dem überdrehten Plot. Havel zielt auf die Diskrepanz zwischen erklärten politischen Zielen und den Mitteln, die zu deren Erreichung eingesetzt werden, was schließlich zu einer Situation führt, in der alles umschlägt. Dieses Muster lässt sich zum Teil auch auf die Ereignisse von 1968 anwenden, gilt jedoch in einem allgemeineren Sinne für alle Versuche, einen politischen Wandel zu bewältigen. Alle bedeutenderen Bühnenwerke Havels bis dahin hatten sich mit Reformen und Veränderungen befasst. Nun musste Havel lernen, über Unveränderlichkeit zu schreiben.

Wie stets war er sich bewusst, was er mit dem Stück hatte erreichen wollen, aber auch, warum es ihm nicht gelungen war. Monatelang bemühte er sich darum, beides miteinander in Einklang zu bringen. Der äußere Ausdruck dieses Bemühens ist ein vierzigseitiger Kommentar, den er im September 1972 aufgrund einer Bitte aus dem Ausland schrieb,[263] um den künftigen Regisseuren seines Werks eine Anleitung an die Hand zu geben (»Sie sind im Allgemeinen ein wenig verwirrt über das Stück, sie wissen nicht recht, was sie davon halten sollen, und es gefällt ihnen anscheinend auch nicht besonders«[264]), doch das war auch ein Kunstgriff des Autors, um sich selbst zu vergewissern, dass sein Tun einen

Sinn hatte. Vielleicht war dies die einzige Abweichung von seinem Diktum, dass eine Arbeit immer ein wenig »schlauer«[265] sein sollte als ihr Autor. Am Ende steht der Kommentar mehr als das Stück selbst für Havels Entwicklung als politischer Denker und liefert eine Erklärung für sein grundlegendes Misstrauen in die Politik, das ihn später auch in seinem politischen Amt begleiten sollte. Der Text ist gleichermaßen ein Kommentar zum Werk wie auch eine Erklärung der Grundsätze der Anti-Politik.

Sein Hang zum abstrakten Denken führte Havel dazu, seine Schlussfolgerungen auf die Politik allgemein zu übertragen, auch auf die Politik in einem demokratischen System. In dem Stück (und dem Kommentar dazu) geht es nicht darum, »was in diesem Land geschieht, um Dubčeks Sturz und den Aufstieg Husáks [Gustáv Husák war seit 1969 Generalsekretär der Kommunistischen Partei der Tschechoslowakei und damit der mächtigste Politiker des Landes] unter der Politik der Normalisierung«,[266] sondern um den modernen Menschen, in Ost und West, der bedroht ist vom Verlust seiner Identität. Es geht um den »Prozess der Manifestierung des Bösen«,[267] der durch die Dialoge der handelnden Personen vermittelt wird. »Was unsere Helden auch sagen, ob sie recht haben oder nicht, ob sie glauben, was sie sagen, oder nicht, ihre Äußerungen haben eines gemeinsam: Sie sind existentiell nicht vollständig gedeckt, sie klingen ein wenig hohl, leer, etwas zu abstrakt, und sie werfen immer wieder – so überzeugend und logisch sie erscheinen mögen – die Frage nach ihrer Wahrhaftigkeit auf, nach ihrer Authentizität, ihrer verpflichtenden Natur.«[268]

Der allgemeine Charakter von Havels Beobachtungen und das Fehlen einer erkennbaren »Zuordnung« zu den Ereignissen in der Tschechoslowakei verweisen auf ein ehrgeizigeres Ziel des Dramatikers, das darin bestand, die Identitätskrise als grundlegende »metaphysische Krankheit«[269] des modernen Menschen zu diagnostizieren, und zwar durch eine Dekonstruktion des politischen Diskurses.

Das Stück mag unbedeutend sein, doch Havels Wahrnehmungen, wie sie in den Anmerkungen zu dem Werk zum Ausdruck kamen, bildeten das Fundament seiner Entwicklung zum Politiker. Und dessen Kern ist ein gewisses Misstrauen gegen die Politik und die Politiker, gegen alle Politiker, auch ihn selbst, was auch in einigen seiner Texte zum Ausdruck kam, die er später als Präsident verfasste.[270]

Die relativ begrenzte Wirkung der *Retter* und Havels Unzufriedenheit damit wurden nach seiner Aussage auch dadurch hervorgerufen, dass er erstmals keine Möglichkeit hatte, seine Ideen durch den Kontakt mit dem Publikum zu überprüfen und weiterzuentwickeln. Havels Leben und seine schöpferische Technik beruhten auf dem dialogischen Prinzip, sei es in seinen Theaterstücken, in seinen Büchern (*Fernverhör, Fassen Sie sich bitte kurz, Sommermeditationen*) oder in seiner umfangreichen Korrespondenz, die häufig unter schwierigen Umständen entstand (die Briefwechsel mit Olga, mit Paukert und Kuběna, Radok, Janouch, Prečan). Dies mag auch erklären, warum seine Zuversicht und seine Kreativität beeinträchtigt wurden, wenn ihm dieser Kontakt verwehrt war (wie in der ersten Hälfte der siebziger Jahre) oder wenn sich ein politisches Amt zwischen ihn und seine Freunde und sein Publikum schob.

Mit grimmiger Entschlossenheit nahm Havel anschließend die Aufgabe in Angriff, ein Stück zu schreiben, in dem nichts geschieht. *Das Berghotel*, »ein existenzialistisches Dada«,[271] das er 1976 abschloss, wurde beiseitegelegt, umgeschrieben, wieder zur Seite gelegt und nochmals überarbeitet, und musste nach Fertigstellung noch weitere fünf Jahre auf seine Premiere im Wiener Burgtheater warten, während sein Autor im Gefängnis saß. Dann dauerte es noch ein weiteres Jahrzehnt, bis es nach der Samtenen Revolution auch in der Tschechoslowakei erstmals aufgeführt wurde. Ein Dutzend Personen im Garten eines feinen Berghotels hangeln sich durch die fünf Akte des Stücks, reden aneinander vorbei, erinnern sich an nicht stattgefundene Begegnungen und Ereignisse, entwenden sich gegenseitig Textzeilen, wechseln die

Verbündeten, setzen sich mit Beziehungen auseinander, die völlig verfahren sind, und werfen sich gegenseitig vergangene, nicht näher beschriebene Verfehlungen vor. Sie werden alle von einer unterdrückerischen Macht überwacht, die nicht näher benannt wird. »Die Hotelordnung gilt für alle«,[272] verkündet Hoteldirektor Draschar in seiner Begrüßungsansprache, wobei allerdings sonst nichts darauf hinweist, dass es Regeln gibt, die befolgt werden müssen oder gegen die man verstoßen könnte. Wir können nicht einmal sicher sein, dass die Begrüßungsrede tatsächlich eine Begrüßung ist. Wir haben keine Ahnung, wie lange die Hotelgäste sich schon hier aufhalten oder wie lange sie noch bleiben werden. Mehrere von ihnen erwähnen, dass sie bald abzureisen beabsichtigen, aber im nächsten Akt sind sie immer noch da. Das Stück spielt »in der Gegenwart«, doch aufgrund des Fehlens jedes äußeren Kontexts gibt es keine Möglichkeit, die Zeit zu messen oder festzustellen, wie schnell sie verstreicht. In jedem der fünf Akte wird die Geburtstagsfeier des Direktors am Vortag oder am nächsten Tag erwähnt, aber wir erfahren nicht, ob die einzelnen Akte jeweils mit einem Jahr Abstand voneinander spielen. Das ist auch nicht wichtig: Es gibt keinen Ablauf, keine Handlung, keine Katharsis, keine Auflösung. Alle »schmoren im eigenen Saft«.[273] Die politische Realität bleibt ausgeklammert, existiert jedoch weiter als allgegenwärtiger, bedrohlicher und todbringender *deus ex machina*.

ORLOFF: *Darf ich Sie etwas fragen?*
PECHAR: *Sehr gern.*
ORLOFF: *Haben Sie nicht manchmal Angst?*
PECHAR: *Ich? Wovor?*
ORLOFF: *So allgemein …*[274]

So geht es weiter. Das Resultat ist schließlich ein bemerkenswertes Dokument der Zeitstimmung, ein wahrhaftiges Bild des »konturenlosen Nebels« dieser Jahre, aber kein fesselndes Theaterstück. Havel hat später einem Mitgefangenen das Stück beschrieben und ihn gefragt, was er davon halten würde, wenn er es sich anschauen müsste und den Autor nicht kennen würde. Darauf habe ihm der Mann geantwortet, »dass er überzeugt wäre, ich sei ein Betrüger, der ihn zum Narren hält«.[275] Wenn das Werk darüber hinaus, wie Havel später schrieb, ein Versuch war, sich selbst »von einem ganzen Gebiet meiner Obsessionen zu befreien …, die ausprobierten Methoden zusammenzufassen und die Grenzen ihrer Möglichkeiten zu erkunden«,[276] dann war es kein sonderlich erfolgreicher Versuch. In einer Hinsicht hatte er allerdings Erfolg: Er hatte die Grenzen des Nichts, der Bedeutungslosigkeit und der Unbeweglichkeit erforscht und erkannte nun, dass er auf diesem Weg nicht weitergehen konnte. Wenn der konturenlose Nebel umgewandelt werden sollte in etwas Bedeutsames und Begreifbares, dann musste jemand mit dem Umwandeln beginnen.

BEIM ROLLEN DER FÄSSER

We'll have a barrel of fun,
Roll out the barrel
We've got the blues on the run.

Václav Zeman, Beer Barrel Polka

Im Februar 1974 nahm Václav Havel eine Arbeit in der Brauerei in Trutnov an, knapp zehn Kilometer von Hrádeček entfernt. Ende Dezember 1973 hatte er an Alfred Radok geschrieben, dass ihm »das Geld ausging«.[277] Zugleich bereute er ein wenig, Freunden gegenüber so großzügig gewesen zu sein. In *Fernverhör* erinnert er sich, gegenüber Jiří Lederer 1975 von »finanziellen Gründen«[278] gesprochen zu haben, hielt es aber für wahrscheinlicher, dass sein Bedürfnis, aus dem »erstickenden Nichtgeschehen« auszubrechen, ausschlaggebend für die Jobwahl gewesen sei. Zweifellos war der Lohn von 1700 Kronen im Monat, was damals ungefähr 55 Dollar entsprach, für eine körperlich anstrengende Arbeit, die in der winterlichen Eiseskälte ebenso wie in der sommerlichen Gluthitze verrichtet werden musste, ein sehr bescheidenes Entgelt, zumal allein die Treibstoffkosten für die tägliche Fahrt mit seinem großen schwarzen Mercedes von Hrádeček zur Brauerei ein Drittel davon aufzehrten. Havels Einnahmen aus den Aufführungen seiner Stücke im Ausland waren zwar deutlich zurückgegangen, aber als er ein Dreivierteljahr später die Brauerei aus eigener Entscheidung verließ, hatte sich die Situation kaum verändert. Dasselbe gilt für den anderen Grund, der häufig für seine Tätigkeit in der Brauerei genannt wird, nämlich dass er einer Verfolgung als »Schmarotzer« zu entgehen versuchte, da Personen bestraft wurden, die keinen Arbeitsnachweis vorlegen konnten.[279] Seine wahren Motive lagen wohl eher darin, dass er sich bereits einen Monat vorher um eine Arbeit als Drucker bemüht, der Manager des Betriebs ihm aber im Vorstellungsgespräch mitgeteilt hatte, ihm sei von höherer Stelle verboten worden, Havel zu beschäftigen.[280] Ein Jobangebot in einem Altertumsmuseum in der Nähe von Hrádeček hatte er abgelehnt.[281] Es ging Havel offenbar weniger ums Geld, er wollte sich vor allem nicht mehr mit der ihm zugewiesenen Rolle eines prominenten gesellschaftlichen Außenseiters abfinden. Er ertrug die Isolation nicht länger. Dieses Ausgeschlossensein und die Tatsache, dass er seine Stücke nicht mehr auf der Bühne sehen konnte, machten ihn unzufrieden mit seiner Arbeit, und er tat sich zunehmend schwerer, überhaupt weiter zu schreiben. Ein gemütlicher Wächterjob in einem Museum hätte weder zu einer Verbesserung seiner finanziellen Situation geführt noch hätte er ihm geholfen, neue Anreize zu finden. Vielleicht trug auch sein ständiges Schuldbewusstsein wegen seiner privilegierten Herkunft zur Entscheidung bei. So begann er in einem durch und durch proletarischen Milieu zu arbeiten, rollte Bierfässer umher (tatsächlich verrichtete er in der Brauerei alle Arten von Tätigkeiten, doch das Umherrollen der Fässer blieb in der Erinnerung haften). Bei der Entscheidung für den Job war anscheinend auch das Auge des Dramatikers mit im Spiel gewesen, so eingeschränkt die Möglichkeiten auch sein mochten. Wie im *Gartenfest* sollte nun der echte Honza der echten Welt gegenübertreten, ein Schwejk mit einem Glas Bier in der Hand.

Die Welt enttäuschte ihn nicht. Havel wurde dazu eingeteilt, im kalten Keller der Brauerei mit einer Gruppe von Roma (die damals noch Zigeuner genannt wurden) zu arbeiten. Hier stellte er abermals seine Fähigkeit unter Beweis, mit Menschen unterschiedlichster sozialer Herkunft zurechtzukommen, dank seiner ruhigen Höflichkeit und weil ihm jede Form von Angeberei und Wichtigtuerei fremd war. Die Roma, die bis heute eine benachteiligte Gruppe in der tschechischen Gesellschaft sind, akzeptierten ihn instinktiv, so wie ein Außenseiter den anderen Außenseiter akzeptiert.

Warum Havel die Arbeit in der Brauerei aufgab, ist nicht ganz klar, doch dass er am Jahresende ausschied, erlaubt einige Rückschlüsse. Wahrscheinlich war er nicht besonders begeistert von der Aussicht, einen weiteren Winter im eiskalten Keller zu verbringen. »Diesen Winter möchte ich zu Hause verbringen und schreiben«, teilte er Radok mit[282] und erwähnte dabei, dass er im Augenblick genug Geld zum Leben habe und sich nur dann eine neue Beschäftigung suchen werde, wenn es absolut notwendig sei. Die wachsamen Augen und der lange Arm der Staatssicherheit reichten auch bis in die Brauerei, und das führte zu Spannungen in seinem Umfeld, die er gerne vermieden hätte. Das Absurde an diesem Leben eines verbotenen Intellektuellen, der in einer Einrichtung arbeitete, die das »flüssige Brot« herstellte, das milde alkoholische Beruhigungsmittel, mit dem ein großer Teil der Bevölkerung das Gefühl der existentiellen Leere unterdrückte, hatte anscheinend seine Kreativität neu entfacht.

Vielleicht aber hatte Havel auch das Gefühl, dass seine Arbeit getan war. Er hatte die Isolation überwunden. »Ich habe mir selbst bewiesen, dass ich noch nicht vollkommen träge bin und dass ich ohne große Schwierigkeiten eine körperliche Arbeit verrichten und damit meinen Lebensunterhalt bestreiten kann – diese Erkenntnis hat eine sehr beruhigende Wirkung auf mich, denn sie vertreibt die nervösen Befürchtungen über die Zukunft; ich sehe, dass ich mir keine großen Sorgen darüber machen muss.«[283] Er hatte sich selbst demonstriert, dass er Unbequemlichkeiten und Entbehrungen standhalten konnte. Da er den ersten Entwurf seines Briefes an Gustáv Husák bereits 1974 geschrieben hatte, in dem Jahr, in dem er in der Brauerei arbeitete, besaß er anscheinend eine klare Vorstellung davon, was er tun wollte, und er wusste auch, dass er es allein tun musste.

Am Ende kam ihm seine Wiederbegegnung mit der Arbeiterschaft sowohl in psychologischer wie auch in finanzieller Hinsicht zugute. In seinem Einakter *Audienz* von Anfang 1975, der auf den Erfahrungen in der Brauerei beruht und in gewisser Weise auch zur Erheiterung seiner Schriftstellerkollegen und -freunde dienen sollte, kehrt er als Satiriker in sein angestammtes Milieu zurück. Verschwunden ist die düstere existenzialistische Stimmung der *Retter* und des *Berghotels*. Verschwunden sind auch die exotischen, abstrakten Handlungsorte. *Audienz* spielt im Hier und Jetzt der Brauerei. Einerseits repräsentiert das Stück die Bemühungen des ständig betrunkenen Braumeisters und des wohlgesitteten Intellektuellen Vaněk, des neuen und künftigen Alter Ego des Dramatikers, einen Modus Vivendi zu finden zwischen den Anforderungen und Zwängen an der Arbeitsstätte und dem ominösen Interesse der Geheimpolizei an Vaněk. Zum anderen ist es aber auch ein Stück mit einem absurden Dreh, denn der nicht sehr sprachgewandte Braumeister bittet den Intellektuellen Vaněk, ihm dabei zu helfen, seine Berichte über Vaněks Verhalten zu formulieren, die die Geheimpolizei von ihm verlangt. Als sich Vaněk aus prinzipiellen Erwägungen weigert, Berichte über sich selbst zu verfassen, zerschlagen sich die Verhandlungen, und der Braumeister wirft Vaněk elitäre Überheblichkeit vor und schimpft, er würde zulassen, dass einfache Menschen wie er sich »schmutzig machen – wenn nur der Herr sauber bleibt!«[284]

Man muss nicht die selbstrechtfertigende Anschuldigung des Braumeisters übernehmen, um zu erkennen, dass der Autor weit davon entfernt war, eine Moralgeschichte zu schreiben, die Situation aber dennoch als moralisch ambivalent auffasstc. Es herrscht zwar Eindeutigkeit bezüglich der Einstellungen und Ansichten, die er selbst unterstützt oder verteidigt, doch er warnt unablässig vor der moralischen Überlegenheit, die häufig eine Auseinandersetzung um Prinzipien zu einem ideologischen Streit oder einem Zusammenprall zweier Egos werden lässt. Dass Vaněks moralische Haltung echt ist, anders als diejenige seines Gesprächspartners, wissen wir nur deshalb sicher, weil er bereit ist, ein Opfer zu bringen und auf Vorteile zu verzichten, die ihm angeboten werden. Die Schlussfolgerung, dass die Wahrheit auch persönlich verbürgt werden muss, um tatsächlich wahr zu sein, ist eine Haltung, die Havel selbst immer wieder bekräftigte.

Darüber hinaus gibt es noch eine dritte, weniger offensichtliche Ebene. Trotz des auffallenden Gegensatzes zwischen dem ungehobelten Braumeister, der abwechselnd herrisch, schmeichelnd und flehend ist, und dem höflichen Vaněk in seiner ruhigen Erhabenheit und Beständigkeit, versucht Letzterer, die Mauer der gesellschaftlichen Isolation und der Ächtung zu durchbrechen und ein menschliches Verhältnis zu seinem Vorgesetzten herzustellen. Seine Welt der Theaterstars und der Partys, auf die der Braumeister neidisch anspielt und die räumlich wie zeitlich weit entfernt ist, erscheint irgendwie unwirklich. Die Welt des Braumeisters mit Trinkkumpanen, Zigeunern, Polizeispitzeln und unzähligen Gläsern Bier liegt dagegen im Hier und Jetzt, und sie ist so real wie der übelkeiterregende Gestank alten, verschütteten Bieres, der zwischen den Zeilen des Stücks fast zu riechen ist. Und so tut der Wein trinkende Vaněk in der letzten Zeile den wichtigen Schritt, überschreitet die Trennlinie zwischen den beiden, indem er sich, zumindest für diesen Augenblick, die Sprache des anderen Mannes, dessen Getränkevorliebe und auch dessen Weltsicht ausborgt: »Alles Scheiße.«[285]

Das Stück kam bei Havels Freunden sehr gut an, als er es ihnen Ende Juni 1975 in seinem Wohnzimmer in Hrádeček vorlas. Sie kamen einfach aus dem Lachen nicht mehr heraus. Dieselbe Reaktion rief es hervor, als es mit Andrej Krob als Braumeister und Havel als Vaněk im Sommer 1976 in Krobs Schrebergarten im Rahmen von dessen jährlichem »Gartenfest« aufgeführt wurde sowie später auf Dutzenden weiteren Bühnen überall auf der Welt und nach der Samtenen Revolution auch in der Tschechoslowakei. Frühen Kultstatus gewann eine Tonbandaufnahme des Stücks, die unter Leitung von Luboš Pistorius im Frühjahr 1977 im behelfsmäßigen Studio des Protestsängers Vladimír Merta gemacht wurde. Havels Trinkkumpan Pavel Landovský spricht in ihr den Braumeister, während der Autor Vaněk seine Stimme, seine Sprachfehler und alles andere leiht. Zu diesem Zeitpunkt stand Havel unter strenger Polizeiüberwachung, und das kleine Produktionsteam musste im Geheimen arbeiten, ein schwieriges Unterfangen in dem pittoresken, noch stark dörflich geprägten Prager Wohnviertel Kocourky, wo Merta damals lebte. Außerdem mussten gewisse Unpässlichkeiten Landovskýs überwunden werden, der schon zu früher Stunde reichlich Bier getrunken hatte, dazu kamen die Weigerung des Dramatikers, sich um die Tontechnik zu kümmern, und seine Unfähigkeit, die oben zitierte Obszönität in der letzten Zeile des Stücks auszusprechen. Es gab es auch keine Ausrüstung für Toneffekte (Pistorius' Ehefrau Jitka simulierte das Öffnen der Bierflaschen durch den Braumeister und das Geräusch des Einschenkens mit Hilfe eines Teekessels und eines Waschbeckens).[286] In den folgenden Jahren wurde das Band, das von schwedischen Hockeyspielern nach Schweden geschmuggelt wurde, immer wieder kopiert, und wer es besaß, war ähnlich angesehen wie der Besitzer des Masterbands von Bob Dylans *Basement Tapes*. Havel erinnerte sich, dass er einmal, wie es seine Gewohnheit war, einen frierenden Anhalter mitnahm, der nach ein paar Minuten sagte: »Sie scheinen mir nicht gerade ein Schwein zu sein, wenn Sie mich bei einem solchen Wetter mitnehmen. Ich habe etwas für Sie, das Ihnen vielleicht gefallen wird«, und schob eine Kassette mit der *Audienz* in den Kassettenrekorder des Wagens.[287] Teilweise auch dank dieser Kassette erlangte Havel den Status eines nationalen Dramatikers, und einige Zeilen aus dem Stück (»Ist das nicht paradox?« – »Wissen Sie, Menschen sind große Schweine! Sehr große!«) fanden Eingang in die Alltagssprache, selbst bei Leuten, die noch nie von dem Stück gehört hatten und auch nicht wussten, wer der Autor war.

In diesem Jahr schrieb Havel noch einen zweiten Einakter, in dem die Figur des Schriftstellers Vaněk erscheint. In *Vernisáž* (*Vernissage*) führt ein Paar, das bald heiraten möchte, seinen »besten Freund« Vaněk in seinem neuen Haus umher,[288] demonstriert ihm seinen gehobenen Lebensstil, seine Sexualmoral und sein vollendetes Glück. Zugleich drängen ihn die beiden, seine Lebensweise zu ändern, sein Leben in Ordnung zu bringen und seine Ehe wieder mit Freude und Glück zu erfüllen. Schließlich sei er ein anständiger, kluger Mann und es gebe nichts, das ihn hindern könnte, ein ebenso glückliches und frohes Leben zu führen wie sie.

Wie alle Stücke Havels ist auch dieses ein Spiel mit Mehrdeutigkeit und Ambivalenz. Auf der einen Seite bewundert Vaněk durchaus das behagliche Heim und das gute Leben, das Michael und Vera führen. Andererseits zeigt er keine Bereitschaft, ihnen nachzueifern. Als er sich verabschieden möchte, höflich und rücksichtsvoll, wie es seine Art ist, werfen die beiden ihm Unsensibilität, Mangel an Empathie und Gefühllosigkeit vor.

Das Stück zeigt auf schlichte Weise die Leere eines Lebensentwurfs, der allein auf materiellem Wohlergehen und Abwesenheit sonstiger Werte beruht. Vaněk wurde nur deshalb eingeladen, um etwas zu tun, wozu Michael und Vera nicht imstande sind, nämlich ihnen zu helfen, sich ihrer selbst und ihres Lebens zu vergewissern. Doch das kann er nicht, ebenso wenig wie die beiden ihm ihr schales Glück nahebringen können.

Wie in *Audienz* ist es auch hier in der abschließenden Konfrontation auf der Bühne nicht das angehende Ehepaar, sondern Vaněk, der als Erster nachgibt und widerstandslos einer Wiederholung der privaten Besichtigung zustimmt. Hier zeigt sich abermals sein existentielles Bedürfnis, die Grenzen zu überwinden, den Kontakt mit seinen Mitmenschen aufrechtzuerhalten, ungeachtet der Verständnislosigkeit, die zwischen ihnen herrscht. In diesem und ähnlichen Momenten erhalten wir einen kurzen Einblick in Havels tiefe und echte Demut, die ihn gleichzeitig zu einem Mann mit Grundsätzen machte. In seiner schriftstellerischen Arbeit und seinem Leben beharrte er weiterhin, umgänglich und höflich, auf seiner Pflicht, er selbst zu bleiben, seine Identität zu bewahren. Zugleich war ihm stets bewusst, dass Identität nicht viel wert ist, wenn der Einzelne nicht eingebettet ist in das inkohärente, aufreibende und seinem Wesen nach ambivalente Netz menschlicher Beziehungen. Als die beiden Stücke im Herbst 1976 zusammen am Wiener Burgtheater aufgeführt wurden (zusammen mit *Die Polizei* des polnischen Dramatikers und Satirikers Slawomir Mrozek), sorgten sie für eine Sensation und riefen einen Skandal hervor. Die österreichische und die deutsche Presse lobte einhellig Havels »Abschweifungen« als ein herausragendes und zutiefst metaphorisches Porträt des »Arbeiter- und Bauernparadieses« und verurteilte die Weigerung der Prager Regierung, Havel zur Premiere nach Wien reisen zu lassen. Die Prager Behörden gaben dem Skandal weiter Nahrung, indem sie Österreich »Einmischung in inneren Angelegenheiten« vorwarfen und den Versuch einer »Provokation« unterstellten, weil das Land einem »Millionärssohn« eine Bühne geboten habe, der nichts zu tun habe mit der tschechoslowakischen Kultur.[289] Havel wurde zu einer umstrittenen Persönlichkeit. »Seine Freiheit ist unsere Freiheit«, lautete eine Artikelüberschrift in der österreichischen Zeitung *Die Presse*.[290] Bei Havel erzeugte seine triumphale Rückkehr auf die Bühne an einem der bedeutendsten europäischen Theater ein Gefühl der Befriedigung, in das sich allerdings auch Traurigkeit mischte. Alfred Radok, den sich Havel als Regisseur für diese Produktion gewünscht hatte, starb im April dieses Jahres in Wien, nur wenige Stunden, nachdem er Havel stolz von seinen erfolgreichen Vertragsverhandlungen mit dem Burgtheater geschrieben hatte.[291] Dic Stücke wurden schließlich von Vojtěch Jasný inszeniert, einem anderen bekannten Vertreter der tschechischen Neuen Welle.

DIE GAUNEROPER

Das Leben ist ein Witz, und alles deutet darauf hin;
so dachte ich einst, nun weiß ich es.

John Gay, Mein eigener Grabspruch

Mehr als bei den meisten anderen Menschen kann man das Leben von Václav Havel als eine zusammenhängende, logisch konsistente und zielgerichtete Geschichte betrachten, auch wenn Havel dies selbst nicht so empfunden haben mag. Wie vieles in seinem Leben war seine erneute Teilnahme an der Welt nach fünf Jahren weitgehender Zurückgezogenheit halb absichtlich und halb zufällig. Was als reines Theaterprodukt und als eine rein politische Stellungnahme begann, entwickelte sich zu einer großangelegten Komödie der Irrungen dank des Einfallsreichtums und der Klugheit von Havel und seinen Freunden und dank der plumpen Reaktion der Herrschenden.

Wie bei allem, was er Anfang der siebziger Jahre schrieb, fiel Havel auch dieses Thema nicht in den Schoß. In seinen Briefen von Mitte 1972 erwähnte er, dass er »an etwas anderem« arbeite, »einer Adaption eines älteren Stücks«.[292] Er vermied es, das Stück und seinen Autor zu nennen, als befürchte er, dieser könnte dadurch in Schwierigkeiten geraten. Doch diese Sorge war unbegründet.

Havels *Gauneroper* ist ebenso wenig ein Originalwerk wie die *Dreigroschenoper* von Brecht und Weill, denn beide lehnen sich eng an die Handlung von John Gays Balladenoper *The Beggar's Opera* von 1728 an. Die Idee zu dieser Adaption stammte ursprünglich nicht von Havel selbst, sondern von Jaroslav Vostrý und Jan Kačer, seinen Theaterkollegen und früheren Konkurrenten im populären Schauspielclub. Sie wollten ihrem mit Publikationsverbot belegten Kollegen helfen, doch nach einigen bizarren Manövern – sie schickten das Stück in die Schweiz und reimportierten es als ein establishmentkritisches schweizerisches Werk, ohne den Autor der Adaption zu nennen – sahen sie sich gezwungen, ihre Einladung zurückzunehmen, gerade als Havel sein Werk fertiggestellt hatte.[293] Sie fürchteten, sie würden ihre eigene Karriere und auch jene ihrer Schauspielerkollegen gefährden. Diese tragikomische Mischung aus altruistischen Absichten und theaterbezogener Realpolitik angesichts der staatlichen Unterdrückung war ein passendes Vorspiel zu den Ereignissen, die nun folgten.

Havel war sofort angetan von der politischen Satire in Gays Werk, das die Sitten und Gepflogenheiten der Politiker seiner Zeit aufs Korn nahm, insbesondere Sir Robert Walpole, den damaligen britischen Premierminister. Havel trieb das Thema wuchernder Korruption und moralischen Verfalls noch etwas weiter. Anstatt nur die Reichen und Mächtigen zu verspotten, wie es Brecht in seiner Adaption getan hatte, beschrieb er eine Gesellschaft, in der Wahrheit und Gerechtigkeit der Zweckmäßigkeit untergeordnet sind und deren Mitglieder, unabhängig von ihrer sozialen Stellung, die ungesichert und veränderbar ist, zu einem Leben aus Verrat, Unaufrichtigkeit und gegenseitiger Bespitzelung verdammt sind. Mit Ausnahme des »ehrlichen«, aber zum Scheitern verurteilten Taschendiebs Filch gibt es keine moralischen Unterschiede zwischen den Figuren, seien es Kriminelle wie Peachum und Maceath oder Organe der Justiz wie der Polizeikommandant Lockitt. Nicht nur dass die Diener der Gerechtigkeit ebenso schlecht sind wie jene, die sich dem Verbrechen verschrieben haben, man kann auch nicht sicher sein, zu welcher der beiden Gruppen die eine oder die andere Person jeweils gehört. In Gays Geschichte fand Havel eine perfekte Parabel für eine verkommene Gesellschaft, in der keiner unschuldig ist und in der alle, ob sie wollen oder nicht, in das Verbrechen verstrickt sind.

Eine andere Konvention, die Havel im Unterschied zu Brecht

von Gay übernahm, ist die Verwendung der »Hochsprache« für die Unterhaltungen auch zwischen den gemeinsten Verbrechern. In Gays Originalversion erklärte der Bettler: »Im gesamten Stück verhalten sich die Hohen und die Niedrigen sehr ähnlich, so dass man nur schwer herausfinden kann, ob (bei den modischen Lastern) die feinen Herren die Herren der Straße nachahmen oder die Herren der Straße die feinen Herren.«[294]

Anders als bei den *Rettern* ging Havel die Arbeit an der *Gauneroper* leicht von der Hand, wenngleich er schon recht früh erkannte, dass das Werk wahrscheinlich zum Scheitern verurteilt war. Ohne Verbindungen zu einem Theater und einem Tondichter konnte er die Geschichte nicht umsetzen, wie Gay und Brecht es getan hatten. Daher entschloss er sich, das musikalische Element in die sehr komplexe und verwickelte Struktur des Stücks zu übertragen, die, wenn auch gesprochen, sorgfältig ausgearbeitete Arien, Duette, Variationen, Rezitative und Schlusssätze enthält. Außerdem unterdrückte er absichtlich die emotionalen Untertöne der Geschichte und verlieh ihr einen beiläufigen, fast zynischen Charakter, um, wie er es sah, Brechts umständliche deutsche Sentimentalität zu vermeiden. »Vielleicht habe ich Vorurteile und kann es nicht richtig ausdrücken, aber was mich verrückt macht, ist diese deutsche professorale Sentimentalität, etwas, das sich wie eine bürokratische Idee von Humor, Abenteuer und Poesie anfühlt.«[295] Das Fehlen von Musik und die anhaltende Popularität sowohl des Originals wie auch der *Dreigroschenoper* mögen erklären, warum Havels minimalistische Version, obwohl sie als schwarze Komödie sehr effektiv und überzeugend war, kaum jemals im Ausland erfolgreich inszeniert wurde. Vielleicht lag es aber auch daran, dass sich das westliche Publikum keine Gesellschaft vorstellen konnte, in der »jene am besten dienen, die gar nicht wissen, dass sie dienen«.[296] Obwohl Havel große Hoffnung in das Werk setzte und mehrmals Klaus Juncker von Rowohlt und andere Freunde bat, ihm bei der Suche nach einer Bühne für das Stück zu helfen, war keines der großen Theater interessiert. Die erste Auslandsaufführung erlebte die *Gauneroper* schließlich im März 1976 im Teatro Stabile in Triest.

Das Stück, das scheinbar dazu verurteilt war, eine Fußnote in der Theatergeschichte zu bleiben, rächte sich, indem es politische Geschichte schrieb. Dies hatte bezeichnenderweise nichts mit Planung zu tun, sondern war eine Folge von Zufällen, Fehlkalkulationen, Naivität und List. Und wie so oft in der tschechischen Geschichte begann alles mit einem Brief.

Im März 1975 schrieb Havel, nachdem er bereits einen früheren Versuch verworfen hatte, einen offenen Brief an den tschechoslowakischen Parteiführer Gustáv Husák, jenen Politiker, der die Nachwirkungen des Prager Frühlings geschickt und opportunistisch für seinen Aufstieg an die Spitze genutzt hatte. Husák zeichnete sich dadurch aus, dass ihm sowohl von seinen Feinden wie auch seinen Verbündeten, aber auch von der Bevölkerung Verachtung und Misstrauen entgegengebracht wurden. Da er in der Stalinzeit inhaftiert gewesen war – angeblich hatte er einen »slowakischen bürgerlichen Nationalismus« gefördert und sich dadurch eines politischen Vergehens schuldig gemacht –, beobachteten ihn die regierenden Post-Stalinisten im Kreml argwöhnisch. Ein Opportunist, der sich gegen Dubček und seine Führung gestellt hatte, nachdem er ursprünglich die Reformen unterstützt hatte, und der deshalb von vielen seiner Landsleute als Verräter betrachtet wurde.

Der unmittelbare Grund für den Brief war kein bestimmtes Ereignis und auch kein Jahrestag, sondern der Stillstand. Es stimmt nicht ganz, wenn gesagt wird, Havel habe die vorhergehenden Jahre politisch untätig verbracht – im Gegenteil. Er unterschrieb Petitionen für die Freilassung politischer Häftlinge, unterstützte verbotene Schriftstellerkollegen, veranstaltete literarische Salons und arbeitete an fünf Stücken, die auf die eine oder andere Weise den Status quo angriffen. Zugleich gab er durch seinen Umzug nach Hrádeček die Prager Front auf, die unter ständiger strenger Beobachtung durch den StB stand. Im Unterschied zu vielen anderen Intellektuellen erstrebte und erwartete er keine Vergünstigungen durch das Regime. Er erkannte allerdings auch, dass die Behörden nichts gegen ihn unternehmen würden, solange er nicht den ersten Schritt tat. Dieser Stillstand konnte sehr lange fortdauern, und er kam dem Regime zupass, das Havel gerne für den Rest seines Lebens in Hrádeček schmoren lassen wollte. Die Herrschenden hatten nicht die Absicht, aus ihm einen Märtyrer zu machen. Sie wollten ihn aus dem Weg haben, er sollte machtlos sein und vergessen werden. Die Architekten der »Normalisierung« erhoben es zur Methode, Gegner der Vergessenheit anheimfallen zu lassen. Für einen aktiven Künstler war das ein Sterben auf andere Weise. Und Havel wusste, dass er etwas tun musste.

Der Brief entstand zweifellos nicht aus einer momentanen Laune. Wenn man den wohlüberlegten, sachlichen Text liest, wird klar, dass es sich nicht um einen Ausdruck von Verzweiflung handelte, nicht um einen Protestschrei, sondern um eine förmliche Kriegserklärung. Die Absicht des Schreibens zeigt sich schon in der Anrede. Indem er Husák als »Lieber Dr. Husák« anspricht, anstatt als »Herr Generalsekretär«, bestreitet Havel implizit die Legitimität der führenden Rolle der Kommunistischen Partei und des Mannes an der Spitze des Landes.

In seiner Form ist der Brief ein Ausdruck des verfassungsmäßig verbrieften Rechts jedes Bürgers, sich an die Regierung zu wenden. Er bietet dem Doktor, dem es nicht an Intelligenz mangelte und vielleicht auch nicht an intellektueller Neugier, eine sorgfältige Analyse des tatsächlichen Zustands an, anstelle der Fassade, an der tagtäglich von Hofberichterstattern und Lobhudlern gebastelt wurde.

Der Brief beschreibt die allgemeine psychologische Verfassung der Gesellschaft als einen Zustand der Angst, der Angst »um das eigene Auskommen, die berufliche Position oder die Zukunftsaussichten«, die man nicht auf konkrete, genau zu definierende Ursachen zurückführen könne. Die Quelle dieser Angst sei ein

»System des Existenzdrucks«, das personifiziert werde durch den allgegenwärtigen Staatssicherheitsapparat, »eine abscheuliche Spinne, deren unsichtbares Netz sich durch die gesamte Gesellschaft zieht«.[297] Die lähmende Wirkung chronischer Angst fördere das Entstehen von Gleichgültigkeit, Apathie und Konformismus. Der Mensch werde reduziert auf »ein Wesen, dessen einziges Ziel die Selbsterhaltung ist«. Und all dies geschehe im Namen einer »revolutionären Ideologie, in der das Ideal der vollkommenen Befreiung des Menschen einen zentralen Stellenwert einnimmt«.[298] Diese Situation könne nur zur »allmählichen Auflösung sämtlicher moralischen Maßstäbe, zum Zusammenbruch aller Kriterien für Anstand und zur umfassenden Zerstörung des Vertrauens in die Bedeutung von Werten wie Wahrheit, Prinzipientreue, Aufrichtigkeit, Selbstlosigkeit, Würde und Ehre führen«.[299]

Havel wusste nur zu gut, dass es dem »Lieben Doktor« völlig egal war, wie es einem Einzelnen oder der Gesellschaft insgesamt ging, und daher legte er noch ein wenig nach. Das systematische Ersticken von allem, was in einem Land spontan, originell und individuell sei, könne letztlich nur zu einem Zustand der Lähmung führen, der sich gleichermaßen auf die Opfer wie die Unterdrücker auswirken werde. Dann werde es zwar Ordnung im Land geben, aber kein Leben mehr. Die scheinbare Ruhe sei »die Ruhe der Leichenhalle oder die Grabesruhe«.

So wie jede Form von Bewegung in der Gesellschaft ausgelöscht worden sei, so würde auch die Kategorie der Zeit überflüssig werden. In seinem Brief spricht Havel wahrscheinlich zum ersten Mal das Thema der Zeitlosigkeit an, ein Thema, das er später häufig wieder aufgreifen sollte. Zeitlosigkeit erzeugt ein Vakuum, das gefüllt werden muss. »So wird die Unordnung der tatsächlichen Geschichte durch die Ordnung einer Pseudo-Geschichte ersetzt, deren Urheber nicht das gesellschaftliche Leben ist, sondern ein staatlicher Planer. Anstatt Ereignissen bietet man uns Nicht-Ereignisse an; wir leben von Jahrestag zu Jahrestag, von Feier zu Feier, von Parade zu Parade, von einmütigen Kongressen zu einmütigen

Wahlen und umgekehrt, vom Tag der Presse zum Tag der Artillerie und vice versa.«[300]

Havel führt das entropische Prinzip des Zweiten Gesetzes der Thermodynamik als Metapher für den gesellschaftlichen Niedergang unter der Herrschaft des Doktors an, weist aber zugleich auch auf die jeder Lebensform innewohnende Tendenz hin, sich der Entropie zu widersetzen. Er nennt zwar keinen Zeitrahmen, doch er ist überzeugt, welche der beiden Kräfte sich am Ende durchsetzen werde. »Indem sie das Leben zu lähmen versuchen, lähmen die Behörden auch sich selbst und verlieren dadurch auf lange Sicht ihre Fähigkeit, das Leben zu lähmen.«[301] Schließlich würde sich das Leben selbst bekräftigen: »Wenn das Leben nicht dauerhaft vernichtet werden kann, dann kann auch die Geschichte nicht angehalten werden.«[302]

Rückblickend erscheint die Kühnheit dieser Behauptungen ebenso erstaunlich wie die Richtigkeit der Prognose. Wir befinden uns in der Tschechoslowakei des Jahres 1975. Die Rebellion ist niedergeschlagen, die Reformen von 1968 sind allesamt zurückgenommen worden. Nur einige wenige abweichende Stimmen sind noch vernehmbar unter dem erdrückenden Gewicht des kommunistischen Monolithen. Die Amerikaner evakuieren Saigon unter chaotischen Umständen. Die Schlussakte von Helsinki, die kurz vor der feierlichen Unterzeichnung steht, repräsentiert die moderne Variante eines Westfälischen Friedens. Darin wird die Vorherrschaft der Sowjetunion über ihre Vasallen anerkannt, die Grenzen ihres Imperiums werden für unverletzlich erklärt, und die Teilung Europas in Ost und West wird scheinbar auf ewig festgeschrieben. Ein solches Bemühen um Stabilität kann leicht missverstanden werden und zu einer Illusion von Dauerhaftigkeit führen. Tatsächlich sollte diese Ordnung bereits 14 Jahre später zusammenbrechen.

Havels Initiative war nicht vollkommen einzigartig. Vielleicht wurde er dazu angeregt von einem ähnlichen Brief, den Alexander Dubček am 28. August 1974 an das tschechoslowakische

Marionettenparlament geschrieben hatte, am Jahrestag der 1918 erlangten Unabhängigkeit des Landes. Dubček befand sich zu dieser Zeit ebenfalls im inneren Exil, war gesellschaftlich isoliert und wurde rund um die Uhr vom StB überwacht. Die beiden Briefe wiesen einige Gemeinsamkeiten auf. In beiden wurde gegen die Verletzung der Menschenrechte protestiert, die Allgegenwärtigkeit des Staatssicherheitsdienstes im privaten Leben der Autoren und in der Gesellschaft verurteilt und die Verfestigung einer Atmosphäre der Gleichgültigkeit, der Bespitzelung und der Angst beklagt.[303]

Als Dubčeks Brief unbeantwortet blieb, schrieb er am 2. Februar 1975 einen weiteren,[304] wiederholte einige der bereits genannten Argumente und fügte neue Beweise für die Überwachung und die Schikanen durch den Staatssicherheitsapparat hinzu. Vielleicht bewog dieser zweite Brief Havel dazu, an seinen Schreibtisch zurückzukehren und seine Stimme ebenfalls zum Protest zu erheben.

Ebenso wichtig wie die Gemeinsamkeiten sind die Unterschiede zwischen beiden Briefen. Während Dubček viel Platz darauf verwendet, die Politik des Prager Frühlings zu verteidigen und seine Peiniger davon zu überzeugen, dass es sinnvoll wäre, zu ihr zurückzukehren, liegt Havels Perspektive in der Zukunft, in der sich das Leben wieder gegen die paralysierten Machthaber durchsetzen wird. Während Dubček nach Rehabilitierung und Akzeptanz strebt, erklärt Havel seine unversöhnliche Opposition. Und während Dubček seine persönlichen Unannehmlichkeiten beklagt, beschäftigt sich Havel in erster Linie mit den Qualen der Gesellschaft im Allgemeinen.

Irgendetwas lag in der Luft, so schien es, denn im Frühjahr 1975 erlebte die Tschechoslowakei mehrere öffentliche Bekundungen von Protest und Widerspruch, unter anderem in einem Brief des Philosophen Karel Kosík an Jean-Paul Sartre, in dem er gegen eine willkürliche Hausdurchsuchung protestierte, bei der mehrere Dokumente, darunter das einzige Manuskript seines jüngsten philosophischen Werkes, das rund 1500 Seiten umfasste, beschlagnahmt worden waren und anschließend unauffindbar verlorengingen.[305] In einen Brief an UNO-Generalsekretär Kurt Waldheim beschrieb Ludvík Vaculík, das Enfant terrible der tschechischen Literatur, einen ähnlichen Übergriff gegen sich,[306] und Zdeněk Mlynář, ein enger Mitarbeiter von Dubček im Jahr 1968, formulierte eher unpersönliche Kritik in einer Polemik, die er am 14. April an das Zentralkomitee der Kommunistischen Partei schickte.[307]

Dieses plötzliche Aufbrechen des Protests wurde vermutlich auch durch die laufenden Verhandlungen der Diplomaten in Helsinki gefördert, die schließlich am 1. August 1975 in die Unterzeichnung der Schlussakte der Konferenz über Sicherheit und Zusammenarbeit in Europa (KSZE) mündeten. Diese Verträge wurden richtigerweise als Versuch bewertet, den Kalten Krieg in eine Phase der Entspannung und der Verständigung überzuleiten, indem man den Sicherheitsbedürfnissen beider Seiten Rechnung trug, doch im sogenannten »dritten Korb«, auf dem der Westen beharrte – und den die Sowjets nur widerstrebend akzeptierten –, wurden die Unterzeichnerstaaten auch zur Achtung der Menschenrechte und der Grundfreiheiten verpflichtet. Zweifellos betrachteten die kommunistischen Machthaber diese Vereinbarung lediglich als eine rhetorische Einverständniserklärung, während sie dafür von der anderen Seite eine Reihe materieller Konzessionen erhielten. In Wirklichkeit aber gaben sie damit ihren Gegnern eine Waffe an die Hand, die schließlich maßgeblich zu ihrem Sturz beitragen sollte.

Das Regime reagierte auf diese Protestbriefe mit vielfältigen repressiven Maßnahmen, mit Polizeiverhören und Hausdurchsuchungen in erster Linie bei Reformkommunisten und engen Mitarbeitern von Dubček in Prag, Brünn und Bratislava. Havel wurde anders behandelt. Husáks Büro schickte ihm seinen Brief ungelesen zurück, allerdings mit einer Anmerkung, in der ihm die Unterstützung antikommunistischer Propaganda vorgeworfen wurde. Er wurde weder zu einem Verhör einbestellt noch wurde sein Haus durchsucht. Er wurde in keiner Weise behelligt.

Es wäre jedoch falsch, daraus den Schluss zu ziehen (was einige getan haben),[308] dass die Staatssicherheit Havel ignoriert und es einige Zeit gedauert habe, bis sie ihn als Oppositionellen ausmachte. Zum einen hatte sie ihn schon seit langem im Auge, verhielt sich aber ruhig, solange er sich damit begnügte, in Hrádeček zu grübeln, zu schreiben und seinen Freizeitaktivitäten nachzugehen. Und zweitens widersprach es ihrem Selbstverständnis, Beleidigungen des Parteichefs und Staatsführers unbeachtet zu lassen, unabhängig davon, wie höflich oder logisch begründet sie formuliert wurden.

In Wirklichkeit stufte die Parteiführung Havels Brief als eine Angelegenheit von höchster Wichtigkeit ein. Am 18. April 1975, zehn Tage nachdem das Schreiben abgeschickt worden war, versammelte sich das Politbüro unter dem Vorsitz von Husák, um über Fragen wie »parteifeindliche Aktivitäten von Dubček und anderen Personen« zu diskutieren.[309] Dabei wurde die Resolution Nr. 150/75 angenommen, in der unter Paragraph II/2 zwei seiner linientreuesten Mitglieder, der Genosse Fojtek und der Genosse Švestka, beauftragt wurden, für das Sekretariat des Zentralkomitees »einen Vorschlag über Maßnahmen betreffend den Brief von Havel«[310] auszuarbeiten. Es besteht kein Zweifel, dass die beiden Genossen sich pflichtschuldig ans Werk machten. Da es kaum öffentliche Reaktionen gab (Švestka war Chefredakteur des Parteiblatts *Rudé právo*, der größten Zeitung des Landes), waren diese »Maßnahmen« anscheinend anderer Art.

Weil selbst die begriffsstutzigsten StB-Mitarbeiter erkannten, dass Havel für sie einen Köder ausgelegt hatte, gingen sie nicht direkt gegen ihn vor. Vielleicht wurden sie sogar vom Parteisekretariat davor gewarnt. Aber es steht außer Zweifel, dass sie sich im Sommer und im Herbst 1975 darauf vorbereiteten, dem Dramatiker seine Abreibung zu verpassen. Als es schließlich so weit war, verschmolzen die beiden Stränge von Havels öffentlichem

Wirken, seine Theaterarbeit und seine politischen Aktivitäten, zu einem einzigen.

Havel hatte einen Nachbarn, der auch sein Freund war. Das war Andrej Krob, jener sanfte Hüne, der seinerzeit Olga gesehen hatte, als sie Havel am Bahnhof zum Abschied ins Soldatenleben gewinkt hatte. Krob war später ebenfalls als Bühnenarbeiter tätig und wurde schließlich technischer Leiter des Theaters am Geländer, als Havel dessen Starautor war. Er hatte Havel als Erster von einem leerstehenden Bauernhaus erzählt, das neben dem seinen lag und aus dem schließlich das Sommerhaus in Hrádeček wurde. Dort gab Havel Krob irgendwann im Jahr 1973 das Manuskript seines neuesten Stücks *Die Gauneroper* zu lesen. Nachdem er erfahren hatte, dass sich für das Stück noch kein Theater gefunden hatte, entschloss sich Krob, dessen Theaterkarriere an einem seidenen Faden hing, es selbst zu inszenieren. Er schlug die Warnungen seines Freundes in den Wind, stellte aus den anderen Bühnenarbeitern, Beleuchtern, Studenten und Kneipenbekanntschaften ein Ensemble zusammen, das zunächst den Text las und dann mit ersten Proben begann, ständig unter den wachsamen Augen und unter behutsamer Anleitung durch Havel.[311] Havel verfolgte fasziniert, wie sein Werk auf die Bühne gebracht wurde, wenngleich es nur eine provisorische Inszenierung war. Die Proben fanden im Frühjahr und im Sommer 1975 in Krobs Scheune, die im Garten neben Havels Haus lag, statt.

Das Phänomen des »Heimtheaters« war damals zwar schon weit verbreitet, aber *Die Gauneroper* war zu groß für einen kleinen Raum und fand kaum Platz in der Scheune. Krob setzte sich zum Ziel, eine öffentliche Aufführung zu veranstalten. Er knüpfte geschickt an die patriotischen Stücke an, die sich in die Tradition der Aufklärung stellten und von Vertretern des Kulturlebens überall im Land in Bars, Wirtshäusern und Restaurants aufgeführt wurden. Indem er seine Gruppe als Amateurtruppe darstellte, die eine weitere, nicht näher beschriebene Adaption der *Dreigroschenoper* auf die Bühne bringen wollte, erlangte er die Erlaubnis der örtlichen Behörden, das Stück im Gasthaus U Čelikovských in dem verschlafenen Prager Vorort Dolni Počernice aufzuführen. Ironischerweise hieß dieses Gasthaus offiziell eigentlich »Die Bastille«. Dort fand schließlich am 1. November 1975 die Aufführung vor 300 Zuschauern statt, überwiegend Verwandte, Freunde und Bekannte der Schauspieler und von Havel. Sie hatten sich zu diesem Anlass Sakkos angezogen und Krawatten umgebunden.

Später räumten alle Beteiligten auf der Bühne ein, dass es sich bei dieser Aufführung um ein einmaliges, nicht wiederholbares Ereignis gehandelt habe. Die meisten Zuschauer schwärmten begeistert davon und bezeichneten diese Aufführung als das größte Theatererlebnis ihres Lebens. Havel rühmte sie mehrmals als seine größte Leistung, noch bedeutender als seine zahlreichen Premieren auf großen internationalen Bühnen. Die beiden einzigen Unzufriedenen waren der Vertreter der Stadtverwaltung, der zwar begriffen hatte, dass »das Stück einen eindeutig feindlichen Kontext« besaß, aber offenbar unbedarft genug war, um die Handlung in Frankreich anzusiedeln,[312] und Krob, der die Bühnentechnik übernommen hatte. »Für mich war es ein Chaos aus falsch geöffneten Vorhängen, Versprechern, Schweißperlen auf der Stirn. Mit zeitlichem Abstand wird mir allerdings bewusst, dass es gar nicht so sehr um eine Theateraufführung ging, sondern um eine Inszenierung, die unter absolut unvorstellbaren Bedingungen stattfand.«[313]

Heute ist schwer einzuschätzen, ob die Beteiligten die Reaktion erwartet hatten, die nun folgen sollte, wenngleich Havel durchaus mit Ärger gerechnet hatte.[314] Einerseits hatten sie nichts Illegales oder besonders Brisantes getan, sie hatten sich auch an die Auflage gehalten, keine Eintrittskarten zu verkaufen, und hatten den Abend als eine private Zusammenkunft behandelt. Andererseits war den meisten Beteiligten durchaus bewusst, dass ihr Dramaturg nicht nur ein verbotener Schriftsteller war, sondern auch der Verfasser eines höchst despektierlichen offenen Briefes an den lieben Dr. Husák. Havel hatte den Schauspielern den Brief zu lesen gegeben, als sie in Hrádeček das Stück einstudierten, wahrscheinlich um ihnen deutlich zu machen, worauf sie sich einließen.

Angesichts der großen Zahl von Leuten, die an den Proben und den Vorbereitungen beteiligt waren, wäre es sehr erstaunlich gewesen, wenn die Spitzel des StB, die um Havels Haus herumschnüffelten, nicht von den Planungen Wind bekommen hätten. Wahrscheinlich blieb es ihnen nicht verborgen, aber sie erkannten die Bedeutung des Ereignisses nicht. Vielleicht kam es ihnen auch gelegen, weil sie nun einen Vorwand bekamen, den unbotmäßigen Dramatiker und seine Gruppe endgültig mundtot zu machen. In diesem Fall musste die Staatssicherheit einfach nur warten und ihre Version der *Gauneroper* aufführen.

Wahrscheinlich zum ersten Mal zeigte die Staatssicherheit ein gewisses psychologisches Verständnis für ihr Opfer und erkannte klug, wenn auch auf moralisch verwerfliche Weise, wie man am besten mit ihm umgehen musste. Dass Havel ihren Zorn auf sich zog, indem er den mächtigsten Mann des Landes offen herausforderte, zeigte den Behörden, dass sie es mit einem Menschen zu tun hatten, der keine Angst hatte oder der so viel Angst davor hatte, Angst zu haben, dass Drohungen bei ihm nichts ausrichten würden, weder psychologischer noch physischer Natur. Aber sie spürten anscheinend auch, dass dieser Mann ein übermäßiges Verantwortungsbewusstsein hatte und dass er die Neigung besaß, sich selbst für das Unglück anderer verantwortlich zu machen. Man konnte ihn daher am besten treffen, indem man gegen die anderen vorging.

Das ist wohl die einzige Erklärung dafür, warum es zu einer derart unverhältnismäßigen Reaktion kam nach dieser einmaligen Aufführung einer Adaption eines klassischen Theaterstücks vor einem begeisterten, aber friedlichen Publikum, das sich anschließend ruhig zerstreute, während sich der Dramatiker und das Ensemble in einem Wirtshaus gleich neben der Zentrale der Staatssicherheit zu einem fröhlichen Umtrunk einfanden.

Nachdem der StB im Laufe der folgenden Tage die Berichte der Informanten ausgewertet und einzelne Besucher der Aufführung identifiziert hatte, begannen die Verhöre. Als Erster wurde Krob vorgeladen und insgesamt 18 Stunden lang befragt. Einige der Fragen stammten direkt aus der *Gauneroper*, wie sich Krob erinnerte, was ihm die Gelegenheit bot, einige der Textzeilen, die er für seine Rolle als Lockitt gelernt hatte, in seine Antworten einzubauen.[315] Dann kamen die Darsteller und das Publikum an die Reihe, und die Repressalien setzten ein. Obwohl der StB kein Vergehen konstruieren konnte, mit dem sich eine Strafverfolgung rechtfertigen ließ, verloren Krob und mehrere weitere Mitglieder des Ensembles ihre Arbeit. Andere mussten ihre Führerscheine abgeben. Ein Stück eines Kindertheaters wurde verboten, weil unter seinen Zuschauern auch einige Erwachsene waren, die sich die ungeheuerliche Darbietung in Dolni Počernice angeschaut hatten.[316] Allein ihre Anwesenheit als Zuschauer war ausreichend, um Havels Freunde Jan Grossman, Pavel Landovský, Vlasta Chramostová und Jan Třiska auf die schwarze Liste zu setzen, so dass sie arbeitslos wurden oder bestenfalls nur noch kleine Nebenrollen an regionalen Theatern bekamen. Im Falle von Třiska sorgten die Repressalien durch die Staatssicherheit dafür, dass er schließlich das Land verließ und mit seiner Familie nach Los Angeles zog.[317]

Damit hörte es nicht auf. In den folgenden Wochen fanden mehrere Treffen zwischen Vertretern der Behörden und Theaterleitern statt, in denen das Theaterestablishment von der »Provokation« unterrichtet wurde und ernste Konsequenzen für die künstlerische Freiheit nicht nur für Havel und seinesgleichen, sondern für das gesamte tschechoslowakische Theater angedroht wurden.

Insbesondere dieser Umstand legt die Vermutung nahe, dass es sich bei dem Vorgehen um eine geplante Operation handelte. Indem sie Havel, Krob und deren Umfeld für die verschärfte Überwachung der Theaterschaffenden verantwortlich machten, hofften die Behörden, einen Keil zwischen die unbotmäßigen Intellektuellen und die übrigen Vertreter des Kulturlebens treiben und Havel noch weiter isolieren zu können. Viele mittelmäßige und sogar ein paar begabte Schauspieler und Dramatiker warfen daraufhin Havel vor, er habe ihre wenigen noch verbliebenen künstlerischen Freiheiten gefährdet. Manche von ihnen betrachteten ihn als rücksichtslosen Abenteurer und Blender, diskreditierten sich aber selbst in ihrer Kritik, indem sie auf untertänige Weise etwas zu bewahren versuchten, das sie auch bewahren hätten können, ohne ihre persönliche Würde zu opfern. Da sie nicht einmal mehr Havels Stücke zu lesen wagten, konnten sie auch nicht erkennen, dass sie gewissermaßen einen Teil des Schlussmonologs von Macheath aus der *Gauneroper* rezitierten:

> *Was würde denn geschehen, wenn ich dieses Angebot ablehnte? … Man würde mich schlechterdings für einen eingebildeten Exhibitionisten halten, der das Gewissen der Welt spielen will; ich würde mich für etwas opfern, woran außer mir niemand glaubt …*[318]

Aufgrund der ähnlichen, von Selbsttäuschung getragenen Reaktionen einiger etablierterer Schauspieler und Regisseure, von denen manche sich für Havels Freunde hielten, und auch aufgrund der Tatsache, dass sogar enge Freunde wie Tříska nun Abstand hielten, konnte der Eindruck entstehen, als hätte die Staatssicherheit ihr Ziel erreicht. Bezieht man jedoch die nachfolgenden Ereignisse in die Betrachtung mit ein, zeigt sich, dass ihre Strategie kläglich scheiterte.

IT'S ONLY ROCK 'N' ROLL

... but I like it.

Die beflügelnde und motivierende Wirkung von Musik war schon häufig in der Geschichte ein politischer Faktor, nie aber hat Musik politische Veränderungen so unmittelbar beeinflusst wie in der zweiten Hälfte des 20. Jahrhunderts. Insbesondere der Rock 'n' Roll[319] spielte in den sechziger Jahren in der Tschechoslowakei und in vielen anderen Ländern eine besonders wichtige Rolle. Aufgrund der sich gleichzeitig vollziehenden kulturellen Revolution in der Kunst, in der Literatur und im Film war der Einfluss dieser Musik in der Tschechoslowakei vielleicht sogar noch stärker, vergleichbar nur mit den USA und Großbritannien. Und aufgrund ihrer Herkunft war sie den Mächtigen umso verhasster, und umso mehr begeisterte sie die Jugend. Während der Rock 'n' Roll im Westen wegen seiner rebellischen und gegen das Establishment gerichteten Attitüde zu einem natürlichen Verbündeten der politischen Linken wurde, so wurde die Rock-Musik in der Tschechoslowakei aus dem gleichen Grund als antikommunistisch betrachtet, insbesondere von den Kommunisten selbst. Und aus dem gleichen Grund geriet sie in starke Bedrängnis, als die Politik der »Normalisierung« einsetzte. Als Erstes wurden die Bands gezwungen, die anglo-amerikanischen Titel und Cover-Versionen aus ihrem Repertoire zu nehmen und künftig auf Tschechisch zu singen, einer durchaus wohlklingenden und poetischen Sprache, die sich aber nicht gut für Rock-Rhythmen eignet. Sie mussten sich die Haare schneiden lassen, durften sich nicht mehr provozierend kleiden und mussten vor Ausschüssen, die besetzt waren mit Bürokraten mit steinernen Gesichtern, um eine Auftrittserlaubnis nachsuchen. Nachdem sie ihre Zulassung erhalten hatten, wurden die früheren Rockmusiker, oft ohne dass sie sich wehrten, noch weiter gedemütigt, indem sie beispielsweise auf offiziellen Musikfestivals auftreten mussten, wo politisch korrektes Liedgut dargeboten wurde, oder sie mussten ein Loblied singen auf die Leistungen eines mutigen kommunistischen Spions, der sich in Radio Free Europe in München eingeschlichen und erfolglos den Sender in die Luft zu sprengen versucht hatte.

Die meisten Musiker leisteten den Auflagen zähneknirschend Folge oder sie taten zumindest so, als würden sie sich anpassen. Das Showbusiness war eben auch im Kommunismus ein Showbusiness. Die Qualität der Musik verschlechterte sich dadurch, und die Rockfans mussten mehr als ein Jahrzehnt lang mit Kaugummi-Rock und einlullender Popmusik vorliebnehmen.

Doch einige einfallsreiche Musiker, die sich geschickt zu tarnen verstanden, machten weiter wie bisher und konnten, wenn auch nicht im Fernsehen und im Radio, so doch in kleinen Clubs, bei Freiluftkonzerten, bei Hochzeiten und Geburtstagsfeiern weiterhin auftreten. Die frühen tschechischen Schüler von Bob Dylan, in erster Linie Karel Kryl, der Pionier dieses Musikgenres (dessen 1969 erschienene Platte *Bratříčku, zavirej vrátka [Brüderchen, schließ die Türchen]* der verlorenen Generation für die folgenden zwanzig Jahre Lieder lieferte, die auf Partys und an Lagerfeuern gesungen wurden), begründeten eine robuste tschechische Tradition des Protestsongs, die sich gegen alle Verbote und Verfolgungen, gegen Ausbürgerung und Unterwanderung durch die Staatssicherheit behaupten konnte.

Die nonkonformistische Szene unternahm keine großen Anstrengungen, die Zensoren zu täuschen, um vor Publikum auftreten zu können. Ihre Mitglieder wollten lieber unter sich bleiben und ihren eigenen Weg gehen. Sie betrachteten Musik nicht als Beruf, sondern als eine Lebenshaltung, die sie glücklich machte, spontan und frei. In ihrem Leben spielte Sex eine wichtige Rolle, in begrenztem Maß auch Drogen, überwiegend heimischer Herkunft, sowie Bier in großen Mengen. Es gab auch eine tschechische Version einer gemeinschaftlichen Spiritualität, die von der Hippie-Bewegung und der New-Age-Philosophie beeinflusst war. Eine solche Lebensart war gefährlich und äußerst schwierig umzusetzen in dem sich rasch »normalisierenden« Prag und den meisten übrigen Städten. Anfang der siebziger Jahre zog die nonkonformistische Szene daher zunehmend aufs Land und richtete sich in Bauernhäusern ein, wo die jungen Leute ihre Musik pflegen und unbehelligt ihrer Lebensform frönen konnten. Viele von ihnen brachen die Schule ab, verloren ihre Arbeit oder suchten sich erst gar keine. Immer wieder wurden sie, manchmal von den örtlichen Behörden, manchmal von der Polizei, wegen unterschiedlicher Vergehen schikaniert, sei es, dass sie keiner Erwerbstätigkeit nachgingen, auf ungenehmigten Konzerten laute Musik mit bisweilen obszönen Texten spielten oder Marihuana in ihrem Besitz hatten. Diese Leute, die anfänglich nur Aussteiger waren, wurden allmählich in den Untergrund getrieben, und so kam die vielfältige Gegenkultur schließlich auch zu ihrem Namen. Maßgeblichen Anteil daran hatte einer ihrer Vordenker, der Kunsthistoriker und Dichter Ivan Jirous alias Magor, dessen Pseudonym sich am besten mit »Scheißkerl« übersetzen lässt, was in diesem Fall ein Ehrentitel war.

Magor wurde Manager der führenden Untergrund-Gruppe The Plastic People of the Universe, benannt nach einem Song von Frank Zappa auf dem wegweisenden Album *Absolutely Free*, dessen Text über angepasste Leute und langweilige Freundinnen sehr treffend die Einstellung der Mitglieder der Gruppe gegenüber der etablierten Gesellschaft und der Welt im Allgemeinen zum Ausdruck brachte. Nach seiner Entlassung aus dem Gefängnis, in dem er ein Jahr verbracht hatte, weil er in einem Prager Gasthaus vor den Augen eines pensionierten StB-Mitarbeiters eine Seite der Parteizeitung *Rudé právo* verspeist und dabei verkündet hatte, dass dieses Schicksal auch die »Bolschewiken« eines Tages erwarten würde, begann Magor mit den Plastic People und gleichgesinnten Gruppen und Musikern Festivals der »zweiten Kultur«

zu organisieren. Als die Polizei im Frühjahr 1974 in Südböhmen eines dieser Konzerte sowie das »Erste Festival der zweiten Kultur«, das im September desselben Jahres in Postupice stattfand, gewaltsam auflöste, wurde die Staatssicherheit auf die Existenz dieser Untergrundgemeinschaft von »Langhaarigen« aufmerksam.[320] Doch erst im Frühjahr 1975 griff sie ein und startete die »Operation Plastic«, die darauf zielte, dass sich nicht noch mehr junge Menschen von diesem Lebensgefühl anstecken ließen.

All das war Lichtjahre entfernt von Václav Havels Lebensweise und seiner Art des Denkens. Er war ein höflicher und zuvorkommender städtischer Intellektueller, gewohnt an Auftritte im Scheinwerferlicht (wenngleich er in letzter Zeit dazu keine Gelegenheit mehr gehabt hatte), Ivan »Magor« Jirous dagegen präsentierte sich als Lümmel vom Lande, in seinen Umgangsformen ebenso ungehobelt wie in seiner Sprache. Havel wurde politischer, Jirous und die Plastic People mieden dagegen praktisch alles, was mit Politik zu tun hatte. Havel ging es darum, die etablierte Gesellschaft auf ihre falsche Politik aufmerksam zu machen und die Missstände abzubauen, Jirous wollte eine Parallelkultur schaffen, »die es nicht als ihr Ziel ansieht, das Establishment zu vernichten, denn dadurch würde sie sich selbst in dessen Arme treiben«.[321] Havel, der selbst nur begrenzt musikalisch war, hörte die Musik von Johnny Cash und den Bee Gees, Jirous trieb die psychedelische Musikrichtung bis an ihre Grenzen. Aber als die Staatssicherheit den Entschluss fasste, Magor und den Untergrund endgültig auszuschalten, erkannte Havel sofort die weitreichenden Konsequenzen dieses Angriffs auf das Recht der freien Meinungsäußerung und eilte den Bedrängten, anfangs fast allein, zu Hilfe.

Seine eigene Erinnerung daran, wie er auf das Geschehen aufmerksam wurde, liest sich wie die Szene aus einem Schauermärchen. »Für mich persönlich fing das alles irgendwann im Januar oder Februar 1976 an. Ich war in Hrádeček allein, überall eine Menge Schnee, draußen nächtliche Schneestürme, ich schrieb irgendetwas, und auf einmal klopft jemand an die Tür. Ich gehe öffnen, und in der Tür steht, ganz verschneit und erfroren, ein Freund, den ich nicht nennen möchte.«[322]

Dieser Freund, der Kunsthistoriker František Šmejkal, den Havel nur als »den Schneemann« bezeichnet,[323] schlug ihm vor, sich mit Ivan Jirous zu treffen. Diese Begegnung fand ungefähr einen Monat später in Jirous' Wohnung statt. Dabei gab er Havel seinen »Bericht über die dritte tschechische musikalische Erneuerung« und »redete und redete, während »andere Langhaarige kamen und gingen« und er ihm auf einem »alten, krächzenden Tonbandgerät« Kompositionen der Plastic People und anderer Untergrund-Gruppen vorspielte.[324] Da spürte Havel, dass es um eine ernste und wichtige Sache ging.

Ein paar Wochen später, am 16. März 1976, wurden die Mitglieder der Plastic People, ihr Manager sowie weitere Musiker, insgesamt 19 Personen, von der Polizei verhaftet. Als Havel in Hrádeček davon hörte, fuhr er sogleich nach Prag. Ihm war klar, dass etwas getan werden musste und »dass das meine Sache war«.[325] Diese Aussage erscheint zunächst etwas befremdlich. Es gab keine politische, gesellschaftliche, künstlerische oder persönliche Logik für dieses Verhalten. Havel kannte Jirous kaum und die übrigen Mitglieder der Gruppe überhaupt nicht. Anders als seine alten Freunde unter den Schriftstellern, die neueren Freunde unter den ausgeschlossenen Reformkommunisten oder seine Theaterkollegen waren die »Langhaarigen« keine verheißungsvollen politischen Verbündeten und auch allgemein nicht besonders beliebt. Und als Havel nach der Samtenen Revolution Präsident geworden war, blieb Magor, der nun zwar seine Bücher veröffentlichen konnte und für seine Gedichte auch zahlreiche Preise und lobende Kritiken erhielt, seiner nonkonformistischen, antibürgerlichen Haltung treu, griff Havel hin und wieder an und trank sich schließlich zu Tode. Havel mochte von einer liberalen, demokratischen Gesellschaft träumen, den Plastic People jedoch war diese ebenso fremd wie das kommunistische System. »Ich bin in einer Gesellschaft, in der es nur um Kaufen, Kaufen, Kaufen geht, ebenso ein Dissident wie in einer Gesellschaft, in der sich alles um Sozialismus, Sozialismus, Sozialismus dreht«, bemerkte Vratislav Brabenec, ein Saxophonist der Plastic People, mehr als dreißig Jahre später und fügte eine eindringliche Parabel hinzu: »Wir sind alle wie Fledermäuse. Wir fliegen blind durch die Dunkelheit hin zu unserem Schöpfer, dem Gott, den es nicht gibt.«[326]

Der ordentliche, penible Havel sympathisierte mit der Idee des Untergrunds, weniger mit seiner Lebensart. Obwohl er in der folgenden Zeit mehrmals die Musik der Underground-Leute lobte und einige ihrer Konzerte besuchte oder in Hrádeček ausrichtete, beruhte dies mehr auf einer gewissen Bewunderung für ihren rebellischen Geist, weniger für ihre Musik, deren Wurzeln Zappas Mothers of Invention, John Cale und Lou Reed von Velvet Underground, Captain Beefheart, Pink Floyd und Soft Machine darstellten. Nichtsdestotrotz verstand Havel den Angriff auf die »Langhaarigen« als einen »Angriff des totalitären Systems auf das Leben selbst, auf die menschliche Freiheit und Integrität«.[327] Viele Menschen, auch manche, die dem Establishment kritisch gegenüberstanden, fühlten sich abgestoßen vom Erscheinungsbild und der Musik der Plastic People, konnten nicht verstehen, warum jemand wie Havel seine Zeit vergeudete und sich mit diesen Verlierern abgab. Die Überlegung, die Havel dazu bewog, brachte Miloš Forman – der dabei ebenso missverstanden wurde – in seinem Film über den Pornokönig Larry Flynt zum Ausdruck, indem er seinen Antihelden sagen ließ: »Wenn das Recht auf freie Meinungsäußerung für mich gewährleistet ist, dann muss es auch für jeden anderen gewährleistet sein, denn ich bin der Schlechteste.« Die Plastic People waren zweifellos nicht die Schlechtesten, aber sie standen, teils aus Notwendigkeit, teils aus freier Entscheidung, ganz am unteren Ende. Und Havel spürte, dass der Kampf hier beginnen musste, ganz unten. Das unterschied ihn von Anfang an von dem von vielen verehrten Alexander Dubček und den anderen Reformern von 1968, die ebenfalls Mitte der siebziger Jahre neue Lebenszeichen von sich gaben. Mit Ausnahme von Zdeněk

Mlynář beschränkten sie ihren Kampf jedoch darauf, den Prager Frühling und sich selbst als dessen Architekten zu rehabilitieren. Während die Verfechter der klassenlosen Gesellschaft ihre eigene Klasse verteidigten, kämpfte der elitäre Sprössling einer bourgeoisen Familie auf der Seite des Untergrunds.

Die staatlichen Medien hatten bereits mit einer Propagandakampagne begonnen, dem üblichen Vorspiel zu einer harten Strafaktion. Am 8. April 1976 veröffentlichten alle wichtigen tschechoslowakischen Tageszeitungen verschiedene Versionen eines von Floskeln durchsetzten Standardtextes, den irgendjemand im Parteisekretariat verfasst hatte. Die jungen Musiker wurde als asoziale Rowdys, Alkoholiker und Drogensüchtige dargestellt, die von einer feindseligen Einstellung gegenüber dem sozialistischen System und dessen Hauptnutznießer, der Arbeiterklasse, getragen seien. »Ein musikalisches Solo zu spielen auf einem Zimmermannshobel, auf Trommeln zu schlagen, die von einem Büstenhalter zusammengehalten werden, ein Auto kaputtzuhauen oder Holz zu spalten und die Scheite in ein größtenteils junges Publikum zu schleudern – das gilt im Westen heute als Kunst. Nein, danke, daran haben wir kein Interesse!«[328]

Um zu verhindern, dass sich diese Karikatur als allgemeine Auffassung durchsetzte, tat sich Havel mit Jiří Němec zusammen, einem katholischen Philosophen und dem ungekürten Guru des Untergrunds, mit dem er in *Tvář* bereits einen Streit ausgetragen hatte. Es war bezeichnend für ihn, dass er die Verteidigung der jungen inhaftierten Musiker wie einen militärischen Feldzug mit regelrechten Ablaufdiagrammen plante. Nach den »Zehn Punkten«, dem Brief der Schriftsteller zur Unterstützung der politischen Gefangenen, und der früheren Petition zugunsten von *Tvář* war Havel mittlerweile ein erfahrener Petitionsverfasser und Unterschriftensammler. Da ihm bewusst war, dass er sie in Schwierigkeiten bringen würde, wenn er Musikerkollegen und Anhänger der Plastic People zu einer Solidaritätsbekundung veranlasste, fasste er die »seriösen«, »angesehenen« und »respektierten« Mitglieder der älteren Schriftsteller- und Intellektuellengeneration ins Auge.

Als Erstes kam der Kreis aus dem Slavia in Frage, Leute wie Jiří Kolář, Zdeněk Urbánek und Josef Hiršal, die zusammen mit dem Philosophen Jan Patočka und dem Kunsttheoretiker Jindřich Chalupecký einen privaten Appell an Staatspräsident Husák unterzeichneten.[329] Darauf folgte ein offener Brief, der unterschrieben wurde von Havel, den ehemaligen Reformkommunisten Pavel Kohout, Ivan Klima und Ludvík Vaculík, aber auch von einem erklärten Gegner des Regimes, Professor Václav Černý. In dem Brief wird ebenfalls das Recht auf freie Meinungsäußerung im Allgemeinen und das Recht auf Freiheit der Kunst im Besonderen eingefordert, ungeachtet der jeweiligen konkreten Umstände. »Wenn heute junge Menschen mit langen Haaren wegen ihrer unkonventionellen Musik ohne weiteres als Kriminelle gebrandmarkt werden, wird es morgen umso leichter sein, auf dieselbe Weise alle anderen Künstler wegen ihrer Romane, Gedichte, Essays und Gemälde zu verurteilen.«[330]

Alle Genannten sowie der Dichter Jaroslav Seifert, der einige Zeit später den Literaturnobelpreis erhalten sollte, unterzeichneten überdies einen offenen Brief an einen weiteren Nobelpreisträger, den deutschen Schriftsteller Heinrich Böll. Er wurde am 28. August in der *Frankfurter Allgemeinen Zeitung* veröffentlicht, zwei Tage vor dem geplanten Prozess,[331] und war eine Bitte an den bekannten deutschen Intellektuellen, sich für die Verteidigung nonkonformistischer Kunst und die künstlerische Freiheit einzusetzen. Bölls Antwort erschien am 6. September in derselben Zeitung.[332] Am meisten beeindruckte ihn die Auffassung der Autoren, dass der Angriff vor allem gegen sie selbst gerichtet sei. So heißt es in dem »Brief an Heinrich Böll«: »Uns drängt sich die Vermutung auf, dass diese jungen Menschen wegen uns so unerbittlich verfolgt werden – das heißt, deswegen, weil sie nicht wie wir auf die Solidarität ihrer Kollegen im Ausland zählen können. Wenngleich wir uns auch auf anderen Gebieten als der Kultur betätigen, weigern wir uns, den Status einer in gewisser Weise prominenten und daher geschützten Gruppe zu akzeptieren und schweigend hinzunehmen, dass andere, die weniger geschützt sind, als Kriminelle verurteilt werden können, ohne dass die kulturelle Welt davon Notiz nimmt.«[333]

Der Prozess fand schließlich erst vom 21. bis 23. September statt. Unabhängig davon, ob für die Verschiebung das öffentliche Aufsehen oder andere Gründe verantwortlich waren – das vorher festgelegte Ergebnis blieb dasselbe. Wegen schweren Rowdytums verurteilte das Gericht Ivan Jirous zu 18 Monaten Gefängnis, Pavel Zaijček zu einem Jahr und Svatopluk Karásek und Vratislav Brabenec zu acht Monaten. Zu dieser Zeit war das Regime mit dem Phänomen offenen Widerstands noch nicht vertraut, was erklären mag, warum dieses Gerichtsverfahren, anders als viele spätere, öffentlich geführt wurde, in Anwesenheit nicht nur der Familien der Angeklagten und ihrer Freunde, sondern auch von zahlreichen Intellektuellen, die sich für die Verteidigung der Angeklagten starkmachten. Anwesend war auch Václav Havel, der nun schon im sechsten Jahr seines inneren Kampfes steckte, des Ringens zwischen künstlerischer Berufung, persönlichen Sorgen und dem Gefühl, eine über ihn selbst hinausgehende, größere Verantwortung übernehmen zu müssen. Wie aus seinem Bericht über den Prozess hervorgeht, den er zwei Wochen später schrieb, war diese Auseinandersetzung – mehr als seine inneren Dialoge, seine Gespräche mit Olga und mit seinen Schriftstellerkollegen, die Aufführung der *Gauneroper* oder seine nüchterne Analyse in dem Brief an Husák – der Augenblick, wo sich ihm eine einschneidende Selbsterkenntnis vermittelte, seine Offenbarung, sein Aha-Erlebnis.[334]

Der Bericht, der in bewusster Anspielung auf Franz Kafka die Überschrift »Der Prozess« trug, ist im Unterschied zu vielen seiner früheren Artikel keine politische Polemik, sondern eher eine phänomenologische Analyse, zum Teil eine Theaterkritik, zum Teil eine schmerzvolle Innenbetrachtung: »Es geschieht nicht oft und gewöhnlich auch nur in Momenten, in denen nur wenige damit rechnen: Irgendwo macht es Klick, und ein Ereignis – dank eines unvorhersehbaren Zusammenwirkens seiner eigenen inneren Vorbedingungen und mehr oder weniger zufälliger äußerer Umstände – überschreitet plötzlich die Grenzen seiner Position im Kontext der gewohnten Alltäglichkeit, durchbricht die Kruste dessen, was es sein soll und scheinbar auch ist, und enthüllt schlagartig seine innerste, verborgene und in gewisser Hinsicht symbolische Bedeutung.«[335]

Dass dieser Prozess Havel so stark berührte, lag vielleicht daran, dass er in ihm gleichermaßen eine Theateraufführung wie einen realen Gerichtsprozess erkannte. Havel war sich wohl bewusst, dass er hier kein Gerichtsverfahren erlebte, in dem es um die Suche nach Gerechtigkeit ging, sondern vielmehr eine Theatervorstellung, deren Ablauf und Ausgang bereits festgelegt waren und in der auch die Rollen des Richters, der Angeklagten und des Publikums eindeutig verteilt waren. »Je überzeugender die ›Schauspieler‹ ihre Rollen verkörperten, umso deutlicher enthüllten sie deren unbeabsichtigte Bedeutung und verwandelten sich dabei allmählich in die Mitschöpfer einer völlig anderen Vorführung als jener, an der sie mitwirkten oder mitwirken wollten.«[336]

Das Stück war eindeutig als Tragödie angelegt, sein Ton aber wich davon ab. Die tragische Auflösung stand im Gegensatz zum absurden Thema und der qualvollen Gründlichkeit, mit der sich das Gericht zu seinem Urteilsspruch mühte. »Genug der Komödie, abtreten!«, schreibt Havel. Dies wäre das einzig Sinnvolle gewesen, doch unter den gegebenen Umständen war das nicht möglich.[337]

Dennoch entdeckte Havel in diesem makabren Schauspiel auch etwas Ermutigendes. Jenseits des willkürlichen bürokratischen Prozesses kam eine »berührende Auseinandersetzung mit der Bedeutung des menschlichen Lebens«[338] zum Vorschein. Davon zeugten für ihn das Auftreten und die Einstellung der Angeklagten, denen Handfesseln angelegt waren, als würde von ihnen eine physische Gefahr ausgehen, aber auch das Verhalten ihrer Freunde und Unterstützer, die sich umarmten und auf den Gängen und den Treppen des Gerichtsgebäudes Informationen austauschten, ungeachtet der auffälligen Anwesenheit Dutzender Mitarbeiter der Staatssicherheit.

Es ist klar, wenn sich ein Vorgang nicht mehr mit sich selbst in Übereinklang befindet – in einem tieferen Sinne nicht mehr in Übereinklang –, dann verändert sich unvermeidlich auch etwas in uns selbst: Eine neue Sicht der Welt eröffnet uns eine neue Sicht auf unsere eigenen Möglichkeiten als Menschen, darauf, was wir sind und was wir sein könnten, und so stehen wir – herausgerissen aus unserem »gewohnten Menschsein« – plötzlich vor der wichtigsten Frage von allen: Wie können wir mit uns selbst ins Reine kommen?[339]

Eher selten ist eine politische Bewegung aus einer Vorstellung von der Veränderung der Welt oder aus der Gegnerschaft zu anderen Vorstellungen über die Veränderung der Welt entstanden. Es geschah meist mehr aus einem individuellen, inneren psychologischen Bedürfnis heraus, ein Gleichgewicht im Leben zu finden. Dieses Vorhaben war bescheiden und anspruchsvoll zugleich. Es umzusetzen erforderte nicht mehr und nicht weniger, als wahrhaftig gegenüber sich selbst zu bleiben. Dazu gehörte, die Forderungen der Außenwelt, die eigene Identität zu verändern oder zu maskieren, unbeachtet zu lassen oder sich den Forderungen zu widersetzen, Forderungen, die in jeder Welt erhoben werden, die jedoch in der Welt des post-totalitären Sozialismus auf beängstigende Art hartnäckig und drängend waren. Wenn man die Berichte und Erinnerungen von Havel und der anderen liest oder hört, die damals in diesem dunklen, bedrückenden Gebäude des Bezirksgerichts in der Karmelitská-Straße im Westen Prags anwesend waren, kann man sich der Erkenntnis nicht verschließen, dass die Charta 77, jene Menschenrechtsbewegung, die das Regime am Ende nicht mehr niederhalten konnte, an diesem Tag geboren wurde.

DIE CHARTA

Keine Gesellschaft, so technologisch fortgeschritten sie auch sein mag, kann ohne ein moralisches Fundament funktionieren, ohne eine Überzeugung, die unabhängig ist von Gelegenheiten, Umständen oder erwarteten Vorteilen. Der Sinn der Moral besteht nicht darin, die Gesellschaft am Laufen zu halten, sie ist schlicht deshalb notwendig, weil erst sie den Menschen zu einem Menschen macht.

Jan Patočka, Über die Pflicht zum Widerstand gegen Ungerechtigkeit

Als einen unauffälligen Menschen würde man Jaroslav Kořán gewiss nicht bezeichnen, den ungestümen, überschwänglichen und lautstarken Fotografen und herausragenden Übersetzer, der viele Werke von Henry Miller, Kurt Vonnegut, Ken Kesey, John Kennedy Toole, Tom Stoppard und anderen modernen angloamerikanischen Autoren ins Tschechische übertragen hat. Sein loses Mundwerk brachte ihn zum ersten Mal bei dem legendären Gerichtsverfahren gegen Magor in Schwierigkeiten und trug ihm ein Jahr Gefängnis ein. Nach seiner Entlassung fand er eine Arbeitsstelle in einem Klärwerk, dessen Lärm, wie Freunde berichteten, ihn dazu brachte, noch lauter zu sprechen, um sich Gehör zu verschaffen. Viele Jahre war er der inoffizielle Pate der Charta 77. In seiner Wohnung an einer vielbefahrenen Prager Durchgangsstraße trafen sich am 11. Dezember 1976 – der Prozess gegen die Plastic People war noch frisch im Gedächtnis – Havel und Němec zum ersten Mal mit Zdeněk Mlynář, dem ehemaligen Spitzenfunktionär des Prager Frühlings, und mit Pavel Kohout, dem frühen Propagandisten der idealistischen kommunistischen Jugend, der sich aber auch als einer der Ersten von der Bewegung abgewandt hatte, um über ein Dokument zu diskutieren, das den Anfang eines dauerhafteren und nachhaltigeren Einsatzes für die Menschenrechte und die bürgerlichen Freiheiten in der Tschechoslowakei bilden sollte. Wie von einem ehemaligen Parteifunktionär zu erwarten, dachte Mlynář an einen Ausschuss, während Havel eine lockere, offene Gemeinschaft von Gleichgesinnten anstrebte. Sie einigten sich schließlich auf die Gründung einer »Bürgerinitiative«. Auf zwei weiteren Zusammenkünften, an denen auch Dubčeks ehemaliger Außenminister Jiří Hájek, der revolutionäre Marxist Petr Uhl, der Historiker Pavel Bergmann, der Politologe Jaroslav Šabata und der Schriftsteller Ludvík Vaculík teilnahmen, gerannen diese Ideen zu einer gemeinsamen Erklärung.

Havel wollte stets eine Diskussion über die Urheberschaft der Charta 77 unterbinden und beharrte darauf, dass der Text auf einer gemeinschaftlichen Bemühung beruhte und aus einer lebendigen, oftmals auch hitzigen Debatte hervorgegangen sei. Kohout dagegen erklärte unmissverständlich, dass die Charta zwei Urheber habe und dass einer von ihnen er sei.[340] Bedauerlicherweise ist keiner der frühen Entwürfe der Erklärung erhalten geblieben, doch spätere Fassungen weisen darauf hin, dass es eher nur einen Autor gab denn zwei.[341] Der erste erhaltene Textentwurf, rückwirkend auf den 16. Dezember datiert,[342] enthält bereits die wichtige Einleitende Erklärung, in der die Initiative in den Rahmen des Internationalen Pakts über bürgerliche und politische Rechte (auch UN-Zivilpakt genannt) und des Internationalen Pakts über wirtschaftliche, soziale und kulturelle Rechte (auch als UN-Sozialpakt bezeichnet) gestellt wird. Zu deren Einhaltung und Umsetzung in nationales Recht hatten sich sämtliche Unterzeichnerstaaten der KSZE-Schlussakte von Helsinki, darunter auch die kommunistische ČSSR, verpflichtet. Anschließend, und auch in allen späteren Versionen, werden die Rechte, die in diesen Verträgen festgehalten werden, der tatsächlichen Situation in der »normalisierten« Tschechoslowakei gegenübergestellt. Schließlich wird die Bildung eines »Ausschusses für Menschenrechte« angekündigt, der die Einhaltung jener Rechte überwachen soll, die in den genannten Konventionen und teilweise auch in den tschechoslowakischen Gesetzen gewährt werden, und es werden entsprechende Aufgaben formuliert.

Der zweite vollständige Entwurf, nachträglich auf den 17. Dezember datiert,[343] weicht vom ersten und auch von der Kurzfassung, die mit dem Datum vom 18. Dezember versehen wurde, dahingehend ab, dass die »Mitverantwortlichkeit« ihrer Autoren für den gegenwärtigen Zustand der Gesellschaft eingeräumt und ihr »Glaube an die Bedeutung der Beteiligung der Bürger« betont wird. Dies mag nicht sonderlich revolutionär erscheinen, in Wirklichkeit aber kam darin ein Höchstmaß an Ketzerei zum Ausdruck, denn nach der kommunistischen Lehre war allein die Partei, die »führende Kraft« der Gesellschaft, verantwortlich für den Zustand der Nation. Die wütende Reaktion der Regierenden auf das Dokument, das die Befolgung von Prinzipien anmahnte, zu deren Umsetzung sie sich selbst verpflichtet hatten, lässt vermuten, dass sie sich wohl bewusst waren, welche Gefahr für ihr Machtmonopol daraus erwachsen konnte. Im zweiten Entwurf wird auch die Entstehung der Initiative als einer »freien, informellen und offenen Gemeinschaft von Menschen mit unterschiedlichen Weltanschauungen, Religionszugehörigkeiten und beruflichen Tätigkeiten«[344] beschrieben und dass sie sich vor dem »Hintergrund unterschiedlicher freundschaftlicher, solidarisch begründeter und beruflicher Beziehungen«[345] entwickelt habe. Dieser Hinweis auf die Verwurzelung im Bewusstsein der Verantwortung wie auch die offene und nicht-ideologische Charakterisierung der Initiative, die von entscheidender Bedeutung sein sollten für das moralische Ethos und die Handlungsweise der Charta in den folgenden Jahren, stammten zweifellos von Havel. Der Name, die Anspielung auf die Magna Charta in Kombination mit der Jahreszahl, ging auf Pavel Kohout zurück. Der entscheidende Verweis auf die Schlussakte der Konferenz über Sicherheit und Zusammenarbeit in Europa (KSZE), deren bindende Artikel zu dieser Zeit in die Verfassungen aller Unterzeichnerstaaten aufgenommen wurden, wurde von dem Philosophen Ladislav Hejdánek beigesteuert, einem von mehreren Leuten, mit denen die Verfasser den Text diskutierten. Die redaktionelle Bearbeitung hat Havel vorgenommen, wie einige der handschriftlichen Einfügungen bezeugen.

Die Kurzfassung vom 18. Dezember[346] enthält ebenfalls die Präambel, doch unter der Überschrift »Hauptteil« finden sich, etwas frivol, nur die Worte »ha, ha« (was so viel bedeutet wie »bla bla bla«). Das sollte wohl andeuten, dass allgemeiner Konsens über den Inhalt des Hauptteils des Textes bestand und die Zuständigkeit für die Bearbeitung dieses Teils einer Person oder einer Gruppe von Personen, höchstwahrscheinlich Havel, Kohout und Mlynář (dem einzigen Juristen der ursprünglichen Verfasser), übertragen worden war. Erstmals erhielt die Initiative hier den Namen »Charta 77«.

Im zweiten Textentwurf wird Jiří Hájek zum alleinigen Sprecher der Gruppe benannt. Petr Uhl brachte auf Anregung seiner Ehefrau Anna Šabatová[347] die Idee ein, dass die Gruppe drei Sprecher bestimmen solle, um den pluralistischen Charakter hervorzuheben und zu verhindern, dass Chartisten sofort verstummten, wenn einer ihrer Führer verhaftet werden oder ihm noch Schlimmeres widerfahren sollte. Im dritten Entwurf des Dokuments,[348] der sich nur in kleinen Details von der schließlich veröffentlichten Version unterschied, gab es eine gestrichelte Linie, auf der die Namen der zusätzlichen Sprecher eingetragen werden sollten.

Jiří Hájek hatte bereits seine Zustimmung zu seiner Sprecherrolle erklärt. Dass Havel einer der Unterzeichner sein sollte – auch diese Anregung kam von Anna Šabatová –, erschien den anderen Anwesenden selbstverständlicher als Havel selbst. Nach einem dialektischen Muster, das sich 13 Jahre später wiederholen sollte, als er für das Präsidentenamt nominiert wurde, zierte sich Havel zunächst, einen Posten anzunehmen, der ihm eine Menge Ärger einbringen, einen großen Teil seiner Zeit in Anspruch nehmen und ihn von seiner schriftstellerischen Arbeit fernhalten würde; zugleich war ihm bewusst, dass er sich »wie ein Clown vorkommen« würde,[349] wenn er sich der Mitwirkung in einer Initiative verweigern würde, zu deren Zustandekommen er selbst so viel beigetragen hatte. Uhl gewann bei dem Treffen den Eindruck, dass der Vorschlag Havel »nicht ausgesprochen unangenehm war«.[350]

Weil sich dieses Muster bei mehreren Gelegenheiten wiederholte, jedes Mal mit dem gleichen Ergebnis, stellt sich natürlich die Frage, wie ernst es Havel tatsächlich mit seinem Widerstand gewesen war. Da er sich stets am Ende einer Bitte nicht versagte, wurden ihm bisweilen etwas abfällig Ziererei und Unaufrichtigkeit unterstellt, solche Anschuldigungen sind immer nur schwer zu widerlegen. Doch Havels Zweifel und Unsicherheiten richteten sich in erster Linie immer gegen ihn selbst und nicht gegen die Menschen in seinem Umfeld. Vielleicht verweist dies auf eine typische Neigung von Intellektuellen, stets beide Seiten einer Sache zu erforschen und sich gründlicher als andere Gedanken zu machen, wenn eine Situation einen radikalen Schritt verlangt – eine Neigung, die Havel gewiss nicht abstreiten konnte. Vielleicht erschwerten es ihm auch seine alten Schuldgefühle wegen seiner privilegierten Herkunft, bestimmte Posten oder Auszeichnungen zu akzeptieren. Zugleich aber bezeugt dies auch, mit welcher Ernsthaftigkeit und welchem Verantwortungsbewusstsein der Dramatiker an seine Entscheidungen heranging, es ging bei ihm stets um ein existentielles Dilemma, aber auch um die praktischen Folgen.

Für die Position des dritten Sprechers gab es zwei Kandidaten, den Philosophen Jan Patočka und den Literaturwissenschaftler Václav Černý. Dass die beiden vorgeschlagen wurden, war wichtig. In den späteren Zusammensetzungen der »Sprechergruppe«, die einvernehmlich alle zwölf Monate neu bestimmt wurde, repräsentierte ein Mitglied gewöhnlich die breite, liberale und säkulare Opposition, in diesem Fall Havel, der zweite Sprecher stand für die ins Abseits gedrängten Reformkommunisten von 1968 und der dritte für die wachsende Zahl religiös eingestellter Dissidenten. Patočka allerdings war nicht besonders religiös, zumindest nicht offen, und Černý war erklärtermaßen säkular eingestellt und stand der nichtkommunistischen Linken nahe. Die symbolische Bedeutung der Nominierung dieser beiden Männer hatte andere Wurzeln. Als Wissenschaftler der älteren Generation verkörperten beide die Brücke zur nicht-totalitären demokratischen Vergangenheit des Landes, jener Zeit der ersten Republik von Masaryk und Beneš vor dem Zweiten Weltkrieg. Von den beiden war Černy der bei weitem Politischere und auch Polemischere als der zurückgezogen lebende, akademische Patočka. Wegen dieser Eigenschaften und seines aufbrausenden Wesens war Černý aber auch der riskantere der beiden Kandidaten. Deshalb und vielleicht noch aus anderen Gründen hielt Havel von Anfang an Patočka für die bessere Wahl und suchte ihn mehrmals auf, um ihn zu überzeugen. Wie Havel zögerte auch Patočka anfänglich, aber wie Havel erkannte auch er, dass sein Lebenswerk und sein Denken ihn zwingend in diese Richtung führten. Vornehm und rücksichtsvoll beharrte er darauf, dass Černý als Erstem das Recht zur Absage eingeräumt werden solle, eine Aufgabe, die Havel zufiel und die er rasch zur Zufriedenheit aller Beteiligten erledigte, obwohl Černý bis an sein Lebensende eine gewisse Verbitterung nicht überwinden konnte.[351] Aller Wahrscheinlichkeit nach kostete Patočka seine Bereitschaft, den Posten zu übernehmen, das Leben. Zugleich hatte auch Havel recht, als er schrieb: »Ich weiß nicht, was die Charta wäre, wenn ihr nicht in den Anfängen Patočka mit dem Glanz seiner großen Persönlichkeit den Weg ausgeleuchtet hätte.«[352]

Als alle drei Sprecher installiert waren, wurde der dritte Entwurf des Dokuments am 20. Dezember der Initiatorengruppe vorgelegt. Es wurden sechs Verantwortliche für die Unterschriftensammlungen bestimmt, darunter Anna Marvanová, Rudolf

Slánský, Jiří Dienstbier und Otta Bednářová sowie Havel, der sich bei den Künstlern um Unterschriften bemühen sollte.[353]

Das Gründungsdokument mochte mehr als einen Vater haben, doch das zeitraubende und riskante Management der Initiative war überwiegend Havels Aufgabe. Er schrieb Anleitungen für die Unterschriftensammler und überbrachte sie ihnen persönlich, führte für jeden von ihnen eine Liste mit Personen, die angesprochen werden sollten, erläuterte das Unterzeichnungsverfahren, informierte die Sammler über die Fristen und die innere Gruppe über den Termin des nächsten Treffens und warnte alle Beteiligten vor einer vorzeitigen Verteilung oder Bekanntgabe des Aufrufs.

Am 29. Dezember fand ein abschließendes Treffen in Havels Wohnung in Dejvice statt.[354] Es waren 241 Unterschriften zusammengekommen,[355] mehr als erwartet, weil allein Zdeněk Mlynář, der unter den ehemaligen Kommunisten werben sollte, mehr als hundert Unterzeichner gewonnen hatte. Auf die Parteidisziplin war eben Verlass, auch unter Ex-Genossen. Nachdem die Arbeit erledigt war, stellte Havel eine Flasche Champagner auf den Tisch, und die Gruppe feierte ihren Erfolg.

Dabei sprach Havel von seiner Befürchtung, dass der Staatssicherheitsdienst Wind bekommen haben könnte, jedenfalls würde es ihn wundern, wenn dies nicht der Fall wäre. Doch es geschah nichts an diesem Tag und auch nicht beim nächsten, größeren Treffen am 3. Januar 1977, auf dem über die weiteren Aktionen der Initiative diskutiert wurde.

Die Untätigkeit der Polizei und des StB lädt zu Spekulationen ein. Rein statistisch gesehen, ist es nicht glaubhaft, dass keiner der knapp 250 Unterzeichner, ganz zu schweigen von den Leuten, die angesprochen wurden, aber nicht unterschreiben wollten, darüber mit Angehörigen oder Freunden sprach, oder dass nicht einer oder zwei davon die Behörden informierten. Ähnlich unwahrscheinlich ist es, dass die Staatssicherheit die gesteigerten Aktivitäten im Umfeld einiger ihrer Beobachtungsobjekte nicht registrierte, und es gibt tatsächlich auch Hinweise, dass dies nicht unbemerkt blieb.[356] Die Verwirrung wurde verstärkt durch die Behauptung des damaligen tschechoslowakischen Innenministers Jaromír Obzina, dass der StB seit September, also seit dem Prozess gegen die Plastic People, von der Vorbereitung eines solchen Dokuments gewusst habe.[357] Nicht unwahrscheinlich ist, dass Havel und die anderen ihre abschließenden Diskussionen absichtlich in die Zeit zwischen Weihnachten und Neujahr gelegt hatten. In der Zeit nach Weihnachten war es in der »normalisierten« Tschechoslowakei, in der es sonst wenig Grund zum Feiern gab, üblich, über die Stränge zu schlagen und, insbesondere an Silvester, tüchtig zu trinken. Auch die Mitarbeiter der Staatssicherheit hatten Familien und wollten die Feiertage nicht unbedingt damit verbringen, Havels Wohnung zu observieren. Eine andere, etwas bedrückendere Erklärung lautet, dass die Behörden weitgehend darüber im Bilde waren, was hier geplant wurde, und dass sie es geschehen ließen,[358] um später etwas gegen die Beteiligten in der Hand zu haben. Wie in den fünfziger Jahren, wenn auch in weniger dramatischer Form, war das System immer noch auf vermeintliche wie auch tatsächlich sichtbare Gefährdungen seiner Stabilität angewiesen. In einem Privathaus einige Blatt Papier und ein paar Unterschriften zu beschlagnahmen war ein Routinevorgang. Aber wenn man eine organisierte Gruppe vorführen konnte, die Dokumente ins Ausland schmuggelte, hatte man einen durchschlagenden Erfolg erzielt.

Am 5. Januar bereitete Havel wieder eine Tagesordnung für die Zusammenkunft vor. Im ersten Teil des Treffens sollte es um organisatorische Fragen gehen, wie beispielsweise um Informationen über die Entwicklung der Unterschriftenaktion und die Verbreitung des Dokuments, außerdem sollte besprochen werden, wie man sich bei den erwarteten Verhören verhalten solle, wie die Medien zu behandeln seien und wie Kontakt unter den Unterzeichnern gehalten werden konnte. In der zweiten Hälfte sollte ein Gedankenaustausch über die weitere Strategie stattfinden.

Am Abend des 5. Januar rief Havel seinen engen Freund

Zdeněk Urbánek zu sich. Dieser hatte an einigen der früheren Treffen teilgenommen und wohnte nur wenige Straßen entfernt. Er sollte Havel dabei helfen, die 250 Briefe, mit denen die Unterzeichner die endgültige Fassung des Gründungsdokuments erhalten sollten, vorzubereiten, die Umschläge zu adressieren, den Text hineinzustecken und die Umschläge zuzukleben. Jetzt erwachte die Staatssicherheit aus ihrem Neujahrsschlummer.[359] Vielleicht aufgrund von Informationen, die sie durch eine Abhörwanze in Kohouts Wohnung[360] erlangt hatten, oder aufgrund von Signalen aus dem Ausland, dass mehrere führende Zeitungen das Dokument zu veröffentlichen beabsichtigten,[361] schlugen die Behörden los und setzten eine großangelegte Operation in Gang, an der Hunderte Uniformierte und Beamte in Zivil beteiligt waren. Ihre erste Maßnahme, die im Laufe der Nacht erfolgte, war ein Akt von Sabotage: Jemand durchtrennte die Hydraulikleitungen von Havels Mercedes, der bis dahin eines der wichtigsten Transportmittel gewesen war für die Verbreitung des Dokuments und das Sammeln der Unterschriften. Havel musste zu Fuß den Hügel zu Urbáneks Haus hinaufgehen, wo er auf Pavel Landovský traf, dessen Aufgabe es gewesen war, die unterschriebenen Erklärungen in Kohouts Wohnung im Salmovský-Palast gegenüber der Prager Burg abzuholen. Landovský hatte bemerkt, dass das Haus überwacht wurde. Kohout, der ebenfalls vermutet hatte, dass er abgehört wurde, verständigte sich mit seinem Besucher mittels Zeichensprache, bis Landovský begriff, dass der zu Verschwörungstheorien neigende Autor die wertvollen unterschriebenen Petitionen in einem Werkzeugkasten in einem gemeinschaftlichen Treppenhaus außerhalb der Wohnung versteckt hatte.[362] Landovský trug sie unter seinem Mantel weg und legte sie in seinen alten Saab.[363] Entgegen den Absprachen hatte Landovský den Schriftsteller Ludvík Vaculík mitgebracht, der gerade erst unterschrieben hatte. Dann trafen sie in Urbáneks Wohnung ein, und die Männer – von der 26-jährigen Geliebten und Muse des Gastgebers vom Bett aus beobachtet – legten letzte Hand an ihre Aussendungen. Aus Gründen, die keiner von ihnen wirklich verstand, brachen dabei mehrmals Lachsalven aus ihnen heraus, wie sie sich später erinnerten. Schließlich verstauten sie die Umschläge in Landovskýs Wagen, Havel setzte sich auf den Beifahrersitz, und sie machten sich auf den Weg, um die Umschläge auf verschiedene Briefkästen zu verteilen und dadurch das Risiko zu verringern, dass alle Briefe auf einmal beschlagnahmt wurden.

Über die folgenden Geschehnisse gibt es verschiedene Berichte.[364] Der dramatischste, wenn auch nicht notwendigerweise der genaueste, stammt von Pavel Landovský.[365] Danach kam er mit seinem Saab nicht weit, denn gleich nachdem sie gestartet waren, hängte sich eine Flotte Skodas ohne Nummernschilder und mit frisierten Motoren an ihn. In ihrem Eifer, die Übeltäter als Erste zu schnappen, stießen zwei Fahrzeuge der Staatssicherheit zusammen. Es entwickelte sich eine wilde Verfolgungsjagd, die nur einmal kurz unterbrochen wurde, als Landovský vor einem Briefkasten stoppte, in den Havel rasch ein Dutzend Umschläge hineinstopfte. Schließlich wurde der Saab, »wie in einem Gangsterfilm«,[366] umzingelt und zum Halten gezwungen. Landovský verriegelte das Auto von innen, worauf die Polizisten brüllend gegen Tür und Motorhaube trommelten. Der temperamentvolle Schauspieler reagierte entsprechend. Wie es in den Polizeiberichten hieß, schrie er: »Lasst mich hinaus zu diesen Bolschewisten und ich stampfe sie in den Boden!« Der Dramatiker, der neben ihm saß, bemerkte nur trocken: »Na, der Kampf um die Menschenrechte beginnt ja prachtvoll.«[367]

Als Havel sagte: »Die scheinen wirklich von der Polizei zu sein«,[368] entriegelte Landovský die Tür, klemmte sich jedoch mit dem Ellbogen hinter das Lenkrad und schrie aus Leibeskräften. Als Nächstes sah er nur noch die Sohlen von Havels Schuhen. »Sie hatten ihn wie einen zusammengerollten Teppich herausgezogen.«[369] Vaculík erging es ebenso.[370] Da der Vorgang von einem Beamten in Zivil mit einer Videokamera gefilmt wurde, begannen Passanten sich um den Wagen zu versammeln. Sie hatten den populären Schauspieler erkannt und glaubten, hier würde ein Film gedreht.

Als die Polizisten merkten, dass sie Landovský den Arm brechen müssten, um ihn herauszuholen, ließen sie von ihm ab, und ein junger Polizist setzte sich neben ihn in den Saab und befahl dem Schauspieler, dem Polizeifahrzeug zu folgen. Der junge Mann erklärte, er sei von der Drogenfahndung und habe seit zwei Uhr Bereitschaftsdienst. »Du Rindvieh, ihr habt Scheiße gebaut … Die schießen euch zusammen.«[371] Das Auto fuhr den Hügel von der Prager Burg hinab, und Landovský erwiderte: »Also pass auf, entweder du versprichst mir, dass du mir meine Zahnbürste und einen Karton Zigaretten Marke Sparta auf die Zelle bringst, oder ich rase jetzt auf die Mauer los. Tot sind wir dann beide, du aber früher als ich, weil die Mauer auf deiner Seite ist.«[372] Später brachte der Mann Landovský tatsächlich einen halben Karton Zigaretten vorbei und entschuldigte sich, dass er mehr nicht habe auftreiben können. Es folgten mehr als zwölf Stunden Verhöre in getrennten Räumen. Gegen Mitternacht ließ die Polizei die drei Männer frei; das galt auch für Zdeněk Urbánek, der zu Hause unter Arrest stand. Am Morgen wurden alle drei wieder abgeholt, zur Polizeiwache gebracht, und das Verhör wurde fortgesetzt. So ging es die gesamte folgende Woche.

Als er Eda Kriseová von der Verfolgungsjagd erzählte, berichtete Landovský auch von einer wichtigen Beobachtung. »Und von Vašek [ein Spitzname für Václav] sagen alle, er sei ein anständiger Mensch. Er ist hart und ein ganzer Kerl, und er hat sich ein Leben lang gewissenhaft auf das vorbereitet, was jetzt geschieht.«[373]

Am nächsten Tag berichteten alle großen Zeitungen in Deutschland, Frankreich, Großbritannien, Italien, den USA und anderen Ländern über die Charta, weil Wolfgang Runge, der Presseattaché der westdeutschen Botschaft, sie an den Rundfunkjournalisten Hans-Peter Riese geschickt hatte, der den tschechoslowakischen Behörden schon lange ein Dorn im Auge war und auch jetzt dafür sorgte, dass das Dokument weiter verbreitet und gleichzeitig in mehreren Ländern veröffentlicht wurde. Es hätte zuvor vielleicht eine einfachere und romantischere Möglichkeit gegeben, das Dokument aus dem Land zu schmuggeln, nämlich durch eine glamouröse tschechische Exilantin namens Ilona Drumm, die den Text angeblich auswendig lernte, als sie mit Pavel Kohout Champagner trank, doch das hätte wohl ein wenig zweifelhaft gewirkt.[374] Die Polizei konnte zwar einen Großteil der verschickten Charta-Briefe sicherstellen, doch nicht alle. Überraschenderweise erreichten gerade jene Briefumschläge ihre Adressaten, die sich bereits im Briefkasten befanden, als die drei Männer festgenommen wurden.

Am Freitag, dem 7. Januar 1976, nachdem das Charta-Dokument sichergestellt war, trat das Politbüro der Kommunistischen Partei zusammen und gab folgende Erklärung heraus:

> *1. Die Charta 77 ist ein staatsfeindliches, konterrevolutionäres Dokument; eine Plattform für die Bildung einer bürgerlichen Partei.*
> *2. Die Unterzeichner der Charta sind Feinde des Sozialismus … ihr Spektrum reicht von Vertretern der Bourgeoisie bis zu Abweichlern aus der Arbeiterbewegung.*
> *3. Die Charta wurde im Zusammenwirken mit Personen aus dem Ausland erstellt, wo sie auch veröffentlicht wurde.*
>
> Es wurde beschlossen,
>
> *– ein Strafverfahren auf der Grundlage von Paragraph 112 und Paragraph 98 des Strafgesetzbuches zu eröffnen,*
> *– sowie sämtliche administrativen Mittel gegen die Unterzeichner zur Anwendung zu bringen.*[375]

Die Propagandamaschine der Partei setzte sich in Bewegung. Am 7. Januar erschien auf der zweiten Seite der Parteizeitung *Rudé právo* ein nicht namentlich gezeichneter Artikel unter der Überschrift »In wessen Interesse?«. Darin wurde nur vage auf nicht näher erläuterte antisozialistische Angriffe und Aktivitäten einer Gruppe frustrierter Regimegegner verwiesen, die nun, nachdem sie den Kampf von 1968 verloren hatten, einen neuen Versuch unternehmen würden. »Aber kann jemand, der sich auf die Gleise legt, um den Zug der Geschichte aufzuhalten, den Zug dafür verantwortlich machen, dass er ihm die Beine abreißt?«, fragte der ungenannte Autor – eine originelle, wenn auch etwas rachsüchtige Frage.[376] Von den heimischen »sogenannten« Verteidigern der Menschenrechte, die hinter diesen Aktionen steckten, erwähnte das Blatt »Václav Havel, ein Mensch aus einer Millionärsfamilie, der es der Arbeiterklasse nie verziehen hat, dass sie den zahlreichen ›unternehmerischen Aktivitäten‹ seiner Familie ein Ende gesetzt hat«,[377] sowie »Ludvík Vaculík, Autor des konterrevolutionären Pamphlets der ›2000 Worte‹«.[378] Der Artikel schließt mit einer unmissverständlichen Drohung: »Wer immer sich unserem Volk in den Weg stellt und gegen die Gesetze unseres sozialistischen Staates verstößt, muss mit Konsequenzen rechnen.«[379]

Am 12. Januar folgte ein wesentlich längerer Artikel unter der wohlklingenden Überschrift »Verkrachte Existenzen und selbsternannte Weltverbesserer«.[380] Er knüpfte an den vorhergehenden Artikel an und brachte zusätzlich eine antisemitische Note ins Spiel, indem er »antikommunistische und zionistische Zentralen« für die jüngsten Provokationen verantwortlich machte und František Kriegel, das einzige Mitglied der kommunistischen Führung von 1968, das sich geweigert hatte, das demütigende Moskauer Protokoll zu unterschreiben, als »kosmopolitischen Abenteurer« verhöhnte, ein von der Partei verwendeter Euphemismus für einen umherziehenden Juden. Havel wird als »verbissener Antisozialist« bezeichnet, Kohout als »treuer Diener des Imperialismus«, Hájek als »verkrachter Politiker« und Patočka als »reaktionärer Professor«. Andere Unterzeichner der Charta wurden mit ähnlichen Schimpfnamen belegt.

Mit diesem Artikel setzte eine Welle von Verdammungen und Angriffen ein, die an Hysterie grenzte. Als die unaufhörlichen Befragungen und Hausdurchsuchungen die Unterzeichner, mit einer Ausnahme,[381] nicht dazu bewegen konnten, ihre Unterschrift zurückzuziehen, versuchte die Regierung zu verhindern, dass die Verfasser der Charta weitere Anhänger fanden. In Büros, Schulen und Firmen mussten die Beschäftigten an Pflichtveranstaltungen teilnehmen, auf denen es darum ging, sich gegenseitig in der Verdammung der Charta zu überbieten und moralische Empörung über die Unterzeichner zum Ausdruck zu bringen. Am 26. Januar 1977 fand eines der traurigsten Fernsehspektakel in der modernen tschechischen Geschichte statt: Hunderte bekannter Autoren, Regisseure, Musiker und Künstler mussten sich im Nationaltheater einfinden, dem geheiligten Symbol der tschechischen nationalen Identität, sich vor einem Podium von Parteiführern servile Reden anhören und schließlich eine zweiseitige Deklaration unterschreiben, die aus Gemeinplätzen und Selbstlob bestand: »Wir empfinden nichts als Verachtung für all jene, wo auf der Welt sie leben mögen, die sich in ihrem unbeherrschbaren Stolz, ihrer prahlerischen Überheblichkeit, ihrer Selbstsüchtigkeit oder auch aus niederen finanziellen Beweggründen – und eine Gruppe solcher Abtrünniger und Verräter hat sich auch in unserem Lande gebildet – von ihrem eigenen Volk losgesagt und entfernt haben, von seinem Leben und seinen Interessen, und mit unerbittlicher Logik zu Werkzeugen der antihumanistischen Kräfte des Imperialismus und zu Sendboten des Aufruhrs und der Zwietracht unter den Völkern geworden sind.«[382]

Es wurden keine Namen genannt; auch die Charta wurde nicht erwähnt. Es war daher nur ein scheinbar kleines Zugeständnis, das von den Künstlern erwartet wurde – sie sollten eine nicht näher bezeichnete Gruppe von »Abweichlern und Verrätern« verurteilen, und dafür wurden ihnen die weitere Sicherheit ihres Arbeitsplatzes versprochen sowie all jene Vergünstigungen, auf die man rechnen konnte, wenn man sich des Wohlwollens des Regimes erfreute. Am Ende unterschrieben Tausende Künstler diese und ähnliche Erklärungen auf einer Reihe von öffentlichen

Veranstaltungen in Theatern, Verlagen, Universitäten, wissenschaftlichen Instituten und anderen Orten, an denen Intellektuelle tätig waren. Jahrzehnte später führten einige von ihnen lahme Entschuldigungen für ihr Verhalten an, die meisten jedoch betrachteten dies als die demütigendste Erfahrung ihres Lebens.

Während den willfährigen Künstlern am Nationaltheater der rote Teppich ausgerollt wurde, verloren sämtliche Unterzeichner der Charta ihre Arbeitsplätze, ihre Beschäftigungsverhältnisse wurden vorzeitig beendet und ihre Verträge storniert. Das waren die »administrativen Maßnahmen«, die in der Resolution des Politbüros angekündigt worden waren. Um einen Anschein von Legalität zu wahren, gab ein Mitglied des Sekretariats des Zentralkomitees eine interne Studie in Auftrag, in der die Möglichkeit von arbeitsrechtlichen Sanktionen gegen die Unterzeichner der Charta 77 geprüft wurde. Nicht überraschend gelangten der Autor oder die Autoren dieser Studie zu der Feststellung, dass die Unterstützung der Charta als eine »Gefährdung der staatlichen Sicherheit« eingestuft werden müsse und insofern die sofortige Entlassung eines Angestellten rechtfertige.[383]

Wer diese Zeit persönlich erlebt hat, wird sich an die Einschüchterungen erinnern und an den Druck, sich an diesem öffentlichen Ritual der Selbstdemütigung zu beteiligen. Gegen den Strom zu schwimmen, der Freunde, Kollegen und die Familien mit sich riss, war nicht einfach. Es fällt schwer, kein Mitgefühl zu empfinden für Menschen, die zwanzig oder mehr Jahre später über diesen Augenblick der Schande sprachen und bereuten, dass sie in dieser Situation so schwach gewesen waren. Doch es stimmt eindeutig nicht, wie manche Beteiligte es später darstellten, dass es sich lediglich um eine leere allgemeine Konzession gehandelt habe. Es gab Dutzende, wenn nicht Hunderte von Namen, die auf den Listen fehlten, die tagtäglich von den kommunistischen Medien der Bevölkerung vorgeführt wurden. Allein in einem Prager Theater, einer Säule des kulturellen Establishments, verweigerten acht Schauspieler die Unterschrift.[384] Bei näherer Betrachtung waren die Risiken, die eine Weigerung mit sich brachte, zwar real, aber verkraftbar. Wie sich herausstellte, bestanden die Strafen, sofern es überhaupt welche gab, schlimmstenfalls darin, dass den Betreffenden größere Engagements in populären Fernsehproduktionen versperrt blieben oder sie keine Beförderungen oder wissenschaftlichen Auszeichnungen mehr erhielten. Das war gewiss schmerzhaft, erforderte aber kein besonderes Heldentum.

Die fortgesetzten Verhöre und öffentlichen Angriffe erzeugten eine Pogromstimmung, die ein Ventil brauchte. Havel, der »nervenaufreibenden Unsicherheit« müde, empfand denn auch eine gewisse Erleichterung, als man ihm am späten Nachmittag des 14. Januar am Ende eines weiteren Verhörs, in dem er von einer Gruppe ranghoher StB-Offiziere angeschrien und bedroht worden war, sagte, dass er unter Arrest stehe und eine Anklage wegen »Untergrabung des Staates« zu erwarten habe. In typischer Missachtung juristischer Nebensächlichkeiten erlaubte ihm die Staatssicherheit nicht einmal, seine Frau anzurufen, um ihr mitzuteilen, dass er in Haft bleiben müsse. Als Olga am nächsten Tag beim Innenministerium nachfragte, teilte man ihr mit, dass ihr Ehemann »vor der Polizei kapituliert habe«.[385]

Anscheinend glaubte die Staatssicherheit, sie könnte die Gruppe lähmen, wenn sie die Charta ihres führenden Kopfes beraubte. Sie irrte sich. In einem bewegenden Beispiel stillen Heldentums übernahm der 69-jährige Philosoph Jan Patočka die Verantwortung, solange Havel abwesend sein würde. Er konnte ihn als Organisator nicht vollständig ersetzen, besaß auch kein Auto, doch im Umgang mit der Feder war er ebenso versiert. Schon vor der Festnahme von Havel, Vaculík und Landovský hatte er mit der Abfassung eines erläuternden Textes über die Bedeutung der Charta begonnen.

Dieser Essay mit dem Titel »Was ist die Charta 77, und was ist sie nicht?«[386] ist eindeutig von einem Philosophen geschrieben und nicht von einem Politiker oder einem gesellschaftlichen Aktivisten. Nach Patočkas Meinung geht es in dem Dokument nicht in erster Linie darum, die Situation in der Tschechoslowakei zu kritisieren, nicht einmal um die Verteidigung der Menschenrechte, sondern um die moralische Untermauerung des menschlichen Verhaltens und um die gefährliche Unfähigkeit der Zivilisation nicht nur ihres kommunistischen Teils –, diesem Umstand gebührend Rechnung zu tragen. »Damit sich die Menschheit harmonisch im Einklang mit den Möglichkeiten der technischen, der instrumentellen Vernunft entwickeln kann, damit der Fortschritt des Wissens und der Fähigkeiten ermöglicht wird, muss die Menschheit von der bedingungslosen Natur von Grundsätzen überzeugt sein, die gewissermaßen ›geheiligt‹ sind … Eine Rettung in dieser Hinsicht ist nicht vom Staat zu erhoffen …«[387]

Diese Moralphilosophie und das praktische moralische Verhalten ihres Autors hatten einen nicht zu überschätzenden Einfluss auf Václav Havel. Er kannte Patočka und seine Arbeit über Husserls Phänomenologie seit seiner Jugend. Nach eigener Aussage hatte er *Die natürliche Welt als philosophisches Problem* im Alter von 16 Jahren gelesen[388] und war dem Philosophen bei mehreren Anlässen begegnet. Philosophisch aber wurde Havel stärker von den Werken der französischen Existenzialisten, von Martin Heidegger und von Josef Šafařík, seinem philosophischen Lehrmeister und dem Freund der Familie, beeinflusst. Nach dem Tod Patočkas ärgerte er sich über seine »törichten Hemmungen«, die ihn daran gehindert hatten, den Philosophen häufiger aufzusuchen. In Wirklichkeit aber hatte er nicht viel über Patočka geschrieben, und obwohl er die Diskussionen mit ihm am Theater am Geländer schätzte, hatte er seine beliebten Seminare, die zunächst an der Philosophischen Fakultät und nach der Entlassung des Philosophen in Privathäusern abgehalten wurden, nicht regelmäßig besucht. Nun, da Havel selbst mit der »bedingungslosen Natur« von »geheiligten« Prinzipien konfrontiert wurde, sah er sich genötigt, ebenfalls entsprechend zu handeln.

Patočkas heldenmütiges Auftreten sollte tragisch enden. Ab dem 10. Januar 1977 wurde er fast täglich zum Verhör einbestellt.

Er gab zu, dass er den Text der Charta gekannt habe, dass er sie unterzeichnet hatte und ihr Sprecher war. Er weigerte sich jedoch, weitere Fragen zu beantworten, die ihm immer wieder gestellt wurden. Viele der Verhöre dauerten den ganzen Tag. Havel sah ihn am 14. Januar das letzte Mal im Gefängnis Ruzyně, wo sie beide auf das nächste Verhör warteten. Unbeeindruckt sprach der alte Mann von Unsterblichkeit.[389]

Nachdem Havel einige Stunden später wieder in seiner Zelle saß, protestierte Patočka weiterhin gegen die beispiellose Kampagne, die darauf zielte, die Initiative zum Schweigen zu bringen. »Eine Ungerechtigkeit, eine Verletzung der Menschenrechte hört nicht auf, wenn sich die Menschen darüber nicht beklagen oder nicht beklagen können«, schrieb er.[390]

Ende des Monats wurde Patočka abermals vorgeladen, und man teilte ihm mit, dass der Generalstaatsanwalt die Erklärung der Charta 77 als gesetzeswidrig eingestuft habe. Wiederum setzte er sich hin und widerlegte in seiner freundlichen, aber beharrlichen philosophischen Art das Denken, das hinter diesem Urteil stand.[391]

Am 1. März kam der niederländische Außenminister, der Sozialdemokrat Max van der Stoel, zu einem offiziellen Besuch nach Prag. Das war alles andere als ein Routinevorgang, denn die meisten westeuropäischen Politiker mieden in dieser Zeit die Tschechoslowakei. Die Niederlande verstanden diesen Besuch als eine Geste guten Willens im Geiste der vor kurzem verabschiedeten Schlussakte von Helsinki. Für die Prager Regierung jedoch war es eine Chance, ihre Isolation zu durchbrechen.

Dieses Szenario geriet in Gefahr, als van der Stoel gleich am ersten Tag seines Besuches Patočka unerwartet in seinem Prager Hotel empfing. Wie in dieser Zeit der angeblichen Entspannung üblich, wollte keiner, weder der Minister noch die holländischen Journalisten, die von sich aus an den Philosophen herangetreten waren, die Verantwortung für das Treffen übernehmen – bis auf Patočka selbst. In einer relativ kurzen Begegnung stellte Patočka den Charakter und die Motive der Charta dar, während der niederländische Außenminister sowohl die Bedeutung des Prinzips der Nichteinmischung in die inneren Angelegenheiten anderer Staaten betonte als auch die Einhaltung der Menschenrechte im Einklang mit der Schlussakte von Helsinki anmahnte.

Für Patočka kam die kurze Begegnung mit dem westlichen Politiker einem Todesurteil gleich. Einen Tag, nachdem van der Stoel das Land verlassen hatte, am 3. März, wurde er abermals zum Verhör vorgeladen. Am nächsten Morgen, nach einem anstrengenden elfstündigen Verhör, klagte er gegenüber seiner Familie über Schmerzen in der Brust und wurde ins Krankenhaus eingeliefert, wo er am Morgen des 13. März an Herzversagen starb.

Die Rache der Mächtigen verfolgte ihn über den Tod hinaus. Die Staatssicherheit störte im Zusammenspiel mit dem zuständigen Priester, der ein Mitarbeiter des Geheimdienstes war, den Ablauf der Beisetzung. Ein Polizeihubschrauber kreiste über den Köpfen der Trauergäste, deren Zahl sich auf mehrere Hundert belief, und Polizisten ließen in einem nahegelegenen Stadion ihre Motorräder aufheulen, um die Trauerreden im Lärm zu ersticken.[392]

Nachdem nun einer der Sprecher tot war und der andere im Gefängnis saß, hatte es den Anschein, als würden die Behörden den Protest schon in einem frühen Stadium ersticken können. Doch die Charta behauptete sich. Ihre Popularität und ihre Anziehungskraft wurden vielmehr durch die Überreaktion der Regierung beträchtlich gefördert. Bis zum November 1989 fand das Dokument 1889 Unterzeichner.

DER FEHLER

FISTULA: Lieber Freund –
FAUSTKA: Ich bin nicht Ihr Freund!
FISTULA: Lieber Herr, Wahrheit ist doch nicht nur das, was wir denken, sondern auch das, warum, wem und unter welchen Umständen wir es sagen!
Versuchung

Havel war bestürzt, als er von Patočkas Tod erfuhr, und machte sich Vorwürfe, dass er den Philosophen überredet hatte, Sprecher der Gruppe zu werden. Es ging ihm nicht gut im Gefängnis. Wie bei vielen Menschen, die zum ersten Mal inhaftiert sind, stellte sich auch bei ihm das Stockholm-Syndrom ein, das ihn von seinem Verhörbeamten abhängig machte, einem onkelhaften StB-Major namens Miroslav Svoboda.

Die Staatssicherheit entschloss sich zu einem Zangenangriff auf den Dramatiker. Auf der einen Seite wurde ihm erzählt, dass die Initiative zusammengebrochen sei und Dutzende Unterzeichner ihre Unterschrift zurückgezogen hätten. Auf der anderen Seite beschuldigte ihn die Polizei – auf Geheiß der Staatsführung durfte niemand allein wegen der Unterzeichnung der Charta strafrechtlich verfolgt werden, um internationale Proteste zu vermeiden[393] – der Konspiration mit zwei weiteren Männern, dem Theaterdirektor Ota Ornest und dem Journalisten Jiří Lederer. Mit Hilfe ausländischer Diplomaten hätten sie Dokumente ins Ausland geschmuggelt, zu Pavel Tigrid, einem führenden Exponenten »imperialistischer Zentralen« und angeblichen Mitarbeiter der CIA. Bei dieser Schmuggelware handelte es sich um die Memoiren von Prokop Drtina, der ein enger Mitarbeiter von Präsident Beneš und Justizminister in der 1948 gestürzten Regierung gewesen war und in den fünfziger Jahren als politischer Häftling im Gefängnis gesessen hatte – ein Dokument, das man schwerlich als aufrührerisch bezeichnen konnte. Doch die verdeckte Art des Unternehmens, die Kooperation mit westlichen Diplomaten und der Name des Adressaten lieferten nach den niedrigen Standards der kommunistischen Justiz ausreichend Beweise für eine schwere Straftat. Dass Lederer und Ornest ebenso wie Tigrid jüdischer Herkunft waren, wenngleich Letzterer zum katholischen Glauben übergetreten war, verlieh dem Vorgang Züge einer »kosmopolitischen Verschwörung«, eines jener Delikte, welche die kommunistischen Staatsanwälte besonders gern verfolgten.

Havel wusste, dass er ins Gefängnis kommen konnte, und fürchtete, dass dies einer Sache wegen geschehen könnte, die ohnehin verloren war. In wahrhaft kafkaesker Manier wurde er, wie seine Aussagen im Verhör zeigen, darüber im Dunkeln gelassen, ob er wegen des ins Ausland geschmuggelten Textes, des Briefes an Husák oder seiner Beteiligung an der Gründung der Charta 77 angeklagt werden würde. Als die Aussicht auf eine baldige Wiedererlangung der Freiheit mit der wiederholten Verlängerung der Untersuchungshaft schwand, trat er, anfangs vielleicht unwillentlich, gewissermaßen in einen Verhandlungsprozess über die Bedingungen seiner Freilassung ein. Am 6. April richtete er in einem Augenblick der Schwäche ein Entlassungsgesuch an den Staatsanwalt, in dem er einräumte, dass seine »wohlüberlegte Initiative« absichtlich von ausländischen Medien verzerrt dargestellt worden sein könnte, und versprach, sich als Gegenleistung für seine Freilassung künftig »öffentlicher politischer Betätigung zu enthalten« und sich ausschließlich auf »meine künstlerischen Aktivitäten« zu konzentrieren.[394]

Die Staatssicherheit nahm dieses Zugeständnis entgegen und verlangte noch mehr, während sie ihren Gefangenen wissen ließ, dass sein Gesuch »ernsthaft geprüft« und »politisch verwendet« werden würde.[395] Am 22. April wiederholte Havel, der sich mittlerweile in einer ziemlich verzweifelten Verfassung befand, seine

Zusagen und fügte schriftlich das Versprechen hinzu, künftig Abstand davon zu nehmen, »gemeinschaftliche Initiativen oder öffentliche Erklärungen anzuregen oder zu organisieren oder sich für andere Personen einzusetzen (z. B. als Sprecher der Charta 77)«.[396]

Havel wurde nicht sofort entlassen, sondern zunächst wieder in seine Zelle zurückgebracht. Seine Untersuchungshaft wurde ein weiteres Mal verlängert. Doch zu diesem Zeitpunkt wusste er schon, dass er freikommen würde (sonst wären seine Zugeständnisse für die Staatssicherheit wertlos gewesen), aber er wusste auch, dass er einen hohen Preis an Demütigung würde bezahlen müssen, wenn seine Zugeständnisse bekannt gemacht wurden (seine Freilassung hätte keinen Sinn ergeben, hätte man sie nicht publiziert).

Seine Vorahnungen bestätigten sich, nachdem er am 20. Mai aus dem Gewahrsam entlassen worden war. Es fiel der offiziellen Nachrichtenagentur ČTK und dem Parteiorgan *Rudé právo* zu, Havels Zugeständnisse zusammenzufassen und mit der Überschrift »Havels Brief an das Büro des Generalstaatsanwalts« zu versehen.[397]

Von allen Menschen, denen es unerklärlich erschien, dass er in der Konfrontation mit den Ermittlern seine Integrität nicht hatte wahren können, war Havel selbst am gnadenlosesten. Als er den Brief an Husák schrieb und als er die Charta 77 mitorganisierte, wusste er, worauf er sich einließ, und rechnete damit, eingesperrt zu werden. Das waren keine spontanen Handlungen, die aus Frustration oder dem Versuch geboren wurden, den Helden zu spielen. Zugleich konnte ihm niemand einen Mangel an Mut vorwerfen angesichts der jahrelangen Überwachung, der ständigen Bedrohungen und Diffamierungen.

Aber dennoch hatte er in dieser Situation versagt, und er konnte nicht recht begreifen, weshalb. In *Fernverhör* und in seinen *Briefen an Olga* schildert er seine verzweifelten Versuche zu ergründen, was dieses »Versagen« verursacht hatte, und bietet eine komplexe psychologische Interpretation dafür an, wie etwa eine »perverse Freude« an der eigenen »ehrenhaften Raffinesse«.[398]

Wahrscheinlich war es viel einfacher. Havel wurde vermutlich, wie viele Menschen, die sich zum ersten Mal hinter Gittern wiederfinden, von dem Erlebnis der Ohnmacht überwältigt, dazu kam noch die »verhältnismäßig gewandte«[399] Strategie des Ermittlers, der, anstatt seinen Gefangenen einzuschüchtern, dessen Unsicherheit erkannte und ihm Zeit und Raum gab, dieses Gefühl voll auszubilden. In den ungefähr zwanzig Verhören zwischen Januar und Mai 1979 bediente sich Svoboda einer vielfach bewährten Taktik, die darin bestand, den Gefangenen unzählige Male mit seinem Lebenslauf zu konfrontieren, mit Beschreibungen seiner angeblichen »Vergehen«, um kleinere Lücken oder Unstimmigkeiten ausfindig zu machen und auf Verbindungen zwischen scheinbar miteinander unverbundenen Elementen hinzuweisen. So ließen sich beim Häftling Verunsicherung und Schuldgefühle hervorrufen.

Bis April hatte diese Taktik Havel bereits beträchtlich zugesetzt. Er litt unter Schlafstörungen, verlor den Appetit und begann abzunehmen. Ein Psychiater hätte wahrscheinlich Symptome einer beginnenden akuten Depression diagnostiziert, vor allem wenn er den schwermütigen Schluss von Havels Freilassungsgesuch gelesen hätte: »Falls Sie entscheiden sollten, dass ich … weiterhin in Haft bleiben solle …, bitte ich hiermit zumindest um eines: dass meine Frau mir fremdsprachliche Handbücher, Wörterbücher und ein paar fremdsprachige Lehrbücher schicken darf. Ich bin an intellektuelle Arbeit gewöhnt, und die Untätigkeit, zu der ich in der Haft verurteilt bin, verursacht bei mir schwere geistige Depressionen … Das würde meinem Leben im Gefängnis kreative Erfüllung bereiten, die es mir ermöglichen würde, besser zurechtzukommen mit depressiven Zuständen und Gefühlen der Hoffnungslosigkeit und der Ziellosigkeit, unter denen ich leide und die ich, zu meiner Schande, nicht anders bewältigen kann als mit Hilfe von Medikamenten.«[400] Havel konnte nicht begreifen, damals und auch später nicht, dass er einen veritablen Nervenzusammenbruch erlitten hatte und ihm nicht lediglich sein Mut abhandengekommen war oder er eine moralische Schwäche gezeigt hatte.

Der Brief an den Ermittler, aus Verzweiflung und offenkundig mit wenig Hoffnung auf Erfolg geschrieben, verstärkte die Depression nur, als Havel erkannte, was er getan hatte. Mit fast übermenschlicher Anstrengung, jedenfalls gemessen an seiner geistigen Verfassung, versuchte er seine Zugeständnisse etwas zu relativieren. Auch wollte er sich in weiteren Mitteilungen an den Ermittler gewisse Rechte bewahren, etwa seine kritische Meinung zur herrschenden Realität zu äußern, sich für die Verteidigung zu Unrecht Verfolgter einzusetzen, seine »moralische Verpflichtung« zu bekräftigen, die ihn dazu veranlasst hatte, die Charta 77 zu initiieren und zu unterzeichnen, sowie die Kontakte zu seinen Freunden und zu anderen Menschen aufrechtzuerhalten. Sein einziges Zugeständnis – dass er zwar ein Schriftsteller war, dessen Ansichten im Widerspruch zu denen der Regierung standen, dass er sich aber nicht als »professioneller Feind des Regimes« betrachtete – war nicht unbedingt dazu angetan, die Staatsmacht zufriedenzustellen.[401]

Doch er konnte nicht zurücknehmen, was er bereits zugestanden hatte. Major Svobodas krönende Leistung bestand darin, Havel dazu zu bringen, seine Funktion als einer der Sprecher der Charta 77 aufzugeben. Als er während des Verhörs am 22. April von Svoboda aufgefordert wurde, diese Zusage zu bekräftigen, wiederholte Havel sie, beharrte aber darauf, sie gegenüber seinen Freunden und Kollegen als seine eigene Entscheidung und nicht als eine Zusicherung gegenüber den Ermittlern darzustellen, »weil ich nicht gebeten wurde«, eine solche Zusicherung abzugeben.[402] Aber dennoch war es eine Zusicherung.

Dass er nur wenig darüber erfuhr, was draußen vor sich ging, verstärkte die Verwirrung und Desorientierung. Anscheinend wurde Havel nicht nur vom Ermittler, sondern auch von seinem

Anwalt Lukavec eingeredet, dass er für eine verlorene Sache kämpfte, die seine Kollegen schon lange aufgegeben oder von der sie sich distanziert hätten. Diesen Eindruck bestätigen anscheinend auch seine ersten Worte gegenüber Pavel Landovský nach seiner Freilassung im Mai: »Ihr habt also alles zurückgenommen!«[403]

Doch der beste Beweis dafür, dass Havels Willensschwäche das Ergebnis einer durch die Haft erzeugten Depression war und nicht auf moralischem Versagen beruhte, liefert sein Verhalten in der Zeit nach seiner Freilassung. Wie viele Patienten, die entweder durch Medikamente, durch die Beseitigung krankmachender Stimuli, die Durchbrechung des Teufelskreises der Krankheit oder durch eine spontane Heilung wieder aus dem Nebel der Depression auftauchen, verfiel auch Havel sogleich in einen Zustand der Hyperaktivität. Obwohl er nach wie vor unter Anklage stand und ihm ein Prozess drohte, der ihn für mehrere Jahre ins Gefängnis bringen konnte, nahm er sofort seine oppositionelle Betätigung wieder auf, ohne besondere Rücksicht zu nehmen auf die Verpflichtungen, die er eingegangen war. Er machte sich weiterhin Selbstvorwürfe wegen der Zugeständnisse, aber er erkannte auch, dass sie unter Zwang erfolgt und daher rechtlich und moralisch wertlos waren.

In den Polizeiakten über den Fall wird explizit als Absicht des StB angegeben, »die Aktivitäten Havels nach einer möglichen Entlassung aus der Untersuchungshaft so weit wie möglich zu unterdrücken«. In den Verhören weiterer Unterzeichner sei das Ziel zu verfolgen, »Václav Havel zu diskreditieren, indem der Eindruck erzeugt werden soll, dass die vorhandenen Informationen auf Havels Aussagen beruhen«.[404] Offenkundig war die Staatssicherheit damit nicht sonderlich erfolgreich. Im Verlauf der vergangenen fünf Monate hatten auch sehr viele andere Unterstützer der Charta mit den Praktiken, Drohungen und Unterstellungen des Staatssicherheitsdienstes Bekanntschaft gemacht, so dass sie Havels Konzessionen einzuordnen wussten. Vor die Wahl gestellt, ob sie Havel glauben sollten oder der Geheimpolizei, entschieden sie sich für Havel.

Am 26. Mai gab die Charta 77, die nun nur noch durch den verbliebenen Sprecher Jiří Hájek vertreten wurde, eine Erklärung heraus, in der sie vollstes Verständnis für Havels Rücktritt als Sprecher äußerte. Außerdem verurteilte sie den Versuch, das Ansehen Havels in den Schmutz zu ziehen. So hatte die Kampagne der Staatsmacht nur begrenzten Erfolg: Jene, die Havels Rückzug als eine Folge des in der Haft auf ihn ausgeübten Drucks auffassten, ließen sich nicht überzeugen, während jene, die Havel als leibhaftigen Teufel betrachteten, gar nicht erst überzeugt zu werden brauchten.

Anscheinend war Havel selbst die einzige Person, die über das Geschehene ernsthaft verwirrt war und zwiespältige Gefühle hegte. Er stürzte sich in hektische öffentliche Aktivitäten, um den Schaden zu begrenzen. Einen Tag, nachdem er »öffentlich entehrt« worden war, versuchte er in einer Erklärung klarzustellen, dass er sich lediglich verpflichtet habe, sich »jeglicher Aktivitäten zu enthalten, die als strafbar betrachtet werden können«,[405] während die Charta 77, zu der er sich abermals bekannte, niemals als eine Plattform für eine politische Opposition verstanden worden sei und dadurch auch nicht als strafbar eingestuft werden könne. Am 1. Juni reichte er Klage gegen den Journalisten Tomáš Řezáč ein, weil dieser in seiner Radiosendung »Wer ist Václav Havel?«[406] falsche Informationen über ihn verbreitet habe. Er gab weiterhin Interviews über die Charta 77, die Verfolgung unabhängiger Intellektueller und seinen bevorstehenden Prozess. Dafür wurde er belohnt durch die Erkenntnis, dass die Charta nach wie vor lebendig war, und durch den Geist der Solidarität und des Vertrauens, der ihm zumindest teilweise half, seine Schuldgefühle zu lindern.

Dennoch verschwanden diese Gefühle nicht und sorgten dafür, dass die Ereignisse, die Abfolge von kleinen Zugeständnissen, Freilassung und anschließender Selbstbezichtigung, zu einer zentralen Erfahrung wurden und im Rückblick »einige der schlimmsten Momente meines Lebens«[407] darstellten. Seine Reaktion auf diese Zugeständnisse wurde zu einer Übung in Moralphilosophie, die in zahlreichen Essays, in Theaterstücken und privaten Gesprächen ihren Ausdruck fand. Diese Auseinandersetzung sollte in hohem Maße sein künftiges Verhalten bestimmen. Zum einen befähigte ihn dies, klar zwischen der tatsächlichen moralischen Wertigkeit einer Handlung und ihrer Bewertung von außen zu unterscheiden, auch bei Menschen, deren Meinung er respektierte. Innerhalb der Chartisten gab es zwar eine lebhafte Diskussion über sein Verhalten, aber es stieß weithin auf großes Verständnis und Nachsicht, abgesehen von einigen wenigen kritischen Stimmen, die hauptsächlich von Leuten kamen, die selbst schon Gefängniserfahrung hatten und es sich leisten konnten, eine moralisch überlegene Haltung einzunehmen.[408] Dadurch erkannte Havel auch, dass es nicht notwendigerweise einen Zusammenhang gibt zwischen der moralischen Bedeutung einer Handlung und deren praktischen Konsequenzen, eine Beobachtung, die er ein Jahr später auf brillante Weise in seinem Stück *Protest* aufgreifen sollte. Damals wie heute sind sich alle Beobachter einig, dass er nichts getan hatte, was anderen Menschen oder der Charta hätte schaden können; er hatte weder seinen Ansichten abgeschworen und seine Unterschrift zurückgezogen noch hatte er freiwillig der Geheimpolizei Informationen gegeben, die sie nicht ohnehin schon besaß. Dass Havel längere Zeit brauchte, um dies alles zu verarbeiten, zeigt sich in einigen seiner öffentlichen Erklärungen aus dieser Zeit. In ihnen verwendete er größte Mühe darauf, Beschuldigungen zu widerlegen, die niemand gegen ihn erhoben hatte.

In diesem Augenblick der Krise gelangte Havel offenbar zu der Erkenntnis, dass es bei ihm einen inneren moralischen Kompass gab, der unabhängig von der Meinung anderer und unabhängig von möglichen praktischen Konsequenzen funktionierte; es war vielmehr eine Frage seiner eigenen Identität, der Aufrichtigkeit sich selbst gegenüber – des Lebens in der Wahrheit. Sein tatsächliches Vergehen bestand daher darin, dass er sich zu etwas verpflichtet hatte, was er nie einzuhalten beabsichtigt hatte. Und obwohl es absurd erschienen wäre, Gewissensbisse zu empfinden, weil er seine Feinde in die Irre geführt hatte, und obwohl er sicher sein konnte, dass sein Verhalten von seinen Freunden verstanden und akzeptiert wurde, war er nicht imstande, es auch für sein innerstes Selbst zu akzeptieren.

In den Jahren der Selbstreflexion, die dann folgten, machte Havel eine entscheidende Entdeckung: Er war nicht völlig allein mit seinen Qualen. Die eigenartige Autonomie einer moralischen Handlung, ihre Unabhängigkeit vom Auge des Betrachters – dass sie eigentlich nicht einmal eines Beobachters bedarf und sich allen Rationalisierungs- und Erklärungsversuchen widersetzt –, weist darauf hin, dass es jemanden oder etwas jenseits unseres Alltagshorizonts gibt, der oder das unsere Handlungen beobachtet und erfasst. Irgendwann in dieser Zeit zündete in diesem Mann mit dem zutiefst skeptischen Geist und einem entwickelten Gespür für das Absurde ein Funke von Spiritualität, entwickelte sich eine Vorstellung von Transzendenz.

Havel gewann darüber hinaus die Erkenntnis, zunächst womöglich nur implizit, im Laufe der Zeit jedoch mit zunehmender Klarheit, dass er sein moralisches Versagen allein durch eine Bekräftigung seiner Identität wiedergutmachen konnte und durch eine Erneuerung seiner Fähigkeit zu einem Leben im Einklang mit den eigenen Überzeugungen und Werten. Außerdem wurde ihm bewusst, dass er wahrscheinlich versuchen würde, »sie [die ›Schande‹] durch mehrere Jahre im Gefängnis abzuwischen«.[409] Es ist ein feiner metaphysischer Unterschied, ob er seine Rückkehr ins Gefängnis als eine angemessene Bestrafung für seine »Sünde« betrachtete oder als eine logische Konsequenz aus der Erneuerung seiner Identität; dennoch wusste er zweifellos, wohin dies alles führen würde. Mehr noch, er wusste: »selbst damit werde ich sie [die ›Sünde‹] nicht völlig aus der Welt schaffen.«[410]

Nicht zuletzt, und das kommt in Geschichten über Heldentum häufig zu kurz, geht es hier auch um das Erkennen von dessen Grenzen. Havel verließ das Gefängnis nicht nur beschämt, sondern, was vielleicht noch wichtiger war, auch gedemütigt. Er erkannte, dass er trotz all seiner Entschlossenheit, sich dem Bösen zu widersetzen, kein Superheld war, sondern nur ein schwacher Mensch, der es mit Kräften zu tun bekam, die stärker waren als sein Widerstandswille. Von diesem Zeitpunkt an versuchte er die Herausforderungen, mit denen er konfrontiert war, und seine Fähigkeiten, diese Herausforderungen zu bewältigen, realistisch einzuschätzen. Das zeigte sich einige Jahre später, als ihm ein weiterer Gefängnisaufenthalt bevorstand, der wesentlich länger dauern sollte als sein erster. Seine häufig zitierte Bemerkung »Ich werde ihnen fünf Jahre meines Lebens geben, aber nicht einen Tag mehr« darf nicht wörtlich genommen werden: Es besteht kaum Zweifel, dass er auch mit einem sechsten Jahr zurechtgekommen wäre. Vielmehr ist dies ein Eingeständnis, dass seine Opferbereitschaft nicht unbeschränkt war. Er war entschlossen, weiterhin entschieden Widerstand zu leisten, aber er wollte nicht zum Märtyrer werden – mithin ein Zeichen von Reife. Die demütigende Erfahrung beeinflusste auch sein weiteres Verhalten, sie machte ihn zu dem Menschen, als den ihn alle, die ihn kannten, gerne in Erinnerung behalten möchten. Vorher war er höflich und umgänglich gewesen, aber auch nicht ganz frei von Eingebildetheit, ja gelegentlich sogar Arroganz. Nun strahlte er einen fast liebevollen Respekt aus und jene scheinbar grenzenlose Toleranz eines Menschen, der sich der Zerbrechlichkeit anderer Menschen ebenso bewusst ist wie seiner eigenen.

Havel nahm zwar erst im November des folgenden Jahres seine Tätigkeit als Sprecher der Charta 77 wieder auf, und das auch nur als Stellvertreter, doch seine Mitwirkung in der Initiative setzte er sogleich durch seine vielfältigen Aktivitäten fort. Er war gewissermaßen ein Dissident unter Drogen. »Auf alle mögliche Weise – sogar ein wenig übertrieben, krampfhaft, wenn nicht geradezu hysterisch – engagierte ich mich, getrieben von der Sehnsucht, mich nach meiner Verunglimpfung irgendwie zu ›rehabilitieren‹.«[411]

Am 18. Oktober 1977 erhielt Havel eine Bewährungsstrafe von 14 Monaten, weil er mitgeholfen hatte, Drtinas Memoiren ins Ausland zu schmuggeln. Er zeigte sich einigermaßen zufrieden mit der »nicht allzu hohen Strafe«, da sie »meinen Ruf ein wenig verbessern könnte«.[412]

So einfach war es aber nicht. Havel blieb zwar ein Gefängnisaufenthalt erspart, aber seine Mitangeklagten Ota Ornest und Jiří Lederer wurden zu dreieinhalb beziehungsweise drei Jahren Haft ohne Bewährung verurteilt, obwohl Havel sich bemüht hatte, einige bekannte Persönlichkeiten wie Jan Werich für Unterstützungserklärungen zu gewinnen. Es wäre zu viel verlangt gewesen, von den kommunistischen Richtern zu erwarten, dass sie den jeweiligen Anteil der »Schuld« der drei Männer beim Strafmaß berücksichtigten. Darüber hinaus wurde Havel, anders als Ornest und Lederer, zur Last gelegt, seinen Brief an Husák im Ausland veröffentlicht zu haben, ganz zu schweigen von seiner Urheberschaft der Charta 77, der Leiche in seinem Keller, die in diesem Prozess aber nicht Gegenstand war. Es ist daher nicht unwahrscheinlich, dass die Behörden durch die verhältnismäßig milde Strafe Zwietracht in der Opposition säen und Havel weiter diskreditieren wollten. Von den drei Angeklagten saß nur Jiří Lederer die volle Strafe ab. Der 67 Jahre alte Ota Ornest, mit dessen Gesundheit es nicht zum Besten stand, absolvierte einen peinlichen Fernsehauftritt zur besten Sendezeit, um eine Begnadigung zu erreichen, die ihm ein halbes Jahr später gewährt wurde. Auf eine vollständige Rehabilitation musste Havel – mehr in seinen eigenen Augen als in den Augen anderer – ein wenig länger warten.

DER AUFSTAND DER GEMÜSEHÄNDLER

Ein Gespenst geht um in Osteuropa.

Die Macht der Ohnmächtigen

Havel kam vorerst nicht ins Gefängnis, obwohl er es durchaus versucht hatte. An einem Sonntag kurz vor Weihnachten 1977 wollte er mit Landovský und einem weiteren Freund auf ihrem regelmäßigen Kneipenbummel an ihrem »freien Tag« um Mitternacht noch in eine Weinstube, die eigentlich erst um ein Uhr schloss. Nachdem sie vergeblich geklopft und geklingelt hatten, wurde Havel ungewohnt aggressiv und versuchte, die Tür einzutreten. Daraufhin wurde er von einem bulligen Oberkellner und seinem Gehilfen am Kragen gepackt, in das Lokal geschleift, ohne viel Federlesens zusammengeschlagen und wieder auf die Straße geworfen. Als er später über die Sache nachdachte, erkannte er, dass er wahrscheinlich wegen »Rowdytums« im Gefängnis gelandet wäre, wenn er sich gewehrt hätte. Dies hätte sehr unerfreuliche Folgen haben können, da er wegen der Schmuggelaffäre noch unter Bewährung stand.

Der eher unwichtige Vorfall, der für ihn, wie er später einsah, nicht gerade schmeichelhaft war, veranlasste ihn, einen exorzistischen Essay zu schreiben: In einem so frustrierenden Land wie der Tschechoslowakei Mitte der siebziger Jahre, war es unvermeidlich, dass die Menschen ihrer Wut über erlittene Demütigungen durch irrationale Ausbrüche Luft verschafften. Für solche Menschen sah der Paragraph Nr. 202 über Rowdytum im Strafgesetzbuch die aus der Sicht des Regimes geeignete und zweckdienliche Strafe vor. Es war ein Gummiparagraph, und er führte oft in einen Teufelskreis: Weil die Verurteilten ihrer Wut über die erlittenen Demütigungen Luft verschafften, wurden sie gewöhnlich noch schwereren Demütigungen unterworfen, was zu noch schwererem Fehlverhalten führen konnte und so weiter. Havels kurzer Essay hat einen seltsam prophetischen Schluss: »Ende 1977 kam ich um Haaresbreite und zu einem schmerzhaften Preis mit dem Versuch davon, eine Tür einzutreten. Würde ich mit einer ähnlichen Tat auch dieses Jahr wieder durchkommen?«[413]

Zwei Wochen darauf kannte er die Antwort, wenngleich der nächste Vorfall weder anstößig noch kriminell war, zumindest was Havel und die anderen beteiligten Unterzeichner der Charta betraf. Nach einem Jahr der Verhöre (jeder Unterzeichner wurde mindestens einmal vorgeladen), der Hausdurchsuchungen, der Entlassungen und der Angriffe in den Medien war es kein Wunder, dass sich die Chartisten isoliert und sozial benachteiligt fühlten. Der Winter brach herein, das neue Jahr begann und mit ihm die Prager Ballsaison, die in der Stadt schon seit Jahrhunderten auf dem Terminkalender stand, auch wenn sie in den Zeiten der »Volksdemokratie« nicht ganz so glamourös ausfiel wie früher. Viele Bälle waren öffentliche Ereignisse, für die es wie für Theatervorstellungen oder Fußballspiele Karten im Vorverkauf gab. Für den Eisenbahnerball kauften die Chartisten mehr als 100 Eintrittskarten. Der Vorschlag hierfür war von einigen Frauen der Gruppe gekommen, die offenbar einen Vorwand für den Kauf neuer Kleider haben wollten. Rudolf Battěk hatte es übernommen, die Tickets zu beschaffen. Der liebenswürdige reformerische Sozialdemokrat hatte für die »Zehn Punkte«-Erklärung der Studenten im Prager Frühling ein Jahr ohne Gerichtsverfahren im Gefängnis gesessen und war danach zu weiteren dreieinhalb Jahren verurteilt worden, weil er vor den Wahlen von 1971 oppositionelle Flugblätter verteilt hatte. Alles sah nach einem unschuldigen Scherz und vielleicht auch nach einem vergnügten Abend aus, nichts daran war illegal oder antisozialistisch. Havel, der sich nie ein Vergnügen entgehen ließ, war eigens aus Hrádeček angereist. Er trug einen Smoking und Manschettenknöpfe, hatte seine ziemlich langen Haare gekämmt und wollte einfach Spaß haben. Pavel Kohout indes ahnte, dass es Schwierigkeiten geben würde. Er hatte es eigentlich bei den üblichen Bluejeans belassen wollen, ließ sich schließlich aber zu einem Anzug überreden.[414]

Den Eisenbahnern war es vermutlich gleichgültig, dass die Chartisten an ihrem Ball teilnahmen. Der Polizei jedoch, die offenbar durch einen Spitzel über den Plan informiert war (vielleicht von einem der Friseure, die zu besuchen sich die Damen vor dem Ball verpflichtet gefühlt hatten),[415] war es keineswegs egal. Als die Chartisten eintrafen und ihre Eintrittskarten vorzeigten, wurden sie von den Veranstaltern, denen ein paar bullige Schlägertypen den Rücken stärkten, informiert, dass ihre Anwesenheit auf dem Ball »unerwünscht« sei.[416] Die Tickets wurden konfisziert. Immerhin bekamen sie, vielleicht auf Betreiben der Eisenbahner oder der Geheimpolizei, das Geld zurück.[417]

Allerdings war der Abend damit noch nicht vorbei. Die Chartisten standen, ihrer Eintrittskarten beraubt, vor dem Saal oder draußen auf dem Gehsteig und überlegten, was sie nun mit dem Abend anfangen sollten. Plötzlich stürmten die Schlägertypen vor und drängten sie grob zurück. Sie provozierten damit genau die Störung der öffentlichen Ordnung, die sie und ihre uniformierten Kollegen eifrig mit ihren Schlagstöcken und Fäusten zu unterdrücken vorgaben. Mehrere Chartisten, auch Frauen, wurden verletzt. Pavel Kohout hatte nach dem Einsatz eine hässliche Beule am Hinterkopf, und Havel, der sich für Pavel Landovský einsetzte, als man diesen abführte, wurde ebenfalls festgenommen. Er sollte sich später beschweren, dass ihn die Polizeibeamten gekitzelt hätten, als sie ihn einer Leibesvisitation unterzogen.[418] Die Anklage lautete auf Störung der öffentlichen Ordnung und Widerstand gegen einen Beamten. Aber selbst die kommunistischen Juristen fanden die Anschuldigungen dreist, und keiner der Betroffenen erhielt eine Gefängnisstrafe. Havel, Landovský und Jaroslav Kukal von der Undergroundband DG307 hatten aber immerhin sechs Wochen in Untersuchungshaft gesessen.[419]

Wenn die Polizeiaktion als letzte Warnung gemeint war, so stieß sie auf taube Ohren. Ganz im Gegenteil, sie war sogar eine Art Inspiration für die folgende Initiative der Gruppe, mit der Havel und seine engsten Mitstreiter in den Augen der Staatsmacht endgültig die Grenzen des Erlaubten überschritten. Als Havel und seine beiden Mitangeklagten im Gefängnis auf ihren Prozess warteten, organisierte eine Gruppe von Chartisten ein Komitee zu ihrer Verteidigung. Diese Idee war nicht neu, in Polen arbeitete das von Jacek Kuroń und anderen gegründete Komitee zur Verteidigung der Arbeiter (Komitet Obrony Robotników, abgekürzt KOR) damals schon seit zwei Jahren. Außerdem war die Gründung eines Komitees zur Verteidigung der Opfer kommunistischer Verfolgung schon in den ersten Stadien der Vorbereitung der Charta durch Němec und Kohout diskutiert worden.[420] Nach der Freilassung der »Rowdys« verwandelte sich die Initiative zu ihrer Verteidigung in das Komitee zur Verteidigung unschuldig Verfolgter (Výbor na Obranu Nespravedlivě Stíhaných, abgekürzt VONS). Obwohl Havel ursprünglich Nutznießer und nicht Initiator gewesen war oder vielleicht gerade deshalb, gab er am 27. April 1978 zusammen mit 16 weiteren Chartisten die Gründung des Komitees bekannt.

Es mag nicht unmittelbar einleuchten, warum ausgerechnet dieser Schritt die Staatsmacht so erzürnte. Schließlich betrieb die Charta 77 damit eigentlich nur eine natürliche Ausweitung ihres Tätigkeitsbereichs. Dennoch bestand ein Unterschied: Das Regime konnte offenbar mit Erklärungen in Bezug auf die Menschenrechte und allgemeiner Kritik an der Atmosphäre in der Gesellschaft ganz gut leben, musste darauf jedenfalls nicht mit permanenter Belästigung reagieren. Die Anschuldigung, in bestimmten Fällen ständig Unrecht zu begehen, stellte jedoch das Rechtsprechungsmonopol der Kommunisten in Frage. Außerdem war das Komitee, genau wie sein polnisches Gegenstück, ausdrücklich mit der Selbstverteidigung einer bestimmten Gruppe von Bürgern verbunden, und das bedeutete für die Kommunisten Aufwiegelung.

Die Mitglieder der Charta 77 und des VONS waren sich ihrer gemeinsamen Ideen und Ziele bewusst und fanden es ganz natürlich, mit Adam Michnik, Jacek Kuroń und anderen polnischen Kollegen Kontakt herzustellen. Obwohl sie keine Pässe und Reisemöglichkeiten hatten, schafften sie es, auf einem Weg auf dem Hauptkamm des Riesengebirges, der die Grenze zwischen Polen und der Tschechoslowakei bildete, zwei Treffen abzuhalten. Die Geheimpolizei beider Länder sah keine andere Möglichkeit, als ebenfalls zusammenzuarbeiten, und konnte das für den 1. Oktober 1978 geplante dritte Treffen verhindern, indem sie mehrere Dissidenten festnahm und drangsalierte. Nur Havel und Pavel Landovský, die sich dem Treffpunkt auf eine anstrengendere, aber weniger konspirative Weise näherten, indem sie der Schneise einer Seilbahn durch den Wald folgten, entgingen der Festnahme. »Ohne den Kampf für die Menschenrechte«, witzelte Havel, »würde man sich gar nicht mehr an der frischen Luft bewegen.«[421]

Fast sofort verstärkten sich die Polizeischikanen. Havel hielt sich schon seit mehreren Jahren die meiste Zeit in Hrádeček auf, doch die Polizei folgte ihm jetzt auch dorthin und versuchte, potentielle Besucher abzuschrecken, indem sie demonstrativ, aber unregelmäßig sein Haus überwachte.

Dennoch ging es ihm, womöglich wegen seines freiwilligen Rückzugs, immer noch relativ gut. Andere Charta- und VONS-Aktivisten wurden schikaniert, eingeschüchtert, geschlagen und erpresst, damit sie das Land verließen.[422] Es gab Entführungen, illegale Hausdurchsuchungen und andere Arten von Übergriffen.[423]

Im Sommer 1978 reisten weniger Besucher als sonst nach Hrádeček. Der Theaterautor arbeitete fleißig, schrieb an einem Text, aber diesmal nicht für die Bühne. Das Werk hatte 24000 Wörter und war der längste Prosatext, den Havel bis dahin geschrieben hatte. Es sollte sich als eines seiner meistbewunderten Werke erweisen, wenngleich es häufig nicht ganz richtig eingeordnet wurde. *Versuch, in der Wahrheit zu leben* wird stets als Essay bezeichnet, doch der zweifellos brillante Text verfolgt eigentlich zu viele Absichten, um ihn nur als herausragenden Essay zu bezeichnen. Diese Fehlinterpretation geht freilich nicht auf Havel zurück. Wie aus den ersten Worten deutlich wird, wurde der Text als politisches Manifest konzipiert und geschrieben. Havel wusste als Schriftsteller viel zu genau, was er tat, wenn er mit der Wendung »Ein Gespenst geht um in Osteuropa« ironisch das *Kommunistische Manifest* von Karl Marx und Friedrich Engels paraphrasierte – einen Text aus dem Jahr 1848, der natürlich auch kein Essay ist.

In *Versuch, in der Wahrheit zu leben* wollte Havel das Phänomen der »Abweichung«, die »Ideologie«, die dahintersteckt beziehungsweise gerade nicht dahintersteckt, definieren. Zunächst jedoch fand er es notwendig, das »posttotalitäre« System zu untersuchen, das für die Aktionen der Dissidenten den Hintergrund, die *raison d'être*, bildete und zugleich ihre größte Herausforderung war. Der Leiter eines Gemüseladens platziert in seinem Schaufenster ein Spruchband mit der Parole »Proletarier aller Länder, vereinigt euch!«, ohne an die Parole zu glauben, und, interessanter noch, ohne dass die Staatsmacht erwarten würde, dass er an sie glaubt. An diesem Beispiel zeigt Havel, dass das totalitäre System funktioniert, indem es den Menschen durch solche Rituale zwingt, »dass er sich selbst seiner eigenen Identität beraubt«.[424]

Havels Unterscheidung zwischen einem totalitären System, wie es unter Stalin oder Hitler auf dem Höhepunkt ihrer Macht existierte, und einem posttotalitären System, wie es Husáks »Normalisierer« Mitte der siebziger Jahre betrieben, beruht nicht nur darauf, dass diese wesentlich weniger Zwang und brutale Gewalt einsetzten. Vielmehr verwischt das moderne System den klaren Unterschied zwischen den »Tyrannen« und ihren »Opfern«, indem es seinen Untertanen leere Solidaritätsbekundungen abverlangt. Der Mensch »muss die Lüge nicht akzeptieren. Es reicht, dass er das Leben mit ihr und in ihr akzeptiert. Schon damit nämlich bestätigt er das System, erfüllt es, macht es – *er ist das System.*«[425]

Sobald Havel den Mechanismus analysiert hatte, wurde ihm schnell klar, dass das System völlig von der Bereitschaft des Gemüsehändlers, seiner rituellen Zustimmung Ausdruck zu verleihen, abhängig war. »Der Mensch kann nur deshalb sich selbst entfremdet werden und wird entfremdet, weil er etwas hat, was man ihm entfremden kann. Das Gebiet, auf dem er vergewaltigt werden kann, ist seine authentische Existenz. Das ›Leben in Wahrheit‹ ist also direkt in die Struktur des ›Lebens in Lüge‹ hineingewoben, als seine unterdrückte Alternative, als jene authentische Intention, auf die das ›Leben in Lüge‹ eine nichtauthentische Antwort gibt.«[426]

Die Fähigkeit des Menschen, »in der Wahrheit zu leben«, seine authentische Identität zu behaupten, ist die Waffe, die die Ohnmächtigen mächtig macht. Sobald das System nicht mehr in der Lage ist, seine Untertanen zu seiner rituellen Unterstützung zu bewegen, brechen seine ideologischen Behauptungen zusammen und werden als Lügen kenntlich.

In der zweiten Hälfte seines Manifests untersucht Havel detailliert verschiedene Aspekte der Macht der Ohnmächtigen und schlägt eine Methodologie zum Gebrauch dieser Macht vor. In Übereinstimmung mit dem Konzept der Charta 77 verzichtet er darauf, ihren Einsatz für bestimmte Ziele zu empfehlen, und betont stattdessen ihren defensiven Charakter, weil sie einen Raum für das Leben in der Wahrheit und das unabhängige Leben der Gesellschaft sichert. Im Besonderen bedeutet dies, die Menschenrechte zu verteidigen, durch die ein solches Leben möglich ist.

Havels politisches Programm ist rein subjektorientiert. Statt Pläne zum Sturz des kommunistischen Regimes zu schmieden (und einen massiven Gegenschlag zu riskieren), versucht er, innerhalb des Systems einen Raum zu sichern, in dem der Einzelne unabhängig bleiben kann. Seine Feinde und sogar einige seiner Freunde erkannten vielleicht nicht, dass die Sicherung dieses Raums und der Sturz des Systems tatsächlich ein und dasselbe waren. Da die Legitimität des Systems auf der Bereitschaft des

Einzelnen beruhte, dem System symbolisch zu huldigen, konnte es das Wiederauftauchen unabhängiger Individuen, eben jener »Dissidenten«, nicht lange überleben. Havels Manifest ist keineswegs eine »intellektuell radikale Engstirnigkeit« (einer der hässlichsten Begriffe, die der sonst so elegante Petr Pithart, ein scharfer Kritiker des Texts, je geprägt hat),[427] sondern Havel zeigt auf, wie aus der »parallelen Polis« *die* Polis werden kann.

Er schenkt dem Konzept der Gesetzestreue besondere Aufmerksamkeit und hält es im Vergleich zu den radikaleren Methoden des zivilen Ungehorsams oder der direkten Konfrontation für die geeignetere Strategie, um die Ziele zu erreichen. Angesichts der Realität von Verfolgung, Gefängnisstrafen und groben Menschenrechtsverletzungen müssen viele seiner Freunde das Beharren auf Gesetzestreue als rein taktischen Schachzug empfunden haben. Havel jedoch ist der Ansicht, dass es um viel mehr als bloßes »Schwejksches Querulantentum« geht.[428] Das Festhalten am Gesetz ist nicht nur weniger riskant und hat weniger Vergeltungsmaßnahmen zur Folge, sondern es trifft das System auch an seiner Achillesferse. Denn das System versucht ja gerade, die Anwendung von Gewalt zu vermeiden, wenn es von seinen Untertanen rituelle Zustimmung einfordert. Deshalb hat es keine andere Wahl, als sein wahres Gesicht hinter einem Schleier legaler Nettigkeiten und leerer Versprechungen zu verbergen. Havel tritt dafür ein, diesen schwachen Punkt ganz wie beim Jiu-Jitsu auszunutzen und zu einem Vorteil für den Verteidiger der Menschenrechte zu machen, während zugleich der ideologische Bankrott des Systems aufgedeckt wird. Dabei ist er sich stets bewusst, dass das korrekte Festhalten an rechtlichen Maßstäben nichts anderes ist als ein Mittel zum Zweck.[429]

Hand in Hand mit dem Konzept der Gesetzestreue geht das Konzept der Gewaltfreiheit. Auch dabei spielt Havels Menschenbild eine Rolle. Die Anwendung von Gewalt kann das System freier machen, aber sie fesselt das Individuum, weil es ihm dadurch genauso unmöglich wird, in der Wahrheit zu leben, wie im vorherigen System. Hieraus schlossen viele, dass Havel wie Gandhi dem Gebrauch von Gewalt absolut abgeschworen hätte. Sie sollten später enttäuscht werden, weil er sich als Präsident letztlich nicht als Pazifist erwies. Ihre Enttäuschung jedoch beweist nur, dass sie *Versuch, in der Wahrheit zu leben* nicht genau genug gelesen hatten; dort schreibt Havel: »Allgemein kann sie [die Dissidentenbewegung] dieses Prinzip [der Veränderung des Systems durch Gewalt] nur als notwendiges Übel in extremen Situationen akzeptieren, wenn man sich der direkten Gewalt nicht mehr anders als durch Gewalt widersetzen kann, wenn der Verzicht darauf die Unterstützung der Gewalt bedeuten würde! Nehmen wir als Beispiel die Blindheit des europäischen Pazifismus als einen der Faktoren, die den Ausbruch des Zweiten Weltkriegs vorbereiteten.«[430] Manchmal konnte man nur in der Wahrheit leben, wenn man zu den Waffen griff.

Einige dieser Ziele konnte man als fast gänzlich defensive Maßnahmen betrachten. Dagegen hatte die Schaffung von »Parallelstrukturen«, wie sie der katholische Philosoph Václav Benda (wie Havel ein Unterzeichner der Charta 77) forderte, eine offensivere Bedeutung, und dasselbe galt auch für den Begriff der »zweiten Kultur«, den Ivan »Magor« Jirous prägte.[431] Sie konkretisierten das Leben »in der Wahrheit« durch die freie Ausübung nicht genehmigter sozialer Aktivitäten, deren »erlaubte« Varianten man ausüben konnte, indem man »eine Lüge lebte«. Das Konzept lag vielen oppositionellen Aktivitäten vor und nach der Charta zugrunde, zum Beispiel »parallelen« Samisdat-Verlagen wie Vaculíks Petlice (Riegel) und dem später von Havel gegründeten Expedice (Expedition), die jeweils Hunderte von Titeln herausbrachten. Dies gilt auch für die »parallele« Musik der Undergroundbands Plastic People of the Universe, DG307, des Liedermachers Svatopluk Karásek und anderer Musiker, wie auch für Bildungseinrichtungen (Hausuniversität[432] und Kampademia[433]), Theater (die Wohnungstheater von Vlasta Chramostová und Pavel Kohout), die Bildende Kunst (die »Hinterhofausstellungen« in

Prag, die Galerie in der preisgünstigen Drogerie in Brünn, dem Minisalon von Joska Skalník) und sogar für eine Art parallele Außenpolitik durch die Herstellung unabhängiger Kontakte mit Entscheidungsträgern und Meinungsmachern im Westen sowie mit gleichgesinnten oppositionellen Gruppen im Osten.[434] Havel verstand diese kleinen Parallelstrukturen keineswegs als »Rückzug in ein Ghetto«,[435] sondern als offene, lebende Organismen, die Energie ausstrahlten und für ihre Aktionen neue Teilnehmer anzogen. Für eine Gruppe nonkonformistischer slowakischer Soziologen in den achtziger Jahren waren diese Strukturen »Inseln positiver Abweichung«,[436] die, in einem ausreichenden Zeitraum, letztlich zu Bendas »paralleler Polis« verschmelzen würden. Wie spätere Entwicklungen zeigen, war dies keine intellektuelle Phantasterei, sondern ein realistischer Weg, um unter extrem schwierigen Bedingungen Politik zu machen.

Im letzten und vielleicht umstrittensten Teil des Manifests versuchte Havel seine Analyse und seine Schlussfolgerungen, die natürlich den Bedingungen einer posttotalitären kommunistischen Gesellschaft entsprangen, auf die moderne westliche Gesellschaft zu übertragen. Obwohl er »den Westen« schon immer als einen Zweig der von der Aufklärung hervorgebrachten emanzipierten, säkularen modernen Gesellschaft betrachtet hatte – die schließlich auch die Ideologien des Sozialismus und des Kommunismus hervorgebracht hatte –, brachte er die Argumentation in *Versuch, in der Wahrheit zu leben* zu ihrem logischen Schluss: Er forderte, dass auch im Westen eine Bewusstseinsveränderung stattfinden müsse, die auf ein Leben in der Wahrheit abziele, wenn der Mensch die Entfremdung und den »Automatismus« der modernen, technologisch bestimmten Gesellschaft überwinden solle. Seiner Ansicht nach konnten die Parallelstrukturen, die sich aus der radikalen, wenn auch unfreiwilligen Erfahrung der Dissidenten entwickelt hatten, vielleicht sogar eine Art Vorbild für den Westen werden: »Sind nicht diese informierten, unbürokratischen, dynamischen und offenen Gemeinschaften, diese ganze

›parallele Polis‹, eine Art Keim oder symbolisches Mikromodell jener sinnvollen ›postdemokratischen‹ politischen Strukturen, die eine bessere Ordnung der Gesellschaft begründen könnten?«[437]

Dies ist zugegebenermaßen ein etwas hochfliegender Gedanke für einen Schriftsteller, der sich in den zehn Jahren zuvor kaum außerhalb seines Hauses frei bewegen, geschweige denn ins Ausland reisen konnte. Nach der Samtenen Revolution wurden diese Überlegungen tatsächlich auch zu einem Hauptargument jener, die Havel gerne als militanten heimlichen Linken, als utopischen Denker oder gar als gefährlichen Radikalen hinstellen wollten, als jemanden, der die Grundlagen der freiheitlichen Demokratie im Westen zu unterminieren versuchte, genau wie er den »realen Sozialismus« im Osten unterminiert hatte. Václav Klaus, sein Nachfolger als Präsident, lobte ihn zwar in seiner Trauerrede als »prinzipientreuen Vertreter und Befürworter der Werte Menschlichkeit, Demokratie und Menschenrechte«, aber ein Jahr später äußerte er sich weniger freundlich: »Statt der Demokratie befürwortete er eine elitäre Postdemokratie, statt … traditioneller Werte eine modernistische Zerstörung der bestehenden menschlichen Ordnung. Das war eher ein Echo des französischen Jakobinismus als des britischen … klassischen Liberalismus.«[438]

Oberflächlich betrachtet ist diese Kritik nicht unberechtigt, obwohl der Vorwurf des Jakobinismus keineswegs zutreffend ist. Havel war damals wie später fest überzeugt davon, dass unsere zeitgenössische Zivilisation mit ihrer spirituellen Leere und ihrem absoluten Vertrauen in technische Lösungen langfristig nicht lebensfähig ist. Dies jedoch machte ihn weder zu einem Linksradikalen noch notwendigerweise zu einem Utopisten. Es trifft zwar zu, dass es die existentielle Revolution, zu der Havel aufgerufen hatte, nach 1989 nicht einmal in der Tschechoslowakei gab.[439] Daraus folgt jedoch nicht, dass eine solche Revolution weder möglich noch wünschbar wäre. Wäre sie eingetreten, hätte sie wenig mit den radikalen Revolutionskonzepten der Jakobiner, der radikalen Marxisten, Maoisten oder Befreiungstheologen gemeinsam gehabt, die bei der Verfolgung ihrer politischen Ziele stets auf organisiertes politisches Handeln und oft auch auf Gewaltanwendung bauen. Havels Revolution dagegen findet, wie er immer wieder klargemacht hat, im Inneren des Menschen statt und will mit politischer Aktion gewöhnlich nichts zu tun haben. Seine Beobachtung, dass der Mensch »ohnmächtig« zuschaut, »wie ihn jene gefühllos funktionierende Maschine, die er geschaffen hat, unaufhaltsam verschlingt, wie sie ihn aus allen seinen natürlichen Bedingungen herausreißt (zum Beispiel aus seiner ›Heimat‹ in den verschiedensten Bedeutungen des Wortes einschließlich seiner Heimat in der Biosphäre)«,[440] kann man wohl kaum als radikale Aussage bezeichnen.

Es ist unbestreitbar, dass Havel, der oft als Prophet der parteilosen Politik betrachtet wurde, sowohl als oppositioneller Theoretiker wie auch als aktiver Politiker ein etwas voreingenommenes Bild von den Parteien hatte. Als er täglich mit der Welt der praktischen Politik konfrontiert wurde, erkannte er die Rolle politischer Organisationen an, in denen sich politische Energie verdichtet und die dadurch als Kräfte des Wandels wirken können. Zugleich klingt die Befürchtung heute vielleicht richtiger als vor 35 Jahren, dass »dieser ganze statische Komplex der erstarrten, konzeptionslosen und politisch nur noch zweckbedingt handelnden politischen Massenparteien, die von professionellen Apparaten beherrscht werden und den Bürger von jeglicher konkreter und persönlicher Verantwortung entbinden«, kaum als Weg gesehen kann, »auf dem der Mensch wieder zu sich selbst findet«.[441] Havels Aufruf zur »Rehabilitierung solcher Werte wie Vertrauen, Offenheit, Verantwortung, Solidarität, Liebe«[442] als wichtigste Antriebe politischen Handelns mag vielleicht ein wenig naiv klingen, die Zielsetzung ist aber durchaus wünschenswert in unserem von Misstrauen, Unsicherheit, Verantwortungslosigkeit, Feindseligkeit und Frustration geprägten Zeitalter. Havels durchaus vernünftige Forderung »Die Integrität der Führenden sollte aus ihrer Erfahrung resultieren, nicht aus ihrer Stellung in irgendeiner Rangordnung«,[443] lässt sich schwerlich als Ruf nach »charismatischen und mächtigen Führern«[444] interpretieren.

Ob das »postdemokratische System« existieren sollte, das Havel sich vorstellte, und ob die aus Verzweiflung geborene und durch Vertrauen, Liebe, Solidarität und Verantwortungsbewusstsein überlebende Gemeinschaft der Dissidenten ein Modell dafür sein könnte, ist eine Frage, die man durchaus auch mit einem gewissen Skeptizismus betrachten kann. Dass sich die moderne Demokratie in einer Krise befindet, ist andererseits heute offensichtlicher als in einer Zeit, in der die demokratischen Staaten angesichts eines tödlichen totalitären Feindes durch ein starkes Band der Solidarität zusammengehalten wurden. »Nur noch irgendein Gott kann uns retten«, zitiert Havel Martin Heidegger in *Versuch, in der Wahrheit zu leben*.[445] Er verbrachte den Rest seines Lebens mit der Verfolgung dieses Gedankens.

DAS IMPERIUM SCHLÄGT ZURÜCK

Václav ist kein Feigling. Das ist mehr, als tapfer zu sein.

Pavel Landovský

Die ganze Zeit, als Havel an *Versuch, in der Wahrheit zu leben* arbeitete, war er sich der Tatsache sehr bewusst, dass er unerbetene und unerfreuliche Gesellschaft hatte. Seit dem 5. August 1978 parkte ein Polizeiauto auf der Straße vor seinem Haus in Hrádeček, die eigentlich unpassierbar war, weil sich an ihrem einen Ende ein Haufen Kies und an ihrem anderen ein Schild mit der Aufschrift »Zufahrt verboten« befand. Die Polizei hielt alle Besucher an, warnte, dass sie nur »auf eigene Gefahr« hineinfahren dürften, und schikanierte sie, indem sie willkürlich Bußgelder verhängte oder ihnen den Führerschein abnahm. Havels Führerschein war ebenfalls ein so beliebtes Beschlagnahmeobjekt, dass er mehr Zeit zu Fuß unterwegs war als mit dem Auto. Wohin er auch ging, zwei Polizisten begleiteten ihn, gleichgültig ob er in der Stadt einkaufte oder mit dem Hund spazieren ging.[446]

Im November besuchte er Prag und übernahm in Missachtung früherer Versprechungen erneut die Rolle des Chartasprechers. Am folgenden Tag überwachten ihn mehrere Zivilpolizisten. Sie folgten ihm überallhin, sogar in die Sauna. Bei einem dieser Ausflüge bat ihn ein älterer Polizist mit einem Herzschrittmacher ganz beschämt zu warten, bis sein saunatauglicher Ersatzmann eintraf. Einen Monat später, als Havel und seine Frau erneut Prag besuchten, wurden sie dort in ihrer Wohnung zu Gefangenen gemacht. Zwei Polizisten mit Funkgerät waren auf dem Treppenabsatz vor ihrer Wohnung stationiert und ließen niemanden hinein oder heraus. Erst als ihnen offenbar dämmerte, dass sie dadurch ihre Gefangenen zu einem langsamen Hungertod verurteilten, erlaubten sie Olga, einkaufen zu gehen. Nach drei Tagen zogen sich Václav und Olga wieder nach Hrádeček zurück. Dort warteten weitere Überraschungen auf sie. Über Weihnachten errichtete die Polizei auf dem Feld, das gegenüber von ihrem Haus auf der anderen Straßenseite lag, einen kleinen Wachturm auf Stelzen. Havel verpasste ihm den Namen Lunochod, weil er aussah wie das gleichnamige russische Mondfahrzeug. Lunochod wurde von der Polizei in unregelmäßigen Schichten besetzt, um den gefährlichen Rebellen im Auge zu behalten.[447] Wie immer hegte Havel keinen Groll gegen seine Beschatter – gewöhnlich lokale Polizisten, von denen einige ganz offensichtlich unglücklich über ihren eintönigen und unverkennbar absurden Auftrag waren. Wie jede große Stadt bot auch Prag jedermann ein gewisses Maß an Anonymität, selbst der Polizei. Doch in einem kleinen Ort wie Vlčice, dem nächsten Dorf in der Nähe von Hrádeček, bekamen die Leute fast alles mit, was sich vor Havels Haus abspielte, und die meisten taten nicht einmal so, als ob es ihnen gefiele. Havel hatte oft Mitgefühl mit den Polizisten und gab sich alle Mühe, ihnen die Arbeit zu erleichtern, indem er harmlos mit ihnen plauderte. Er versuchte, trotz der Dauerbelästigung höflich zu bleiben, und bot ihnen Kaffee oder Tee an – sehr zu Olgas Missfallen, von der die berühmte Äußerung stammte, dass sie der Polizei nicht einmal den Namen ihres Hundes verriete.[448]

Weitere Überraschungen waren noch lästiger. Obwohl es der Staatsmacht viel lieber war, wenn sich Havel in seinem Haus auf dem Land aufhielt, wo er leicht beobachtet und isoliert werden konnte, machte sie ihm auch dort das Leben schwer, indem sie beispielsweise seine Zentralheizung und die Wasser- und Abwasserleitungen sabotierte. Diese Maßnahmen waren nicht sonderlich rational. Einerseits unternahm das Regime einen juristischen (und letztlich erfolglosen) Versuch, Havels Prager Wohnung zu beschlagnahmen und ihn endgültig nach Hrádeček zu verdrängen, andererseits versuchte es, ihm auch dort das Leben unmöglich zu machen.

Dennoch fand Havel in seiner »existentiellen Heimat« Hrádeček mehr Frieden als in Prag. Wenn er sich den Arbeiten im Haus widmete, im Garten arbeitete, Essen kochte oder sich zum Schreiben in sein Arbeitszimmer zurückzog, behielt er eine gewisse Kontrolle über sein Leben. In seinem Landhaus gab es nicht annähernd so viel Ablenkung wie in der Hauptstadt. Er hatte kein Telefon in Hrádeček, und die Polizisten saßen nicht wie in Prag direkt vor seiner Wohnungstür, sondern in ihrem Lunochod auf der anderen Straßenseite. Dort brachten sie offenbar etwas Abwechslung in ihre langweilige Aufgabe, indem sie Mädchen und Getränke mitbrachten. Außerdem war in Hrádeček das Risiko geringer, dass Havel plötzlich zum Verhör abgeholt und sein Tagesablauf gestört wurde.

Ein weiteres Werk stellte er 1978 in Hrádeček fertig: den Einakter *Protest*, in dem erneut sein Alter Ego Vaněk eine der beiden Hauptfiguren ist. Das Stück bildet zusammen mit *Audienz* und *Vernissage* die Vaněk-Trilogie.[449] Es ist wie auch die beiden Vorgänger von Havels persönlichen Erfahrungen inspiriert, dieses Mal vom Unterschriftensammeln für die diversen Petitionen und Proteste in der »normalisierten« Tschechoslowakei. Vaněks Gegenüber Staněk ist ebenfalls ein Schriftsteller und Intellektueller, der aber noch innerhalb des Systems arbeitet, obwohl er mit der Opposition und ihren Anliegen sympathisiert. Dennoch inszeniert er ein Treffen, um Vaněk auf den Fall eines jungen Musikers aufmerksam zu machen, der zufällig mit seiner Tochter befreundet ist und zu Unrecht von der Staatsmacht verfolgt wird. Staněk bringt ein eher allgemeines Mitgefühl mit dem Kampf der Dissidenten zum Ausdruck und bietet sogar etwas Geld an, um den Familien politischer Gefangener zu helfen. Als sich herausstellt, dass Vaněk gar nicht erst überredet werden muss und bereits eine Petition für den jungen Musiker organisiert hat, die er nun Staněk zu Unterschrift vorlegt, verfällt dieser in einen typisch Havel'schen Monolog, in dem er auf geradezu geniale Weise erklärt, warum seine Unterschrift nun doch eigentlich kontraproduktiv wäre. Vaněk ist unübersehbar peinlich berührt und will gehen, da nimmt die Sache die nächste überraschende Wendung. Wie sich herausstellt, ist der junge Musiker gerade aus dem Gefängnis entlassen worden. Staněk könnte recht gehabt haben: Hätte Vaněk die Petition ein paar Tage früher auf den Weg gebracht, hätte sich das Regime wahrscheinlich in die Enge getrieben gefühlt und seinen Gefangenen nicht freigelassen.

Obwohl Havel *Protest* und seine anderen Einakter zu seinen weniger wichtigen Werken zählte – für ihn waren sie eine Art greenesker »Unterhaltung« –, wird in ihnen doch deutlich, dass ihm nicht nur die moralische Bedeutung der gemeinsamen Aktionen mit seinen Freunden bewusst war, sondern auch deren inhärente Zwiespältigkeit. Zwischen einer moralischen Handlung und ihrem Ergebnis muss nicht zwangsläufig eine direkte Kausalität bestehen. In der realen Welt kann sich eine moralische Handlung negativ auswirken, andersherum kann es positive Folgen haben, wenn nichts getan wird. Nichts war je einfach. Diese Einsicht schützte Havel und viele andere Chartisten (wenn auch nicht alle) vor der Selbstgerechtigkeit, die in vielen revolutionären Bewegungen alltäglich ist.

Dieselbe Einsicht spielte auch in einer polemischen Auseinandersetzung eine Rolle, die Havel[450] damals mit seinem engen Verbündeten, Freund und Schriftstellerkollegen Ludvík Vaculík[451] ausfocht. Sie wurde dadurch ausgelöst, dass Vaculík die Frage stellte: »Bin ich reif genug für das Gefängnis?« Seine Antwort lautete, entweder solle man sich so verhalten, dass sich die Frage erst gar nicht stelle, oder man solle schon im Voraus entscheiden, ob das eigene Verhalten ein solches Risiko wert sei – zweifellos ein Dilemma, vor dem beide Männer und ihre Kollegen immer wieder gestanden haben dürften. In seiner Antwort vertrat Havel, genau wie in seinem Stück *Protest*, die Ansicht, dass die Frage in einer Welt der Willkürjustiz keinen Sinn habe, da man gar nicht im Voraus wissen könne, wofür man ins Gefängnis komme oder wie man eine Inhaftierung vermeiden könne.

Trotz aller Einschränkungen seiner Bewegungsfreiheit fand Havel immer noch die Zeit für private Eskapaden. Nach der Aufführung der *Gauneroper* freundete er sich mit Jana Tůmová an, die tagsüber in einem Buchladen, abends als Garderobiere in einem Musikclub und am Wochenende als Amateurschauspielerin arbeitete. Jana hatte in der *Gauneroper* die Elisabeth Peachum gespielt und war eine unkomplizierte junge Frau. Sie versorgte Havel mit Büchern, die schwer zu bekommen waren, und Olga scheint die Affäre geduldet zu haben, weil sie sie als wenig bedrohlich empfand. Die Episode könnte als Modell für das eigenartige Dreiecksverhältnis Pechar–Pecharová–Milena in *Das Berghotel* gedient haben.[452] Ernster war die leidenschaftliche Affäre, die Havel eine beträchtliche Zeit lang mit der brünetten Schönheit Anna Kohoutová, der in Jugoslawien geborenen Exfrau Pavel Kohouts, hatte. Kohout und er führten die abenteuerliche Existenz von Dissidenten, beide bereiteten sie gemeinsam Feinschmeckermahlzeiten für Freunde und Verwandte zu, sie teilten sich zahllose Flaschen Wein, Theaterfiguren, Häuser und schließlich auch die Frauen.

Solche emotionalen Permutationen kamen unter den Dissidenten immer wieder vor, ein scheinbar zügelloser Frauentausch, der weniger ideologisch bedingt war, als dass er reiner Not entsprang, weil die Kontakte zur Außenwelt und ihren sexuellen Möglichkeiten so stark eingeschränkt waren. Havels Geliebte war Kohouts frühere Frau, Ivan Havels Frau Květa sollte später Jiří Dienstbier heiraten, und Věra Jirousová, die frühere Frau Magors, wurde die Geliebte von Jiří Němec. Dessen daraufhin wenig später geschiedene Frau war Olga Havel dankbar, wenn sie gelegentlich auf eines ihrer sieben Kinder aufpasste. Das Ausmaß der Freiheit und Toleranz, das diese Partnerwechsel ermöglichte, kann man im Nachhinein bewundern oder verdammen, bemerkenswert ist jedoch, wie gut die persönlichen Beziehungen zwischen den Dissidenten dieses Hin und Her überlebten, das für viele konventionelle Freundschaften den Ruin bedeutet hätte.

Nicht dass Olga die Liebschaften ihres Mannes gleichgültig gewesen wären. Sie liebte ihn und war gelegentlich von heftiger Eifersucht geplagt. Zugleich jedoch besann sie sich lieber auf ihre »mütterliche« Seite und behielt die Kontrolle, anstatt den vollständigen Zusammenbruch ihrer Ehe zu riskieren. Außerdem mochte sie Anna offenbar wirklich gern, und es kam öfters vor, dass sich die beiden Frauen zusammen in Hrádeček aufhielten, wenn Havel anderweitig beschäftigt war. Obwohl Olga erkannte, dass ihr Mann und Anna sich sehr liebten und dies den exklusiven Charakter ihrer Beziehung zu Havel bedrohte, machte sie ihre Rivalin nie dafür verantwortlich und behandelte sie, wenn auch etwas angespannt, mit echtem Respekt. Umgekehrt versuchte Anna nie, ihre momentane Überlegenheit zu nutzen, um Václav seiner Frau zu entfremden. Als Olga fast zwanzig Jahre später im Sterben lag, schickte ihm Anna eine kurze Mitteilung: »Ich bin sehr glücklich, dass Olga wieder zu Hause bei Dir und Ďula ist«, schrieb sie. »Ich liebe Euch beide. Ich denke an Olga und bete für sie. Deine Andula. P.S.: Ich bin ganz furchtbar traurig!«[453]

Am Abend des 28. Mai 1979 hielten sich die drei Personen an verschiedenen Orten auf. Olga war allein in Hrádeček, Anna bei sich zu Hause und Havel auf einer Party, zu deren Gästen unter anderem der beliebte dadaistische Dichter und Sänger Jan Vodňanský und seine Frau Jitka gehörten, eine attraktive Psychotherapeutin, die sofort Havels Blicke auf sich zog. Als er ihr den Hof machte, war er sich zum Glück nicht bewusst, dass er in den kommenden vier Jahren keinen engen Kontakt mit dem weiblichen Geschlecht mehr haben sollte. Am folgenden Nachmittag brach die Polizei die Tür zu seiner Prager Wohnung auf, weil sie vermutete, dass er sich dort verborgen hielt. Danach suchten sie mehrere Stunden nach ihm,[454] bis sie ihn schließlich in Annas Wohnung verhafteten. Als er im Februar 1983 aus dem Gefängnis kam, kehrte er zu der Frau zurück, bei der er in der Nacht vor seiner Verhaftung gewesen war – nicht zu Anna, sondern zu Jitka Vodňanská.

DER PROZESS

Von einem gewissen Punkt an gibt es keine Rückkehr mehr.
Dieser Punkt ist zu erreichen.

Franz Kafka

Der 29. Mai 1979 war ein Dienstag, und Havel war seit dem Abend zuvor nicht mehr zu Hause gewesen. Die Verhaftung kam plötzlich, aber nicht unerwartet, wie die blaue Tasche vermuten lässt, die er bei sich hatte. Sie enthielt vier Hemden, Unterwäsche, Toilettenartikel, einen Pullover, einen Schlafanzug und ein Exemplar von Ken Keseys *Einer flog über das Kuckucksnest* in der tschechischen Übersetzung von Jaroslav Kořán. Die Filmversion des Buches, die Havels alter Zimmergenosse Miloš Forman 1975 gedreht hatte, war nach 41 Jahren der erste Film gewesen, der in allen wichtigen Kategorien einen Oscar bekam.

Ohne Havels Wissen hatte die Polizei auch das Haus in Hrádeček durchsucht, aber nur Olga vorgefunden. Sechzehn weitere Mitglieder des VONS, des Komitees zur Verteidigung unschuldig Verfolgter, wurden am Dienstagmorgen festgenommen. Zehn blieben in Untersuchungshaft und wurden wegen Subversion angeklagt. Dieses Mal meinte die Staatsmacht es ernst. Unmittelbar nach Havels Festnahme kam ein Kranwagen nach Hrádeček und lud das Lunochod auf einen Lkw, ein sicheres Zeichen, dass Havel für einige Zeit nicht mehr überwacht werden würde.

Die Verhaftung war eine logische Folge von Havels Aktivitäten der letzten zwei Jahre – und er wusste das. In gewisser Hinsicht war sie, wie er selbst einräumte, eine Folge seiner Bemühungen, sich zu »rehabilitieren«, eine Konsequenz jener fieberhaften Aktivitäten, durch die er, wie er selbst ahnte, »mit größter Wahrscheinlichkeit wieder im Gefängnis« landen würde.[455] Außerdem war seine Verhaftung die einzige praktische Möglichkeit, einen Mythos zu widerlegen, der sogar von einem Teil der Dissidenten geglaubt wurde. Dieser Mythos besagte, dass es unter den Chartisten Leute gebe, die im Ausland wie zu Hause so bekannt und angesehen seien und so gute Beziehungen hätten, dass sie im Gegensatz zu den weniger bekannten Unruhestiftern nicht bestraft würden. Während Kohout dieses Gefühl der Unbesiegbarkeit eher genoss, im Vertrauen darauf außerordentliche Risiken einging und sogar gelegentlich im Verhör damit prahlte, war Havel eine solche Unantastbarkeit verhasst. Er hätte sie als ein weiteres unverdientes Privileg empfunden. Die Erkenntnis, dass völlig unbekannte, unschuldige und unpolitische junge Leute brutal verfolgt wurden, wohingegen er von seinen harten Deviseneinnahmen leben, einen Mercedes fahren und luxuriöse Dinners kochen durfte, war tatsächlich einer der Beweggründe gewesen, weshalb er mit der Charta-Idee an Kohout und andere herangetreten war.

Nun sollte er unter erheblichen Opfern beweisen, dass der Mythos nur ein Mythos war. Bis zum Ende der siebziger Jahre hatte das Regime vor allem aus Gründen der Selbsterhaltung gelernt, in Kosten-Nutzen-Erwägungen und Kompromissen zu denken. Das Schicksal und das Wohlbefinden jedes Einzelnen konnten dadurch auf eine Gleichung reduziert werden, die sich aus seiner Anpassungsbereitschaft, seiner Fähigkeit, Schwierigkeiten zu machen, und der Größe seines Ansehens im In- und Ausland errechnete. In gewisser Hinsicht hing es von der jeweiligen Person ab, ob sie die Grenzen, die ihr durch die Gleichung gegeben waren, respektierte oder bewusst überschritt. Doch es gab auch ein willkürliches Element im Verhalten der Staatsmacht, wie Havel in der Auseinandersetzung mit Ludvík Vaculík argumentiert hatte. Während er unter Hausarrest gestellt wurde, durfte Kohout das Land für ein einjähriges Gastspiel am Wiener Burgtheater verlassen, und wenig später konnte auch Pavel Landovský ein solches Engagement in Wien annehmen. Die Geheimpolizei verstand sich hervorragend darauf, ihren Opfern ein Gefühl der Einsamkeit zu vermitteln.

Der Sommer 1979 war einer der heißesten seit Jahren. Die Gefängniszelle, in der Havel mit mehreren anderen saß, war unerträglich heiß und stickig. Er begann aus Protest gegen seine Inhaftierung einen Hungerstreik, erkannte jedoch bald, dass er damit nicht durchdrang.[456]

Noch immer bestand eine Chance, dass der Bühnenautor wieder freigelassen würde. Die Staatsmacht war sich darüber im Klaren, dass die Anklage und Verurteilung von Menschenrechtlern international einen Aufschrei der Empörung auslösen würden, und bot Havel genau wie Kohout ein einjähriges »Theaterstipendium« an. In seinem Fall war das Ziel New York, und das Angebot wurde ihm, um den Schein zu wahren, vom Chef der Nordamerikaabteilung des tschechoslowakischen Außenministeriums unterbreitet. Die Offerte war durchaus ernst gemeint und tatsächlich schon zwischen dem State Department und dem Prager Außenministerium besprochen.[457] Der Rettungsring, den Miloš Forman organisiert hatte, wurde Havel von Joe Papp zugeworfen, dem Chef des Public Theater in New York, an dem 1968 die *Die Benachrichtigung* ihre amerikanische Uraufführung erlebt hatte. Havel überdachte das Angebot, besprach es mit Olga, als sie ihn am 5. September besuchte – und lehnte ab.

Das Gedächtnis ist sehr gut im Glattbügeln von Widersprüchen. In *Fernverhör* sagt Havel, er habe es nie bedauert, das Angebot ausgeschlagen zu haben.[458] Zwanzig Jahre nach der Entscheidung erzählte er einem Interviewpartner[459] von Olgas Besuch im Gefängnis und dem Gespräch, als ob das Angebot, wenigstens von Olga, als lächerlich empfunden worden sei. Laut Kosatík[460] überließ sie die Entscheidung ihrem Mann, weil sie sich darüber klar war, dass ihm das in seiner Lage zustand. Doch im Gespräch mit mehreren Freunden beurteilte sie das Angebot eindeutig negativ. Zu anderen sagte sie jedoch, es würde ihr nichts ausmachen, eine Zeitlang aus der Tschechoslowakei herauszukommen.[461] Tatsächlich war die Entscheidung ausgesprochen qualvoll. Havels Anwalt Josef Lžičař, der ohne Havels Wissen auch der anderen Seite diente, berichtete seinem Kontaktmann beim StB, dass Havel, wenn ihm eine (durchaus mögliche) Strafe von sechs bis sieben Jahre Gefängnis drohe, eine Emigration der Haft vorziehen würde.[462] In Havels Freundeskreis erzählte Olga, ihr Mann habe ihr gesagt: »Ich werde ihnen fünf Jahre meines Lebens geben, aber nicht einen Tag mehr.«[463] Verständlicherweise werfen einige Biographen[464] die Frage auf, warum das Urteil, das ja eher auf eine politische Anordnung zurückging als auf eine juristisch abgewogene Entscheidung, nicht von vornherein so hoch ausfiel, dass es den Bühnenautor zum Verlassen des Landes zwang. Hier spielte offenbar das Gefangenendilemma eine Rolle, ein Spiel, bei dem zwei Gefangene einen Ausbruch vorbereiten, aber nur raten können, welche Absichten der andere tatsächlich verfolgt. Die Staatsmacht konnte Havel nicht gut wissen lassen, wie lange seine Haft dauern würde, damit er eine gute Basis für seine Entscheidung hatte. Sie konnte ihn aber auch schlecht ins Ausland reisen und das aufregende Theaterleben in New York genießen lassen, nachdem sie ein hartes Urteil über ihn verhängt hatte.

Die authentischsten Dokumente für Václav Havels damaliges Denken sind die Briefe, die er aus dem Gefängnis an Olga schrieb. Sie bieten ein noch komplizierteres Bild, was das »Stipendium« für New York betrifft. In Brief Nr. 10 vom 22. September[465] bedauert Havel die »übertriebene Vorsicht«, mit der er das Angebot aufgenommen habe, und spekuliert, dass »die Dinge heute vielleicht besser für mich stünden, wenn ich nur ein bisschen anders reagiert hätte«.[466] Da Olgas Briefe an Havel nie gefunden wurden, kann man nur spekulieren, wie ihre Antwort ausfiel, aber aus seinem Brief Nr. 13 vom 3. November, in dem von ihrer »Predigt« die Rede ist, lässt sich schließen, dass er nicht sonderlich erfreut darüber war, »›wieder‹ in irgendwelche unangemessene Spekulationen verwickelt« zu werden.[467] »Wieder« kann nur bedeuten, dass Havel sich die Sache gründlich überlegt hatte. Dennoch führt er Olgas Ermahnungen nicht nur auf ein »Missverständnis« wegen seiner »ein wenig verworrenen Sprache« zurück, sondern dreht auch den Spieß um, indem er sie daran erinnert, dass sie bei ihrem letzten Besuch gefragt habe, ob das Angebot »nicht doch erwägenswert wäre«.[468]

Als er sich später an die Episode erinnerte, wurde er möglicherweise Opfer seines eigenen Heldenmythos. Aus dem Kontext wird deutlich, dass er nicht nur ernsthaft in Erwägung zog, nach Amerika zu gehen, sondern sogar eine Zeitlang an nichts anderes dachte. In einem Postscriptum zu seinem Brief vom 1. Dezember schreibt er: »Ich träume oft von Honza Tříska, Miloš Forman und Pavel K[ohout]. Allesamt Ausländer«.[469]

Angesichts einer langjährigen Gefängnisstrafe hätte nur ein Narr darauf verzichtet, über eine erträglichere Alternative nachzudenken. Verwirrend ist lediglich, dass sich Havel, der bei den meisten Gelegenheiten so brutal ehrlich mit sich selbst war, in diesem besonderen Fall ein wenig verstellte. Eine naheliegende Erklärung hierfür ist seine geradezu panische Furcht, dass man ihn, wie im April 1977, erneut in einem Moment der Schwäche ertappen könnte. Er konnte nicht erkennen, dass die ganze Wahrheit eigentlich sogar heroischer war als die vereinfachte Version. Er traf seinen Entschluss, die Strafe abzusitzen, nicht als eine Art oppositioneller Superman, sondern als zutiefst gespaltener Mensch, in voller Wahrnehmung seiner Möglichkeiten und der Folgen – als ein Mensch, der davon träumte, das Einfache zu tun, und der das Schwierige wählte. »Halte ich das fünf Jahre aus? Wahrscheinlich. Eine andere Möglichkeit habe ich übrigens gar nicht. Oder vielleicht doch – aber ich weiß nicht, was geschehen müsste, damit ich mich für sie entschiede. In der Sache habe ich mich festgelegt. Ich habe meinen tschechischen Eigensinn und bleibe dabei.«[470] Olgas Denkprozess scheint dagegen direkter abgelaufen zu sein. Ihr fiel es leichter, sich für harte Zeiten zu wappnen, auch wenn ihre Leiden nicht mit seinen vergleichbar waren. Außerdem hatte sie in Übersee nicht viel zu gewinnen. Der Mann hatte viele Facetten, die Frau war aus einem Stück.

Das Deprimierende an dem eigentlichen Prozess, der am 22.

Oktober begann und schon am folgenden Tag endete, bestand darin, dass er so unspektakulär ablief. Das Ganze war ein streng nach Drehbuch verlaufender stalinistischer Prozess, der von einem juristischen Übeltäter mit dem bezeichnenden Namen Kašpar geleitet wurde. Der Richter war schon bei der früheren Anklage gegen Havel kurz in Erscheinung getreten und wurde für seine Anstrengungen schließlich zum Justizminister befördert. Von den 18 Sitzplätzen in dem kleinen Gerichtssaal waren fünf für unbekannte Personen reserviert, die nach Lust und Laune kamen und gingen, der sechste war von einem Reporter der Zeitung *Rudé právo* belegt. Die zwölf restlichen Plätze waren natürlich nicht einmal annähernd genug für die Familien der sechs Angeklagten Václav Havel, Jiří Dienstbier, Petr Uhl, Václav Benda, Otta Bednářová und Dana Němcová (eine Mutter von sieben Kindern).

Die Polizei schikanierte und bedrohte die kleine Schar der Angehörigen und Freunde, die nicht in den Saal gelassen wurden. Mehrere wurden geschlagen, andere wurden durchsucht. Im Gerichtssaal tat Kašpar sein Möglichstes, um die Angeklagten, die Zeugen und die Öffentlichkeit einzuschüchtern. Er ließ Notizen beschlagnahmen, die sich die Angehörigen machten, Anna Šabatová, die Frau von Petr Uhl, wurde mit Gewalt aus dem Gerichtssaal entfernt.

Das Verhalten der Angeklagten, die sich alle bewusst waren, dass das Urteil schon feststand, ließ ihre verschiedenen politischen Philosophien und Temperamente erkennen. Während Havel versuchte, mit den Richtern zu diskutieren, und ihnen gegenüber die Ansicht vertrat, dass selbst nach dem extrem enggefassten Legalitätsbegriff des kommunistischen Regimes keiner von ihnen eine Straftat begangen hatte, trat der radikale Sozialist Petr Uhl in die Fußstapfen seiner revolutionären Vorläufer von Georgi Dimitrow bis Fidel Castro und sprach dem Gericht jede Legitimität ab.

Die Unterschiede spielten indes kaum eine Rolle. Nach zwei Tagen befand das Gericht alle Angeklagten der Subversion für schuldig und verurteilte Petr Uhl zu fünf Jahren, Václav Benda zu vier, Jiří Dienstbier zu drei, Václav Havel zu viereinhalb und Otta Bednářová zu drei Jahren Gefängnis. Nur Dana Němcová kam mit einer Bewährungsstrafe von zwei Jahren davon; ihr Ehemann Jiří Nemec, mit dem sie sich auseinandergelebt hatte, ebenfalls ein Mitglied des VONS, saß damals schon im Gefängnis, und das Gericht scheute offenbar die Kosten, die eine staatliche Unterbringung ihrer sieben Kinder verursacht hätte. Nach einer erfolglosen Berufung wurden Havel, Dienstbier und Benda am 7. Januar 1980 in das Gefängnis Heřmanice nach Ostrava verfrachtet. Genau drei Jahre nach der Publikation der Charta 77 hatte das Regime Rache genommen.

LIEBE OLGA

Ja, ich sah nie einen Mann, der geschaut
Mit Augen so sehnsuchtentbrannt
Hinauf in das winzige Zelt von Blau
– Von Sträflingen Himmel genannt.

Oscar Wilde, Die Ballade vom Zuchthaus zu Reading

Was wir über Havels Jahre im Gefängnis wissen, über seine fünfmonatige Untersuchungshaft vor dem Prozess und dann die eigentliche Haftzeit, stammt aus den Gerichts- und Gefängnisakten, aus den fragmentarischen Erinnerungen einiger Mithäftlinge und aus den oft undurchsichtigen und zunehmend abstrakten Briefen aus dem Gefängnis, die fast alle in der Sammlung *Briefe an Olga* abgedruckt sind. Wenn Havel, zum Beispiel in *Fernverhör*, direkt nach seiner Zeit im Gefängnis befragt wird, klingt er ziemlich ausweichend und begründet das damit, »nicht der Typ des epischen Autors« zu sein. Er sei nicht in der Lage, Geschichten zu erzählen, die der wirklichen Erfahrung gerecht würden.[471] Schließlich erzählt er aber doch, dass er in Heřmanice als Punktschweißer gearbeitet habe und es schwer für ihn gewesen sei, die Arbeitsnorm zu erfüllen. Nach mehreren Monaten der Quälerei und der Demütigungen bekam er eine neue Aufgabe zugeteilt, jetzt war er mit einem Schweißbrenner beschäftigt. Er arbeitete in wechselnden Schichten mit seinem Mitgefangenen Jiří Dienstbier, einem früheren Journalisten, der ebenfalls die Charta 77 unterzeichnet hatte und später Außenminister werden sollte. Nachdem er in ein anderes Gefängnis verlegt worden war, nach Bory am Stadtrand von Pilsen, arbeitete er dort im Wäscheraum (»einem sehr exklusiven Arbeitsplatz«), gegen Ende seiner Haftzeit musste er die Isolierungen von Kabeln entfernen. Der Rest seines Gefängnisaufenthalts sei »hinter einem eigenartigen Nebel« verborgen, sagte er.[472] Manchmal erinnerte sich Havel widerstrebend an bestimmte Strafen und Demütigungen, etwa an die Zeiten der Einzelhaft, weil er die Norm nicht erfüllt hatte, an den Entzug der Erlaubnis, Briefe zu schreiben und Pakete oder Besuche zu empfangen – Methoden, die ihn daran erinnern sollten, dass er (in einem Land, das die Existenz politischer Gefangener leugnete) etwas erheblich Schlimmeres als ein gewöhnlicher Krimineller war. Lieber erzählte er von dem fast immer respektvollen Verhalten seiner Mitgefangenen (er war sehr begehrt als Helfer beim Schreiben von Briefen und beim Formulieren von Gesuchen an die Staatsmacht) und sogar von gelegentlichen guten Taten seiner Wärter. In nächtlichen Gesprächen mit Freunden sprach er manchmal auch über die Funktionsweise der Gefangenenhierarchie, über den sexuellen Missbrauch mancher Häftlinge oder über den Schwarzmarkt im Gefängnis.

Das Widerstreben, mit dem Havel auf diese Jahre zurückblickte, ließ manchen vermuten, er habe Dinge erlebt, an die er sich lieber nicht erinnern wolle. Zwar arbeitet das Gedächtnis im Allgemeinen so, dass es unangenehme Erinnerungen unterdrückt, und meist ist es auch unmöglich zu beweisen, dass etwas nicht passiert ist. Dennoch deutet nichts darauf hin, dass Havel später Erlebnisse aus seinem vierjährigen Gefängnisaufenthalt verbarg oder falsch darstellte.

Tatsächlich setzte er sich mit den unmittelbaren Erfahrungen in seinem Leben stets intensiv auseinander, und wenn etwas Interessantes passierte, beschäftigte er sich stunden-, sogar tagelang damit, erzählte es mit Begeisterung jedem, der es hören wollte. Bald danach jedoch setzte ein Prozess ein, durch den er das Erlebte in seinem Langzeitgedächtnis abspeicherte und in einen bereits existierenden Rahmen einfügte – oder einen neuen Rahmen dafür schuf. »Bevor man den Sinn einer Angelegenheit nicht trifft, ist es besser, sich mit ihr einfach nicht zu befassen«,[473] sagte er einmal. Es war also der Sinn und nicht die Erfahrung, worauf es ihm ankam.

Die Kargheit der Geschichten über Havels Haft, wenigstens soweit er sie selbst erzählte, ließ einen seiner Biographen[474] darauf schließen, dass der Gefängnisaufenthalt die Zeit in Havels Leben sei, über die am wenigsten bekannt sei. Wahrscheinlich ist jedoch das Gegenteil richtig. Ein Gefängnisaufenthalt ist selten besonders ereignisreich. Dennoch stellen die Briefe, die Havel jede Woche an Olga schrieb, wobei er die von der Gefängnisordnung erlaubten vier handgeschriebenen Seiten stets füllte, einzigartige Dokumente seiner Stimmungen, seiner Interessen und seines Denkens dar, sie sind Dokumente eines Lebens, das gleichsam umgestülpt wurde und größtenteils im Kopf des Gefangenen stattfand. Die Überlieferung über sein Leben vor der Haftzeit ist bestenfalls schwankend und besteht aus vielen Versionen wohlbekannter Ereignisse und Anekdoten, umfasst aber auch lange Intervalle, über die fast nichts bekannt ist. Dagegen haben die Briefe an Olga (das einzige Dokument in Havels Leben, das einem Tagebuch verwandt ist) eine zeitliche Abfolge. Und sie sind bereichert durch Teilinformationen über den geistigen Input, den Havel durch »Briefe von Olga«[475] bekam. (Diese stammen in Wirklichkeit nicht von Olga, sondern von seinem Bruder Ivan und dessen Freunden; Olgas viel kürzere Briefe wurden nicht gefunden.)

Eigentlich muss man es noch stärker formulieren: Über keine andere Periode wissen wir so viel wie über seine Zeit im Gefängnis. Offensichtlich fehlt uns eine detaillierte Schilderung seiner Arbeit als Schweißer. Wir wissen nicht, wie er den Umgang mit dem Schweißbrenner lernte, und über den vermutlich recht eintönigen Speiseplan der Gefängniskantine und andere Einzelheiten des Gefängnislebens ist auch nichts bekannt. Es ist jedoch unwahrscheinlich, dass diese Informationen zu unserem Verständnis viel beigetragen hätten. Was dagegen sein Innenleben betrifft, so hat sich wohl kaum jemals ein Mensch einer so gründlichen Introspektion ausgesetzt und sie so eloquent beschrieben wie Havel in seinen *Briefen an Olga*. Für einen Seelenforscher bieten die Briefe eine geradezu peinliche Fülle an Erkenntnissen. Havel widmete sich dieser Aufgabe, ausgerüstet mit einem Lexikon für Schriftsteller, mit Selbstdisziplin und mit dem analytischen Werkzeug eines Kenners der Phänomenologie und des existenzialistischen Denkens.

Manchmal werden die *Briefe an Olga* als Briefroman oder als philosophische Abhandlung bezeichnet, die der Gefangene in der einzigen Form konzipiert und geschrieben habe, die ihm in seiner Situation möglich gewesen sei. Dies ist schlichtweg falsch. Auch Liebesbriefe sind sie nicht, wie es manche Romantiker gerne hätten. Sie sind ganz einfach ein Mittel zum Überleben, für Havel als körperliches Wesen, als Schriftsteller und als beseelten Menschen. Sie sind außerdem eine unschätzbar wertvolle Informationsquelle über sein inneres Universum, sowohl für seine Leser als auch für seine Kerkermeister. »Es ist notwendig, seiner Korrespondenz Aufmerksamkeit zu schenken«, schreibt ein oberster »Umerzieher« im Gefängnis. »Ein Teil davon ist widerlich.«[476]

In den ersten fünfzig Briefen geht es hauptsächlich um die vielen praktischen Angelegenheiten, die einen Mann beschäftigen, wenn er ohne Vorwarnung an einem gewöhnlichen Nachmittag aus dem Leben gerissen und eingesperrt wird: die persönlichen Dinge, die er im Gefängnis brauchte, Probleme mit seiner juristischen Verteidigung und unbezahlten Rechnungen, ein Auto, das repariert werden musste, um Möglichkeiten, die Möbel in der Prager Wohnung loszuwerden, die ihm so verhasst waren. Viel Tinte wird auch auf Hrádeček verwendet, auf das, was dort getan werden muss, und auf den letzten Versuch der Staatsmacht, das Leben dort unmöglich zu machen oder den Havels ihr »existentielles Zuhause« ganz zu nehmen. Jenseits davon haben die Briefe aus den ersten sechs Monaten aber auch einen subtilen und dabei dringlichen, fast verzweifelten Ton. Immer wieder versichert er Olga (und, wie man vermuten darf, auch sich selbst), dass er zu seinem Martyrium bereit sei, dass er es »ruhigen Sinnes« anneh-me und dass er nichts bereue. Diese Versicherungen sind so zahlreich, dass man in ihnen doch ein hartnäckiges Gefühl des Zweifels zu erkennen meint, ähnlich wie bei seinem offensichtlichen Flirt mit der Emigration. Es besteht ein gewisser Widerspruch zwischen der stillen Resignation, ja fast Befriedigung, mit der er dem selbstgesetzten Kurs folgt, bei dem auch die heißersehnte »Rehabilitation« eine Rolle spielt, und der traurigen Betrachtung des Urteils »als großen Eimer Bitterkeit«,[477] gepaart mit der Überlegung: »Gott straft mich möglicherweise für Stolz.«[478]

Vermutlich trugen noch weitere Faktoren zu Havels innerem Zwiespalt bei. Die Verhaftung hatte er kommen sehen und sich schon lange vorher mit ihr abgefunden. Wie sich jedoch aus seinen Briefen und Aussagen seiner Freunde ziemlich genau rekonstruieren lässt, hatte er nicht damit gerechnet, dass er keineswegs in einem stoischen Zustand ins Gefängnis kommen würde, der ihn psychisch für alles wappnen würde, sondern als mentales Wrack.

Die Jahre der Untergrundtätigkeit mit Stress und Anspannung, Verhören und Überwachung in Kombination mit seinem von harter Arbeit und exzessiven Partys geprägtem Lebensstil hatten offenbar ihren Tribut gefordert. Viel schlimmer muss jedoch die Erkenntnis gewesen sein, dass seine Ehe mit Olga just in dem Moment kaputt war, als er am wenigsten dagegen unternehmen konnte. Er konnte damals wohl noch nicht erkennen, dass womöglich gerade das Gefängnis seine Ehe rettete. Ein Jahr zuvor jedenfalls waren er und Olga nahe daran gewesen, getrennte Wege zu gehen.

Nicht dass ihre Ehe tot gewesen wäre. Im Gegenteil, angesichts ihrer feindlichen Umwelt hatten sie sich sogar mehr aufeinander verlassen als je zuvor. Olga war ein Muster an Loyalität und meinte es todernst, als sie sagte, sie würde Václav überallhin folgen, selbst ins Gefängnis.[479] Doch sie war nicht mehr sicher, ob sie die gleiche Loyalität auch von ihm erwarten konnte. Es lag nicht daran, dass er mindestens zwei Geliebte hatte. Es hatte schon zuvor Seitensprünge gegeben, die ihr zu gestehen er sich oft verpflichtet gefühlt hatte. Irgendwie hatte sie damit immer leben können. Sie muss sie wohl auf sein künstlerisches Temperament geschoben haben, auf seinen unkonventionellen Lebensstil, auf den ungesunden Einfluss von Freunden wie Pavel Landovský und auf die generell lockere Sexualmoral der Achtundsechziger. Olga konnte mit den Liebesabenteuern ihres Mannes leben, solange sie die Gewissheit hatte, dass er letztlich doch ihr gehörte.

Dieses Mal jedoch war es anders. Als Havel sich heftig in Anna Kohoutová verliebte, bekam Olga das Gefühl, das Monopol auf seine Loyalität verloren zu haben. Es war typisch für sie, dass sie nun mit dem Gedanken spielte, ihn zu verlassen. Er dagegen sah nichts Seltsames oder Unmögliches darin, mit zwei oder drei Loyalitäten zu leben, die alle echt waren und auf verschiedenen Emotionen und Erwägungen beruhten.

Die Lage spitzte sich zu, als Olga im selbstverhängten Exil in Hrádeček und Václav in Annas Wohnung lebte. Doch dann betätigte sich das Verhaftungskommando des StB gewissermaßen als *deus ex machina*. Havel merkte womöglich erst, als sich die Tür der Gefängniszelle hinter ihm schloss, dass seine Ehe in Gefahr war.

Den Rest der Geschichte kann man aus *Briefe an Olga* rekonstruieren, wenn man bewusst nach Hinweisen sucht. Havels ständige Klage, dass Olga ihm kaum schreibe und ihre seltenen Briefe nur schroff und nüchtern seien, lässt sich nicht nur dadurch erklären, dass sie keine »große Briefschreiberin« war. Wahrscheinlich hatte sie, wenigstens in den ersten Wochen nach der Verhaftung, gar nicht das Bedürfnis, viel zu schreiben. Schließlich gibt es kaum einen größeren Beweis für Illoyalität und Ehebruch, als wenn der Ehemann in der Wohnung einer anderen Frau verhaftet wird.

Zehn Jahre darauf, im Februar 1990, stand der Stab des Präsidenten stramm, als Jane Fonda zu Besuch kam. Havel und sie überhäuften sich gegenseitig mit allen erdenklichen Komplimenten, dann kam die Schauspielerin auf den Punkt: Es wäre doch wundervoll, sagte sie, einen Film über Václav und Olga zu drehen, natürlich mit dem Titel *Václav und Olga*. Sie werde den Film produzieren (niemand bezweifelte, dass sie die Mittel auftreiben konnte) und selbst vielleicht Olga spielen. Havel lehnte die Idee nicht rundweg ab, aber es war deutlich, dass sie ihm doch ziemlich unangenehm war. Als Pressesprecher stand ich damals neben ihm und gab mir alle Mühe, meine Erheiterung zu verbergen, als ich mir diesen modernen *Eugen Onegin* vorstellte. Bei allem Respekt vor der berühmten Schauspielerin, fand ich ihre Idee nicht so toll und glaubte auch nicht, dass sie der Aufgabe gewachsen sein würde. Tatsächlich fiel mir überhaupt niemand ein, der dieser höchst ungewöhnlichen und komplexen Beziehung hätte gerecht werden können.

Die meisten stabilen Ehen sind entweder gleichberechtigte Partnerschaften oder Verbindungen mit komplementären Rollen, bei denen eine Partei dominant ist und die andere sich unterordnet. Da menschliche Beziehungen jedoch verschiedene Ebenen haben, gibt es auch Paare, bei denen beide Seiten, je nach Zeitpunkt und Situation, abwechselnd dominant oder untergeordnet sind. Dies war bei Václav und Olga der Fall. Über den mütterlichen Aspekt von Havels Frauen ist viel geschrieben worden, und bis zu einem gewissen Grad entsprach Olga dem Klischee einer peniblen, überfürsorglichen Mutter, genau wie Václav dem Klischee des altklugen, begabten, verwöhnten und manchmal bockigen Kindes entsprach. In *Briefe an Olga* wirkt er beinahe wie ein egoistischer kleiner Tyrann mit seinen Vorwürfen wegen ihrer Briefe, seinen detaillierten Instruktionen, wie sie ihren Alltag leben, sich anziehen und ihre Frisur richten soll, seiner Kritik an ihrer Prosa und anderen Mängeln, seiner Forderung, sie solle seine Briefe genau studieren, seine Bitten erfüllen, zu bestimmten Zeiten an ihn denken,[480] ihn lieben, ohne Gegenliebe zu verlangen. Kaum noch verständlich ist es, dass er sogar von ihr erwartete, nicht nur an eine, sondern an zwei andere Frauen zärtliche Botschaften,

Verse[481] und kleine Geschenke weiterzuleiten. Genauso fordernd konnte er auch in dem gemeinsamen häuslichen Leben sein, mit seinen pedantischen Gewohnheiten und seinem übergroßen Ordnungsbedürfnis, das mit einem ungeregelten Strom von Besuchern aller Art und spontanen Partys, Reisen und Happenings in permanentem Konflikt stand. Wenn er sich über etwas ärgerte, sprach er seine Frau nicht mit der Anredeform »Olgo«, sondern mit dem Nominativ »Olga« an, mit dem eigentlich die Dame in einem vornehmen Haushalt ihre Hausbediensteten anredet. Olga musste im einen Augenblick die allzeit bereite Gastgeberin und Kameradin spielen und im nächsten auf seine ungestörte Ruhe achten, wenn er die Nacht durchschreiben wollte. Am nächsten Morgen hielt sie dann Hunde, Hausgäste und Kinder ruhig, damit Václav noch ein wenig schlafen konnte. All das ergibt ein recht unerfreuliches Bild von einer Art Hausgott, der sich selbstbezogen und egoistisch, wie es viele große Männer sind, von einer unterwürfigen Hausfrau bedienen lässt.

Dennoch würde diese Beschreibung die wirkliche Qualität der Beziehung nicht einmal annähernd treffen, denn Olga bot Václav Paroli. Er verhielt sich nämlich nicht nur wie ein extrem forderndes Kind, sondern war zugleich völlig von ihrer Zustimmung und emotionalen Unterstützung abhängig. Nicht nur in seinen Briefen aus dem Gefängnis flehte er um Aufmerksamkeit, Gehör und Liebe, auch außerhalb des Gefängnisses rannte er mit jeder Neuigkeit, jedem neuen Stück Arbeit und jedem Problem zu seiner Frau. In den hektischen Revolutionstagen von 1989 und den ähnlich betriebsamen ersten Wochen seiner Präsidentschaft Anfang 1990 wurde seine Frage: »Wo ist Olga?« fast schon zum Tick und war ein Symptom für das Bedürfnis, von der Person, die er am besten kannte, wahrgenommen und gelobt zu werden.

Olga war ihrem Mann treu ergeben, dennoch war sie erstaunlich unsentimental, was die Beziehung und deren Grenzen betraf. Ja, sie wäre Václav sogar ins Gefängnis gefolgt. Aber wenn er nicht zurückkehrte, war es durchaus vorstellbar, dass sie gleiche Antwort geben würde wie einst die amerikanische Schriftstellerin Dorothy Parker. Eine neugierige Nachbarin hatte diese nach dem Selbstmord ihres Mannes gefragt, wie sie helfen könne, worauf Parker angeblich geantwort habe: »Besorgen Sie mir einen neuen Mann.«

Letztlich war die komplexe, auf so vielen Ebenen asymmetrische Beziehung zwischen Olga und Václav dennoch eine Ehe von gleichberechtigten Partnern. Oder wie Olga es formulierte: »Die meiste Zeit tun wir beide, was uns gefällt. Manchmal höre ich auf ihn, und manchmal setze ich meinen eigenen Kopf durch.«[482] Obwohl sich beide oft auf die praktischen Anforderungen ihres Lebens konzentrierten, war die Beziehung doch mehr als nur eine pragmatische Zweckgemeinschaft. Nach mehr als zwanzig gemeinsamen Jahren empfanden sie immer noch große Zuneigung füreinander und waren gern zusammen. Wenn sie sich mit Kaffee und Zigarette auf ihre Veranda in Hrádeček setzten und den friedlichen Moment genossen, bekam man ein Gefühl für die tiefe Befriedigung, die ihnen diese Nähe bedeutete. Klar war jedoch auch, dass es nicht sexuelle Anziehungskraft war, die sie aneinander band, wenigstens Mitte der siebziger Jahre. In seinem Bedürfnis nach Zärtlichkeit fühlte sich Havel zu wohlgerundeten Frauen mit weichen Gesichtszügen hingezogen. Olga war dagegen eher knochig und kantig, hatte aber ein schönes, ausdrucksstarkes Gesicht, auf dem sich, von nachdenklicher Zärtlichkeit bis kalter Wut, eine Vielfalt von Emotionen spiegeln konnte. Sie war klug genug zu erkennen, dass ihre Beziehung und der Genuss, den sie ihnen bereitete, weit über die Befriedigung sexueller Bedürfnisse hinausgingen. Havels Stücke wie *Berghotel, Gauneroper* und *Largo Desolato*, in denen die Ehefrau ihren Mann berät, wie er seine außerehelichen Affären am besten gestalten solle, waren offenbar vom eigenen Leben inspiriert. Auch auf diesem Gebiet war Olga jedoch keine leidende Hausfrau, sondern eine gleichstarke Partnerin ihres weltläufigen Mannes. Was ihm recht war, war ihr billig. Sie war nicht wie ihr Mann von Unsicherheit geplagt und hatte nicht das neurotische Bedürfnis, sich ihren Wert ständig durch neue Eroberungen zu beweisen, aber wenn sie sich von jemandem angezogen fühlte, ließ sie sich offenbar auch schon vor Havels langem Gefängnisaufenthalt darauf ein. Dies führte zu einer weiteren Asymmetrie: Wie viele untreue Ehemänner wurde Havel in Bezug auf seine eigene Frau bisweilen von einer absurden Eifersucht geplagt.

Das stillschweigende Einverständnis (nichts deutet darauf hin, dass es eine explizite Vereinbarung war) funktionierte gut, solange sich beide sicher waren, dass ihre Ehe für beide im Zentrum stand. Diese Sicherheit verlor Olga, als sich Havel in Anna Kohoutová verliebte und dann sogar bei ihr und ihren Töchtern, freilich auf eine entschieden unorthodoxe Art, den Familienvater spielte.[483]

In *Briefe an Olga* gibt es nur indirekte Hinweise, wie verletzt Olga gewesen sein muss, diese aber sind reichhaltig. In Brief Nr. 13 kommentiert Václav verschiedene Aspekte seiner Situation, wiederholt mehrere Bitten, fragt nach Vitaminen, »die man bei A.s [Annas] Doktorfreund kriegen kann«, und schließt mit mehreren Anweisungen in Großbuchstaben: »STUDIERE MEINE BRIEFE AUFMERKSAM UND BEMÜHE DICH, MEINE AUFGABEN ZU ERFÜLLEN« und »HAB MICH GERN« (seine eigene Liebe war für ihn offenbar so selbstverständlich, dass er es gar nicht für notwendig hielt, sie zu erwähnen). Es folgt ein Postskriptum über eine nächtliche Krise, in dem er schreibt: »Du siehst also, nicht einmal ich habe Wasser in den Adern!«[484] Wir wissen nicht genau, was Olga geschrieben hatte, aber die Botschaft ist unmissverständlich.

Im allerersten Brief vom 4. Juni, noch aus der Untersuchungshaft, wird deutlich, dass sich Havel keine Illusionen über seine Lage und über die mögliche Dauer der Haft machte. Nach seinen früheren Gefängnisaufenthalten war er auf die Qual der Gefangenschaft gut vorbereitet, und vieles, was ihn früher einmal beunruhigt hatte, konnte ihn nun »nicht mehr überraschen oder durcheinanderbringen«. Er gab freilich zu, dass es im Gefängnis »fürchterlich langweilig« sei, und beschwerte sich über die erstickende Hitze. Der Brief zeigt auch, was ihn in der ersten Woche im Gefängnis am meisten beschäftigte. Er dachte an die Annehmlichkeiten, die den Aufenthalt erträglicher machen würden, und bat Olga, ihm »das Übliche zu besorgen: Saftpulver, Zitronen, Käsescheiben, Zigarren, ein wenig Instant-Kakao und so weiter«. Er bat sie außerdem, ihm über jeden »Fetzen Information eine Menge« zu schreiben, auch »darüber, wie unser Rasen mit der Trockenperiode zurechtkommt«. Letzteres war vielleicht eine verschlüsselte Frage nach der aktuellen Lage bei den Unterzeichnern der Charta. Und natürlich bat er Olga auch, »Andulka« zu grüßen und ihr den Brief zum Lesen zu geben. Andulka war Anna Kohoutová. (In den folgenden Briefen aus dem Gefängnis nannte er sie »Květa«. So hieß seine Schwägerin, die zu den Personen gehörte, mit denen er offiziell kommunizieren durfte.) Zum Schluss bat er Olga, mehreren Freunden herzliche Grüße auszurichten, unter anderem auch Jana Tůmová – seiner anderen *petite amie*.

Am 5. Juni regnete es, und die Luft im Gefängnis war plötzlich gut zu atmen. Der Gefangene war viel besser gelaunt und versprach, künftig nur noch in dieser Stimmung Briefe zu schreiben. Er berichtete, dass er sein nächstes Schauspiel über ein faustisches Thema »gedanklich fertig und fast zur Hälfte geschrieben« habe, aber noch nicht damit zufrieden sei. Auch dies ist eine auffällige Bemerkung in einem Brief, von dem Havel wusste, dass er von seinen Wärtern sorgfältig gelesen wurde. Olga war in der Regel sehr gut informiert über die Stadien seines Schreibens. Die unerwartete Enthüllung über das neue Stück könnte entweder bedeuten, dass die Kommunikation zwischen ihnen in der Zeit vor Havels Verhaftung abgebrochen war oder dass er sich um ein Manuskript Sorgen machte und wollte, dass Olga es versteckte, oder vielleicht auch, dass er es für eine andere Person geschrieben hatte. Es gibt die rätselhafte Bemerkung, dass er bei seiner Verhaftung auf eine Art geredet habe, »die nicht sehr gut zu meinem ruhigen Charakter passt«, was die Polizei sich damit erklärt habe, »dass ich angeblich ein Fräulein bezaubern wollte, das das hörte« – höchstwahrscheinlich Annas Tochter Kateřina.[485]

In dem zweiten Brief, der nur zum Teil publiziert wurde, verglich Havel seine aktuellen Gefühle mit denen während der beiden ersten Gefängnisaufenthalte und stellte fest, dass er fatalistischer geworden sei: »Das Unvermeidliche ist endlich passiert.« Er äußerte die Vermutung, dass er in letzter Zeit vielleicht deshalb so nervös gewesen sei, weil er auf seine Verhaftung gewartet habe, und brachte die Hoffnung zum Ausdruck, dass er nach dem Ende der Haft vielleicht »ein entspannteres Verhältnis« zu sich selbst haben werde, was sich auch auf seine »Umgebung beruhigend auswirken« könnte. Außerdem würden vielleicht auch einige der »intimen Gründe« vergehen, die ihn in den letzten zwei Jahren so in Anspruch genommen hätten. Dies kommt einem Eingeständnis gleich, dass es in der Zeit vor seiner Verhaftung nicht gut gelaufen war.[486]

Der dritte Brief ist ein Beweis dafür, dass er selbst mit der finsteren Aussicht auf mehrere Jahre Gefängnis immer noch perfekt organisiert war. Er instruiert Olga, Bücher, die er verliehen hat, gemäß einer von ihm geführten Liste wieder einzufordern, Heizmaterial für den Winter zu kaufen und ihm alle interessanten Konzerte aufzuschreiben, die sie vielleicht besuchen wird. Am Ende wird der Brief dann persönlich: »Wenn ich zurückkomme, werde ich wieder weniger selbstverständlich für Dich sein. Das kann nach so vielen Jahren täglicher Koexistenz nichts schaden. Und natürlich wirst auch Du weniger selbstverständlich für mich sein.« Er unterschrieb den Brief mit: »Tschüs, (Du) Brummbär.«[487]

Im folgenden Brief, datiert mit dem 8. Juli, vergaß er, Olga alles Gute für ihren Geburtstag drei Tage später zu wünschen. Zugleich bat er sie, »besondere Grüße« an »seine Freundin« Anduka zu übermitteln. Er bemerkt außerdem, dass er wegen des Gefängniszensors gezwungen sei, leserlich zu schreiben, »ein bisschen wie ein Kind«, und gesteht, sich nostalgisch und sentimental zu fühlen. Illustriert war das Ganze von einer kleinen Zeichnung, die er beifügte.[488]

In seinem fünften Brief vom 21. Juli entschuldigt er sich, dass er Olga nicht zum Geburtstag gratuliert hat, und verspricht ihr ein Geschenk, wenn er aus dem Gefängnis kommt. (Als er 1977 im Gefängnis saß, hatte er für Olga ein Halsband aus Brot gemacht, das ihr offenbar nicht gefallen hatte.) In einem für ihn ganz typischen Abschnitt freut er sich, dass sie ihm geschrieben hat, und berichtet, er brenne darauf, wieder als Schriftsteller tätig zu werden (sie hatte eine Gruppe erwähnt, die seine Theaterstücke las). Im gleichen Atemzug jedoch beklagt er sich, dass Olga ihm keinen Kuss geschickt und die Vermutung geäußert hat, dass er den Grund dafür wohl kenne. »Ich weiß nicht warum!«, protestiert er. Wenn er wie immer aufrichtig war, dann unterlag er hier einer leicht besorgniserregenden Regression und fiel auf kindliches Verhalten zurück, denn seine ersten vier Briefe enthielten einen ganze Menge von Gründen, warum selbst eine sehr tolerante Frau wie Olga ihm eine Liebesgeste verweigern konnte.

Im selben Brief richtet Havel auch liebe Grüße an seinen Vater aus, der wegen einer Atemwegserkrankung ins Krankenhaus gekommen war. Er hoffe, dass er inzwischen schon wieder zu Hause und ganz gesund sei. Dies war nicht der Fall. Noch bevor sein Brief ankam, starb sein Vater, sein *taťuška*, eines plötzlichen Todes. Ivan fiel die Aufgabe zu, allein die Beerdigung zu organisieren, wie Václav das Begräbnis der Mutter organisiert hatte, als

Ivan in Berkeley war. Ivan schrieb seinem Bruder: »Offenbar ist es unser Schicksal, dass immer nur einer von uns das Begräbnis eines Elternteils organisiert.«[489] Der Staatsanwalt gestattete freundlicherweise, dass Havel in normaler Kleidung auf die Beerdigung gehen konnte. Sofort danach wurde er wieder ins Gefängnis gebracht. In seinem sechsten Brief, drei Tage später, reflektiert er das traurige, schon lange befürchtete Ereignis und berichtet, dass er die Nachricht überraschend ruhig aufgenommen habe. Unmittelbar darauf folgt die vielleicht längste Liste mit Dingen, die ihm ins Gefängnis geschickt werden sollen, und mit Aufgaben, die zu Hause erledigt werden müssen. Er weist Olga sogar an, die ganzen Punkte als Checkliste abzutippen und abzuhaken, wenn sie erledigt seien. Es entbehrt nicht einer gewissen Ironie, dass er die wichtigste Entscheidung, nämlich ob sie die Wohnung in Dejvice verkaufen und in die jetzt verfügbare Wohnung seines Vaters ziehen sollten, Olga und Ivan überließ. Der Brief endet mit zwei liebevollen Ermahnungen: »Brummbär, vergiss nicht, die Miete zu zahlen!«, und: »Schick mir keine Mandeln – sie machen mir Lust auf Wein.«[490]

Nach dem Urteil traten Havels Sorgen offenbar in den Hintergrund. Auch seine schlecht verhüllte Besorgnis über den Zustand seiner Beziehung mit Olga wurde kleiner. Er verriet zwar immer noch eine gewisse Unsicherheit, als der Prozess begann. (»Am ersten Tag des Prozesses hast Du mich so eigenartig angelächelt – ein wenig, als ob Du mir eine Grimasse schnittest«[491]), aber er konnte keine Zweifel mehr haben, als sie ein paar Worte zu seiner Verteidigung sagen durfte, obwohl sie immer gefürchtet hatte, in Ohnmacht zu fallen, wenn sie in der Öffentlichkeit sprechen müsste.[492] Er wusste nun zwei Dinge ziemlich sicher, nämlich dass es Jahre dauern würde, bis er wieder freikam, und dass Olga dann auf ihn warten würde. »Wir haben schon einiges überlebt, wir werden auch das überleben!«[493]

Methodisch wie immer, machte er eine Aufgabenliste, bevor er seine Haft antrat. Sie lautete:

> *Meinen Plan für die Zeit des Gefängnisses würde ich bisher so zusammenfassen:*
> 1. *den Gesundheitszustand so zu erhalten, wie ich ihn jetzt habe (mit eventueller Ausheilung der Hämorrhoiden);*
> 2. *mich insgesamt psychisch und mental zu rekonstituieren;*
> 3. *mindestens zwei Stücke zu schreiben;*
> 4. *mein Englisch zu verbessern;*
> 5. *Deutsch wenigstens so zu lernen, wie ich jetzt Englisch kann;*
> 6. *gründlich die ganze Bibel zu studieren.*[494]

Insgesamt sollte sich das Projekt als Fehlschlag erweisen, für den er freilich nicht allein verantwortlich war. Am Ende wurde er als kranker Mann aus dem Gefängnis entlassen; das Regime ließ ihn frei, weil es fürchtete, er könnte in der Haft sterben. Bei einer Lungenentzündung im Gefängnis bekam er Probleme mit dem Atmen, die für den Rest seines Lebens immer schlimmer wurden (auch die Hämorrhoiden, die er in seinen Briefen immer wieder erwähnt, sollten ihn noch jahrelang plagen, sogar nachdem sie 1980 im Gefängniskrankenhaus operiert worden waren). Auch schrieb er kein Stück im Gefängnis, durchdachte aber mehrere Versionen des Faust-Themas, aus denen schließlich das Schauspiel *Versuchung* wurde. Sein Englisch war nach der Haft nicht merklich besser als zuvor.[495] Mit dem Deutschlernen begann er offenbar gar nicht erst und sollte diesen Plan auch nie wieder aufgreifen. Was die Bibel betrifft, so las er in der Untersuchungshaft zwei der fünf Bücher Mose, bevor er nach Heřmanice verlegt wurde. Dort nahm man ihm die Bibel wohl weg, so dass sein Wissen lückenhaft blieb. Offenbar machte er die größten Fortschritte bei dem Projekt, sich psychisch wiederaufzubauen. Oberflächlich gesehen, war er praktisch derselbe, als er wieder aus dem Gefängnis kam, vielleicht mit etwas mehr Abgeklärtheit, die er durch die langen Perioden einsamer Meditation gewonnen hatte. In einem tieferen Sinn jedoch hatte er eine metaphysische Revolution durchgemacht, die in den Briefen an Olga deutlich sichtbar wird. Hatte er sich zuvor in seinen Theaterstücken, den anderen Schriften und in seinen politischen Aktivitäten mit den Themen Identität und moralische Verantwortung auseinandergesetzt, indem er die Frage nach dem eigentlichen Sinn des Lebens, »seinem Fluchtpunkt« und dem »Mysterium der Existenz« stellte, machte er sie nun zum Kern seines Seins. Es ist kein Zufall, dass derartige Offenbarungen dann stattfinden, wenn sich Menschen in einer Lage befinden, die von extremer Monotonie und vermindertem sensorischem Input geprägt ist, etwa in der Wüste, in den Bergen, im Gefängnis. Vielleicht besteht nur unter diesen Umständen eine Chance, den Fluchtpunkt des »metaphysischen Horizonts« zu erblicken. Außerdem ist es eine Tatsache, dass diese Art der psychologischen Transformation, auch wenn sie nachhaltig ist, nicht unbedingt für immer bestehen bleibt. Wie jede menschliche Transformation ist sie Erosion und Verfall unterworfen, wenn die Entstehungsbedingungen nicht mehr gegeben sind – nichtsdestotrotz muss man Havels disziplinierten und überlegten Versuch einfach bewundern.

Havel war durch diese Erfahrung jedenfalls hervorragend darauf vorbereitet, sich rückhaltlos auf die vor ihm liegenden Aufgaben zu konzentrieren. Wenngleich er nicht als Asket aus dem Gefängnis kam, sondern das Leben weiterhin genoss und einige seiner Schwächen beibehielt, bewies er doch, als der erste Schock nach der Freilassung verflogen war, einen klaren Sinn für Prioritäten, den man auch einen Sinn für seine Mission nennen könnte. Wer ihn nur aus den Artikeln in der kommunistischen Presse oder bestenfalls durch seine Stücke kannte, mochte sich durchaus fragen, wie er dazu kam, sich der Rolle des Revolutionsführers und später des Staatspräsidenten gewachsen zu fühlen. Aber wer ihn gut kannte, wunderte sich nur, wie man auf solche Fragen kommen konnte.

Der Gefängnispsychologe beurteilte Havel als eine »hochintelligente extrovertierte Persönlichkeit, selbständig, mit einem ideenreichen Innenleben, ehrgeizig, vielleicht unsicher …

ängstlich … empfindlich, was die Ablehnung oder Zustimmung anderer betrifft … emotional einigermaßen distanziert, aber abhängig …«[496] Insgesamt ein recht zutreffendes Profil. Havel kam generell gut mit den anderen Gefangenen, größtenteils gewöhnlichen Kriminellen, zurecht. Wie jeder Neuankömmling wurde er zunächst einer Reihe von Prüfungen, das heißt Demütigungen und Schikanen, unterworfen. Es gibt Hinweise darauf, dass er seine Sache dabei gut machte und sich durch seine unerschütterliche Höflichkeit, aber auch durch seine schriftstellerischen und juristischen Fähigkeiten, die sehr gefragt waren, Respekt erwarb. Als »Politischer« stand er relativ hoch in der Gefangenenhierarchie, in der erfolgreiche Einbrecher und Bankräuber oben und Sexualverbrecher, die sich an Kindern vergangen hatten, ganz unten standen. Die meisten Häftlinge hatten keinen Grund, mit dem Regime zu sympathisieren. Wie Havel sich erinnerte, sagten sie zu ihm und den anderen »Politischen«, dass sie eines Tages Präsidenten, Minister und Kardinäle sein würden. »Und tatsächlich waren ein künftiger Außenminister, ein Senator, ein Primas der katholischen Kirche und ein Präsident auf unserer Station.«[497]

Die Briefe und Zeugenaussagen bieten Einblicke in die Behandlung Havels durch die Gefängnisverwaltung. Der Oberaufseher in Heřmanice, ein kleinlicher und sadistischer Oberstleutnant namens Košulič, schrieb aus eigenem Antrieb an das Gericht, um zu klären, was denn mit der 14-monatigen Bewährungsstrafe geschehen würde, die Havel 1979 bekommen hatte. Er war bestimmt bitter enttäuscht, als er vom Gericht nicht die gewünschte Antwort bekam.[498] Ein Telegramm, mit dem man Olga für den 24. Februar 1980 um neun Uhr morgens eine Besuchserlaubnis in dem 320 Kilometer entfernten Gefängnis erteilte, wurde ihr am 24. Februar zugestellt.[499] In mehreren Briefen erwähnt Havel, dass er wegen einer kleinen »Unannehmlichkeit« – gemeint ist eine Periode der Einzelhaft – eine Zeitlang nicht habe schreiben können. Mehr als ein Dutzend seiner Verstöße sind dokumentiert. Unter anderem wurde er für Rauchen an einem unerlaubten Ort und für Nichterfüllung der Norm mit Lohnabzug und einer Woche Film- und Fernsehverbot bestraft. Schlimmer war es, als ihm das Privileg, Päckchen zu empfangen, entzogen wurde, einmal weil er sich während des Tages hingelegt hatte und, im schwerwiegendsten Fall, weil er »einem Mitgefangenen, der nicht die Erlaubnis hatte, Sprachen zu lernen, ein Deutschlehrbuch auslieh«.[500] Als er einer »Studiergruppe Geographie« zugeteilt wurde, durfte er dann doch nicht teilnehmen, offenbar, weil bei man ihn bei einem so explosiven Thema nicht dabeihaben wollte. Auch aus dem Führungsorgan der Gefangenen wurde er von Anfang an ausgeschlossen. Mindestens einmal wurde er auch für den Inhalt eines Briefes bestraft.

Mitte 1981, kurz bevor er die Hälfte seiner Strafe abgesessen hatte, machte er offenbar eine kleinere Krise durch und wurde wegen »Missachtung eines Befehls« 15 Tage in Einzelhaft gesteckt. In der Folge wurde er krank und kam in ein Prager Gefängniskrankenhaus. Ob Košulič nicht mehr die Verantwortung für ihn tragen wollte oder ob dessen Vorgesetzte inzwischen die Folgen seiner »Fürsorge« für den Gefangenen fürchteten, jedenfalls wurde Havel direkt aus dem Krankenhaus in das Gefängnis von Bory am Stadtrand von Pilsen verlegt. Obwohl er dieses Gefängnis, wo er schon als Kind seinen Onkel Miloš besucht hatte, als dunklen, furchterregenden Ort in Erinnerung hatte, war er glücklich, Heřmanice entronnen zu sein. In dem neuen Gefängnis durfte er eine Weile in der Wäscherei arbeiten, ein gemütlicher Job, bei dem er mehr Zeit für seine Briefe hatte. In Bory waren »meine Konzepte … in den Bergen schmutziger und Millionen Spuren ungeborener Kinder tragender Wäsche verborgen«, sagte er später poetisch.[501] Sowohl in Bory als auch in Heřmanice galt er als mittelmäßiger, aber unproblematischer Gefangener. Als er die Hälfte seiner Strafe abgebüßt hatte, wurde er nicht für eine Freilassung auf Bewährung empfohlen.[502]

Insgesamt jedoch verschwendete er wohl nicht zu viel seiner kostbaren Energie auf Wärter oder Mitgefangene, sondern konzentrierte sich darauf, die Erfahrung physisch und mental intakt durchzustehen und die psychische Wiederherstellung zu bewerkstelligen, von der er träumte. Obwohl er nie etwas für nutzlose körperliche Strapazen übriggehabt hatte, unterwarf er sich nun zum ersten und vielleicht einzigen Mal in seinem Leben so etwas wie einem Trainingsplan. Er absolvierte Yogaübungen und war stolz darauf, einen richtigen Kopfstand zu beherrschen, eine Fähigkeit, die er nach seiner Freilassung offenbar nicht weiter trainierte.

Das Päckchen, das ihm gelegentlich geschickt werden durfte, war die einzige Abwechslung in seiner öden Gefängnisdiät, und so war er auch ziemlich pingelig und anspruchsvoll, was seinen Inhalt betraf. Tabakprodukte – Zigaretten, kleine Zigarren und Drehtabak – standen ganz oben auf der Liste. Orangensaft in Pulverform und Früchte waren ebenfalls begehrt, um die negativen Auswirkungen des vitaminfreien Gefängnisessens zu vermeiden. Havel war wie viele Intellektuelle ein begeisterter Kaffeetrinker gewesen, trank aber fast nur noch Tee, als er feststellen musste, dass man im Gefängnis keinen ordentlichen Kaffee kochte. Earl Grey, das Nachmittagsgetränk »kleiner alter Damen«[503] in England, wurde seine Lieblingssorte. Tatsächlich waren die meisten hier erwähnten Produkte auch jenseits der Gefängnismauern nur sehr schwer erhältlich. Um sie zu bekommen, tauschte Havel seine Einkünfte in ausländischer Währung in sogenannte »Tuzex-Gutscheine« um, mit denen man in speziellen Fremdwährungsgeschäften einkaufen konnte. Eventuelle Überschüsse dieser doppelt exotischen Waren konnte er im informellen Wirtschaftssystem des Gefängnisses leicht gegen andere Waren oder Gefälligkeiten seiner Mitgefangenen tauschen.

Das Gefängnisessen ließ in Bezug auf Perfektion und Vielfalt viel zu wünschen übrig, muss jedoch einigermaßen reichlich und genießbar gewesen sein, denn Havel beschwerte sich immer wieder, dass er trotz der harten körperlichen Arbeit »fett« werde. Verschiedene Erkrankungen der Atemwege, die in einer lebensbedrohlichen Lungenentzündung kulminierten, hatten jedoch zur Folge, dass er seine Essgewohnheiten im Gefängnis radikal änderte. Vor seiner Verhaftung hatte er sich als eine Art Feinschmecker betrachtet, hatte gerne üppige Mahlzeiten gekocht und öfters in seinen Lieblingsrestaurants in der Umgebung des Nationaltheaters gespeist, etwa in der Klosterweinstube oder in der Rotisserie in einer nahegelegenen Seitenstraße. Dort konnte er sein geliebtes »Schnitzel Parma« essen, von dem er im Gefängnis sehnsüchtig träumte und schrieb.[504] Nach seiner Freilassung jedoch war sein Speiseplan mehr und mehr der eines kranken Mannes. Er konnte keine großen Mengen mehr essen und hatte nicht mehr den Appetit und den Magen für scharfe Speisen. Um nicht an die Gefängnisdiät erinnert zu werden, die aus dicken Suppen mit einer Vielzahl nicht identifizierbarer Zutaten bestand, aß er nun oft eine klare Fleischbrühe, die zusammen mit einem Glas Weißwein sein ganzes Mittagessen ausmachte, häufig zur Enttäuschung seiner Tischgenossen, die sich verpflichtet fühlten, seinem Beispiel zu folgen. Oft aß er Gerichte nicht auf, die er sich zum Abendessen bestellte, und beschränkte sich auf Flüssignahrung, wovon alkoholische Getränke einen beträchtlichen Teil ausmachten. Er nahm nie mehr richtig zu, und in den letzten zwei Jahren seines Lebens wurde er vor den Augen seiner hilflosen Freunde langsam immer weniger. Nur das Frühstück, bei dem er Zeitung las und zum Kaffee eine Zigarette rauchte, schien er wirklich zu genießen. Wer behauptet, Václav Havel habe keinen Preis für seine Gefängnisstrafe zahlen müssen, wird hier eines Besseren belehrt.

Von den wenigen im Gefängnis verfügbaren Freizeitvergnügungen war ihm das Fernsehen am liebsten. Es verschaffte ihm die Gelegenheit, die dramaturgische Qualität der Produktionen zu beurteilen, in der Regel Seifenopern, die von Freud und Leid im ansonsten perfekten Leben eines sozialistischen Arbeiters handelten. Außerdem fing er an, Schach zu spielen. Er übernahm sogar die Führung der Gefangenenschachgruppe, erwies sich jedoch überraschenderweise nur als mittelmäßiger Spieler. Er hatte das falsche Temperament für das Spiel, begann es als kreativer Künstler mit einem vorgefassten Plan, ohne die Züge seines Gegners ausreichend zu berücksichtigen. Später hatte er, sehr zu seinem Nachteil, eine ähnliche Tendenz in der Politik. Die Schachgruppe diente ohnehin vor allem als Tarnung für eine heimliche Messe, die von dem Dominikanerpater Dominik Duka gehalten wurde, heute ein römisch-katholischer Kardinal und Primas der katholischen Kirche in Tschechien.[505] Die Teilnahme an einem Gottesdienst war ein Vergehen, das mit mehreren Wochen Einzelhaft bestraft wurde und dem Priester zusätzliche Jahre im Gefängnis einbringen konnte. Vermutlich war Havel nie näher als damals daran gewesen, Mitglied einer religiösen Gemeinschaft zu werden. Wie er sich später erinnerte, gewann er viel Trost und spirituelle Kraft aus dem Gottesdienst und aus Ritualen wie dem Fasten am Karfreitag.[506] Daraus jedoch den Schluss zu ziehen, wie es einige Freunde taten,[507] diese Erfahrung habe letztlich zu einer Konversion oder wenigstens zu einer Bestätigung seiner Zugehörigkeit zur katholischen Kirche geführt, ist unbegründet. Eine solche Konversion wurde insbesondere von Monsignore Duka, aber auch von Havel selbst und von verschiedenen Forschern bestritten.[508] In einem seiner letzten Briefe aus dem Gefängnis, vom 18. Dezember 1982, bekundete Havel, dass er das Christentum jetzt besser verstehe. Dies war zweifellos der Kommunikation mit weit entfernten Menschen, wie etwa den Briefwechseln mit seinem Bruder Ivan, mit dem christlichen Philosophen Zdeněk Neubauer und ganz gewiss auch der Eucharistiefeier im Gefängnis zu verdanken, die er im Brief natürlich nicht erwähnen konnte. »Ich bin jedoch kein praktizierender Katholik und werde vermutlich nie einer werden«, schrieb er seiner Frau.[509] Es ist ein weiterer entscheidender Moment, als er gezwungen ist, eine Grenze zwischen seiner tiefen Spiritualität und der organisierten Religion zu ziehen. Sein Ansatz auf diesem Gebiet unterscheidet sich dabei nicht von seinem Ansatz in der Politik: Er lässt sich darauf ein, verwendet die Sprache der Religion oder der Politik, ohne sich aber zu einem Dogma zu bekennen. Sein Vorstellung von einem Leben in der Wahrheit ist mit dem Konzept der offenbarten Wahrheit nicht vereinbar: Letztere ist ein fester Punkt, Erstere ist immer ein bewegliches Ziel.

Mit der Zeit wurde Havel durch das Leben im Gefängnis körperlich zermürbt. Immer wieder hatte er Probleme mit den Atemwegen, litt unter den Hämorrhoiden. Geistig dagegen unternahm er Höhenflüge. Ende 1980, als er mehrere Wochen auf der Krankenstation mit »Fettwerden« verbrachte, durchdachte er offenbar das Dilemma, das in seiner Korrespondenz ein permanentes Hindernis gewesen war. Einerseits sehnte er sich danach, über andere Dinge zu schreiben als sich selbst, seine körperlichen Bedürfnisse und seine körperlichen Beschwerden, andererseits wurde er von seinem »Erzieher« im Gefängnis ständig an die Regeln erinnert, seine Briefe wurden konfisziert, wenn er gegen sie verstieß. Es muss in diesem ständigen geistigen Kampf mit einem unsichtbaren Gegner geschehen sein, dass er eine Abneigung gegen Redakteure oder andere Leute entwickelte, die an seinen Texten etwas änderten. Eine Zeitlang hatte er mit erheblicher Geduld versucht, den Erzieher zu erziehen, indem er Themen von allgemeinem Interesse mit dem Schreiben über sich selbst verband und die Grenzen austestete. Anfang 1981[510] beschloss er, die Position eines Beobachters einzunehmen und »darüber wie ich mir selbst jetzt erscheine, in der Zeit meines Gefängnisaufenthalts«[511] zu schreiben. Und tatsächlich gelang es ihm, indem er die Philosophie aufgab und zur Psychologie wechselte, die zutiefst psychologische Philosophie des Existenzialismus und die vorgeblich antipsychologische Phänomenologie sozusagen durch die Hintertür wieder einzuschmuggeln. Vielleicht bekam der Erzieher es satt, über die inneren Zustände des Gefangenen zu lesen, vielleicht war er einfach von der komplexen Syntax überfordert und hatte keine Lust mehr, im Wörterbuch nachzuschlagen, ob ein bestimmtes Wort als Fremdwort verboten war oder nicht. Auch die Verlegung nach Bory im Sommer jenes Jahres wirkte sich allem Anschein nach positiv aus. Jedenfalls hörten Havels Hinweise auf die Beschlagnahme von Briefen allmählich auf, und in den folgenden zwei Jahren entwickelte und dokumentierte er das Gedankengut, das die *Briefe an Olga* so faszinierend macht.

Das Projekt der systematischen Introspektion, mit dem er 1981 begann, kulminierte 1982 in mehreren essayistischen Texten, die schon im Hinblick auf eine spätere Publikation geschrieben waren. Der Wandel in den Briefen dokumentiert nicht nur die neue Reife seines Denkens und sein wachsendes Selbstvertrauen, sondern stellt auch insofern einen erstaunlichen Erfolg dar, als es ihm gelang, unter den Augen der Gefängniszensoren ein regelrechtes philosophisches Symposion zu veranstalten.

Die Anerkennung für diese Entwicklung gebührt, wie aus den ersten Ausgaben von *Briefe an Olga* nicht unbedingt ersichtlich ist, zu einem großen Teil seinem Bruder Ivan. Selbst Václav, der die Unterstützung seiner nächsten Verwandten als beinahe selbstverständlich empfand, sah sich veranlasst zu schreiben: »Danke Puzuk sehr … für die gewissenhafte Art, wie er unseren Clan geführt und für meine Angelegenheiten gesorgt hat.«[512] Über Olgas Loyalität zu ihrem Ehemann ist viel geschrieben worden, doch die außerordentliche Hingabe Ivans war ihrer in jeder Hinsicht ebenbürtig. Sein Verhalten war vielleicht sogar noch bewundernswerter, da er durch den Ruhm seines älteren Bruders viele Nachteile hatte, auf eine Karriere und Promotion verzichten und Hausdurchsuchungen und Internierungen über sich ergehen lassen musste und immer wieder seinen Arbeitsplatz verlor, ohne wie sein Bruder im Rampenlicht zu stehen. Er half bei Václavs juristischer Verteidigung, hielt seine Papiere in Ordnung und besuchte ihn bei jeder sich bietenden Gelegenheit. Zusammen mit Olga sammelte er die Manuskripte des Untergrundverlags Expedice, gab sie heraus und übernahm den Vertrieb. Es dauerte nicht lange, und die Staatssicherheit wurde auch auf ihn und Olga aufmerksam. Ende April 1981 fing die Polizei einen französischen Kleinbus ab, der mit Exilzeitschriften und anderer politischer

Literatur vollgestopft war, ein Ereignis, das mehreren mutigen Dissidenten längere Gefängnisstrafen einbrachte und in der Dissidentenbewegung einen zwanzigjährigen Sturm von Vorwürfen und Gegenvorwürfen auslöste, wegen der undichten Stelle, die zu den Festnahmen geführt hatte. In der Folge wurden auch Olga und Ivan festgenommen. Beide wurden vier Tage lang wegen ihrer Aktivitäten verhört, Ivan wurde der Subversion angeklagt.

Wichtiger und weitreichender als all diese Beweise von Bruderliebe war die Rolle, die Ivan teils als Quelle und teils als Vermittler der geistigen Nahrung spielte, ohne die sein Bruder, wie er wusste, das Gefängnis kaum ertragen hätte. Mit den mehr als neunzig Briefen, die er zwischen Juni 1979 und Januar 1983 an Václav schrieb[513] (offenbar gab es noch mehrere andere nebensächliche oder technische Botschaften), verfolgte er ausdrücklich das Ziel, »dass Du geistig nicht verkümmerst«.[514] Er war nicht nur ein zuverlässiger Korrespondenzpartner, sondern betätigte sich auch als Tutor, Mentor und spiritueller Führer sowie als Vermittler für die Gedanken anderer. Das alles lief eher auf einen Fulltimejob als auf ein bisschen Briefeschreiben am Wochenende hinaus.

Kaum jemand war vertrauter mit Havels unersättlicher intellektueller Neugier als Ivan. Er übernahm gewissermaßen die Aufgabe, sein Veranstaltungskalender und sein *New York Review of Books* in einem zu sein. Er berichtete Václav von allen wichtigen Filmpremieren, Publikationen, Artikeln oder Ausstellungen sowie über alle Premieren seiner Theaterstücke und deren Rezeption im Ausland. Die Bandbreite und die allgemeine Orientierung seiner Leseliste lassen vermuten, wie viel Václavs intellektuelles Waffenarsenal seinem Bruder verdankte: Sie enthält Castanedas *Die Lehren des Don Juan*, Wittgensteins *Philosophische Untersuchungen*, Tolkiens *Der Hobbit* und *Der Herr der Ringe*, Prousts *Auf der Suche nach der verlorenen Zeit*, Pirsigs *Zen und die Kunst ein Motorrad zu warten*, Hofstadters *Gödel, Escher, Bach*, Kerouacs *Unterwegs*, Bulgakovs *Der Meister und Margarita*, Keseys

Einer flog über das Kuckucksnest, Vonneguts *Slapstick*, Musils *Mann ohne Eigenschaften*, Conrads *Das Herz der Finsternis* und viele weitere Bücher. Ivan berichtet darüber, was es in der Kinowelt Neues gibt, und schreibt über Filme wie Robert Altmans *Eine Hochzeit*, Jiří Menzels *Die Schur* oder Robert Redfords *Eine ganz normale Familie*. Er hält Václav über die neusten Ausstellungen seiner Freunde, des Bildhauers und Malers Libor Fára und des Fotografen Bohdan Holomíček, auf dem Laufenden. Und er bespricht sogar Seifenopern und Dokumentarfilme aus dem Fernsehen, von denen sein Bruder mit etwas Glück einige im Gefängnis sehen durfte. Gestützt auf seine eigenen Studien interpretiert er für Václav die Grundlagen der Quantenmechanik, die neuen Werke über das anthropische Prinzip, Ilya Prigogines dissipative Strukturen und andere Phänomene an der Grenze zwischen Naturwissenschaft und Philosophie. Als er tiefer in philosophische Fragen eintaucht und insbesondere die Werke von Emmanuel Levinas und Martin Heidegger studiert, bezieht er in den Briefwechsel Gäste der Privatseminare mit ein, die montags in seiner Wohnung stattfinden, insbesondere den Biologen Zdeněk Neubauer und den Logiker und christlichen Philosophen Petr Hájek. Er gibt ihnen die Briefe seines Bruders zu lesen und hält ihre Antworten und Kommentare in seinen Briefen an Václav fest.

Der Austausch trug dazu bei, dass das Denken des Gefangenen klarer wurde und sich weiterentwickelte, auch verhalf er ihm zu der Erkenntnis, dass er auch im Gefängnis für ein breiteres Publikum schrieb. Die Idee, aus den Briefen ein publizierbares literarisches Werk zu machen, war ganz natürlich. Ursprünglich ging es um die »16 Briefe« des Sommers 1982 (*Briefe an Olga* Nr. 129–144). Ivan publizierte sie mit Neubauers einleitendem Essay *Consolatio philosophiae hodierna* bei der Edition Expedice in einer Auflage von elf Exemplaren. Sie enthalten Prolegomena zu Havels Metaphysik und Ontologie, offenbar motiviert von dem Bedürfnis des Autors, nicht nur andere, sondern auch sich selbst aufzuklären. Ausgehend von den »Geworfenheiten« des modernen Menschen, des Ichs, das sich danach sehnt, in der verlorenen »Fülle des Seins zu sein«,[515] werden in den Briefen die Konzepte der Verantwortung, der Transzendenz und des Sinns und das Konzept von einem universellen Gedächtnis des Seins entwickelt. Der Schlüssel zum Sinn des Lebens besteht darin, sich um seine »geheimnisvolle Ordnung«, seinen »absoluten Horizont«, zu bemühen und sich auf diese Weise der eigenen Identität zu versichern. In dieser Anstrengung liegt für Havel die »existentielle Revolution«, getragen von einer bestimmten Form von »Gemeinschaft« von »Liebe, Güte, Mitgefühl, Toleranz, Verständnis, Selbstbeherrschung, Solidarität, Freundschaft«.[516]

Ein wichtiger persönlicher Sieg war, dass er schließlich auch mit seiner »Sünde« zurechtkam, die er fünf Jahre zuvor begangen hatte. In den Nr. 137–139 aus den *Briefen an Olga*, die zu den ergreifendsten der Sammlung und vielleicht sogar der Geschichte der Briefliteratur gehören, untersuchte er zunächst allgemein den transzendentalen Horizont der moralischen Verantwortung mittels einer Parabel, die von einem Mann handelt, der in einer leeren Straßenbahn für die Fahrt zahlt. Im folgenden Brief analysierte er aus dieser Perspektive den moralischen Fehler, den er fünf Jahre zuvor begangen hatte. Wieder einmal gedachte er dieser »dunkelsten Zeit meines Lebens … Es waren Wochen, Monate und eigentlich Jahre stiller Verzweiflung, in denen es an mir fraß, Jahre der Scham, innerer Schande, Vorwürfe und verständnisloser Fragen.«[517] Erneut unterwarf er sich einer schmerzhaften Selbstprüfung und stellte einige der Eigenschaften in Frage, die ihm auch bei anderen Gelegenheiten zu schaffen machten, wie: »Vertrauensseligsein am falschen Platze … Höflichkeit oder der dumme Glaube an Spuren guter Absichten im Handeln meiner Widersacher, mein ständiger Selbstzweifel, das Bemühen, mit jedem im Guten auszukommen, das Bedürfnis, sich ständig selbst zu verteidigen und zu erklären«[518] – ganz sicher keine Todsünden, aber zweifellos Risse in Havels Rüstung, die viele seiner Feinde entdeckten und zu nutzen verstanden.

Der Schluss, den er nach fünfjähriger Selbsterforschung zog, war unglaublich einfach und schwierig zugleich. Er erlaubte es ihm, seinen Fehler, seine Qualen und seine Schande endlich auf sich beruhen zu lassen: Statt weiterhin nach tiefenpsychologischen Erklärungen zu suchen und haarspalterische Interpretationen zu finden für das, was er gesagt und geschrieben oder nicht gesagt und geschrieben hatte oder was er unter den gegebenen Umständen hatte sagen und schreiben oder nicht sagen und schreiben dürfen, und welche seiner Charaktereigenschaften ihm zum Verhängnis geworden waren, bekannte er sich schließlich ohne jede Einschränkung zu seinem Fehler und versöhnte sich dadurch mit ihm: »Für seine Erfolge einzustehen ist einfach. Jedoch die Verantwortung auch für sein Versagen auf sich zu nehmen, es vorbehaltlos als sein eigenes Versagen anzunehmen, das nirgendwohin und auf nichts geschoben werden kann, und sich selbst auch tätig zu dem zu bekennen, was dafür zu bezahlen ist – das ist verteufelt schwer! Aber einzig hierher führt der Weg … zu einer erneuerten Souveränität über seine Dinge, zu einem radikal neuen Einblick in die geheimnisvolle Ernsthaftigkeit seiner Existenz als undeutlicher Aufgabe und in ihre transzendentale Bedeutung. Und einzig ein solches inneres Verstehen kann zuletzt zu dem führen, was man echten ›Seelenfrieden‹ nennen könnte, zu dieser höchsten Freude, zum wirklich Sinnvollen, zu dieser unendlichen ›Freude am Sein‹. Gelingt dem Menschen dies, dann hört alles Leiden des Daseins auf, Leiden zu sein, sondern wird zu dem, was die Christen Gnade nennen.«[519]

Etwa zu diesem Zeitpunkt muss Havel zu dem Schluss gekommen sein, dass er das erreicht hatte, was unter den gegebenen Umständen möglich war. Es gibt keine große Offenbarung, keinen wahren Weg, dem man folgen müsste. Im Gegenteil, »immer neu und immer von Anfang an und immer wieder mit derselben Durchdringungskraft muss jede sinnvolle Gemeinschaft ihr Handeln mit dem beabsichtigten Ziel konfrontieren; immer neu muss sie untersuchen ob sie sich selbst und die Welt nicht mit ihrer verdinglichten ›Wahrheit‹ terrorisiert oder fanatisiert«.[520] Und er schließt mit der stoischen Bemerkung: »Dasselbe gilt übrigens … auch von meinen Betrachtungen: sie sind eine Niederlage, weil ich in ihnen nichts entdeckt und ausgesprochen habe, das nicht schon lange entdeckt wäre und hundertmal besser ausgesprochen worden wäre. Und trotzdem sind sie zugleich ein Sieg: wenn schon nichts anderes, so bin ich … so weit an ihnen hochgeklettert, dass ich mich jetzt wesentlich besser fühle als damals, als ich mit ihnen angefangen habe. Es ist seltsam, aber vielleicht bin ich jetzt sogar glücklicher als jemals sonst in der letzten Zeit.«[521] Im folgenden Brief geht es wieder fast ausschließlich um Vitamine, seine Depressionen, Norman Mailers *Auf dem Mond ein Feuer* und seine Erwartungen, was den baldigen Besuch Olgas betrifft.[522]

Wenngleich die Zensoren wohl nicht alles verstanden, was Havel schrieb, erkannten sie doch, dass die Briefe nicht von einem geschlagenen Mann verfasst wurden. Sie, oder eher ihre Vorgesetzten, müssen registriert haben, dass Havels Ruf und sein internationales Ansehen ständig besser wurden, solange er hinter Gittern saß. Selbst die Einkünfte aus seinen Schriften, die Mitte der siebziger Jahre eingebrochen waren, waren wieder auf ein ansehnliches Niveau gestiegen. Seine Strafe dauerte nur noch ein Jahr oder weniger (er beantragte eine zeitweise Aussetzung, damit er seine Ellenbogen operieren lassen konnte), und er sah allmählich Licht am Ende des Tunnels. So entwarf er einen ausgefeilten Plan für die ersten Tage nach seiner Rückkehr aus dem Gefängnis, beginnend mit einem privaten Abendessen mit Olga, das aus Krabbencocktails, Schweinekoteletts, Pommes frites und Sauce tartare, einer Walnusstorte als Nachtisch, einem Weinbrand als Verdauungsschnaps und einer Zigarre bestehen sollte. »Danach werde ich wahrscheinlich kotzen (obwohl ich nur sehr wenig essen und trinken werde)«, fügte er traurig hinzu.[523] Am folgenden Tag besuchte ihn ein gewisser Major Říha, den er zuvor schon kennengelernt hatte, zusammen mit einem weiteren Geheimpolizisten. Die beiden versuchten drei Stunden lang ihn zu überreden, dass er sich um eine Begnadigung durch den Präsidenten bemühte, und gaben ihm zu verstehen, dass diese auch gewährt werden würde.[524] Er lehnte ab, doch der Besuch muss ihm enormen Auftrieb gegeben haben, denn nun wusste er, dass er den Kampf gewann.

Er musste einfach nur warten und stellte fest, dass sich nun kein Tag, den er im Gefängnis verbrachte, mehr wiederholen würde. Trotzdem schwand die Hoffnung auf eine frühe Entlassung. Der zuständige Arzt entschied, dass die schmerzhaften Geschwulste an Havels Ellenbogen nicht so groß waren, dass sie operiert werden mussten, und Major Říha tauchte nie wieder auf. Während der Weihnachtsfeiertage wurde Havel von düsteren Gedanken heimgesucht.

Am 23. Januar 1983 bekam er hohes Fieber. Er hatte zwei Nächte lang Schüttelfrost, dass das Bett zitterte, und Schmerzen am ganzen Körper. Er rechnete damit, dass er sterben könnte, und wollte Olga einen letzten Brief schreiben, hatte aber nicht die Kraft dazu. Man hatte ihm die Antibiotika gegen die Entzündung in seinem Brustkorb zu spät gegeben, und so kam er in die Krankenstation des Gefängnisses. Dort sprachen die Ärzte von Lungenentzündung, Exsudaten und möglicherweise einer Nierenentzündung.[525]

Nachdem er in einem Brief vom 27. Januar ohne Rücksicht auf die Feinheiten der Zensur seine Symptome beschrieben hatte, wurden Olga und Ivan aktiv. Sie bombardierten die Ärzte und die Gefängnisverwaltung mit Anfragen und schickten die Nachricht von Havels Krankheit ins Ausland. Pavel Kohout inszenierte mit dem für ihn typischen Organisationstalent eine internationale Kampagne, in der die tschechoslowakische Regierung zur Freilassung Havels aufgefordert wurde, um sein Leben zu retten.

Am 28. Januar wurde Havel hastig von der Krankenstation in Bory in das Gefängniskrankenhaus Prag-Pankrác überführt. Der Überführungsbefehl enthielt den Satz: »Rücksendung nach dem Ende der Behandlung«,[526] als wäre er ein Postpaket. Doch die Rückführung war reines Wunschdenken seiner Kerkermeister.

Der Staatsmacht war die Vorstellung, dass ihr berühmtester Häftling sterben könnte, so unangenehm, dass sie kein Risiko mehr eingehen wollte, selbst als Havel außer Lebensgefahr war. Dank eines hochwirksamen Cocktails von Antibiotika lief er nicht mehr herum »wie eine rechtwinklige Großmutter«[527] und erholte sich so rasch, dass er in seinem allerletzten Brief aus dem Gefängnis seinen neusten Traum von der sexuell unglaublich attraktiven Anna erzählte, was Olga unendlich gefreut haben dürfte. Am Abend des 7. Februar, als eine große Gruppe von Ärzten, Krankenschwestern und Gefängniswärtern in sein Zimmer gestürmt kam und ihn informierte, dass seine Strafe zeitweise ausgesetzt sei, fühlte er sich so wohl in seinem gemütlichen Krankenzimmer, dass er darum bat, noch eine Nacht bleiben zu dürfen. Wie all seine anderen Bitten wurde auch diese abgelehnt, und man verlegte ihn ohne viel Federlesens in ein ziviles Krankenhaus. Nach 1351 Tagen in Haft war er frei.

ENDLICH FREI

Der aus dem Gefängnis geworfene Patient erholte sich in Pod Petřínem, einem der kleinsten Prager Krankenhäuser. Es lag jenseits eines kleinen Tals, gegenüber der Prager Burg, etwa hundert Meter oberhalb der westdeutschen Botschaft, die bald ebenfalls Geschichte machen sollte. Am 4. März 1983 wurde Havel schließlich aus dem Kokon des Krankenhauses in die Außenwelt entlassen. Er hatte seine Wiederanpassung an das Leben in Freiheit genauestens geplant, musste jedoch bald schon einräumen, dass er mit der »Explosion von Informationen, mit den Blackouts, dem gewaltigen Übermaß an Liebe«[528] und zahlreichen anderen Problemen nicht zurechtkam. Statt der stillen Wiedersehensfeier mit Olga bei einem intimen Abendessen und einer Flasche Wein, von der er im Gefängnis geträumt hatte, wurde seine Freilassung mit einer Party gefeiert, 160 Personen kamen. Sie brachten Wein und Spirituosen als Geschenke mit und außerdem sämtliche Bücher, die in den vier Jahren zuvor im Untergrund publiziert worden waren. Die wiedergewonnene Freiheit war mehr, als er ertragen konnte: Er hatte Angst, allein auf die Straße zu gehen, fühlte sich entwurzelt und unfähig, wieder die Herrschaft über sein Leben zu übernehmen – was ihn wohl mehr quälte, als es jeden anderen gequält hätte.

Einen gewissen Sinn für Prioritäten hatte er sich jedoch bewahrt. Zunächst einmal musste er seine Dankesschuld loswerden. In seinem ersten Interview nach der Haft, das Antoine Spire von *Le Monde* mit ihm führte, ließ er sich einige Fragen so stellen, dass er sich für die unermüdliche Unterstützung einer Vielzahl von Organisationen wie Amnesty International oder der französischen Internationalen Vereinigung zur Verteidigung verfolgter Künstler überall auf der Welt (französisch: Association internationale de défense des artistes de la répression dans le monde, abgekürzt AIDA) bedanken konnte. Er erwähnte auch zahlreiche Einzelpersonen, etwa Samuel Beckett, Kurt Vonnegut, Yves Montand, Arthur Miller, Friedrich Dürrenmatt, Tom Stoppard, Siegfried Lenz, Harold Pinter, Simone Signoret, Günter Grass, Joseph Papp, Bernt Engelmann, Saul Bellow, Heinrich Böll und Leonard Bernstein – eine Art *Who's Who* der Theater- und Literaturwelt. Havel konnte aus Platzmangel in dem Interview nicht alle seine Unterstützer nennen, hob aber insbesondere die inzwischen weit mehr als verbale Solidarität mit dem polnischen Komitee zur Verteidigung der Arbeiter hervor, dessen Mitglieder nach dem Jaruzelski-Putsch in Polen inzwischen selbst gejagt, angeklagt und ins Gefängnis geworfen wurden. Auch schrieb er einen Brief an Samuel Beckett, in dem er ihn als »einen Gott im Himmel des Geistes«[529] bezeichnete. Er dankte Beckett dafür, dass er ihm das Theaterstück *Katastrophe* gewidmet hatte, das 1982 zu Havels Ehren auf dem Theaterfestival von Avignon aufgeführt oder, nach Becketts Ansicht, massakriert worden war.

Havel wollte unbedingt wieder schreiben, hatte aber Schwierigkeiten, das richtige Thema zu finden; er sprach davon, dass es ein allgemeines Thema gebe, wahrscheinlich das faustische Motiv, das schon seit langem in ihm reifte. Um die notwendige Zeit und Konzentration zu finden, erwog er, die Arbeit für die Charta schrittweise einzuschränken,[530] was natürlich nicht funktionierte.

Schließlich verfasste er einen kurzen Sketch für František Janouch, einen Atomphysiker, der nach Schweden ins Exil gegangen war und mit dem er in einem Briefwechsel stand. Janouch wollte den Text für einen Abend zugunsten inhaftierter Dissidenten, den er im Herbst in seinem Gastland geplant hatte. Er spürte wohl den inneren Aufruhr, in dem der frisch entlassene Häftling unterzugehen drohte. *Der Fehler*,[531] ein Einakter, mit dem

Havel erhebliches Talent für die Kurzform bewies und den er irgendwann Ende April oder Anfang Mai 1983 »in zwei Stunden« schrieb, handelt von einem mörderischen Angriff, den Gefangene auf einen neuen Zellengenossen verüben. Dieser hat weder auf ihre Einladungen noch auf die Drohungen reagiert, mit denen sie ihn zur Annahme ihres Codes bewegen wollen. Als sie schließlich erkennen, dass er nur deshalb nicht geantwortet hat, weil er ihre Sprache nicht versteht, ist es zu spät. Der existenzialistische Sketch über »Andersartigkeit« hat eine gewisse Ähnlichkeit mit der Kurzgeschichte »Azimut«,[532] die Havel etwa zwanzig Jahre zuvor geschrieben hatte. Sie war offenkundig eine Methode gewesen, um einen der Alpträume auszutreiben, die ihn damals quälten.

Havel hatte das Gefühl, eine doppelte Persönlichkeit zu besitzen. Da war der alte physische Havel, der mit dem Schreiben, mit seinem Gesundheitszustand, mit politischer Verfolgung und mit zahlreichen persönlichen Schwierigkeiten zu kämpfen hatte, und da war plötzlich »mein frei schwebendes legendäres Ich, mit zahllosen Zielen, Missionen und Erwartungen belastet«.[533]

Sein Gefühl, in einer Welt der unendlichen Möglichkeiten die Kontrolle verloren zu haben, bezog sich nicht nur auf alltägliche Dinge, die Frage etwa, wie er sich für den Tag kleiden sollte. Er hatte seine Affäre mit Anna Kohoutová wieder aufgenommen und begann nun eine weitere mit Jitka Vodňanská, der Psychotherapeutin, die er am Abend vor seiner Verhaftung kennengelernt hatte. Jitka hatte eine starke Persönlichkeit und besaß berufsbedingt wohl auch ein gewisses Geschick im Manipulieren, und so dauerte es nicht lange, bis sie ihrer Rivalin die emotionale Kontrolle abgerungen hatte. Obwohl sie eine konventionellere Freundin war, konnte sie Havels starkes Bedürfnis nach Selbsterforschung und mütterlichen Ratschlägen besser als Anna erfüllen. Was ihn betraf, so verliebte er sich auch in sie so stark wie immer, aber nicht rückhaltlos. Selbst gegenüber den Frauen, denen er sich am nächsten fühlte, schützte er seine Identität genauso energisch wie gegenüber der feindseligen Geheimpolizei, den Gefängniswärtern oder den Massen von Bewunderern, mit denen er es als Präsident zu tun bekommen sollte.

Zu seinem Erstaunen war er nicht der Einzige, der einen neuen zutiefst befriedigenden Liebespartner fand. Olga hatte während seiner Haft Jan Kašpar kennengelernt, einen gutaussehenden alleinstehenden Bühnenarbeiter, der bei der legendären Produktion der *Gauneroper* mitgespielt hatte und zwanzig Jahre jünger war als sie. Als sie ihrem Mann von Jan erzählte, schlug sie ihm zwar keine Trennung vor, erklärte ihm aber, dass ihr gemeinsames Sexualleben vorüber sei. Diese Nachricht nahm er schlecht auf. Ganz plötzlich war sein bisher unbestrittener Anspruch auf Olgas Zuneigung und Loyalität bedroht. In seiner Vorstellung war es, anders als bei Olga, nicht vorgesehen, dass er von nahestehenden Menschen verlassen wurde, und so verfiel er in eine tiefe Trauer. Dass ihn nicht weniger als drei Frauen gleichzeitig, aber nicht ausschließlich beanspruchten (Jitka hatte einen kleinen Sohn, Anna hatte zwei heranwachsende Töchter und Olga hatte Jan), während er zu einer nationalen Institution wurde, war zu viel für ihn. Mehreren Berichten zufolge war er deshalb nicht nur verwirrt, sondern verfiel in eine tiefe Depression.[534]

Das komplizierte Geflecht persönlicher Loyalitäten, sexueller Leidenschaften und moralischer Zwickmühlen bestand viele Jahre. 1984 wurde Jitka schwanger. Sie schrieb einen Brief an Olga und informierte sie über ihren Zustand und darüber, wie sehr sie deren Ehemann liebte. Havel kam mit der Botschaft von Olga zurück, dass sie nicht bereit sei, sich scheiden zu lassen, und stattdessen eine *ménage à trois* vorschlage.

Václav und Olga hatten keine Kinder, über die Gründe schwiegen sich beide aus. Viele Beobachter hatten aus beiläufigen Bemerkungen Havels geschlossen, dass er unfruchtbar sei. Dass er die Schuld auf sich nahm, war typisch für ihn, entsprach aber auch hier nicht den Tatsachen. Höchstwahrscheinlich machte ihm die Kinderlosigkeit privat schwer zu schaffen. In einem der Briefe aus dem Gefängnis berichtet er Olga von einem Traum, in dem diese nach 16-monatiger Schwangerschaft Zwillinge bekommt, und zwar von einem »amerikanischen Professor. Der Professor hat mich überhaupt nicht gestört, es ärgerte mich bloß, dass die Zwillinge nicht von mir waren«.[535] Er nahm eine Gelegenheit, Vater zu werden, nicht auf die leichte Schulter.

Havel zog seinerseits eine Scheidung in Erwägung, konnte sich letztlich aber nicht dazu durchringen. Er überredete Olga, sich von Jan zu trennen, brachte aber das Gleiche bei Jitka selbst nicht fertig. Sie hatte schreckliche Angst davor, allein ein Kind aufzuziehen, und ließ eine Abtreibung vornehmen. Sie schrieb ihm einen Brief und warf ihm vor, für eine Entscheidung zu schwach zu sein. Olga beschwerte sich bei ihm, dass er sich nicht von seiner Freundin trennte. Das Ganze wirkte wie eine Szene aus seinen absurden Komödien, nur dass es allen Beteiligten das Leben zur Hölle machte. Wie immer, wenn Havel spürte, dass er ein Problem hatte und Klarheit brauchte, begann er zu schreiben.

Für Havels bedrückendstes Schauspiel gibt es mehrere Kandidaten. Die beklemmende Atmosphäre in *Das Berghotel* geht von einer existentiellen Leere aus, wohingegen sie in dem Tom Stoppard gewidmeten *Largo Desolato* (1984), »einer musikalischen Meditation« über die Last der menschlichen Existenz, auf existentieller Angst beruht. Leopold Kopřiva ist ein nur wenig getarntes Alter Ego Havels, ein nonkonformistischer Intellektueller, der in Gefahr schwebt, für einen Essay ins Gefängnis zu kommen. Als er in seiner Wohnung umherwandert und immer wieder angstvoll durchs Schlüsselloch späht, erhält er zunächst Besuch von zwei unbekannten Bewunderern. Sie ermahnen ihn, durch entschlossenes Handeln seinem Schreiben treu zu bleiben. Danach besucht ihn ein enger Freund und berichtet, ein nicht näher bestimmter Freundeskreis sei besorgt, weil Kopřiva keine zentrale Figur mehr, sondern nur noch eine erschöpfte Kraft sei. Schließlich taucht auch noch seine Geliebte Lucy auf und wirft ihm vor, keine Gefühle zeigen zu können. Die liebevollste Figur ist Leopolds Lebensgefährtin. Sie kommt freilich nur vorbei und bringt ihm das Abendessen, bevor sie den Abend mit einem anderen Freund verbringt.

Als schließlich die gefürchteten zwei »Kerle« an der Tür klingeln, hat sich Leopold schon mit dem Unvermeidlichen abgefunden und sieht es vielleicht sogar als einen Ausweg aus seinen diversen Zwickmühlen. Doch die beiden sind gekommen, um ihm einen Handel vorzuschlagen. Wenn er bestreitet, der Autor des inkriminierten Essays zu sein, wird das Vergehen einem unbekannten Missetäter in die Schuhe geschoben. Leopold findet den Vorschlag verführerisch, ist sich jedoch seines zweifelhaften Charakters so bewusst, dass er um Bedenkzeit bittet.

Im zweiten Teil des Stücks, der den ersten Teil spiegelt, erscheinen die zwei Bewunderer erneut und ermutigen Leopold zum Handeln, seine Lebensgefährtin bringt ihm wieder das Abendessen und geht dann mit ihrem Freund auf einen Ball, und Lucy ist durch Markéta, eine jüngere Version ihrer selbst, ersetzt. Sie verspricht, Leopold mit ihrer reinen, idealistischen Liebe aus seinem Unglück zu erlösen. Als die »Kerle« wieder erscheinen, hat Leopold genug. Er packt seine Habseligkeiten zusammen und geht auf Konfrontationskurs, weigert sich, etwas zu unterschreiben, selbst wenn es ihn die Freiheit kosten sollte. Zu seinem Erstaunen haben die beiden es aber gar nicht eilig, ihn abzuführen. Das Urteil wird zunächst einmal verschoben, und die Staatsmacht ist immer noch nicht in der Lage, den Täter zu identifizieren. Leopold könnte seine Identität nur noch behaupten, indem er ins Gefängnis geht, aber das wird ihm verweigert. Er ist dazu verurteilt, weiter in seiner Wohnung umherzuwandern und durchs Schlüsselloch zu spähen.

Vielleicht weil der Schmerz viel näher an der Oberfläche ist als sonst und weil die Figuren anders als in früheren Stücken Havels realen Menschen (ihm selbst, Olga und Jitka) gleichen, funktioniert das Schauspiel nicht so gut, wie es sollte. Havel, dem es sonst so hervorragend gelingt, seine amöbenhaften Figuren agieren zu lassen, wirkt hilflos, wenn er eine Figur mit einer Psychologie schaffen will. Wie er in den Regieanweisungen des Stückes selbst zugibt, reden alle Personen wie er selbst. Tatsächlich sind sie alle er selbst. Das Schauspiel soll seiner Ansicht nach »nur die Seele des Zuschauers verstören – genau wie sie von einer modernen Skulptur oder musikalischen Komposition verstört wird«,[536] aber es ist zu offensichtlich die Seele des Autors, die verstört ist.

Wenn Havel halb hoffte, dass ihn die Polizei wieder ins Gefängnis werfen und seine Probleme lösen würde, so hoffte er vergeblich. Er wurde ständig überwacht, seine Begegnungen und Übernachtungen außer Haus wurden dokumentiert, dasselbe galt auch, wenn er mit einer Frau (und manchmal auch zwei Frauen gleichzeitig) in Hrádeček weilte. Obwohl Olga sie nicht sonderlich mochte, lud sie Jitka und ihren Sohn Tomáš immer wieder ein, vielleicht aus Mitleid, denn die geschiedene junge Therapeutin war arm wie eine Kirchenmaus. Diese Einladungen stellten den Dramatiker vor interessante Probleme, angefangen mit der Sitzordnung beim Abendessen. Wenn Olga nicht da war, saß Jitka an der Spitze einer oft mit hochkarätigen Intellektuellen besetzten Tafel. Dies war zum Beispiel bei den regelmäßigen Sommersitzungen der Kampademia der Fall, einer Gruppe von Philosophen, deren Treffen in Hrádeček von Václavs Bruder Ivan initiiert worden waren, als Václav seine Haftstrafe absaß. Mitglieder waren unter anderem Radim Palouš und dessen Sohn Martin, der Atomphysiker Pavel Bratinka, der Biologe Zdeněk Neubauer und Daniel Kroupa; Václav war Ehrenmitglied. Bei den Treffen ließ er Jitka ein langes weißes Kleid tragen und sie in Begleitung der sieben Philosophen die Treppe herabschreiten. Dabei sangen sie alle: »Heiho, heiho, wir sind vergnügt und froh …« Das Menü für das Abendessen trug den Titel »Schneewittchen und die sieben Zwerge«, wobei die Männer vielleicht eher Hobbits ähnelten. (Tolkiens Tetralogie gehörte zu ihren Kultromanen.)

Irgendwann im Jahr 1986 lud Havel im Rahmen eines weiteren fruchtlosen Versuchs, seine Beziehungen zu klären, alle drei Frauen in die Klosterweinstube ein. Inzwischen war Anna, die fügsamste der drei starken Frauen, schon im Begriff, von der Bildfläche zu verschwinden. Olga blieb, aber ihre Beziehung zu ihrem Mann hatte sich unwiederbringlich verändert. In der Weinstube kam Jitka nicht umhin, den Unterschied zwischen den beiden ergrauten, wenn auch immer noch schönen Damen und sich selbst, einer drallen, blonden Verführerin, zu bemerken. Sie konnte nicht wissen, dass sie im Begriff war, ein Muster zu etablieren. Bei dem Treffen klärte sich nichts.[537]

Die Affäre mit Jitka führte zu einer weiteren bizarren Komödie der Irrungen, als Havel im August 1985 beschloss, Jitka als seine Freundin »zu outen« und sie einigen seiner Bekannten in verschiedenen Landesteilen vorzustellen. Wie es seine Art war, plante er die Reise bis ins letzte Detail und korrespondierte im Vorfeld intensiv mit den Gastgebern auf den Zwischenstationen der Tour. Dabei wusste er genau, dass seine Post sehr wahrscheinlich nicht nur von ihnen gelesen würde. Tatsächlich wurde er von dem Moment an verfolgt, als er mit Jitka in seinem neuen silbergrauen VW Golf, den er mit rücksichtsloser Hingabe fuhr, Prag verließ. Bei ihrem ersten Halt, als sie den linksgerichteten oppositionellen Aktivisten Ladislav Lis auf seiner Ziegenfarm in Nordböhmen besuchen wollten, wurde Havel festgenommen und nach Prag gebracht, wo man ihn jene 48 Stunden schmoren ließ, die er laut Gesetz ohne Anklage festgehalten werden durfte. Nach der Freilassung kehrte er zu Lis zurück und setzte die Reise mit Jitka fort. Unterwegs verwickelte er seine Verfolger wiederholt in Diskussionen über den Zweck ihrer Übung. Er sagte, wenn sie den Befehl hätten, ihn zu schikanieren, würde er doch lieber wieder heimfahren, um allen Beteiligten die Unannehmlichkeit zu ersparen. Sie aber versicherten ihm mehrmals, dass sie im Prinzip nichts dagegen hätten, wenn er mit seiner Freundin eine Sommerreise unternehme. Unter den wachsamen Augen der verschiedenen Polizeigruppen, die einander nach einem gut organisierten Schichtsystem ablösten, gelang es dem Liebespaar, die Schauspielerin Vlasta Chramostová und ihren Mann, den Kameramann

Stanislav Milota, in Nordostböhmen, den katholischen Aktivisten Augustin Navrátil in Olomouc und den bekannten Forschungsreisenden Miroslav Zikmund in Zlín zu besuchen.

Auf ihrer letzten Station wurden sie festgenommen. Sie waren gerade in Bratislava bei dem Philosophen und ehemaligen Marxisten Miroslav Kusý, einem der drei slowakischen Unterzeichner der Charta 77, zu Gast und zogen sich für das festliche Abendessen um, als das Haus durchsucht wurde und man sie festnahm. Havel wurde erneut etwa vierzig Stunden festgehalten. Bei seiner Freilassung riet man ihm, sich in den kommenden zwanzig Jahren nicht mehr in Bratislava blicken zu lassen. Jitka Vodňanská wurde im Abendkleid von einem Polizisten in den Zug nach Prag gesetzt, während ihr Gepäck noch in Havels Golf eingeschlossen war. Sie musste sich am Morgen nach ihrer Ankunft in Prag von Freundinnen Kleider ausleihen. Letztlich war es eine denkwürdige Reise, wenn auch aus anderen Gründen als ursprünglich gedacht. Havel schätzte, dass die Staatsmacht für die Operation die Zeit von etwa 300 Polizisten vergeudet hatte.[538]

Als er im folgenden Sommer erneut eine Reise mit Jitka unternahm, achtete er darauf, sie nicht vorher bekannt zu machen oder Besuche bei Freunden zu planen. So gelang es, eine ungestörte Ferienwoche in der bewaldeten Wildnis des Malý Rozsutec in der slowakischen Kleinen Fatra zu verbringen.

Man könnte meinen, Havel habe die ersten Jahre nach seiner Freilassung fast ausschließlich damit verbracht, sich mit den komplizierten Verstrickungen seines Liebenslebens zu beschäftigen, doch nichts wäre weiter von der Wahrheit entfernt. Nachdem er sich vom ersten Freiheitsschock erholt hatte, nahm er seine öffentlichen Aktivitäten wieder auf, angetrieben sowohl durch sein Verantwortungsgefühl als auch durch seinen neuen Status als ungekrönter König der Opposition. Durch die neue Position änderte sich auch seine Rolle. Hatte er vor der Haft oft das kollektive Wesen der Charta und ihren einvernehmlichen Charakter betont, so fühlte er sich nun durch die Anfragen für Interviews und verschiedene Ehrungen, die ihm zuteilwurden, ermutigt, auch für sich selbst zu sprechen. Er übernahm die Funktion eines »Brennpunkts und eines Schaufensters« für die ganze Dissidentenbewegung.[539] Natürlich war in der extrem vielfältigen Bewegung mit ihren trotzkistischen Revolutionären, Reformisten des Prager Frühlings, liberalen Denkern und katholischen Philosophen nicht jeder mit allem einverstanden, was er sagte. Doch es ist ein Irrtum anzunehmen, dass er nach seiner Freilassung nicht mehr »viel Zeit für das Engagement bei den Dissidenten hatte«[540] oder dass er »sich für wichtigere Dinge schonte und versuchte, sich über die alltäglichen Aktivitäten der Dissidenten zu stellen«.[541]

Tatsächlich verhielt er sich vielleicht ein bisschen weniger auffällig als früher und verbrachte nach den ersten hektischen Monaten nicht mehr viel Zeit in Prag. Richtig ist auch, dass er im Gefängnis seine Techniken der Selbsterhaltung verfeinert und sich mehr Diskretion angeeignet hatte. Dennoch besaß er jetzt sogar eher noch mehr Energie und Disziplin und investierte sie größtenteils in die Sache der Dissidenten. Dabei war ein Großteil seiner Anstrengungen dem Ausland gewidmet. Er war sich sehr darüber im Klaren, wie viel die Proteste im Westen zu seiner weitgehend neutralen, wenn auch nicht guten, Behandlung im Gefängnis und am Ende zu seiner Freilassung beigetragen hatten und wie nahe die Chartabewegung während seiner Abwesenheit ihrem Zerfall gekommen war.[542] Daraus zog er den Schluss, dass der Kampf keine große Zukunft mehr hatte, wenn er ihn nicht internationalisierte.

Hierfür bekam er von verschiedenen Seiten Hilfe. Dank der bemerkenswerten diplomatischen Leistung von William Luers, der von 1983 bis 1986 US-Botschafter in Prag gewesen war, sowie von dessen Frau Wendy und einigen weiteren Diplomaten, waren die Charta 77 und mit ihr die intellektuelle Opposition in der Tschechoslowakei nie ganz von der Ideenwelt und der Politik auf der anderen Seite des Atlantiks abgeschnitten. Einer der Faktoren, die das Leben in der »normalisierten« Tschechoslowakei erträglicher, wenn auch nicht einfacher, gemacht hatten, waren die Zusammenkünfte in der prächtigen Residenz des amerikanischen Botschafters in Prag, wo Treffen mit Kurt Vonnegut, Bill und Rose Styron, Edward Albee, John Updike,[543] Philip Roth[544] und vielen anderen stattfanden.[545] Die Besuche mussten aufwendig choreographiert werden, da die tschechoslowakischen Regierungsbürokraten, die der Botschafter ebenfalls einladen musste, sich auf keinen Fall mit den »Waschlappen« und »Selbsternannten« im selben Raum sehen lassen wollten. Nicht einmal im gleichen Garten wollten sie mit ihnen zusammen sein: Der stellvertretende tschechoslowakische Außenminister Jaromír Johanes, der die kommunistische Regierung 1985 an einem herrlichen Sommertag bei der Feier des amerikanischen Unabhängigkeitstags vertrat, brauchte nach seiner Ankunft etwa eine Minute, bis er Havel unter den zahlreichen Gästen auf dem Rasen der Botschaft erspähte. »Er ist hier«, sagte er, wirbelte herum und verließ zusammen mit allen anderen Vertretern des Außenministeriums das Gelände.[546]

Als Autor war Havel bei seinem Freund Klaus Juncker und dem Rowohlt Verlag in guten Händen. Und als Dramatiker hatte er dank seiner Verbindung mit Achim Benning, dem Direktor des Wiener Burgtheaters, an dem auch seine Freunde Kohout und Landovský arbeiteten, eine verlässliche Aufführungsstätte für seine Werke. Beide Verbindungen bescherten ihm eine solide Einkommensquelle. Damit unterschied sich seine Lage von der der meisten anderen Chartisten, die oft als Hilfsarbeiter ihren mageren Lebensunterhalt verdienten und viel größere Familien versorgen mussten. Außerdem wurde allmählich klar, dass die Botschaft der Opposition, die größtenteils damals noch über Schreibmaschinendurchschläge von Samisdat-Texten verbreitet wurde, nur eine sehr begrenzte Wirkung haben würde, wenn Finanzierung und Bürotechnik nicht verbessert würden.

Havel stand immer noch unter Beobachtung und ging zu Recht davon aus, dass sowohl seine Post als auch seine Telefonate überwacht wurden. Um kommunizieren zu können, musste er andere Kanäle in den Westen finden. Geheimhaltung war dabei ungemein wichtig. Wer seine eigenen Ansichten oder Manuskripte ins Ausland schickte, kam vielleicht mit einer Verwarnung davon und erhielt schlimmstenfalls zwei Jahre Gefängnis. Der Schmuggel von Geld und technischen Geräten in das Land hinein war etwas anderes; er konnte leicht als Spionage gewertet werden und den Täter zehn oder mehr Jahre ins Gefängnis bringen, insbesondere bei einem vorbestraften Mann wie Havel, der als Gewohnheitstäter behandelt würde.

Der Versuch, das Problem zu lösen, war eine weitere Geschichte von Mut, Erfindungsgeist, Vertrauen und starken menschlichen Beziehungen. Der Anfang war schon in den Jahren vor Havels Freilassung gemacht worden. Im Zentrum stand die kleine, lebhafte Soziologin Jiřina Šiklová, eine frühere Kommunistin, die sich zur Chartistin gewandelt hatte. Sie hatte wie Havel Anfang der achtziger Jahre eine Zeitlang im Gefängnis gesessen, weil sie Manuskripte von Dissidenten geschmuggelt hatte. Nach ihrer Haft nutzte sie nicht mehr westliche Touristen als Kuriere, sondern freundete sich mit mehreren westlichen Diplomaten an. Diese nutzten, mit oder ohne Wissen ihrer Regierung, ihren Diplomatenstatus, um Briefe und Bücher in die Tschechoslowakei oder aus ihr heraus zu schmuggeln. Als Havel nach seiner Entlassung persönliche Verbindungen ins Ausland suchte, wurde das Material zunächst von dem schwedischen Kulturattaché Peter Tejler (Codename »Vasco da Gama«)[547] und dem deutschen Diplomaten Wolfgang Scheuer weitergeleitet. Nachdem Scheuer Prag 1986 verlassen hatte, übernahmen seine Kollegen Peter Metzger und Joachim Bruss sowie der Kanadier Peter Bakewell[548] die Aufgabe. Šiklová erhielt Havels Post in der Regel von Dagmar Havlová-Ilkovičová, der neuen Frau seines Bruders Ivan. Der riskanteste Teil der Operation bestand darin, dass sie die Schreiben zusammen mit den Briefen anderer Dissidenten an die Diplomaten übergab.

Mit zwei Männern korrespondierte Havel nach seiner Freilassung besonders intensiv. Der eine war der Atomphysiker František Janouch in Schweden und der andere der in Deutschland lebende Historiker Vilém Prečan. Beide hatten sich von Kommunisten zu Dissidenten gewandelt und waren vom Regime ins Exil getrieben worden. Sie leisteten einen gewaltigen Beitrag zur Erhaltung der Charta und deren Literatur, indem sie den Chartisten Gehör verschafften.

Janouch gründete die Stiftung Charta 77, die sich mit der Zeit zum wichtigsten Spendensammler für Dissidenten in der Tschechoslowakei entwickelte, Prečan sammelte, archivierte, vertrieb und bewarb Samisdat-Literatur. Das informelle Unternehmen, das zunächst »Home Enterprise« genannt wurde, entwickelte sich mit der Zeit zum Dokumentationszentrum zur Förderung der unabhängigen tschechoslowakischen Literatur, einem gemeinnützigen Verein mit Satzung und Vorstand, mit einer Bibliothek und einem Archiv, die so vollständig waren wie unter den gegebenen Umständen möglich. Das alles wurde von dem exilierten tschechischen Aristokraten Karel Fürst zu Schwarzenberg teilfinanziert und in seinem Schloss im mittelfränkischen Scheinfeld untergebracht.

In den folgenden fünf Jahren erledigte Havel jene Aufgabe in seiner Dissidentenkarriere, über die am wenigsten gesprochen wurde und die der größten Geheimhaltung unterlag: Er schrieb mehr als 500 Briefe an Janouch und Prečan und führte Dutzende von Telefongesprächen mit ihnen. Manche betrafen seine rasch wachsende internationale Agenda und handelten von Übersetzungen, Interviews und Publikationen. Andere betrafen Preise, die er nur durch Stellvertreter empfangen konnte, weil ihm sonst vielleicht die Wiedereinreise in die Tschechoslowakei verweigert worden wäre, selbst wenn er eine Ausreisegenehmigung bekommen hätte. Zusätzlich arbeitete er als De-facto-Schatzmeister und Spendensammler für die Opposition. Am anderen Ende der Verbindung stand der ungeheuer praktische Janouch. Er hatte in Schweden schon im Dezember 1978 die Stiftung Charta 77 eintragen lassen. Sie nahm für die Dissidenten Finanzmittel an und leitete sie weiter. Die erste Spende von 15 000 Schwedischen Kronen[549] bestand aus dem schwedischen Monismanien-Preis für Personen und Einrichtungen, die für das Recht auf freie Meinungsäußerung eintraten.[550] Im Lauf der Zeit stieg die Summe, die die Stiftung jährlich in der Tschechoslowakei verteilte, von etwa 100 000 Schwedischen Kronen im Jahr 1979 auf mehr als eine halbe Million im Jahr 1989.[551] Außerdem wurden Filialen in Norwegen und den Vereinigten Staaten eröffnet. Das Geld kam von diversen kulturellen und karitativen Organisationen und verschiedenen Einzelpersonen in Europa und den Vereinigten Staaten, darunter waren auch große Geldgeber wie die Ford Foundation oder, der größte einzelne Spender, die Open-Society-Foundation von George Soros.

Das Problem war weniger die Beschaffung des Geldes im Ausland, sondern eher die Frage, wie es zu den Empfängern gelangte. Im kommunistischen System waren alle harten Währungen streng reguliert, ihr unautorisierter Besitz war strafbar. Deshalb war es extrem riskant und wurde auch nur in Ausnahmefällen praktiziert, über geheime Kanäle große Mengen Geld ins Land zu schicken. Andererseits war es legal, über die staatlichen Banken Geld als persönliches Geschenk oder als Honorar zu überweisen, wenn es dann in Tuzex-Gutscheine umgetauscht wurde.

Dank der Solidarität und Hilfsbereitschaft der Chartisten erwies es sich als relativ einfach, den Bedürftigsten das Geld zukommen zu lassen. Viel schwieriger war es, die erforderlichen Mittel für die operativen Aufgaben, etwa für die Herstellungs- und Vertriebskosten der Samisdat-Literatur, für Forschung und Dokumentation und für kulturelle Unternehmungen, zu verteilen. Natürlich reichten die im Ausland gesammelten Summen nicht aus, um alle Aktivitäten zu finanzieren, aber sie waren eine erhebliche und willkommene Hilfe.[552] Da die Opposition über kein institutionalisiertes Büro verfügte, das das Geld in Empfang nehmen und weitergeben konnte – es hätte sich damit sofort strafbar gemacht –, konnte es nur als persönliche Zuwendung an Einzelpersonen gehen, die es dann im Land weiterverteilten.

Obwohl Havel weder wie ein Managertyp aussah noch handelte, widmete er dieser Aufgabe einen beträchtlichen Teil seiner Zeit und seines Einfallsreichtums. Dank des schwedischen Kanals entstanden in der Tschechoslowakei zwei »Verrechnungsstellen«, der Fonds für private Hilfe und der Operative Fonds. Ersteren hatte das VONS, das Komitee zur Verteidigung unschuldig Verfolgter, 1979 gegründet, um die Familien politischer Gefangener zu unterstützen, aber er hatte zeitweise nicht mehr funktioniert, als mehrere Organisatoren inhaftiert worden waren. Nun war es Havels Aufgabe, festzustellen, wer am dringendsten Hilfe brauchte, und die Zuweisung konkreter Summen an Einzelpersonen vorzuschlagen. Der Operative Fonds dagegen sammelte das Geld von den Strohmännern ein und verteilte es auf verschiedene Projekte. Bei der Planung und allmählichen Perfektionierung dieses Systems spielte Havel eine Schlüsselrolle, ja er skizzierte es sogar in einem handgezeichneten Flussdiagramm.[553]

Mit Dutzenden von Briefen und in vielen kleinen Schritten organisierte er die Sache, bat für den einen oder anderen Empfänger um einen größeren Beitrag, aktualisierte die Liste der fingierten Geldempfänger und informierte Janouch über neue Samisdat-Ausgaben und andere Projekte, die der Unterstützung wert waren. Die Daueraufträge für 1986 umfassten mehr als 160 Namen.[554] Havel half, die Verwaltungsgremien für die beiden Fonds zu organisieren, wobei er sich selbst als befangen einstufte und nicht Mitglied wurde (obwohl er, soweit bekannt, nie persönlich Geldmittel empfing). Er blieb aber Janouchs wichtigster Gesprächspartner.

Als ob die Organisation der Geldangelegenheiten nicht schon Belastung genug gewesen wäre, engagierte er sich auch stark in technischen Fragen, die seine Kompetenz eigentlich weit überschritten. Es begann mit einfachen Dingen wie Diktier- und Tonbandgeräten, erstreckte sich jedoch bald auch auf kompliziertere

Produkte wie Kameras und Videorekorder für das *Original Videojournal*, eine Untergrundwochenschau, und schließlich auch auf Drucker und Computer. Der Atomphysiker Janouch kannte sich ganz gut mit Computern aus, aber Havels Hightech-Dilettantismus nahm bizarre Formen an, als die beiden Männer über das doch recht komplexe Problem einer Programmierung oder Hardware-Integration des tschechischen Zeichensatzes in die frühen PCs korrespondierten: »Wenn Ihr mir einen Computer schicken würdet, würden die Experten, die mir nahestehen, darum bitten, dass die Lokalisierung des tschechischen Alphabets mit Software-Mitteln bewerkstelligt wird und nicht durch einen Eingriff in das EPROM[555] … Herr B. versuchte in der letzten Maschine das EPROM zu modifizieren und war sehr stolz darauf, aber wenn ich es richtig verstanden habe, ruinierte er damit den Computer beziehungsweise beraubte ihn des größten Teils seiner Fähigkeiten … Ich übermittle nur, was man mir gesagt hat, ohne einen blassen Schimmer zu haben, was damit gemeint ist.«[556]

In dem Briefwechsel mit Prečan ging es weniger um Geld und Hardware, doch Prečan war genauso wichtig, um die Anliegen der Charta zu vermitteln. Er war ein gewissenhafter, bescheidener und disziplinierter Historiker, der sich in einem Archiv oder einer Bibliothek eindeutig wohler fühlte als in der Öffentlichkeit, brachte notdürftig Ordnung in die ziemlich chaotische Produktion der Dissidenten, archivierte ihre Dokumente und gab sie an Distributionsorgane der Opposition im Ausland weiter, so zum Beispiel an Pavel Tigrids Zeitschrift *Svědectví* in Paris, Jiří Pelikáns Zeitschrift *Listy* in Rom, Zbyněk Benýšeks Kunstrevue *Paternoster* in Wien oder Josef Škvoreckýs Exilverlag 68 Publishers in Toronto. Prečan und Janouch standen auch mit der etwas umstritteneren *Palach Press* von Jan Kavan in Kontakt, einem Aktivisten des linken Flügels der Labour Party und der Campaign for Nuclear Disarmament in London. Auch sie leistete ihren Beitrag zur Verbreitung von Informationen, hatte aber auch diverse undichte Stellen und beging Indiskretionen.[557]

Prečan wohnte zunächst in Hannover, zog aber später mit dem Dokumentationszentrum nach Scheinfeld um, das viel näher an der tschechoslowakischen Grenze lag. Er war Havels Vertrauter, sein erster Leser im Ausland und sein Briefträger. Außer den mehr als 200 Briefen, welche die beiden Männer wechselten, schickte Havel ihm auch seine Essays und die Dokumente der Charta, die er publiziert haben wollte, seine Vorträge und Theaterstücke und die Tonbänder, auf denen er die von dem Journalisten Karel Hvížďala gestellten Fragen beantwortete. Das Interview sollte später in dem Buch *Fernverhör* publiziert werden. Havel schickte Prečan auch seine persönlichen Briefe, der sie an Dutzende von Freunden und Bekannten im Ausland weiterleitete, sowie die Korrespondenz für eine wachsende Zahl von Gesprächspartnern im Westen.

Havels Briefwechsel mit Janouch und Prečan sind das Dokument eines genialen Geheimunternehmens. Seine persönlichen Bedürfnisse beschränkten sich fast gänzlich darauf, dass seine Schriften eine möglichst große Leserschaft erreichten und dass seine spontanen Bitten um bestimmte Gewürze oder Musikaufnahmen erfüllt wurden. Doch die Briefe enthalten darüber hinaus zahllose Bitten um Hilfe für andere Dissidenten und ihre Familien, manchmal auch für Leute, die er nicht zu seinen Bewunderern zählen konnte. Prečan und Janouch waren mehr als nur Archivare, Gerätebeschaffer, Spendensammler und Verbindungsleute. Da sie im Ausland lebten, konnten sie ihm mit größerer Distanz Feedback geben und ihn gelegentlich auch kritisieren. Dies war dringend notwendig. In den acht Jahren zuvor hatten Havel und die anderen Dissidenten zwar viel miteinander verkehrt, aber kaum Kontakte nach außen gehabt. Außerdem war Havel sieben Jahre nicht außer Landes gewesen. Selbst der Heißhunger, mit dem er Bücher verschlang und andere Informationsquellen konsumierte, der stete Strom von Besuchern in Hrádeček und das tägliche Ritual, aus dem Hintergrundgeräusch der Störsender die Übertragungen von Voice of America und Radio Free Europe herauszuhören, konnten Erfahrungen aus erster Hand nicht ersetzen. Als Janouch darauf hinwies, dass einige von Havels Stellungnahmen und Essays einfach zu lang seien, um selbst von den freundlichsten Medien ganz wiedergegeben zu werden,[558] schimpfte der Autor über die Oberflächlichkeit der westlichen Medien und weigerte sich, Änderungen vorzunehmen. »Ich sage mir, was habe ich mit deren Geschäft zu schaffen? Was habe ich damit zu schaffen, dass die zu faul sind, um mehr als zehn Seiten zu lesen? Was habe ich mit der verdammten westlichen Krise des Denkens, der Konzentration, der Zeit, der explosionsartigen Zunahme der Informationen und alledem zu schaffen? Schließlich ist eine gewisse Freiheit das Einzige, was ich durch die Entscheidung gewonnen habe, Gefängnis und Überwachung, ständige Belästigung, absolute Rechtsunsicherheit und die Unfähigkeit zu reisen auf mich zu nehmen. Ich bin in einer Situation, in der ich tatsächlich schreiben kann, was ich will. Und jetzt soll ich diese Freiheit einschränken?«[559] Wenn die Medien seine Essays kürzten, damit sie zu ihrem Format passten, protestierte er, dass er zensiert werde. Als Roger Scrutons *Salisbury Review* den Essay »Politics and Conscience«[560] kürzte, schwor er, Scruton nie mehr einen Text zur Veröffentlichung zu geben.[561] Ein paar Wochen später gab er widerstrebend zu, dass Scruton vielleicht doch nicht ganz unrecht gehabt hatte.[562]

Sich im internationalen Kontext politisch zu definieren, war ein noch schwierigeres Problem für Havel und die ideologisch sehr breit gefächerte Charta. Es wurde durch das Tauziehen noch verschärft, das sich die verschiedenen Exilgruppen um den politischen Kern der Charta lieferten, die antikommunistischen Atlantiker um Pavel Tigrid in Paris, die Radiosender in München, die Exiltschechen um die Wiener Kneipe Nachtasyl, Jiří Pelikáns eurokommunistische Gruppe in Rom und, am anderen Ende des Spektrums, die radikalen Genossen in London. Eine der heftigsten internen Auseinandersetzungen brach aus, als sich die Charta um eine Teilnahme an der Weltversammlung für Frieden und Leben, gegen Atomkrieg bewarb,[563] ein bombastisches Friedensspektakel, das Ende Juni 1983 in Prag stattfand. Die unmittelbare Reaktion auf die Bewerbung hätte aus einer Slapstick-Komödie stammen können: Das Organisationskomitee war den zwei Sprechern der Charta davongelaufen und hatte sich in seinem Büro eingeschlossen.[564] Natürlich bekamen die Bewerber daraufhin statt einer Einladung eine Vorladung der Geheimpolizei, die sich dafür interessierte, wie die Dissidenten auf eine derart unverschämte Idee gekommen seien. Trotzdem schafften es mehrere Chartisten, darunter auch Havel, keine drei Monate nach seiner Freilassung, sich am 23. Juni 1983 in einem bewaldeten Naturschutzgebiet am westlichen Stadtrand von Prag mit mehreren Delegierten der Versammlung zu treffen. Doch das Treffen der Friedensaktivisten wurde ganz unfriedlich von Dutzenden geheimer und uniformierter Polizisten gesprengt. Sie stießen und drängelten die Leute in der Gruppe, konfiszierten Kameras und Dokumente und bedrohten nicht nur die tschechischen Dissidenten, sondern auch die ausländischen Teilnehmer, darunter verschiedene Sozialdemokraten, französische Pazifisten, deutsche Grüne und zwei Aktivisten der britischen Kampagne für nukleare Abrüstung (CND). Havel war recht erfreut über den Vorfall, bedeutete er doch gute Publicity für die Charta 77 und schlechte für das Regime. Allerdings war er nicht zufrieden mit der Berichterstattung der westlichen Medien, die besonders die Beteiligung der westdeutschen Grünen hervorhoben, die damals immer noch als radikale Gruppe mit möglichen Kontakten zu terroristischen Organisationen galten.

Der Vorfall führte zu einer erbitterten Debatte innerhalb der Charta. Die marxistischen Reformisten wie Jaroslav Šabata waren begeistert von der Aktion; sie betrachteten die westeuropäischen Friedensbewegungen als natürliche, wenn auch offenbar nicht kommunistische Verbündete. Dagegen waren die Konservativen unter Führung von Václav Benda empört. Sie wollten sich auf keinen Fall mit Leuten gemein machen, die sie als »nützliche Idioten« der Sowjetunion im Westen betrachteten.

Die Debatte dauerte mehrere Jahre. Havel fiel es schwer, seine mittlere Position zu halten. Er äußerte zwar Verständnis und Sympathie für das allgemeine Ziel des Friedens, was natürlich leicht war, verzichtete aber darauf, spezifische Positionen zu unterstützen, die die Friedensaktivisten in umstrittenen Fragen vertraten. Er sorgte dafür, dass die Charta ein umfassendes Dokument über die Friedensfrage erstellte, nur um dann zu erleben, dass Benda, damals einer der Sprecher der Gruppe, sein Veto dagegen einlegte. Schließlich entwickelte er, auch weil Prečan in dazu drängte, seine Gedanken zu dem Thema in dem Essay »Anatomie einer Zurückhaltung«.[565]

In dem Text kommt es ihm vor allem darauf an, Grenzen zu ziehen. Havel erklärt, warum ein tschechischer Dissident, von einem normalen tschechischen Bürger ganz zu schweigen, sich nie mit den Zielen und Proklamationen der westlichen Friedensbewegung identifizieren könnte. Die Asymmetrie einer Situation, in der junge Friedensaktivisten im Westen die Freiheit haben, die Stationierung von Atomwaffen auf dem Territorium der NATO zu kritisieren, wohingegen friedliebende Menschen in den sozialistischen Staaten gelobt werden, wenn sie dies auch tun, aber mit Gefängnis bedroht sind, wenn sie die Raketen im eigenen Land kritisieren, ist für ihn bezeichnend für das Problem: Die Menschen östlich des Eisernen Vorhangs haben mehr Angst vor ihren eigenen Regierungen als vor irgendeiner Bedrohung durch den Westen.

Im Gegensatz zu Benda fühlte sich Havel nicht abgestoßen von dem antibürgerlichen Lebensstil und der entsprechenden Rhetorik vieler Grüner und anderer Friedensaktivisten, stimmten sie doch mit seiner These von der allgemeinen Krise der westlichen Zivilisation überein. Andererseits konnte er ziemlich klar sehen, dass sie in diesem speziellen Kampf, vielleicht unwissentlich, nicht Freiheit und Demokratie, sondern einer negativen Kraft dienten. Dies galt besonders für die Befürworter der einseitigen Abrüstung, die in seinen Augen eine besonders unaufrichtige Art von Selbstmord darstellte. Er verabscheute auch die Heuchelei, mit der sich die Anhänger der westlichen Friedensbewegung über die amerikanischen Missetaten in der Zeit des Vietnamkriegs empörten, ohne auch nur zu erwähnen, dass die Sowjetunion ganz aktuell eine blutige Besatzung im neutralen Afghanistan durchführte.[566]

Gleichzeitig bewunderte Havel solche jungen Leute, die »dem Schicksal der Welt den Vorzug geben vor der bloßen Sorge um das eigene Wohlergehen«,[567] er sympathisierte mit ihnen, selbst wenn er mit ihren Ansichten nicht einverstanden war. »Ursache des Krieges sind nicht die Waffen als solche, sondern die politischen Realitäten«,[568] und der einzige Weg zum Frieden besteht in einer »grundsätzlichen Veränderung der politischen Realitäten, die die Grundlage der heutigen Krise bilden«.[569] Anders als die westliche Friedensbewegung sah er die wirkliche Bedrohung nicht darin, dass der ungemütliche Status quo des Kalten Krieges gestört wurde, sondern, im Gegenteil, in seiner Erhaltung. Denn: »Ohne freie, würdige und mündige Bürger gibt es auch keine Freiheit freier und unabhängiger Nationen. Ohne inneren Frieden, d. h. den Frieden zwischen den Bürgern gegenseitig und zwischen dem Bürger und dem Staat, gibt es nicht einmal die Garantie des äußeren Friedens: Der Staat, der den Willen und die Rechte seiner Bürger nicht achtet, gibt keinerlei Garantie, den Willen und die Rechte anderer Menschen, Nationen und Staaten zu achten.«[570]

Politik ist stets auch ein Spiel mit seltsamen Bettgenossen. Die Weltgeschichte ist voller bizarrer Bündnisse und zynischer Zweckehen, und sie ist voller Tragödien, in denen die Blinden die Blinden führen. Hier jedoch war ein Dissident, nicht einmal ein Politiker, der für eine fundamentale Veränderung der Logik dieser Verhältnisse auf den kurzfristigen Vorteil einer taktischen Partnerschaft verzichten wollte.

Prečans sanftes Feedback machte ihn auf mögliche Ungereimtheiten oder Redundanzen in den von ihm und anderen Chartisten geäußerten Ansichten aufmerksam. Gelegentlich wagte sich

Prečan auch auf das schwierige Feld vor, wo es um das Verhältnis zwischen öffentlicher und privater Person bei den Dissidenten ging. In einem Brief[571] spricht er indirekt die Probleme der »ehelich-sexuellen Promiskuität der Prager Dissidenten« an und zitiert Briefe, in denen Jiří Němec kritisiert wird, weil er »sieben Kinder und zwei Frauen verließ« und Trost in den Armen der »vielleicht schon fünften Frau hintereinander« finde. Prečan erwähnt Havel nicht ausdrücklich, aber sein Anliegen ist klar. Er ist sich im Klaren über den Gegensatz zwischen der Erfahrung der Dissidenten, für die »intime Beziehungen die einzige Sphäre der Freiheit« und »die einzige Gelegenheit, frei über das eigene Leben zu entscheiden«, darstellen können, und dem Leben der Paare im Exil, die meistens »eine Verstärkung der Beziehungen« erleben und bei denen »der Ehebruch eines Partners ... eine Katastrophe für den anderen Partner« ist. Seine schlimmste Sorge war, dass die verschiedenen Affären von den Feinden genutzt werden konnten. Viele Dissidenten sind im Verhör mit ihren manchmal sogar durch Fotos, Tonaufnahmen oder gar Videoaufnahmen dokumentierten Seitensprüngen oder sexuellen Abenteuern konfrontiert und manchmal zur Kollaboration erpresst worden. Im berühmtesten Fall hatte die Polizei bei einer Hausdurchsuchung erotische Fotos von Ludvík Vaculík und seiner Geliebten beschlagnahmt, die ausgerechnet auf einem Friedhof gemacht worden waren. Sie drohte, sie zu publizieren, wenn er nicht kooperierte. Vaculík löste das Dilemma, indem er sich wie auch Havel bei mehreren Gelegenheiten dafür entschied, in der Wahrheit zu leben. Er gestand alles seiner Frau und publizierte die ganze Geschichte – die Bilder, die Erpressung und alles andere – im Samisdat. Die Geheimpolizei machte ihre Drohung trotzdem wahr und sorgte dafür, dass die Bilder in dem biederen Frauenmagazin *Květy* erschienen.

So schwer es für Havel, Vaculík und andere gewesen sein mag, ihre öffentlich vertretenen moralischen Positionen mit ihrem privaten Liebesleben in Einklang zu bringen, es war nur ein Teil eines größeren Dilemmas. Sie hatten überhaupt nicht den Ehrgeiz, in einem eher puritanischen Sinne moralische Vorbilder zu sein, und hegten generell Bedenken, was ihre Rolle als leuchtende Beispiele des Widerstands betraf. In seinem oben erwähnten Buch berichtet Vaculík von einem Traum, in dem Ivan Klima ihm erzählt, dass sich alles geändert habe: Die Freiheit hat triumphiert, Kohout kommt mit dem Flugzeug zurück aus Wien, Havel ist aus dem Gefängnis entlassen, und Vaculík soll sich sofort in den Verlagsräumen von *Literární noviny* melden und wieder mit der Publikation der Zeitschrift beginnen. Doch Vaculík lehnt das Angebot mit einer gewissen Erleichterung ab: »Toll, dass sich alles geändert hat. Wenigstens geht es mich jetzt nichts mehr an.«[572]

Auch Havel äußerte immer wieder die Sehnsucht, nicht mehr im Rampenlicht stehen zu müssen, seine öffentlichen Aktivitäten zu reduzieren und seine Zeit dem Schreiben zu widmen, das er als seine wahre Berufung betrachtete:

> »Paradoxerweise ist es mein größter Wunsch, mich nach Hrádeček zurückzuziehen, ein Theaterstück zu schreiben und mich von meinem Dasein als Dissident ein bisschen zu erholen. Doch die ständige Belästigung hindert mich an der Durchführung dieses Plans, obwohl sie der Polizei willkommen wäre. Ich sollte jetzt ein Vorwort für die ausländische Publikation von Vaculíks *Tagträume* schreiben, und als ich über das Buch nachdachte, wurde mir neben vielem anderen Folgendes bewusst: Es ist ziemlich einnehmend und bewegend, wie Vaculík das ganze Buch hindurch bemüht ist, die Rolle des Dissidenten abzulegen, und wie er gleichzeitig hoffnungslos damit scheitert. Er sammelt weiterhin Unterschriften und tut Dinge, die er absolut nicht mehr tun will. Es sieht ganz so aus, als ob sich nicht der Mensch seine Rolle aussucht, sondern sich die Rolle den Menschen aussucht, als ob der Mensch in eine Rolle hineinfällt, statt sie auszuwählen. Das Thema ist allgemein.«[573]

In seinem Vorwort zu *Tagträume* – wahrscheinlich der beste Roman aus dem Umfeld der Dissidenten – spricht Havel unter anderem von »der erfolglosen Rebellion eines Mannes gegen seine eigene Rolle, von seinem Kampf mit ihr, der von dem Motiv getragen ist, sich dennoch eine gewisse Unabhängigkeit und ein gewisses Privatleben zu bewahren«.[574] Havel muss bewusst gewesen sein, dass er sich in dem Text auf sich selbst bezog. Aber im Gegensatz zu Ludvík Vaculík, der genau wie in seinem Traum nach der Samtenen Revolution tatsächlich jede öffentliche Rolle ablehnte und weiterhin Romane und Feuilletonartikel schrieb, die tiefgründig, rasend komisch, bewegend, aufreizend und manchmal auch einfach albern waren, blieb Havel nicht nur in der kommunistischen Zeit, sondern weit darüber hinaus in seiner Rolle gefangen.

LOB DER TORHEIT

Wer an den Ereignissen verzweifelt, ist ein Feigling,
aber wer auf den Menschen baut, ist ein Narr.

Albert Camus

Nachdem er die schlimmste Unrast überwunden hatte, versuchte Havel durch eine Art Routine zur Ruhe zu kommen. Kurz vor Weihnachten 1985 konnte er dank der französischen Botschaft endlich das Diplom und das Hermelinfell für den Ehrendoktor der Universität Toulouse in Empfang nehmen: »Eine unglaubliche Geschichte. Das Hauptproblem war der Botschafter. Er hat mehr Angst vor der hiesigen Regierung als vor seiner eigenen (vielleicht sollte er der nächste tschechoslowakische Botschafter in Paris werden).«[575] Dass Havel im Februar in sein nun freigewordenes Geburtshaus am Ufer der Moldau zog, war ihm wichtiger als der Doktortitel. Der Start der Charta 77 in seiner Wohnung in Dejvice mag vielleicht das folgenreichste Ereignis in seinem Leben gewesen sein, dennoch hatte er diesen Ort nie als sein Heim empfunden. Wie oft um diese Jahreszeit von Atembeschwerden geplagt, verbrachte er den Winter 1985 in Prag und fast den ganzen Rest des Jahres mit kurzen Unterbrechungen in Hrádeček, wo er seine Zeit zwischen dem Schreiben, der Arbeit für die Opposition, seinem doppelten Eheleben, verschiedenen Hausarbeiten und, an den meisten Wochenenden, der Beherbergung von Freunden aufteilte. »Seit Juni ist mein Hauptberuf der des Gastgebers und Hoteliers«, schrieb er im September.[576]

Trotz der vielen Ablenkungen wollte er immer noch ein neues Theaterstück schreiben. Im Oktober 1985 setzte er sich plötzlich hin und fing an. Später sagte er zu der Erfahrung, in zehn Tagen ein Stück zu verfassen, er habe sich »in eine Trance versetzt«.[577]

Der kreative Rausch hatte seinen Preis: »Als ich das Stück fertig hatte, bekam ich eine Art körperlichen und geistigen Zusammenbruch und verbrachte mehrere schreckliche Wochen in Hrádeček. Die Dämonen nahmen Rache, weil ich mich mit ihnen angelegt hatte.«[578]

Wenn *Largo Desolato* in Form und Inhalt das Chaos und die Verwirrung verkörpert, die Havel nach seiner Freilassung erfuhr, so liegt *Versuchung* (1985) eine tiefgründigere Betrachtung zugrunde. *Largo* schilderte die Depression, in die der unvorbereitete Havel 1983 nach der Haftentlassung gefallen war. Dagegen geht die faustische Idee von *Versuchung* auf seine frühere Inhaftierung und das »Versagen« des Willens zurück, das er sich damals vorgeworfen hatte. Havel erinnerte sich, dass er in der Zeit seiner Freilassung im Mai 1979 wilde Träume gehabt hatte und ihm »unerwartete Dinge« geschehen waren, als er sich mit dem moralischen Problem herumschlug, seine Freilassung durch ein demütigendes Zugeständnis erkauft zu haben.

Die Geschichte von dem kleinen tschechischen Zauberlehrling, einem wissbegierigen Wissenschaftler namens Faustka, ist eher eine metaphysische als eine magische Behandlung des Stoffes. Faustka trifft zwar eine Figur namens Fistula, die oberflächlich betrachtet einige mephistophelische Züge hat, doch es geschieht nichts Übernatürliches. Faustka wird lediglich in Versuchung geführt, die Grenzen der etablierten Wissenschaft zu überschreiten und auf eher esoterische Gebiete vorzudringen. Er entdeckt, dass er dadurch interessanter wird und erheblich an Sexappeal gewinnt. Als er sich der unvermeidlichen Entlarvung und dem daraus folgenden Untergang nähert, weil Fistula in Wirklichkeit für die Wächter der wissenschaftlichen Orthodoxie spioniert, versucht er seine »Sünde« zu verbergen, indem er immer raffiniertere Erklärungen und Interpretationen seines Verhaltens erfindet, sich dabei freilich immer tiefer in Widersprüche und Ungereimtheiten verstrickt. Als er schließlich entlarvt wird, muss er nicht für etwas zahlen, das er getan hat, sondern dafür, dass er Dinge zu glauben vorgab, die er nicht glaubte. Dennoch muss dank einer doppelten Wendung am Ende des Stücks, die an den Schluss von *Die Benachrichtigung* erinnert, nicht er den Preis für sein Vergehen zahlen, sondern ein völlig unschuldiges Mädchen, dessen einziger Fehler darin bestand, dass es an ihn glaubte. Havels zwei Hauptthemen Wahrheit und Verantwortung werden in dem Stück sehr wirkungsvoll kombiniert.

Gewöhnlich brütete er eine Zeitlang über allem, was er geschrieben hatte. Diesmal jedoch schickte er das neue Stück sofort ab, als ob er fürchtete, dass die »Dämonen« aus dieser oder jener Welt ihm wieder einen Streich spielen könnten. Wenngleich er die üblichen Anfälle von Selbstzweifeln hatte, freute er sich über das Stück, so sehr sogar, dass er den ungewöhnlichen Schritt machte, den Text für den Vertrieb unter Freunden und aus »Sicherheitsgründen« auf Band zu sprechen. Das Schreiben war für ihn offenbar der letzte Schritt einer drastischen Selbsttherapie gewesen, die seine vier Jahre im Gefängnis, eine Neubewertung seiner Prioritäten und eine Beziehungskrise umfasste. Die Therapie hatte offenbar Erfolg. Das neue Selbstvertrauen, mit dem er das Stück für sein Publikum vorlas, ist deutlich zu spüren. Sein Vortrag ist gleichmäßig, fast monoton, doch die stille Zufriedenheit des Autors mit seinem Werk ist genauso gut zu hören wie seine rollenden »Rs«. Das Stück hatte im Mai 1986 am Wiener Burgtheater Premiere und wurde danach an weiteren Theatern in Europa und Nordamerika aufgeführt. Dass es allgemein gelobt wurde, dass der *Daily Telegraph* den Autor sogar als »den größten Theaterautor in Europa« bezeichnete, stand in scharfem Gegensatz zu der eher gedämpften Aufnahme von *Largo Desolato*. Andrej Krob drehte in seiner Scheune bei Hrádeček mit Freunden ein Untergrundvideo von *Versuchung*, bei dem Havels Bruder Ivan den Faustka spielte.

Ähnlich wie die Einakter der Vaněk-Trilogie diente auch *Versuchung* als Anreiz für weitere intellektuelle Anstrengungen. In der ersten Hälfte des Jahres 1986 waren seine metaphysischen

Überlegungen ein fruchtbarer Nährboden für mehrere tiefgründige Debatten, die die Kampademia über den faustischen Archetyp und die Grenzen von Freiheit und Moral führte.[579] Auch andere trugen ihre Ansichten mit dazu bei.[580] Als immer neue Beiträge hinzukamen (von denen viele in einem Buch zu Havels fünfzigstem Geburtstag im Oktober jenes Jahres gesammelt wurden), hatte Olga die Idee, eine Zeitschrift herauszubringen, die allein dem Theater gewidmet war. Das Projekt war nach den Maßstäben der Opposition ungeheuer zeitaufwendig und technisch kompliziert und hatte mehrere Redakteure: Anna Freimanová und Anna Lorencová arbeiteten in der Redaktion, Karel Kraus war der Chefredakteur, und Olga wirkte als Chefin vom Dienst. Im Lauf der folgenden zwei Jahre produzierten und vertrieben sie gemeinsam fünf Nummern von *O divadle* (Über Theater), jede mit mehreren Hundert Seiten in mehreren Hundert Exemplaren, die von den ersten Lesern kopiert und weiterverteilt wurden. Einem neuen Trend entsprechend, stammten die Artikel sowohl von Dissidenten mit Schreibverbot als auch von »erlaubten« Schriftstellern und Theaterautoren, die zunächst unter Pseudonym schrieben, mit der Zeit jedoch auf diese Tarnung sogar verzichteten.[581]

Die Anstrengungen von Havel, der Charta 77 und ihren Unterstützern trugen Früchte. Seine Stücke wurden im Ausland aufgeführt, er bekam Preise, *Versuch, in der Wahrheit zu leben* und andere Essays wurden in vielen Ländern publiziert, nachgedruckt und diskutiert. Gleichzeit wurde das Problem der Menschenrechte hinter dem Eisernen Vorhang zunehmend von Gruppen und Organisationen im Westen aufgegriffen. Die Internationale Helsinki-Föderation für Menschenrechte mit einem Sekretariat in Wien und nationalen Unterorganisationen in mehreren europäischen Hauptstädten, der in London ansässige Index on Censorship, die US-amerikanische Nichtregierungsorganisation Helsinki Watch, Amnesty International, der Internationale PEN-Club und andere erhoben zusammen mit vielen wichtigen Schriftstellern und Intellektuellen regelmäßig ihre Stimme und protestierten gegen die Inhaftierung von Dissidenten und gegen Menschenrechtsverletzungen.

In dieser Beziehung war die Zivilgesellschaft den Regierungen weit voraus. Nur US-Präsident Ronald Reagan und die britische Premierministerin Margaret Thatcher konfrontierten die Sowjets direkt und konsequent wegen der Menschenrechtsverletzungen. Die meisten westlichen Regierungen waren mit der repressiven Politik im sowjetischen Herrschaftsbereich zwar nicht einverstanden, zogen es aber vor, die Früchte der Entspannungspolitik zu ernten und eine direkte Konfrontation zu vermeiden.

Anerkennung war deshalb sehr wichtig. Bald nach Havels Entlassung aus dem Gefängnis startete Janouch eine Kampagne mit der Forderung, Havel den Friedensnobelpreis zu verleihen. In der letzten Phase der Entspannungspolitik kam er mit diesem Ansinnen nicht sehr weit, aber immerhin gelang es ihm, die Unterstützung von mehreren europäischen Intellektuellen zu gewinnen. Nach dem relativen Misserfolg nahm der stets pragmatische Janouch das zweitbeste Ziel ins Visier. Im Jahr 1986 beschloss die Rotterdamer Stiftung Praemium Erasmianum, Havel den Erasmuspreis zu verleihen. Er geht jährlich an Personen oder Institutionen, die wichtige Beiträge zur Kultur, Gesellschaft oder Sozialwissenschaft Europas geleistet haben. Der Preis war mit 200 000 Niederländischen Gulden dotiert und mit einer öffentlichkeitswirksamen Rede verbunden, die der Preisträger in der Kathedrale von Rotterdam im Beisein der niederländischen Königsfamilie halten durfte.

Havel war erfreut über die Nachricht, aber wie sich bald herausstellte, war es viel leichter, den Preis zu bekommen, als ihn in Empfang zu nehmen.[582] Zunächst einmal war es höchst zweifelhaft, ob er überhaupt zu der Feier nach Rotterdam reisen dürfte. Dann war es ihm etwas peinlich, dass man ausgerechnet ihn für die Ehrung herausgepickt hatte.[583] Er hatte wie Janouch die Ansicht vertreten, dass der Preis an die Charta oder wenigstens an die Charta und ihn zusammen gehen sollte. Janouch, der Havel in der Angelegenheit vertrat, erkannte bald, dass diese Idee keine Chance hatte. Ein Preis für die Charta hätte allzu politisch gewirkt, ja, man riet Havel sogar davon ab, die Charta in seiner Preisrede überhaupt zu erwähnen. Lange war nicht sicher, ob die niederländische Regierung, die nach der Verfassung für die Handlungen des Monarchen verantwortlich ist, der Königin überhaupt erlauben würde, an der Zeremonie teilzunehmen.

Aber nicht nur die niederländische Verfassung, auch die tschechoslowakischen Gesetze waren ein Problem: Wenn Havel das mit dem Preis verbundene Geld annahm, das seiner Ansicht nach nicht ihm, sondern der Charta gehörte, würde es harten Devisenkontrollen unterliegen. Außerdem würde die Regierung einen beträchtlichen Anteil als Transaktionsgebühr einbehalten und dann überwachen, wie der Rest ausgegeben wurde. Wenn Havel dagegen das Geld an einen Treuhandfonds im Ausland spendete, brachte er den kommunistischen Staat (der für eine »klassenlose Gesellschaft« erstaunlich geldgierig war) um seinen Anteil und konnte sich dafür eine schwere Gefängnisstrafe einhandeln. Er konnte also weder das eine noch das andere tun. Streng genommen konnte er sich nicht einmal weigern, das Geld anzunehmen, denn um darüber zu verfügen, musste er es legal besitzen, und damit wurde er nach dem Gesetz haftbar. Der einzig gangbare Weg, den Janouch schließlich aushandelte, bestand darin, dass Havel den Preis nur unter der Bedingung annahm, dass dieser mit keinerlei finanzieller Vergütung verbunden war. Danach durfte die Erasmusstiftung das Geld so anlegen, wie sie es für richtig hielt.[584] Am Ende entschied die Stiftung, das Preisgeld an Janouchs Stiftung Charta 77 in Stockholm zu spenden. Der sorgte dafür, dass das Geld zu den Tarnempfängern kam, die es wiederum an die eigentlichen Adressaten weiterleiteten – ein etwas verwickelter, aber akzeptabler Weg, das Geschäft abzuwickeln.

Das dritte Problem waren die Chartisten selbst. Konflikte zwischen starken Egos, Eitelkeiten und Eifersüchteleien waren in der Charta wohl ein kleineres Problem als in anderen Gruppen, aber dennoch existierten sie. Da Havel offensichtlich nicht nach Rotterdam reisen konnte, stellte sich die Frage, wer den Preis für ihn annehmen und die Rede verlesen sollte. Janouch versuchte gemeinsam mit Pavel Kohout und Zdeněk Mlynář ein Triumvirat zu bilden, das Havel bei der Feier vertreten sollte. Doch die Maßnahme stieß bei anderen Exilanten auf Ablehnung, zumal Janouch, Kohout und Mlynář, unabhängig von den Verdiensten, die sie sich in den zwanzig Jahren zuvor erworben hatten, alle drei einmal Kommunisten gewesen waren. Am Ende musste Havel seine Vertreter selbst bestimmen, und er verteilte die Aufgabe klugerweise auf sehr verschiedene Persönlichkeiten: Janouch sollte die Urkunde entgegennehmen, und der Schauspieler Jan Tříska, ein alter Freund von ihm, der inzwischen in Kalifornien lebte und die Charta nicht unterzeichnet hatte, sollte die Rede verlesen. Als das geklärt war, musste sich Janouch abstrampeln, um für die Exiltschechen, die Havel als seine privaten Gäste eingeladen hatte, Reisegeld und Unterkünfte aufzutreiben. Nur wenige von ihnen hatten selbst die Mittel dafür. Die Stiftung zahlte für sechs Personen, andere wohltätige Organisationen finanzierten die Kosten für etwa ein Dutzend weitere. Dennoch lag eine gewisse Bitterkeit in der Luft. Havel kommentierte das Problem trocken: »Ost ist Ost und West ist West … Ich kann mir nicht vorstellen, dass irgendjemand die Universität oder Janouch um die Reisekosten bitten würde, wenn ich einen Ehrendoktor von der Universität in Olomouc bekäme und 100 Freunde aus Prag einladen würde. Der Gedanke wäre völlig absurd. Einige Leute würden per Anhalter kommen, einige würden sich das Geld von irgendjemandem in einer Kneipe leihen und manche von einem reichen Freund, dem sie dafür vielleicht 30 Sack Zement in den vierten Stock tragen würden.«[585]

Einen Monat vor der Feier, die am 13. November 1986 stattfinden sollte, waren die Feinheiten in Bezug auf die politischen Sensibilitäten immer noch nicht geklärt. Ein Sprecher der niederländischen Regierung sagte, es gebe Kritik am »politischen« Charakter der Rede, weshalb sie erst nach Ende der offiziellen Feier gehalten werden solle.[586] Daran nahmen wiederum einige der eingeladenen Exilanten Anstoß und schworen, gegebenenfalls die Feier zu boykottieren.

Am Ende ging alles gut: Die meisten Gäste Havels schafften es zu der Zeremonie, die Königin kam, Janouch nahm für Havel die Urkunde entgegen, und Tříska verlas die Rede. In dem Text identifizierte sich Havel mit dem Werk *Lob der Torheit* des großen niederländischen Humanisten Erasmus von Rotterdam: »Das Erste, was ich hier empfehle, ist der Mut, ein Tor zu sein, ein Tor im wundervollsten Sinne des Wortes. Versuchen wir Toren zu sein und verlangen wir allen Ernstes, dass sich das angeblich Unabänderliche ändert!«[587] Auch die Charta 77 und Havels Verbindung zu ihr wurden erwähnt. Allerdings wurde in der offiziellen englischen Version des Textes die Formulierung »die Ehre, die durch mich, wenn auch indirekt, der Charta 77 zuteilwird«,[588] durch »die Ehre, die mir erwiesen wird« ersetzt. Havel wurde, als er den Preis für seinen Kampf für die Menschenrechte annahm, also doch noch zensiert.

Die Zeiten änderten sich. Im März 1985 gelangte ein 54-jähriger Provinz-Apparatschik namens Michail Gorbatschow an die Spitze der notleidenden sowjetischen Supermacht, als Nachfolger des bizarren Trios der lebenden Toten Leonid Breschnew, Juri Andropow und Konstantin Tschernenko. Anders als seine Vorgänger zeigte Gorbatschow schon bald Anzeichen von Pragmatismus, Offenheit und gesundem Menschenverstand. Nach einem Fehlstart mit einer Anti-Alkohol-Kampagne (ein sicherer Reinfall, vor allem in Russland) kündigte er auf dem Parteikongress im Februar 1986 unter dem Begriff Perestroika (Umbau) umfassende wirtschaftliche und politische Reformen an.

Danach sah es freilich lange Zeit so aus, als würde die Perestroika überall stattfinden, nur nicht in der Tschechoslowakei. In der Sowjetunion gab es immer mehr Glasnost, in Polen kam die Solidarność wieder aus dem Untergrund, in der DDR gärte es in der bisher so zahmen protestantischen Kirche, in Ungarn fand in verschiedenen Publikationen, Seminaren und Konferenzen eine relativ offene intellektuelle Debatte statt. In der Tschechoslowakei hingegen: nichts. Zugegeben, die Erwartungen waren hoch, als Gorbatschow im April 1987 Prag besuchte. Am Ende jedoch ging er, ohne etwas Wichtiges gesagt zu haben, ausgenommen, dass er der immer senileren isolierten kommunistischen Führung seine volle Unterstützung versprochen hatte.

Dennoch hatte er bei seinem Besuch eine denkwürdige Begegnung, die er höchstwahrscheinlich nicht einmal bemerkte. An jenem Abend weilte Václav Havel in seiner Wohnung am Fluss und ging zwischendurch mit dem Hund spazieren. Als er sich dem Nationaltheater näherte, sah er, dass dort zahlreiche Polizisten aufmarschiert waren. Neugierig wie immer (»Ich bin von Natur aus ein Schaulustiger«) schob er sich mit Unterstützung des Hundes in die erste Reihe der jubelnden Menge vor, gerade noch rechtzeitig, dass er den Sowjetführer aus dem Theater kommen sah. In diesem Moment hatte er vier überraschende Gefühle. Das erste war Trauer über die Unverbesserlichkeit seiner Mitbürger: »Wie oft hatten sie schon ihre Hoffnung auf irgendeine auswärtige Macht gesetzt, von der sie erwarteten, dass sie alle Probleme für sie löste, und wie oft wurden sie bitter enttäuscht und mussten zugeben, dass ihnen niemand half, wenn sie sich nicht selbst halfen? Und jetzt machten sie wieder diesen Fehler!« Das zweite unerwartete Gefühl war sein Mitleid mit dem Mann an der Macht, nicht ahnend, dass er bald in der gleichen wenig beneidenswerten Lage sein würde. »Den ganzen Tag hat er die unattraktiven Gesichter seiner Leibwächter vor Augen, sein Terminplan besteht aus einer endlosen Kette von Besprechungen, Konferenzen und Auftritten. Er muss mit einer riesigen Menge von Leuten sprechen, muss sie alle im Gedächtnis behalten und darf sie nicht verwechseln. Er muss ständig Dinge sagen, die geistreich, aber trotzdem korrekt sind, Dinge, die eine sensationsgierige Welt nicht aufgreifen und gegen ihn verwenden kann. Er muss immer lächeln und sogar solche Vorstellungen wie die heute Abend besuchen, obwohl er bestimmt lieber ausruhen würde – und er darf nicht einmal was trinken, nach einem solchen Tag!«

Havel tadelte sich dafür, dass ihm dieser Mann leidtat, der wahrscheinlich doch das hatte, was er wollte, und dass er selbst ein Gefühl empfand »wie die Idioten im Westen, die wie ein Schneemann im Ofen dahinschmelzen, wenn irgendein orientalischer Herrscher ihnen ein charmantes Lächeln schenkt«. Gorbatschow kam an ihm vorbei, winkte und lächelte freundlich. »Und ich erkenne plötzlich, dass er ganz direkt mir zuwinkt und zulächelt«. Es folgte die dritte Überrraschung: »Ich erkenne, dass das Anstandsgefühl, das mir zu reagieren gebietet, schneller als meine politischen Erwägungen ist; ich hebe scheu die Hand und winke zurück.« Auf dem Rückweg mit dem Hund schließlich die letzte Überraschung: »Ich werfe mir überhaupt nicht vor, dass ich zurückgewinkt habe. Tatsächlich habe ich überhaupt keinen Grund, das Winken eines aufgeklärten Zaren nicht zu erwidern! Das heißt, es ist eine Sache, auf einen Gruß zu reagieren, und eine ganz andere, die eigene Verantwortung zu verraten, indem man sie ihm überträgt.«[589]

Die Perestroika in der Sowjetunion war offensichtlich eine Inspiration für Havels nächstes Theaterstück *Sanierung*.[590] Den ersten Entwurf schrieb er diesmal in Prag, in nur fünf Tagen, ein Verfahren, das sich zu seinem *modus operandi* entwickeln sollte. Es war ebenso sehr von der Furcht vor einer Schreibblockade wie von der Notwendigkeit motiviert, das Manuskript rasch zu vollenden und zu verstecken, bevor die nächste Hausdurchsuchung kam. Danach nahm er es mit nach Hrádeček, wo er es in weiteren fünf Tagen im Oktober 1987 überarbeitete, verfeinerte, neu abtippte und auf Band sprach.

Wie viele seiner Vorgänger handelt auch dieses Stück unter anderem von gescheiterten Versuchen, ein nicht reformierbares System zu reformieren. Eine Gruppe von Architekten und Beamten bekommt den Auftrag, eine traditionelle Kleinstadt zu sanieren. Sie haben zunächst moralische Bedenken, als mehrere Bürger des Städtchens dagegen protestieren, dass sie aus ihren nicht mehr zeitgemäßen, aber gemütlichen Häusern vertrieben werden und in eine moderne, aber unattraktive Siedlung ziehen sollen. Als sich die Gruppe noch mit dem moralischen Problem herumschlägt und einige ihrer Mitglieder sogar Sympathien für die Protestierenden zeigen und dafür bestraft werden sollen, ändert sich die Politik an der Spitze. Plötzlich stehen Tradition und Vielfalt wieder hoch im Kurs, und die Sanierung ist verpönt. Die Sanierer machen sich begeistert daran, ihre Pläne neu zu zeichnen, werden aber erneut abrupt gestoppt. Sie hatten sich zu früh gefreut, denn die Leute über ihnen haben sich nun doch für eine Radikalsanierung entschieden. Das Stück endet tragisch, als einer aus der Gruppe aus Verzweiflung in den Tod springt. Eine weitere, für Havel typische Überraschung besteht darin, dass es sich bei dem Selbstmörder weder um einen desillusionierten Anhänger des Systems noch um einen frustrierten Reformer handelt, sondern um den kompromisslosen Realisten Kuzma Plechanov,[591] der sich die ganze Zeit keine Illusionen gemacht hatte. Er ist die einzige Figur die einigermaßen authentisch mit den anderen umgeht, derjenige, der in der, wenn auch unerträglichen, Wahrheit lebt und sich als Einziger »das Recht zu sterben verdient«. Havel formuliert das Thema des Stücks epigrammatisch kurz mit der Frage: »Wenn wir schon sterben müssen, warum können wir nicht wenigstens zuvor leben?«[592] Das Stück, das in einem Schloss spielt und mit Stadtplanern eine etwas aktivere Form von Sachverständigen als Hauptfiguren hat, ist vielleicht eine unbewusste Hommage an Kafka, der gesagt hatte: »Es gibt ein Ziel, aber keinen Weg; was wir Weg nennen, ist Zögern.«[593]

Man könnte meinen, dass Havels Humor angesichts des kafkaesken Grübelns von *Sanierung* und der drohenden Belastung durch ein offizielles Amt bedroht gewesen sei. Aber bei ihm scheint sein gehobener Status die Tendenz eher noch verstärkt zu haben, überall in seiner Umgebung Absurditäten, Gelächter und Respektlosigkeit zu entdecken. Sein Stück *Das Schwein oder Václav Havel's Hunt for a Pig* (1987) erwuchs aus seinem Versuch im wirklichen Leben, Olga zu erfreuen. Er wollte ihren Geburtstag, zu dem sie ihre Lesegruppe »Das Grab« einladen wollte – die Frauen lasen mit Vorliebe erotische Romane und Schauerromane verbotener Autoren und tagten in einem dunklen Raum –, mit einer traditionellen tschechischen Schweineschlachtung feiern, die von einem Wochenende der Völlerei und der Trinksprüche gefolgt sein sollte. Sein Versuch, in dem nahegelegenen Dorf Vlčice ein geeignetes Tier aufzutreiben, führte zu einer Verschwörung, in der das ganze Dorf den zunehmend verzweifelten Autor hinters Licht führte, um den Preis für das Schwein hochzutreiben. Havel war damals schon daran gewöhnt, inhaltsschwere Erklärungen zu allen Arten von Themen abzugeben, und schrieb die ganze Geschichte in Form eines fiktiven Interviews mit dem Reporter einer wichtigen internationalen Nachrichtenagentur nieder, bei dem er geduldig auf todernste und zugleich triviale Fragen über die Details der Schweinebeschaffungsoperation, den genauen Zeitpunkt der entscheidenden Entwicklungen und die Reaktionen der wichtigsten Akteure antwortet – das alles auf eine Art, die gut zu einem Bericht über seine letzte Konfrontation mit dem Regime gepasst hätte. Erst als der Reporter am Ende fragt: »Was halten Sie von Herrn Gorbatschow?«, antwortet der Führer der Opposition in der Tschechoslowakei: »Fuck you!«[594]

Am Ende jedoch fand die Perestroika auch in der Tschechoslowakei zaghaften Eingang. Im Dezember 1987 fasste die Parteiführung endlich den Mut, Präsident Husák das Amt des Generalsekretärs der Partei zu entziehen und es Miloš Jakeš zu übertragen. Was allerdings keine Verbesserung war. Jakeš war der farbloseste und, trotz scharfer Konkurrenz, wahrscheinlich der dümmste führende tschechoslowakische Apparatschik. Er hatte seine Sporen damit verdient, als Chef der Revisions- und Kontrollkommission die Säuberungen in den Jahren nach 1968 zu leiten. Nichts an ihm ließ vermuten, dass er seine Aufgabe mit brennendem Glauben oder ideologischem Eifer erfüllt hätte, aber es deutete auch nichts darauf hin, dass er dabei irgendwelche Gewissensbisse empfand. Das machte ihn fast schon furchterregend. Von ihm konnte man sich vorstellen, dass er die Listen für die Lager zusammenstellte. Und man hätte damit nicht besonders falsch gelegen. Nach der Samtenen Revolution wurde in den Archiven der Geheimpolizei der Plan für die »Operation Norbert« entdeckt, bei der »im Notfall« Tausende »feindseliger Elemente« für die Internierung und vielleicht Schlimmeres festgenommen werden sollten. Václav Havel stand weit oben auf der Liste.

Havel konnte das nicht wissen, und wenn er es gewusst hätte, wäre er vermutlich trotzdem aktiv geblieben. Überall um ihn herum rührte sich etwas. Die allgemeine Passivität ging zurück, während die »Inseln der positiven Abweichung« größer und zahlreicher wurden. Immer wieder kamen neue, kühnere Formen des Widerstands hinzu, zum Beispiel »Streichholzschachtelkunst«, »Wandergruppen« (eine Tarnorganisation für die Pfadfinderbewegung), eine unverschämt unabhängige Theaterkultur in regionalen Zentren wie Brünn oder Ústí nad Labem (aber nicht so stark in Prag), Open-Air-Musikfestivals oder interdisziplinäre Seminare über Grenzgebiete von Mathematik, Philosophie und Biowissenschaften, die unter anderem von Havels Freund, dem Biologen Zdeněk Neubauer, und von Havels Bruder Ivan, dem Mathematiker und Experten für künstliche Intelligenz, gehalten wurden.

Je angestrengter die Staatsmacht versuchte, die unabhängig gesinnten Gruppen aus dem öffentlichen Raum zu verbannen, umso erfinderischer wurden diese bei der Schaffung paralleler Räume. Seit den frühen achtziger Jahren zeltete im Juli jeden Jahres eine unscheinbare Gruppe von Paaren jungen bis mittleren Alters mit ihren Kindern, Hunden und Katzen am Ufer eines Sees und mitten im tiefsten Wald in Südböhmen in der Nähe des Weilers Hornosín. Sie teilten sich die Nutzung zweier hölzerner Hütten, die als Küche und als Vorratslager dienten, mit einer Gruppe Junger Pioniere aus der nahegelegenen Stadt, eine perfekte Tarnung. In dem Lager befanden sich so viele Psychologen und Psychiater, dass es für die Belegschaft einer großstädtischen Nervenklinik gereicht hätte, und tatsächlich hatten die Veranstalter ursprünglich geplant, eine therapeutische Ausbildungsgemeinschaft zu bilden, dann aber hatten ihre Familien und Freunde das Projekt übernommen. Im Lauf von ein paar Jahren entwickelte sich die Gruppe, die an den Wochenenden mehr als hundert Personen umfasste, zu einem Umschlagplatz für Samisdat-Literatur, einem Brutkasten für große und kleine Petitionen und Proteste und einer Bühne für subversive Seminare bei Tag und noch subversiveres Musizieren bei Nacht. Etwa in der gleichen Zeit entstand auf den verlassenen Weiden von Brízgalky auf der Hochebene von Kysúce im Westen der Slowakei eine sehr ähnliche Gemeinschaft slowakischer Intellektueller, Musiker und Künstler, die sogar unter noch primitiveren Bedingungen glücklich gedieh. (Einer der Vorteile bestand darin, dass elektronische Abhörmaßnahmen wegen der Abwesenheit von Strom und Telefon kein großes Problem waren.) Mit der Zeit stellten die zwei Gruppen Verbindungen her und bildeten ein föderales Netzwerk mit starken freundschaftlichen Banden, die bis heute halten. Das intellektuelle Gewicht dieses Netzwerks war bemerkenswert. Außer mehreren führenden Medizinern gehörten zu ihm Sänger und Komponisten, Theaterautoren, Romanschriftsteller, Philosophen, Übersetzer und, nach der Samtenen Revolution, mehrere Minister, Parteiführer, Abgeordnete sowie ein oder zwei Botschafter.[595]

In das tschechische Sommerlager brachte Jitka Vodňanská in der zweiten Hälfte der achtziger Jahre ihren berühmten Geliebten mit. An jenem Nachmittag hielt Havel in einem großen Militärzelt, auf das ein gewaltiger Regen niederprasselte, einen politischen Vortrag über das natürliche Bündnis zwischen den Dissidenten des Ostblocks und den regierungskritischen politischen Gruppen in Westeuropa, wie zum Beispiel den bundesdeutschen Grünen. Obwohl an dem Lager auch mehrere Umweltaktivisten teilnahmen, fanden seine Zuhörer die Idee allgemein lächerlich und beeilten sich, dies dem Bühnenautor mitzuteilen. Havel, der inzwischen daran gewöhnt war, dass seine Ideen respektvoller aufgenommen wurden, wusste eine gute intellektuelle Diskussion zu schätzen und kam nach diesem ersten Tag immer wieder. Im Jahr 1990 fuhr er, schon als Präsident, mit zwei Autos voller Leibwächter vor, ertrug, dass die Standarte des Präsidenten auf seinem Zelt angebracht wurde, und machte sich dann daran, die Feinheiten der neuen Verfassung zu diskutieren. Der Empfang war genauso stürmisch wie beim ersten Mal.[596]

Und dann wurde auch die Oppositionsbewegung selbst, mit der Charta 77 als Kern (nicht jedoch als Zentrum, denn ein Zentrum gab es nicht), größer und stärker. Zwei Journalisten aus der Charta stellten den Antrag, die Tageszeitung *Lidové noviny* (Volkszeitung) als Erbin der angesehenen liberalen Zeitung der Vorkriegstschechoslowakei wieder herauszubringen. Als ihr Antrag erwartungsgemäß abgelehnt wurde, beschlossen sie, das Blatt trotzdem wieder zum Leben zu erwecken. Mehrere jüngere und radikalere Journalisten publizierten die Untergrundzeitschrift *Revolver Revue* – eine zeitgeistige Melange aus Kunst, Dichtung und Kommentaren. Katholische Laien wie Augustin Navrátil (der während der »Normalisierung« in eine psychiatrische Klinik gesperrt worden und damit einer der wenigen Fälle war, bei denen man das psychiatrische Gesundheitssystem der Tschechoslowakei nachweislich missbraucht hatte) verlangten in einer Petition, die von mehr als 600 000 Gläubigen unterzeichnet wurde, die Autonomie der Kirche und ihre Trennung von Staat.[597] Selbst das kirchliche Establishment unter Führung von Kardinal Tomášek, dem Primas der katholischen Kirche in Tschechien, bekam allmählich mehr Rückgrat.

Václav Havel wollte und konnte nicht bei all diesen Ereignissen eine zentrale Rolle spielen. Im Rückblick jedoch ist es erstaunlich, an wie vielen Aktionen er dennoch direkt oder indirekt als Anstifter, Inspirator, Zuschauer oder Freund beteiligt war. Er wirkte wie die Spinne im Netz, Verbindungen knüpfend und abwartend.

Mittlerweile wagte er sich immer öfter (häufig in meiner Gesellschaft, als wir uns näherkamen) aus dem Ghetto heraus und besuchte Theatervorstellungen, Konzerte und Ausstellungseröffnungen. Dies geschah eher wegen seiner unbezähmbaren Neugier als in dem bewussten Versuch, die Staatsmacht zu testen. Wo immer er hinging, wurde er mit einem verschwörerischen Lächeln empfangen und um Autogramme gebeten. Der Musikclub Na chmelnici, der meistens ein alternatives Programm und Publikum hatte, gehörte zu seinen Lieblingslokalen. Er traute sich sogar in der Stromovka, dem größten Prager Park, Open-Air-Konzerte zu besuchen. »Kannst du heute Nacht mein Leibwächter sein?«, frage er mich manchmal bei solchen Gelegenheiten. Er wusste natürlich, wie schlecht ich für den Job gerüstet war, und meinte damit eher, dass jemand Olga und die Welt informieren musste, falls ihm etwas passierte.

Havels neuer Status wurde nun auch dadurch erkennbar, dass ihm von gänzlich unerwarteter Seite Respekt gezollt wurde. In einem Telefongespräch mit Karel Schwarzenberg in Wien beschrieb er Ende 1988, was geschehen war, als Olga und er Verwandte aus der Slowakei zu Besuch hatten: »Wir hatten nichts zum Trinken in der Wohnung, also ging ich mit einem Krug um die Ecke ins Rybárna, um in der Kneipe Bier zu holen. Doch der Polizist, der an diesem Abend unsere Wohnung bewachte, hielt mich an und sagte: ›Herr Havel, ich weiß, dass Sie Besuch haben und dass es nur Verwandte sind und nichts Politisches. Warum gehen Sie nicht wieder hinein und leisten ihnen Gesellschaft, während ich das Bier für Sie hole?‹« In diesem Moment habe er gewusst, dass das Regime zum Untergang verurteilt war, erinnert sich Schwarzenberg.[598]

Etwa um diese Zeit muss auch Havel erkannt haben, dass er sich auf dem Weg vom Künstler und Dissidenten zum Politiker befand. Zwei Jahre später war ihm vielleicht immer noch unbehaglich bei dem Gedanken, Staatsoberhaupt zu werden, aber er hätte kaum behaupten können, dass er für eine politische Rolle nicht vorbereitet war.

Als er sich im Sommer 1988 in Hrádeček aufhielt, bekam er wieder einmal das typische Bedürfnis nach einer Bestandsaufnahme. Also schrieb er, in erster Linie für sich selbst, *Eine Beschreibung meines Schreibtischs*. Auf dem Schreibtisch lagen in der vorderen linken Ecke zwei Manuskripte anderer Schriftsteller, die zu lesen er versprochen hatte, sowie ein Stapel leeres Papier mit einer Liste kurzer Texte, die er vor seiner Rückkehr nach Prag schreiben wollte. Außerdem waren da Büroutensilien, ein paar Briefe, die noch zu beantworten waren, darunter ein Brief von Tom Stoppard, und die neuste Ausgabe der im Samisdat verlegten *Lidové noviny*. »Das ist alles. Wenn jemand, nachdem er diese Beschreibung gelesen hat, der Ansicht sein sollte, dass ich eher ein Funktionär als ein Schriftsteller bin, hat er vollkommen recht. Ein Stapel mit Notizen für mein nächstes Stück fehlt auf meinem Schreibtisch, und das stört mich mehr als sonst irgendetwas.«[599]

DIE SCHLACHT UM DEN WENZELSPLATZ

Wir leben in Prag –
das ist der Ort wo
die Offenbarung des Geistes
einst stattfinden wird …

Egon Bondy

Immer wieder wurde auf die mysteriöse Tendenz der tschechischen Geschichte hingewiesen, alle zwanzig Jahre ein besonders wichtiges Ereignis hervorzubringen, und das vorzugsweise in einem Jahr, das mit der Ziffer 8 endet: 1918 wurde das Land unabhängig, 1938 endete mit dem Münchner Abkommen seine Existenz als souveräner Staat, 1948 kam es zu der kommunistischen Machtübernahme und dem Ende der tschechoslowakischen Demokratie (hier liegt eine kleine Diskontinuität vor, die sich vielleicht durch die Beschleunigung der Geschichte während eines Weltenbrands erklärt), und im August 1968 scheiterte mit der sowjetisch geführten Invasion der Versuch, dem Kommunismus ein menschliches Antlitz zu geben. Zwar kam die Samtene Revolution vom November 1989 nach dieser Rechnung ein Jahr zu spät, doch zweifellos waren ihre ersten Regungen auch schon 1988 zu spüren.

Am 21. August dieses Jahres, dem zwanzigsten Jahrestag der Invasion, marschierten 10 000 Menschen über den Wenzelsplatz. Sie sangen die tschechoslowakische Nationalhymne und forderten eine Wiederherstellung der Freiheit und Souveränität ihres Landes. Die Staatsmacht war von diesem Protest so überrascht, dass die Polizei sie erst attackierte, als die Demonstranten schon über den ganzen 700 Meter langen Platz marschiert waren, und selbst dann war der Polizeieinsatz nicht sonderlich brutal.

Havel hatte den Sommer in Hrádeček verbracht und tauchte am ersten Septemberwochenende in Lipnice nad Sázavou wieder auf, einer kleinen Stadt in Ostböhmen, die vor allem für ihre große mittelalterliche Burgruine und eine Kneipe mit dem symbolträchtigen Namen Böhmische Krone bekannt ist. In diesem Städtchen schrieb Jaroslav Hašek von 1921 bis 1923 *Der brave Soldat Schwejk* und trank sich dabei zu Tode. Am 3. September 1988 überredete der rothaarige Heißsporn und Musikkritiker Jan Rejžek Havel, auf dem berühmten Open-Air-Festival der kleinen Stadt zwischen zwei Auftritten die Besucher zu begrüßen. Der Volksfeind wurde wie ein Rockstar bejubelt und von jungen Frauen hinter die Bühne verfolgt, die ein Autogramm wollten.

Der 28. Oktober 1988 war der siebzigste Jahrestag der tschechoslowakischen Unabhängigkeit. Zum ersten Mal seit zwei Jahrzehnten nahm die Regierung das Jubiläum wieder zur Kenntnis und wollte der Opposition den Wind aus den Segeln nehmen, indem sie für den Tag davor offizielle Veranstaltungen plante. Dennoch marschierten am 28. Oktober 10 000 Menschen über den Wenzelsplatz und weiter zum Altstädter Ring, dem zentralen Marktplatz der Prager Altstadt mit der Statue des Märtyrers Jan Hus, einer der heiligen Stätten des nationalen Kampfes für Freiheit und Unabhängigkeit.

Dieses Mal war die Polizei gut vorbereitet und brachte nicht nur Schilde, lange Knüppel und Wasserwerfer, sondern auch Hunde zum Einsatz. Für die meisten Demonstranten waren die knurrenden, an der Leine zerrenden Schäferhunde anfangs ein furchterregender Anblick, aber sie merkten bald, dass die Tiere mehr bellten als bissen, wenn sie sich auf verbale Protestformen beschränkten und auf Gewalt verzichteten. Bei späteren Demonstrationen setzte die Polizei keine Hunde mehr ein. Obwohl Charta 77 und fünf weitere Oppositionsgruppen zu der Demonstration aufgerufen hatten, konnte Havel nicht teilnehmen. Er und mindestens ein Dutzend weiterer prominenter Dissidenten waren am Tag zuvor festgenommen und ihre Häuser durchsucht worden.[600]

Das Katz-und-Maus-Spiel setzte sich vor einem prominenten internationalen Publikum fort, als Havel im November das Symposion Tschechoslowakei 88 ankündigte, dessen Name sich auf die zahlreichen geschichtsträchtigen Jubiläen dieses Jahres bezog. Es sollte am 11. November[601] im Hotel Paris stattfinden, einer wenig beachteten Perle der Prager Jugendstilarchitektur. Statt sich der internationalen Empörung auszusetzen, indem sie die ausländischen Teilnehmer des Symposions belästigte, zu denen unter anderem die Herausgeberin der *Zeit* Marion Gräfin Dönhoff, der Historiker und Journalist Timothy Garton Ash, der Dekan der Universität Kopenhagen Ove Nathan und die Politologen Pierre Hassner und Alexander Smolar gehörten, zog die Staatsmacht lieber die Dissidenten aus dem Verkehr, mit denen sich die prominenten Besucher treffen wollten. Havel schaffte es zwei Schritte vor seinen Häschern auf das Podium, so dass er die Veranstaltung eröffnen konnte. Sein nächster Satz lautete: »Und jetzt werde ich verhaftet«, als drei Zivilpolizisten neben ihn traten. Wie Hassner bemerkte, bekam der Veranstalter Havel nie die Chance, das Symposion zu schließen (also dauert es theoretisch bis zum heutigen Tag).[602] Mindestens vierzig Dissidenten und Historiker wurden festgenommen, und die Hälfte blieb das Wochenende über in Haft, bis die ersten ausländischen Gäste das Land verließen.[603]

Havel war inzwischen an das lästige Ritual gewöhnt, vier Tage (zweimal 48 Stunden waren das legale Limit für eine Inhaftierung ohne Anklage) in den vertrauten Räumen des Gefängnisses Prag Ruzyně zu verbringen. Weit empörter war er darüber, dass die Polizei bei der Hausdurchsuchung seinen geliebten PC beschlagnahmte. Er schrieb einen wütenden Protestbrief an den Ministerpräsidenten Adamec. Dabei ließ er mit seinem scharfen Blick für Absurditäten folgendes Detail nicht aus: »Die Polizisten dachten, die Tastatur sei der Computer, bezeichneten den Computer als Verstärker und gingen ohne den Bildschirm, weil sie ihn für einen Fernsehapparat hielten.«[604]

Am 10. Dezember 1988 entstand der erste sichtbare Riss in der Mauer des Systems. Diesen Tag, der im Gedenken an die Unterzeichnung der Allgemeinen Erklärung der Menschenrechte der Vereinten Nationen im Jahr 1948 als Tag der Menschenrechte begangen wird, hatten fünf oppositionelle Gruppen als Termin für eine öffentliche Kundgebung gewählt. Ihr Antrag, die Veranstaltung auf dem Wenzelsplatz im Stadtzentrum abhalten zu dürfen, wurde erwartungsgemäß abgelehnt, also beantragten sie die Genehmigung für einen wenig bekannten Platz im dritten Bezirk. Zur allgemeinen Überraschung bekamen sie die Genehmigung. Dass der französische Staatspräsident François Mitterrand am Vortag Havel und sieben weitere Dissidenten in die französische Botschaft zum Frühstück eingeladen hatte, mag zu der Entscheidung beigetragen haben.

Im Vergleich mit anderen historischen Versammlungen fiel diese relativ bescheiden aus. Auf dem Platz waren vielleicht tausend Menschen zusammengekommen, dazu einige mehr in den angrenzenden Straßen. Die Organisatoren waren so schlecht darauf vorbereitet, eine offiziell erlaubte Veranstaltung abzuhalten, dass ihre einzige Lautsprecheranlage aus einem batteriebetriebenen Megaphon bestand. Wer hinten in der Menge stand, konnte nicht richtig hören, wie Havel zur Freilassung der politischen Gefangenen aufrief; andere Sprecher gingen so weit, ein Ende des Machtmonopols der Kommunistischen Partei zu fordern. Wer jedoch nahe genug am Podium stand, gab Havels wichtigste Botschaft in die hinteren Reihen weiter: »Unser Land erwacht gerade aus seinem langen Schlummer.«[605] Die Zivilpolizisten, die sich in großer Zahl rund um den Platz postiert hatten, verstanden erst recht nichts und hinterließen der Nachwelt keinen ordentlichen Bericht über die Botschaften, die auf der etwa neunzigminütigen friedlichen Demonstration verkündet wurden. Letztlich aber war die einfache Tatsache, dass diese überhaupt stattfand und nicht, wie so viele andere zuvor, mit Gewalt aufgelöst wurde, wichtiger als das, was gesagt wurde.

Nachdem die Staatsmacht einmal kurz die Schlussakte der Helsinki-Konferenz und die Menschenrechte respektiert hatte, meinte sie offenbar, ihren Griff wieder verstärken zu können. Die Opposition dagegen glaubte, dass die Duldung der Demonstration auf plötzliche Reformbereitschaft oder eine Schwäche des Regimes oder beides hindeutete. Damit war die Bühne für eine gewaltsame Konfrontation bereitet.

Der 16. Januar 1989 war der zwanzigste Jahrestag einer von größtem Heroismus und größter Verzweiflung geprägten Tat in der modernen tschechischen Geschichte: der Selbstverbrennung Jan Palachs unter dem Denkmal des tschechischen Schutzheiligen Wenzel auf dem gleichnamigen Platz. Eine Woche vor dem Jahrestag meldete Havel der Polizei, er habe, angeblich von einem Studenten, einen anonymen Brief erhalten, der zu Ehren Jan Palachs dessen Brandopfer auf dem Wenzelsplatz zu wiederholen gedenke. Havel wollte den prospektiven Selbstverbrenner durch einen Appell im Fernsehen von seiner Tat abhalten, doch seine Botschaft wurde nur von der BBC, von Radio Free Europe und Voice of America übertragen. Ein Volksfeind durfte nicht in einem kommunistisch kontrollierten Medium auftreten, selbst wenn er damit ein Leben retten wollte.

Die Fronten waren schon früh klar. Die Opposition unter Führung der Charta 77 machte kein Geheimnis daraus, dass sie eine Gedenkveranstaltung für Jan Palach abhalten wollte, und stellte einen entsprechenden Antrag. Das Regime stellte klar, dass es eine solche Veranstaltung nicht dulden würde. In Erwartung des symbolträchtigen Tages beschlagnahmten nervös gewordene Geheimpolizisten im Atelier des Bildhauers Olbram Zoubek sogar Palachs Totenmaske. In der Woche vor der geplanten Kundgebung nahmen sie Havel zweimal fest und warnten ihn und andere führende Chartisten vor schlimmen Folgen, falls es zu einer Demonstration kommen sollte.

Am Sonntag, dem 15. Januar, waren die Straßen in der Umgebung des Wenzelsplatzes bereits von der Polizei mit Panzerfahrzeugen, Wasserwerfern und Schäferhunden abgesperrt. Dennoch gelangten fast 5000 Demonstranten mit dem Ruf »Freiheit! Freiheit!« auf den Platz. Mehrere Personen wurden festgenommen und Dutzende zusammengeschlagen, darunter auch ein Kameramann des westdeutschen Fernsehens.[606] Die Leute riefen: »Lang lebe Havel«, aber nur sein Bruder Ivan schaffte es auf den Platz. Havel und eine Gruppe führender Dissidenten waren vor den Polizeiketten hängengeblieben. Als Havel erkannte, dass er nicht durchkam, zog er sich in die nahegelegene Wohnung von Vlasta Chramostová zurück und schrieb einen kurzen Augenzeugenbericht über seine Erlebnisse.

Am Montagmorgen sah das alles zur großen Erleichterung der Staatsmacht eher wie ein unbedeutendes Scharmützel aus. In Wirklichkeit jedoch war es der Beginn einer Schlacht, die fast ein Jahr dauern und mit der totalen Niederlage des Regimes enden sollte. An 16. Januar näherte sich um 15 Uhr eine kleine Gruppe von Dissidenten dem Denkmal des Heiligen Wenzel, um dort Blumen niederzulegen und Kerzen anzuzünden. Das Ganze war im Nu vorbei: Charta-Sprecherin Dana Němcová und Alexandr »Saša« Vondra sowie zwölf weitere Dissidenten wurden festgenommen, als sie vom nördlichen Zugang auf den Platz kamen. Bereitschaftspolizisten trieben Hunderte von Zuschauern mit Schlagstöcken und Tränengas auseinander,[607] wobei die Opfer »Gestapo« riefen. Nach einer Stunde war der Platz geräumt.

Havel wusste, dass er eine der wichtigsten Zielpersonen war. Er hielt sich im Randbereich der Demonstration und trat den taktischen Rückzug an, als der Polizeieinsatz brutaler wurde. Gerade als er den Platz verlassen wollte, wurde er verhaftet und in Untersuchungshaft genommen. Die Anklage lautete auf »Anstiftung zu einer Straftat« (weil er versucht hatte, einen potentiellen Selbstmörder von der Selbstverbrennung abzuhalten) und »Widerstand gegen die Staatsgewalt« (weil er den Platz nicht schnell genug verlassen hatte).

Wenn die Regierung geglaubt hatte, dass die Sache damit ausgestanden sei, dann lag sie völlig falsch. Vierundzwanzig Stunden später kamen doppelt so viele Leute auf den Platz. Im Gegensatz zu früheren Demonstrationen gehörten nicht alle von ihnen der organisierten Opposition an. Viele waren einfach nur empört über den brutalen Polizeieinsatz, darunter viele Studenten, junge Leute aus der Mittelschicht, die sich bis dahin hauptsächlich für Partys, Liebschaften und ihre Karriere interessiert hatten. Andere hatten sich zunächst aus Neugier und dann aus Solidarität angeschlossen. Viele von ihnen waren einfach auf dem Heimweg von der Arbeit gewesen.

Dieses Mal legte die Polizei ihre Zurückhaltung ab. Als Schilde und Schlagstöcke nicht ausreichten, fuhren aus den Nebenstraßen Wasserwerfer auf den Platz.[608] Die Demonstranten wurden nicht nur auseinandergetrieben, sondern gejagt und gnadenlos geprügelt. Dutzende junger Leute wurden festgenommen, in Busse gestopft und in das Polizeirevier in der Školská-Straße verfrachtet, wo sie gedemütigt, bedroht und geschlagen wurden. Manche fuhr man in schweren Polizeiautos aus der Stadt heraus und ließ sie an irgendeiner Landstraße in der eisigen Kälte im Dunkeln stehen. Nach seiner Räumung am frühen Abend war der Platz immer noch nass vom Wasser der Wasserwerfer, und vereinzelte Schuhe, die Demonstranten bei ihrer panischen Flucht verloren hatten, lagen wie gestrandete Spielzeugboote auf dem Pflaster.

Vernünftige Menschen hätten sich nun bis zur Beruhigung der Lage von dem Denkmal ferngehalten. Aber die »wunderbaren Toren« kehrten zurück und brachten sich erneut in Gefahr. Am Mittwoch sah es so aus, als würde die Staatsmacht aufgeben. Menschen kamen auf den Platz und forderten die Freilassung der politischen Gefangenen, ein Ende der sowjetischen Besatzung und politische Veränderungen. Danach gingen sie wieder nach Hause. Hunderte von Polizisten im Umfeld des Platzes hatten sie zwar beobachtet und manchmal belästigt, aber keinen geschlagen oder festgenommen.[609]

Als am Donnerstag erneut 2000 Leute auf dem Platz erschienen, drehte die Polizei förmlich durch. Unterstützt von der allgemein verhassten Volksmiliz (in der Frühzeit des Kommunismus die »eiserne Faust der Arbeiterklasse«, vierzig Jahre später jedoch eher ein Haufen alter Männer, die Soldat spielten), spritzten, knüppelten und verhafteten die Beamten.[610] Wieder wurde die Polizeibrutalität von der Menge mit »Gestapo«-Rufen quittiert.

Der Freitag stand am Ende der sogenannten Palach-Woche. Die Zahl der Demonstranten war kleiner als in den Tagen zuvor, und sie zogen sich zurück, bevor die Polizei mit ihren Schilden vorrückte. Beide Seiten hatten ihre Position deutlich gemacht. Im Jahr 1973 hatte die Staatsmacht Palachs sterbliche Überreste in Prag exhumiert und sie mit möglichst wenig Aufsehen auf dem Friedhof seiner Heimatstadt Všetaty begraben. Als im Januar 1989 die Proteste aufflammten, vermutete das Regime mit Recht, dass es auch in Všetaty zu Konfrontationen kommen könnte, und plante die Verteidigung des ummauerten Friedhofs, als ob es sich um Stalingrad gehandelt hätte. Alle Nebeneingänge wurden verschlossen, »Reparaturarbeiten« wurden verboten, und am Haupteingang des Friedhofs parkte ein Tankwagen mit Wasser. Am Samstag, dem 21. Januar, wurde eine Prozession erwartet, die am Grab Blumen niederlegen sollte, also belagerte die Polizei den kleinen Bahnhof der Stadt, unterzog zahllose junge Leute einer erkennungsdienstlichen Behandlung, nahm sie fest (ein Blumenstrauß genügte als Indiz für das geplante Verbrechen) und setzte viele wieder in den Zug nach Prag.[611] Nur ganz wenige durchbrachen die Verteidigungslinien, so zum Beispiel der völlig furchtlose mährische Aktivist Stanislav Devátý,[612] der mit seinem Blumenstrauß über die gefrorenen Felder robbte und wie ein moderner Partisan über die Mauer des Friedhofs kletterte.

Die Palach-Woche mit der Verhaftung Havels als einem der zentralen Ereignisse war ein Wendepunkt. Die Demonstrationen, die bisher eher sporadisch stattgefunden hatten, wurden dauerhaft zu einem Ausdrucksmittel für die öffentliche Stimmung. Die Trennlinien zwischen den Dissidenten und der großen Zahl unzufriedener Staatsbürger lösten sich langsam auf. Havel, der bisher nur eine Autoritätsperson in Oppositionskreisen und der bekannteste tschechoslowakische Dissident im Ausland gewesen war, wurde im ganzen Land bekannt, und als man ihn zu weiteren neun Monaten Gefängnis verurteilte, die im Berufungsverfahren auf acht Monate reduziert wurden, wurde er zum Mittelpunkt einer weiteren Protestform: der Petition für seine Freilassung.[613] Hunderte von Aktivisten sammelten Unterschriften in Schulen, Theatern, Cafés und an ihren Arbeitsplätzen. Eine mutige Mutter transportierte die Unterschriftenlisten unter ihrem Baby im Kinderwagen. Mehr als 3000 Menschen aus allen Gesellschaftsschichten unterzeichneten die Petiton, auch bekannte Persönlichkeiten, die ihre Karrieren aufs Spiel setzten. Es wurden immer mehr.

In der Psychologie des Bürgerprotests geht es um Phänomene wie Gewohnheit, gemeinsame Wahrnehmung und kritische Masse. Anfangs ist das Kräfteverhältnis bei einer Konfrontation so ungleich, dass man als Demonstrant schon ein bisschen verrückt sein muss, um sich auf eine Kraftprobe einzulassen. Wer zum ersten Mal einer Reihe finster dreinblickender, behelmter junger Männer mit Schlagstöcken und meterhohen Schilden, zähnebleckenden, knurrenden Polizeihunden oder einem einsatzbereiten Wasserwerfer gegenübersteht, will in dem Moment möglichst weit weg sein. Wenn es jedoch das fünfte Mal passiert und er immer noch da und immer noch der gleiche Mensch ist, wenn auch vielleicht mit ein paar blauen Flecken, dann kommt ihm das Ganze allmählich verkraftbar vor. Vielleicht ist sein Handeln nun sogar mit einem gewissen Nervenkitzel verbunden, so unklug das scheinen mag. Auch wer instinktiv um sein Leben rennen will, während die Menschen, womöglich auch seine Freunde, neben ihm stehen bleiben, der rührt sich plötzlich nicht mehr vom Fleck. Er wird mehr und mehr bestärkt und ermutigt durch die gemeinsamen Sprechchöre, durch den Austausch von Blicken, durch die Berührung mit der Schulter des Nebenmanns. Immer hat er jemanden vor sich, der noch größere Risiken eingeht und noch mutiger und verrückter ist als er. Also bleibt er. In der Tschechoslowakei der Jahre 1988 bis 1989 lag die Zahl der Demonstranten, die bereit waren, einen Hieb auf den Kopf zu riskieren oder sich vom Strahl eines Wasserwerfers auf die Straße werfen zu lassen, mehr oder weniger stabil bei 5000 bis 10 000 Personen. Ein ganzes Jahr lang zählten die verschiedenen westlichen Journalisten mit ziemlich raffinierten Methoden die Menschen auf dem 700 mal 60 Meter großen Wenzelsplatz, und wenn sie ihre Berechnungen abends bei einem Bier verglichen, kam immer etwa das gleiche Ergebnis heraus. Doch auch wenn diese Zahl stagnierte, die Frustration, die Wut und die Sehnsucht nach Veränderung in der Gesellschaft nahmen ständig zu. Es war nur noch eine Frage der Zeit.

Und die Regierung wich erneut zurück. Unter dem Druck Zehntausender Unterzeichner der Petition (in Wirklichkeit waren es zwei Petitionen) sowie des internationalen Protests sah sie sich gezwungen, die Internierung ihres berühmtesten Häftlings zu überdenken. Am 17. Mai, vier Monate nach seiner Verhaftung, kam Havel im Gefängnis Pankrác vor den Bewährungsausschuss; der Gefängnisdirektor befürwortete seine Freilassung wegen »guter Führung«, weil er »sein Bett sorgfältig gemacht und seine persönlichen Habseligkeinen in Ordnung gehalten« und sich »sozial integriert« habe. Letzteres wurde mit Havels großem Interesse für die Abendnachrichten im Fernsehen belegt. Seine selbstverständliche Höflichkeit, seine obsessive Ordnungsliebe und sein Interesse an öffentlichen Angelegenheiten hatten selten so positiv zu Buche geschlagen. Eine Stunde, nachdem der Ausschuss getagt hatte, war er ein freier Mann und wurde von Olga, Ivan und einer kleinen Gruppe von Freunden nach Hause begleitet. Er sah gesund und ausgeruht aus. Bei seiner viereinhalbjährigen Haftstrafe einige Jahre zuvor sei er behandelt worden »wie ein Ausgestoßener unter Ausgestoßenen, ein Paria unter Parias«, sagte er. »Dieses Jahr jedoch war ich ein privilegierter prominenter Häftling mit Haftbedingungen, von denen andere Gefangene nur träumen können.«[614] Seine persönlichen Habseligkeiten waren ordentlich in ein Einkaufsnetz gepackt und wurden stolz vom Autor dieses Buches getragen, der damals als Korrespondent von Reuters in Prag arbeitete.

DIESES SAMTENE DING

Jede Revolution war zuerst ein Gedanke im Kopf eines Menschen.

Ralph Waldo Emerson

Tausende von Seiten wurden darüber geschrieben, ob die Ereignisse im November 1989 eine Revolution, eine Implosion, ein ausgehandelter Übergang, ein geheimer Putsch oder sonst etwas gewesen waren. Jeder, der damals dabei war, wird die Frage nur so beantworten können, dass sie außer dem geheimen Putsch alles oben Genannte waren. Sie hatten etwas ganz Einzigartiges, das sich wahrscheinlich nie wiederholen wird. Durch diese Aussage wird nicht der radikale Charakter geleugnet, den die Ereignisse besaßen. Sie waren ganz bestimmt eine Revolution in dem Sinne, dass sie das individuelle und kollektive Bewusstsein aller Beteiligten radikal und plötzlich veränderten. Was am einen Tag noch als unvorstellbar gegolten hatte, war am nächsten allgemeine Überzeugung. Was bis in alle Ewigkeit unveränderlich erschienen war (»mit der Sowjetunion für immer«), entpuppte sich als Episode. Über Nacht verloren die Menschen ihre Ängste und warfen ihre Tarnung und Selbstbeschränkung ab. Das Einzige, was sie nicht abwerfen konnten, war ihre Vergangenheit. Fünfundzwanzig Jahre darauf ist das Gesicht Mittel- und Osteuropas geopolitisch, wirtschaftlich, kulturell und psychologisch nicht mehr wiederzuerkennen.

Die Ereignisse des Jahres 1989 als revolutionär zu bezeichnen heißt auch jenen zu widersprechen, die unter dem Begriff der Revolution vor allem einen gewaltsamen Aufstand verstehen, den es zu verhindern gilt. Die revolutionären Bewegungen in Osteuropa aber verfolgten in erster Linie eine Strategie des zivilen und gewaltfreien Protests. Ob Blut vergossen wurde, hing fast ausschließlich von den Herrschenden und ihrer Bereitschaft ab, sich ihrer gewaltigen Sicherheitsapparate zu bedienen. Wenn die Kommunisten in der Tschechoslowakei beschlossen hätten, gegen die Demonstration am 24. November 1989 Gewalt einzusetzen, wie es noch im selben Jahr ihre rumänischen Kollegen taten, hätte es Blutvergießen und Märtyrer gegeben, und die Ereignisse hätten sich leichter als Revolution klassifizieren lassen. Doch es ist zweifelhaft, ob das Ergebnis revolutionärer gewesen wäre.

Bis heute ist freilich verblüffend, dass niemand die Ereignisse kommen sah, obwohl sie im Rückblick so unvermeidlich erscheinen. Weder die sogenannten Kremlforscher, die eine Wissenschaft daraus gemacht hatten, anhand der Sitzordnung bei der Maiparade auf dem Roten Platz die Zukunft vorherzusagen, noch die Geheimdienste, die ein Vermögen für die Rekrutierung von Agenten, den Diebstahl von Geheimnissen und die Analyse zensierter Medien ausgaben, ebenso wenig die westlichen Medien, die einige ihrer gescheitesten jungen Leute losgeschickt hatten, um die extrem verschlossenen »Reformer« in der Nomenklatura zu interviewen und sie für die Entscheidungsträger von morgen auszugeben, und auch nicht die westlichen Diplomaten hatten auch nur die geringste Vorahnung. Laut einem Telegramm, das die US-amerikanische Botschaft in Prag eine Woche vor der Revolution verschickte, war »der weitverbreitete öffentliche Druck für [reale politische Reformen] immer noch verhalten«.[615] Botschafterin Shirley Temple Black führte das auf die »zutiefst risikoscheue Psychologie des tschechischen Volkes« zurück.[616] Der »Normalbürger, im Unterschied zu den intellektuellen und dissidentischen Zirkeln, ist angesichts der Entwicklung in der DDR eher vorsichtiger als weniger vorsichtig geworden«.[617] Es wäre jedoch unfair, nur die amerikanischen Diplomaten wegen ihrer Ignoranz anzuprangern. Auch das kommunistische Regime mit seinen Spitzeln am Puls des Volkes, seinen zwangsorganisierten Gewerkschaften und den abgehörten Kneipengesprächen wurde von den Ereignissen überrascht, ebenso erging es letztlich auch den Dissidenten. In einem Interview in einem Prager Fischrestaurant im September 1989 brachte Havel seine Hoffnung auf Veränderung zum Ausdruck, meinte jedoch, »dass wir diesen Tag vielleicht nicht mehr erleben werden«.[618] Der Tag war zu diesem Zeitpunkt nur noch etwa sechs Wochen entfernt. Havel wollte damit in Bezug auf einen möglichen Wandel keine pessimistische Einschätzung abgeben (er war irgendwie optimistisch und versuchte mit aller Macht den Wandel herbeizuführen), sondern er brachte lediglich seine Gewissheit zum Ausdruck, dass sich die Zukunft nicht voraussagen lasse und historische Kaffesatzleserei Unsinn sei. »Vollständig auf die Geschichte vorbereitete Menschen sind mir ziemlich verdächtig«, sollte er Jahre später schreiben.[619]

Am 17. Mai, dem Abend von Havels Freilassung, fand in seiner Wohnung eine improvisierte Party statt, an der außer den üblichen Verdächtigen auch Alexander Dubček und der Journalist des US-Nachrichtenmagazins *Time*, Walter Isaacson, teilnahmen. Ich selbst arbeitete vielleicht zum ersten Mal in der Rolle von Havels Pressesprecher, die ich später offiziell übernehmen sollte, und stellte die Telefonverbindungen zwischen ihm und seinen Freunden sowie den ausländischen Medien her. Diesmal gab es nach dem Gefängnis keine Depression. Und es gab auch keine Rückkehr in das kleine loyale Ghetto der Charta 77. Nach den beiden Petitionen für Havels Freilassung, die in wenigen Tagen Tausende von Unterzeichnern gefunden hatten, war er entschlossen, »einen Gang hochzuschalten«.[620] Am folgenden Tag traf er sich im Rybárna, seinem Lieblingsrestaurant im Viertel, mit Saša Vondra, dem jüngsten Sprecher, den die Charta 77 in ihrer zwölfjährigen Geschichte je gehabt hatte, sowie mit Jiří Křižan, der eine der Petitionen für seine Freilassung mitorganisiert hatte und dessen Vater einem Justizmord der Kommunisten zum Opfer gefallen war. Weitere Treffen der Gruppe und eine abschließende Strategiebesprechung in Hrádeček folgten.[621] Am 29. Juni brachte sie zusammen mit Stanislav Devátý, dem radikalen Aktivisten, der über die Felder zu Palachs Grab auf dem Friedhof in Všetaty gerobbt war, eine weitere Petition mit dem Titel »Ein paar Sätze« heraus.[622] Keine sechs Wochen nach Havels Freilassung war das mehr als genug, um ihn wieder ins Gefängnis zu bringen, er war ja nur auf Bewährung draußen. Im Rückblick gesehen, waren die Forderungen freilich gemäßigt, viel weniger radikal als verschiedene Sprechchöre, die auf den Demonstrationen im Januar 1989 gerufen worden waren. Sie lauteten: sofortige Freilassung der politischen Gefangenen, uneingeschränkte Versammlungsfreiheit, Spielraum für unabhängige Initiativen, Abschaffung der Zensur, Religionsfreiheit, unabhängige ökologische Begutachtung aller großen neuen Industrie- und Bauprojekte und, last but not least, Beginn einer Debatte über die Geschichte der Tschechoslowakei einschließlich der stalinistischen Periode, des Prager Frühlings und der Invasion der fünf Armeen des Warschauer Pakts 1968. Die Petition, der sich alle Staatsbürger der Tschechoslowakei anschließen konnten, erhielt in den ersten drei Monaten 40 000 Unterschriften. Damit hatte sich das Engagement einiger weniger Prediger in der Wüste in eine rapide wachsende Bürgerbewegung verwandelt. Die Namen der Unterzeichner wurden jeden Tag vom Wiener Korrespondenten der Voice of America verlesen, dem Musikwissenschaftler Ivan Medek, der später Havel als Leiter der Präsidentschaftskanzlei dienen sollte.

Da das Regime eine weitere Welle noch größerer Demonstrationen fürchtete, verzichtete es auf Verhaftungen, Säuberungen oder massenhafte Verhöre (auch wenn Dutzende von Unterzeichnern einbestellt wurden, um ihr Verhalten »zu erklären«). Tatsächlich weigerte sich die kommunistische Führung sogar, die vier Initiatoren anzuklagen, wie es von der Geheimpolizei gefordert wurde.[623] Zugleich jedoch konnte sie sich auch nicht für einen Dialog entscheiden. Die *Rudé právo* verdammte die Petition in einem Kommentar unter dem Titel »Wer den Wind sät«[624] als antisozialistisches Pamphlet, wobei sie sich des biblischen Bezugs in der Überschrift sicher nicht bewusst war. Auf einem der hastig einberufenen »Ideologieseminare« für die führenden Parteifunktionäre am 17. Juli versuchte Generalsekretär Miloš Jakeš Anweisungen für den Umgang mit der Krise zu geben. Doch seine Rede wirkte wie eine unfreiwillige Selbstparodie. In dem Bestreben, sich als Anhänger der Perestroika auszuweisen, machte er ein spektakuläres Zugeständnis an das private Unternehmertum, indem er sagte: »Lassen wir sie doch eine Kneipe irgendwo im Niemandsland betreiben, mit der der Staat sowieso Geld verliert.« Er warf den ökologischen Aktivisten leeres Gerede vor, rief sie auf, »diesen Bach selbst zu säubern«, und beklagte schließlich das harte Los der Kommunistischen Partei mit den Worten: »Und wir stehen allein wie ein Zaunpfahl.«[625] Eine Aufzeichnung der Konferenz sickerte schon nach wenigen Tagen an die Öffentlichkeit durch und machte Jakeš und die gesamte Partei den ganzen Sommer über zur Zielscheibe derber Witze, die alle Unzufriedenen im Land ermutigen mussten.

Als mit dem 21. August der Jahrestag der Invasion näher rückte, rief Havel, den das Regime unter Hausarrest gestellt hatte,[626] die unzufriedenen Bürger dazu auf, zu Hause zu bleiben, weil er sich um ihre Sicherheit sorgte. Dennoch versammelten sich wiederum Tausende auf dem Wenzelsplatz, wo sie mit knüppelschwingenden Polizisten und Volksmilizionären in Kampfanzügen konfrontiert waren.[627] Mehrere Teilnehmer wurden festgenommen, darunter auch zwei Ungarn, die nach Prag gekommen waren, um ihre Solidarität zu demonstrieren. Einer von ihnen war Tamás Deutsch, der spätere Minister der Fidesz-Partei und heutige Europaabgeordnete.[628]

Für Havel hätte die Serie immer dramatischer verlaufender Jahrestage, bei der alles auf eine baldige Katharsis hindeutete, beinahe mit einem übelriechenden Nachruf geendet. Weil er wegen des wachsenden Interesses, das sowohl seine Mitbürger als auch die Polizei und die Medien an ihm zeigten, in Prag und Hrádeček keine Privatsphäre mehr hatte, machte er Ende August eine Rundreise durch das Land und besuchte diverse »verständnisvolle

Freundinnen«, die sich um seine Gesundheit und sein Wohlergehen sorgten. In Hrádeček ließ er für den Fall, dass etwas Dringendes passierte, wie zum Beispiel, dass »Gorbatschow unbedingt mit mir sprechen muss«, einen versiegelten Brief mit Instruktionen und seinem Reiseplan zurück.[629] Am Abend des 2. September besuchte er nach einem Konzert der verbotenen Rockgruppe Die Sichere Sache (Jasná páka)[630] eine Party auf einem Hof einer Mühle in Okrouhlice, einem kleinen Dorf in Südostböhmen,[631] der Michal Ambrož, dem Frontmann der Gruppe, gehörte. Als er mit einem befreundeten Maler auf dem unbeleuchteten Gelände herumwanderte, fiel er in einen ausrangierten Mühlbach, der mit Müll gefüllt und von verrottendem Unkraut bedeckt war. Er schaffte es nicht, die schmierigen Betonwände hinaufzuklettern und verschluckte mehrere Mundvoll des schleimigen Inhalts. Er glaubte sich schon todgeweiht und stellte sich die höhnischen Überschriften in der kommunistischen Presse vor: »Er starb, wie er gelebt hatte«, oder so ähnlich.[632] Dann jedoch brachten die Musiker eine Leiter und zogen ihn heraus. Im Nachhinein maß er dem Ereignis eine mystische Bedeutung bei: Wer so eine Scheiße überleben konnte, war offenbar für höhere Dinge auserwählt.[633]

Unterdessen fanden in anderen Ländern bereits größere Veränderungen statt. Schon im Frühjahr hatte sich die polnische Regierung mit der Solidarność an einen runden Tisch gesetzt und eine Teilung der Macht beschlossen, die zum Triumph der unabhängigen Gewerkschaft bei den Wahlen im Juni führte.[634] In den Städten der DDR gab es immer mehr Demonstrationen. Seit Mitte August flohen viele DDR-Bürger in den Westen, zuerst, indem sie die einst unüberwindliche Grenze zwischen Ungarn und Österreich überquerten, und dann, indem sie sich vor und in der westdeutschen Botschaft in Prag niederließen und freie Ausreise verlangten. Bis zum 27. September befanden sich 1400 Menschen auf dem Botschaftsgelände, was zu einer kleinen humanitären Krise führte.[635] Nach mehrtägigen Verhandlungen, bei denen sich die tschechoslowakische Regierung einer Lösung zunächst am hartnäckigsten verweigerte, verließen schließlich 6300 glückliche Deutsche Prag in fünf Sonderzügen. Zurück blieben Hunderte von billigen Trabant- und Wartburg-Zweitaktern, die innerhalb weniger Stunden von tschechischen Besitzern derselben Modelle auf der Jagd nach Ersatzteilen ausgeschlachtet wurden. Fast 10 000 weitere Ostdeutsche durften in den folgenden fünf Tagen ausreisen. Bei nüchterner Betrachtung musste jedem klar sein, dass der Eiserne Vorhang zerfiel.

Havel war wieder in Prag, als die Deutschen abfuhren, und ging durch die Kleinseite nach Hause. Dabei fielen ihm kontrastreiche Bilder ins Auge: Auf der einen Seite begegneten ihm zahlreiche tschechische Bürger, welche die Busse in Richtung Freiheit begeistert verabschiedeten, auf der anderen Seite sah er Tausende von Bereitschaftspolizisten, die den ganzen Stadtbezirk mit gepanzerten Personentransportern und Wasserwerfern abriegelten, um die Demütigung des Regimes vor dem Rest der Welt zu verbergen.[636] Die Angst war deutlich zu spüren, doch es waren nicht mehr die Bürger, sondern die Staatsmacht, die sich ängstigte.

Der folgende Tag war Havels Geburtstag, aber auch der Tag, an dem das Nobelpreiskomitee in Oslo den Friedensnobelpreisträger bekanntgab. Havel war von mehreren westlichen Menschenrechtsorganisationen nominiert worden. Für den Fall, dass er den Preis bekäme und die Staatsmacht ihn sofort isolieren würde, hatte er mit Janouch ein Interview aufgenommen. Es ist nur deshalb denkwürdig, weil er in ihm erstmals öffentlich, wenn auch widerstrebend, einräumte, dass er in einer »Notlage« vielleicht »irgendeine Art Amt« annehmen könnte.[637] Das Interview wurde nicht gebraucht und erst 18 Tage später veröffentlicht. Eine halbe Stunde vor der offiziellen Bekanntgabe des Preisträgers vermeldete Reuters den Preisträger: Tendzin Gyatsho, den XIV. Dalai Lama. Havel hatte keine Ahnung, dass der Mann, der ihn im Wettlauf um den Preis besiegt hatte, einst seine vielleicht wichtigste Verbindung zur spirituellen Welt werden sollte, aber er war dennoch erfreut. Wie er immer wieder erklärte, kam es ihm vor allem darauf an, vielen seiner Mitbürger die Illusion zu nehmen, dass der Wandel durch das wohlwollende Eingreifen einer externen Macht herbeigeführt werden könnte, sei es Gorbatschow und seine Perestroika, der Westen oder das Nobelpreiskomitee. Die Arbeit musste zu Hause gemacht werden.

Doch es gab ein Geburtstagsgeschenk, das Havel sehr freute. Am 7. Oktober publizierte *Rudé právo* im Kleinanzeigenteil einen Geburtstagsgruß an »Ferdinand Vaněk vom kleinen Schloss«; Vaněk war Havels Alter Ego in seinen Einaktern, und »Kleines Schloss« ist auf Tschechisch ein Synonym für Hrádeček. Sogar eine Fotografie war dabei. Die Festung war nicht mehr uneinnehmbar.

Plötzlich wurden auf alle möglichen Arten die Grenzen ausgetestet. Bereits am 1. August hatte sich eine Gruppe von Schriftstellern und Übersetzern getroffen, sowohl Dissidenten als auch »Anerkannte«, um das tschechische PEN-Zentrum wiederzugründen, das in der kommunistischen Ära verboten worden war. Aber offenbar hatte jemand das Treffen gemeldet, und Havel wurde festgenommen, um ihn an der Teilnahme zu hindern. Allem Anschein nach hatten Leute die Meldung an die Staatsmacht abgesetzt, die auch an der Neugründung beteiligt waren. Zusammen mit einer Gruppe von Schriftstellerkollegen, allesamt prominente Dissidenten, beantragte Havel nun die Genehmigung für einen genossenschaftlichen Verlag. Er sollte die reiche literarische Produktion der Gruppe auf den Markt bringen, die an Qualität alles weit übertraf, was von dem guten Dutzend legaler tschechoslowakischer Verlage publiziert wurde. Die Genehmigung wurde nicht erteilt, aber allein schon die Tatsache, dass sie nicht sofort abgelehnt, sondern Gegenstand eines höflichen, wenn auch fruchtlosen Briefwechsels wurde, war ein deutliches Zeichen, dass das Selbstvertrauen in der Regierung in genau dem gleichen Maß abnahm, wie es in der Opposition stieg.

Auch die Musik spielte weiterhin eine Rolle. Am 10. Juni fand das Musikfestival »Bratislavská lyra« statt, das in den Jahren zuvor eher eine Veranstaltung für Freunde schmalziger Popmusik gewesen war. Der StB folgte Havel den ganzen Weg von Prag nach Bratislava. Dennoch schaffte er es in das Hotelzimmer der Folksängerin Joan Baez, des Gaststars auf dem Festival. Dort planten die beiden einen »Streich«[638]: Havel leistete bei ihrem Auftritt Schwarzarbeit in seinem alten Job als Bühnenarbeiter und trug Joans Gitarrenkoffer auf die Bühne. Da stand er in seiner Cameo-Rolle, als Joan den Song »Swing Low, Sweet Chariot« auf Slowakisch der Charta 77 und einer weiteren Dissidentengruppe widmete. Dann trug sie auf Tschechisch die Einführung vor, die ihr Havel zuvor auf dem Kassettenrecorder vorgesprochen hatte, und wies das Publikum und die Beleuchter auf seine Anwesenheit hin. Kurz darauf wurden auf Betreiben der Geheimpolizei die Scheinwerfer und Mikrofone abgeschaltet, die Fernsehübertragung wurde unterbrochen.

Eine weitere Ehrung wurde Havel am 15. Oktober zuteil, als er in einer öffentlichen Feier in Frankfurt am Main den angesehenen Friedenspreis des deutschen Buchhandels bekam. Er konnte die Auszeichnung nicht persönlich entgegennehmen, weil ihn das Regime nicht reisen ließ. Doch er wäre ohnehin nicht gefahren, weil er befürchtete, womöglich nicht wieder einreisen zu können. Petr Koháček, der bescheidene, aber agile Chef des Prager Karel-Čapek-Buchladens, der bald darauf ins Parlament gewählt werden sollte, organisierte in seinem Geschäft eine Ersatzfeier. Sie verlief erheblich entspannter als die eigentliche Preisverleihung in Frankfurt, und in seiner improvisierten Rede wies Havel darauf hin, dass dies »das erste Mal ist, dass mich der offizielle Chef eines offiziellen Buchladens eingeladen hat«.[639]

Havels Dankesrede »Ein Wort über das Wort«, die in Frankfurt von dem Schauspieler Maximilian Schell verlesen wurde, behandelte »die geheimnisvolle Macht des Wortes in der menschlichen Geschichte«. Sie begann mit dem Vergleich zwischen der großen Sprengkraft, die Wörter in einer Diktatur haben können, und ihrer relativen Wirkungslosigkeit im schrankenlosen Universum einer liberalen Demokratie wie der Bundesrepublik. Havel brachte ein paar berühmte Beispiele für epochemachende und befreiende Worte in der Tschechoslowakei und in anderen Ländern und kam dann auf die Möglichkeit zu sprechen, mit Worten unsagbares Unheil anzurichten, wie es in Nazideutschland oder im Iran Khomeinis geschehen war. Er betonte, dass es in der Macht des Menschen liege, das Wort für gute oder schlechte Zwecke zu gebrauchen, und kam schließlich auf eine zentrale Botschaft seiner Rede zu sprechen. Sie klang etwas überraschend für einen Mann, dessen Handwerk der Umgang mit dem Wort ist. Er sagte, »dass es sich immer auszahlt, den Worten gegenüber misstrauisch zu sein und gut auf sie achtzugeben, und dass die Vorsicht hier nicht groß genug sein kann … Dasselbe Wort kann einmal demütig und ein anderes Mal hochmütig sein. Und außerordentlich leicht und sehr unauffällig kann sich ein demütiges Wort in ein hochmütiges verwandeln, während nur sehr schwer und langwierig sich ein hochmütiges Wort in ein demütiges wandelt …«[640] Ganz zum Schluss der Rede ging er noch einen Schritt weiter. Die Verantwortung, auf die es ihm ankam, war nicht nur eine soziale, politische oder staatsbürgerliche, obwohl sie all das auch sein konnte. Sie war eine metaphysische: »Als eine solche ist sie allerdings nicht vor dem Horizont der von uns zu überblickenden Welt verankert, sondern erst irgendwo dort, wo jenes Wort sich aufhält, das am Anfang war und das nicht das Wort des Menschen ist.«[641]

Am 28. Oktober, dem tschechoslowakischen Unabhängigkeitstag, wandte das Regime eine bewährte Taktik an. Am Abend davor kam die Polizei zu Havel, der sich in der Woche zuvor die meiste Zeit unwohl gefühlt hatte und in seiner Prager Wohnung im Bett lag. Er wurde wie immer von Olga bewacht, die sich hartnäckig weigerte, die Tür zu öffnen, solange die Polizisten keinen Haftbefehl vorlegten. Die beiden jungen Schutzpolizisten vor der Tür, wussten nicht, was sie tun sollten. »Ach lass sie doch rein, Olga«, hörten sie plötzlich Havels Stimme, der in seinem Schlafanzug aus dem Bett stieg. »Sonst werden sie vielleicht gefeuert.«[642]

Da er nicht besonders scharf darauf war, wieder einmal die Annehmlichkeiten staatlicher Gastfreundschaft in Anspruch zu nehmen, suchte er mit widerstrebender Zustimmung der Polizisten in einem Krankenhaus im Prager Stadtzentrum Zuflucht.[643] Der Kompromiss war beiden Seiten recht, insbesondere jedoch dem Patienten, von dem das Gerücht ging, dass er mit einer der Krankenschwestern befreundet sei. Da inzwischen jede Gelegenheit genutzt wurde, um der rebellischen Stimmung Ausdruck zu verleihen, versammelte sich eine Gruppe von Demonstranten vor dem Krankenhaus, wünschte dem Theaterautor gute Besserung und rief »Lang lebe Havel«. Am selben Abend wurde im Realistischen Theater (Realistické), einem großen, professionell geführten Theater, eine szenische Montage zum Unabhängigkeitstag aufgeführt, in der zum ersten Mal seit 1969 auch Auszüge aus einem Stück von Havel enthalten waren, nämlich aus *Das Gartenfest*. Die Demonstration am folgenden Tag zählte mehr als 10 000 Teilnehmer und wurde von der Polizei aufgelöst. Die Polizisten gingen mit gezogenen Schlagstöcken vor, verursachten aber keine schweren Verletzungen – vielleicht weil das Ereignis von ausländischen Medien beobachtet wurde.[644]

Die Spannung wurde immer unerträglicher. Während alle, die Opposition, die Bürger, die Medien und sogar die Polizei, auf das nächste Ereignis warteten, fiel am 9. November die Berliner Mauer. Prag war damals voller ausländischer Journalisten, die, sehr zum Missvergnügen ihrer Redakteure, eifrig unwichtige Berichte schrieben und ihre Tagesspesen vertranken. Jeder wusste, dass auch in der Tschechoslowakei etwas geschehen würde, aber niemand konnte vorhersagen, wann. Der beste Tipp war der 10. Dezember, der Internationale Tag der Menschenrechte und erste Jahrestag der ersten legalen Demonstration für die Menschenrechte in Prag. Doch dieser Termin lag noch einen Monat in der Zukunft. Havel und seine Mitstreiter hatten für den 10. Dezember bereits eine große Veranstaltung auf dem Palacký-Platz, zweihundert Meter flussaufwärts von Havels Wohnung, geplant. Doch die Zeit, die so lange stillgestanden hatte, beschleunigte sich nun plötzlich exponentiell. Niemand konnte noch einen Monat warten, und schon gar nicht die Studenten. Am 17. November war es genau fünfzig Jahre her, dass die Nazis mehr als tausend tschechische Studenten festgenommen, neun Studentenführer hingerichtet und alle Universitäten und Hochschulen für die Dauer des Krieges geschlossen hatten. Der Jahrestag dieser Tragödie war vom kommunistisch beherrschten Internationalen Studentenbund usurpiert und zum »Internationalen Studententag« erklärt worden. Zu der Veranstaltung wurde vom offiziellen Jugendverband aufgerufen, aber sie war offen für alle Studenten, darunter auch viele, die in der Palach-Woche demonstriert hatten.

Wegen ihres zwiespältigen Charakters war diese Veranstaltung eigentlich eine schlechte Kandidatin für den Showdown. Die Dissidenten hatten von ihr gehört, hatten jedoch mit ihrer Organisation nicht viel zu tun und ahnten auch nicht, was sie auslösen könnte.[645] Havel, der die Woche in Hrádeček verbrachte, fand die Veranstaltung nicht sonderlich attraktiv. Laut einigen Berichten, einschließlich seines eigenen, hatte er Prag verlassen, weil er nicht zum Anlass für eine gewaltsame Auflösung der Veranstaltung werden wollte. Anderen Aussagen zufolge wollte er Zeit für Jitka haben, um ihren Geburtstag zu feiern.[646] Auf jeden Fall geht aus dem Interview, das er zwei Tage vor dem schicksalhaften Tag in Hrádeček gab,[647] eindeutig hervor, dass er seine Hoffnungen auf die Veranstaltung zum Tag der Menschenrechte auf dem Palacký-Platz gesetzt und sogar schon eine Zeit (14 bis 16 Uhr) für die Demonstration bestimmt hatte.

Der Führer der Revolution war also etwa 150 Kilometer entfernt, als der Zug der Studenten mit 10 000 bis 20 000 Teilnehmern[648] an diesem Freitag von der genehmigten Route abwich und sich in eine regierungsfeindliche Demonstration verwandelte, die unter anderem Sprechchöre wie »Lang lebe Havel« anstimmte. Die Protestierenden wurden von der ungewöhnlich brutalen Bereitschaftspolizei eingekreist und angegriffen. Hunderte wurden

1 Die Familie Havel, 1940.

2 Silberwind: Jan Zábrana und Jiří Paukert, 1957.

3 Brave Soldaten, Havel (rechts), 1959.

4 Der junge Künstler in seiner Schreibstube.

5 Mit Olga im Café Slavia, Prag, 1959.

6 Václav und Olga, 1970-er Jahre.

7 Mit Olga, Pavel Kohout und seiner Familie in Hrádeček, 1970-er Jahre.

8 »Das letzte Abendmahl«, 28. Mai 1979: Jiří Dienstbier, Václav Havel, Jitka Vodňanská, Karel Trinkewitz und andere.

9 The Plastic People of the Universe: Vratislav Brabenec, Jiří Kabeš, Martin »Magor« Jirous, Václav Havel, Hrádeček, 1978.

10 Ein Underground-Konzert in Hrádecek, 1978: Jan Kašpar, Vlasta Třešňák, Karol Sidon, Václav Havel.

11 Die Sprecher der Charta 77: Václav Havel, Jiří Hájek, Jiří Dienstbier, Ladislav Hejdánek, Václav Benda, Zdena Tominová, Prag, 1979.

12 Erkennungsdienstliches Foto, 1979.

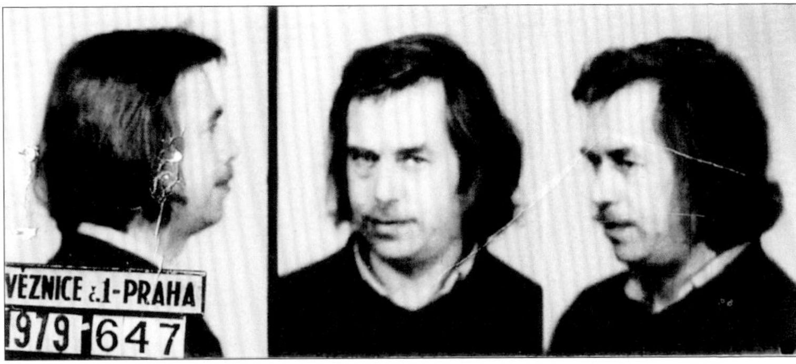

13 Genosse Havel, 1970-er Jahre.

14 Der Brauereiarbeiter, 1974.

15 Endlich wieder frei. Im Krankenhaus Pod Petřínem mit Jiří und Jan Ruml, Ivan und Olga, 1983.

16 Omnipräsente Überwachung, Hrádeček, 1979.

17 Die Sänger Michal Prokop und Joan Baez mit Václav Havel beim Bratislavká Lyra Festival, 10. Juni 1989.

18 Pressekonferenz des Bürgerforums, 22. November 1989. Rita Klímová, Václav Malyi, Václav Havel, Vladimír Hanzel und Václav Klaus.

19 »Wahrheit und Liebe müssen über Lügen und Hass triumphieren.« Wenzelsplatz, 10. Dezember 1989.

20 Gemeinsam sind wir stark. Alexander Dubček und Václav Havel, Wenzelsplatz, 24. November 1989.

21 Der Staatspräsident und sein Sprecher Michael Žantovský, 29. Januar 1990.

22 Die Rolling Stones mit Václav Havel auf der Prager Burg, 18. August 1990.

23 »Willkommen, Eure Heiligkeit, unter uns Sündern.« Mit Papst Johannes Paul II., Prag, 20. Mai 1995.

24 »Ma'm, darf ich Ihnen Gyula vorstellen?« Mit Königin Elizabeth II., Prager Burg, 27. März 1996.

25 Mit Bundespräsident Richard von Weizsäcker und Dagmar (Dáša) Havlová, Café Slavia, 1999.

26 Unterzeichnung der deutsch-tschechischen Versöhnungserklärung 1997, mit Helmut Kohl und Dáša Havlová.

27 Ein Tänzchen mit Hillary Clinton im Weißen Haus, 1998.

28 Brent Scowcroft, Saša Vondra, Václav Havel, George H. W. Bush, Dáša Havlová, Martin Palouš, Nina Veškrnová (von links), Ellis Island, 2000.

29 Mit Bob Dylan und Dáša, Prag, 2000.

30 »Der Mann meines Lebens«. Mit Dáša Havlová, 4. Mai 2006.

31 Mit dem Dalai Lama, Prag, 1. Dezember 2008.

32 Trauer. Wenzelsplatz, 23. Dezember 2011.

geschlagen und Dutzende verletzt, darunter auch unbeteiligte Passanten und ausländische Journalisten.[649] Menschenrechtsaktivisten meldeten (fälschlich, wie sich herausstellte) den Tod eines Studenten.[650] Die Nachricht wurde durch den Rundfunk im Land verbreitet und löste einen Schock aus.

Es gibt kaum einen besseren Beweis für Havels zentrale Rolle in der Opposition als das, was in den folgenden 72 Stunden geschah. Obwohl er an dem Ereignis nicht teilnahm, das die Revolution auslöste, übernahm er die Verantwortung und stand eindeutig an der Spitze, als der Montag kam.

Am Samstag, dem 18. November, eilte er, mitten in der Verwirrung, die nach dem brutalen Polizeieinsatz am Tag zuvor herrschte, nach Prag. In der Gerüchteküche und ebenso in den internationalen Medien hieß es immer noch, die Polizei habe bei der Demonstration einen Studenten getötet.[651] Am Nachmittag marschierten etwa tausend Personen protestierend über den größten Platz in Prag, während die Polizei unsichtbar blieb. Am Abend trafen sich Havel und viele Aktivisten der Opposition im Realistischen Theater. Die Studenten riefen den Streik aus. Die Theater schlossen sich an. Havel dachte über die Einbindung der verschiedenen Kräfte nach. Am Sonntagmorgen wurde die Besprechung der Gruppe, die halb als Diskussionsrunde und halb als Führungskomitee fungierte, in seinem Haus fortgesetzt. Leute kamen und gingen. Man diskutierte über einen Namen für die Gruppe. Havel schlug »Bürger« als Bestandteil vor. Jan Urban, ein Geschichtslehrer, entweder inspiriert durch die Antike oder durch das »Neue Forum«, das im benachbarten Deutschland bereits Furore machte, fügte das Wort »Forum« hinzu.

Am Ende wurde nicht Havels Stammbühne, das Theater am Geländer, sondern dessen schärfster Konkurrent, der Schauspielclub, die Geburtsstätte des Bürgerforums. Der Club wurde auf Betreiben des Schauspielers Vladimír Kratina, eines Freundes von Jiří Křižan, und seines Kollegen Petr Čepek[652] als Treffpunkt zur Verfügung gestellt.[653] Havel stieß aus Furcht vor einer Festnahme erst am Sonntagnachmittag dazu. Wie viele Teilnehmer im Rückblick feststellten, hätte es das Regime sehr leicht gehabt, wenn es die Opposition an diesem Abend ihrer führenden Köpfe hätte berauben wollen. Für alle Uneingeweihten, einschließlich der zahlreichen Zivilpolizisten, die zu Fuß und in zivilen Polizeifahrzeugen nervös in der Gegend um den Wenzelsplatz patrouillierten, muss es jedoch ausgesehen haben, als ob Menschen allein, in Paaren oder in kleinen Gruppen versuchten, noch eine Theatervorstellung zu erreichen. Es gab freilich keine Vorstellung, wenigstens nicht die, die seit Wochen geprobt und in den Zeitungen angekündigt worden war. Auf der kleinen Bühne saß oder stand eine ziemlich uneinheitliche Gruppe von Schauspielern, während weitere hundert Personen im Zuschauerraum saßen. Jiří Křižan und Saša Vondra, die Mitorganisatoren der Petition »Ein paar Sätze«, waren da, desgleichen Jan Škoda, Havels alter Kamerad aus dem Internat, inzwischen ein hoher Funktionär der systemtreuen National-Sozialen Partei, Jiří Svoboda, ein Vertreter der jüngeren Generation der Kommunistischen Partei und, wie sich später herausstellte, ein ernsthafter, aber leider wirkungsloser Reformer. Auch Milan Hruška, ein feuriger Bergmann aus den Kohleminen in Nordböhmen, war mit von der Partie, dasselbe galt auch für Radim Palouš, den stimmgewaltigen philosophischen Paten der Kampademia, und für Petr Miller, einen Vormann aus dem Prager Werk des Maschinenherstellers ČKD. Und natürlich Václav Havel. Nach einer zweistündigen leidenschaftlichen, aber unstrukturierten Debatte, in der er keine große Rolle spielte, nahm die Versammlung die Erklärung des Bürgerforums an, die Havel erst an diesem Tag geschrieben hatte.[654]

Der Ton der Erklärung war völlig anders als der von »Ein paar Sätze«. Geprägt von dem Zorn über die sinnlose Gewalt zwei Tage zuvor und vom wachsenden Selbstvertrauen der Opposition, verlangte sie den sofortigen Rücktritt von Staatspräsident Husák sowie von fünf führenden kommunistischen Regierungsmitgliedern, die sich direkt an der Planung der Invasion der fünf Mächte des Warschauer Pakts im Jahr 1968 beteiligt hatten. Außerdem forderten sie den Rücktritt der kommunistischen Funktionäre, die für den brutalen Einsatz gegen friedliche Demonstranten verantwortlich waren, eine unabhängige Untersuchung dieser Ereignisse und die sofortige Freilassung aller politischen Gefangenen, auch derer, die während der Demonstrationen festgenommen worden waren. Zur Bekräftigung dieser Forderungen rief das Bürgerforum für den 27. November zu einem Generalstreik auf, den zuvor schon die Studenten vorgeschlagen hatten.

Eine ganze Reihe von Leuten wäre in der Lage gewesen, ein Forum der Charta 77 oder Versammlungen kleinerer oppositioneller Gruppen einzuberufen. Auch wären mehrere Leute imstande gewesen, Schauspieler, Studenten, reformorientierte Kommunisten und sogar Gewerkschaftler zu mobilisieren. Aber nur ein Václav Havel konnte ein abendfüllendes Schauspiel mit völlig verschiedenen Menschen gegensätzlichster Ideologien und unterschiedlichster Werdegänge möglich machen, ein Schauspiel, das absurd und doch unverzichtbar war. Havel war, um eine Bezeichnung des Philosophen Ladislav Hejdánek zu gebrauchen, der »Kohlenstoff«,[655] ein chemisches Element, das in der Lage ist, sich mit vielen anderen zusammenzutun, so dass eine Verbindung von unwiderstehlicher Stärke entsteht – voller Widersprüche, aber dennoch kräftig genug, um die nun beginnende folgenschwere Transformation in Gang zu setzen.

Die Erklärung, die auf der Versammlung verabschiedet wurde, war ein mutiger Schritt, aber noch keine Revolution. Später am Abend zog sich eine kleine Gruppe von Teilnehmern der Versammlung im Schauspielclub in Havels Lieblingsrestaurant Rybárna zurück und plante die nächsten Aktionen. Sie war der Keim der »Aktionsgruppe«, die nie aus mehr als zwölf Personen bestehen und in den kommenden Wochen und Monaten die Entwicklung vorantreiben sollte.[656]

Am Montag brach der Damm. Die internationalen Medien hatten seit dem frühen Nachmittag auf dem Wenzelsplatz gewartet. Als die Zählung statt der üblichen 5000, 10 000 und der (von der Regierung heftig bestrittenen) seltenen 20 000 insgesamt 150 000 Demonstranten erreichte[657] und die Zahl immer noch stieg, mussten sie nur noch die Schlagzeile formulieren: Das System ist am Ende.

DER NEBEL DER REVOLUTION

Ich sah ein großes Getümmel … aber ich weiß nicht, was es war.

2. Samuel 18,29

Am Montag hatte die nicht gewählte, aber weithin anerkannte Führung des Bürgerforums schwer zu kämpfen, um mit den Ereignissen Schritt zu halten. In Abwesenheit der Vertreter des Forums, die eifrig nach Büroräumen suchten und Ausschüsse bildeten, wurden die Demonstranten auf dem Wenzelsplatz mit dem rhetorischen Geschick eines eigentlich unerwünschten Redners konfrontiert, des stämmigen Vorsitzenden des Kommunistischen Jugendverbands Vasil Mohorita. Er schaffte es jedoch nicht, die Menge zu gewinnen, indem er Reformen und für den Fall, dass wieder Gewalt eingesetzt würde, seinen eigenen Rücktritt versprach. »Wir haben genug!«, reagierte die Menge.

Die Demonstranten wollten keinen Mohorita, sie wollten einen authentischen Anführer. Viele riefen nach Alexander Dubček, dem kurz zuvor wieder aufgetauchten Helden des Prager Frühlings. Andere riefen nach Havel. Bei einem Treffen der Führung des Bürgerforums, das am frühen Abend im Realistischen Theater stattfand, wurde Havel und anderen klar, dass sich am folgenden Tag womöglich genauso viele oder noch mehr Menschen auf dem Wenzelsplatz versammeln würden und dass sie selbst auf jeden Fall hingehen sollten. Křižan, der leidenschaftliche Aktivist John Bok und Ladislav Kantor, ein Rock- und Folkmusiker und Produzent, flehten Havel an, sich der Menge zu präsentieren, sonst »ersäufen sie uns hier wie Kaninchen«.[658] Das Problem war nur: wo? Mohorita hatte am Fuß der Statue des böhmischen Schutzheiligen Wenzel gesprochen – am Kopfende des Wenzelsplatzes. Doch das war mitten in der Menge, an einem Ort, wo ein Redner leicht provoziert, bedrängt oder gar angegriffen werden konnte. Außerdem war er dort nur von wenigen Hundert Menschen in seiner unmittelbaren Nähe zu sehen und zu hören. Was sie brauchten, war eine Bühne irgendwo in der Mitte des Platzes: Die Revolution war im Begriff, eine Theatervorstellung zu werden.

Das Problem, einen geeigneten Standort zu finden, schien unüberwindlich. Zwar stand ein Gebäude mit einem geeigneten Balkon an der richtigen Stelle, aber es gehörte der Tschechischen National-Sozialen Partei, einer der vier Blockparteien der Nationalen Front. Ihr Vorsitzender jedoch war Havels alter Schulkamerad Jan Škoda, und der ließ sich dazu überreden, die Rebellen in das Gebäude zu lassen. Der Balkon allerdings gehörte zu den Geschäftsräumen des Verlags des Tschechoslowakisch-Sowjetischen Freundschaftsverbands und war damit ein höchst unwahrscheinlicher Schauplatz für den Protest.[659] Aber auch dieses Hindernis wurde, diesmal mit Hilfe von Petr Kučera, einem Journalisten der sozialistischen Zeitung *Svobodné slovo*, überwunden.[660] Freilich war es immer noch unklar, wie Havel gehört werden sollte. Das kleine Megaphon des Vorjahrs würde nicht ausreichen. Plötzlich erschienen auf Betreiben Kantors und Hanzels wie aus dem Nichts Ton- und Bühnentechniker verschiedener Rockbands, die helfen konnten – Havels Sympathie für das Genre zahlte sich aus. Er konnte nun zu der Menge sprechen, war sich jedoch bewusst, dass ein einzelner Redner keinen großen Schauwert haben würde. Die Vorbereitungen für die große Veranstaltung im Dezember, die nie stattfinden würde, kamen dem Forum nun zustatten. Ein weiterer Freund, Petr Oslzlý, der künstlerische Leiter des Theaters an der Schnur in Brünn, war bei der Erstellung des Programms behilflich. Als der Donnerstagnachmittag kam, standen außer Havel noch weitere Sprecher der Opposition sowie Studenten, Arbeiter, Schauspieler, Musiker und Sänger bereit. Die meisten Namen hatten einen legendären Beiklang, viele auf dem Balkon waren seit Jahren verboten gewesen. Marta Kubišová, *die* Sängerin des Prager Frühlings, die auf eine Karriere als Popstar verzichtet hatte, um keine Kompromisse machen zu müssen, sang die Nationalhymne, gefolgt von dem Untergrundprotestsänger Vladimír Merta, dem dadaistischen Dichter und Sänger Jiří Dědeček und weiteren prominenten Künstlern. Ladislav Kantor war für die Reihenfolge der Auftritte verantwortlich. Karel Kryl, der große alte Mann der tschechischen Protestsänger, der die Jahre zuvor Sendungen für Radio Free Europe in München gemacht hatte, stand plötzlich auf der Bühne. Drei Tage darauf landete der Folksänger Jaroslav Hutka, den das Regime ins niederländische Exil getrieben hatte, auf dem Prager Flughafen und wollte einreisen. Eine Gruppe von Freunden brachte den ängstlichen Grenzer halb durch Überredung, halb durch Erpressung dazu, ihn durchzulassen. Am folgenden Tag sang Hutka vor dem größten Publikum seines Künstlerlebens. Niemand nahm je das Verdienst für sich in Anspruch, Karel Gott eingeladen zu haben. »Die Goldene Stimme aus Prag« war ein Stützpfeiler des Establishments, und die Idee war so absurd, dass sie Kantors Ansicht nach nur von Havel gekommen sein kann.[661]

Dass die Woche, in der »die Geschichte nach zwanzig Jahren Zeitlosigkeit wieder in unser Land zurückkehrte«, einen samtenen Charakter haben würde, stand nicht von vornherein fest. Es trifft zwar zu, dass die Veranstaltungen größtenteils freundlich und mit großen Dosen respektlosen, aber harmlosen tschechischen Humors gewürzt waren. Dennoch ist die Dynamik der Massenpsychologie bekanntlich nicht vorhersehbar; es lag eine unverkennbare Schärfe in Parolen wie »Wir haben genug«. Havel spielte eine entscheidende Rolle bei der Betonung des gewaltfreien Charakters der Revolution. Er bekräftigte ihn sowohl in seinen eigenen Redebeiträgen als auch durch die Auswahl der übrigen Redner, die auf ähnliche Art an die Menge appellierten. Václav Malý, Unterzeichner der Charta 77 und katholischer Priester mit Berufsverbot, war der leuchtende Star der Kundgebungen, weil er sehr überzeugend die christlichen Tugenden des Verzeihens und der Demut bewies. Havel wiederum fand die richtigen Worte, um die in Jahrzehnten angesammelte Wut und Frustration auszudrücken und zu erklären, warum es notwendig war, auf Gewalt zu verzichten: »Jene, die ihre Gegner viele Jahre lang mit einer gewalttätigen und blutigen Rachsucht verfolgt haben, haben jetzt Angst vor uns. Sie können ruhig schlafen. Wir sind nicht wie sie …«[662]

Das alles war freilich keine klassische Aufführung, sondern modernes Theater, bei dem die Zuschauer nicht passiv, sondern in das Stück integriert waren. Sie applaudierten und jubelten, sangen mit, klapperten mit den Schlüsseln und intonierten den spöttischen Sprechchor: »Miloš, es ist aus.« Mit Miloš war Miloš Jakeš gemeint, der glücklose Generalsekretär der Kommunistischen Partei. Nun streuten sie ihm Salz in die Wunde. Sie jubelten Rednern zu, deren Legitimation unter anderem darin bestand, dass sie monate- oder jahrelang im Gefängnis gesessen hatten, und verhöhnten alle, bei denen sie den Verdacht hatten, dass sie lediglich als Trittbrettfahrer auf den Zug aufspringen wollten. Als am folgenden Sonntag eine Million Menschen auf das Letná-Plateau kamen (eine so große Menge hätte nicht auf den Wenzelsplatz gepasst), applaudierten sie den beiden Redakteuren der Untergrundzeitschrift *Lidové noviny* (Volkszeitung), die erst wenige Stunden zuvor aus dem Gefängnis entlassen worden waren. »Wir haben im Gefängnis noch gefrühstückt«, sagte einer ins Mikrophon. »Wie war es?«, brüllte die Menge. »Lausig«, sagte der Redakteur. »Eine Schande«, brüllte die Million. Für die meisten war es die beste Vorstellung, die sie je gesehen hatten, trotz der eisigen Kälte.

Die Revolution hatte nun eine Bühne und arbeitete gleichzeitig daran, sich einen Backstage-Bereich zu schaffen. Nach der ersten chaotischen Pressekonferenz in der Kunstgalerie U Řečických, bei der ich, hin- und hergerissen zwischen meiner Rolle als Journalist und als Mitglied des Bürgerforums, auch noch für die ausländischen Medien ins Englische übersetzen musste, bezog das Forum ein größeres Domizil in dem Theater Laterna Magika im Keller des Adria-Palasts an der Národní-Straße. Dort wurden die Pressekonferenzen vor dem Bühnenbild der Produktion *Minotaurus* abgehalten, was ihnen eine etwas unheimliche Atmosphäre verlieh. Havel jedoch fühlte sich zu Hause an einem Ort, dessen Ursprünge mit Alfred Radok und Miloš Forman verbunden waren.

Am 24. November traten Miloš Jakeš und die gesamte Parteiführung zurück, und das Zentralkomitee wählte den unbekannten Eisenbahner Karel Urbánek zu seinem neuen Vorsitzenden, womöglich den einzigen Mann, der dumm genug war, den Job zu übernehmen. Als ihn ein Mitglied der Regierung aufsuchte und um Instruktionen bat, bot Urbánek ihm ein Stück Salami und eine Bockwurst an und sagte: »Es hat eine Vergangenheit gegeben und es wird eine Zukunft geben.«[663] Die Menge auf dem Wenzelsplatz war außer sich vor Freude, als sie die Nachricht hörte. Bis dahin hatte niemand ganz sicher sein können, dass es nicht doch noch einen mörderischen Rückschlag gab, wie ihn die jubelnden Massen 1956 in Budapest und 1968 in Prag erlebt hatten oder wie er der Solidarność in Polen 1981 mit der Verhaftungswelle nach ihrem Sieg widerfahren war. Die Menge wäre noch besorgter gewesen, wenn sie gewusst hätte, dass Jakeš und seine Genossen bis zum Tag ihres Rücktritts erwogen hatten, die Panzer und die Eingreiftruppen in Marsch zu setzen. Sie warteten wenige Kilometer außerhalb Prags auf ihren Einsatz. Noch am 19. November waren die verachteten Volksmilizen, 85 000 Männer, in Alarmbereitschaft versetzt worden. Das Problem hätte »immer noch durch den Einsatz von Gewalt gelöst werden« können.[664] Am Ende jedoch war beim Untergang der Genossen nicht einmal ein ordentliches Wimmern zu hören. Manche lobten sie für ihre Vernunft oder gar für eine gewisse Anständigkeit; doch sie handelten nicht aus Vernunft, sondern aus ganz gewöhnlicher Furcht. Hätten sie auch nur die geringste Möglichkeit gesehen, auf den Schutz und die Unterstützung ihrer sowjetischen Freunde bauen zu können, wären die Panzer wahrscheinlich gerollt.

Der Rücktritt bot Gelegenheit für ein weiteres Schauspiel. Am späten Nachmittag des 24. November trat mit Havel der Mann auf die Bühne, der 21 Jahre zuvor für die meisten Tschechoslowaken zunächst große Hoffnung und dann abgrundtiefe Verzweiflung symbolisiert hatte: Alexander Dubček. Er war immer noch beliebt, aber dennoch eine umstrittene Figur. Die Leute stellten seine redlichen Motive nicht in Frage, und auch für die Niederlage des Prager Frühlings machte ihn kaum jemand verantwortlich. Etliche jedoch konnten ihm nicht verzeihen, dass er in Moskau die Kapitulationsurkunde unterschrieben hatte (obwohl er mit einer Weigerung vermutlich sein Leben riskiert hätte). Auch dass er 1969 die drakonischen Demonstrationsgesetze unterzeichnet und den größten Teil der restlichen zwanzig Jahre geschwiegen hatte, wurde ihm vorgeworfen. In diesem Moment jedoch war das alles nicht wichtig. Die Menge brauchte ihre Helden.

Reichlich viele bewarben sich nun verspätet um diese Rolle, andere wiederum waren schon seit langer Zeit Helden, scheuten jetzt aber das Rampenlicht. Einer von ihnen war der Schriftsteller, Feuilletonist und Untergrundverleger Ludvík Vaculík, der in seinem Buch *Tagträume* gedroht hatte, er werde sich nur noch um seine eigenen Angelegenheiten kümmern, falls sich die Dinge je zum Besseren wendeten. Diese Drohung machte er nun wahr.[665] Er erklärte Havel in einem kurzen Brief, warum er nicht neben ihm vor einem begeisterten Publikum frischgebackener Revolutionäre auf der Bühne stehen wollte. Am Ende des Briefes heißt es: »Wenn Du Dich von Deiner einzigartigen und tapferen Rolle befreit hast, finden wir vielleicht Zeit, sie vertraulich in der Paroplavba-Bar, womöglich unter dem Deckmantel eines Kommuniqués über Bräute zu diskutieren. Ich wünsche Dir alles, was man ›für die Sache‹ wünschen kann und sogar noch mehr, nämlich dass Du ›über der Sache‹ stehst.[666]

Nun änderten sich die Zeiten. Eine aus dem Rocksänger und Songschreiber Michael Kocáb und dem Lyriker Michal Horáček bestehende Verhandlungskommission hatte schon vor dem 17. November informelle Verhandlungen mit Regierungsvertretern aufgenommen. Ministerpräsident Adamec war bereit, Vertreter der Opposition zu empfangen, wollte aber zunächst Havel nicht mit dabeihaben. Erst wenige Monate zuvor hatte er ihn öffentlich noch als einen »Niemand« bezeichnet. Nach den riesigen Demonstrationen und einem symbolischen zweistündigen Generalstreik am 27. November fügte er sich schließlich in das Unvermeidliche und traf sich einen Tag später mit einer Delegation des Bürgerforums unter Führung von Václav Havel. Dass die Regierung nicht aus einer Position der Stärke verhandelte, wurde unmittelbar klar, als Adamec Havel ganz höflich die Hand gab und sagte: »Wir sind uns noch nicht begegnet, oder?«[667] Man einigte sich auf eine Übergangsregierung mit Adamec als Ministerpräsident. Aber wie es in revolutionären Situationen oft der Fall ist, waren die Menschen auf der Straße ihren Führern schon weit voraus. Die neue Regierung, in der drei Viertel der Minister immer noch die Kommunistische Partei vertraten, wurde der Öffentlichkeit am 3. Dezember vorgestellt, doch sie fand keinen Beifall. Die Revolution hatte gewonnen; niemand hatte mehr Lust darauf, die vertrauten grauen Gesichter auch nur noch einen Tag länger zu sehen. Als Adamec nach Moskau reiste und mit einem letzten verzweifelten Versuch scheiterte, Gorbatschows Unterstützung zu gewinnen, war das Spiel verloren. Am folgenden Tag, dem 5. Dezember, konfrontierte das Bürgerforum Adamec mit weitreichenden Forderungen, was die Zusammensetzung seiner Regierung betraf. Jetzt hatte er plötzlich kein Interesse mehr, sie zu führen. Doch der Verzicht hatte einen Haken. Adamec wollte zwar nicht mehr Ministerpräsident sein, war jedoch nicht abgeneigt, das Amt des Staatspräsidenten zu übernehmen. Da die Bevölkerung immer ungeduldiger wurde, nahm das Bürgerforum über Nacht eine härtere Position ein.[668]

Das Protokoll der drei Gespräche zwischen Adamec und seinen Leuten sowie der Delegation des Forums unter Führung von Havel liest sich wie die Aufzeichnung eines Schachspiels zwischen einem erfahrenen Großmeister und einer Gruppe begeisterter Amateure. Der Profi verwirrt seine Gegner, indem er falsche Absichten vortäuscht und seine eigentlichen verbirgt und gleichzeitig Bauern opfert, um seine Position zu verbessern. Die Amateure blicken nicht weiter voraus als bis zum nächsten Zug und erleben, wie ihre Angriffe vereitelt werden. Sie hätten überhaupt keine Chance, wenn der Profi nicht schon am Anfang seine Dame verloren hätte. Auch durchschaute der immer höfliche Havel dann doch Adamecs Doppelspiel und war bereit, ihn im entscheidenden Moment zu entlarven: »Gehen wir auf die Burg [das heißt zum Präsidenten] und schlagen wir jemanden vor, der einsichtiger ist …«[669] Havel hatte vielleicht nicht die Raffinesse und das Verhandlungsgeschick, am Ende jedoch setzte er sich mit etwas Hilfe seiner Kollegen durch.

Ein Problem jedoch wollten er und seine Mitstreiter lieber nicht an die große Glocke hängen. In einer Gruppe, die aus Dissidenten und Oppositionellen bestand, die fast alle die letzten zwanzig Jahre als Fensterputzer, Heizer oder bestenfalls Hilfsarchivare verbracht hatten, verfügte kaum jemand über die notwendige Erfahrung, um eine Stadt, geschweige denn ein ganzes Land zu regieren.[670] In der Gruppe befanden sich genügend intelligente, gebildete und erfahrene Leute, um politische Ziele und Gesetze zu formulieren. Doch die Papierflut zu managen und die notwendigen Büro- und Verwaltungsarbeiten zu leisten war etwas ganz anderes.

Und so konzentrierte sich die Aufmerksamkeit auf Marián Čalfa, einen jungen slowakischen Anwalt, der in der Kommunistischen Partei zwar keinen hohen Rang einnahm, aber für die Regierung die legislative Arbeit gemanagt und geschickt die Verhandlungen mit dem Forum organisiert hatte. Er schien der richtige Kandidat zu sein, um übergangsweise das Amt des Ministerpräsidenten auszuüben, bis sich die neuen nichtkommunistischen Minister eingearbeitet hatten.

Čalfa war bereit, die Aufgabe zu übernehmen, aber er war nicht dumm. Er wusste genau, wie schnell sich die Lage ändern konnte und dass sein neuer Arbeitsplatz extrem unsicher sein würde. Im Gegensatz zum Bürgerforum, das eine Kandidatur Havels erst ab dem 10. Dezember für möglich hielt, jenem Zeitpunkt also, als der neue Ministerpräsident und seine Regierung ins Amt kamen und Staatspräsident Husák zurücktrat, hatte Čalfa diese Entwicklung schon eine Woche vorher aus den Parolen der Demonstranten herausgehört. Er erkannte, dass das Bürgerforum keine Ahnung hatte, wie es Havel zum Präsidenten wählen lassen sollte, und bot an, den Prozess zu moderieren, aber nur gegen das stillschweigende Versprechen, mehr zu bekommen als nur eine temporäre Notministerpräsidentschaft. »Sie wussten wer und ich wusste wie«,[671] bringt der Anwalt die Lage auf den Punkt.

Das persönliche Treffen zwischen ihm und Havel am 15. Dezember wäre fast nicht zustande gekommen. Havel fürchtete eine Falle und ließ sich erst nach einer persönlichen Intervention von Petr Pithart auf das Treffen ein,[672] während Čalfa in seinen Amtsräumen ein Zimmer finden musste, das nicht verwanzt war – eine schwierige Aufgabe angesichts der Abhörpraxis der kommunistischen Regierung. Am Ende führte er Havel einfach in das leere Büro des unbedeutendsten Regierungsbeamten, der ihm einfiel.[673] Dort »trafen sich«, wie Čalfa es formulierte, »zwei Menschen, die … einander klarmachten, dass sie vernünftige kooperationsfähige Menschen sind«.[674] Vierundzwanzig Jahre später bestreitet Čalfa jedes berechnende Motiv seinerseits, indem er nicht ganz zu Unrecht darauf hinweist, dass Havel ihn schon am ersten Tag seiner Präsidentschaft hätte feuern können.

Das Treffen zwischen den beiden bot Anlass zu allen möglichen Verschwörungstheorien: Die Samtene Revolution sei ein Komplott zwischen vom Westen unterstützten und finanzierten Berufsdissidenten und führenden Elementen der Kommunistischen Partei gewesen, oder sie sei der Zusammenarbeit zwischen einer freimaurerisch-jüdischen Clique und den gorbatschowistischen Renegaten in der Partei zu verdanken, oder sie sei sogar von KGB und StB durch Geheimagenten organisiert worden, von denen Havel natürlich der wichtigste gewesen sei.

Offenbar ist es unvermeidlich, dass jedes große historische Ereignis, von der Ermordung Kennedys über die erste Mondlandung bis zur Wahl des ersten Afroamerikaners zum US-Präsidenten, einen Nährboden für Verschwörungstheorien bietet. Die Verschwörungstheorien über die Samtene Revolution gehen im Wesentlichen von drei Szenarien aus. Nach dem ersten Szenario war die Studentendemonstration am 17. November mit ihrer brutalen Auflösung durch die Polizei ein Stück politisches Theater. Es wurde angeblich von hohen KGB-Offizieren inszeniert, deren Anwesenheit in Prag am Vorabend der Demonstration dokumentiert ist. Das Ziel der ganzen Farce (einschließlich des von einem StB-Agenten gespielten angeblich toten Studenten) soll darin bestanden haben, eine Konfrontation herbeizuführen, dank der die müde und diskreditierte Führung durch neue Leute ersetzt werden konnte, die jedoch ebenfalls allesamt vertrauenswürdige Kollaborateure waren. Im zweiten Szenario gibt es ein Abkommen zwischen den Kommunisten und dem Bürgerforum, durch das den Kommunisten Straffreiheit zugesichert wird, wenn sie dem Bürgerforum die Macht überlassen. Im dritten Szenario schließen Havel und Čalfa am 15. Dezember ein privates Abkommen, wonach Čalfa dafür sorgt, dass Havel problemlos zum Präsidenten gewählt wird und er dafür dessen Unterstützung für eine schrankenlose Herrschaft als Ministerpräsident bekommt.

Für das erste Szenario gibt es keine stichhaltigen Beweise, aber sehr viel, was dagegen spricht: Eine direkte Beteiligung des KGB kann praktisch ausgeschlossen werden. Das geostrategische Spiel war schon am Abend des 17. November zu Ende, als Polen, Ungarn und die DDR unwiederbringlich verloren waren. Auch der StB funktionierte schon nicht mehr als zusammenhängende Kraft. Wie spätere Untersuchungen zeigten, gab es keine klaren Befehle von oben und ganz bestimmt nicht den, mit brutaler Gewalt gegen die Demonstranten vorzugehen.[675] Die politische Anweisung lautete, die Krise mit »politischen Mitteln« zu lösen. Die Aktivitäten des StB wurden derart schlecht koordiniert, dass

Ludvík Zifčák, der als StB-Offizier bei der Demonstration in Zivil vor Ort war, von seinen Genossen so schwer verprügelt wurde, dass er seinen Arbeitgeber hätte verklagen können.[676] Auch hätte niemand mehr das kontrollieren können, was nach der Studentendemonstration passierte, als Hunderttausende auf die Straße gingen. Der beste Beweis, dass das Bürgerforum nicht an einer Verschwörung beteiligt war, ist die einigermaßen chaotische Art seines Verhaltens. Seine Führung war weit davon entfernt, die galoppierenden Ereignisse zu kontrollieren, sie konnte sich lediglich festhalten, damit sie nicht von Pferd fiel.

Das zweite Szenario stützt sich auf die Tatsache, dass die Partei und ihre Täter trotz all der Verbrechen, Schandtaten und Ungerechtigkeiten in der Vergangenheit fast gänzlich ungestraft davonkamen. Kaum ein Genosse ging ins Gefängnis, abgesehen von einigen wenigen Ausnahmen wie dem Prager Parteisekretär Miroslav Štěpán. Er hatte den Fehler gemacht, während der Palach-Woche im Januar 1989 auf dem Dach eines der Gebäude am Wenzelsplatz das brutale Vorgehen der Polizei gegen friedliche Demonstranten zu autorisieren. Aber auch er kam schon nach einem Jahr Gefängnis auf Bewährung frei.

Es ist eine Frage, ob es ein geheimes Abkommen zwischen dem Forum und den Kommunisten gab, und eine andere, ob das Forum für die milde Behandlung der Kommunisten politisch verantwortlich war. Wieder eine andere Frage ist es, ob diese milde Behandlung richtig war. Die Antwort auf die erste Frage ist ein eindeutiges Nein. In 25 Jahren historischer Forschung und journalistischer Recherche wurde kein Beweis dafür gefunden, dass ein solches Abkommen auch nur in Erwägung gezogen wurde. Es wäre auch das Papier nicht wert gewesen, auf dem es gestanden hätte. Angesichts der schnellen Veränderungen und des rapiden Machtverlusts der Kommunisten gab es keine Sicherheiten, auf die sich eine der beiden Seiten hätte verlassen können, keine Vermittler, kein Vertrauen. Der Gedanke, die Häftlinge und Dissidenten von gestern hätten mit ihren Kerkermeistern und Unterdrückern ein Gentlemen's Agreement schließen können, von dem beide Seiten glaubten, dass die andere sich daran halten würde, ist lächerlich.

Ganz anders jedoch sieht die Sache aus, wenn man das Wort »Abkommen« durch das Wort »Einvernehmen« ersetzt. Aus der Perspektive des Regimes muss Einvernehmen der wirkliche Zweck der Verhandlungen gewesen sein. Es verzichtete auf die Macht, und zwar bedingungslos, und die Aufständischen übernahmen sie, ebenfalls bedingungslos, aber widerstrebend. In dieser Lage dienten die Verhandlungen vor allem dazu, die Absichten des Gegenübers auszuloten und seine Entschlossenheit und Willensstärke zu testen. Nach mehreren Gesprächsrunden muss es der scheidenden Regierung zu ihrer großen Erleichterung klargewesen sein, dass Havel und seine Leute nicht mit eiserner Faust zu regieren gedachten. Der ganze Verlauf der Ereignisse bis zu diesem Zeitpunkt war ein Beweis dafür. Der gewaltfreie Charakter der Revolution war spontan entstanden. Die Demonstranten auf dem Wenzelsplatz mussten *Versuch, in der Wahrheit zu leben (Die Macht der Ohnmächtigen)* nicht gelesen haben, um mit dem Ruf »Wir sind nicht wie sie« gegen das Regime anzutreten. Und es war ihnen genauso klar wie Havel und seinen Mitstreitern, dass sich die Kommunisten nicht auf eine letzte Schlacht vorbereiteten, dass sie dafür nicht den Willen, nicht die Energie und nicht den Rückhalt hatten. Havel hatte kein Abkommen nötig.

Ähnlich lässt sich auch die Frage nach einer persönlichen Vereinbarung zwischen Havel und Marián Čalfa beantworten. Bei den beiden scheint es sich um etwas mehr als ein Einvernehmen und etwas weniger als ein Abkommen gehandelt zu haben. Čalfa hielt sich zweifellos an seinen Teil der stillschweigenden Übereinkunft, und Havel erfüllte seinen Teil, was die folgenden zwei Jahre betraf. Der Unterschied bestand darin, dass er die Kommunisten vermutlich nicht benötigte, aber das Gefühl hatte, auf Čalfa angewiesen zu sein, nicht nur, weil dieser ein fähiger Verwaltungsmann war, sondern auch als Symbol für einen nationalen Konsens herhalten konnte, als eine Art Beruhigungsmittel, dessen tägliche Sichtbarkeit und Respektabilität seine früheren Genossen womöglich von Verzweiflungstaten abhielten. Außerdem gab es in der Tschechoslowakei das ungeschriebene Gesetz, dass der Ministerpräsident ein Slowake sein musste, wenn der Staatspräsident ein Tscheche war. Das Letzte, was Havel oder das Land hätten gebrauchen können, wäre ein slowakischer Rivale gewesen. Čalfa jedoch sollte sich als gefügig erweisen.

Es gab also keine Verschwörung, und durch die Einbindung Čalfas mag Havels Weg zur Präsidentschaft im Rückblick leicht erscheinen. Tatsächlich war er das keineswegs. Seine erste und wichtigste Frage war, ob er überhaupt Präsident werden wollte. Die Diskrepanz zwischen seinen negativen Äußerungen über die Rolle, die man ihm da zuweisen wollte, und seiner offensichtlichen Bereitschaft, sie anzunehmen, wirkte auf manchen wie Heuchelei, ein Verhalten, mit dem zahlreiche Politiker ganz selbstverständlich unterwegs sind, aber ein äußerst unangenehmer Vorwurf für einen Mann, der sich in aller Öffentlichkeit dazu bekennt, in der Wahrheit zu leben. Die Beschuldigung hat vielleicht sogar einen wahren Kern, letztlich aber erscheint sie nicht sonderlich gravierend, wenn man mit dem politischen Prozess dieser Tage und der Persönlichkeit des Angeklagten vertraut ist.

Die Annahme, dass Havel tatsächlich der Mann an der Spitze sein wollte oder zumindest wusste, dass er dem nicht entrinnen konnte, ist durchaus plausibel. Dies bedeutete zunächst nicht unbedingt, dass er am Ende auch wirklich Präsident werden würde. Es herrschte beträchtliche Unsicherheit, was die Dauer des Übergangs betraf, wie viel Widerstand das kommunistische Parlament leisten und wie die neue Verfassung aussehen würde. Tatsächlich jedoch wäre es sehr seltsam gewesen, wenn Havel die Führungsrolle nicht ins Auge gefasst hätte. Er musste sich nicht einschleichen oder neu positionieren, hatte er doch diese Rolle schon die ganze Zeit gespielt: als Stimme der nichtkommunistischen Opposition im Jahr 1968, mit seinen frühen Initiativen im Gefolge der sowjetischen Invasion, durch seine unbestritten führende Stellung in der Charta 77 und als Verfasser der Petition »Ein paar Sätze« und der Gründungserklärung des Bürgerforums. Die Unterstützung für seine Führung war unter den Mitgliedern des Forums und sogar unter den Chartisten nie einhellig, aber wann immer eine Alternative ins Gespräch gebracht wurde, kam man schnell wieder auf Havel zurück. Kurz gesagt, Havel hatte sich das Recht, der Kandidat der Revolution zu sein, nicht erst in den ersten zehn Tagen des Dezember 1989, sondern schon in den zwanzig Jahren davor erworben. »Tief im Inneren war er bereit.«[677]

Wegen seiner Verdienste musste er seine Kandidatur nicht einmal selbst bekanntgeben. Andere taten es für ihn. Seine Vorbehalte und Einwände liefen nie auf eine Weigerung hinaus und brachten nie eine ernsthafte Alternative ins Spiel, sondern waren eher Ausdruck einer Art Verhandlung zwischen Havel – und Havel. Er hatte genug Ahnung vom politischen Geschäft, um zu wissen, welchen Verlust an Privatsphäre die Übernahme des Amtes bedeuten würde (ein Verlust, für den er Olgas Einwilligung brauchte, die nicht selbstverständlich war und die sie schließlich auch nur unter schweren Bedenken gab). Auch der Widerstände war er sich so klar bewusst, dass er sich endgültig erst für die Nominierung aussprach, als er seines Sieges einigermaßen sicher sein konnte. Er hatte genug Respekt vor den anderen Kandidaten, dass er ihre Ansprüche nicht rundweg verwarf. Und er war weitblickend genug, um zu erkennen, dass jeder künftige Präsident es schwer haben würde, weil er zunächst eine geradezu ekstatische Erwartungshaltung wecken und dann mit einer ähnlich intensiven Frustration konfrontiert sein würde, wenn er die Erwartungen nicht erfüllte.

In den Aufzeichnungen der Diskussionen des Forums kommt sein Zögern noch am 7. Dezember klar zum Ausdruck.[678] Er machte vermutlich verschiedene taktische Schachzüge, um sich zu positionieren, das richtige Timing zu finden und sich gegen schlechte Zeiten abzusichern. Zugleich war das Zögern auch ein

Ausdruck echter Bescheidenheit und des Unbehagens bei dem Gedanken, er könnte sich größer machen, als er war. Das Schuldgefühl, das er bei jedem Sieg, jedem Preis und jeder Ehrung hatte, muss ihn auch erfasst haben, als er die größte Auszeichnung von allen erhielt.

Es besteht eine gewisse Rivalität um die Ehre, Havel als Präsidentschaftskandidaten nominiert zu haben. Olga, die ihn am besten kannte, hatte ihn schon seit Jahrzehnten präsidialer Ambitionen verdächtigt. Pavel Tigrid, der einflussreiche Exilverleger, hatte seine Präsidentschaft schon ein Jahr zuvor prophezeit.[679] Pavel Kohout sah sie kommen,[680] und auch Daniel Kroupa war sicher, dass es passieren würde.[681] Ich wurde von einigen Auslandskorrespondenten in Prag ausgelacht, als ich ihnen die Präsidentschaft im Sommer 1989 voraussagte. Michael Kocáb warf die Frage auf, ob Havel bei dem Treffen des Führungskomitees des Forums am 5. Dezember nominiert wurde, und löste damit eine bis heute nicht entschiedene Debatte aus. Während der Sitzung fand eine Besprechung von Havels engstem Kreis statt, der die Kandidatur des nur halbherzig zustimmenden Havel unterstützte. Eine hastig durchgeführte »Vorwahl« in der Führungsgruppe am 8. Dezember endete mit überwältigender Unterstützung Havels bei sechs Enthaltungen. Drei der sechs, die Havel als Dissidenten alle nahegestanden hatten, waren ehemalige Kommunisten. Von den anderen drei hatten zwei persönliche Gründe.[682] Der Sechste war laut dem handschriftlichen Protokoll der Sitzung[683] ein »Grauzonenwirtschaftswissenschaftler«, den Havels Freundin Rita Klímová mitgebracht hatte. Sein Name war Václav Klaus – Havel stellte ihn allerdings bei ihrem ersten Treffen mit Ministerpräsident Adamec als Dr. Volf vor.[684]

DER WEG AUF DIE BURG

Die Herren [des Schlosses sind] äußerst empfindlich ...
ich bin überzeugt, dass sie unfähig sind, wenigstens unvorbereitet,
den Anblick eines Fremden zu ertragen.

Franz Kafka, Das Schloss

Am 10. Dezember, dem Tag, als Präsident Husák die neue Regierung ernannte und sofort danach zurücktrat, wurde der bekannte Schauspieler Jiří Bartoška dazu bestimmt, Havels Nominierung der jubelnden Menge auf dem Wenzelsplatz bekanntzugeben. Nachträglich gestand er ein, Lampenfieber gehabt zu haben. Dann aber habe er Mut gefasst, nachdem Havel zu ihm gesagt habe: »Geh einfach da raus, du wirst ein größeres Publikum haben als Elvis Presley.«[685] Der Schachzug, die Nominierung auf diese Weise öffentlich zu machen, war der Lage bestimmt angemessen, doch dürfte er auch die Präsidentschaftsträume zerstört haben, die der scheidende Ministerpräsident Adamec zu diesem Zeitpunkt noch gehegt haben mochte. Bei Havels Treffen mit Čalfa am 15. Dezember wurde der parlamentarische Ablauf der Wahl gesichert. Dass die Abstimmung in einem Parlament mit zwei Kammern und 350 Abgeordneten im Voraus von zwei Männern geregelt werden konnte, die beide nicht einmal Abgeordnete waren, mag etwas verwunderlich erscheinen. Aber dieses Parlament war es so gewohnt, Befehlen aus der Regierung zu gehorchen, dass es auch Dracula gewählt hätte. Angesichts der Möglichkeit, dass Hunderttausende von Demonstranten vor seinen Toren aufmarschieren könnten, bestand eigentlich nie das Risiko, dass es einen eigenen Willen entwickeln würde.

Dennoch gab es noch ein paar andere Kandidaten und einen ernsthaften Konkurrenten. Alle waren ehemalige oder noch aktive Kommunisten und in mehrfacher Hinsicht Repräsentanten einer vergangenen Ära. Während des Prager Frühlings von 1968 war Čestmír Císař als Kandidat der Studenten für die Präsidentschaft aufgetreten, Valtr Komárek hatte als Wirtschaftsberater von Fidel Castro gewirkt, und Zdeněk Mlynář war einer der führenden Reformer in der Kommunistischen Partei gewesen. Der einzige ernsthafte Konkurrent war Alexander Dubček, Symbol, Held und Verlierer der kurzen Hoffnungsperiode Ende der sechziger Jahre. Der Wahlkampf der ersten drei kam nie richtig auf Touren, teilweise scheiterten sie schon nach kurzer Zeit an ihren eigenen Fehlern. Mit Dubček war es jedoch etwas anderes. Er war ungeheuer populär, vor allem weil er so nett war, außerdem bei weitem der bekannteste Tschechoslowake im Ausland. Und er war Slowake, was für ihn sprach, solange der Tscheche Adamec das Amt des Ministerpräsidenten bekleidete. Weniger sympathisch war, dass er nach zwanzig Jahren auf dem politischen Abstellgleis das bittere Gefühl vermittelte, man habe ihm einen berechtigten Anspruch verweigert. (»Das hätten sie *mir* nicht antun sollen«, war seine erbärmliche Reaktion gewesen, als er am Morgen des 21. August 1968 von der sowjetischen Invasion erfuhr.) Auch neigte er mit zunehmendem Alter zu tränenreichem Selbstmitleid und irrationaler Starrköpfigkeit. Er meldete seine Kandidatur früh an und war nicht bereit, kampflos aufzugeben.

Aufgrund von Umständen, die nur wenig mit den Persönlichkeiten und den Verdiensten beider Kandidaten zu tun hatten, war die Situation schwierig. Einerseits handelte es sich eindeutig um einen Kampf zwischen Vergangenheit und Zukunft. Sosehr die Leute Dubček auch mochten, sie konnten nicht so leicht vergessen, dass das Experiment von 1968 gescheitert war – mit katastrophalen Folgen für eine ganze Generation. Als Gorbatschow die Frage nach dem Unterschied zwischen der Perestroika und dem Prager Frühling schlicht mit: »zwanzig Jahre« beantwortete, dachte er offenbar, er habe dem tschechoslowakischen Experiment ein Kompliment gemacht, aber viele Tschechoslowaken, und insbesondere die jungen, dürften die Bemerkung wohl kaum in diesem Sinne aufgefasst haben. Wenn die Revolution des Jahres 1989 lediglich eine Wiederaufnahme der endlosen Debatten über die Versöhnung des demokratischen Prozesses mit der Doktrin von der führenden Rolle der Kommunistischen Partei sein sollte, dann hätten sie viele als Zeitverschwendung betrachtet. Andererseits gab es auch eine nationale Komponente: Der Prager Frühling war für die Tschechen eine absolute Katastrophe gewesen, aber er hatte den Slowaken durch die Föderalisierung des Landes ein paar bescheidene dauerhafte Vorteile gebracht (wobei sich dies und die Tatsache, dass ein Slowake an der Spitze der politischen Pyramide stand, angesichts der absoluten Herrschaft der Partei wohl eher theoretisch ausgewirkt hatten). Wenn mit Dubčeks Kandidatur nicht sensibel umgegangen wurde, bestand die Gefahr, sowohl eine große Zahl früherer Kommunisten als auch viele slowakische Patrioten abzustoßen. Am 9. Dezember schränkte die slowakische Bürgerrechtsorganisation »Öffentlichkeit gegen Gewalt« ihre Unterstützung für Havels Kandidatur ein, indem sie sie auf die Übergangsperiode bis zur Abhaltung freier Wahlen begrenzte.

Es fiel Havel zu, das Problem Dubček zu lösen. In mindestens fünf Gesprächen im Lauf von zwei Wochen diskutierte, stritt und verhandelte er mit dem Achtundsechzigjährigen. Nach dem ersten Gespräch, das in einer Garderobe der Laterna Magika stattfand, dachte er, sie hätten sich auf Dubčeks Verzicht geeinigt, doch Dubček rief noch am Abend an und teilte Havel mit, dass er seine Meinung geändert hatte.

Beim zweiten Gespräch in Joska Skalníks Atelier, das Havel vorübergehend als Zufluchtsort diente, wurde die ursprüngliche Vereinbarung erneut beschlossen: Havel sollte Staatspräsident werden und Dubček als Parlamentspräsident das zweithöchste Amt im Staat übernehmen. Auch darüber dürften sich die beiden Männer geeinigt zu haben: Nach der ersten sechsmonatigen Periode von Havels Präsidentschaft sollten die ersten freien Wahlen stattfinden, und danach sollte Havel zugunsten von Dubček zurücktreten. Offenbar war diese Lösung Dubček jedoch nicht sicher genug, und er schlug vor, den umgekehrten Weg zu gehen. Dabei ging es ihm hauptsächlich um die emotionale Befriedigung, die er nach zwanzig Jahren im politischen Abseits durch ein solches Arrangement erfahren hätte. Havel dagegen argumentierte mit der zentralen Rolle, die er in der Führung des Bürgerforums und bei den Verhandlungen mit der kommunistischen Regierung über eine friedliche Übergabe der Macht spielte, also mit weit gewichtigeren Gründen. Dubček beugte sich scheinbar der Notwendigkeit, um dann doch wieder seine Bedenken wichtiger zu nehmen.

Es besteht kaum Zweifel und Havel sagte nie etwas Gegenteiliges, dass Dubček Grund zu der Annahme erhielt, er würde sechs Monate nach Havel das höchste Staatsamt übernehmen. In den zwanzig Jahren seit jenen Gesprächen wurde das gebrochene »Versprechen« gegenüber Dubček von Kritikern oft als Hauptbeweis für Havels angebliche Scheinheiligkeit und Doppelzüngigkeit angeführt. Havel war nie Realpolitiker genug, um sich wie einst Levi Eschkol mit den Worten zu verteidigen: »Ja, ich habe es versprochen, aber ich habe nicht versprochen, dass ich das Versprechen halten werde.« Doch er fühlte sich auch nicht besonders schuldig, dass er seinen Teil des Abkommens nicht erfüllt hatte. Unabhängig davon, ob er es bei den Gesprächen mit Dubček schon wusste, hatte er gar nicht die Möglichkeit, das Versprechen zu erfüllen. In den sechs Monaten zwischen Dezember 1989 und Juni 1990, in dem seine erste Amtszeit endete, machte die Tschechoslowakei gleichsam im Zeitraffer einen sechzigjährigen Sprung in ihrer Geschichte. Statt eines verängstigten kommunistischen Parlaments hatte das Land nun eine Volksvertretung aus frisch gewählten Dissidenten, Antikommunisten, Aktivisten und aufstrebenden Parteisoldaten, die vor Ideen, Stolz und Selbstvertrauen nur so platzten. Diese Leute ließen sich von niemandem etwas befehlen, auch von Havel nicht. Anders als noch im Dezember war die Chance, dass die Abgeordneten statt einer Ikone jüngster Triumphe ein Symbol vergangener Niederlagen wählen würden, gleich null. Hatte Havel mit seinem klaren Gespür dafür, wie sich die Figuren im Lauf eines Stückes entfalten können, diese Entwicklung schon sechs Monate zuvor kommen sehen? Schwer zu sagen. Es sagt jedoch etwas über die veränderten Umstände aus, dass Dubček Havel im Juni nicht einmal mehr an sein Versprechen erinnerte, und zwar weder öffentlich noch privat. In den folgenden dreißig Monaten diente er als Präsident des föderalen tschechoslowakischen Parlaments. Er starb im November 1992 an den Folgen eines schrecklichen Autounfalls, den er zwei Monate zuvor erlitten hatte. Im Gegensatz zu Havel lebte er nicht lange genug, um das Ende eines Staates zu erleben, dem er trotz all seiner Schwächen zweifellos treu ergeben war.

Während der zweite Novemberhälfte und den ganzen Dezember über verhielt sich Havel wie ein echter Revolutionsführer und tat, was er für notwendig hielt. Es ist unwahr, dass er die Fähigkeit zur Realpolitik erst am Morgen des 18. November bei sich entdeckte. Er hatte sich von vielen anderen Dissidenten schon immer durch seinen Sinn für das Mögliche unterschieden, wenngleich sich diese Fähigkeit oft hinter den Grübeleien eines Intellektuellen verbarg. So geht der milde und wenig streitlustige Ton seines Briefes an Präsident Husák, des Textes der ursprünglichen Charta 77 oder der Petition »Ein paar Sätze« durchaus auch auf sein Gespür für Realpolitik zurück, nicht nur auf seine Bescheidenheit und Schüchternheit. Viele andere Dissidenten, und insbesondere die entrechteten Reformkommunisten von 1968, interpretierten die Tätigkeit der Chartisten primär als Protest gegen gesellschaftliche und persönliche Ungerechtigkeiten, als eine Geste, die es ihnen ermöglichte, eine gewisse persönliche Würde zu wahren. Havel dagegen glaubte nicht nur an die moralische Berechtigung seines Tuns, sondern auch an die Macht, damit Veränderungen herbeizuführen. Man sollte darauf hinweisen, dass er und das Bürgerforum den Kampf um die Macht so schnell wie möglich, aber auch mit einem Minimum an Zerstörung und dem kleinstmöglichen Risiko einer gewaltsamen Konfrontation gewinnen wollten. Und insofern ist es auch einfach falsch, die Existenz eines Gentlemen's Agreement mit den Kommunisten zu behaupten. Havel hatte vermutlich nie davon geträumt, Präsident zu werden. Sein ganzes Leben lang betrachtete er sich vor allem als Schriftsteller. Was andere über sein Schreiben dachten, berührte ihn viel stärker als ihre Meinung von ihm als Politiker. Dennoch hatte er sich selbst die Bühne bereitet, durch sein Leben, durch seinen mutigen Widerstand gegen das kommunistische Regime und durch das Opfer, fünf seiner besten Jahre im Gefängnis zu verbringen. Die Logik des Stückes führte unvermeidlich zur Besetzung der Spitzenposition. Er »fiel« schließlich in seine Rolle.

Immer wieder wurden Havels Verhalten und das des Bürgerforums im ersten Monat der Samtenen Revolution diskutiert. Insbesondere stand die Nachtsitzung des Forums am 5. Dezember in der Kritik, bei der die Gelegenheit verpasst worden sei, Adamec loszuwerden und eine nichtkommunistische Regierung unter Führung von Ján Čarnogurský zu bilden.[686] Die Einwände sind womöglich nicht ganz unberechtigt. Das Problem bestand jedoch nicht darin, Adamec loszuwerden; zum damaligen Zeitpunkt war das Forum stark genug, jeden Vertreter des Establishments in die Wüste zu schicken. Es bestand vielmehr darin, wie man den Präsidenten dazu bringen konnte, zunächst eine neue Regierung zu ernennen, um dann selbst von seinem Amt zurückzutreten, und wie man im Anschluss daran die Wahl eines neuen Präsidenten organisieren sollte. In dieser Lage kam das Forum zu der – wohl eher intuitiv gefassten – Meinung, dass der Sache mit Adamec vorläufig besser gedient sei als ohne ihn.

Diesen vorsichtigen Weg, der von Havel und seinen Mitstreitern eingeschlagen wurde, kann man kaum als falsch bezeichnen. Im Gegensatz zur späteren Geschichtsschreibung wussten die direkt Beteiligten sehr wenig über die Absichten, die Ressourcen und die Willenskraft ihrer Gegner. Dies galt vor allem für die Oppositionellen, die nicht über die Mittel verfügten, verlässliche Informationen über die Regierung und die Partei zu sammeln. Die Regierung hingegen besaß seit Jahren Erkenntnisse über die Gegenseite und hatte damals mehrere Agenten im Hauptquartier des Forums sitzen. »Wir hatten unsere eigenen Informationskanäle«, räumt Čalfa ein.[687] Deshalb beschloss Havel, Adamec beim Übergang zu einem Partner zu machen, obwohl er, wie seine privaten Bemerkungen zeigten, sehr wenig Respekt vor ihm hatte. »Es war wie ein Kneipengespräch … Zum Abschied sagte er, dass er zurücktreten und uns alles überlassen würde«, berichtete Havel seinen Kollegen im Forum über eines seiner Vier-Augen-Gespräche mit Adamec.[688] Indem er die ersten Angebote einer Teilung der Macht ablehnte, zu der das Forum noch nicht bereit war, vermied Havel das Risiko, in eine Position der Schwäche gezogen zu werden. Adamec verfolgte eine ähnliche Strategie: Er arbeitete ziemlich geschickt daran, sich selbst und damit auch die Partei im Spiel zu halten. Damit nahm er dem Protest den Wind aus den Segeln, mit der eindeutigen Absicht, am Schluss an die Spitze zu kommen. Er erkannte freilich nicht, dass das Forum ihn letztlich wegwerfen konnte wie eine leere Hülle, nachdem es ihn von seiner Machtbasis getrennt hatte. Das Forum hatte sich zwar zum Gespräch mit ihm bereit erklärt, aber zuvor Gespräche mit der Kommunistischen Partei verweigert, es hatte ihn seine erste Regierung frei bilden lassen und sie dann abgelehnt, es hatte trotz seiner Appelle den Generalstreik stattfinden lassen, es hatte ihm die Bedingungen für die zweite Regierung diktiert und schließlich seinen letzten verzweifelten Versuch, Präsident zu werden, erfolgreich unterlaufen. Die ganze Zeit war sich Havel des Risikos bewusst, dass er von Adamec benutzt werden könnte, am Ende jedoch war es Adamec, der benutzt wurde.

Hätten sich die Dinge anders entwickelt, wenn das Forum besser vorbereitet, seine politische Entschlossenheit größer und seine Unterhändler geschickter gewesen wären? Ganz bestimmt. Aber die Geschichte ist ein Garten mit verschlungenen Pfaden, die meistens auch noch mit Gras überwachsen sind. Dennoch tat das Forum das Richtige, als es – nicht nur aus humanitären Gründen – das Risiko gewalttätiger Eskalation minimierte. In einem gewaltsamen Konflikt kann eine Gruppe mit Schusswaffen über die andere Gruppe mit Schusswaffen triumphieren und eine Demokratie ausrufen, wie es in Rumänien geschah. Doch die Sieger in der Tschechoslowakei wären am Ende nicht die Demokraten gewesen – die hatten keine Schusswaffen. Es ist deshalb schwer, sich ein besseres Ergebnis vorzustellen als das vom Forum erreichte, teilweise durch Improvisation, teilweise durch Glück und teilweise dank eines schwachen Gegners, vor allem jedoch dank der von Havel und seiner Gruppe ausgehenden Vorsicht und Bescheidenheit. Am Verhalten der Reformer des Jahres 1968 wird mit Recht kritisiert, dass sie ihr Blatt überreizten und eindeutig vorhandene Risiken ignorierten. Havel vermied es, dieselben Fehler zu begehen.

Indem er sich vorsichtig bewegte, war er fast unmerklich zum unangefochtenen Kandidaten für die Präsidentschaft geworden. In mehrfacher Hinsicht war diese Einstimmigkeit vermutlich zu viel des Guten. Er hatte schon eifrig seinen Wahlkampf geplant, was ihm mit seinem Sinn für Theaterinszenierungen gefiel. Nun jedoch hatte er keinen Gegenkandidaten, und Regierung und Opposition waren sich einig, dass der Präsident gemäß der gültigen Verfassung durch das teilweise neu konstituierte Parlament gewählt werden sollte (eine von vielen Tausend kleinen Ironien der Geschichte bestand darin, dass plötzlich ausgerechnet die Kommunisten mit dem Gedanken spielten, den Präsidenten durch das Volk wählen zu lassen), also fiel der Wahlkampf aus. Havel verspürte dennoch das Bedürfnis, sich seiner künftigen Wählerschaft wenigstens vorzustellen, und so hielt er zur besten Sendezeit im staatlichen Fernsehen eine Rede an die Nation. Dabei löste er fast einen weiteren Aufstand aus, als er erklärte, es sei an der Zeit, sich für die Vertreibung von drei Millionen Sudentendeutschen aus der Tschechoslowakei nach dem Zweiten Weltkrieg zu entschuldigen. Schon die Andeutung eines solchen Gedankens widersprach der vierzig Jahre alten kommunistischen Indoktrination, sie widersprach der marxistischen Geschichtsschreibung, und sie widersprach dem in einem Jahrtausend gemeinsamer, aber nicht immer harmonischer Geschichte angesammelten Misstrauen gegen die Deutschen. Das Bürgerforum verbrachte den größten Teil des folgenden Tages damit zu erklären, dass Havel nicht gemeint, was er gesagt hatte, ohne zu bestreiten, *dass* er es gesagt hatte. Er hatte aber gemeint, was er gesagt hatte, und zwar im vollen Bewusstsein, damit einen Aufruhr zu verursachen.[689] Nur seine Worte hatte er vielleicht nicht sorgfältig genug gewählt. Mehr als sieben Jahre später sollten die tschechische Regierung und das tschechische Parlament zu einem ähnlichen wie dem damals von Havel verkündeten Schluss kommen.

Die Weihnachtszeit, in der die Leute erstmals seit Jahrzehnten angstfrei öffentlich die Geburt Christi feiern oder in die Kirche gehen konnten, trug mit dazu bei, dass sich die Lage beruhigte. Wahrscheinlich gab es nicht viele Geschenke, weil so viele Menschen seit Wochen mit anderen Dingen beschäftigt waren, doch es lag eine solche Menge guter Willen in der Luft, dass es für ein Jahrhundert reichen würde – so schien es zumindest.

Immer noch herrschte eine Atmosphäre wie im Karneval. Viele Freunde aus dem Ausland, Exiltschechen und Ausländer, nutzten die Ferien, um an einem Ort zu sein, der sich wie das schlagende Herz der Freiheit anfühlte. Zwei Tage vor der Amtseinführung luden der ehemalige US-Botschafter in Prag und seine Frau, Wendy und William Luers, Havel, Dienstbier und andere ehemals missliebige Personen, die nun kurz davor standen, Minister, Botschafter und hohe Regierungsbeamte zu werden, in das Restaurant Sieben Engel in der Prager Altstadt ein, wo sie sich seit fünf Jahren jedes Jahr trafen – dieses Mal zum ersten (und letzten) Mal ohne polizeilichen Beistand. An diesem Abend wurden viele verrückte Trinksprüche ausgebracht, Botschafter Luers verglich die Atmosphäre im Land mit »einem religiösen mystischen Erlebnis« und mit »der lustvollen menschlichen Erfahrung, die die Tschechen in der langen harten Zeit des Kommunismus aufrechterhalten hat: dem Orgasmus«.[690] Was die tschechischen Teilnehmer des Abends betraf, so waren viele, mich selbst eingeschlossen, nach sechs Wochen revolutionärer Unruhen zu erschöpft, um über die Vergleiche nachzudenken.

Am 29. Dezember schlug Alexander Dubček der Bundesversammlung vor, Havel zum Staatspräsidenten zu wählen, was auch prompt geschah. Durch einen anschließenden Dankgottesdienst im Veitsdom bekam die Zeremonie einen besonders feierlichen Charakter. Die Leute umarmten sich, lächelten und feierten. Doch es gab auch ein paar Haare in der Suppe: Zunächst einmal hatte der fähige Bürokrat Čalfa seine Aufgabe, Stimmen für Havel zu besorgen, etwas zu gut erledigt. Die Wahl war einstimmig ausgefallen, was zwar für das Ergebnis einigermaßen irrelevant, aber auch ein bezeichnender Ausdruck des kommunistischen Einheitsfetischs und insofern ein ästhetischer Makel beträchtlichen Ausmaßes war. Niemand hatte an die Folgen gedacht. Höchstwahrscheinlich hatte kein Mensch mit einem solchen Ergebnis gerechnet. Selbst von den Kommunisten hätte man etwas mehr Rückgrat erwartet. Der andere sichtbare Makel war Havels grauer Anzug, den ein Biograph als gebraucht[691] und ein anderer als makellos[692] bezeichnete. Tatsächlich war der Anzug durchaus teuer und für den Anlass maßgeschneidert. Die Hose aber war ein paar Zentimeter zu kurz, was dem neuen Präsidenten ein leicht chaplineskes Aussehen verlieh.

DER SACK FLÖHE

Es sollte zwei Präsidenten geben. Der eine empfängt den ganzen Tag Botschafter, schüttelt Hände und gibt Interviews, und der andere regiert. Ich regiere nämlich nur, wenn ich mal eine Sekunde Zeit habe.

Václav Havel, 21. April 1990

Es ist ganz wunderbar, wenn man zum Präsidenten gewählt wird, danach beim Te Deum in der Messe über das Heilige und das Profane nachsinnen und einen Tag in Bewunderung und Jubel baden kann. Angesichts des gefährlich schnellen Pulsschlags der Zeit muss der folgende Tag jedoch schon wieder ein Arbeitstag sein. Nur dass die Arbeitsbedingungen alles andere als ideal sind: Erstens ist der folgende Tag ein Samstag. Zweitens wird auf den Samstag ein Sonntag folgen, und zwar kein normaler Sonntag, sondern Silvester, auf das mit dem Neujahrstag wiederum ein Feiertag folgt. Drittens ist ein Staatsoberhaupt bei seiner Arbeit eigentlich auf eine Menge Personen angewiesen, die in seinem Büro arbeiten, Telefone bedienen, Termine machen und Aufträge ausführen. Als der neue Präsident Havel jedoch am Samstagmorgen in sein Büro kam, war dort kein Personal. Außerdem war alles verschlossen, und es dauerte seine Zeit, bis die Schlüssel aufgetrieben waren. Er wurde lediglich von einer Delegation von Mitarbeitern des Präsidialbüros erwartet, die ihn eifrig begrüßten, ihm von der Gründung eines »Bürgerforums der Prager Burg« berichteten und ihn ihrer Loyalität und ihres revolutionären Eifers versicherten. Sie taten dies mit all der Herzlichkeit, Spontaneität und dem Schweiß auf der Stirn, wie es bei Leuten der Fall ist, die um ihren Job fürchten. Die meisten anderen Angestellten kamen entweder überhaupt nicht oder versteckten sich in den labyrinthischen Korridoren der Burg. Es dauerte Wochen, bis sie entdeckt wurden.

Das alles kam für Havel nicht gänzlich überraschend. Er hatte gewusst, dass er in seinem neuen Job nicht viele Leute finden würde, zu denen er eine gute Arbeitsbeziehung aufbauen könnte. Dabei ging es nicht nur um unterschiedliche politische Loyalitäten, denn in vielen Fällen passten sich die Bürokraten schnell genug an, in den Augen von Havels Leuten häufig sogar allzu schnell. Genau aus diesem Grund hatte es Havel zu einer Bedingung für seine Nominierung gemacht, dass ihm eine Gruppe von Personen auf die Burg folgte, denen er trauen und die er persönlich aus seinem Freundeskreis auswählen konnte. Dies war das »Beratungsteam« und später das »Collegium« oder informeller »der Sack Flöhe«. Tatsächlich war es der Sack Flöhe Nr. 2, weil Havel zuvor dieselbe Bezeichnung für das Führungskomitee des Bürgerforums benutzt hatte. Wichtiger noch, er sollte bald entdecken, dass auch das ganze Volk, an dessen Spitze er nun stand, ein großer Sack Flöhe war. Die Leute, die ihn auf die Burg begleiteten und die ihre gemeinsamen Wurzeln in der Aktionsgruppe des Forums hatten, standen ihm nahe. Sie gaben ihm in den folgenden zweieinhalb Jahren unbeirrt Unterstützung und Rückhalt, verursachten aber auch immer wieder Kopfschmerzen.[693]

Der bunte Haufen, der Havel auf die Burg folgte, sollte ein Objekt von Faszination, Kritik und Spott werden. Doch Havel hatte die Auswahl seiner Mitarbeiter nicht zufällig getroffen. Obwohl alle bei der Samtenen Revolution eine Rolle gespielt hatten, waren sie keineswegs alle Chartisten oder prominente Dissidenten, sondern eher eine Gruppe, die aus seinen jahrelangen Anstrengungen, Brücken zu bauen, entstanden war. Im letzten Jahrzehnt der »Normalisierung« hatten sie, je nach ihren unterschiedlichen Fähigkeiten, für Havel Kontakte geknüpft, Informationen und geistige Nahrung beschafft, sichere Kommunikationskanäle aufgetan, für ästhetische Erfüllung gesorgt oder auch einfach mit ihm gefeiert. Die meisten bewegten sich auf dem schmalen Grat zwischen offener Opposition und Konformismus. Sie waren Freunde und allesamt ausgeprägte und unabhängige Persönlichkeiten. Am Anfang waren sie zehn.

Jiří Křižan, genannt »Hippo«, Havels Berater in innen- und sicherheitspolitischen Angelegenheiten, war ein Koloss von einem Mann. Er stammte aus den Bergen der mährischen Walachei, der Heimat nicht nur eines legendären Volkstamms unklarer Herkunft, sondern auch packender Geschichten über Geächtete, einer Folkmusik mit berückenden Harmonien und eines Schwarzgebrannten unvergleichlicher Güte. Jiří Křižans Vater, ein Großbauer und Förster, war von den Kommunisten hingerichtet worden, und sein calvinistischer Großvater hatte ihn aufgezogen. Křižan war ein bekannter Drehbuchautor von Filmen, bei denen es meist um ein moralisches Dilemma und um Fragen wie Charakterstärke, Mut und Verrat ging.[694] In seiner neuen Funktion sollte er die Hauptlast im Umgang mit allen innenpolitischen Skandalen, Affären und Intrigen tragen, mit denen es Havel in den beiden ersten Amtszeiten als Präsident zu tun bekam. Das schiere Ausmaß menschlicher Tragödien, menschlichen Ehrgeizes, menschlicher Kleinlichkeit und Schlechtigkeit, mit dem er in seiner Stellung konfrontiert war, ruinierte zuerst Křižans Ehe und dann seine Gesundheit. Nach Havels Rücktritt im Jahr 1992 wurde er kurze Zeit stellvertretender Innenminister, aber er war nicht mit dem Herzen dabei. Als die Felder und Wälder, die sein Vater einst besessen hatte, wieder an die Familie zurückgegeben wurden, kehrte er in die Walachei zurück, kümmerte sich um seinen Besitz, brannte Schnaps und schrieb weitere Drehbücher für moralisch anspruchsvolle Filme.[695] Als er 2010 an einem Schlaganfall starb, reiste das ganze Team einschließlich Havel zu seiner Beerdigung an.

»Saša« Vondra war bei weitem der jüngste unter Havels Beratern, zum Zeitpunkt der Revolution erst 26 Jahre alt, doch er war nicht weniger aktiv als andere. Der außenpolitische Berater war in der Gruppe der einzige Unterzeichner der Charta 77, ein früherer

Sprecher der Bewegung und gehörte zu den Verhafteten während der Palach-Woche. »Ich hatte Geographie studiert und kaufte mir Zeitungen«,[696] fasst er seine Qualifikation für die neue Funktion zusammen. Sein natürliches Selbstvertrauen und sein scharfer Verstand halfen ihm, die Nachteile seiner Jugend auszugleichen, und er lernte schnell, sich in der Welt der internationalen Politik und Diplomatie zu Hause zu fühlen. Nachdem er Ende des 20. Jahrhunderts als Botschafter in Washington gedient hatte, wurde er Außenminister, Minister für europäische Angelegenheiten und später Verteidigungsminister in der tschechischen Regierung.

Ladislav Kantor war auf seinem Posten vielleicht die schlimmste Fehlbesetzung des Teams. Der Musiker und Konzertveranstalter, der bei den Großkundgebungen der Samtenen Revolution das Bühnenmanagement übernommen hatte, wurde Chef des Privatbüros. Wegen seines reizbaren und hitzigen Charakters war er wohl keine sehr glückliche Wahl, allerdings wäre auch kein anderer in der Gruppe im Entferntesten qualifiziert gewesen für den Job. Kantor bewies eine heftige, dobermannartige Loyalität zu seinem Chef und verteidigte ihn gegen jede unwillkommene (und manchmal auch willkommene) Störung. Dabei machte er sich eine lange Liste von Feinden, von denen Olga nicht die unwichtigste war. Nach Havels Rücktritt wurde Kantor Generalmanager der Tschechischen Philharmonie und versuchte sich als Lokalpolitiker.

Miroslav Masák war einer der führenden tschechischen Architekten und Mitbegründer des Ateliers SIAL, das versucht hatte, den besten Traditionen der modernistischen tschechischen Architektur vor dem Zweiten Weltkrieg zu folgen. Wegen seiner prodemokratischen Aktivitäten im Prager Frühling wurde er nach 1968 geächtet. Er durfte zwar weiterhin arbeiten und lehren, aber nicht mehr bei bedeutenden Projekten mitwirken. Von den Mitgliedern der Gruppe kannte er Havel am längsten. Seine vorrangige Aufgabe auf der Burg war die Burg selbst. Er war der wichtigste Helfer, als Havel daranging, seine Vision von der Tilgung sämtlicher Spuren der kommunistischen Ära in der Residenz des Präsidenten zu verwirklichen.[697] Dies schloss auch die weitläufigen Gärten mit ein, die attraktiv gestaltet und für die Öffentlichkeit zugänglich gemacht wurden. Außerdem wurde der tausendjährige geheiligte Boden durch moderne Kunstwerke belebt. Das Projekt und die weitergehenden Pläne für die bauliche Umgestaltung der Stadt und des Landes waren Gegenstand regelmäßiger persönlicher Gespräche zwischen Masák und Havel.

Während Masáks Aufgabe darin bestand, den Anblick der Burg zu ändern, sollte Petr Oslzlý den Stil der Präsidentschaft ändern. Der gutaussehende Mann mit den langen, welligen und ergrauenden Haaren war ein erfolgreicher Schauspieler und Dramatiker und die treibende Kraft des Theaters an der Schnur in Brünn gewesen, des Mekkas der alternativen Theaterszene in den achtziger Jahren.[698] Als einer der beiden Initiatoren der Gruppe Offener Dialog hatte er zusammen mit Jaroslav Kořán die Kluft zwischen der Opposition im Untergrund und den »legal« arbeitenden Künstlern (zu denen auch Masák und ich gehörten) zu schließen versucht. Und er war beträchtliche Risiken eingegangen, als er mit *Res Publica I* und *Res Publica II* Havels Werk wieder auf die Bühne gebracht hatte. Er hatte bei den improvisierten Varietévorstellungen auf dem Wenzelsplatz und dem Letná-Plateau während der Samtenen Revolution das Image von Havel und dem Bürgerforum am stärksten geprägt, indem er dem künftigen Präsidenten half, seine Ideen von Politik als Theater umzusetzen. Seine neue Aufgabe, die Umgestaltung der staatlichen Kultursubventionen, fand der sanfte Intellektuelle dagegen weit weniger dankbar.

Eda Kriseovás wichtigste Rolle bestand darin, die gute Fee des Präsidenten zu sein. Da sich Olga von der Burg weitgehend fernhielt, übernahm Eda (obwohl sie keine Liebesbeziehung mit ihm hatte) die Funktion der fürsorglichen, mütterlichen Frau, die den Präsidenten unterstützte, beruhigte und korrigierte, wenn er durcheinander war. Nicht dass die brillante Autorin von Kurzgeschichten die typische Hausfrau und Mutter gewesen wäre. Dennoch wirkte sie beruhigend auf Havel und stärkte sein Selbstvertrauen. Mit der Zeit trieb sie es mit ihrer Aufgabe allerdings etwas zu weit. Es kam zu Konflikten mit dem skeptischen männlichen Teil des Teams, als sie einen unbekannten und absolut ungeprüften alternativen Heiler engagierte, nur um das »Karma des Präsidenten aufzupolieren«. Als im Präsidentenbüro ansatzweise Ordnung hergestellt war, übernahm Eda die wichtige Aufgabe der inoffiziellen Ombudsfrau und beantwortete Tausende von Beschwerden, Anfragen und Briefen, die an den populärsten Bürger des Landes gingen. Niemand beneidete sie um ihren Job.

Věra Čáslavská war als einzige Person im Team genauso berühmt wie Havel. Sie hatte im Kunstturnen sieben Goldmedaillen gewonnen und war damals noch die erfolgreichste Olympiateilnehmerin aller Zeiten. Deshalb war sie lange Zeit sehr viel bekannter gewesen als Havel. Ebenso wie er besaß auch sie einen starken Charakter und ein Gefühl der Unabhängigkeit. Sie hatte bei den Olympischen Spielen in Mexiko 1968, einen Monat nach der Invasion in der Tschechoslowakei, die sowjetischen Medaillenfeiern boykottiert. Danach war sie zwanzig Jahre in der Versenkung verschwunden. Nun wurde sie zur Beraterin für Sozialpolitik ernannt und sorgte neben Havel für den weiblichen Glanz auf der Burg. Sie arbeitete genauso, wie sie ihre Goldmedaillen gewonnen hatte: mit aller Kraft und von ganzem Herzen.

Joska Skalník war ein Maler und Grafikdesigner, der sich auf blaue Himmel mit weißen Wolken im Stile René Magrittes spezialisiert hatte. Im Jahr 1986 war er vor dem Prozess gegen Jazz Section inhaftiert worden, einen unabhängigen Musikerverband, dessen schlimmstes Verbrechen darin bestand, Rundbriefe und Broschüren, Werke über Frank Zappa und Miles Davis sowie Gedichte unabhängiger tschechischer Autoren veröffentlicht zu haben. Joskas Atelier spielte während der Samtenen Revolution eine wichtige Rolle, weil sich der Präsidentschaftskandidat Havel dorthin zurückziehen und auf seine neue Funktion vorbereiten konnte. Leider kam heraus, dass Skalník im Gefängnis anscheinend einen faustischen Pakt mit der Geheimpolizei geschlossen hatte und unter dem Codenamen »Gogh« (der StB hatte einen ziemlich billigen Sinn für Humor) einer ihrer Spitzel geworden war.[699] Er verließ das Präsidialbüro unfreiwillig vor der ersten Wahl im Juni 1990, tauchte aber immer wieder in Havels Umfeld auf. Auch Havel kündigte ihm nie die Freundschaft.

Stanislav Milota, Kameramann und Ehemann der Schauspielerin Vlasta Chramostová und ein alter Freund Havels, war während der Revolution nicht von dessen Seite gewichen. So war es nur natürlich, dass er ihm auch auf die Burg folgte, obwohl er nicht gerade der geborene Bürokrat war. Der sehr direkte, etwas ruppige und launische Mann hatte keine bestimmte Aufgabe, sondern viele Aufgaben zugleich, diente als Protokollchef, Büromanager und Sicherheitschef. Außerdem spielte er oft den *advocatus diaboli*. Mit der Zeit entwickelte er sich zum Kritiker an Havels Regierungsstil, an der Arbeitsweise des Präsidialbüros und am Amt des Präsidenten, so dass er die Burg vor den Parlamentswahlen wieder verließ. Sein Abgang war jedoch nicht so dramatisch und einseitig begründet, wie er in manchen Berichten geschildert wird.[700]

Ich stieß als Letzter dazu, weil ich zunächst mein kurzlebiges Amt als Sprecher des Bürgerforums und meine Aufgaben als Korrespondent von Reuters in Prag kündigen musste. (Meine Kündigung bei Reuters hatte seit der Samtenen Revolution festgestanden, weil ich nach ihrem Ausbruch in das unlösbare Dilemma geriet, über ein Geschehen zu berichten, an dem ich selbst beteiligt war.) Dank meiner – durchaus begrenzten – journalistischen Erfahrung wurde ich der Pressesprecher des Präsidenten. Ein solches Amt hatte es bei Havels Vorgängern nicht gegeben, weshalb die ganze Presseabteilung mit allen Regeln und Verfahrensweisen von Grund auf neu entwickelt und aufgebaut werden musste. Um dieser Aufgabe in der hektischen Atmosphäre der damaligen Zeit gerecht zu werden, blieb ich in den folgenden zweieinhalb Jahren so nahe bei Havel, dass sowohl Olga als auch meine erste Frau sich gelegentlich beschwerten, ihre Männer seien nicht mit ihnen, sondern mit einem anderen Mann verheiratet.

Die offensichtliche Schwäche des Teams – mal ganz abgesehen von der Tatsache, dass es besser für die Führung eines Theaters als eines Präsidialbüros qualifiziert war – lag darin, dass es fast nur aus Tschechen bestand. Havel hatte sofort Milan Kňažko, den vielleicht populärsten slowakischen Schauspieler seiner Generation und Volkstribun der Sanften Revolution (wie die Revolution in der Slowakei genannt wurde), in die Gruppe geholt. Dem Sack Flöhe fiel es nicht schwer, einen slowakischen Bohemien reinzulassen, obwohl die anderen Flöhe bald belustigt feststellten, dass Kňažko stets der Erste hinter dem Präsidenten war, wenn das Team ihn irgendwohin begleitete. Die anderen verstanden die Notwendigkeit, beide Seiten der tschechoslowakischen Identität zu präsentieren. Geraume Zeit später bemerkte auch Havel die inzwischen fest etablierte protokollarische Reihenfolge und machte den tödlichen Fehler, Kňažko im Scherz als »meinen Vizepräsidenten« zu bezeichnen.[701] Der Witz sollte ihm noch leidtun. Beleidigt verließ Kňažko das Präsidentenbüro am Ende von Havels erster Amtszeit und entwickelte sich bald darauf, zumindest zeitweise, zu einer wichtigen Stimme des slowakischen Nationalismus und einem der härtesten Kritiker des Präsidenten.

Noch ein weiterer Mann wurde schließlich Mitglied im inneren Kreis. Sein Name ist offiziell mehrere Zeilen lang, aber im Amt wurde er nur »der Fürst« genannt. Karel Schwarzenberg, oder: Karl Johannes Nepomuk Josef Norbert Friedrich Antonius Wratislaw Mena Fürst zu Schwarzenberg, Herzog von Krummau, gefürsteter Graf zu Sulz und Landgraf im Kleggau, entstammt einem der ältesten tschechischen und mitteleuropäischen Adelsgeschlechter, dessen Geschichte größtenteils mit der von Österreich-Ungarn verbunden ist. Traditionsgemäß sollte er mit »Eure durchlauchtigste Hoheit« angesprochen werden. Da jedoch Adelstitel in der neugegründeten republikanischen Tschechoslowakei schon 1919 vom Parlament verboten worden waren, beschränkten sich seine Freunde darauf, ihn gelegentlich »Durchlaucht« zu nennen. Er wurde auf Burg Orlík, dem tschechischen Stammsitz der Schwarzenbergs, geboren. Seine patriotisch und demokratisch gesinnte Familie wurde zunächst durch die Nazis ihres Stammsitzes und ihres Eigentums beraubt und dann von den Kommunisten vertrieben. Obwohl Karel das Land schon als Elfjähriger verlassen hatte und vierzig Jahre lang nicht zurückkehren konnte, sprach er immer noch ein idiomatisches, wenn auch etwas eigentümliches Tschechisch. Er hatte sich der antikommunistischen Opposition in der Tschechoslowakei nicht direkt anschließen können, sie aber jahrelang nicht nur finanziell, sondern auch durch das Archiv für Samisdat-Literatur auf dem Schloss seiner Familie in Scheinfeld und durch seinen Einsatz als Präsident der Internationalen Helsinki-Föderation für Menschenrechte unterstützt. Als das Regime das Land nicht mehr so fest im Griff hatte, durfte Schwarzenberg wieder einreisen, nahm an informellen Versammlungen teil und fungierte in Prozessen gegen Dissidenten als Beobachter – so zum Beispiel bei dem Prozess, der in Jihlava gegen Ivan »Magor« Jirous, den Guru der Plastic People of the Universe, stattfand (und bei dem ich ihm zum ersten Mal begegnete). Nach der Samtenen Revolution gehörte er bald zum engsten Kreis um Havel. Wegen seiner Qualifikationen war es nicht leicht, in der sich neu bildenden bürokratischen Struktur einen Platz für ihn zu finden. Durch sein Alter, seinen Status und seine internationale Erfahrung wäre er eigentlich für das Amt von Havels Stabschef prädestiniert gewesen, der traditionell als Kanzler bezeichnet wurde. Doch der Posten war bereits an Josef Lžičař vergeben, den Anwalt, der Havel bei seinen Prozessen in der kommunistischen Periode verteidigt hatte. Erst als Lžičař nach der Öffnung der Archive frühzeitig zurücktreten musste, wurde er durch Schwarzenberg ersetzt, dem es schnell gelang, seinen Mangel an verwaltungstechnischer Erfahrung durch Loyalität, Freundschaft, Großzügigkeit, Humor und Charme mehr als auszugleichen. Ähnlich wichtig war, dass er Havel Kontakt zu mehreren europäischen Königsfamilien verschaffte, von denen die meisten mit ihm verwandt waren, sowie zu einer Anzahl europäischer Politiker, mit denen er im Lauf der Jahre Freundschaft geschlossen hatte.[702]

Dies war die Kernmannschaft des Präsidialbüros, die sich in den folgenden Wochen erweiterte, um den vollen Terminkalender und die vielfältigen Aufgaben des Präsidenten zu bewältigen. Als jemand gesucht wurde, um mit sensiblen nachrichtendienstlichen Informationen umzugehen, fiel Křižan der Filmübersetzer Oldřich Černý ein. Er war ein großer Fan von John le Carré und wurde schließlich der erste Direktor des Auslandsgeheimdienstes in der Tschechischen Republik. Als das persönliche Büro des Präsidenten mit Tausenden von Einladungen und Bewerbungen überschwemmt wurde, kam als beruhigendes Gegengewicht zu Ladislav Kantor Helena Kašperová zum Einsatz. Als ich feststellte, dass wir dringend ein internes Bürokommunikations- und Datenverwaltungssystem brauchten, stellte das Präsidialbüro Anatolij Plechanov ein, einen befreundeten Systemanalytiker und Datenbankexperten, nach dem Havel den tragischen Helden in *Sanierung* benannt hatte. Seit den ersten Tagen der Revolution kümmerte sich ein Duo von zwei persönlichen Assistenten um Havels persönliche Bedürfnisse. Sie standen einander so nahe wie siamesiche Zwillinge und waren so verschieden wie völlige Fremde: Saša Neumann war ein sanfter Buddhist mit einer Vorliebe für esoterische Weltmusik, Miroslav Kvašňák dagegen war ein athletischer Playboy mit einem unbegrenzten Talent für Unfug. Manche Mitarbeiter waren eigentlich nur zu einem Besuch vorbeigekommen, sollten dann aber nie wieder gehen. Bára Štěpánová etwa, eine Schauspielerin, die zu lustigen Streichen neigte und später als Hauptakteurin der sogenannten Gesellschaft für einen glücklicheren Präsidenten berühmt-berüchtigt wurde, kam ins Präsidialbüro und brachte Havel einen Roller mit, weil sie im Radio gehört hatte, dass er sich über die endlosen Flure auf der Burg beschwert habe. Sie blieb als seine Sekretärin. Da in der

Nähe ihres Chefs kein Büro mehr frei war, bekam sie ein Badezimmer zugeteilt, in dem die Schreibtischplatte auf der Badewanne platziert war und wo sie eine ziemlich sinnliche, aber effektive Existenz als Sekretärin pflegte. Weitere Freunde wurden in Bars und Theatern und akademischen Einrichtungen rekrutiert. Sogar ein Wirtschaftswissenschaftler und ein Jurist wurden schließlich gefunden.

Neben dem »oberen« Büro auf der Burg entstand ein »unteres«, das sich in einer leeren Erdgeschosswohnung in Havels Apartmenthaus befand. Dort wurden die privaten und literarischen Belange des Präsidenten verwaltet. Für dieses Büro war Vladimír Hanzel verantwortlich, der schon vor der Revolution Havels Sekretär gewesen war und als Augenzeuge die aufregendsten Ereignisse sorgfältig dokumentiert hatte. Anna Freimanová, die Frau von Andrej Krob, der am gleichen Theater wie Havel als Bühnenarbeiter gearbeitet hatte und in Hrádeček sein Nachbar gewesen war, war dafür zuständig, die auf der ganzen Welt gewaltig gewachsene Nachfrage nach Havels Theaterstücken und Schriften zu befriedigen. Iva Taťounová, die Nichte eines der Freunde in Hrádeček, wurde Olgas persönliche Assistentin. Sie ging noch zur Schule und konnte sich bald eines einzigartigen Entschuldigungsschreibens rühmen: »Bitte entschuldigen Sie in der Woche des 20. Februar Iva Taťounovás Abwesenheit vom Unterricht wegen ihrer Teilnahme an dem Staatsbesuch in den Vereinigten Staaten, gezeichnet: Havel.« Antonín Maněna, ein weiterer Freund aus Hrádeček, wurde schließlich Chef der Polizei und des Personenschutzes auf der Burg.

An Silvester 1989 genügte der frischgewählte Präsident mit Freuden der traditionellen Pflicht aller Tschechen, sich am letzten Abend vor dem neuen Jahr zu betrinken, eine Pflicht, die umso bindender war, als es endlich einen guten Grund für ein Trinkgelage gab. Die ziemlich wilde Party fand im ehemaligen Nationalhaus in Smíchov statt, das die Kommunisten in Kulturhaus der Metallindustrie umbenannt hatten und das schon elf Jahre zuvor als Rückzugsort tanzwilliger Chartisten gedient hatte. Bei dem Fest, an dem auch diverse ausländische Würdenträger, heimgekehrte Exilanten und neugefundene Freunde teilnahmen, wurde auf den Tischen getanzt und diskret auf den Fluren so mancher Joint geraucht.[703]

DER ROCK-'N'-ROLL-PRÄSIDENT

Er ist ein lieber Mensch, deshalb ist es eine Art Wunder, dass er überhaupt Präsident von irgendwas wurde.

Tom Stoppard

Am Neujahrstag des Jahres 1990 hatte Havel seine erste wichtige Amtshandlung auszuführen: Er hielt die traditionelle Rede des Präsidenten an die Nation.[704] Die Rede war genauso revolutionär wie die Ereignisse, die ihr vorausgegangen waren. Gleich im ersten Satz kam er zur Sache: »Vierzig Jahre lang haben Sie an dieser Stelle aus dem Mund meiner Vorgänger in verschiedener Form immer dasselbe gehört: Wie unser Land blüht, wie viele Tonnen mehr an Stahl wir erzeugt haben, wie glücklich wir alle sind, wie wir an unsere Regierung glauben und welch schöne Perspektiven sich vor uns öffnen. Ich nehme an, dass Sie mich nicht für dieses Amt vorgeschlagen haben, damit auch ich Sie anlüge. Unser Land blüht nicht.«[705] Danach gab er der Nation ein ungeschminktes Bild des katastrophalen Zustands, in dem sich ihr Land nach vierzig Jahren kommunistischer Herrschaft wirtschaftlich, infrastrukturell, ökologisch und moralisch befand, und ein Bild von den enormen Herausforderungen, denen sich die Tschechoslowakei stellen musste. Die meisten seiner Zuhörer reagierten darauf keineswegs entsetzt oder entmutigt, sondern mit riesiger Erleichterung, weil sie etwas hörten, das mit der Welt, die sie kannten, übereinstimmte.

Schon in den Tagen zuvor war sich Havel sehr bewusst geworden, dass die große Begeisterung, die das Land erfasst hatte, nicht nur vergänglich, sondern auch ausgesprochen gefährlich sein könnte. »Wir fangen als Helden an«, sagte er zu seinem Team, »aber am Ende, wenn sie erkennen, wie tief wir in Schwierigkeiten stecken und wie wenig wir dagegen tun können, werden sie uns geteert und gefedert aus der Stadt jagen.« Einige seiner Mitstreiter dachten, er mache Witze. Sie hatten in sechs Wochen das Unmögliche erreicht, was sollte jetzt noch schiefgehen?

Havel erkannte auch, dass der Samt allmählich dünn wurde und schon bald die Jagd nach Schurken, Schuldigen und Sündenböcken einsetzen würde. Er selbst hatte kein Bedürfnis nach Vergeltung. Im Gegensatz zu vielen Leuten, die nicht wirklich gelitten hatten, und im Gegensatz zu einigen seiner Freunde aus der Opposition, die man noch schlimmer behandelt hatte als ihn, war er nicht im Geringsten verbittert über die hässlichen Erfahrungen der zurückliegenden zwanzig Jahre. Einige Wochen nach seinem Amtsantritt unternahm er einen seiner vielen Spontanbesuche, die berühmten »glorreichen Überfälle«, auf das Gefängnis in Bory am Stadtrand von Pilsen, wo er fast zwei Jahre seines Lebens verbracht hatte. Die Gefängniswärter weigerten sich zunächst, die Tore für den Präsidenten zu öffnen, und gaben erst nach, als sie seine Sicherheitsleute sahen, die sich das offenbar nicht gefallen lassen würden. Havel ließ sich in seine frühere Zelle führen und schüttelte einem der Wärter die Hand, der ihn gut behandelt hatte. Er erkundigte sich auch nach einem anderen Wärter, der ihm das Leben schwergemacht hatte, aber der war erstaunlicherweise nirgends zu finden.[706]

Dass Havel stark von der Theaterarbeit geprägt war, half ihm vermutlich, mit der Vergangenheit fertigzuwerden. Er konnte eine Zuschauerrolle einnehmen und in den vielen Absurditäten Trost finden, die ihm begegnet waren. Dass er nicht bitter war, sprach auch für seine große persönliche Stabilität und ein Selbstvertrauen, das er trotz seines bescheidenen Wesens immer wieder erkennen ließ. Er war entschieden gegen das Konzept von der Kollektivschuld. Diese Position hatte er schon in der Debatte über die Vertreibung der Sudetendeutschen entwickelt und durchdacht und nahm sie jetzt auch im Umgang mit den Kommunisten ein. Er fand es außerdem notwendig, den Gedanken der persönlichen

Verantwortung neu zu erörtern. Für ihn war das eine unverzichtbare Voraussetzung für die Umgestaltung der Gesellschaft. Und so sagte er in seiner Neujahrsansprache: »[Wir haben uns alle] an das totalitäre System gewöhnt, es als eine unabänderliche Tatsache hingenommen und es so eigentlich am Leben erhalten. Mit anderen Worten: wir sind alle – wenn auch selbstverständlich jeder in anderem Maße – für den Gang der totalitären Maschinerie verantwortlich, niemand ist nur ihr Opfer … Es wäre sehr unverständig, das traurige Erbe der letzten vierzig Jahre als etwas Fremdes zu begreifen, das uns ein entfernter Verwandter hinterlassen hat. Wir müssen im Gegenteil dieses Erbe als etwas akzeptieren, das wir selbst haben an uns geschehen lassen. Wenn wir das so akzeptieren, begreifen wir auch, dass es nur an uns allen liegt, etwas damit zu tun.«[707] Für die Millionen Zuhörer an diesem Mittag waren diese Worte eine traurige Wahrheit. Aber ob sie sie hören wollten, stand auf einem anderen Blatt.

Dass Havel seit Beginn der Revolution Reden halten musste, gab ihm Gelegenheit, seine Begabung als Schriftsteller auf eine neue Art zur Geltung zu bringen, doch es war auch mit schwierigen Herausforderungen verbunden. Fast sofort wurde deutlich, dass er zwar ein begabter Redenschreiber, aber kein großer Redner war. Er sprach von Natur aus mit leiser und ziemlich tiefer Stimme, ein bisschen zögerlich und sofort erkennbar an seinem rollenden »R«. Das »R« leistete ihm gute Dienste als persönliches Merkmal, und da einige seiner Kollegen wie der neue Außenminister Jiří Dienstbier oder sein künftiger Stabschef Karel Schwarzenberg die gleiche Eigenart hatten, wurden die rollenden »Rs« praktisch zum Markenzeichen der Revolution. Ein größeres Problem war, insbesondere in der Ära des Fernsehens, der nonverbale Aspekt seiner Redekunst. In seinen Ansprachen während der Revolution hatte er meistens aus dem Stegreif mit ein paar Notizen als Gedächtnisstütze gesprochen, und die meisten Demonstranten konnten ihn auch nur aus der Ferne sehen. Nun jedoch musste er seine Texte ablesen (weder das tschechoslowakische Fernsehen noch das Büro des Präsidenten hatten je etwas von einem Teleprompter gehört, und Havel lehnte das Gerät ohnehin als unehrliches Hilfsmittel ab). Zum Ablesen brauchte er eine Brille, was ihm ein etwas formelles und unnahbares Aussehen verlieh. Außerdem war es dadurch schwieriger, Augenkontakt mit seinen Zuschauern aufzunehmen, was er ohnehin nicht besonders gerne tat. Das zweite Problem beruhte auf der unvermeidlichen Redundanz in der politischen Rhetorik. Immer wieder müssen die gleichen Programme, Positionen und Prioritäten angesprochen werden, und das oft in einer eintönigen Sprache, damit Zuhörer, Medien und Experten nicht den Eindruck bekommen, es hätte sich etwas geändert. In dem Schriftsteller Havel jedoch wehrte sich alles gegen den stilistischen Stumpfsinn der Wiederholung. In seinen Reden und Interviews kämpfte er immer wieder vergeblich mit diesem Dilemma, indem er sich mehr oder weniger eng an das Manuskript hielt und dann enttäuscht über seinen langweiligen Text war oder indem er seiner künstlerischen Intuition folgte und dann sein Publikum verwirrte. Häufig jedoch brachte er beides zugleich fertig. Schon im August 1990 beschwerte er sich: »Offenbar bin ich schon zu lange Präsident und schon zu lange gezwungen, Reden über dasselbe Thema zu schreiben. Tatsächlich hat meine Unfähigkeit, mich zu wiederholen und Reden über dasselbe Thema zu schreiben, ihren Höhepunkt erreicht, und ich habe meine Zeit in Hrádeček in einem einzigen Angstanfall verbracht, weil ich von den zwei Reden, die ich dort schreiben wollte, nicht eine Zeile zu Papier gebracht habe.«[708]

Mit mehr Erfolg versuchte Havel den geeigneten Ton zu finden. Seine normale schriftstellerische Stimme war etwas trocken und ironisch, mit einer Tendenz zum Understatement. Ende November und Anfang Dezember 1989 jedoch wusste er, dass er die Menschen einigen und motivieren, die Energien von Millionen kanalisieren musste. Also sprach er lauter, verwendete erhabene Metaphern und schreckte nicht vor starken Worten zurück. Die ikonische Parole der Revolution: »Liebe und Wahrheit müssen über Hass und Lügen triumphieren«, die bei einer improvisierten Rede auf einer der großen Demonstrationen entstanden war,[709] war ein typisches Beispiel. Nun jedoch war die akute Phase der Revolution vorüber, und Havel hatte das Gefühl, die Lautstärke zurückdrehen zu müssen. Bei der Besprechung vor seiner Neujahrsansprache war das Problem schon zu spüren. »Wie soll ich meine Rede beenden?«, fragte er sein Team. »Soll ich ›die Wahrheit siegt‹ oder etwas Ähnliches sagen? Oder sage ich einfach ›Auf Wiedersehen‹?«[710] Tatsächlich schloss er mit einem der erhabensten Sätze der tschechischen Geschichte, der dem großen tschechischen Pädagogen Jan Amos Komenský (Comenius) aus dem 17. Jahrhundert zugeschrieben wird: »Deine Regierung, o Volk, ist zu dir zurückgekehrt!« Ein schlichtes »Auf Wiedersehen« genügte einfach nicht.

Die zweite folgenschwere Entscheidung, die Havel am ersten Tag der neuen Ära traf, war die Verkündung einer Generalamnestie. Dieses Vorrecht des Präsidenten, ein Überbleibsel aus monarchischen Zeiten, war auch von seinen Vorgängern, in der Regel am Anfang und am Ende ihrer Regierungszeit, genutzt worden, nie jedoch in einem so umfassenden Ausmaß. Unter die Amnestie fielen 23 000 von insgesamt 31 000 Gefangenen. Das heißt, alle außer den schlimmsten Verbrechern wurden aus dem Gefängnis entlassen. Allerdings waren ihre Familien oder die sozialen Dienste nicht vorgewarnt worden, und viele wussten nicht, wo sie unterkommen sollten. Plötzlich wurde der neue Präsident von einer Welle der Kritik überschwemmt. Dabei zeichneten seine schärfsten Kritiker (darunter, wie nicht anders zu erwarten, viele Mitglieder der besiegten Nomenklatura) hämisch populistische Bilder von einer geordneten Gesellschaft, die plötzlich von Chaos, Verbrechen und Blutvergießen überschwemmt werde. Nur neun Prozent aller Verbrechen sollten tatsächlich im Lauf des Jahres 1990 von den amnestierten Gefangenen begangen werden, aber das konnte man zu diesem Zeitpunkt noch nicht wissen. Dennoch verstanden auch viele von Havels Bewunderern nicht, warum er neben wenigen Hundert unschuldig verfolgten politischen Gefangenen auch eine große Zahl gewöhnlicher Krimineller begnadigte. Er war sich vollkommen bewusst, dass er sich mit der Amnestie keinen Gefallen tat, sollte indes seine Entscheidung nie bereuen. Als früherer Dissident und Knastbruder wusste er besser als die meisten seiner Mitbürger, dass das Unrecht des alten Regimes nicht nur die politischen, sondern auch die gewöhnlichen Gefangenen betroffen hatte. Um gerecht zu sein, musste sich eine Regierung an das Gesetz halten und faire Gerichtsverfahren ermöglichen, was die Kommunisten zweifellos nie getan hatten. Angesichts der gemeinsamen Verantwortung für die Vergangenheit fand er, dass die Chance auf einen Neubeginn auch den Gefangenen nicht verweigert werden durfte.[711]

Am folgenden Tag, dem 2. Januar 1990, bestieg er mit einer Entourage von Freunden ein Regierungsflugzeug und unternahm seine erste Auslandsreise als Präsident. Die folgende Schilderung eines Vorgangs, der für jedes Staatsoberhaupt Routine ist, enthält mehrere Novitäten, verschiedene Absurditäten und eine ernsthafte Kontroverse. Für Havel war es das erste Mal seit zwanzig Jahren, dass er die Grenze seines Landes überqueren konnte – unvorstellbar für die meisten Menschen, die damals im nicht kommunistischen Teil Europas lebten, und genauso unvorstellbar für alle jungen Tschechen von heute.[712] Der Präsident und seine Begleiter glichen weniger einem Staatsmann und einer Gruppe vornehmer Diplomaten als einem Rocksänger mit seiner Band einschließlich der Roadies, Groupies und Trittbrettfahrer. Es gab keine Auswahlkriterien. Alle, die mitfliegen wollten, taten es einfach. Die Besatzung der großen und lauten Sowjetmaschine bestand nicht aus gewöhnlichen Piloten und Stewardessen, sondern aus Personal des Innenministeriums. Es handelte sich de facto um Angestellte des Staatssicherheitsdiensts. Reiseziele waren zwei Städte, deren bloße Erwähnung vielen Tschechen schon ein unbehagliches Gefühl verursachte. Die erste Station war München, wo

Adolf Hitler seine schändliche politische Karriere begonnen hatte und wo 1938 das Abkommen ausgehandelt worden war, durch das die Tschechoslowakei ihre größtenteils von Deutschen bewohnten Grenzregionen verloren hatte. Es war von den Führern des nationalsozialistischen Deutschland, des faschistischen Italien und der demokratischen Staaten Frankreich und Großbritannien unterzeichnet worden, während der Vertreter der Tschechoslowakei nicht einmal den Raum betreten durfte. Die zweite Stadt war Berlin, wo man den tschechoslowakischen Botschafter sechs Monate später, im März 1939, einfach nur über die Besetzung der restlichen Gebiete der Tschechoslowakei informiert hatte. Sechs Jahre später endete in dieser Stadt der Zweite Weltkrieg mit der bedingungslosen Kapitulation Deutschlands, nachdem ihm sechzig Millionen Menschen zum Opfer gefallen waren. In der Folge wurden mehr als zehn Millionen Deutsche, einschließlich drei Millionen aus der Tschechoslowakei, aus ihrer Heimat in Ost- und Mitteleuropa vertrieben. Die daraus resultierenden Vorwürfe und Ressentiments, der Traum der Sudentendeutschen von einer Rückkehr und die Bedrohung durch einen – von der kommunistischen Propaganda freilich übertriebenen – deutschen Irredentismus hatten dazu geführt, dass sich die beiden Länder, die tausend Jahre lang eng miteinander verflochten gewesen waren, völlig fremd wurden und einander in jeder Hinsicht misstrauten. Das war das Erbe, mit dem sich Havel offen auseinandersetzen wollte, um den Weg für die Reintegration der Tschechoslowakei in ihre europäische Heimat zu bahnen.

Er hätte erkennen müssen, wie weit er damit der Stimmung im eigenen Land und in einem gewissen Maß auch der in Deutschland voraus war. Die Reaktion auf die Äußerung, die er vor seiner Präsidentschaft über die Vertreibung der Sudentendeutschen gemacht hatte, hätte ihm als Warnung genügen müssen. Zuerst München und Berlin zu besuchen war deshalb riskant.

Wo aber hätte er sonst hinreisen sollen? Moskau als erstes Besuchsziel wäre für all seine Amtsvorgänger ein Muss gewesen, und das war genau der Grund, warum er das nicht tun konnte. Eine Reise nach Washington war in ein paar Tagen nicht so leicht zu organisieren, außerdem hätte sie für viele bedeutet, dass Prag einfach von einer Supermacht zur anderen wechselte, ohne auf eine unabhängige Meinung Anspruch zu erheben. Eine Reise nach Paris oder London hätte ebenfalls Erinnerungen an das Münchner Abkommen geweckt. Hätte Havel all diese Bedenken zu ernst genommen, dann hätte er noch einmal zwanzig Jahre zu Hause bleiben müssen.

Einige dachten, sie hätten die Lösung gefunden. Und sie sollten ihm nie verzeihen, dass er nicht auf sie gehört hatte, wenngleich es bis heute unsicher ist, ob sie ihm ihre Ratschläge damals überhaupt mitteilten. Ihrer Ansicht nach hätte er nach Bratislava reisen müssen. Die Slowakei war vielleicht kein Ausland, aber sie war ein so eigener Landesteil, dass man Havel, weil er seine erste Reise nicht dorthin unternahm, in Bezug auf die Befindlichkeit seiner slowakischen Landsleute eine gewisse Dickfelligkeit, ja sogar Ignoranz vorwerfen kann.[713] Dies mag der Ursprung der späteren Konflikte gewesen sein, die drei Jahre später zur Auflösung der Tschechoslowakei führen sollten. Tatsächlich hatte Havel die Slowakei erst eine Woche zuvor besucht, aber da war er noch nicht Präsident gewesen, und deshalb zählte der Besuch nicht wirklich, wie seine Kritiker argumentierten. Richtig ist jedenfalls die Einschätzung, dass die Beziehung zu Deutschland[714] für ihn Anfang Januar 1990 eine höhere Priorität hatte als die Aufgabe, sich um die nationalen Differenzen im eigenen Land zu kümmern. Der Besuch selbst kam zu früh, um konkrete Ergebnisse hervorzubringen, war aber ein deutliches Signal, dass beide Länder ihre Beziehung auf eine neue Grundlage stellen wollten.

Der Kampf um die richtigen Prioritäten war hoffnungslos. Havels Arbeitstag war keineswegs von einem ordentlichen Protokoll und dem gemessenen Tempo bestimmt, das zum Amt eines Staatsoberhaupts gepasst hätte, sondern bestand aus einer endlosen Kette von Krisensitzungen. Wie zu erwarten, ging es bei vielen von ihnen um Sicherheitsfragen. Die Armee blieb in den Kasernen, aber sie stand immer noch unter dem Befehl der alten Generäle, und es gab keine Garantie dafür, dass sie nicht ihre Meinung änderten. Zum Glück war das Militär hervorragend darin geschult, Befehle zu befolgen und keine eigene Initiative zu entwickeln. In den folgenden zwölf Monaten ließ Havel den früheren Generalstabschef der Armee General Vacec im Amt des Verteidigungsministers. Später stellte sich heraus, dass sich der General an Plänen beteiligt hatte, die Novemberdemonstrationen durch den Einsatz von Panzerkolonnen niederzuschlagen,[715] was zu seinem schnellen Rücktritt führte. Bis dahin jedoch befolgte er Havels Anweisung, Frieden zu wahren, genauso zuverlässig, wie er wenige Monate zuvor den Schießbefehl gegeben hätte. Angesichts der massiven Geheimhaltung, der sich die damals noch durch drakonische Gesetze geschützte Armee befleißigte, konnte sich freilich niemand ihrer Absichten ganz sicher sein. Eine Zeitlang begann Havel seine tägliche Lagebesprechung, indem er nur halb im Scherz fragte: »Hat es heute Nacht einen Putsch gegeben?«

Und doch war die Armee, verglichen mit der Geheimpolizei und den Geheimdiensten, ein Vorbild an Transparenz. Der Sicherheitsapparat war für die neue Regierung ein Labyrinth von Spiegeln und Verschachtelungen. Die Ausschaltung der Dienste sollte mehrere Monate, ihre Auflösung fast ein Jahr und die Analyse ihrer Struktur und Tätigkeit die folgenden zwei Jahrzehnte in Anspruch nehmen, ein Prozess, der in mancher Hinsicht bis heute nicht abgeschlossen ist. Viele Hindernisse waren unüberwindlich, angefangen bei der Frage, wer überhaupt für die Geheimpolizei arbeitete: Es gab doppelte Identitäten, die Aufträge waren gezielt zweideutig formuliert, Hinweise auf Agenten und Kollaborateure waren verschlüsselt – und all dies bei einem bedauernswert niedrigen Niveau der Computerisierung (für das die Opposition bis dahin dankbar sein konnte). Das Problem wurde dadurch verschärft, dass General Lorenc, als stellvertretender Innenminister der Verantwortliche für all diese undurchsichtigen Strukturen, kurz vor dem Machtwechsel den Befehl gegeben hatte, fast alle Akten zu vernichten, die noch lebende Mitarbeiter der Geheimpolizei betrafen. Ein Großteil der Informationen konnte später wegen der Redundanzen innerhalb des Systems rekonstruiert werden, anfangs jedoch gab es nur wenige Indizien.

Der neue Innenminister Richard Sacher, der am 19. November bei der Gründung des Bürgerforums im Schauspielclub mit auf der Bühne gestanden hatte, verfügte die sofortige Auflösung des StB. Da jedoch die strukturellen Verästelungen ebenso wie viele seiner Mitarbeiter nach wie vor unbekannt waren, war das Monster damit noch nicht vollständig enthauptet. Offenbar hatte es viele Köpfe. Einige waren wohl relativ unschädlich, gleichwohl brauchte es eine systematische Untersuchung. In den ersten Monaten von Havels Präsidentschaft stellte sich heraus, dass nicht nur die Besatzung seines Flugzeugs, sondern auch die Feuerwehr der Prager Burg, die Blaskapelle, mit der ausländische Staatsgäste empfangen wurden, und die Kellner, die ihnen die Drinks servierten, als Mitarbeiter der Geheimpolizei registriert waren. Ausschüsse aus Mitgliedern des Bürgerforums wurden gebildet, um die früheren Geheimdienstmitarbeiter zu überprüfen und darüber zu befinden, wer dem Staat weiterhin zuverlässig dienen würde und wem gekündigt werden sollte. Es war ein unvollkommenes Verfahren, zumal auch einige ehemalige Geheimpolizisten und Kollaborateure ohne Wissen ihrer Kollegen in den Ausschüssen landeten. Als dann die verschlüsselten Akten und Namenslisten allmählich gefunden und dekodiert wurden, kamen immer mehr Dinge ans Licht. Hochrangige Mitglieder des Forums, kürzlich ernannte Regierungsbeamte und einige neue Verantwortliche in den Medien tauchten auf der Liste auf.

Weitere 18 Monate danach war ein gesetzliches Verfahren für die Behandlung dieser Fälle geschaffen, anfangs jedoch gab es keine gesetzmäßigen Sanktionen, keine Möglichkeit, vor Gericht zu gehen, keine Behörde, die für das Problem zuständig gewesen wäre. In der Folge landeten die meisten wichtigen Fälle auf Havels Schreibtisch. Einige waren extrem schmerzhaft, weil es sich um Freunde oder enge Verbündete handelte. Havel scheute nicht wirklich vor diesen Problemen zurück, bemühte sich aber stets um eine diskrete Lösung, etwa um einen freiwilligen Rücktritt des Betroffenen, um ihm die öffentliche Demütigung oder angesichts der damals aufgeladenen Atmosphäre noch Schlimmeres zu ersparen. So kam es zu mehreren Zweier- oder (wenn Jiří Křižan mit dabei war) Dreiergesprächen, die Havel sehr fürchtete. Ihnen folgte in der Regel eine Kündigung des Betroffenen oder ein Rücktritt aus gesundheitlichen oder persönlichen Gründen. Einige gingen in aller Stille, andere behaupteten, unschuldig zu sein, wieder andere flehten und weinten, einige brachen mündliche Absprachen und beschuldigten den Präsidenten später eines Komplotts oder einer Verschwörung.[716] Als Anfang Juni 1990 die ersten demokratischen Wahlen stattfanden, waren fast alle hohen Ränge der Regierung und das gesamte Präsidialbüro so gründlich überprüft und bewertet, wie es die lückenhafte Beweislage erlaubte. Doch die Sache war noch lange nicht zu Ende.

Auch der Versuch, die anstehenden Wahlen von der Spitze der Pyramide herab zu koordinieren, erwies sich als schwierig. Nach seiner ersten Nominierung als Präsidentschaftskandidat hatte Havel seinen Posten als Führer des Forums aufgegeben. Danach hatte er sich, sehr zum Verdruss einiger langjährigen Kollegen, zusammen mit einer Gruppe enger Mitstreiter aus der »Aktionsgruppe«, aus dem Forum zurückgezogen. Die meisten Mitglieder der Aktionsgruppe sollten später mit ihm auf die Burg gehen.[717] Es ist nicht ganz klar, warum er eine so scharfe Trennlinie zwischen seinem neuen Amt und der politischen Kraft zog, die ihn dorthin gebracht hatte. Bezeichnend ist, dass er nicht nur die Aktionsgruppe gegründet hatte, sondern auch an der Gründung weiterer Gruppierungen innerhalb des Forums beteiligt war, wo »wir Leute unterbrachten, die verhinderten, dass Aktionen stattfanden«.[718] Havel folgte wieder einmal seinem Instinkt. Nachdem er zuvor schon die Grenzen des Dissidentenghettos überschritten hatte, um eine größere informelle Struktur zu bilden, die am Ende die Basis für die Gründung des Bürgerforums bildete, sah er sich jetzt in seiner neuen Rolle allen Staatsbürgern und dem ganzen Staat verpflichtet. Er wollte Präsident aller Tschechen und Slowaken sein und nicht nur der Präsident des Bürgerforums. Dabei war ihm nicht ganz klar, dass er sich dadurch auch von der Quelle öffentlicher Unterstützung abschnitt, die das Forum (und dessen slowakisches Gegenstück »Öffentlichkeit gegen Gewalt«) für ihn gewesen war.

Es mussten die Fundamente des neuen politischen Systems gelegt werden. Bei diesem Prozess spielte Havel eine weniger zentrale Rolle, als sie dem Führer der Revolution vielleicht angestanden hätte, und er verlor manche der Schlachten, an denen er beteiligt war. Die erste Auseinandersetzung wurde um das Wahlsystem geführt. Havel und seine engsten Vertrauten traten für ein Mehrheitswahlrecht ein, bei dem weniger Parteien entstanden wären. Es hätte zu relativ starken Regierungen geführt, die sich im Parlament auf breite Mehrheiten hätten stützen können. Dies war jedoch nicht Havels wichtigste Überlegung dabei. In seinem politischen Denken ging er davon aus, dass ein Abgeordneter, der nach dem Mehrheitswahlrecht in einem Wahlkreis gewählt war, eine direkte Beziehung zu seinen Wählern haben würde. Er hätte damit eine echte Verantwortung für einen ganz bestimmten Teil des Landes und könnte wiederum direkt von seinen Wählern zur Verantwortung gezogen werden. Im Gegensatz dazu würden bei einem Verhältniswahlrecht, auch wenn es über eine Sperrklausel verfügte, mehr Parteien ins Parlament einziehen und Koalitionen bilden müssen, was zu eher schwachen und instabilen Regierungen führen würde. Außerdem hätten in diesem System die Parteisekretariate mehr Macht als die einzelnen Abgeordneten. In diesem Konflikt konnte sich Havel jedoch nicht gegen den Widerstand einer Reihe früherer Reformkommunisten durchsetzen, die mit ihrer »Renaissance« genannten Gruppe auf ein politisches

Comeback hofften und von einigen früheren Dissidenten unterstützt wurden, von denen die meisten ebenfalls eine kommunistische Vergangenheit hatten. Die Motive der Kommunisten waren leicht zu verstehen. Sie hatten Angst, in einer Mehrheitswahl völlig ausgelöscht zu werden, und diese Furcht war berechtigt: In den folgenden zwanzig Jahren lagen die Wahlergebnisse der Kommunisten weitgehend konstant bei 10 bis 14 Prozent. Das reichte aus, um die Fünfprozenthürde zu überwinden, wäre aber nicht genug gewesen, um bei einer Mehrheitswahl ins Parlament zu kommen. Als sieben Jahre später der tschechische Senat als Teil des Parlaments gegründet und seine Mitglieder nach dem Mehrheitswahlrecht gewählt wurden, errangen die Kommunisten nur 3 von 81 Sitzen. Die Motive einiger Mitstreiter Havels waren weniger verständlich. Einige, wie insbesondere Petr Pithart,[719] fürchteten tatsächlich, eine zu große Mehrheit zu erringen, was unvermeidlich als ein Plebiszit über die Vergangenheit und die Zukunft interpretiert worden wäre. Man hätte meinen können, dass die Bevölkerung nach vierzig Jahren totalitärer Herrschaft vielleicht das Recht auf eine Volksabstimmung gehabt hätte. Doch die Angst vor einem Jakobinertum, zu dessen entschiedensten Gegnern freilich auch Havel gehörte, setzte sich durch. Man brauchte nur mit einem gewissen Bedauern an die erste halbfreie Wahl in Polen zurückzudenken, die ein Jahr zuvor stattgefunden hatte. Sie war ein Plebiszit gewesen und hatte der Solidarność ein starkes Mandat für die Gestaltung der Zukunft verschafft.

Die Debatte hatte eine folgenschwere Nebenwirkung. Bei einem Treffen in Havels Büro um den 10. Januar herum versuchte Zdeněk Jičínský, der wichtigste Befürworter eines Verhältniswahlrechts, Havel mit dem Argument zu beschwichtigen, das Wahlrecht werde nur zwei Jahre gelten und könne dann geändert werden, wenn es nicht funktioniere.[720] Havel fasste dies als generelle Rechtfertigung dafür auf, das Mandat der ersten frei gewählten Volksvertreter, einschließlich des Präsidenten, auf zwei Jahre zu beschränken, was ihm angesichts der profunden Ambivalenz, mit der er seinem neuen Amt gegenüberstand, eher recht als unrecht war. Leider hatte die Entscheidung zwei Jahre später negative Auswirkungen auf die verfassungsmäßige Stabilität der Tschechoslowakei und sollte, als der Konflikt zwischen den beiden Teilstaaten auf dem Höhepunkt stand, die Entwicklung in Richtung Spaltung begünstigen.

Ein weiterer Konflikt mit ähnlich ernsten Folgen fand fast ohne Havels Beteiligung statt. Im Januar verabschiedete das Parlament ein wichtiges Gesetz über politische Parteien basierend auf dem Prinzip der Vereinigungsfreiheit. Aus irgendeinem Grund jedoch ignorierte das Gesetz die staatliche Einheit der Tschechoslowakei. Es ließ nur zu, dass tschechische Parteien in der Tschechischen Republik registriert wurden und sich dort etablierten, und slowakische Parteien in der Slowakei. Dagegen war die Existenz gesamttschechoslowakischer Parteien nicht vorgesehen. Außerdem durften tschechische Parteien nicht in der Slowakei aktiv sein und umgekehrt.[721] Die Folgen für den Zusammenhalt des politischen Systems der Tschechoslowakei waren weitreichend, obgleich sie damals weitgehend unbemerkt blieben.

Auch das Präsidialbüro selbst und die riesige Burg, die es beherbergte, waren ein Problem. Nach Havels Abnabelung von der politischen Bewegung, die ihn auf die Burg gebracht hatte, konnte er sich nicht darauf verlassen, dass das Forum oder dessen Abgeordnete im Parlament für ihn arbeiteten (bei der Regierung verhielt es sich anders, denn er ernannte die Minister). So wusste er, dass er ein starkes und effizientes Büro brauchen würde. Die Organisation, die er und seine Berater auf der Burg vorfanden, entsprach jedoch keineswegs diesen Anforderungen. Es gab keine Akten, keine eingeübten Verfahren und keine Verfahrensvorschriften. Weder Dienstwagen noch Computer waren vorhanden, statt elektrischer Schreibmaschinen gab es nur ein paar vorsintflutliche mechanische. Kein Stab war da, keine Sekretärinnen, keine Protokollbeamten, keine Kommunikationstechnik. Freunde wurden angerufen und dann die Freunde von Freunden von

Freunden und deren Freunde. Portugals Präsident Mário Soares spendete die erste Präsidentenlimousine. Wenige Wochen darauf überbrachte US-Botschafterin Shirley Temple Black die Nachricht, die US-Regierung habe eine gepanzerte Chevrolet-Limousine gespendet. Leider vertrug sich ihre Federung so schlecht mit den gepflasterten Straßen Prags, dass Havel darin schlecht wurde. Sie wurde kaum benutzt.[722] Angesichts der laut Havel beklagenswerten Sicherheitslage auf der Burg spendete ihm die US-Regierung außerdem einen abgeschirmten Schutzraum für sichere Kommunikation, der alsbald »der Kühlschrank« genannt wurde.[723] Die Sekretärinnen waren unterschiedlicher beruflicher Herkunft, ein Teil etwa kam aus der Gruppe der jungen Fremdenführerinnen für die Burg, bei denen man immerhin davon ausgehen konnte, dass sie nicht nur Tschechisch sprachen. Nachrichtenbüros wurden eingerichtet, und einige Zeit später erhielt die Burg eines der ersten Bürokommunikationsnetze in der Tschechoslowakei, ein relativ hochentwickeltes System, dessen zentrales Ethernet-Kabel unter lautem Protest der Denkmalschützer auf den Dachböden der Renaissance- und Barockdächer der Burg verlegt wurde. Eine Medienabteilung mit einem Pressezentrum und regelmäßigen wöchentlichen Informationsgesprächen wurde ebenfalls gegründet. Ein kleines Team von Fachleuten analysierte Umfrageergebnisse und Trends. Ein Ingenieur und ein Atomwissenschaftler machten sich als Protokollbeamte mit den Regeln der diplomatischen Etikette vertraut.

Für manche Aufgaben war auch eine richtige Berufsausbildung erforderlich. Der Chef des Militärbüros des Präsidenten und Oberbefehlshabers musste ein General sein, doch es standen natürlich nur Kandidaten zur Verfügung, die die entsprechenden Stadien kommunistischer Ausbildung und Indoktrination durchlaufen hatten. Wie sollte man da einen loyalen und aufgeschlossenen Berufssoldaten finden? Havel ernannte einen Rekrutierungsausschuss mit folgenden Mitgliedern: Eda Kriseová, die bekanntermaßen mit den höheren Sphären des Universums in

Kontakt stand, Drehbuchschreiber Jiří Křižan, seinen Berater für Sicherheits- und Innenpolitik, den Schauspieler Petr Oslzlý, seinen Berater für Image- und Stilfragen, und mich, wahrscheinlich weil er mich als ehemaligen Psychologen für qualifiziert hielt. Auf dem Gang vor unserem Büro warteten vier Kandidaten, die so aussahen, als hätten sie genauso viel Angst, den Job zu bekommen, wie ihn nicht zu bekommen. Unsere Fragen über ihren militärischen Werdegang und ihre Ausbildung wurden mit einsilbigen Antworten quittiert. Schließlich kam ich auf den Gedanken, die Kandidaten nach ihrer Bettlektüre zu fragen: Einer las offenbar nur militärische Handbücher, ein anderer las alle marxistischen Klassiker auf Russisch, der dritte las immerhin Geschichten militärischer Schlachten und Feldzüge von Hannibal bis Clausewitz. Der vierte, ein Kommandeur einer Flugabwehrraketenbrigade, zögerte lange, um schließlich »*Catch 22*« zu stottern, den Titel des 1961 erschienenen Antikriegsromans von Joseph Heller. Die Entscheidung war klar. General Tomeček blieb den größten Teil von Havels Amtszeit auf der Burg.

Die Gestaltung des Präsidialbüros nahm fast ebenso viel von Havels Zeit und Aufmerksamkeit in Anspruch wie die Auswahl des richtigen Personals. Zugegeben, diese Räume lehrten jeden normalen Menschen das Fürchten. Sie waren riesig und beinahe leer. Viele Türen waren verschlossen, die Schlüssel nirgends zu finden. Zu den ersten Entdeckungen auf der Burg gehörte ein Raum voller Menschen mit Kopfhörern, die, natürlich aus »Sicherheitsgründen«, Telefongespräche abhörten – ja, alle Gespräche, auch die des Präsidenten; in einer kleinen verschlossenen Kammer wurde ein Telefon mit direkter Verbindung zum Kreml gefunden;[724] und unter der Burg befand sich ein Labyrinth von Tunneln, das den kommunistischen Führern offenbar im Fall eines Atomkriegs hätte Schutz bieten sollen.

Die Räume selbst waren darauf angelegt, Besucher abzuschrecken und möglichst keinen Anschein von Gastfreundlichkeit zu erwecken. Die schweren Möbel und die Bilder an den Wänden dokumentierten die vollständige Abwesenheit von Geschmack. Die Präsidentensuite und die danebenliegenden Räume waren mit einer Fülle von Badezimmern ausgerüstet, die jeden Analytiker ein Pontius-Pilatus-Syndrom hätten vermuten lassen.

Abgesehen von den sensationellen Ausblicken auf die Stadt, war dies ein unangenehmer, irritierender und etwas deprimierender Arbeitsplatz. Havel fand die Atmosphäre unerträglich und kümmerte sich sofort um das Problem. Er holte moderne Kunstwerke aus seiner Sammlung auf die Burg, ließ die Lagerräume nach brauchbaren Möbeln durchforsten, beauftragte seinen Freund, den Maler Aleš Lamr, die Wände mit ein paar farbenfreudigen Graffiti zu schmücken, und tagte mit seinen Beratern in der Zwischenzeit so oft wie möglich im Vikárka, dem Restaurant der Burg, und in dem mittelalterlichen Kerker, dessen Möblierung die Denkmalschützer in den Jahren zuvor irgendwie hatten verhindern können. Havels Traum war es, den Kerker in ein präsidentielles Operationszentrum mit Karten, Bildschirmen und Bedienpulten zu verwandeln. Aber das war den Denkmalschützern auch nicht recht.

Schon nach einigen Wochen sah es auf der Burg anders aus. Die schweren Vorhänge waren verschwunden, Licht kam in die Räume. Als die Mahagonimöbel eintrafen, die Havel dem deutschen Präsidenten Weizsäcker zu verdanken hatte, besaß er ein Büro mit einem grandiosen Blick auf die Altstadt. Doch er war immer noch nicht zufrieden, erkundete immer neue Bereiche der Anlage und entdeckte weitere ästhetische Grausamkeiten. Der Versuch, seine perfektionistischen Kriterien auf ein vierstöckiges Gebäude mit einer Länge von einem Kilometer und einer Breite von etwa 150 Metern anzuwenden, dazu noch einer Vielfalt von Nebengebäuden, Gärten, Innenhöfen und Kellern und Dutzenden Kilometern Korridore und Tunnel, war von vornherein zum Scheitern verurteilt. Dennoch gab er nicht auf, sondern ging mit leidenschaftlicher Unterstützung seiner für Kultur, Architektur und Theater zuständigen Berater und scharf kritisiert von den

Beratern aus den Bereichen Innen- und Außenpolitik, Wirtschaft und Medien mit Feuereifer ans Werk. Er rannte durch die Räume und Korridore, rückte Gemälde zurecht, brütete über Plänen, Zeichnungen und Entwürfen. Im Gegensatz zu seinem sonstigen Verhalten setzte er sich gnadenlos über die Einwände von Bürokraten und Denkmalschützern hinweg. »Allen, die lieber gar nichts antasten wollen, weil alles ein Denkmal ist, sage ich: Wenn eure Vorfahren so gedacht hätten, gäbe es hier gar keine Burg, sondern nur irgendeine heidnische Feuerstelle und ein Loch im Boden.«[725] Trotz aller Veränderungen hatte Havel immer noch das Gefühl, dass der Geist Gustáv Husáks sein Büro nicht verlassen hatte, also überließ er das Büro mir und zog in den nächsten Raum. Damit begann eine lange Migration nach Westen, die erst endete, als er im Vorraum der alten Wohnung von Tomáš G. Masaryk Zuflucht fand.

Die vom Theater inspirierten Anstrengungen des Präsidenten setzten sich bei der Burgwache und der Militärkapelle fort. Das langweilige Olivgrün der Uniformen und der Stechschritt sowjetischen Stils waren seiner Ansicht nach für ein anständiges demokratisches Land überhaupt nicht geeignet. Es musste doch leicht zu erreichen sein, dass die Soldaten mit dem anstrengenden Stechschritt aufhörten und ihre Beine weniger hoch warfen. Als jedoch Jiří Křižan vor der Präsidentenwahl General Vacek instruierte, den Gang der Soldaten entsprechend zu ändern, trug ihm dies die bleibende Feindschaft der Soldaten ein, weil sie den neuen Schritt, wie sich später herausstellte, nachts üben mussten.[726] Für die neuen Uniformen engagierte Havel seinen Freund Theodor »Doda« Pištěk von der Palette des Vaterlands, der als Kostümdesigner für den Film *Amadeus* von Miloš Forman einen Oscar gewonnen hatte. Die neuen blauen Uniformen mit den weißen und roten Besätzen wurden Havels Anweisung gerecht, dass die Burg der Außenwelt ein freundliches und kein bedrohliches Gesicht zeigen sollte. Aber sie sahen auch aus wie Kostüme aus einer Operette von Franz Lehár. Die Medien reagierten betreten oder mit harscher Kritik, die Öffentlichkeit und die Touristen dagegen gewöhnten sich schnell an den neuen Stil, wie jeder Prag-Besucher bestätigen kann. Wegen der neuen Marschmusik, die die alten schwerfälligen Militärmärsche ersetzen sollte, zog Havel den Rockmusiker Michael Kocáb zu Rate. Dieser hatte die geniale Idee, das Allegretto aus Leoš Janáčeks *Sinfonietta* zu verwenden, wobei ihm zweifellos bewusst war, dass Janáček das Stück den tschechoslowakischen Streitkräften gewidmet hatte, aber auch, dass es von der amerikanischen Progressive Rock Band Emerson Lake and Palmer adaptiert worden war. Das einzige Problem war das hohe *h* in der Fanfare, das die Militärmusiker nicht immer trafen. Im Gegensatz zu den Uniformen überdauerte die Fanfare Havels Präsidentschaft nicht, sondern fiel in der Ära Klaus einem Akt kultureller Barbarei zum Opfer.

Manchmal wurde das Bemühen um den richtigen Stil etwas zu weit getrieben. Wie alle großen Kostümdesigner gab sich Pištěk nicht damit zufrieden, nur eine Uniform zu entwerfen. Er dachte sich eine ganze Kollektion aus, zu der auch eine zweifarbige Präsidentenuniform mit goldenen Epauletten gehörte. Obwohl Havel darin aussah wie eine Figur aus Woody Allens *Bananas*, bedurfte es keiner großen Überredungskünste, damit er sie anzog. Schließlich hatte er den größten Teil seiner Kindheit Soldaten und Uniformen gezeichnet und davon geträumt, General zu werden.[727] Schlimmer noch, andere Freunde erfuhren davon. Als Vojtěch Jasný, Regisseur tschechischer Filmklassiker wie *Nachts, wenn der Kater kommt* (1963) und *Alle guten Landsleute* (1969), zusammen mit Miloš Forman nach Schloss Lány kam, um einen Dokumentarfilm über den Präsidenten in dessen Sommerresidenz zu drehen, erkannten die beiden sofort das filmische Potential dieser Uniform. Das so entstandene Filmmaterial war etwas gewagt, aber vertretbar, bis der Präsident, freudig erregt wegen der Anwesenheit seiner Freunde und des arbeitsfreien Morgens, mit gezogenem Schwert in die Schlossküche stürmte. Das Schwert hatte er als Geschenk von der Schlosswache erhalten, nun aber missbrauchte er es zum Entsetzen der Köchinnen aus dem Dorf zum Schneiden der Zwiebeln für das Gulasch, das es zum Mittagessen geben sollte. Ich war so vorausschauend gewesen, mir in meiner Eigenschaft als Pressesprecher ein Einspruchsrecht für die letzte Schnittfassung des Films vorzubehalten – und nahm es in diesem Fall wahr. Danach wurde ich wochenlang wie ein Zensor behandelt, und Jasný sprach zwei Jahre lang nicht mehr mit mir. Es war kein Wunder, dass das übersteigerte Interesse des Präsidenten für Stil und Ästhetik einige seiner Leute in den Wahnsinn trieb. Dabei sahen sie durchaus, dass es sinnvoll war, was er zu tun versuchte, und sie waren nicht blind für die Veränderungen, die er mit der Zeit auf der Burg bewirkte. Er machte dadurch den Ort wieder zu einem Symbol von Geschichte, Kultur und Humanität. Doch die Zeit war kostbar, und der Präsident hatte sich um mehr Probleme zu kümmern als nur die des Burggeländes.

Man hätte die Lage treffend mit dem Begriff *Erschwerte Möglichkeit der Konzentration* kennzeichnen können. Die folgenschwere Transformation im eigenen Land wie auch in ganz Mittel- und Osteuropa nahm nicht nur sehr viel Zeit des Präsidenten in Anspruch, sondern machte ihn auch zu einer globalen Berühmtheit, die offensichtlich die Aufmerksamkeit freundlich gesinnter Politiker, diverser Prominenter, intellektueller Visionäre, opportunistischer Intriganten und sensationshungriger Journalisten auf sich zog. Das Team seiner Berater tat sein Bestes, um nur die wichtigsten Besucher zu ihm durchzulassen, aber es konnte sich gegen die Energie und den Erfindungsgeist derjenigen nicht immer behaupten, die den Mann der Stunde treffen wollten. Die meisten dieser Leute hatten die besten Absichten und taten eine Menge nützlicher Dinge. In den ersten zwei Monaten seiner Präsidentschaft traf sich Havel auf der Burg mit Dutzenden, ja vielleicht Hunderten von Fremden. Es war manchmal ein steter Strom von Besuchern, wie er an der Mona Lisa im Louvre vorbeidefiliert.

Einige von ihnen hinterließen eine unauslöschliche Erinnerung, aus verschiedenen Gründen. Es war bewegend, Havels

Wiedersehen mit alten Freunden zu erleben, die, wie Ivan Medek, Karel Schwarzenberg, Pavel Tigrid, Vilém Prečan oder Pavel Kohout,[728] aus dem Exil zurückkehrten. Ebenso faszinierend war es, bei einem Dinner dem Gespräch zwischen Havel und Harold Pinter und dessen Frau Antonia Fraser zu lauschen, bei dem sich Havel genauso stark für die jüngsten Entwicklungen im englischen Theater interessierte wie Pinter für die Frage, wie man als Theaterautor Präsident wird. Doch nicht alle Begegnungen waren so angenehm. Barbara Walters, die Havel für das US-amerikanische Nachrichtenmagazin *20/20* interviewte, war entschieden unbeeindruckt und selbst alles andere als beeindruckend. Sie beschwerte sich darüber, dass der Präsident mit ihr keinen Augenkontakt hielt (obwohl sie sich aus seiner Sicht wie eine Vernehmungsbeamtin aufführte). Andererseits verstand er sich auf Anhieb mit Katharine Graham und Meg Greenfield, den zwei großen alten Damen der *Washington Post*. Frank Zappa, »einer der Götter des tschechischen Untergrunds«[729] und ein spiritueller Pate der Plastic People of the Universe, fasste die Weltbedeutung seines Gastgebers wie folgt zusammen: »Sie schicken eine Botschaft an die Menschen in Amerika: Sie rauchen!«[730] Havel revanchierte sich, indem er an das Album *Bongo Fury* erinnerte, das Zappa und Captain Beefheart aufgenommen hatten. Nach seiner Audienz bei Havel erreichte Zappas Ruhm in der Tschechoslowakei vorübergehend kosmische Dimensionen. Der alte Rock'n' Roller schaffte es, dass ihn der stellvertretende Ministerpräsident in einer Urkunde zum reisenden tschechoslowakischen Generalbevollmächtigten für kulturelle und kommerzielle Angelegenheiten ernannte. Die Ernennung musste kurz darauf widerrufen werden.[731] Dennoch richtete Zappa, soweit bekannt, keinen Schaden an, was von einigen anderen größtenteils selbsternannten Beratern, Experten und Gesandten, die damals nach Prag pilgerten, nicht gesagt werden kann. Lou Reed, der inzwischen ebenfalls in Havels musikalischen Olymp aufgestiegen war, kam für die Zeitschrift *Rolling Stone* auf die Burg und machte eines der vermutlich interessantesten unveröffentlichten Interviews aller Zeiten. Wie sich herausstellte, war Lou Reed, der Inbegriff des coolen Rockstars, so gestresst von der Aufgabe, einen Staatsmann zu interviewen, dass er vergaß, den Kassettenrekorder anzuschalten. Er verlor zwar das Interview, gewann aber bei der ersten von vielen Begegnungen mit Havel einen guten Freund. Acht Jahre später reiste Havel in die USA, um auf dem Höhepunkt der Lewinsky-Affäre seinem Freund Bill Clinton moralische Unterstützung zu geben. Dort erreichte er, dass Lou Reed zusammen mit Mejla Hlavsa, dem Frontmann der Plastic People of the Universe, im Weißen Haus auftreten durfte, wenn auch unter der Bedingung, dass »Walk on the Wild Side« nicht auf der Playlist stand.[732] Der kleine Erfolg war Havel eine riesige Freude. Clinton wiederum sagt, es habe ihm viel bedeutet, dass Havel in dieser schwierigsten Zeit seiner politischen Karriere für ihn »Flagge zeigte«.[733]

Es ist typisch für Havel, dass das Ereignis, das im ersten Monat seiner Amtszeit die weitreichendsten Folgen hatte, keine Personalentscheidung und kein Verwaltungsakt, sondern eine Rede war. Am 23. Januar 1990 enthüllte er vor den versammelten Abgeordneten beider Kammern der tschechoslowakischen Bundesversammlung, dass er in seinen Amtsräumen auf der Prager Burg »keine einzige Uhr« gefunden habe: »Das hat etwas Symbolisches: Viele Jahre brauchte man keine Uhr, weil die Zeit stillstand. Die Geschichte kam zum Stillstand, nicht nur auf der Prager Burg, sondern im ganzen Land. Heute, da wir uns endlich aus der Zwangsjacke des totalitären Systems befreit haben, bewegt sich die Geschichte umso schneller, als wollte sie verlorene Zeit aufholen. Wir alle, Sie und ich tun einfach unser Bestes, um Schritt zu halten.«[734]

Die Rede begann mit einer Schilderung der Pläne, die Havel für sein Büro, für die Prager Burg und für die Präsidentschaft insgesamt hatte. Er sprach mehr als zehn Minuten über die Zusammensetzung seines Teams, seine Reisepläne für die folgenden Monate, seine Pläne für eine komplette Neugestaltung der Innenräume der Burg. Dabei gab er Einzelheiten über die Möbel und die Einrichtung der Badezimmer zum Besten, beschrieb die neuen Kostüme der Garde und sagte, er werde die Prager Burg in ein »attraktives kulturelles und spirituelles europäisches Zentrum« verwandeln.

Die Rede war originell, erfrischend, liebenswert – und leider ziemlich naiv. Der wichtigste mildernde Umstand, der sich anführen lässt, besteht darin, dass weder er noch seine Berater je zuvor mit einem Parlament zu tun gehabt hatten. Die Abgeordneten – selbst ihre trostlose Mehrheit, die noch aus dem alten Regime stammte und daran gewöhnt war, wie ein Haufen Möbelstücke nach Lust und Laune herumgeschoben zu werden – wollten erheitert, umschmeichelt, angefleht und angebettelt werden. Stattdessen mussten sie sich Pläne für einen großen Frühjahrsputz anhören. Sie blieben entschieden unbeeindruckt.

Und dann, nach einem milden Appell an das Parlament, doch ein Wahlgesetz zu verabschieden, das die Rolle anständiger und fähiger Individuen stärken und die der politischen Parteien schwächen würde, ließ der Präsident eine Bombe platzen: Unter Berufung auf sein präsidales Vorrecht, dem Parlament Gesetze vorzulegen, präsentierte er ein Gesetz, das den Namen des Landes von Tschechoslowakische Sozialistische Republik schlicht und einfach in Tschechoslowakische Republik umwandeln sollte, in den Namen, den Masaryk 1918 eingeführt hatte. Außerdem sollten die Staatssymbole entsprechend geändert werden.

Plötzlich waren die Abgeordneten hellwach. In den Monaten zuvor hatten sie sich mit dem letztlich hoffnungslosen Versuch herumgeschlagen, ein paar demokratische Normen in die relativ verschwommene, aber dennoch eindeutig totalitäre Verfassung des Landes und in seine Gesetze hineinzuschreiben. Ein schwieriges Unterfangen, weil nur wenige Juristen und noch weniger große Geister im alten Parlament saßen. Nun jedoch gab es endlich ein Problem, das sie alle begreifen konnten. Also machten sie sich an die Arbeit.

Die Episode, die nun folgte, war eine Tragödie und Farce zugleich. Sie ging als der »Bindestrichkrieg« in die tschechische Geschichte ein. Havels Vorschlag war durchaus vernünftig, zielte er doch im Kern darauf, das Attribut »sozialistisch« zu entfernen. Die Gesellschaft hatte nun die Freiheit, selbst zu entscheiden, was sie sein wollte. Doch der Gesetzesvorschlag war dem Parlament zuvor nicht vorgelegt und dort nicht diskutiert worden. Nach den bestehenden Regeln konnte nicht über ein Gesetz abgestimmt werden, ohne dass die Regierung und die parlamentarischen Ausschüsse dazu Stellung nahmen. In den Wochen zuvor hatte das Parlament mit Vergnügen verfahrensrechtliche Vorschriften ignoriert, um mit den Ereignissen Schritt zu halten, in diesem Fall war man jedoch dazu nicht bereit. Der Aufstand wurde von dem Abgeordneten Zdeněk Jičínský angeführt, einem Verfassungsrechtler und Koautor der Verfassung der Tschechoslowakischen Sozialistischen Republik von 1960. Er war als Reformer nach 1968 Opfer der Säuberungen geworden, hatte zu den Unterzeichnern der Charta 77 gehört und war eines der wenigen Mitglieder des Bürgerforums, die sich gegen Havels Präsidentschaftskandidatur ausgesprochen hatten. In den folgenden Wochen arbeitete er sorgfältig daran, den in der Entwicklung begriffenen neuen rechtlichen Rahmen mit der alten kommunistischen Gesetzgebung in Übereinstimmung zu bringen, radikale Reprivatisierungsversuche zu vereiteln und die Befugnisse des Parlaments auf Kosten des Präsidenten, des Senats und aller anderen Institutionen zu erweitern.

Und so kam das Parlament zu seiner ersten Debatte – und was für einer! Kaum ein Abgeordneter sprach sich dafür aus, das Wort »sozialistisch« beizubehalten. Hier lag nicht das Problem. Stattdessen entwickelten sich die Worte »Tschechoslowakei« oder »tschechoslowakisch« zum Zankapfel. In den Augen vieler Slowaken zeugte die Zusammensetzung in dieser Form von mangelndem Respekt gegenüber ihrem Volk, und es hätte Tschecho-Slowakei und tschecho-slowakisch heißen müssen. In den Augen vieler Tschechen weckte dies jedoch hässliche Erinnerungen an die Agonie des Rumpfstaats Tschecho-Slowakei, der nach dem Münchner Abkommen existierte, bis sich Nazideutschland im März 1939 Böhmen und Mähren einverleibte und die Slowakei zu einem mit den Nazis verbündeten unabhängigen Staat wurde. Als das Parlament schließlich einen Kompromissvorschlag annahm, demzufolge das Land auf Tschechisch »Tschechoslowakische Föderative Republik« und auf Slowakisch »Tschecho-slowakische Föderative Republik« heißen sollte, brach in der Slowakei ein Sturm der Entrüstung los, weil »slowakisch« (die grammatikalisch richtige Schreibweise, auf der die Tschechen idiotischerweise bestanden hatten) kleingeschrieben und damit zum Eigenschaftswort degradiert wurde. In der Folge musste das Parlament das Gesetz wieder aufheben und einigte sich schließlich auf die Bezeichnung »Tschechische und Slowakische Föderative Republik«, die zwar das ästhetische Empfinden verletzte, aber den Sturm der Empörung wenigstens vorübergehend zum Erliegen brachte.

Die Einführung neuer Staatssymbole war eine noch härtere Nuss. Das ursprüngliche tschechoslowakische Wappentier war der gekrönte doppelschwänzige böhmische Löwe mit dem Doppelkreuz der slowakischen Stephanskrone als Schild auf der Brust. Die Kommunisten schafften das Kreuz ab, stahlen die Krone, setzten dem armen Löwen einen fünfzackigen Stern über den Kopf und drückten ihm als neugebildetes Symbol für die Slowakei ein Schild mit gelben Flammen auf die Brust. Havel wollte den Stern wieder durch die Krone und das Stephanskreuz ersetzen. Außerdem schlug er aus Rücksicht auf das slowakische Nationalgefühl vor, das Wappenschild in vier Quadranten zu teilen und den Löwen und das Doppelkreuz jeweils gleichberechtigt diagonal gegenüberzustellen.[735] Freilich konnte er es sich nicht verkneifen, dem Wappenschild noch eine zusätzliche Verzierung zu verpassen, indem er als kleines Emblem für Mähren den rotweiß karierten Adler ins Zentrum der vier Quadranten setzte. Dies wurde in der Slowakei natürlich prompt als Zeichen für eine

Föderation dreier und nicht zweier Staaten interpretiert und mit einem Veto belegt.

Die Annahme ist vermutlich falsch, dass Havels unüberlegte Initiative zum Wiedererwachen der nationalistischen Leidenschaften in der Slowakei geführt hat. Eher deutet die slowakische Reaktion auf eine bereits bestehende Unzufriedenheit hin. Sie bewies dem bis dahin unterwürfigen Parlament außerdem, dass der Präsident trotz all seiner Popularität nicht automatisch über eine Mehrheit verfügte und behindert werden konnte. Bei Havel wiederum führte die Episode zu einem tiefen Misstrauen gegenüber dem Parlament, das ohne sie vielleicht hätte vermieden werden können.

Das Fiasko zeigte außerdem die Grenzen der von Havel betriebenen Symbolpolitik auf. Symbole können in der Politik sehr machtvolle Vereinfacher, Verstärker und Energielieferanten sein, wenn sie der Bewältigung komplexer und hartnäckiger Probleme dienen und allgemein verstanden werden. Ohne dieses Verständnis jedoch wirkt ihre verstärkende Kraft negativ.

Desgleichen wurden bei der Kontroverse auch die Grenzen des phänomenologischen Ansatzes deutlich, der die direkte, persönliche Erfahrung im Umgang mit Staatsangelegenheiten betont. Natürlich berichtete Havel auch deshalb so ausführlich über die Umgestaltung seiner Residenz und über Details aus seinem Terminkalender, weil er auf die dringende Notwendigkeit eines revolutionären Wandels in Herz und Verstand der gesamten Bevölkerung hinweisen wollte. Doch das Problem der geschmacklosen Räume auf der Burg stand bei den meisten seiner Landsleute nun wirklich nicht ganz oben auf der Prioritätenliste. Im Gegenteil, sie hatten gerade einen Weg voller Hindernisse und Unsicherheiten beschritten, sorgten sich um ihr persönliches Wohlergehen und das ihrer Familien.

Auf eine Art übernahm Havel unwissentlich eine Strategie, die den meisten Politikern gemein ist. Er konzentrierte sich auf Probleme, die relativ leicht zu beheben waren, und verschob die Lösung von Kernproblemen, für die es keine einfache Lösung gab. Weil er dies tat, war er auf das rasch zunehmende Verlangen nach wirtschaftlichem Wohlstand, sozialer Sicherheit und historischer Gerechtigkeit, das sich in seinem gesamten Umfeld erhob, nicht richtig vorbereitet.

Damals jedoch nahm sich die ganze Episode noch wie ein kleiner Rückschlag aus, der schon bald vergessen sein würde. Der Präsident sonnte sich im In- und Ausland in seinem Ruhm und wurde vielerorts mit einer Begeisterung empfangen, wie sie sonst nur Rockstars beschieden ist. Die Angst vor einem Putsch war schnell wieder verflogen. Neue politische Parteien, Zeitungen und Unternehmen schossen überall aus dem Boden. Die Debatte über die Zukunft war so laut und heftig, wie man es sich als Demokrat nur wünschen konnte. Wahlen wurden vorbereitet. Und auch Rockstars kamen weiterhin in die Tschechoslowakei. Am Vorabend der ersten demokratischen Wahlen im Juni 1990 unterhielt »mein Freund Paul Simon«, wie Havel ihn stolz vorstellte, eine begeisterte Menge auf dem Altstädter Markt in Prag mit »Sounds of Silence«. Und nach den Wahlen spielten die Rolling Stones vor mehr als 100 000 Zuschauern im größten Stadion Europas, wo unter dem kommunistischen Regime riesige Turnfeste stattgefunden hatten. Vor dem Konzert wurden die Stones von Havel offiziell auf der Burg empfangen und beteiligten sich an einem Gespräch über demokratischen Wandel und Menschenrechte – mit Ausnahme von Keith Richards, der etwas indisponiert und nicht sonderlich gesprächsfähig war. Danach wurde der Gruppe die große Auszeichnung zuteil, mit dem Präsidenten auf den Balkon im dritten Hof der Burg zu treten und die dort wartende Menge zu begrüßen. Das Problem war nur, dass es zehn peinliche Minuten dauerte, bis der Schlüssel zu dem Balkon gefunden war, wie sich Mick Jagger später erinnerte.[736]

Die Wahl selbst wurde von internationalen Beobachtern aus europäischen und nordamerikanischen Ländern überwacht, darunter auch einer Delegation des National Democratic Institute unter Führung von Madeleine Albright. Sie verlief völlig reibungslos und endete mit dem erwarteten Triumph des Bürgerforums in den tschechischen Ländern und von »Öffentlichkeit gegen Gewalt« in der Slowakei. Die Präsidentschaftswahl[737] sollte wenige Wochen später folgen und galt inzwischen als reine Formalität. Im In- und Ausland stand Václav Havel für die neue Tschechoslowakei, und ihn umgab eine Art Camelot-Mythos. Im Kreise seiner Ritter der Tafelrunde regiert dieser philosophische König mit Weisheit, Menschlichkeit, Glanz und Geist ein Land mit ebenso tapferen und intelligenten Bürgern. Hätte Havel damals ein Blitz erschlagen, wäre er der Nachwelt so in Erinnerung geblieben.

FIRST WE TAKE MANHATTAN

They've all come to look for America

Paul Simon, »America«

»Václav, Sie müssen nach Amerika gehen«, sagte Madeleine Albright bei einer Suppe im Restaurant Vikárka im dritten Hof der Prager Burg, das in der Mittagessenszeit als Havels zweites Büro diente. »Sie müssen die Sache der neuen Tschechoslowakei dort vertreten.«

»Vašek, du musst nach Amerika gehen«, riet ihm auch Rita Klímová, die designierte tschechoslowakische Botschafterin in den Vereinigten Staaten, eine Unterzeichnerin der Charta 77, die bei Havels Pressekonferenzen in der Laterna Magika regelmäßig als Dolmetscherin fungiert hatte. »Du musst die Administration und den Kongress in deiner Ecke haben.«

»Mr President, Sie müssen nach Amerika gehen«, sagte schließlich auch Shirley Temple Black. »Sie werden ein Star sein.«

Als Bob Hutchings, Direktor für europäische Angelegenheiten im Nationalen Sicherheitsrat, die Einladung des Präsidenten George Bush an Saša Vondra, Havels außenpolitischen Berater, übermittelte, brach die Hölle los. Zunächst einmal hatten Havel und sein Team so gut wie keine Ahnung, was so eine Reise bedeuten würde. Bis dahin war er nur nach München und Berlin, Warschau und Budapest gereist, alles nur wenige Flugstunden von Prag entfernt – und nach Bratislava, das wenigstens damals nicht als Stadt im Ausland gelten konnte. Kaum jemand wusste etwas über das Protokoll, die Etikette und die Politik in Washington.[738] Niemand in Havels Büro war in den letzten zwanzig Jahren in den USA gewesen.

Havel fühlte sich überfordert, ließ es sich aber nicht anmerken.

Vom ersten Augenblick an behandelte er die Reise im Februar 1990 als ein weiteres der von ihm so genannten »kleinen Projekte«. Er ließ sich beraten, über welche Themen er mit Präsident Bush am dringendsten würde reden müssen. Dabei hatte er von Anfang an eine Agenda, die die ganze Welt und den ganzen Kontinent betraf und nicht nur eine einzelne Nation. Er wollte über die Sowjetunion reden, über die sich abzeichnende Wiedervereinigung Deutschlands und ihre Bedeutung für die Region, und er wollte den Weg seines Landes »zurück nach Europa« besprechen. Eine kleine Delegation, eine nette Unterhaltung mit dem Präsidenten, eine Stunde, in der er vorbringen konnte, was ihm wichtig war, und dann wollte er schnell wieder zurückfliegen.

Doch nun begann die Lawine zu rollen: Nach der Einladung von Präsident Bush zu einem Gespräch im Oval Office bekam er eine Einladung von Tom Foley, dem Sprecher des Repräsentantenhauses, bei einer gemeinsamen Sitzung von Repräsentantenhaus und Senat eine Rede zu halten – eine seltene Ehre. Die New Yorker Intellektuellen verlangten ein Fest und die Exilorganisationen ein Hearing. In der Tschechoslowakei wollten alle mit nach Amerika fliegen, jeder mit einer sehr guten Begründung: Die Minister wollten ihre amerikanischen Amtskollegen kennenlernen, die Studenten wollten studieren, die Leibwächter wollten bewachen und die Trittbrettfahrer wollten Trittbrett fahren. Einer der liebenswerten Charakterzüge Havels, der sich bei einem Präsidenten freilich als recht problematisch erweist, war seine absolute Missachtung von Hierarchien.

Am Ende wurde die Größe der Delegation durch die etwa hundert Sitze in der Regierungsmaschine, einer vierstrahligen sowjetischen Iljuschin Il-62M, bestimmt.[739] Das waren offensichtlich mehr Menschen, als in das Oval Office passen würden. Und es waren auch zu viele für einen Direktflug des Präsidenten nach Washington, also wurden noch zwei weitere Staatsbesuche, einer in Reykjavik und der andere in Ottawa, als Zwischenstopps geplant. In Reykjavik wurde Havel von der isländischen Staatspräsidentin Vigdís Finnbogadóttir zu einem Fischessen und einer Vorstellung seines Stücks *Sanierung* im isländischen Nationaltheater eingeladen. In Kanada traf er sich nicht nur mit Ministerpräsident Brian Mulroney, sondern auch mit tschechischen und slowakischen Auswanderern, darunter vielen Flüchtlingen, die sich wegen der großzügigen Unterstützung der kanadischen Regierung nach der sowjetischen Invasion dort hatten ansiedeln können. Vielleicht zum ersten Mal wurde er von einigen slowakischen Emigranten kalt, wenn nicht gar feindselig empfangen. Dagegen war ihm das Wiedersehen mit seinem alten Freund und Schriftstellerkollegen Josef Škvorecký eine besondere Freude. Škvorecký und seine Frau Zdena waren der kommunistischen Regierung ein Gräuel und für Tausende von Tschechen Helden gewesen, weil sie in ihrer Wohnung in Toronto ohne nennenswerte Geldmittel den Verlag 68 Publishers aufgebaut hatten, der lange der bekannteste tschechische Exilverlag war.[740]

Es gibt vielerlei Arten, eine fremde Stadt zu betreten. Meistens landet man irgendwo ganz weit außerhalb, muss sich seinen Weg durch das Labyrinth eines Flughafens suchen und dann eine endlose Strecke ins Stadtzentrum fahren. Havel hingegen wurde mit einem Hubschrauber der US-Marine von der Andrews Air Force Base nach Washington geflogen und neben einer Limousine am Reflecting Pool des Lincoln Memorial abgesetzt. Die folgenden drei Tage verbrachte er in einer Art Nebel. Zuerst fand das Treffen mit dem Präsidenten im Oval Office statt. George Bush gab sich alle Mühe, damit sich sein neuer Kollege wohl und wie unter Freunden fühlte, wenngleich ihm der kleine Unterschied in der Erscheinung seiner Mitarbeiter und von Havels langhaariger Entourage nicht entgangen sein kann. Auch Havel tat sein Bestes. Auf Anraten seines Teams verzichtete er auf seine ergebnisoffenen Reflexionen über einen Ausstieg aus den Strukturen des Kalten Krieges einschließlich des Warschauer Pakts und der NATO. Auch bat er nicht um Finanzhilfe, sondern lediglich um politische Unterstützung für die Transformation der tschechoslowakischen

Volkswirtschaft. Er war entgegenkommend, was die deutsche Wiedervereinigung betraf, ein umstrittenes Problem, bei dem der amerikanische Präsident ein beträchtliches Maß an Weitblick und Mut zeigte. Er bat Bush, den demokratischen Übergang in Russland zu unterstützen. Und er bot auf eine so schlichte und persönliche Art Freundschaft an, wie man es im Oval Office vermutlich schon lang nicht mehr erlebt hatte.

Am Abend wurde Havel auf einem Empfang der nunmehrigen tschechoslowakischen Botschafterin Rita Klímová in der Botschaft in der Linnean Avenue im Rock Creek Park umlagert.[741] Was absurde Szenen betrifft, hätte diese direkt aus einem Stück von Havel kommen können. Das poststalinistische Gebäude der Botschaft (wenn es eine breschnewistische Architektur gäbe, wäre es eine solche) war randvoll mit alten tschechoslowakischen Exilanten, von denen sich manche noch an Masaryk erinnern konnten, und außerdem mit Regierungsvertretern, Akademikern, Kalten Kriegern, Künstlern und allen Arten von Amerikanern. Sie alle wollten von Havels Anwesenheit profitieren, auch die Delegation eines Indianerstammes, die ihm eine wunderschöne, handgeschnitzte Friedenspfeife schenkte. Wie Tschechows sprichwörtliches Gewehr an der Wand im ersten Akt eines Theaterstücks sollte auch dieses Utensil noch seine historische Rolle spielen. Die diensthabenden tschechoslowakischen Diplomaten waren größtenteils gründlich überprüfte kommunistische Kader. (Zwei Monate hatten nicht ausgereicht, um das Personal der Botschaft auszutauschen, und die Tschechoslowakei hätte ohnehin nicht genügend ausgebildete Diplomaten gehabt, um sie so schnell auszuwechseln.) Sie versuchten ihr Bestes, um die Situation halbwegs unter Kontrolle zu halten und den Präsidenten vor dem Erstickungstod zu bewahren, nur um mit dem massiven Undank einiger Gäste konfrontiert zu werden, die sich noch gut daran erinnern konnten, dass sie kurz zuvor noch als geschworene Klassenfeinde behandelt worden waren. Havels Team hatte bei dem ganzen Aufruhr am Ende nur noch das Ziel, den Präsidenten wieder in einem Stück herauszubringen. Die FBI-Einheit, die in unmittelbarer Nähe der Botschaft auf der anderen Seite des Rock Creek in einer Mühle aus dem 19. Jahrhundert[742] stationiert war und schon seit Jahren die Aufgabe hatte, die Tschechen und die Ungarn abzuhören und zu beobachten, tat nichts, um dem bedrängten Präsidenten zu helfen.

Nach dem Empfang war noch Zeit für einen nächtlichen Spaziergang über die National Mall mit Senator Edward Kennedy als Führer. Er war so angetan von Havel, dass er, offenbar berauscht von der Bedeutung der historischen Moments, stolperte und kopfüber die Treppe des Lincoln Memorial hinuntergestürzt wäre, wenn ihn nicht ein Personenschützer des Secret Service aufgefangen hätte.

Havel war sehr glücklich über den Verlauf seines Treffens mit Präsident Bush, aber etwas verwirrt, was das Weiße Haus selbst betraf. Aus der Ferne hatte die Residenz des Präsidenten wegen ihrer Aura fast übernatürliche Ausmaße, aber für einen Mann aus der Prager Burg, der laut *Guinness-Buch der Rekorde* »größten alten Burg der Welt«, war es schlicht und einfach – ein großes weißes Haus. Das Blair House wiederum, Havels offizielle Residenz während seines Aufenthalts in Washington, hätte ganz wie ein normales Haus gewirkt, wäre da nicht die majestätische Anwesenheit von Joseph Verner Reed, dem Protokollchef Präsident Bushs, gewesen. Auch Madeleine Albright war vom ersten Moment an dort und half Havel, sich in der politischen Szene Washingtons zurechtzufinden. Sie ging sogar so weit, den Medienberater Frank Greer als Sprachtrainer für ihn zu engagieren. Greer bat Havel, ihm die Rede vorzulesen, die er vor dem Kongress halten wollte, unterbrach ihn aber schon nach dem zweiten Abschnitt.[743] Der zögerliche, stockende und halb gemurmelte Vortrag, die Vermeidung von Blickkontakt und die Abwesenheit von dramatischen Betonungen und Pausen führten bei ihm offenbar zu der Einschätzung, dass Havel nicht einmal eine lokale Schulkonferenz hätte beeindrucken können. Dieser dankte ihm höflich für seine Anstrengungen, wirkte aber etwas verwirrt. Trotz lebenslanger Theaterarbeit schien er keine Ahnung zu haben, was von ihm erwartet wurde.

Die Rede vor beiden Kammern des Kongresses am 21. Februar 1990 muss eines der bis dahin denkwürdigsten Ereignisse in Havels Leben gewesen sein und, wie sich herausstellte, erging es vielen Frauen und Männern im Kongress ebenso.[744] »Das Bewusstsein geht dem Sein voraus und keineswegs umgekehrt, wie die Marxisten behaupten«, sagte er. »Daher lässt sich die Bewahrung dieser unserer menschlichen Welt nirgend anderswo als im menschlichen Herzen, im menschlichen Denken, in der menschlichen Demut und in der menschlichen Verantwortung finden.« Als die versammelten Mitglieder der beiden gesetzgebenden Körperschaften des mächtigsten Staates der Welt dies hörten, spürte man, dass sie nicht nur beeindruckt, sondern auch bewegt waren, obwohl sie wahrhaftig schon viele Reden gehört hatten. Die Rede, die live im tschechoslowakischen Fernsehen übertragen wurde, erhielt siebzehnmal stehende Ovationen, kam also besser an, als der Sprachtrainer erwartet haben dürfte.

Nach der Rede sprach Havel mit Mitgliedern beider Kammern. Alle gratulierten ihm und schüttelten ihm die Hand. Einige waren neugierig und fragten, was er mit dem Satz »Das Bewusstsein geht dem Sein voraus und keineswegs umgekehrt« gemeint habe. Aber Havel hatte nicht die Zeit, es ihnen zu erklären. New York wartete.

Im Autokorso vom LaGuardia-Flughafen nach Downtown zu fahren, war, als fiele man direkt in den amerikanischen Traum, und das sowohl in seinen konventionellen als auch in seinen maileresken Versionen. Havel wurde unmittelbar mit der Tatsache konfrontiert, dass er nicht automatisch Autorität besaß, sondern dass sich im Land der Freien sogar ein Präsident sein Ansehen hart verdienen musste. Die Fahrer der verbeulten gelben Taxis auf dem Grand Central Parkway, der Triborough Bridge und dem FDR Drive, von denen vermutlich die meisten keine Ahnung hatten, wer Havel war, und denen es egal gewesen wäre, wenn sie es gewusst hätten, schenkten dem Autokorso mit Dutzenden schweren Polizeiautos, Blaulichtern und jaulenden Sirenen jedenfalls keine Beachtung. Ein besonders hartnäckiger Fahrer rührte sich selbst nach mehreren Aufforderungen nicht vom Fleck, bis ein Cop sein Auto neben das seine setzte und mit einem Gegenstand, der einer Pistole verdächtig ähnlich sah, in das offene Seitenfenster zielte. Dieses Argument wurde offenbar verstanden, und der Mann machte Platz, wenn auch langsam, um seine Würde zu wahren. Das war Amerika. Havel liebte es.

Schon fast sein ganzes Leben lang. Amerika war das Land der Freiheit, das Land Hollywoods und des Rock'n' Roll. Er hatte es als Jugendlicher aus der Ferne bewundert, und er hatte sich in es bei seinem ersten Besuch verliebt. Amerika war das Land der wilden, respektlosen, experimentierfreudigen sechziger Jahre, einer Zeit, die Havel ins Herz geschlossen hatte. Sofort nach seiner Ankunft in New York zog er Jeans und Pullover an und ging in den Musikclub CBGB an der Ecke Bowery und Bleecker Street.

Aber es war die Welt der Literatur, des Theaters und der Ideen, der er sich am nächsten fühlte. Ganz plötzlich waren alle seine Freunde aus der Vergangenheit und viele andere in der Stadt, um ihn zu begrüßen. Und sie feierten ihn, wie es nur New Yorker können. Das Problem war nur, wie er sie alle an einem einzigen Tag unterbringen sollte. Gerade war er noch bei Bürgermeister David Dinkins im Gracie Mansion gewesen und wurde gleich darauf mit Pérez de Cuéllar im UNO-Hauptquartier am East River gesehen. Auf einem hektischen Empfang im Hauptquartier traf er sich mit Robert Bernstein, Jeri Laber und anderen Amerikanern, die die Aufmerksamkeit der westlichen Welt auf die Menschenrechtsverletzungen in den Ostblockstaaten gelenkt hatten. Im Public Theater gab es ein Wiedersehen mit Joe Papp. Er hatte das erste Stück von Havel produziert, das in den USA aufgeführt wurde. Schauspieler und Regisseure kamen einer nach dem anderen vorbei, um Hallo zu sagen. Der Typ, der wie Paul Newman aussah, war tatsächlich Paul Newman. Havel sagte zu seinen Begleitern:

»Erstaunlich, dass ich jemandem begegne, der so eine Legende ist, dass ich nicht an seine Existenz geglaubt habe.« Newman sprach mit ihm über seine tschechischen Vorfahren.[745] Danach raste Havel zu einem Fest mit 5000 Teilnehmern in der Cathedral of St. John the Divine. Dort wurde er von einer geradezu galaktischen Kombination von Sängern, Schauspielern und Schriftstellern empfangen, die ihn feierten. Paul Simon, James Taylor, Placido Domingo und Roberta Flack wechselten sich dabei ab mit Gregory Peck, Paul Newman und Tom Hulce, der in dem Film *Amadeus* von Miloš Forman, der ebenfalls gekommen war, den Mozart gespielt hatte. Paul Newman fand für das überwältigende Gefühl aller Anwesenden die richtigen Worte: »Ich war schon in Gegenwart großer Staatsmänner, und ich war schon in Gegenwart großer Künstler, aber ich war noch nie in Gegenwart eines großen Künstlers *und* Staatsmanns.« Havel sah aus wie ein kleiner Junge, der sich in einem Süßwarenladen austoben darf. Olga gab sich alle Mühe, so peinlich berührt auszusehen, dass es auch für ihn reichte.

Das Problem war nur, dass es selbst für zwei oder drei Abende zu viele Gratulanten waren. Deshalb dauerte das Fest furchtbar lang, und für Havel stand an diesem Abend auch noch ein Treffen mit Schriftstellerkollegen auf der Bühne des Vivian Beaumont Theater im Terminkalender. Der höfliche Havel konnte es nicht ertragen, andere warten zu lassen, insbesondere wenn es sich dabei um Kollegen wie Norman Mailer, Kurt Vonnegut, William und Rose Styron, Arthur Miller oder Edward Albee handelte. In den folgenden zwei Stunden begrüßte er alte Freunde, diskutierte über die Macht der Ohnmächtigen und das Leben in der Wahrheit und versuchte die Probleme der Tschechoslowakei und anderer Staaten in Mittel- und Osteuropa und die noch schwierigeren Probleme der Sowjetunion zu skizzieren. Er war glücklich in einem Umfeld, das ihm an meisten entsprach: eine halb beleuchtete Theaterbühne mit staubiger, geheimnisvoller Dunkelheit in den Kulissen, eingehüllt von einer Wolke aus blauem Rauch, die er und sein Team produzierten und die ihn überallhin zu begleiten schien.

Havel und Amerika, das war Liebe auf den ersten Blick. Amerika reagierte stark auf seine Tapferkeit, seine Bescheidenheit und seine coole Ausstrahlung. Und er selbst reagierte ebenso stark auf die uneingeschränkte Freiheit und die Möglichkeiten individueller Entfaltung, die das Land prägten, auf seine Offenheit und Energie, seine Toleranz und Vielfalt und auf seine Solidarität mit Menschen, die anderswo dieser Freiheit und Individualität beraubt wurden. An diesem Tag traf er offenbar die strategische Entscheidung, dass die Vereinigten Staaten ihm letztlich ein verlässlicherer und konsequenterer Verbündeter waren als Freunde, die ihm geographisch näherstanden. Dies sorgte für eine subtile, permanente Spannung und war Quelle innerer Konflikte, waren ihm doch sonst, etwa was seine Ansichten zu Kapitalismus und Wohlfahrtsstaat, zur Todesstrafe oder zu Umweltfragen betraf, die Vorstellungen der europäischen Politik viel näher.

Dennoch war es die politische Energie auf der anderen Seite des Atlantiks, die ihn faszinierte, wobei er vielleicht fälschlich Washington mit Amerika identifizierte. Jahre später, während seiner Fellowship bei der Library of Congress, schrieb er: »Hier macht die Politik den Leuten Spaß, bei uns mögen sie sie nicht; hier sprechen sie schrecklich gern darüber, bei uns schimpfen sie nur darüber; hier sind die Politiker, Wissenschaftler, Journalisten und andere wichtige Leute offenbar den ganzen Tag über frisch und sagen die klügsten Dinge vielleicht am Abend, bei uns sind ähnliche Leute am Abend entweder müde oder arbeiten verzweifelt oder sind betrunken oder sind froh, dass sie zu Hause sind, den Fernsehapparat einschalten können und sich mit niemandem unterhalten müssen.«[746]

Er hätte jahrelang bleiben können. Aber er musste weiter. Die nächste Station war Moskau – wohl oder übel.

THEN WE TAKE KREMLIN

Am 25. Februar 1948 hatte Klement Gottwald, der syphilitische kommunistische Führer und tschechoslowakische Ministerpräsident, vor einer Menge begeisterter Sympathisanten den Sieg seiner Partei verkündet. Der freudig erregte Gottwald hatte sich gerade auf der Prager Burg mit Präsident Edvard Beneš getroffen, der ihm in all seinen Forderungen entgegengekommen war. Auf den Tag genau 42 Jahre danach teilte ein sichtbar erschöpfter Václav Havel auf dem Altstädter Ring einer ebenfalls begeisterten Menge mit, dass er gerade von einem Treffen mit Präsident George Bush im Weißen Haus zurückgekehrt sei und dass dieser sich nachdrücklich hinter den demokratischen Wandel in Mittel- und Osteuropa gestellt habe.

Als Dramatiker nutzte Havel den historischen Jahrestag, um die Bedeutung und das Ausmaß des Wandels hervorzuheben. Es gab nur ein paar Probleme mit dem Drehbuch: Erstens war Havel nach dem 14-stündigen Rückflug stehend k. o., zweitens waren etwa 70 000 sowjetische Soldaten auf Militärstützpunkten überall in der Tschechoslowakei stationiert, die zum Thema demokratischer Wandel vielleicht ihre eigenen Ansichten hatten, und drittens sollte Havel, einer geschickten Inszenierung folgend, schon wenige Stunden darauf nach Moskau fliegen, um genau dies mit dem sowjetischen Staatschef Gorbatschow zu besprechen.

Immerhin konnte das Regierungsflugzeug das Reiseziel diesmal ohne Zwischenlandung erreichen. Nicht dass Havel den zweistündigen Flug für ein Nickerchen genutzt hätte. Er brauchte vielmehr die Zeit für die Umsetzung einer weiteren »kleinen

Idee«. »Wie wäre es«, sagte er, als das Flugzeug zur Startbahn rollte, »wenn wir eine gemeinsame Erklärung für das Treffen formulieren würden, in der die Sowjets und wir uns verpflichten, die Vergangenheit hinter uns zu lassen und einander als gleichberechtigt zu behandeln, und in der sich die Sowjetunion für alles entschuldigt, was sie uns in der Vergangenheit angetan hat, und verspricht, es nie wieder zu tun?« Die Delegation, die aus Außenminister Dienstbier, dem außenpolitischen Berater Saša Vondra, Dienstbiers Sprecher Luboš Dobrovský und meiner Wenigkeit bestand, starrte ihn nur an und murmelte »Aber sicher doch« oder so etwas Ähnliches. Aber Havel meinte es ernst, und wir begannen, bei einer Flasche Bier an dem Entwurf zu arbeiten. Am Ende wurde die Formulierung in Bezug auf die Entschuldigung abgeschwächt, und das Papier fiel zukunftsorientierter aus. Doch der Grundgedanke, dass die Beziehungen zwischen den zwei Ländern von nun an auf Gleichberechtigung und gegenseitiger Anerkennung der Souveränität basieren sollten, blieb erhalten. Niemand in der Delegation erwartete, dass der Sowjetführer das Dokument unterzeichnen würde. Bestenfalls waren langwierige Verhandlungen mit dickfelligen Bürokraten zu erwarten, bei denen die Inhalte bis zur Unkenntlichkeit verwässert würden. Bei der Ankunft in Moskau übergaben wir das Schreiben dem neuen tschechoslowakischen Botschafter, damit es zügig übersetzt wurde. Auch er glaubte nicht, dass der Plan funktionieren würde.

Aber allein schon die Tatsache, dass es einen neuen Botschafter in Moskau gab, bewies, wie schnell sich die Dinge geändert hatten. Rudolf Slánský war Unterzeichner der Charta und Sohn des gleichnamigen Generalsekretärs der tschechoslowakischen KP, der 1952 von seinen Genossen aufgehängt worden war, nachdem sie, angeleitet von sowjetischen KGB-Beratern, den größten Schauprozess der damaligen Zeit inszeniert hatten. Rudolfs Schwester Naděždawar hatte man als Neunjährige gekidnappt, während sich ihr Vater 1943 im Moskauer Exil aufgehalten hatte. Ihre Familie sah sie nie wieder.

Wie es sich für die Delegation eines Staatsoberhaupts gehört, wurden wir in einem staatlichen Gästehaus untergebracht. Niemand hatte uns davor gewarnt, dass es sich um eine düstere tschechowsche Villa mitten auf einem riesigen Militärgelände handelte. Das Gebäude war von einer stacheldrahtgekrönten Mauer umgeben und wurde von streng blickenden Sowjetsoldaten mit Sturmgewehren bewacht. Havel empfand das Haus als so deprimierend, dass er sich gleich für die Nacht zurückzog. Damit war der Rest der Delegation auf sich selbst gestellt, und wir schafften es, die klassische übellaunige *deschurnaja*[747] aufzutreiben und sie in unserem gebrochenen Russisch zu überreden, uns eine Flasche Wodka und ein Schachspiel zur Verfügung zu stellen. Danach spielten wir Schach, leerten die Flasche und sprachen nur Russisch, so gut wir eben konnten, um den zweifellos in der Decke versteckten Mikrofonen Gutes zu tun. Es machte großen Spaß.

Havel saß schon am Frühstückstisch, als wir an einem kalten, dunklen Morgen aufwachten. Er wirkte gutgelaunt und optimistisch. Der Kreml lockte. Wir wurden durch einen Seiteneingang hereingelassen – womöglich das normale Verfahren oder aber eine Besonderheit des Protokolls. Vor dem eigentlichen Gespräch bekam Havel eine Führung durch die Säle des Kreml mit besonderer Betonung ihrer Größe und Pracht, was ihn sicher gänzlich unbeeindruckt ließ. Und dann stand er plötzlich von Angesicht zu Angesicht dem nominellen Führer des »Lagers des Friedens und des Sozialismus« gegenüber, der so viel getan hatte, um es in seinen Fundamenten zu erschüttern.

Für das Treffen hatte Gorbatschow ein Pokerface aufgesetzt. In seinem Benehmen war keine Feindseligkeit zu spüren, aber auch nicht viel Freundlichkeit, nur eine Spur von Neugier. Als Havel ihn, um seine Nervosität zu verbergen, fragte, ob er rauchen dürfe, wurde sofort ein Aschenbecher gebracht, obwohl Gorbatschow keine Anweisung gegeben und niemand den Raum verlassen hatte. Nach Austausch der üblichen Höflichkeiten erklärte Havel, er sei nicht gekommen, um auf der Vergangenheit herumzureiten, so unangenehm sie auch gewesen sei, sondern wolle die Beziehungen zwischen den beiden Ländern auf eine neue und positive Grundlage stellen. Danach schmolz das Eis. Erstaunlicherweise erhob Gorbatschow keinen Widerspruch, als Havel sagte, es sei doch an der Zeit, die sowjetischen Truppen aus der Tschechoslowakei abzuziehen, die seit jenem verhängnisvollen August im Land stationiert seien.[748] Gorbatschow wollte nur die feste Zusage, dass es keine Verfolgung der Kommunisten geben würde. Havel betonte in seiner Antwort, es komme darauf an, einen Schlussstrich unter die Vergangenheit zu ziehen, ohne Vergeltung, Unterdrückung oder Schuldzuweisung. Und dann kam der entscheidende Moment. Er zog das hastig übersetzte Dokument aus der Tasche, das noch keinen Tag alt war, und schlug vor, auf dieser Grundlage eine gemeinsame Erklärung abzugeben.

Gorbatschow wirkte eher verwirrt als überrascht, dass sich dieser Newcomer in der Welt der internationalen Verhandlungen so zupackend verhielt. Er nahm das Papier, musterte es schweigend, ohne es zu lesen, und reichte es an seinen außenpolitischen Berater Georgi Schachnasarow,[749] einen intellektuell wirkenden älteren Mann, weiter. Schachnasarow hatte dem Gespräch bis dahin aufmerksam, aber schweigend gelauscht. Nun nahm er das Papier und las es. Dann zog er, vielleicht um es bequemer zu haben oder um sich zu konzentrieren oder einfach um Zeit zu gewinnen, die Schuhe aus und setzte sich im Schneidersitz auf seinen Stuhl. Es war schwierig, sich durch diese menschliche Geste nicht ermutigt zu fühlen. Schachnasarow las langsam und sorgfältig. Nach langem Schweigen sah er Gorbatschow an und nickte. Gorbatschow sah Havel an und nickte. Havel war mit seiner Erklärung durchgekommen. Sie wurde in einen Nachbarraum gebracht, wo die beiden Außenminister Dienstbier und Schewardnadse ihre eigenen Gespräche führten und dem Dokument den letzten Schliff verpassten.

Nun war die Zeit für das Glanzstück in Havels Inszenierung gekommen. Er dankte Gorbatschow überschwänglich für den freundlichen Empfang und das Verständnis und machte eine wohlüberlegte Bemerkung über einen ähnlich warmen Empfang in Washington. Dann erzählte er, dass er von einem amerikanischen Indianerhäuptling eine Pfeife bekommen habe, brachte sie tatsächlich zum Vorschein und erklärte: »Mir kam schon dort der Gedanke, dass ich die Pfeife mit nach Moskau nehmen sollte, damit wir zusammen eine Friedenspfeife rauchen.« Gorbatschow war verblüfft. Er musterte die Pfeife, als sei sie eine scharfe Handgranate. Dann starrte er seinen Gast verständnislos an und stotterte: »Aber ich rauche nicht.«[750]

Michail Gorbatschow wird wahrscheinlich nicht wegen seines Humors in Erinnerung bleiben, aber es gelang ihm, Havel davon zu überzeugen, dass er ernsthaft mit der Vergangenheit brechen und die ehemaligen Länder des Ostblocks ihr eigenes Glück schmieden lassen wollte. Ähnlich ernst war es ihm, das totalitäre kommunistische System in etwas Besseres, Effizienteres, Demokratischeres zu verwandeln, ein unmögliches, aber ehrenwertes Vorhaben. Im Gegensatz zu seinem Nachfolger Jelzin hatte Gorbatschow überhaupt nichts von einem »Bohemien«, dennoch schätzte und respektierte Havel ihn mit der Zeit immer mehr. Im Jahr 1999 verlieh Havel anlässlich des zehnten Jahrestags der Samtenen Revolution den Weißen Löwen, die höchste Auszeichnung Tschechiens, an sechs Politiker, die beim Abbau des Eisernen Vorhangs und der Demokratisierung der ehemals unterdrückten Länder Mittel- und Osteuropas eine entscheidende Rolle gespielt hatten: George Bush, Margaret Thatcher, Michail Gorbatschow, Helmut Kohl, Lech Wałęsa und, postum, François Mitterrand.[751] Als Havel den früheren Präsidenten der Sowjetunion in seinem Arbeitszimmer empfing, wies er auf ein Fresko an der Wand. Es zeigt einen zwielichtigen Charakter, der verstohlen zwischen den Büchern auf einem Regal hervorspäht. »Wissen Sie, was das ist? Das ist ein KGB-Agent. Kennen Sie den KGB?« Gorbatschow nickte resigniert.[752]

Die Übereinkunft musste durch Essen und Trinken besiegelt

werden. *Obed* bedeutet eigentlich Mittagessen auf Russisch, aber im Kreml wurde es, vermutlich wegen des gemütlichen Alltags der russischen Aristokratie, offiziell erst am Abend serviert. Es bestand aus einer kompletten Mahlzeit und Getränken, die in keinem anderen Land bei einem Mittagessen angemessen gewesen wären. Dutzende sowjetische Regierungsbeamte und die ganze tschechoslowakische Delegation nahmen teil. Das Ereignis erinnerte an die Atmosphäre in einem Zoo, wobei schwer zu sagen war, wer auf wen exotischer wirkte: die russischen Bürokraten auf ihre langhaarigen Besucher oder die tschechischen und slowakischen Dissidenten, Künstler und Intellektuellen auf die russischen Gastgeber.

Havel hatte in Moskau noch eine Schuld zu begleichen. Dazu gehörte ein Besuch auf dem Friedhof Wostrjakowo, wo Andrei Sacharow begraben lag. Der russische Dissident, der die Charta 77 öffentlich begrüßt hatte und von ihr unterstützt worden war, war zwei Wochen vor Havels Wahl zum Präsidenten gestorben. Er wäre sehr glücklich über diese Entwicklung gewesen, sagte seine Witwe Jelena Bonner zu Havel. Bei dem Besuch auf dem Friedhof war auch Larissa Bogoras mit dabei. Sie hatte in einem Akt geradezu wahnsinniger Tapferkeit am 25. August 1968 auf dem Roten Platz gegen die Invasion in der Tschechoslowakei demonstriert und war dafür vier Jahre nach Sibirien verbannt worden. Ein Treffen in der tschechoslowakischen Botschaft mit dem schon lange unabhängigen Flügel der sowjetischen Kultur, an dem unter anderem Juri Ljubimow, Jewgeni Jewtuschenko, Bulat Okudschawa, Oleg Tabakow, Tschingis Aitmatow und Elem Klimow teilnahmen, war das Sahnehäubchen des Staatsbesuchs.

Im Juni 1990 kam Havel erneut nach Moskau, um an einem Gipfeltreffen der Staatsoberhäupter des Warschauer Pakts teilzunehmen, und zwar mit dem klaren Vorsatz, das Bündnis enden zu lassen. Das verlief unproblematischer als erwartet. Gorbatschow verlor schnell die Kontrolle, und die neuen demokratischen Regierungen in Mittel- und Osteuropa hatten genug Selbstvertrauen, um sich zu behaupten. Wenngleich die Auflösung erst beim nächsten Gipfeltreffen am 1. Juli 1991 in Prag offiziell wurde, war das Ende schon bei dieser Konferenz deutlich abzusehen.

Gorbatschow war komplett von der sich verschlechternden politischen und wirtschaftlichen Situation in der Sowjetunion in Anspruch genommen, als die Zeit für die Auflösung des Warschauer Pakts gekommen war. Also schickte er den erst kürzlich zum sowjetischen Vizepräsidenten beförderten gesichtslosen Apparatschik Gennadi Janajew nach Prag, um das einzige Militärbündnis in der Geschichte aufzulösen, das je seine eigenen Mitglieder angegriffen hatte. Es war jedoch keine Frage, dass der historische Moment Havel, Wałęsa und Tausenden anderen gehörte, die an dem lange Zeit hoffnungslos erscheinenden Kampf gegen die erstickende sowjetische Umarmung beteiligt gewesen waren. Havel machte bei seiner Rede auf dem Gipfeltreffen keinen Hehl aus seiner Freude und seinen Absichten. »Wir wollen nicht verbergen, dass unser Ziel die Westintegration der Tschechoslowakei ist«,[753] sagte er und rief dazu auf, die Trennlinie zwischen Ost und West abzuschaffen. Auf dem Gipfel wurde der damals 36 Jahre alte Warschauer Vertrag erwartungsgemäß aufgelöst. Als letztes präsidierendes Land erbte die Tschechoslowakei die Insignien des Militärbündnisses. Sie bestanden aus einem Beutel mit einem Siegel und einem Gummistempel. Der Beutel wurde zuletzt im Besitz von Außenminister Dienstbier gesehen.

Der 19. August 1991 begann wie ein ganz normaler Tag. Havel schlief noch, als in seinem Büro die Telefone zu klingeln begannen. Es wurde gemeldet, dass die 2. Gardeschützendivision Tamanskaja die sowjetische Hauptstadt besetzte. Gorbatschow, der auf der Krim Urlaub machte, wurde aus gesundheitlichen Gründen abgesetzt und der gesichtslose Janajew zum Präsidenten erklärt.

Zum Glück hatten die letzten Einheiten der Roten Armee die Tschechoslowakei schon drei Monate zuvor verlassen. Dennoch war die Entwicklung besorgniserregend. Eine Lehre der Geschichte lautete, dass der russische Bär dann am gefährlichsten war, wenn er im Todeskampf um sich schlug. Was dem Präsidenten und seinen Leuten auf der Burg Sorgen machte, war nur wenige Hundert Meter entfernt Grund zur Freude. Im Außenministerium ließen einige Diplomaten der alten Schule Champagnerkorken knallen.

Dreiundzwanzig Jahre nach der sowjetisch geführten Invasion in der Tschechoslowakei marschierte das Imperium nun bei sich selbst ein. Aber zwanzig Jahre waren, wie Gorbatschow ja selbst gesagt hatte, ein alles entscheidender Unterschied. Breschnew, Kossygin und ihre Spießgesellen waren kampferprobte Überlebende der stalinistischen Ära und des Zweiten Weltkriegs gewesen, als sie den Befehl gaben, die Reformbewegung in der Tschechoslowakei niederzuschlagen. Absolute Skrupellosigkeit war ihnen in Fleisch und Blut übergegangen. Sie standen an der Spitze einer Supermacht, die über eine relativ starke Schwerindustrie verfügte, und viele von ihnen glaubten immer noch an die Ziele des Marxismus. Demgegenüber bestand die sogenannte Achterbande,[754] die den Putschversuch im August 1991 leitete, größtenteils aus korrupten Bürokraten. Die berühmte Pressekonferenz, bei der das Zittern Janajews offenbar zu gleichen Teilen auf dem Entsetzen über seine Tat wie auf schwerem Alkoholmissbrauch beruhte, wirkte wie eine Szene aus *Die Marx Brothers im Krieg*. Niemand, der sie sah, glaubte, dass sich die Putschisten auch nur eine Woche halten könnten. Tatsächlich dauerte der Putsch kaum mehr als einen Tag. In den ersten Stunden des 21. August 1991 zog sich die Tamanskaja-Division aus Moskau zurück.

Der Mann der Stunde war der Präsident der Russischen Sozialistischen Föderativen Sowjetrepublik und künftige russische Präsident Boris Jelzin – für Havel kein unbeschriebenes Blatt. Jelzin hatte Prag in jenem Jahr bereits in seiner Eigenschaft als Präsident der größten sowjetischen Teilrepublik besucht. Wegen seines damals schon offenen Konflikts mit Gorbatschow war es für Havel recht heikel, ihn zu empfangen. Er sympathisierte mit

Jelzins demokratischen Neigungen, fühlte sich aber auch Gorbatschow verpflichtet. Die Kompromisslösung: ein inoffizielles Treffen in dem Prager Gasthaus Zum Kelch, dem legendären Treffpunkt aus Hašeks *Der brave Soldat Schwejk*, wo dieser sich für »nach dem Krieg um sechs« mit seinem Freund verabredet. Es war alles richtig, was Jelzin über Demokratie, über die Abschaffung der Herrschaft der Kommunistischen Partei und den Wiederanschluss an den Westen sagte. Nur war er für Havels Geschmack etwas zu überschwänglich, zu gesprächig und zu ausführlich im Vergleich zu dem eher zurückhaltenden Gorbatschow. Havel bestellte Bier, eine Ente für seinen Gast und einen kleinen Imbiss für sich und sah ehrfürchtig zu, wie Jelzin den ganzen Vogel vertilgte. »Er sah aus, als hätte er noch einen verdrücken können«, sagte er später.

Einer der wichtigsten Termine bei seinem nächsten Besuch in Russland im Jahr 1992 war ein Treffen mit dem eigenwilligen Präsidenten des russischen Parlaments Ruslan Chasbulatow. Der bekennende Populist tschetschenischer Herkunft musste auf seinen historischen Moment im Rampenlicht zwei Jahre länger warten als Janajew, wenn auch mit einem ähnlichen Ergebnis. Er sollte im Oktober 1993 einer der Führer der gescheiterten Rebellion gegen Boris Jelzin sein. Das wichtigste Anliegen auf Havels Reise war die Summe von etwa fünf Milliarden Dollar, die die Sowjetunion der Tschechoslowakei für alle Arten von Industrieprodukten und anderen Gütern schuldete, die diese in der Zeit der Bruderliebe in den Osten geliefert hatte.[755] Chasbulatow ließ sich das Problem erklären und lehnte den Anspruch rundheraus ab. Als Havel vorsichtig einwandte, dass sogar in der kommunistischen Periode aufgehäufte Schulden zurückgezahlt werden müssten, sagte Chasbulatow mit einem schiefen Lachen: »Wissen Sie, wir waren genau wie Sie von den Kommunisten besetzt. Wenn Sie das Geld wollen, verklagen Sie die Kommunisten.« Immerhin fand das Gespräch am 1. April statt. Das Schuldenproblem wurde zehn Jahre später gelöst, als der heutige tschechische Präsident Miloš Zeman

Ministerpräsident war, wenngleich von einer echten »Rückzahlung« keine Rede sein konnte.[756]

Bei all diesen Treffen bekam Havel ein sehr plastisches Bild von den enormen Herausforderungen, mit denen die Russen bei der Transformation ihres Landes konfrontiert waren. Er teilte nie die Russlandfeindlichkeit, die nach 1989 in Mittel- und Osteuropa vorherrschend war, achtete jedoch genau auf Anzeichen für einen erneuten russischen Expansionismus, selbst wenn sich dieser nicht gegen sein Land richtete. Obwohl er mit der aufständischen Regierung in Tschetschenien nicht viel gemein hatte, war er nach dem brutalen Krieg, den Präsident Putin gegen das tschetschenische Volk führte, überzeugt davon, dass einige der schlimmsten russischen Instinkte noch nicht überwunden waren.

Auch sein Verhältnis zu den russischen Führern änderte sich im Lauf der Jahre. Er respektierte Gorbatschow, auch wenn er kein so harmonisches Verhältnis zu ihm herstellen konnte wie zu anderen führenden Politikern. Er war fasziniert und erheitert von Jelzin, einer Figur wie aus einem Roman von Nikolai Gogol, und fand seine demokratischen Überzeugungen und seine Westorientierung glaubwürdig. Anders verhielt es sich mit Putin, und das sah nicht nur Havel so. Während ein Großteil der westlichen Welt den russischen Präsidenten für sein cooles Auftreten, seine elegante Kleidung und sein passables Deutsch bewunderte, konnte Havel den Ursprung dieser Coolness und dieser sprachlichen Fähigkeiten keinen Augenblick vergessen. Putin war ein Tschekist, ein KGB-Offizier, die Art von Mensch, die Havel und seine Gesinnungsgenossen jahrelang zu erkennen und zu überlisten gelernt hatten. Dass ein Tschekist seine Überzeugungen geändert hatte, war möglich, aber ziemlich unwahrscheinlich.[757] Für Havel »hat die Putin-Ära einen neuen Typ von Diktatur hervorgebracht, die wegen ihrer unauffälligen Maske besonders gefährlich ist. Sie ist insofern bemerkenswert, als sie die schlimmsten Eigenschaften von Kommunismus und Kapitalismus auf sich vereint.«[758] Er misstraute Putin und seiner »gelenkten Demokratie«.

Doch es gab immer auch das andere Russland. Für einen mitteleuropäischen Intellektuellen wie Havel war es nur natürlich, sich die große Tradition des russischen Romans, der russischen Dichtung und des russischen Theaters anzueignen, zusammen mit verschiedenen Einflüssen aus dem deutschen, französischen oder englischen Sprachraum. Obwohl er die eigene Theaterarbeit auf dem Prinzip des Absurden aufbaute und *Der Revisor* von Nikolai Gogol zu seinen Lieblingsstücken gehörte, war er von der Menschlichkeit und Menschenkenntnis eines Anton Tschechow noch tiefer berührt.

Dieselbe Bewunderung und Wertschätzung brachte er auch einigen seiner Zeitgenossen in der demokratischen Opposition und der Menschenrechtsbewegung in Russland entgegen. Außer vor Andrei Sacharow und den »Sieben Aufrechten«, die im August 1968 auf dem Roten Platz gegen die Invasion in der Tschechoslowakei demonstriert hatten, hatte er auch vor Natan Scharanski und der Bewegung Refusenik großen Respekt. Nach seinen eigenen Erfahrungen mit dem tschechoslowakischen Gefängnissystem staunte er über die Tapferkeit und Widerstandskraft von Menschen wie Scharanski, der im sowjetischen Gulag eine ungleich härtere Erfahrung gemacht und sie ungebrochen überstanden hatte. Havel traf ihn mehrfach bei seinen Besuchen in Israel, im Jahr 2007 organisierten sie gemeinsam eine Demokratiekonferenz in Prag, auf die sie Menschenrechtsaktivisten und Oppositionelle aus dem Iran, China, Ländern der früheren Sowjetunion, aus dem Nahen Osten und – Präsident George Bush jr. einluden. Alle waren überrascht, dass Bush tatsächlich kam, nur die Organisatoren nicht. Havel war schließlich einer seiner Helden, und er hatte angeblich Scharanskis Buch *The Case for Democracy* auf dem Nachttisch liegen.

Havel mochte Russland, hatte aber im Gegensatz zu vielen anderen Europäern nie ein sentimentales Verhältnis zu dem Land. Die Idee von der gemeinsamen »slawischen Seele« war ihm fremd. Wie sein großer Vorgänger Tomáš Garrigue Masaryk war er vollkommen immun gegen die Idee des Panslawismus, die Ende des 19. und zu Beginn des 20. Jahrhunderts so viele tschechische Politiker infiziert hatte. Das Konzept hat für einige demokratische slowakische Politiker bis heute eine gewisse Anziehungskraft, zum Beispiel für Ján Čarnogurský, Havels Mitstreiter als Dissident, der später slowakischer Ministerpräsident wurde. Wie Karel Havlíček, der Schrifteller, der im 19. Jahrhundert den tschechischen politischen Realismus begründete, war auch Havel der Ansicht, dass der Begriff »slawisch« eher ethnographisch und nicht durch eine, wie auch immer geartete, Seele definiert sei, dass die Verbindungen zwischen Völkern »nicht allein durch die Sprache, sondern auch durch Bräuche, Religion, Staatsführung und Bildung« bestimmt würden.[759]

DIE ARGLOSEN IM AUSLAND

Havel wollte nicht einfach die Knechtschaft unter einer Supermacht durch die Bindung an eine andere ersetzen, sondern hatte den Ehrgeiz, die Verbindungen seines Landes zum Rest der Welt neu aufzubauen. Obwohl es, oberflächlich betrachtet, vielleicht nicht so schien, pflegte die Tschechoslowakei 1989 kaum eine normale Beziehung zu anderen Ländern. Ihre Verbindungen zur Sowjetunion und den anderen Ostblockstaaten beruhten auf Zwang und Unterwerfung. Die jahrhundertealten Beziehungen zu den europäischen Ländern im Westen, mithin die Wurzeln ihres historischen Erbes, ihrer Kultur und ihres Wohlstands, waren durch den Eisernen Vorhang ganz plötzlich abgeschnitten worden. Die nachbarschaftlichen Verbindungen zu Deutschland und Österreich waren durch das Unrecht der Vergangenheit und den Kalten Krieg vergiftet und von endemischem Misstrauen gekennzeichnet. Die kommunistische Tschechoslowakei hatte stolz auf ihre Freundschaft mit vielen Entwicklungsländern in Asien und Afrika gezeigt, hatte aber als Stellvertreterin der Sowjetunion diese Länder wiederum vor allem als Stellvertreter im Kalten Krieg betrachtet und als Markt für ihre Rüstungsexporte genutzt. Die Rüstungsgüter wurden meistens mit Krediten gekauft, die nur selten zurückgezahlt wurden. Nach dem Sechstagekrieg brach die Tschechoslowakei ihre diplomatischen Beziehungen zu Israel ab, obwohl dort viele ihrer ehemaligen jüdischen Staatsbürger lebten, die den Holocaust überlebt hatten. Das in großen Teilen katholische Land, das sich traditionell nicht durch besonderen religiösen Eifer auszeichnete, hatte viele Jahre lang einen geheimen Krieg gegen den Vatikan geführt, indem es versucht hatte, die katholische Amtskirche der Tschechoslowakei zu unterwandern und zu korrumpieren.

Die außenpolitische Neuordnung war eine riesige Aufgabe, aber Havel zögerte nicht, sich ihr zu stellen. Er war schon am 2. Januar 1990 in beiden deutschen Staaten gewesen und hatte vor Ende des Monats auch im polnischen Sejm gesprochen und Ungarn besucht. Während sich viele beiderseits des ehemaligen Eisernen Vorhangs noch mit der Frage herumschlugen, ob sie Deutschland so sehr mochten, dass sie nicht doch lieber zwei davon haben wollten, fand Havel eine überzeugende Antwort. Er stellte die Angelegenheit in einen größeren Kontext, fragte, was den vitalen Interessen der Tschechen und Polen am besten diente, und kam zu dem Schluss: »Es handelt sich um zwei Seiten derselben Medaille. Es ist schwer, sich ein ungeteiltes Europa mit einem geteilten Deutschland in der Mitte vorzustellen, und genauso schwer ist es, sich ein ungeteiltes Deutschland in einem geteilten Europa vorzustellen.«[760] In derselben Rede lud er seine polnischen und ungarischen Kollegen zu Gesprächen über Möglichkeiten der Kooperation nach Bratislava ein. Sie fanden im April statt und führten zur Entstehung der Visegrád-Gruppe und zu einem Abkommen über regionale Kooperation, das neun Monate später in der gleichnamigen ungarischen Stadt unterzeichnet wurde. Die V4-Gruppe, wie sie auch genannt wird, hat sowohl die Teilung der Tschechoslowakei als auch den Beitritt der Tschechischen und der Slowakischen Republik sowie Ungarns und Polens zur Europäischen Union überlebt.

Das Konzept der regionalen Kooperation genoss von Anfang an allgemeine Unterstützung, entwickelte sich aber nur in unregelmäßigen Schüben und erlitt manche Rückschläge. Das Problem waren die Synchronisierung der Interessen und die Unterschiedlichkeit der beteiligten Persönlichkeiten. Stets litt eines der drei beziehungsweise (nach der Spaltung der Tschechoslowakei) vier Länder an irgendeiner politischen oder wirtschaftlichen Krise, während die anderen es so eilig hatten, sich dem Westen anzuschließen und die Früchte der Marktwirtschaft zu ernten, dass sie auf das krisengeschüttelte Mitglied nicht warten wollten.

Das Problem der unvereinbaren Persönlichkeiten führte zu komischen Momenten. Als Havel im Januar 1990 erstmals als Präsident Polen besuchte, war sein politischer Mitstreiter und späterer Kollege Lech Wałęsa noch ein angesehener Revolutionsführer. Staatspräsident war immer noch Wojciech Jaruzelski, der General, der 1981 zur Unterdrückung der Solidarność den Notstand ausgerufen hatte. Bei dem Besuch wollte sich Wałęsa nicht damit abfinden, dass er gemäß dem Protokoll sowohl seinem polnischen Kerkermeister als auch seinem tschechischen Freund untergeordnet gewesen wäre, also weigerte er sich, nach Warschau zu kommen, und blieb in Danzig. Ein bilaterales Ersatztreffen zwischen Havel und Wałęsa war schnell organisiert und fand auf demselben Berggipfel im Riesengebirge statt, auf dem Mitglieder der Charta 77 und der Solidarność ihre Geheimtreffen abgehalten hatten. Doch die Begegnung verlief nicht gut. Wałęsa wartete immer noch darauf, ebenfalls Präsident zu werden und reagierte kühl auf Havels intellektuelle Reflexionen. Schließlich wurde auch er Ende 1990 Präsident und absolvierte im September 1991 einen Staatsbesuch in Prag. Dieses Mal war Havel von seinen Beratern vorbereitet worden, damit das Treffen möglichst unproblematisch verlief. Sie erstellten ein psychologisches Profil von Wałęsa und eine Liste möglicher Gesprächsthemen, die stark auf Tagesprobleme konzentriert waren und abstrakte Konzepte und erhabene Rhetorik möglichst vermieden. Aber wieder lief nichts wie geplant. Offenbar hatten auch die Berater in Warschau ihre Hausaufgaben gemacht: Wałęsa wollte nur über Philosophie und metaphysische Probleme reden. Beide Männer hegten eine tiefe Bewunderung füreinander, aber sie waren offenbar nie in der Lage, nach der gleichen Melodie zu tanzen.

Am 51. Jahrestag des 15. März 1939, an dem die deutsche Wehrmacht Prag besetzt und Hitler im Hof der Prager Burg triumphierend eine Ehrenformation abgenommen hatte, kam der deutsche Präsident Richard von Weizsäcker auf Havels Einladung »nicht mit Panzern, sondern einfach zu Fuß«[761] auf die Burg. Havel lobte von Weizsäcker, »weil er für seine Nation schon viele harte Wahrheiten über das Leid ausgesprochen [hat], das viele Deutsche der Welt insgesamt und insbesondere uns angetan haben«. Und im gleichen Atemzug stellte er die Frage: »Ist es auch uns gelungen, für unsere Seite alles zu sagen, was wir hätten sagen sollen? Ich bin mir dessen nicht sicher.«[762] Im Folgenden verurteilte er wieder einmal das Prinzip der Kollektivschuld, das nach Ende des Zweiten Weltkriegs offenbar als Rechtfertigung für die Vertreibung der Deutschen gedient hatte. Es wollte aber nicht nur sein Bedauern über diese Tat ausdrücken, sondern ging auch auf das Thema der moralischen Ansteckung ein, das in seinen Schriften allgegenwärtig ist: »Und, wie es in der Geschichte zu sein pflegt, wir haben nicht nur ihnen Leid angetan, sondern mehr noch uns selbst: Wir haben mit der Totalität so abgerechnet, dass wir ihren Keim in das eigene Handeln aufgenommen haben und so auch in die eigene Seele, was uns kurz darauf grausam zurückgezahlt wurde in der Form unserer Unfähigkeit, einer anderen und von anderswoher importierten Totalität entgegenzutreten.«[763]

Auch bei der Reise nach Großbritannien ging es darum, alte Bande neu zu knüpfen. Beide Länder waren nicht nur durch den Eisernen Vorhang getrennt gewesen, sondern die meisten Tschechen hegten auch tiefverwurzelte Ressentiments wegen der unrühmlichen Rolle der Regierung Chamberlain beim Münchner Abkommen. Erst in Margaret Thatcher hatte die demokratische Opposition in der Tschechoslowakei eine Politikerin gefunden, die sich leidenschaftlich und ohne Angst vor der Sowjetunion für ihre Sache einsetzte.[764] Daneben hatte es in der Zivilgesellschaft, in der akademischen und in der Welt der Kunst die ganze Zeit zahlreiche Unterstützer gegeben, die ihr Möglichstes taten, um ihren notleidenden tschechischen Freunden zu helfen. Die

Rolle der Philosophen Roger Scruton und Julius Tomin bei der Organisation der Untergrunduniversität in Prag und Brünn, die unerschütterliche Unterstützung des in Mähren geborenen Bühnenautors Tom Stoppard, die Solidarität von Harold Pinter und anderen Theaterleuten, die regelmäßigen Proteste vor der tschechoslowakischen Botschaft in London gegen die Inhaftierungen der Oppositionellen, die Anwesenheit der britischen Presse in Prag mit dem größten Kontingent aller Länder und die höchst informativen Sendungen des BBC World Service auf Tschechisch und Englisch – all das trug dazu bei, dass Havel und andere die Zeit der Zeitlosigkeit überstanden.

Es ist vielleicht irreführend, auf der Basis von Hotelzimmern, Konferenzsälen und Regierungsbeamten auf einzelne Länder und ihre Bewohner zu schließen. Dennoch können solche Vergleiche amüsant sein. Unter anderem entdeckte die Delegation des Präsidenten, dass der Personenschutz in jedem Land andere Vorlieben hatte. Die Amerikaner setzten auf ein Übermaß an Einsatzkräften und legten offensichtlich großen Wert auf Abschreckung. Die Franzosen waren auf ihre eigene statische Art effektiv und hielten nichts davon, die Stadtautobahn zwanzig Minuten zu sperren, nur damit der tschechoslowakische Präsident sicher passieren konnte. Die Italiener waren wunderbar opernhaft; sie fuhren schnelle Alfa Romeos mit offener Beifahrertür, aus der ein *carabiniere* mit schussbereiter Maschinenpistole heraushing. Die Briten dagegen zeichneten sich durch Understatement aus. Sie brachten Motorradstaffeln zum Einsatz, die jeweils nur die nächste Kreuzung sperrten. Als Havel aus dem Auto stieg und die Regent Street entlangspazierte, verschwanden sie in der Menge, so dass er, wenn auch nur für wenige Augenblicke, die Illusion haben konnte, allein und unerkannt durch eine fremde Stadt zu gehen.

Im republikanischen Paris wurde Havel ein königlicher Empfang bereitet. In den zwei Jahrzehnten der »Normalisierung« hatten die französischen Intellektuellen Havel und die tschechoslowakische Opposition womöglich am aktivsten und lautstärksten unterstützt. Havel nutzte die Gelegenheit, um dem französischen Präsidenten François Mitterrand für die Geste zu danken, dass er bei seinem Staatsbesuch im Dezember 1988 mit ihm und anderen Dissidenten gefrühstückt hatte. Im Gegensatz zu Margaret Thatcher war Mitterrand völlig einer Meinung mit Havel, was die Wiedervereinigung Deutschlands und Europas betraf. Sein intellektuelles, leidenschaftsloses Verständnis der europäischen Einigung als einem schrittweisen Prozess mit konzentrischen Kreisen und verschiedenen Graden der Zugehörigkeit wich jedoch von Havels großzügigerem und inklusiverem Konzept eines vereinten, ungeteilten Europa ab. Außerdem zeigte die elegante Entourage des französischen Staatspräsidenten eine gewisse Geringschätzung für die struppigen Besucher. Bei dem abendlichen Bankett im Élysée-Palast fragte einer der führenden französischen Regierungsbeamten unklugerweise die Gäste, ob sie je einen so schönen Palast gesehen hätten. Die Besucher gaben keine Antwort, was in einem beträchtlichen Ausmaß auf ihr schlechtes Französisch, aber auch auf ihre Höflichkeit zurückzuführen war. Es ertönte jedoch ein hörbares Schnauben aus dem hinteren Teil des Saals, wo sich Karel Schwarzenberg aufhielt und ein paar Gemälde studierte. »Hier hat sich mein Grrroßvaterr zu Tode getrrunken«, erklärte der Fürst in seinem besten österreichischen Akzent. Sein berühmter Vorfahr war österreichischer Gesandter in Paris gewesen.

Zwei Tage darauf waren in London ein paar Einkäufe zu erledigen. Der Präsident und die meisten seiner Berater waren von der Geschichte recht unvorbereitet erwischt worden, insbesondere was ihre Kleidung betraf. Die Glücklicheren unter ihnen konnten noch ihren Hochzeitsanzug tragen. Und der Präsident besaß noch den Anzug, den er sich für seine Amtseinführung angeschafft hatte. Nichts von alledem würde jedoch für ein Essen mit der Queen ausreichen. Zum Glück besaß das Büro in Karel Schwarzenberg einen Mode-Guru. Er selbst brauchte keinen neuen Anzug, aber er wusste, wo man einen kaufen konnte. Während der Präsident den Westminster-Palast besichtigte, ging der Fürst mit einem kleinen Gefolge zu Harrods. Dort sorgte er dafür, dass die Delegation auf seine Kosten mit der geeigneten Kleidung für eine Audienz bei der Königin ausgestattet wurde.

Havel hatte die Queen noch in lebhafter Erinnerung, auch wenn sie ihm bis dahin nicht persönlich begegnet war: Margaret Thatcher hatte in 10 Downing Street zu einem Dinner geladen. Zwischen den Gängen wurden jeweils Reden gehalten, und Havel starb wieder einmal fast vor Sehnsucht nach einer Zigarette. Seine Stimmung verfinsterte sich weiter, als man ihm mitteilte, dass er seinem Laster erst nach dem Toast auf die Queen frönen könne. Dabei hatte er noch Glück gehabt, ein heutiger Präsident müsste warten, bis er schwarz wird.

Vor dem Dinner hatten Gespräche stattgefunden, die sich ausschließlich um Politik drehten. Margaret Thatcher verlor keine Zeit, ihre Meinung zu sagen über: Gorbatschow (positiv), die Wiedervereinigung Deutschlands (skeptisch) und Europas (behutsam), über Demokratie (resigniert), Freiheit (begeistert) und freie Marktwirtschaft (ekstatisch). Sie hatte keine Zeit für nutzloses Geplauder und interessierte sich nicht besonders für Theater oder Philosophie. Als Gastgeberin war sie durchaus liebenswürdig, aber als sie einige Monate darauf Prag besuchte, hatte sie kaum ihre Handtasche abgestellt, als sie ihrem Gastgeber schon einen strengen Vortrag über alles hielt, was er bis dahin richtig und falsch gemacht hatte. Sie hatte etwas leicht Außerirdisches an sich, was Havels Bewunderung jedoch keinen Abbruch tat. Seine politische Philosophie und sein Lebensstil waren freilich völlig anders als die der eisernen Lady. Ein Gast in 10 Downing Street soll einmal gesagt haben, »er habe nie Menschen nebeneinander sitzen sehen, die weniger gemeinsam gehabt hätten«.[765] Andersherum könnte man aber auch sagen: Nur wenige Politiker lassen sich so leicht auf einen kleinsten gemeinsamen Nenner reduzieren wie diese beiden: Sie hatten Charakter.

Im April besuchte der Präsident Israel, nachdem er zunächst Schimon Peres empfangen und beim Besuch des israelischen Außenministers Mosche Arens in Prag die diplomatischen Beziehungen wiederaufgenommen hatte. In Übereinstimmung mit seiner Botschaft der Versöhnung und des Neubeginns empfing er auch den Palästinenserführer Jassir Arafat. Er spielte sogar mit dem Gedanken, seine damals beträchtliche moralische Autorität als Vermittler im Nahostkonflikt in die Waagschale zu werfen. Aber ihm und seinem Team fehlte das Wissen für eine solche Mission. Außerdem zeigten weder Arafat noch der damalige israelische Ministerpräsident Jitzchak Schamir große Begeisterung für das Projekt. Im Orienthaus in Jerusalem, damals noch inoffizielles Hauptquartier der Palästinenser in der Heiligen Stadt, fand ein freundliches, aber ergebnisloses Gespräch mit Hanan Aschrawi und anderen wichtigen Vertretern der Palästinenser statt. Für die Delegation des Präsidenten war Jerusalem die erste Erfahrung mit dem Friedensprozess im Nahen Osten, dem Wechsel zwischen Phasen der Entspannung und der Hochspannung, den israelischen Scharfschützen auf den Dächern, die die Limousinen der israelischen Regierung im Zielfernrohr verfolgten. Die extrem komplizierte Topographie der Altstadt erhöhte das Gefühl der Verwirrung. Dieser Eindruck verstärkte sich noch während des Staatsbanketts, das der israelische Staatspräsident zu Ehren seines tschechischen Kollegen gab. Bei dem Essen herrschte eine seltsam gespannte Atmosphäre, die aber offenkundig nichts mit dem Gast zu tun hatte. Die Anwesenden flüsterten auf Hebräisch miteinander, tauschten Zettel aus oder standen plötzlich vom Tisch auf und rannten hinaus. Erst am folgenden Morgen dämmerte es Havel, dass sie Zeugen eines gescheiterten Versuchs von Schimon Peres, die Regierung Schamir zu stürzen, geworden waren.

Die Verwirrung wurde nicht geringer durch einen beinahe tödlichen Vorfall im King David Hotel, wo Havel die Nacht verbrachte: Am Morgen kam sein persönlicher Sekretär Miroslav

Kvašňák, ein respektloser Witzbold, durch die Verbindungstür aus seinem Zimmer in die Präsidentensuite gestürmt. Er trug eine *dschallabija*, hatte sich ein Handtuch um den Kopf geschlungen und brüllte die religiöse Anrufung eines Heiligen Kriegers, um seinen nichtsahnenden Chef zu überraschen. Havel zuckte zunächst zusammen, doch als er den Angreifer erkannte, wurde er so wütend, dass er ihn heftig aus dem Zimmer stieß. Aber nicht durch die Verbindungstür, sondern durch die Tür, die hinaus auf den Gang führte. Dort brauchten die drei Wächter des Geheimdienstes Schin Bet nur eine Nanosekunde, bis sie ihre Pistolen gezogen hatten. Gut möglich, dass nur sein dämliches Grinsen Kvašňák an diesem Tag das Leben rettete.

Es war wahrscheinlich klug, dass sich Havel an der Hebräischen Universität, wo er einen Ehrendoktor erhielt, wieder auf vertrautes Terrain begab, als er seine Rede dem wohl berühmtesten Prager Juden, seinem Schriftstellerkollegen und Vorbild Franz Kafka, widmete. Die Rede ist es noch aus einem weiteren Grund wert, ausführlich zitiert zu werden: Sie enthält womöglich Havels ehrgeizigsten, wenn auch vielleicht etwas übertriebenen Versuch, sich selbst zu analysieren. Auf jeden Fall ist sie von erfrischender Offenheit und hat nichts von der verklemmten Abwehrhaltung der meisten Berufspolitiker.

> Dies ist zwar bei weitem nicht das erste Ehrendoktorat, welches mir verliehen wird, doch nichtsdestoweniger empfange ich es mit demselben Gefühl, mit dem ich auch die vorangegangenen angenommen habe, das heißt: mit einem Gefühl tiefer Beschämung. Mich bedrückt hierbei die Gewissheit, dass ich diese Würde wegen meines Halbbildungsstandes nicht verdiene … ich kann mir folglich etwa dies vorstellen, dass jeden Augenblick irgendein ganz bestimmter Herr kommen kann, welcher mir das gerade erst erhaltene Diplom wiederum der Hand entreißt, mich am Kragen packt und mich … aus der Aula wirft …[766]

Bei Kafka, so Havel, finde er viele Elemente seiner eigenen Erfahrung direkt reflektiert, nämlich:

> … irgendein tiefes, basisartiges und daher durchwegs unbestimmtes Gefühl eigenen Schuldigseins. Als ob etwa alleine meine Existenz an sich bereits Sünde wäre. Weiter ist es das starke Gefühl meiner ganzheitlichen Unangemessenheit, und zwar mich selbst betreffend und all das, was sich um mich herum unwillkürlich herausbildet … Ein bedrückendes Erleben einer unerträglichen Beklemmung. Das Erfordernis, sich selbst irgendjemandem beständig zu erklären und sich vor irgendjemandem zu verteidigen … als ob ich irgendwo einem Peloton starker und selbstbewusster Männer hinterherliefe, als ob ich sie nie einholen könnte, geschweige denn mit ihnen gleichzuziehen. Ich bin mir im Wesen ein Widerpart und es scheint mir, dass ich lediglich allgemeines Gelächter verdiene …
>
> Mein innerstes Fühlen des Ausgeschiedenseins oder Nichteingegliedertseins, irgendeines Enterbtseins und wesensmäßiger Ungebührlichkeit ist … der verborgene Motor meines jeglichen zähen Bemühens … Ich möchte es schließlich wagen, sogar zu sagen, dass ich alles Gute, was ich je getan habe, wahrscheinlich nur deswegen getan habe, um damit irgendwie mein beinahe metaphysisches Gefühl des Schuldiggewordenseins zu überdecken …
>
> Ich bin ein Mensch, welcher sich überhaupt nicht wundern würde, wenn man ihn mitten aus der präsidentiellen Tätigkeit aufrufen oder vor ein obskures Tribunal führen oder wenn man mich in einen Steinbruch abführen würde. Genauso wenig würde es mich überraschen, wenn ich jetzt plötzlich geweckt und ich in meiner Zelle aufwachen würde und dann alles, was ich im vergangenen Halbjahr durchlebt habe, meinen Mitgefangenen auf unterhaltsame Weise erzählte. Je niedriger ich bin, umso angemessener erscheint mir mein Ort, je höher ich umgekehrt bin, umso stärker durchdringt mich der Argwohn, dass es sich hier um irgendeinen Irrtum handelt.[767]

Dic Rcdc ist weniger deshalb bemerkenswert, weil sie die Erfahrung eines Außenseiters in der Politik beschreibt, sondern weil sie offen bestätigt, was viele schon immer über Politiker vermutet haben, nämlich dass ihre Gier nach Macht, Ehre und Anerkennung auf einer tiefen inneren Unsicherheit beruht. Dies zu erkennen ist nicht unbedingt ein wirksames Mittel gegen all die Dummheiten, zu denen politischer Ehrgeiz führen kann, aber es ist doch ein erster Schritt, ihn zu kontrollieren.

Havel selbst sagte, dass die Rede auch nur eine Pose gewesen sein könnte. Aber der Ton ist zu authentisch und zu emotional, ja fast verzweifelt. Außerdem ist ihr alptraumhafter Ton nachweislich nicht nur ein einmaliger Tribut an Kafka. Einen Monat zuvor im Buckingham Palace hatte Havel zu König Elisabeth auf ihre Frage gesagt, wie es sich anfühle, wenn man fast über Nacht vom Gefangenen zum Präsidenten werde: »Ma'am, wenn sich die Tür da drüben öffnete und sie kämen, um mich mitzunehmen, wäre ich überhaupt nicht überrascht.«

Wie es häufig der Fall ist, erwies es sich als besonders schwierig, die Verbindungen zu den nächsten Nachbarn zu erneuern. Tschechen und Österreicher hatten über Jahrhunderte eine gemeinsame Geschichte – als Königreiche oder Fürstentümer im Heiligen Römischen Reich und später als Teile des Habsburgerreichs, das meistens von Wien, aber gelegentlich auch von Prag aus regiert wurde. Viele Österreicher und besonders Wiener haben tschechische Vorfahren. Andererseits wurden manche deutschsprachige Einwohner im Süden von Böhmen und Mähren am Ende des Ersten Weltkriegs nur widerstrebend Bürger der Tschechoslowakei beziehungsweise nach Ende des Zweiten Weltkriegs Opfer der erzwungenen Vertreibung. Viele in Tschechien geborene Berühmtheiten wie Sigmund Freud oder Gustav Mahler wurden häufiger für Österreicher als für Tschechen gehalten. Und viele tschechische Adelsfamilien hatten dynastische Verbindungen nach Österreich.

All das machte die Beziehungen zwischen den beiden Ländern

keineswegs leichter. Einer der negativen Gründungsmythen der jungen Tschechoslowakei war die wirkliche und eingebildete Unterdrückung der Tschechen durch die Österreicher. Was die Österreicher betraf, so wurde ihre Freundschaft mit den Tschechen dadurch erschwert, dass sie sich nur widerstrebend zu ihrer Rolle im Nationalsozialismus und Zweiten Weltkrieg bekannten. Auch die atomkritische Haltung der Österreicher, die in den achtziger Jahren gegen den Bau eines Atomkraftwerks auf der anderen Seite der Grenze protestiert hatten, wirkte sich negativ auf das Verhältnis aus. Havel erhielt in der Frühzeit seiner Präsidentschaft die Einladung, in Anwesenheit der Präsidenten von Deutschland und Österreich auf den 70. Salzburger Festspielen die Eröffnungsrede zu halten. Am Geburtsort von Wolfgang Amadeus Mozart zu sprechen, der Prag zu seiner spirituellen Hauptstadt erkoren hatte (»meine Prager verstehen mich«), war eine klare Sache für einen tschechischen Präsidenten. Das einzige Problem bestand darin, dass der österreichische Präsident Kurt Waldheim hieß. Ihn hatten viele Regierungen wegen seiner zunächst geheim gehaltenen Zusammenarbeit mit Truppen der Waffen-SS geächtet, die auf dem Balkan Kriegsverbrechen begangen hatten. Havel konnte bei dem Besuch eine Begegnung nicht vermeiden. Für den Präsidenten der Tschechoslowakei bedeutete ein solches Zusammentreffen einen schwierigen moralischen Kompromiss, für den Präsidenten von Österreich hingegen eine Art Reinwaschung. Es war wohl das erste Mal in Havels Präsidentschaft, dass er sich mit einem solchen Problem auseinandersetzen musste, ein Konflikt zwischen moralischer Politik und Realpolitik.

»Du kannst da unmöglich hingehen«, sagten die Berater. »Niemand spricht mit dem Mann. In den Vereinigten Staaten ist er eine Persona non grata. Es könnte neue, noch schlimmere Enthüllungen geben, wenn du ihm gerade die Hand schüttelst. Er hat in Bezug auf seinen Kriegsdienst gelogen, er hat in Bezug auf seine Truppenzugehörigkeit gelogen, und du bist der Präsident der Wahrheit.«

Havel ließ sich davon nicht überzeugen. Wie viele andere hatte auch er den Verdacht, dass die Enthüllungen über Waldheim für all jene, die ihn als Diplomaten und als Generalsekretär der Vereinten Nationen für ihre Zwecke benutzt hatten, eigentlich nichts Neues sein konnten, weshalb Waldheims Verdammung in seinen Augen ebenso überfällig wie heuchlerisch war. »Was kann mir schon passieren?«, kommentierte er seine Entscheidung. »Ich habe Jassir Arafat die Hand gegeben. Ich gehe hin, aber ich werde über die Geschichte nicht schweigen.«

Das klang wie ein noch besserer Grund, nicht hinzugehen. Die Vorstellung, dass es auf der Bühne der Salzburger Festspiele zu einer offenen Konfrontation kommen könnte, war geradezu unerträglich. Havel fuhr trotzdem, setzte sich wie üblich über alle orthodoxen Ratschläge hinweg. Und er sprach über die Geschichte, klar und treffend, ohne Waldheims Namen auch nur einmal zu erwähnen. Nachdem er von der Furcht geredet hatte, die eine unsichere Zukunft nach Jahrzehnten einer sicheren, wenn auch elenden Vergangenheit bei vielen Menschen in den gerade befreiten Ländern auslöste, kam er auf den Kern: »Angst vor der Geschichte ist bei uns nicht nur Angst vor der Zukunft, sondern auch Angst vor der Vergangenheit. Ich würde sogar sagen, dass diese zwei Ängste sich gegenseitig bedingen: Wer das fürchtet, was sein wird, der fürchtet sich gewöhnlich auch davor, dem ins Gesicht zu sehen, was gewesen ist. Und wer sich fürchtet, seiner eigenen Vergangenheit ins Gesicht zu sehen, muss notwendigerweise auch das fürchten, was sein wird. Allzu oft gebiert in diesem Winkel der Welt die Angst vor einer Lüge nur eine andere, eitel hoffend, dass sie als Rettung vor der ersten die Rettung vor der Lüge überhaupt sei. Doch kann uns die Lüge nie vor der Lüge retten … Die Annahme, straflos durch die Geschichte lavieren zu vermögen und die eigene Biographie umschreiben zu können, gehört zu den traditionellen mitteleuropäischen Wahnideen. Versucht jemand, dies zu tun, schadet er sich und seinen Mitbürgern.«[768]

Meines Wissens ist nicht dokumentiert, was Waldheim über die Rede sagte oder dachte. Doch die beiden Männer gaben sich die Hand.

Eine weitere Auslandsreise im ersten Jahr der Präsidentschaft führte Havel nach Straßburg zum Europarat, der ersten europäischen Organisation, bei der sich die Tschechoslowakei um eine Mitgliedschaft bewarb. Im August besuchte er in Oslo eine einzigartige Konferenz über die Anatomie des Hasses. Seine Teilnahme am Weltkindergipfel der Vereinten Nationen in New York Ende September 1990 ist vor allem deshalb denkwürdig, weil er die Gelegenheit nutzte, Woody Allen in Mia Farrows Haus an der Central Park West zu besuchen. Die Begegnung, die ich als Verehrer beider Männer und Autor eines Buches über Woody Allen organisiert hatte, erwies sich als Fehlschlag des Jahrhunderts. Beide waren von Natur aus scheu und zurückhaltend und hatten kaum Gesprächsstoff. Havel hatte nie einen Film von Woody Allen gesehen, und Allen war offenbar mit Havels Schriften nicht vertraut.

Ebenfalls noch im September reiste Havel nach Italien. Er sprach mit Staatspräsident Cossiga und Ministerpräsident Andreotti, aber der Besuch war eindeutig eine Idee des italienischen Außenministers Gianni De Michelis gewesen. Einer der Höhepunkte war ein Besuch auf Capri, wo Havel einen Preis erhielt, der nach dem eigenwilligen italienischen Intellektuellen Curzio Malaparte benannt war. Danach verbrachte er auf Einladung von Michelis einen ziemlich wilden Abend in einer Diskothek mit vielen schönen jungen Frauen. Als der Staatsbesuch am folgenden Morgen in Rom fortgesetzt wurde, waren viele der Frauen immer noch da, weil sie zu Michelis' Stab gehörten. Der italienische Außenminister war nicht der typische asketische Diplomat, was ihm später noch Probleme bereiten sollte.

Im Oktober reiste Havel abermals nach Paris, dieses Mal für den Gipfel der KSZE. Anlass war die Unterzeichnung der Charta von Paris für ein neues Europa, in der ein Schlussstrich unter den

Kalten Krieg gezogen und »ein neues Zeitalter der Demokratie, des Friedens und der Einheit« verkündet wurde. Ein neues Sekretariat der Organisation sollte in Prag eingerichtet werden. Doch all das war von der Verzweiflung der britischen Premierministerin Margaret Thatcher überschattet, die noch einen Monat zuvor in Prag die beherrschende Figur gewesen war. Nun konnte sie die Tränen nicht zurückhalten, als sie mitten auf der Konferenz erfuhr, dass sie ihren Job als Parteiführerin und damit wohl auch als Premierministerin verlieren würde. Obwohl sie dem späteren tschechischen Präsidenten Václav Klaus, der sie sich zum Vorbild erkor, ideologisch viel näherstand, hatte Havel in dieser Situation Mitleid mit ihr und sollte sie für den Rest seines Lebens mögen.

Besuche in der Schweiz, in Spanien und in Portugal vervollständigten Havels Reisekalender in diesem Jahr. In der Schweiz traf er seinen Kollegen Friedrich Dürrenmatt wieder, den er in den sechziger Jahren kennengelernt hatte und der drei Wochen darauf sterben sollte. In seiner Laudatio auf Havel verglich Dürrenmatt die Kriegsdienstverweigerer in der Schweiz mit den Dissidenten der kommunistischen Ära und sein eigenes Land mit einem Gefängnis. Die Rede wäre manch einem wahrscheinlich etwas peinlich gewesen, aber die meisten Zuhörer wussten offenbar genau, was sie von ihrem Nationaldramatiker zu erwarten hatten.[769] Für die tschechischen Besucher war es, offen gesagt, nicht leicht, sich die Schweiz als totalitären Kerker vorzustellen. Zugleich jedoch konnte Havel sich darüber freuen, dass ein Schriftstellerkollege sich auf seine Ansicht bezog, dass die moderne Gesellschaft an einer grundlegenderen Krankheit litt, als es der Kommunismus gewesen war.

König Juan Carlos und Königin Sophia von Spanien fassten eine dauerhafte Zuneigung zu ihrem nichtadligen Besucher. Das Gefühl war gegenseitig, und Havel sollte später einen Teil seiner Urlaubstage in einem der königlichen Urlaubsorte verbringen. Bei seinem Treffen mit dem katalanischen Regierungschef Jordi Pujol in Barcelona erkannte er, dass die Tschechoslowakei nicht das einzige Land mit einem Nationalitätenproblem war. Außerdem war er von der Schönheit der Stadt und insbesondere von der Jugendstilarchitektur Gaudis vollkommen fasziniert.

In Portugal erneuerte er seine Freundschaft mit Präsident Soares, dem ersten Staatschef, der nach der Samtenen Revolution im Dezember 1989 Prag besucht und sich noch vor Havels Wahl zum Präsidenten mit diesem getroffen hatte. Das zweite denkwürdige Ereignis auf der Reise war Havels Spaziergang am Strand von Cabo da Roca, auf dem das berühmte Foto entstand, wie der neugierige Präsident seine Hosenbeine nass macht.

Einige der Reisen können als triumphal bezeichnet werden, und alle waren erfolgreich – mit einer Ausnahme: Diese Reise war kein Staatsbesuch, wenngleich sie offiziellen Besuchen in Nicaragua und Mexiko vorausging, die im Juli stattfinden sollten. Havel und Olga hatten Sehnsucht nach etwas Ruhe und nahmen die Einladung einer verwitweten Exiltschechin an, in ihrer Villa auf den Bermuda-Inseln ein paar Wochen Ferien zu machen. Das Präsidentenpaar reiste nur von einem Leibwächter begleitet.[770] Das Haus war in Ordnung, doch die Dame des Hauses entpuppte sich als eine anstrengende Alkoholikerin. Noch schlimmer war, dass sie sich in Havel verknallte. Statt an den Strand zu gehen, schlossen sich Olga und Václav in ihrem Zimmer ein und warteten auf Rettung. Es bedurfte keiner Geringeren als Madeleine Albright, um die Belagerung zu brechen. Sie flog auf die Bermudas und machte Sightseeing mit dem Präsidenten. Als sie die Bodenstation der NASA auf der Insel besichtigten, zeigte Havel auf die riesigen Antennen und fragte die Führer unschuldig: »Und, haben Sie da oben irgendwelche Außerirdischen entdeckt?«[771]

Der höllische Urlaub entsprach einem Trend: Havel, der gern unterwegs war und vielleicht unbewusst versuchte, die Jahre wettzumachen, die er hinter dem Eisernen Vorhang und hinter schwedischen Gardinen verbracht hatte, ging es meist nicht besonders gut, wenn er nur zu seinem Vergnügen reiste. Diese Reisen waren mit vielen Geschichten von Depressionen, Kopfschmerzen,

Fiebererkrankungen, Stürzen, Frakturen und beinahe tödlichen Unfällen verbunden.

Trotz allen Glamours und aller Begeisterung war nur weniges überflüssig oder zufällig an Havels Reiseprogramm. Mit Ausnahme des sommerlichen Aufenthalts auf den Bermuda-Inseln beschränkte er seine Reisen auf einen allmählich sich erweiternden Kreis alter und künftiger Partner und Verbündeter. Dasselbe galt auch für die Liste offizieller Gäste in Prag. Der Besuch von Weizsäckers im März und das Bonner Treffen mit Kanzler Kohl im Mai des folgenden Jahres spielten für die Beziehung der Tschechoslowakei mit ihrem wichtigsten Nachbarland eine entscheidende Rolle.[772] Die Visite von Präsident Bush im November, der symbolisch das einjährige Jubiläum der Samtenen Revolution unterstrich, war ein weiterer Schritt im Aufbau einer Verbindung zum bedeutendsten künftigen Verbündeten des Landes. Und er war eine Einführung in die amerikanische Art, Dinge zu erledigen: Bush kam mit 700 Leuten, reiste mit der Air Force One und einem Ersatzjumbo, hatte seine eigene gepanzerte Limousine und einen Ersatzwagen dabei, brachte sein eigenes Rednerpult und ein Ersatzpult mit. Sein hundert Mann starkes Vorausteam, dem Dutzende von Agenten des Secret Service angehörten, nutzte jedes denkbare gewaltlose Argument, um Havels Berater zu einer einwöchigen Räumung ihrer Büros zu bewegen, damit sie die Büros sichern konnten. Jeder Schritt des Präsidenten, jeder Kamerawinkel und jedes Wort seiner Rede waren auf das Sorgfältigste geplant. Dennoch kam es zu einem unerwarteten Zwischenfall. Bei seinem Hauptauftritt auf dem Wenzelsplatz am 17. November wagte sich Bush, ermutigt von Havel, aus dem Schutzgehäuse hervor, das seine Sicherheitsleute für ihn gebaut hatten, und begrüßte die begeisterte Menge. In diesem Moment entdeckte einer der Personenschützer nur wenige Meter von Bush entfernt eine Plastiktüte auf dem Boden. »Eine Bombe! Eine Bombe!«, tönte es in den Ohrstöpseln des Personenschutzes, und eine Phalanx von Sicherheitsleuten stürmte auf die beiden Präsidenten zu, um sie von der gefährlichen Stelle wegzuscheuchen. Unterdessen inspizierte einer von Havels Leibwächtern die Tüte. »Von wegen Bombe! Es sind Würste«, rief er.[773] Der Rest des Besuches ging glatt.

Zwei weitere wichtige Besucher, die im ersten Jahr der Freiheit auf Havels Einladung in die Tschechoslowakei kamen, waren eher Staatsmänner im Geiste als Staatsmänner mit eigenem Staatsgebiet. Der erste war ein bescheidener, lächelnder, humorvoller Mann namens Tendzin Gyatsho, besser bekannt als der XIV. Dalai Lama. Im Westen wurde dieses Symbol für den spirituellen Widerstand des tibetischen Volkes gegen die kommunistische Herrschaft der Chinesen schon seit Jahrzehnten verehrt, aber aus gehöriger Entfernung, um nicht den Zorn des modernen Reichs der Mitte auf sich zu ziehen. Havel war das erste Staatsoberhaupt eines demokratischen Landes, das den Dalai Lama zu einem Besuch einlud. Der chinesische Botschafter machte missbilligende Geräusche, blieb jedoch im Land, als er mit seinem Protest keinen Erfolg hatte. Dennoch wurde der Besuch als ein privater behandelt. Mit ihm wurde auch ein Grundsatz geboren: Während seiner gesamten dreizehnjährigen Amtszeit sollte sich Havel nie weigern, einen Besucher zu empfangen, weil dies politisch ungünstig war.

Der Präsident hatte ein anderes Problem. Er wünschte sich dringend eine private Mediationssitzung mit dem Dalai Lama. Nach der buddhistischen Etikette ist es jedoch selbst für einen Präsidenten nicht erlaubt, einen Meister einfach darum zu bitten. Auch er muss warten, bis er gefragt wird. Es war ein gewisses Maß an Hinterzimmerdiplomatie nötig, bis der Dalai Lama doch die Entwicklungsfähigkeit seines neuen Schülers erkannte. Die Meditation fand am 3. Februar an einem unwahrscheinlichen Ort statt, nämlich in der römisch-katholischen Jesu-Kirche in der Sommerresidenz des Präsidenten in Lány.

Der nächste Gast war der Papst. Angesichts der langen und ungewöhnlich komplizierten Geschichte des tschechischen Katholizismus wäre jeder Papst willkommen gewesen, aber Johannes

Paul II., Karol Wojtyła, stammte aus aus dem Nachbarland Polen und war nicht nur Inspiration und Katalysator für den Glauben, sondern auch ein Symbol für den Mut, mit dem die polnische Nation der kommunistischen Orthodoxie widerstanden hatte. Er war eine wahrhaft charismatische Figur und obendrein in seiner Jugend auch noch Dichter und Theaterautor gewesen. Havel hatte schon in seiner Neujahrsansprache zum Ausdruck gebracht, dass er sich einen frühen Papstbesuch wünschte, in der Hoffnung, dass diese Begegnung in den rauchenden Ruinen des kommunistischen Zeitalters zu einem spirituellen Wiedererwachen führen möge. Der Besuch bedeutete ihm viel, und er bereitete die Begrüßung auf dem Flughafen und seine spätere Rede auf der Burg mit einer Sorgfalt vor, die er nur bei den wichtigsten Gelegenheiten aufwandte. Für den Flughafen wählte er Worte, die für ihn ungewöhnlich emotional waren: »Ich weiß nicht, ob ich weiß, was eigentlich ein Wunder ist. Trotzdem wage ich zu sagen, dass ich gerade in diesem Augenblick Beteiligter an einem Wunder bin: In ein Land, welches durch eine Ideologie des Hasses verwüstet wurde, kommt der Sendbote der Liebe; in ein Land welches durch eine Regierung Ungebildeter verwüstet wurde, kommt das lebende Symbol des Gebildetseins; in ein Land, welches bis vor kurzem durch eine Ideologie der Konfrontation und der Teilung der Welt zugrunde gerichtet wurde, kommt der Sendbote des Friedens, des Dialogs, der wechselseitigen Toleranz, der Achtung und des liebevollen Verstehens, der Verkünder brüderlicher Einheit in der Unterschiedlichkeit.«[774]

Der Ton der Rede am Abend war weniger von Begeisterung als von Nachdenklichkeit geprägt. Havel sprach über ein Thema, mit dem er den größten Teil seines Lebens gerungen hatte: »Durch Ihren Besuch bringen Sie uns allen, wie ich fest glaube, die rechte Quelle wirklich menschlicher Verantwortlichkeit, somit also ihre metaphysische Quelle in Erinnerung … den absoluten Horizont unseres menschlichen Bezugssystems, dieses geheimnisvolle Erinnern an das Sein, in das jede unserer Taten eingeschrieben wird und in dem und durch dieses selbst das Tun erst und wirklich gewichtet wird.« Und er schloss mit einem anderen seiner immer wieder aufgegriffenen Themen – der eigenen Fehlbarkeit und der der meisten anderen Menschen: »Ich grüße Sie, Heiliger Vater, inmitten von uns Sündern.«[775]

Bei dem Teil des Besuches, der am Abend auf der Burg stattfand, nahm Havel den Papst für ein Gespräch unter vier Augen beiseite – kein seltener Vorgang bei einem Staatsbesuch. Anders als bei anderen Besuchen erzählte er jedoch seinen Beratern keine Details aus dem Gespräch. Obwohl er nie als Katholik gefirmt worden war, bezeichnete er das Gespräch als »meine Beichte«.

Tatsächlich wurde er durch die engen Beziehungen, die er zum Papst und zum Dalai Lama knüpfte, Teil eines spirituellen Dreiecks. Der Dalai Lama hatte sich mit dem Papst nicht weniger als acht Mal getroffen, öfter als mit irgendeinem anderen ausländischen Würdenträger. Die drei Männer hatten viele Dinge gemeinsam, die direkte Erfahrung eines totalitären Regimes, das Engagement für die Menschenrechte und für das Wohl des Individuums sowie ein universalistisches und nicht exklusives Verständnis des Transzendenten. Darüber hinaus hatten sie das gleiche ansteckende Lächeln und die gleiche Art von Humor, der mit einem Sinn für das Absurde gewürzt war. Der Abend mit dem Papst war ganz von Lächeln erfüllt, und dasselbe galt auch für die Begegnungen mit dem Dalai Lama. Wahrscheinlich sah man Havel zu keinem anderen Zeitpunkt öfter lächeln.

Eines der vielen Paradoxa der Person Václav Havels besteht darin, dass er kein religiöser Mensch, aber ein Mann des Glaubens war. Manchmal war er nahe daran, »dieses geheimnisvolle Erinnern an das Sein«, das sein philosophisches Denken prägte und seiner Politik eine moralische Grundlage gab, genauer zu bestimmen, aber letztlich scheute er immer davor zurück. Sein Gott, wenn es ein Gott war, war eine Form des Seins, die nicht benannt, abgebildet oder irgendwie identifiziert werden konnte. Die »Seinsordnung, in der all unser Tun und Lassen unauslöschlich eingetragen wird und wo dann erst einzig und allein gerechtermaßen gewertet wird«,[776] ist eine Vorstellung, die seine Schriften von den *Briefen an Olga* bis zum letzten Memoirenband durchdringt. Sie unterscheidet sich insofern vom Konzept des Jüngsten Gerichts, als sie nicht unbedingt von einem Leben nach dem Tod ausgeht. Unsere Taten werden unabhängig von uns und der Tatsache oder Form unserer Existenz beurteilt.

Havels existentielles Gefühl der persönlichen Verantwortung als Voraussetzung für die Freiheit und das Leben in der Wahrheit ist zu stark von einem freien Willen abhängig, um mit dem Konzept eines allmächtigen Gottes vereinbar zu sein. Ein allwissender Gott ist denkbar – deshalb gerät derjenige in ein Dilemma, der in der leeren Straßenbahn den Fahrpreis nicht zahlt –, aber allmächtig ist Gott nicht. Tatsächlich hat er vielleicht mit seinen eigenen Problemen zu kämpfen. Bei dem Thema mag einem eine Stelle aus dem Alten Testament in den Sinn kommen, in der Gott als Zauderer gesehen wird, als einer, der nicht so recht weiß, was er tun soll, bis er von Abraham an seine Verantwortung erinnert wird: »Sollte der Richter aller Welt nicht gerecht richten?«[777] Und so ist in Havels Universum jeder verantwortlich.

Dies soll nicht heißen, dass Havel dem Gott des Alten Testaments nähergestanden hätte als anderen Göttern. Alle Versuche, ihn für eine bestimmte Religion in Anspruch zu nehmen, würden in die Irre führen. Auch gibt es eigentlich in seinem Denken wenig Mystisches und so gut wie gar nichts, das man okkult nennen könnte, obwohl er gelegentlich mit New-Age-Konzepten spielte und »Geheimnis« ein Schlüsselwort für ihn war. Als Havel, sanft provoziert und geleitet von seinem Bruder Ivan, das positivistische Verständnis von Wissenschaft in Frage stellte und zu transzendieren versuchte, reflektierte er vor allem über die größere Toleranz der modernen Wissenschaft gegenüber dem Paradoxen, gegenüber Ambiguität und Unsicherheit im Gefolge von Quantentheorie, Unschärferelation und Relativitätstheorie. Im Gegensatz zu vielen anderen, die ohne zu staunen durch das Leben gehen, war Havel in der Lage, das Geheimnis der Existenz in jeder menschlichen Handlung, jedem menschlichen Impuls und jedem menschlichen Problem wahrzunehmen. Und der Kern des Geheimnisses war moralisch. Er setzte es nicht zum Aberglauben herab, schrieb es aber auch nicht der Vorsehung, dem Höchsten Wesen oder dem Über-Ich zu. Wie er mehrfach betonte, wäre das Geheimnis nicht weniger groß, wenn man ihm einen Namen gäbe oder eine Erklärung dafür hätte. Es würde sich nur weiter entfernen.

DEN FISCH MACHEN

Jeder kann einen Fisch in Fischsuppe verwandeln,
aber es ist viel schwieriger, Fischsuppe in einen Fisch zu verwandeln.

Jeffrey Sachs

Es mochte der Eindruck entstehen, dass der Präsident seine Tage vor allem damit verbrachte, in der Welt herumzureisen. Tatsächlich jedoch widmete er den Großteil seiner Zeit und Energie innenpolitischen Angelegenheiten. Die Probleme spitzten sich zu. Ohne staatliches Machtmonopol brach die Planwirtschaft zusammen, und die junge Marktwirtschaft war noch zu schwach, um das alte System zu ersetzen. Es war klar, dass man eher früher als später einen Stand-by-Kredit des Internationalen Währungsfonds brauchen würde. Das Land verfügte über kein eigenes Kapital, der Investitionsbedarf war groß, und die ausländischen Investoren waren immer noch vorsichtig. Die ständigen Berichte über kommunistische Agenten, die hohe Positionen ergattert hatten, vergifteten die Stimmung in der Öffentlichkeit und verschleierten gleichzeitig die Tatsache, dass sich die früheren kommunistischen Bosse stillschweigend in Handel und Industrie etablierten. Havel tat sein Möglichstes, um der Entwicklung immer einen Schritt voraus zu sein. Er führte weiterhin seine »glorreichen Überfälle« durch und besuchte jede Woche in einer anderen Region, manchmal unangekündigt, Dutzende von Orten, schüttelte Hände, hielt Reden. Er attackierte auch weiterhin die »finsteren Kräfte der Vergangenheit« und prangerte ihre Versuche an, auch die Zukunft in ihren Würgegriff zu nehmen. Auf meine Anregung hin begann er eine wöchentliche Talkshow im Radio, die von Franklin D. Roosevelts Kamingesprächen inspiriert war. Auf diese Weise lieferte er für Hunderttausende sonntäglicher Mittagessen den

Nachtisch. Seine Popularität war immer noch enorm, aber seine Lebensqualität hatte erheblich abgenommen. Er arbeitete lang in die Nacht hinein, an Werktagen wie Wochenenden. Er war erschöpft und oft krank, musste einzelne Termine oder sogar ganze Tage im Terminkalender ausfallen lassen. Im Frühjahr wurde er wegen eines Leistenbruchs operiert. Olga, seinen Lebensanker, sah er kaum noch, zum Teil wegen seiner eigenen Verpflichtungen, zum Teil wegen ihrer Tätigkeit für die Stiftung für Kranke und Behinderte, die sie gegründet hatte und für die sie mit dem ihr typischen uneingeschränkten Engagement arbeitete. Positiv war, wenigstens aus der Sicht seiner Berater, dass er nicht viel Zeit für Freundinnen hatte. Jitka verschwand ziemlich schnell von der Bildfläche, und er hatte zwar im Frühjahr 1990 eine Beziehung mit seiner späteren Ehefrau Dagmar Veškrnová begonnen, aber das Verhältnis war damals noch recht unverbindlich.

Außerdem war es an der Zeit einzusehen, dass es für ihn kein Licht am Ende des Tunnels gab. Als sich im Sommer 1990 das Ende seiner ersten Amtszeit näherte, wurde klar, dass ihn niemand ersetzen konnte, weder der alternde Dubček noch der liebenswerte und populäre Dienstbier, auch nicht der unglaublich hart arbeitende Václav Klaus. Die Parlamentswahlen brachten riesige Mehrheiten und ein starkes Mandat für die beiden Reformbewegungen, die die Revolution angeführt hatten, das Bürgerforum in der Tschechischen Republik und »Öffentlichkeit gegen Gewalt« in der Slowakischen Rebublik. Aber sie kündigten auch ihr baldiges Verschwinden an. Die Entwicklung kam nicht ganz unerwartet: Beide Bewegungen standen für einen allgemeinen Konsens, das alte System abzuschaffen und eine Regierung zu etablieren, die ein demokratisches Mandat hatte, rechtsstaatlich verankert war und die Menschenrechte respektierte. Genau so weit reichten die Gemeinsamkeiten. Eine ähnliche Einigkeit bestand jedoch nicht in Bezug auf die künftige Wirtschafts-, Sicherheits- und Außenpolitik, und tatsächlich bestand sie auch nicht in Bezug auf das Verhältnis zwischen den beiden Nationen, aus denen die Tschechoslowakei bestand. Der alte Konsens war immer noch so stark, dass Havel Anfang Juli von einer überwältigenden Mehrheit der tschechoslowakischen Bundesversammung wiedergewählt wurde. Aber kaum waren die Leute aus den Sommerferien zurück, setzte die Auflösung ein.

Schon vor den Wahlen hatte es kleine, aber signifikante Abspaltungen vom Bürgerforum gegeben. Eine Gruppe größtenteils katholisch-konservativer Politiker, von denen einige früher an der Kampademia und ihren jährlichen Tagungen in Hrádeček beteiligt gewesen waren, gründete im Dezember 1989 die Demokratische Bürgerallianz. Eine andere Gruppe katholischer Konservativer um Václav Benda schloss sich zunächst der Volkspartei an (einer alten Blockpartei, die sich schnell reformierte) und spaltete sich dann ab, um die Christlich-Demokratische Partei zu gründen. Andere Aktivisten des Bürgerforums wie zum Beispiel Rudolf Battěk schlossen sich den wiedergegründeten Sozialdemokraten an. Die Sozialdemokratische Partei war die älteste der traditionellen Parteien und wäre vielleicht auch die respektabelste gewesen, wenn sie nicht vor dem kommunistischen Putsch von 1948 kapituliert hätte. Havels alte Kollegen und Feinde von der Zeitschrift *Tvář*, Emanuel Mandler und Bohumil Doležal, hatten schon lange zuvor die LIDEM (Liberaldemokraten) gegründet. Der größte Teil des Forums blieb, aber schon bald bildeten sich zwei Lager heraus. Dem einen gehörten viele Gründungsmitglieder und frühere Chartisten und Dissidenten an. Es ist nicht ganz fair, sie als »Charta-Granden« zu bezeichnen, denn es gab nicht viel, das in ihrem früheren Leben großartig gewesen wäre, dennoch genossen sie bei vielen einfachen Mitgliedern großes Ansehen. Das andere Lager bestand aus neuen, größtenteils jüngeren Aktivisten, die in den Novembertagen mitgeholfen hatten, Ortsgruppen des Forums zu gründen. Viele von ihnen stammten nicht aus Prag. Sie hatten sich nicht allzu fest an die Bewegung gebunden, sondern betrachteten diese als offene Plattform, die zwar voller Probleme, aber auch voller Chancen war.

Sie hatten wenig Zeit für die anspruchsvollen politischen und philosophischen Debatten, die für viele ihrer älteren Kollegen die eigentliche Bedeutung des Forums ausmachten. Sie wollten, dass etwas getan wurde, nicht zuletzt um dabei auch persönlich vorwärtszukommen. Beide Vorstellungen vom Charakter des Bürgerforums wurden im Kampf um das Amt des Vorsitzenden von unterschiedlichen Personen verkörpert. An Ende trat Martin Palouš, Sohn von Radim Palouš, des nachdenklichsten und philosophischsten Granden, und selbst ein Philosoph und ein angesehenes Mitglied der Kampademia, gegen den Finanzminister Václav Klaus an. Dieser war Wirtschaftswissenschaftler und Anhänger der Chicagoer Schule, hatte vor der Revolution zwischen dem Regime und den Dissidenten gestanden und war eine sehr viel aggressivere Persönlichkeit als sein Gegner. Er machte die Runde bei den Ortsvereinen des Forums und mobilisierte die Basis, während Palouš sich auf die moralische Autorität der Dissidenten verließ. Klaus gewann die Wahl mühelos, was zu einer Spaltung führte. Die Traditionalisten suchten bei Havel Unterstützung.

Aber Havel stand dem Forum inzwischen nicht mehr nahe genug, um eine wirksame Rolle zu spielen. Er lud alle Beteiligten zu Versöhnungsgesprächen nach Lány ein und stimmte, als diese keinen Erfolg hatten, schließlich widerstrebend der ausgehandelten Teilung zu. Sein Verhältnis zu Klaus, das nie besonders herzlich gewesen war, hatte zuvor schon gelitten: Er war auf Machtstreben des Finanzministers aufmerksam gemacht worden und auf seinen eklatanten Mangel an Teamgeist und hatte versucht, Klaus aus seinem Regierungsamt abzuschieben. Als er nach den Wahlen die Ämterverteilung in der neuen Regierung plante, erwog er, angespornt von einigen führenden Mitgliedern des Forums, Klaus das ausgesprochen wichtige, nicht jedoch politische Amt des Zentralbankvorsitzenden anzubieten. Doch der Versuch schlug fehl. Dabei zeigte sich, nicht zum letzten Mal, dass sich Havel in einer direkten Konfrontation mit einem Gegner, der von moralischen

Überlegungen unbelastet war, nicht durchsetzen konnte. Es war ein Treffen zweier verschiedener Welten: Der Befürworter einer nicht politischen Politik traf in Václav Klaus auf einen Vollblutpolitiker.

Dennoch sollte die einvernehmliche Auflösung des Bürgerforums zum Vorbild für ein wichtigeres Ereignis werden. Indem Klaus die Spaltung erzwang und sich so die Handlungsfreiheit verschaffte, um mit seinem Teil des Forums und unter seiner unumstrittenen Führung eine politische Partei zu gründen, erwies er sich nicht nur als skrupelloser, sondern auch als praktisch handelnder Mensch. Er hatte keine Lust, sich in Auseinandersetzungen darüber zu verstricken, welche der beiden Gruppen den Namen Bürgerforum weiterführen, wer das Vermögen behalten und wer der juristische Nachfolger des Forums werden würde. In all diesen Fragen nahm er eine vernünftige, oft auch großzügige Haltung ein, ohne je sein Hauptziel aus dem Auge zu verlieren, das nicht in der Kontrolle der Bewegung, sondern in der Kontrolle der Regierung bestand. Für seine Gegner wurde er zum Totengräber der Revolution, für seine Unterstützer zum Verkünder der neuen Ordnung.

Diese herzustellen war jetzt die wichtigste Aufgabe der neuen Regierung. In Übereinstimmung mit den Voraussagen des in England lehrenden Soziologen Ralf Dahrendorf wurden die Fundamente des neuen politischen Systems im Gefolge des *annus mirabilis*[778] in nur sechs Monaten gelegt. Danach sollte es laut Dahrendorf jedoch fast sechs Jahre dauern, bis die folgenschweren Entscheidungen über die Ausgestaltung des Rechtssystems, der Wirtschaftsordnung und der zahllosen Institutionen getroffen waren. Niemand verschwendete damals viele Gedanken an den dritten Teil von Dahrendorfs Voraussage, nach der es etwa sechzig Jahre dauern würde, bis sich das Bewusstsein der Menschen verändert habe.

Man musste nicht wie Marx und viele seiner Epigonen ein ökonomischer Determinist sein, um zu erkennen, dass eine effektive

Wirtschaftsreform für das künftige Wohl des Landes sehr wichtig war. Die Erkenntnis als solche war jedoch noch lange kein Rezept. Das Ausmaß des Problems war schlicht atemberaubend, und Havel war wie die meisten anderen schlecht dafür gerüstet. Obwohl er ein Buch nach dem anderen verschlang und sich ständig weiterbildete, waren ihm die Grundlagen der Wirtschaftstheorie unbekannt. Stattdessen war er in der Vergangenheit mit einer bizarren Mischung von marxistischer Propaganda und dialektischen Spitzfindigkeiten zwangsernährt worden, die man politische Ökonomie nannte. Er war gezwungen, sich auf die Ratschläge von Wirtschaftswissenschaftlern zu verlassen. Diese gehörten zwei verschiedenen Richtungen an, was die Sache noch mehr komplizierte. Die eine Gruppe, die größtenteils aus studierten Ökonomen wie Václav Klaus bestand und von diesem stark dominiert wurde, hatte an den Forschungsinstituten und Universitäten des alten Regimes gearbeitet und scheinbar versucht, die Planwirtschaft wenigstens ansatzweise rational zu gestalten. Tatsächlich jedoch hatten sie ihren Zugang zu ausländischer Literatur und ausländischen Fachkollegen genutzt, um so viel wie möglich über die theoretischen Grundlagen der freien Marktwirtschaft zu lernen. Gleichwohl hatten sie keine praktische Erfahrung mit der Führung eines Wirtschaftsunternehmens, von einem Staat ganz zu schweigen. Die Wirtschaftswissenschaftler der anderen Gruppe rekrutierten sich größtenteils aus den reformistischen Managern des Prager Frühlings, die den Säuberungen nach der Invasion zum Opfer gefallen waren. Sie hatten große Erfahrung darin, eine Fabrik oder ein Unternehmen im dogmatischen Rahmen des Sozialismus am Laufen zu halten, aber nur eine verschwommene Vorstellung davon, wie eine freie Marktwirtschaft funktionierte. Beide Gruppen versuchten in einem erbitterten Wettstreit, Havel und das Herz des Landes zu gewinnen.

In dem von der Regierung vorgelegten und von der Bundesversammlung im September 1990 verabschiedeten »Szenario der Wirtschaftsreform« wurde das Ziel der wirtschaftlichen Transformation als »Übergang von einer zentralen Planwirtschaft zu einer Marktwirtschaft« beschrieben. Niemand war schon bereit, den Umbau der gesamten Volkswirtschaft zu wagen, weshalb in Form der sogenannten »kleinen Privatisierung« eine Art Pilotprojekt in Angriff genommen wurde, bei dem Tausende kleiner Unternehmen wie Läden, Restaurants und Handwerksbetriebe jeweils an den Meistbietenden versteigert wurden. Obwohl die Methode allem Anschein nach fair und transparent war, wurde der Tatsache wenig Aufmerksamkeit geschenkt, dass die Vermögen in der Tschechoslowakei als direkte Folge der kommunistischen Willkürherrschaft sehr ungleich verteilt waren. Die große Mehrheit der Bevölkerung hatte schlicht und einfach kein Geld und konnte auch keines verdienen. Die Einkommen waren zugunsten der Arbeiterberufe verzerrt. Es gab keine Möglichkeiten zu investieren, Aktienanteile an Unternehmen existierten nicht, und Sparguthaben wurden nur symbolisch verzinst. Zudem war es illegal, mehr als ein Wohnhaus und ein Ferienhaus zu besitzen. Es konnte kein Kapital akkumuliert werden.

Nur Mitglieder der kommunistischen Nomenklatura und Schwarzmarkthändler verfügten über Kapital, etwa die Geldwechsler, die harte Währungen zu einem Vielfachen ihres offiziellen, aber rein theoretischen Preises kauften und verkauften, oder Händler, die sonst nicht erhältliche Güter und Dienstleistungen anzubieten hatten. Tatsächlich waren beide Gruppen miteinander verknüpft, interdependente Teile eines Mechanismus. Die Nomenklatura war vom Schwarzmarkt abhängig, wenn sie ihre Macht und Patronage in Geld ummünzen wollte, die Schwarzhändler brauchten die Nomenklatura, weil sie auf deren Schutz angewiesen waren.

So stand von vornherein fest, dass nur diese zwei Gruppen von den Versteigerungen profitieren würden. Die einzig machbare Alternative hätte darin bestanden, die privatisierten Vermögenswerte in Form von Mitarbeiteranteilen entweder ganz oder teilweise an die Beschäftigten zu übertragen. Leider wurde diese

Methode erst später, bei der Umstrukturierung von Großunternehmen wie der US-amerikanischen Fluggesellschaft United Airlines, populär. Sie erinnerte außerdem an den Sonderweg zum Sozialismus, der im alten Jugoslawien praktiziert worden war, und stieß deshalb auf Ablehnung.

Havel, der immer empfindlich auf Anzeichen von Diskriminierung oder Ungleichheit reagierte, berief eine Versammlung der verantwortlichen Regierungsbeamten ein und versuchte sie zu einer Berücksichtigung der Mitarbeiterinteressen zu überreden. Da er nicht die Sprache der Wirtschaftswissenschaftler sprechen konnte, stützte er seine Argumentation auf Einzelbeispiele. So wirkte sich das Auktionssystem zum Beispiel für Frau Beranová, Geschäftsführerin seines Lieblingsrestaurants Rybárna, nachteilig aus. Er konnte sich mit seinen Argumenten nicht durchsetzen. Etwa 23 000 Kleinunternehmen wurden privatisiert und größtenteils von früheren kommunistischen Funktionären und Schwarzhändlern erworben. Tatsächlich setzten die zwei verbündeten Gruppen sogar noch einen drauf: Sie bildeten mit stillschweigender Zustimmung der Behörden Kartelle, die die Preise bei den Versteigerungen in den Keller trieben. Auf diese Weise konnten sie viele Betriebe, die vorher entschuldet worden waren, in sogenannten Rückwärtsauktionen, bei denen der Kaufpreis so lange sinkt, bis sich ein Käufer findet, für einen Spottpreis erwerben. Frau Beranová verlor bald darauf ihren Job.

Die Kommunisten hatten sehr viel Privatbesitz verstaatlicht oder beschlagnahmt und ihn dann meistens heruntergewirtschaftet. Zum Teil handelte es sich um Besitz von Einzelpersonen, um Häuser, Land, Wälder, Fabriken und Unternehmen. Zum Teil hatte er Institutionen und Aktiengesellschaften gehört, von denen der bei weitem größte Eigentümer die katholische Kirche war. Andere Vermögenswerte hatten die Nazis Juden gestohlen und die Besitzer ermordet, ihr Eigentum war nach dem Krieg nie an die Erben zurückerstattet worden. Diese lebten im Exil oder waren schwer aufzufinden, die ursprünglichen Besitzer waren im

Allgemeinen tot, und der Besitz war bis zur Unkenntlichkeit beschädigt oder verändert.

Insgesamt standen Havel und die Regierung vor einem riesigen übelriechenden Haufen von Ungerechtigkeiten und Missständen. Sie waren zweifellos entschlossen, wenigstens einen Teil davon zu beseitigen, aber wo sollten sie anfangen? Nicht für alle Verbrechen und Konflikte der Vergangenheit waren die Kommunisten verantwortlich. Einige gingen auf das Ende von Österreich-Ungarn und die Entstehung einer unabhängigen Tschechoslowakei zurück, als es auf Kosten von Hochadligen und Großgrundbesitzern eine erste Verstaatlichungswelle gegeben hatte. Andere führten sogar bis in die zwanziger Jahre des 17. Jahrhunderts zurück, als die siegreichen Katholiken nach der Niederlage der protestantischen Partei zu Beginn des Dreißigjährigen Krieger die großen Besitzungen des protestantischen Adels beschlagnahmt hatten. Außerdem war da die heikle Angelegenheit der drei Millionen Deutschen, die nach dem Ende des Zweiten Weltkriegs aus dem Land getrieben worden waren.

Manche waren der Ansicht, die beste Lösung bestünde darin, nichts zu unternehmen. Einige ihrer Argumente waren einleuchtend. Der Besitz hatte im Lauf der Zeit seine Form und seinen Wert verändert, Teile davon waren verschwunden, wertlos oder mit Schulden belastet. Der Staat war einfach nicht reich genug, um als Entschädigung den Wert zu bezahlen, den der Besitz zum Zeitpunkt der Enteignung gehabt hatte, von aufgelaufenen Zinsen ganz zu schweigen. Die Einführung irgendwelcher Schwellenwerte oder anderer Beschränkungen wäre auf jeden Fall willkürlich gewesen und hätte weitere Ungerechtigkeiten geschaffen. In vielen Fällen, die vor allem Häuser und Grundbesitz betrafen, hatten die enteigneten Immobilien bereits neue Privatbesitzer. Natürlich konnte der Staat nicht das eine Unrecht wiedergutmachen, indem er ein neues beging. Außerdem herrschten nach vierzig Jahren kommunistischer Indoktrination ein generelles Misstrauen gegen Großgrundbesitzer, eine Abneigung gegen die Kirche, insbesondere gegen die katholische, und offene Feindschaft gegen Tschechoslowaken im Exil, die, wie gesagt wurde, »das Land verlassen hatten, um im Westen ein Vermögen zu machen, während wir anderen unter der kommunistischen Herrschaft litten«.

Während Klaus sich vor allem für die Privatisierung interessierte und der Notwendigkeit und dem Umfang von Rückerstattungen »reserviert« gegenüberstand,[779] war Havel weniger ideologisch, was die Form des Eigentums betraf, aber beharrlicher in Bezug auf die Restitution im Namen der historischen Gerechtigkeit. Da sich beide Männer über die Unverletzlichkeit des Privateigentums einig waren, kamen sie am Ende überein, dass der Staat das Unrecht wiedergutmachen sollte, aber beide erkannten auch, dass nicht alles Unrecht getilgt werden konnte. Dabei machten sich die linken Gegner der Restitution den Umstand zunutze, dass Havel (und vor allem sein damaliger Stabschef Karel Schwarzenberg) von den Rückerstattungen profitieren würde. Havels Familie hatten einer der größten Vergnügungskomplexe in Prag, ein großer Teil des Filmstudios in Barrandov, das Restaurant Terasy Barrandov und manch anderes gehört. Vielleicht aus diesem Grund und um jeden Anschein eines Interessenkonflikts zu vermeiden, spielte Havel bei der Kampagne für das Gesetz keine aktive Rolle, außer dass er zur Vorsicht riet, damit bei dem Verfahren nicht neues Unrecht begangen würde. Dennoch karikierte ihn die politische Linke von da an als einen lediglich auf den eigenen Vorteil bedachten Interessenvertreter der Reichen.

Das Gesetz, das nach einer ausführlichen Debatte vom Parlament verabschiedet wurde, erhielt am Ende die recht zutreffende Bezeichnung »Gesetz zur Linderung der Folgen einiger vermögensbezogener Unrechtstaten«.[780] Stichtag des Restitutionsgesetzes war der 25. Februar 1948, der Zeitpunkt der kommunistischen Machtübernahme in der Tschechoslowakei, und anspruchsberechtigt waren nur tschechische oder slowakische Staatsbürger, die in der Tschechoslowakei wohnhaft waren.[781] Das

Gesetz war damals vielleicht der ehrgeizigste und konsequenteste Versuch einer Wiedergutmachung alten Unrechts in der postkommunistischen Welt. Aber es bedeutete auch, dass die Büchse der Pandora geöffnet wurde. Es war der Anfang einer schier endlosen Kette von Konflikten. Dokumente über Besitzansprüche wurden gefälscht, zahlreiche Nachkommen früherer Eigentümer beantragten die tschechoslowakische Staatsbürgerschaft, und es gab eine Flut von Protesten all derjenigen, die nach dem Gesetz keinen Anspruch auf Wiedergutmachung hatten, obwohl ihnen in der Vergangenheit Unrecht geschehen war.

Havel gab sich alle Mühe, die Rolle des moralischen Schiedsrichters zu spielen, für die er sowohl als Staatspräsident als auch wegen seiner moralischen Integrität prädestiniert war. Er überließ es seinem Bruder und seiner Schwägerin, das juristische Verfahren wegen des Havel'schen Familienbesitzes zu betreiben, und schwor, keinen persönlichen Nutzen aus der Restitution zu ziehen. Er war durchaus zufrieden mit dem Einkommen aus seinen literarischen Werken und mit seinem Präsidentengehalt, das er ohnehin größtenteils für karitative Zwecke spendete.

Die nächste und bei weitem größte Vermögensübertragung begann im November 1991. Sie wurde zum Dreh- und Angelpunkt des gesamten Reformprozesses, aber auch zu einer Quelle zahlloser künftiger Kontroversen, und war zugleich diejenige, an der Havel am wenigsten beteiligt war. Diese »große Privatisierung«, wie sie genannt wurde, um sie von der kleinen Privatisierung ein Jahr zuvor zu unterscheiden, zielte darauf ab, die Eigentumsverhältnisse in weiten Teilen der Volkswirtschaft zu ändern. Das Projekt war mit beispiellosen Schwierigkeiten verknüpft. Man musste den Fisch aus der Fischsuppe rekonstruieren, wie es der Wirtschaftswissenschaftler Jeffrey Sachs einmal formuliert hat. Die Probleme waren sowohl wirtschaftlicher als auch politischer Natur. Wirtschaftlich gesehen, ging es um das klassische Problem, den Markt auf eine quasi rationale Art das Eigentum verteilen zu lassen, damit die Volkswirtschaft effizient funktionierte. Es war jedoch fast kein Kapital im Land, mit dem eine solche Verteilung hätte stattfinden können. Aus politischen Gründen war es aber auch nicht möglich, die Vermögenswerte einfach an die Höchstbietenden zu verkaufen, weil sie dann fast alle in ausländischen Händen gelandet wären. Der Schachzug, durch den das Problem gelöst wurde, kam in gewisser Weise der Ausgabe von Spielgeld gleich. Das Verfahren hieß Coupon-Privatisierung. Für eine Summe, die lediglich die Kosten des Verfahrens deckte, konnte jeder Staatsbürger ein Heft mit Coupons erwerben, die in Aktien der zu privatisierenden Unternehmen umgetauscht werden konnten. Das Verfahren wurde von dem begabten Wirtschaftstheoretiker Dušan Tříska, einem Anhänger von Václav Klaus, entwickelt. Tříska war in einer prominenten kommunistischen Familie aufgewachsen und hatte zu denen gehört, die das moderne ökonomische Denken studierten, während sie so taten, als würden sie die Widersprüche des planwirtschaftlichen Systems lösen. In seiner Freizeit rauchte Tříska gern Marihuana und spielte Monopoly. Er kannte sich mit Spielgeld und ausgefallenen wirtschaftlichen Vorhaben aus.

Die Einfachheit der Coupon-Privatisierung hatte etwas Geniales, aber auch etwas Betrügerisches. Für etwa 30 Dollar bekam man ein Couponheft mit einem Nominalwert von etwa 1000 Dollar. Die Coupons konnte man gegen Aktien eintauschen und damit selbst am Markt spekulieren, in der Hoffnung, dass ihr Wert steigen würde. Oder man konnte sie einem der wie Pilze aus dem Boden schießenden »Investmentfonds« anvertrauen und sie dann gegen eine kleine Gebühr für sich arbeiten lassen. Es war eine Win-win-Situation, einige der Fonds boten sogar an, die Aktien im Voraus für ein Vielfaches ihres ursprünglichen Werts aufzukaufen. Auch war das Verfahren sechs Monate vor der Wahl politisch ungemein profitabel, insbesondere für den Finanzminister, der jeden einzelnen Coupon mit einem Faksimile seiner Unterschrift versehen ließ.

DAS ENDE DER TSCHECHOSLOWAKEI

Unter den Widerständen, denen die neue Verfassung begegnen muss, sind folgende leicht auszumachen: in jedem Staat das offensichtliche Interesse einer bestimmten Gruppe von Männern, sich gegen alle Veränderungen zu wehren, die für die Ämter, die sie in den Einrichtungen ihres Staates bekleiden, einen Verlust an Macht, Geld und Einfluss bedeuten könnten; und der perverse Ehrgeiz einer anderen Gruppe von Männern, die entweder von der Verwirrung in ihrem Land profitieren wollen oder sich von seiner Aufteilung in mehrere Konföderationen bessere Aufstiegschancen erwarten als von seiner Einheit unter einer Regierung.

Alexander Hamilton, der bedeutendste Föderalist in der zweiten Hälfte des 18. Jahrhunderts, zitiert von Václav Havel in einer Rede zum ersten Jahrestag der Samtenen Revolution am 17. November 1990

In seiner ersten Neujahrsansprache an die Nation am 1. Januar 1990 hatte es Havel als seine wichtigste Aufgabe bezeichnet, »meinen Einfluss dafür zu nutzen, dass wir bald und würdig alle in freien Wahlen vor die Wahlurne treten«. Das war ein allgemein akzeptiertes Ziel, aber manche stellten Havels Sinn für die richtigen Prioritäten in Frage, als er seine zweite Aufgabe umriss: Es sei »darüber zu wachen, dass wir an diese Wahlen als zwei souveräne Völker herangehen, die gegenseitig ihre Interessen, die nationale Eigenart, die religiösen Traditionen und ihre Symbole achten«.[782] Seine Worte sollten sich als prophetisch erweisen, wenn auch vielleicht nicht als prophetisch genug. Sie bewiesen, dass er schon seit Jahren darüber nachdachte, was mit der Tschechoslowakei nicht stimmte, und zwar nicht nur in ideologischer Hinsicht. Genau wie bei der Frage mit den deutschen Vertriebenen konnte er die seismischen Erschütterungen unter der scheinbar stabilen Oberfläche spüren. Der neue tschechoslowakische Staat war während des Ersten Weltkriegs von tschechischen und slowakischen Exilanten in Paris, London und New York erträumt, in Philadelphia beschlossen und 1918 im Friedensvertrag von Versailles international abgesegnet worden. Bei den Verhandlungen hatte es einen erbitterten Streit darüber gegeben, welche Garantien und Zusagen in Bezug auf Autonomie, Selbstregierung und ausgewogene Vertretung die größere Nation der kleineren geben sollte. Beiden Seiten hatten sehr viel guten Willen, zum Gelingen der Vereinigung beizutragen, doch es fehlte ihnen an Verständnis und, zumindest in der tschechischen Partei, auch an Sensibilität. Obwohl tschechische Lehrer, Verwaltungsbeamte und Bankiers eher aus Pflichtbewusstsein als aus irgendeinem kolonialistischen Antrieb in die Slowakei gingen, um dort Schulen, Ämter und Banken zu leiten, waren sie bei der Bevölkerung als Oberherren verhasst, ganz ähnlich wie es zuvor die Ungarn gewesen waren. Als die Tschechoslowakei im Gefolge des schändlichen Münchner Abkommens unter dem Ansturm der Nazis zusammenbrach, sahen die Slowaken nicht mehr viel Sinn darin, dem gemeinsamen Staat die Treue zu halten, und gingen ihren eigenen Weg, wobei sie ihr Schicksal katastrophalerweise mit dem von Hitlerdeutschland verknüpften. Nah der Wiedervereinigung der Tschechoslowakei nach 1945 schwelten die Ressentiments weiter, bis sie, zusammen mit vielen anderen Dingen, von dem totalitären kommunistischen Regime unterdrückt wurden, das einen seiner ersten Angriffe gegen den »bürgerlichen Nationalismus der Slowaken« richtete. Das kurze Tauwetter des Prager Frühlings schuf den Raum für eine erneute Diskussion der Nationalitätenfrage und ebnete den Weg für die Verfassungsreformen, welche die Tschechoslowakei zu einem Bundesstaat machten. Die Reformen verschwanden dann aber in der dunklen Wolke der »Normalisierung«, bevor sie in die Praxis umgesetzt werden konnten. So kam es, dass die Tschechoslowakei schon wenige Tage nach der Revolution über verschiedene Institutionen eines fairen und ausgewogenen Bundesstaats, aber über wenig Gespür für Fairness und Ausgewogenheit verfügte. Havel war einer der wenigen, die das sahen.

Etwas länger dauerte es, bis verstanden wurde, dass links und rechts der March, dem Grenzfluss zwischen Tschechien und der Slowakei, verschiedene Prioritäten gesetzt wurden. Böhmen und Mähren waren vor dem Zweiten Weltkrieg die wohlhabende und hochindustrialisierte Zone gewesen und erlebten in den Jahren der »Normalisierung« den schlimmsten Niedergang in zwei Jahrhunderten. Dagegen konnten die Slowaken auf die Föderalisierung als einen erheblichen, wenn auch fast gänzlich symbolischen Fortschritt verweisen, und sie hatten einen wirtschaftlichen Aufschwung erlebt, weil sie durch Ansiedlung von Rüstungsbetrieben industrialisiert worden waren. Aus diesen Gründen waren in der Slowakei sehr viel weniger Menschen bereit gewesen, sich gegen das kommunistische Regime zu stellen. Zu den ursprünglich 241 Unterzeichnern der Charta 77 hatten nur sechs Slowaken gehört, darunter Havels Freund, der faszinierende Geschichtenerzähler Dominik Tatarka, und Miroslav Kusý. Im November 1976 hatte Zdeněk Mlynář vergeblich mit Alexander Dubček Kontakt aufgenommen, um seine Unterstützung für die Initiative zu bekommen. Und 1989 waren nur etwa 40 der fast 2000 Unterzeichner Slowaken. Mit anderen Worten: Für die Tschechen war die »Normalisierung« eine nationale Katastrophe gewesen, dagegen sahen sich die Slowaken, trotz aller Probleme, noch immer als eine »im Aufstieg begriffene Gesellschaft«.[783] Die Befreiung von den meisten Überresten des kommunistischen Regimes wurde in der Slowakei als weniger dringlich empfunden. Außerdem war das für die Tschechen so selbstverständliche Bestreben, sich wieder dem Westen anzuschließen, in der traditionelleren Gesellschaft der Slowakei mit ihrer historisch starkeren panslawischen Orientierung deutlich weniger ausgeprägt.

Die Verschärfung der Gegensätze zwischen den politischen Vertretungen der Tschechen und der Slowaken war das bei weitem schwierigste Problem in den zweieinhalb Jahren von Havels Präsidentschaft. Genau wie das Bürgerforum in Tschechien löste sich auch »Öffentlichkeit gegen Gewalt« in der Slowakei nach den ersten siegreichen Wahlen fast vollständig auf. Eine weitere Parallele zwischen den beiden Organisationen bestand darin, dass sie sich jeweils zwischen den ursprünglichen Führern der Bewegung mit vorrevolutionären Verdiensten und einem neuen Schlag ehrgeiziger Pragmatiker spalteten. Die erste Gruppe, die starke moralische Machtansprüche erhob, aber wenig reale Macht besaß, arbeitete weiterhin mit dem Präsidenten und der Bundesregierung zusammen, die zweite, vom Ministerpräsidenten des slowakischen Teilstaats Vladimír Mečiar angeführte Gruppe hatte dagegen keine Hemmungen, die Ressentiments und Minderwertigkeitsgefühle, die zu Recht oder zu Unrecht in der Slowakei bestanden, für die Sicherung ihrer Macht zu instrumentalisieren.

Wieder einmal wurde Havel in seiner Rolle als oberster moralischer Schiedsrichter um Rat und Rettung gebeten. Mehr als ein Jahr lang versuchte er durch mehrere, häufig improvisierte Besuche in der Slowakei die Konflikte zwischen den »Revolutionären«, zu denen mehrere seiner persönlichen Freunde gehörten, und den »Opportunisten« zu schlichten. Viele der Besprechungen fanden im Bôrik statt, einem früheren Hotel der Kommunistischen Partei von Bratislava, das wie ein Bunker hoch über der Stadt gebaut war, um nicht nur die Bevölkerung der slowakischen Hauptstadt, sondern auch die Gäste zu bedrücken und einzuschüchtern. Erneut musste Havel feststellen, dass seine Magie versagte, wenn er es mit Politikern zu tun bekam, die gegen moralische Argumente immun und für Populismus anfällig waren. Das Ganze war außerdem eine sehr heikle Gratwanderung, da er sich leicht dem Vorwurf aussetzen konnte, seine verfassungsmäßigen Befugnisse zu überschreiten, wenn er bei Streitigkeiten innerhalb einer der beiden Nationalregierungen zu vermitteln versuchte.

Der slowakische Ministerpräsident Vladimír Mečiar war anders als alle tschechischen Politiker, die Havel kannte. Der

Wirtschaftsjurist und frühere Amateurboxer war zugleich sehr stolz und sehr unsicher. Er neigte zu Anfällen sentimentaler Anhänglichkeit im Wechsel mit offener, irrationaler Feindseligkeit, hinzu kam ein unerschütterlicher Machtwille. Seine Stimmungsschwankungen waren so ausgeprägt, dass er in kritischen Phasen tagelang aus seinem Büro verschwand und, angeblich von schweren Depressionen geplagt, durch die riesigen Bergwälder im Innern der Slowakei wanderte. Im November 1990, während eines der regulären Besuche Havels in Bratislava, beraumte eine von Panik ergriffene Führung von »Öffentlichkeit gegen Gewalt« ein dringendes Treffen im Hotel Bôrik an, als Havel kurz vor der Abreise stand. Der slowakische Ministerpräsident war nicht mehr aufzufinden und hatte in seinem Büro einen Brief hinterlassen, der seine Abdankung enthielt. Ob Havel ihn nicht vor übereilten Aktionen abhalten könne? Havel verstand nicht recht. Sie seien doch diejenigen, die sich jedes Mal, wenn er nach Bratislava komme, über Mečiar beschwerten. Warum sie sich denn nicht freuten, wenn dieser ihnen nun endlich selbst die Last von den Schultern nehme? Ja, das stimme schon, aber niemand in der Slowakei sei so populär wie Mečiar, wenn er jetzt abtrete, werde das Chaos ausbrechen und die radikalen Nationalisten würden die Gelegenheit nutzen, mit unabsehbaren Folgen.

Havel erklärte sich zu einem Gespräch bereit, aber zunächst einmal musste er den verschwundenen Politiker finden. Nachdem es seiner attraktiven rothaarige Assistentin Anna Nagyová – »Anna die Göttliche«, wie die Männer um den Präsidenten sie nannten – endlich gelungen war, Mečiar ausfindig zu machen, stimmte der slowakische Premierminister einem Treffen zu, aber nur wenn es unter vier Augen stattfinden und der belastende Abdankungsbrief »verschwinden« würde. Nach einer verrückten Jagd auf der Autobahn zwischen Bratislava und Prag holte Havel Mečiar schließlich bei einem Motel neben der Autobahn an der tschechisch-slowakischen Grenze ein, während sich die Führung von »Öffentlichkeit gegen Gewalt« hinter einer Baumgruppe versteckte. Laut

Havel und Karel Schwarzenberg, auf dessen Anwesenheit Havel bestanden hatte, war der slowakische Ministerpräsident damals in einem schlechten Zustand mit Stimmungsschwankungen, die zwischen Paranoia und extremer Emotionalität wechselten. Dennoch war er schließlich bereit zurückzukehren und schwor »dem einzigen Politiker, dem ich in diesem Land trauen kann«, ewige Loyalität und Freundschaft.

Doch die internen Probleme der slowakischen Führung blieben bestehen. Als der Verdacht aufkam, dass Mečiar, der früher slowakischer Innenminister gewesen war, mit den Akten der ehemaligen slowakischen Geheimpolizei, einschließlich seiner eigenen Unterlagen, sein Spiel trieb, raffte sich die Führung von »Öffentlichkeit gegen Gewalt« endlich zum Handeln auf. Sie setzte Mečiar als Ministerpräsidenten ab und ersetzte ihn durch Ján Čarnogurský, einen angesehenen, aber nicht sonderlich populären katholischen Dissidenten und slowakischen Nationalisten. Sie musste jedoch bald erkennen, dass auch auf Mečiar zutraf, was US-Präsident Lyndon B. Johnson über FBI-Chef J. Edgar Hoover gesagt hatte, nämlich dass es »wahrscheinlich besser ist, wenn er im Zelt ist und hinauspinkelt, als wenn er draußen ist und hereinpinkelt«. Mečiar gründete sofort nach seiner Absetzung die neue Partei Bewegung für eine demokratische Slowakei (HZDS) und arbeitete von nun an unermüdlich daran, die Position der föderalen Regierung im Allgemeinen und die von Havel, von dem er sich persönlich verraten fühlte, im Besonderen zu unterminieren. Solche Enttäuschungen kamen öfter vor, was jedoch eher an den falschen Erwartungen der Betroffenen lag. Sie verwechselten Havels nie erlahmende Höflichkeit und Güte mit politischer Unterstützung und waren damit eher selbst für das Missverständnis verantwortlich.

Mečiar stand keineswegs allein. Eine nationalistische, häufig wahnhafte Randgruppe der slowakischen Politik war zum Teil im Umfeld der Matica slovenská angesiedelt, des Kulturinstituts, das seit 1863 das slowakische kulturelle Erbe verwaltete. Eine andere

Gruppe waren Elemente des slowakischen Klerus – wie dessen tschechisches Gegenstück teilweise diskreditiert durch die Kollaboration mit dem kommunistischen Regime –, die den slowakischen Staat während des Zweiten Weltkriegs als ihr Modell für nationale Autonomie betrachteten. Die Infektion mit nationalistischem Gedankengut äußerte sich nicht nur in antiföderalen oder antitschechischen Einstellungen, sondern auch in Angriffen gegen Ungarn, zum Beispiel in dem wiederholten Versuch, trotz des ungarischen Bevölkerungsanteils von 10 Prozent das Slowakische zur einzigen Landessprache zu erklären, sowie in Angriffen gegen Roma und Juden. Auch frühere Verbündete Havels, einschließlich der beiden bekanntesten Gesichter der Sanften Revolution in der Slowakei Ján Budaj und Milan Kňažko, waren empört und verbittert, weil sie sich ungerecht behandelt oder vernachlässigt fühlten. Budaj, Umweltaktivist und gewiefter Politiker, hatte die Führung von »Öffentlichkeit gegen Gewalt« wegen angeblicher Kontakte zur kommunistischen Geheimpolizei verlassen müssen. Er beharrte auf seiner Unschuld und klagte Havels moralische Unterstützung ein, stieß bei ihm jedoch auf Anraten einiger der engsten slowakischen Freunde auf Ablehnung. Kňažko wandte sich nach dem unklugen Vizepräsidenten-Scherz gegen Havel. Er kehrte nach der zweiten Präsidentschaftswahl in die Slowakei zurück und wurde dort Außenminister und, wenn auch nur kurz, zweiter Mann in der Bewegung für eine demokratische Slowakei, die Mečiar gegründet hatte, um wieder an die Macht zu kommen.

Der Bruch mit Mečiar und Kňažko hatte relativ schwerwiegende Folgen, weil beide in der Slowakei ziemlich populär waren. Er ist ein Beispiel für Havels einigermaßen schwer erklärliche Tendenz, sich bittere und unversöhnliche Feinde zu machen. Natürlich ist die Politik ein Bereich, in dem es viel leichter ist, Feinde zu finden, als Freunde zu gewinnen. Dennoch gab sich Havel von allen Politikern vermutlich die größte Mühe, im Umgang mit seinen Kollegen durchgehend respektvoll, höflich und kooperativ zu sein. Er wurde nie dabei ertappt, dass er sich über eine andere bekannte Person in der Öffentlichkeit verächtlich geäußert hätte, und auch privat kam dies nur sehr selten vor. Selbst dann handelte es sich fast immer um eine flapsige, humorvolle Bemerkung, nicht um eine feindselige Verurteilung.

Der Schlüssel sind vermutlich die Erwartungen, die Havel unabsichtlich bei anderen weckte, mit denen er an verschiedenen Punkten in seinem Leben zusammentraf, Freundschaft schloss oder zusammenarbeitete. Sie waren eine Begleiterscheinung der einzigartigen Anziehungskraft seiner Persönlichkeit. Worauf auch immer es zurückzuführen sein mag – auf den schmalen, irgendwie zerbrechlichen Körper, das sanfte Auftreten oder das offene Eingeständnis von Hilflosigkeit, Unwissenheit, Verwirrung, Erschöpfung und Verzweiflung –, er schien ständig Hilfe zu brauchen und sozusagen ein permanentes SOS-Signal zu senden. Eine Menge Leute veranlasste das, ihm zur Hilfe zu eilen, Mitgefühl zu zeigen, ihn fürsorglich zu behandeln. Es lässt sich unmöglich sagen, ob er sich dieses Phänomens bewusst war, aber manchmal hatte man den Eindruck, als sei er selbst die ultimative Verkörperung der Macht der Ohnmächtigen, ein Mann, der fast alles erreichen konnte, indem er klarmachte, dass er es unmöglich allein tun konnte. Manche, die Havel dazu gebracht hatte, ihn zu unterstützen, ihm ihr Mitgefühl und ihre Verehrung zu zeigen – oft proportional zum Ausmaß der von ihnen wahrgenommenen Hilflosigkeit –, erwarteten irgendwann eine Gegenleistung, stellten dann aber fest, dass diese nicht, oder wenigstens nicht im gleichen Ausmaß, erbracht wurde. Freilich ist es eine fast schon triviale Tatsache, dass die meisten außergewöhnlichen Menschen nicht dieselben Regeln beachten wie ihre Mitmenschen. Jede persönliche und emotionale Beziehung mit ihnen ist deshalb definitionsgemäß asymmetrisch.

Bei Havel jedoch gab es noch eine zusätzliche Komplikation: Er war im Gegensatz zu vielen anderen großen Persönlichkeiten völlig frei von jeder egomanischen oder narzisstischen Selbstbezogenheit. Vielmehr gehörte er zu den aufmerksamsten Menschen, die man finden konnte, war stets besorgt um das Wohlergehen anderer, achtete immer darauf, sich nicht selbst zu überhöhen oder seine eigene Wichtigkeit zu übertreiben und insbesondere nicht die Gefühle seiner Mitmenschen zu verletzen.

Perfekt jedoch war er nicht. Er war immer für seine Freunde da, wenn er von anderen auf ihre Bedürftigkeit aufmerksam gemacht wurde, und verweigerte sich nie, wenn jemand um Hilfe bat. Aber weil ihn unablässig Myriaden von Ideen und Themen beschäftigten, brauchte er oft lange, um eine Krise, eine Erwartung oder eine Verletzung bei einer ihm nahestehenden Person zu bemerken. »Ich bin nicht wirklich ein mitfühlender Mensch«, räumte er selbst einmal ein.[784]

Auf den Bindestrichkrieg folgte eine Krise nach der anderen, die meisten waren ziemlich unbedeutend und einige lächerlich. Die erste brach aus, nachdem Havel die Ankündigung des Außenministers Dienstbier öffentlich bestätigt hatte, dass die inzwischen sogenannte Tschechische und Slowakische Föderative Republik, bisher der viertgrößte Waffenexporteur der Welt, in Zukunft damit aufhören werde, an sämtliche blutigen Diktatoren und Terroristengruppen rund um den Erdball Waffen zu liefern.[785] Havels Entscheidung war in erster Linie humanitär motiviert, aber sie war auch vernünftige Außenpolitik, weil sie mit dazu beitrug, dem Land ein neues Image als verantwortungsbewusstes und moralisch sensibles Mitglied der internationalen Gemeinschaft zu verschaffen.

Eines hatte der Präsident allerdings nicht berücksichtigt, und das hatte katastrophale Folgen: Die Führung des Warschauer Pakts hatte aus strategischen Gründen den größten Teil der tschechoslowakischen Rüstungsindustrie aus dem traditionellen industriellen Kernland Böhmen und Mähren weiter östlich in die ländliche Slowakei verlegt, um sie damit in sicherer Entfernung von der Grenzlinie zwischen Ost und West aufzubauen. Die Maßnahme hatte in den unterentwickelten Gebieten Industrialisierung und Aufschwung herbeigeführt. Nun war Havels moralische Geste für das Ende dieser Entwicklung und für die rapide wachsende Arbeitslosigkeit in vielen slowakischen Städten, die nur über eine Art von Industrie verfügten, verantwortlich. Es hatte keinen Sinn, den Betroffenen zu erklären, dass der Aufschwung ohnehin vorüber war, weil es plötzlich viel weniger Märkte und Abnehmer für in der Sowjetunion entworfene Mannschaftstransportwagen, Geschütze und Panzerbüchsen gab. Havel wurde in der Slowakei unpopulär. Er erkannte die Gefahr und arbeitete hart, um sie abzuwenden. Er änderte seinen Terminkalender und verbrachte mehr Zeit in der Slowakei. Dabei besuchte er den Landesteil nicht nur, sondern waltete dort auch jeden Monat ein paar Tage seines Präsidentenamtes, indem er ausländische Staatsgäste und einheimische Politiker empfing und mit möglichst vielen Slowaken redete. Die Ergebnisse waren gemischt. Seine Treffen mit Arbeitern in dem rapide verfallenden slowakischen Industriegürtel verliefen nicht gut. Auch dass er sich entschlossen für die Menschenrechte einsetzte, indem er zum Beispiel die entsetzlichen Lebensbedingungen in den Barackenstädten der ethnischen Minderheit der Roma anprangerte, war bei den durchschnittlichen Slowaken eher unpopulär.

Die vermehrte Anwesenheit des Präsidenten in der Slowakei und ihrer Hauptstadt wirkte wie ein logischer Schritt. Ein Teil des Präsidialbüros unter Leitung des früheren Dissidenten Miroslav Kusý wurde auf dem Gelände der Burg Bratislava angesiedelt. Immer wenn er da war, wehte die Flagge des Präsidenten über der alten Burg, und das Tor wurde von Posten der Präsidentengarde in Pištěks neuen Uniformen bewacht. Ein Team gescheiter und hübscher junger Frauen war für den slowakischen Terminplan des Präsidenten verantwortlich, für seine Kontakte mit der slowakischen Regierung und dem Parlament sowie für seine schwierige Beziehung zu den slowakischen Medien.

Havel holte auch mehr Slowaken auf die Prager Burg. Er ließ sich von der Erfahrung mit Milan Kňažko nicht abschrecken und rekrutierte den Soziologen und Schriftsteller Martin Bútora, ein führendes Mitglied von »Öffentlichkeit gegen Gewalt«, als Berater für Minderheiten- und Menschenrechtsfragen. Nach den ersten Wahlen überredete er auch den Philosophen Milan Šimečka, den vielleicht wichtigsten früheren Dissidenten in der Slowakei, als freier Berater auf die Burg zu kommen. Leider fühlte sich Šimečka nicht wohl, sei es wegen der drohenden Spaltung der Föderation oder weil er Havels Art, mit dem Problem umzugehen, missbilligte. Er starb nur drei Monate nach seiner Ankunft an einem Schlaganfall.

Die politischen Vertretungen konnten sich zwar auf den Begriff einer »fairen und gerechten« Föderation einigen, fanden es aber schwierig, sich auf dessen Bedeutung zu verständigen. Im Dezember 1990 verabschiedete die Bundesversammlung nach einer Marathonsitzung schließlich ein Gesetz, das die Kompetenzen zwischen der föderalen Vertretung und den zwei nationalen Parlamenten verteilte und die Föderation weiterentwickelte. Der Durchbruch kam, nachdem Havel persönlich beim Parlament interveniert und Gesetze über ein Referendum, über ein Verfassungsgericht und über Notstandsbefugnisse für den Präsidenten zur Überwindung eines möglichen politischen Stillstands vorgeschlagen hatte.

Nach einem Jahr hatte Havel das Bedürfnis, aus dem deprimierenden Ghetto des Bôrik-Hotels auszubrechen, wo er bei seinen regelmäßigen Besuchen in Bratislava immer untergebracht wurde, und bat sein Büro in der Stadt, eine freundlichere Unterkunft für ihn zu finden. Schon bald kam die gute Nachricht, die jungen Frauen, die seinen Terminkalender organisierten, hätten in den bewaldeten Hügeln über der Hauptstadt ein brandneues Privathotel gefunden. Der Präsident war erfreut. Beim nächsten Besuch hielt seine Wagenkolonne vor einem modernen weißen Gebäude, das gut abgeschirmt vom Verkehr in einem Garten lag. Havel gefiel, was er sah, und er schlug vor, zur Vorbereitung auf die Aufgaben des Tages in der Bar einen Drink zu nehmen. Die Getränke kamen, und mit ihnen mehrere sehr attraktive und freundliche, extrem leicht gekleidete junge Damen. Havels Berater erblassten. Den Frauen aus dem Präsidialbüro machten sie keinen Vorwurf. Sie waren noch neu in ihrem Job und offenbar so unschuldig, dass ihnen nicht aufgefallen war, wo sie Havel untergebracht hatten. Extrem besorgt waren die Berater jedoch wegen der Schlagzeilen, die der Vorfall am folgenden Tag in den nationalistischen slowakischen Zeitungen verursachen könnte. »Präsident der Liebe und der Wahrheit im Hurenhaus«, war noch die harmloseste, die sie sich vorstellen konnten. Mögliche Denunziationen des Präsidenten als tschechischer Sexualimperialist, der in der Slowakei Jagd auf unschuldige junge Mädchen macht, wären noch unheilvoller gewesen. Zur Schadensbegrenzung versuchten sie, Havel aus der Bar zu ziehen und ihn in seinem Zimmer wegzuschließen. Doch sie hatten nicht mit der unstillbaren Neugier des Theaterautors gerechnet, der eine spannende absurde Situation erkennt, wenn er sie sieht. Havel trank in alle Ruhe aus, von seinen Bewachern gegen jede Versuchung abgeschirmt.

Andere Zwischenfälle waren nicht so amüsant. So beschloss Havel, obwohl ihm ein Teil seines slowakischen Stabs davon abriet, einen seiner regelmäßigen Besuche in Bratislava am 14. März 1991 zu machen, dem Tag, an dem 1939 der unabhängige, aber mit Nazideutschland verbündete slowakische Staat gegründet worden war. Die Nationalisten planten eine Demonstration auf demselben Platz, wo die Menge 15 Monate zuvor noch Havel und die Sanfte Revolution gefeiert hatte. Havel hatte das Gefühl, er würde Schwäche zeigen, wenn er nicht auf den Platz ginge. Nach einer erbitterten Auseinandersetzung mit dem Team erklärte er sich bereit, ein neues Denkmal der tschechischen und slowakischen Solidarität am Flussufer zu besuchen und danach direkt in sein Büro in Bratislava zurückzukehren, ohne Konfrontation mit den Demonstranten. Als er jedoch etwa 500 Meter von dem Platz entfernt am Donauufer stand und das Geschrei und die Sprechchöre hörte, gewann wieder einmal seine Neugier die Oberhand. »Es kann doch nicht falsch sein, wenn ich einen Blick darauf werfe?«, argumentierte er. »Es gibt kein Gesetz, das dem Präsidenten verbietet, jeden öffentlichen Raum zu besuchen, den er sehen will, oder?« Es hatte keinen Sinn, mit ihm zu streiten, und so ging er hin.

Der Ärger, den er sich dadurch einhandelte, war wesentlich schlimmer, als er gedacht hatte. Sobald die Menge seine Anwesenheit bemerkte, wurden die Sprechchöre persönlich und aggressiv. »Tschechen zurück nach Prag!« und »Schande über Havel!« gehörten noch zu den druckfähigen. Dann fluteten die Massen instinktiv auf Havel und seine Begleiter zu. Der Kordon slowakischer Polizisten, der ihn von der Menge trennte, war bald in der Minderzahl, dasselbe galt für seine Personenschützer. Am Ende wurde er von einigen Leibwächtern und Freunden abgeschirmt, die mit untergehakten Armen einen Kreis um ihn bildeten. Das Gefühl war erstickend. Die Menge wurde jede Minute feindseliger und aggressiver. Ein höchstens zehnjähriger Junge trat Jiří Křižan, einem riesigen Mann aus einer alten protestantischen Familie aus Mähren, gegen die Schienbeine und schrie: »Du dreckiger tschechischer Jude!« Er trat knapp daneben. Unmittelbar neben Křižan stand tatsächlich ein jüdischer Tscheche.

Es bedurfte zehn Minuten und einer Vielzahl nicht gerade sanfter Püffe und Stöße, um Havel aus dem Zentrum des Mahlstroms zu befreien und ihn über eine Seitenstraße vom Platz zu bringen. Die ganze Zeit zeigte er keine andere Regung als seine typische milde Neugier. »Die waren ja ziemlich lebhaft«, sagte er. »Warum sind wir nicht länger geblieben?«

Es brauchte etwa eine Woche, bis die Kratzer und blauen Flecken geheilt waren. Die tieferen Wunden im Verhältnis zwischen Tschechen und Slowaken jedoch zeigten keinerlei Anzeichen einer Heilung. Zwar blieb der Ton der politischen Auseinandersetzungen in aller Regel höflich und respektvoll – die nationalistische Menge der 3000 Demonstranten in Bratislava war eine Ausnahme gewesen. Doch die gerade in die Freiheit entlassenen Medien und insbesondere die vorher nicht existente Boulevardpresse brachten einen Wust von wilden Anklagen, Unterstellungen und Verleumdungen vor, wobei sie entweder die Tschechen als herrschsüchtige Ausbeuter der Slowaken darstellten oder die Slowaken der Verschwörung mit ultrarechten katholischen und kryptofaschistischen Zirkeln im Ausland bezichtigten, die das Ziel verfolgten, den slowakischen Staat des Zweiten Weltkriegs wiederherzustellen. Einige Politiker, die vor allem dem slowakischen Lager entstammten, erkannten das Problem schnell als ideales Vehikel für populistische Stimmengewinne. Allmählich kam es zu einem konstitutionellen und parlamentarischen Stillstand. Obwohl die Verfassung des Bundesstaats vorsah, dass die Bundesgesetze vor denen der Einzelstaaten Vorrang hatten, gab es keine Institution, die diesen Vorrang hätte durchsetzen können. Die dafür erforderliche Vollmacht des Verfassungsgerichtshofs hätte nur von einer verfassungsrechtlich ausreichenden Mehrheit im Parlament erteilt werden können. Sie wurde vom slowakischen Teil des Oberhauses jedoch so lange blockiert, bis die neue Bundesverfassung in Kraft trat, für die es aber auch nicht die erforderliche verfassungsrechtliche Mehrheit gab.

Havel und die klügeren Köpfe unter den Politikern beider Lager wussten von Anfang an, dass das Problem nicht durch Demonstrationen oder Angriffe in den Medien gelöst werden würde. Also ergriff der Präsident die Initiative und berief die erste Runde eines Verhandlungsmarathons ein, in dem Vertreter beider Teilstaaten über verfassungsrechtliche Fragen diskutierten. Es sah eigentlich gut aus. Beide Seiten hatten immer noch erheblichen gegenseitigen Respekt und sogar echte Sympathien füreinander, und auch der Präsident war immer noch hochgeachtet. Mehrmals schien es, als hätten sich die Teilnehmer auf eine Lösung geeinigt, aber jedes Mal scheiterte das Abkommen entweder bei der nächsten Pressekonferenz oder wenn die beiden Delegationen in ihre jeweilige Hauptstadt zurückgekehrt waren.

Die Lage verschärfte sich noch, als der tschechische Ministerpräsident Petr Pithart aus Ungeduld oder Ehrgeiz oder aus beidem bilaterale Gespräche mit den politischen Vertretern der Slowaken unter Umgehung der Bundesebene vereinbarte. Im August 1990 trafen sich die Regierungen der Teilstaaten in Trenčianske Teplice erstmals öffentlich. Es ist diese Aktion, die Marián Čalfa, ein Slowake, aber überzeugter Föderalist, als den entscheidenden Schritt in Richtung Untergang betrachtet. Solange es bei den Gesprächen das asymmetrische Dreieck zwischen der föderalen und den einzelstaatlichen Vertretungen gegeben hatte, war eine Lösung vielleicht nicht möglich, aber eine unversöhnliche Spaltung ebenso unmöglich gewesen. Die Herstellung eines symmetrischen Zustands dagegen öffnete den Weg für die Trennung.[786]

Dass die slowakische Seite nicht nur eine, sondern zwei Arten nationaler Forderungen hatte, machte die Gespräche noch komplizierter. Jan Čarnogurský und seine Kollegen von den slowakischen Christdemokraten, die von den traditionellen Nationalisten unterstützt wurden, waren in einigen praktischen Fragen der Staatsführung kompromissbereit, wollten aber unbedingt das behoben sehen, was sie als die Ursünde bei der Gründung der Tschechoslowakei im Jahr 1918 betrachteten. Ihrer Ansicht nach waren damals die Versprechen gebrochen worden, die man den slowakischen Vertretern gegeben hatte. Deshalb waren für sie die damalige Staatsgründung und alles, was folgte, von zweifelhafter Legitimität. Sie bestanden auf einer vollständigen Erneuerung des tschechisch-slowakischen Bundes, und zwar dieses Mal auf einer absolut freien und gleichberechtigten Grundlage. Die Tschechen hatten keine grundsätzlichen Bedenken gegen eine erneute Ableistung der Eide. Aber ihnen war nicht wohl bei Čarnogurskýs Argument, dass die absolute Freiwilligkeit eines solchen Akts nur dann gewährleistet werden könne, wenn man die Tschechoslowakei auflöse, und sei es nur für den Bruchteil einer Sekunde. Diese Idee lehnten die Tschechen rundweg ab, möglicherweise wegen ihrer juristischen Konsequenzen, vielleicht aber auch, weil sie an den wirklichen Absichten ihrer slowakischen Kollegen zweifelten – Zweifel, die von Čarnogurskýs ausdrücklich geäußertem Wunsch genährt wurden, einen slowakischen Stern am künftigen Firmament der EU zu sehen.

Die andere slowakische Denkschule, der Vladimír Mečiar angehörte, legte keinen großen Wert auf historische Fragen oder die Feinheiten des verfassungsrechtlichen Verfahrens. Ihr ging es schlicht und einfach um die Verteilung der Macht zwischen den Regierungen der Einzelstaaten und der Zentralregierung. Sie hatten kaum Probleme damit, eine von ihnen so genannte »echte« Föderation zu erhalten, solange die wirkliche Macht bei den jeweiligen Regierungen der Teilstaaten lag. Tatsächlich schritt die Aufspaltung ohnehin schon rasch voran. Die Regierungen der Tschechischen und der Slowakischen Republik hatten die ausschließliche Zuständigkeit für Bildung, Gesundheit und Umwelt inne sowie Teilzuständigkeiten für Wirtschaft, Polizei und öffentliche Ordnung. Doch das reichte Mečiar und seinen Kollegen nicht aus. Sie vertraten inzwischen die Ansicht, eine echte Föderation sei nur möglich, wenn die slowakische Regierung auch für die Armee auf dem slowakischen Territorium, die Vertretung der Slowakei im Ausland und für Geld- und Währungsangelegenheiten einschließlich einer slowakischen Zentralbank zuständig sein würde. Zwar wurden kleine Kompromisse wie die Einrichtung nationaler Ministerien für internationale (nicht jedoch für auswärtige) Angelegenheiten erreicht, prinzipiell jedoch blieb die tschechische Seite bei ihrem grundsätzlichen Einwand, dass eine gemeinsame Verteidigungs- und Außenpolitik sowie eine monetäre und finanzwirtschaftliche Einheit zu den Grundlagen eines Staates gehörten und dass es ohne diese Kernelemente nicht einen, sondern zwei Staaten geben werde. Mečiar war davon nicht beeindruckt.

In der Hoffnung, das richtige Ambiente für eine Einigung zu finden, fanden die Verhandlungen in verschiedenen tschechischen und slowakischen Städten statt. Doch die Gespräche waren langwierig, erschöpfend und ergebnislos, und je klarer es wurde, dass für eine Föderation zweier Staaten mit gleichem Stimmrecht keine einvernehmliche Lösung gefunden werden würde, umso deprimierender und ermüdender wurden sie. Anfang Februar 1991, bei einer dieser Verhandlungsrunden, die sich gewöhnlich bis weit in die Nacht hineinzogen, schrieb mir Jiří Křižan, der außenpolitische Berater des Präsidenten, folgende Botschaft auf einen Zettel: »Die Föderation, mein lieber Freund, steckt bis zum Hals in der Scheiße.« Und ich antwortete: »Genau das hab ich dir gesagt.«[787]

Es gab auch ein tragikomisches Ereignis. Während die Slowaken immer mehr forderten und der tschechische Widerstand schwächer wurde, tauchten in Mähren plötzlich Politiker auf, die ihre eigene mährisch-nationalistische Leidenschaft entdeckt hatten, obwohl Mähren und Böhmen historisch immer zum selben Staat gehört und dieselbe Sprache und fast dieselbe Kultur besessen hatten. Wenngleich es selbst den Verkündern dieser Idee schwerfiel, sie sonderlich ernst zu nehmen, gelang es der mährischen Partei, bei den Wahlen zu den einzelstaatlichen Parlamenten mehr als zehn Prozent der Stimmen zu gewinnen. Dadurch saß sie bei den Gesprächen mit am Verhandlungstisch. Die Katharsis kam bei einem Gespräch des Präsidenten mit Vertretern der beiden Parlamente in der slowakischen Stadt Budmerice, als der Führer der mährischen Partei, der etwas konfus wirkende Psychologe Bohuslav Bárta, gestützt auf die Daten einer kurz zuvor durchgeführten Volkszählung eine langwierige Rechtfertigung der mährischen Forderungen vortrug. Als es ihm gelungen war, seine Zuhörer und sich selbst völlig zu erschöpfen, sackte er tot auf seinem Stuhl zusammen. Es dauerte eine Weile, bis seine Nachbarn merkten, dass er nicht mehr lebte. Die mährische Idee sollte ihn nicht lange überdauern.

Man hätte durchaus annehmen können, dass die Verhandlungen noch beliebig lange weitergehen würden, ohne die politische oder soziale Stabilität des Landes zu bedrohen – zumindest solange der Dialog höflich blieb und die Forderungen nicht als Ultimaten vorgebracht würden. Aber leider konnte sich das Land diesen Luxus nicht leisten. Es steckte mitten in einem monumentalen politischen, sozialen und wirtschaftlichen Transformationsprozess, der scheitern musste, wenn nicht alsbald Reformmaßnahmen beschlossen und umgesetzt wurden. Auch der außenpolitische Kontext war unheilvoll. Jugoslawien, das ebenfalls nach dem Ersten Weltkrieg entstanden war und eine ähnliche, wenn auch sehr viel komplexere ethnische Struktur hatte, stand im Begriff, in einem Ausbruch nationalistischen Hasses und nationalistischer Gewalt zu zerfallen. Es war und blieb unvorstellbar, dass etwas Ähnliches auch in der Tschechoslowakei geschehen könnte, doch der Gedanke muss Havel und andere mindestens in ihren Alpträumen gequält haben. Ganz bestimmt hatte der Alptraum auch Michal Kováč, den künftigen ersten Präsidenten der Slowakei, heimgesucht. Er bewertete die Teilung der Tschechoslowakei später positiv, weil sie »einen Konflikt im Zentrum Europas« verhindert habe.[788]

Am 28. Oktober 1991, dem tschechoslowakischen Unabhängigkeitstag, fand in Bratislava eine Demonstration für die tschechisch-slowakische Einheit statt, an der Havel und andere führende tschechische und slowakische Bundespolitiker teilnahmen. Als die Eier flogen und die Veranstaltung damit zu einer Demonstration der Zwietracht wurde, kam Havel zu dem Schluss, dass etwas geschehen müsse, um das Abgleiten des Landes in ein verfassungsrechtliches und politisches Patt zu verhindern. Also lud er für den 3. November 1991 führende Bundes- und Landespolitiker in sein Haus nach Hrádeček ein,[789] um in einer letzten Anstrengung den Weg aus der Sackgasse zu finden. Er hatte nichts dem Zufall überlassen: Die Gäste waren eingeladen, über Nacht zu bleiben, und er kochte sein Gulasch für das Abendessen. Als Prunkstück holte er eine 23 Jahre alte Flasche Sliwowitz hervor, die die Dorfbewohner am Tag der sowjetischen Invasion im August 1968 für bessere Zeiten vergraben hatten. Das Treffen brachte ein zweihundertseitiges geistreiches und in freundlichen Worten gehaltenes Protokoll, aber kein klares Ergebnis hervor. Ich nahm als Hilfskoch, diensthabender Psychologe und Wortschmied des Kommuniqués an dem Treffen teil und schlug bei vier verschiedenen Gelegenheiten eine vom Präsidenten unterstützte gemeinsame Erklärung vor, die jedoch in einer metaphysischen Diskussion über die Kompetenzen des Bundesstaats unterging. Der Sliwowitz war allerdings ausgezeichnet.

Selbst wenn die Teilnehmer des Treffens irgendwie einen Ausweg aus der Sackgasse gefunden hätten, hätte dies wahrscheinlich kaum etwas bewirkt. Die beiden nach Havel populärsten Politiker des Landes, Václav Klaus, der Führer der tschechischen Demokratischen Bürgerpartei (ODS), und Vladimír Mečiar, der Führer der Bewegung für eine demokratische Slowakei, hatten nämlich durch Abwesenheit geglänzt. Eine Einigung hätte ohne ihre Unterstützung kein Gewicht gehabt, und diese Unterstützung wollten sie aus unterschiedlichen Gründen nicht geben.

Havel traf die für ihn untypische Entscheidung, »auf den Tisch zu hauen«. In mehrwöchiger hektischer Aktivität entstand in den letzten zwei Monaten des Jahres 1991 im Präsidialbüro ein Paket von Verfassungszusätzen, die zwar keinen konkreten Lösungsweg für die Probleme der Föderation vorschrieben, aber Wege aus der Sackgasse vorschlugen. Zu den Vorschlägen gehörte die sofortige verfassungsmäßige Billigung eines Volksentscheids über die Frage, ob das Land eine Einheit bleiben sollte, die aus zwei gleichberechtigten und autonomen Republiken bestand, oder ob es sich in zwei getrennte, voneinander unabhängige Staaten aufspalten sollte.

Havel wusste nur zu gut, dass seine Vorschläge in dem blockierten Parlament kaum eine Chance hatten, also wandte er sich direkt an das Volk. In einer Szene, die an die Samtene Revolution erinnerte, verkündete er seine Vorschläge auf demselben Balkon in der Mitte des Wenzelsplatzes, von dem er auch während der Revolution gesprochen hatte. Erst danach legte er die Anträge offiziell dem Parlament vor, das sich oben am Wenzelsplatz befand.

Auch diesmal kamen viele Menschen, um den Präsidenten zu unterstützen.

Doch die Macht der Ohnmächtigen war, wie der Präsident immer wieder feststellen musste, nicht sonderlich groß in einer parlamentarischen Demokratie. Tatsächlich waren die Politiker erschrocken und nicht wenig beschämt über den klaren Appell der Bevölkerung, mit der Obstruktion aufzuhören und einen Kompromiss zu finden, mit dem alle leben konnten. Und so gaben sie in den ersten Tagen auch eine Menge beschwichtigende Verlautbarungen heraus. Dann jedoch, als sich die erste Aufregung gelegt hatte, wurden Havels Vorschläge rasch durch prozedurale Einwände, Zusätze und Abstimmungen in den Ausschüssen abgewürgt. Das Parlament stimmte nicht einmal über sie ab.

Erschwerend kam hinzu, dass es in der slowakischen Öffentlichkeit keine breite Unterstützung für Havels Vorschläge gab. Ein paar hundert Leute demonstrierten, und eine Initiative mit dem Namen »Die Brücke« wurde gegründet, doch das war eigentlich schon alles. Darauf, dass das Problem letztlich nicht auf der Straße, sondern im Parlament gelöst werden musste, konnten sich die tschechischen und die slowakischen Politiker leicht einigen. Der Präsident konnte dem schlecht widersprechen, sondern nur darauf hinweisen, dass es gerade die Parlamente waren, die der Lösung des Problems im Wege standen.

Weil Havel wiederholt damit scheiterte, seine Anliegen auf parlamentarischem Wege durchzubringen, argumentierten einige seiner Berater, er müsse seinen eigenen politischen Apparat aufbauen, eine Fraktion des Präsidenten, die seine Sache während des gesamten Gesetzgebungsverfahrens befürworten und verteidigen sollte. Ein vom Autor dieses Buchs verfasstes inoffizielles Papier dieses Inhalts zirkulierte bereits Anfang 1991 beim Präsidenten und seinen Beratern.[790] Ich befürwortete nicht unbedingt die Gründung einer klassischen politischen Partei, sondern eher eine parteiübergreifende Koalition, die sich auf die Unterstützung der Freunde und Verbündeten Havels aus der Zeit der

Revolution und davor stützte, die inzwischen verschiedenen Parteien angehörten. Auch eine der existierenden Parteien konnte Havel als ihren Führer anerkennen und seine Ideen unterstützen. Das verwaiste Bürgerforum, das sich inzwischen Bürgerbewegung nannte, war womöglich für diese Rolle geeignet. Auch eine völlig neue politische Bewegung konnte all denen eine politische Heimat bieten, die weiterhin für die Existenz eines tschechisch-slowakischen Bundesstaats als demokratisches, säkulares, humanistisches, modernes und kultiviertes Gemeinwesen eintraten.

Havel war skeptisch, aber er war bereit zuzuhören. Als sich die Lage weiter verschlechterte, fand an einem Wochenende im Januar 1992 in Schloss Lány ein von Havels Team konzipiertes Planspiel statt. In dem auch mit Blick auf die kommenden Parlamentswahlen im Juni organisierten Versuchsaufbau kämpften die »Parteibefürworter« gegen die »Parteigegner«. Das Ergebnis war unentschieden. Die Parteigegner mussten einräumen, dass der Präsident ohne eigenen politischen Apparat wenig tun konnte, um die drohende Spaltung des Landes zu verhindern. Die Parteibefürworter, zu denen ich gehörte, mussten einräumen, dass die Schaffung eines Apparats das Wesen von Havels Präsidentschaft radikal verändern und sie näher an die alltägliche Tretmühle der Fraktionspolitik bringen würde, die Havel eigentlich hinter sich lassen wollte.

Nach zwei Tagen war klar, dass Havel für den Kurswechsel nicht bereit war. In seiner Zusammenfassung der Diskussion erkannte er alle Gründe, die für die Parteilösung sprachen, an. Sie sei das Richtige, sagte er. Er könne sich jedoch nicht an der Spitze einer solchen Partei sehen. Und tatsächlich konnten unabhängig von ihrer politischen Position auch weder die Befürworter noch die Gegner der Parteilösung ihn dort sehen. Vermutlich kam es sowieso nicht mehr darauf an. Es war zu spät.

Ein letzter Versuch, einen Vertrag zwischen beiden Parlamenten der Teilstaaten zu schließen, den die Expertengruppen der Parlamente im März 1992 in Milovy ausgehandelt hatten, wurde im Führungsausschuss des Slowakischen Nationalrats mit einer Stimme Mehrheit abgelehnt. Das Menetekel war an der Wand. Selbst wenn die Einigung geklappt hätte, wäre ein solcher Vertrag von zwei Parlamenten, die rapide an öffentlicher Unterstützung verloren, nach den Wahlen im Juni in Frage gestellt worden. Mečiars Ansicht nach konnte das Dokument von Milovy nicht einmal als Abkommen betrachtet werden. Seine Bewegung für eine demokratische Slowakei errang im Juni einen überwältigenden Sieg. Sie übertraf alle Umfrageergebnisse, erfüllte die Hoffnungen ihrer Anhänger und machte die schlimmsten Befürchtungen der Anhänger einer föderalen Lösung wahr. Die Demokratische Bürgerpartei von Václav Klaus errang einen ähnlich hohen Sieg in der Tschechischen Republik, wohingegen die Bürgerbewegung scheiterte und es nicht einmal ins Parlament schaffte.

Es folgten die letzte umstrittene Verordnung in der Geschichte der Tschechoslowakei, aber wohl auch eine der reibungslosesten Teilungen eines Staates in der Menschheitsgeschichte. Havel war zweifellos nicht derjenige, der diesen Prozess durchführte und kontrollierte. Er stand nach den Wahlen vielmehr vor der unmöglichen Aufgabe, eine Bundesregierung aus zwei Parteien zu ernennen, deren Führer sich auf fast gar nichts einigen konnten, außer darauf, die Kontrolle nicht an den Präsidenten abzugeben. Es war aber auch nicht Mečiar, der die Teilung managte. Er war sich offenbar nicht ganz sicher, ob er auf eine vollständige Unabhängigkeit der Slowakei drängen oder in der neuen Situation nur eine Maximierung seiner Gewinne anstreben sollte. Es war Václav Klaus, der entschlossenste und klarste Kopf der drei, der die Fäden in der Hand hielt.

Klaus konnte sich nicht vorstellen, in einer Regierung zu dienen, die von Mečiar geführt oder mitgeführt wurde, dessen wirtschaftspolitische Vorstellungen viel korporatistischer waren als die seinen. Da sich beide Männer durch eine an Egomanie grenzende Hartnäckigkeit und Durchsetzungsfähigkeit auszeichneten, hätte eine gemeinsame Regierung einen Zusammenstoß epischen

Ausmaßes bedeutet. Vielleicht am wichtigsten war jedoch Klaus' Wissen, dass in dem neuen Parlament keine Chance bestand, die verfassungsrechtliche Blockade zu überwinden und einen Kompromiss zu schließen, der Reformen ermöglichen würde. Der kühle Kopf und logisch denkende Schachspieler musste erkannt haben, dass es aus seiner Sicht nur eine akzeptable Möglichkeit gab: nach 74 Jahren den Staat aufzuteilen, der aus den Ruinen des Ersten Weltkriegs entstanden war und den Zweiten Weltkrieg fast nicht überlebt hätte.

Bei Mečiar musste keine große Überzeugungsarbeit geleistet werden. Sprecher der beiden Parteiführer verkündeten nach einer Nachtsitzung in der durch Mies van der Rohe erbauten Villa Tugendhat in Brünn – ein irgendwie unpassender Schauplatz – die Auflösung der Tschechoslowakei gemäß einem gemeinsamen Abkommen der beiden Parteien noch im selben Jahr.

Havel und sein Team hatten sich im Präsidialbüro versammelt, als die Wahlergebnisse hereinkamen. Sie wussten nun, dass für die Föderation und die Präsidentschaft die letzte Stunde geschlagen hatte. Für Havel bedeutete dies nicht nur eine katastrophale politische Niederlage, sondern es war auch ein schwerer Schlag für seine Philosophie der Toleranz und des staatsbürgerlichen statt des nationalen Ethos. Außerdem stand er wegen der Ereignisse vor einem schweren verfassungsrechtlichen Dilemma. Sollte er sich als Staatsoberhaupt, das auf den Bundesstaat und seine Verfassung vereidigt war, gegen eine Entwicklung wehren, die letztlich nur auf der privaten Übereinkunft zweier Parteiführer beruhte? Andererseits waren Klaus und Mečiar in ihrem jeweiligen Landesteil legitime Gewinner demokratischer Wahlen. Sollte er das Unvermeidliche akzeptieren? Wieder fand eine tage- und nächtelange qualvolle Analyse der Handlungsmöglichkeiten statt, doch keine schien einen ehrenvollen Ausweg zu bieten. Havel war der festen Überzeugung und äußerte dies auch öffentlich, dass eine Teilung des Bundesstaats, wenn überhaupt, nur durch eine Volksabstimmung und nicht durch einen politischen Kuhhandel beschlossen werden sollte, zumal keine der beiden siegreichen Parteien im Wahlkampf dieses Ziel auf ihre Fahnen geschrieben hatte. Gleichzeitig wusste er, dass er ohne eine verfassungsändernde Mehrheit in beiden Kammern des Parlaments keine Volksabstimmung erzwingen konnte und dass er eine solche Mehrheit nicht bekommen würde. Auch war er realistisch genug, um zu ahnen, dass die Blockade des Parlaments und das verfassungsrechtliche Patt fortbestehen würden und damit das Land gefährlich gelähmt bliebe, selbst wenn Tschechen und Slowaken in einer Volksabstimmung für einen gemeinsamen Staat stimmten (wie Meinungsumfragen immer noch vermuten ließen). In diesem Fall drohte ein Zusammenbruch der demokratischen Institutionen, denn eine Volksabstimmung ist nur dann eine Lösung, wenn die unterlegene Seite bereit ist, das Ergebnis zu akzeptieren. Angesichts großer entschlossener Minderheiten konnte es eine solche Sicherheit nicht geben. Außerdem fand die tschechoslowakische Krise nicht in einem außenpolitischen Vakuum statt. Dem fortgesetzten und sich verschlimmernden Blutvergießen im früheren Jugoslawien waren Volksabstimmungen in vier von sechs jugoslawischen Republiken vorausgegangen. Auch wenn es Havel sehr schwerfiel, die Legitimität des Verfahrens zu akzeptieren, wusste er doch, dass ein Versuch, den Prozess mit der ganzen Macht seines Amtes zu stoppen, mit nicht zu verantwortenden Risiken verbunden gewesen wäre. Tatsächlich hatte er seine Haltung in Bezug auf eine Entwicklung, von der er hoffte, dass sie nie eintreten würde, schon mehr als ein Jahr zuvor deutlich gemacht: »Bevor man jahrelang in einem nicht funktionierenden Bundesstaat oder in einer Art Pseudo-Bundesstaat lebt, der nur eine Last und eine Quelle von Komplikationen ist, wäre es besser, in zwei unabhängigen Staaten zu leben.«[791]

Obwohl ihm bewusst war, dass es vermutlich reine Zeitverschwendung sein würde, exerzierte er alles durch, was die Verfassung und der politische Anstand verlangten. Er konsultierte die Parteien in dem neuen Parlament. Er reiste ein letztes Mal als Präsident der Föderation in die Slowakei und besuchte den frischgewählten Slowakischen Nationalrat. Er lud Mečiar zu einem Gespräch auf die Prager Burg ein und berichtete auf einer nächtlichen Pressekonferenz über dessen Ergebnisse beziehungsweise über das Fehlen von Ergebnissen. Obwohl ihm das alles unendlich schwerfiel, ließ er nie nach und zeigte nie Enttäuschung oder Zorn. Er sah es als letzten Teil seiner Aufgabe als Präsident, so viel wie möglich von dem guten Willen zwischen den beiden Völkern zu bewahren. Er akzeptierte den Vorschlag der beiden Parteien, eine schwache geschäftsführende Zentralregierung einzurichten, während die beiden starken Männer Klaus und Mečiar an der Spitze ihrer Regierungen standen und niemanden darüber im Unklaren ließen, in welche Richtung sich die Dinge bewegten. Havel beugte sich zwar dem Unvermeidlichen, doch er wollte als Präsident nicht damit identifiziert werden. Am 17. Juli 1992, wenige Stunden nachdem das slowakische Parlament eine Souveränitätserklärung verabschiedet hatte, mit der es seine Verfassung und seine Gesetze de facto über die des Bundesstaats stellte, verkündete Havel, in Kürze zurücktreten zu wollen. Drei Tage darauf fand an einem feuchtheißen Sommernachmittag im Park der Sommerresidenz in Lány eine Pressekonferenz statt, auf der er sich in Hemdsärmeln und müde aussehend, aber im Frieden mit sich selbst, von seinem Amt verabschiedete.

WARTEN ALS ZUSTAND DER HOFFNUNG

Hoffnung ist nicht die Überzeugung, dass etwas gut ausgeht, sondern die Gewissheit, dass etwas Sinn hat, egal wie es ausgeht.

Václav Havel

Zum zweiten Mal in Havels Leben endete seine aufregende Achterbahnfahrt, vom Adrenalin des Erfolgs und der Bewunderung der Öffentlichkeit, einer endlosen Kette von Zigaretten und einer furchterregenden Kombination ärztlich verschriebener Aufputsch- und Beruhigungsmittel getrieben, mit dem Aufprall gegen eine Wand. Ab dem 20. Juli 1992, dem Tag seines Rücktritts, war sein vorher überfüllter Terminkalender plötzlich leer. Der Prozess der Spaltung des Landes nahm fast weitere sechs Monate in Anspruch: Nachfolgerechte wurden festgelegt, Aktiva, einschließlich militärischer Ausrüstung und ausländischer Botschaften, aufgeteilt und der Rahmen für die Beziehung zwischen den beiden neuen Ländern neu bestimmt, Letzteres umfasste etwa die Vereinbarung einer Zoll- und Währungsunion, die gegenseitige Anerkennung von Diplomen und Qualifikationen und verschiedene Dinge bezüglich der Staatsbürgerschaft. Havel nahm an diesem Prozess nicht teil, er fühlte sich, wie er selbst sagte, wie ein »Ballon, aus dem man die Luft herausgelassen hat«. Zuvor hatte er es in ähnlichen Situationen geschafft, sich durch Taten, die sich durch Mut und Überlegung auszeichneten, wieder ins Spiel zu bringen. Dieses Mal war es anders. Er konnte die hektische Vorbereitung einer Teilung nicht unterstützen, die dem Kern seiner Überzeugungen und seiner Philosophie, seinem Verständnis von Demokratie und seinem Verantwortungsgefühl widersprach. Aber er konnte auch keine heroische Gegenposition beziehen angesichts der Risiken und Unsicherheiten, die dies für seine 15 Millionen Mitbürger bedeutet hätte. Er hatte nicht nur eine Niederlage erlitten – das war er gewohnt, und ähnliche Situationen in der Vergangenheit hatten ihn zu einigen seiner besten Schriften und seiner mutigsten Akte zivilen Ungehorsams inspiriert –, sondern er musste vor allem feststellen, dass er, wenigstens zeitweise, irrelevant geworden war.

Er zog sich aus der Burg in das »untere Büro« in seinem Haus am Flussufer zurück. Es hatte zuvor als sein Privatbüro gedient. Hier wurden die Urheberrechte für seine diversen Texte und Theaterstücke, sein Privatvermögen oder Olgas Terminkalender verwaltet, und es gab ein loyales Team von Freunden aus der Zeit vor der Revolution wie Anna Freimanová, Vladimír Hanzel und andere, die ihm persönlichen Trost und seelischen Beistand spendeten. Wenn er jedoch weiter Politik machen wollte, musste er sich neue Leute suchen, denn das alte Team hatte sich schon vor dem Ende der Tschechoslowakei und seiner Präsidentschaft in gegenseitigem Einverständnis aufgelöst und in alle Winde zerstreut. Die Auflösung war freundlich und warmherzig vonstattengegangen, aber dennoch war sie schmerzhaft. Sowohl der Präsident als auch seine Mitarbeiter waren der Ansicht, dass sich etwas ändern musste. Die Berater waren erschöpft und verbraucht. Für Havels Kritiker waren sie zum Symbol für seinen unkonventionellen, unbürokratischen Lebensstil geworden und damit zum Ziel von Angriffen, die eigentlich ihm selbst galten. Sowohl sie als auch der Präsident hatten dies fast gänzlich als integralen Bestandteil ihrer Rollen akzeptiert. Havel erinnerte oft an das Märchen vom guten König, der von bösen Beratern umgeben ist, und zögerte nie, seine Mitarbeiter zu verteidigen. Dennoch muss auch er sich eingeschränkt und erschöpft gefühlt haben, weil er auf sie nicht nur als Mitarbeiter, sondern auch als Freunde permanent Rücksicht nahm.

Auch einige Meinungsverschiedenheiten waren während seiner Präsidentschaft unvermeidlich gewesen. Obwohl er mit seinen Freunden nach wie vor den moralischen Kern seines Politikverständnisses teilte, entwickelten manche andere Ansichten, was die Umsetzung und die Strategie betraf. Sie fanden Havels Ideen so wertvoll wie eh und je, aber seine Anstrengungen, ihnen zu allgemeiner Akzeptanz zu verhelfen, erschienen ihnen in dem zunehmend standardisierten Umfeld von politischen Parteien, parlamentarischen Ausschüssen und Hinterzimmer-Lobbyismus ineffektiv. Sie fanden es außerdem schwierig, in dem sich ständig wandelnden Umfeld des Büros, das von den neuesten Inspirationen des Präsidenten abhing, konsistente Verfahren und Methoden zu entwickeln und umzusetzen. Die miteinander verbundene Gruppe von Freunden funktionierte unweigerlich wie ein Club, gelegentlich auch wie ein Hofstaat, wenn Havels kreativen Launen Folge zu leisten war.

Und so zerstreute sich der Sack Flöhe. Der außenpolitische Berater wurde stellvertretender Außenminister und der innenpolitische Berater stellvertretender Innenminister, der Sicherheitsberater wurde Chef des neuen Auslandsgeheimdiensts und ich wurde Botschafter in Washington. Die Kulturberater kehrten in ihre angestammten Bereiche zurück, widmeten sich wieder dem Theater, der Architektur oder Literatur. Fürst Schwarzenberg hatte endlich etwas Zeit, sich Gedanken über seinen Besitz zu machen, der ihm in ziemlich verwüstetem Zustand zurückerstattet worden war. Tatsächlich jedoch verabschiedete sich die Gruppe nie wirklich, sondern verstreute sich nur in verschiedene Richtungen. Obwohl ihre Mitglieder den täglichen Kontakt mit Havel vermissten, blieben sie alle in Verbindung, arbeiteten in verschiedenen Projekten mit ihm zusammen, korrespondierten miteinander, tauschten Ideen aus und boten ihre Unterstützung und ihren Rat an. Havel vergalt Gleiches mit Gleichem. In mehr oder weniger regelmäßigen Abständen kamen die Flöhe und der Präsident bei Konferenzen, Partys oder Feierlichkeiten wieder zusammen. Der größte Teil des Teams besuchte auch sein letztes

Geburtstagsfest am 1. Oktober 2011. Und alle, die noch lebten, nahmen an seiner Beerdigung teil.

Ende Juli 1992 jedoch musste er die Entscheidung, wie es für ihn weitergehen sollte, allein treffen. Zwar war der Teilungsprozess noch nicht abgeschlossen, doch es war bereits ziemlich klar, dass die Tschechische Republik etwa bis zum Jahresende ein unabhängiger Staat sein und ein neues Staatsoberhaupt brauchen würde. Für Havel gab es zu viele Unbekannte, als dass er hätte wissen können, ob er diese Rolle spielen konnte oder überhaupt spielen wollte, und er machte auch nie gegenteilige Andeutungen. Er entschied sich jedoch, die öffentliche Arena nicht ganz zu verlassen. Wie 1989 stellte er klar, dass er zu dienen bereit wäre, wenn nötig. Im Gegensatz zu 1989 konnte er jedoch nicht ganz sicher sein, dass man ihn auch brauchen würde. Er verfügte über keinen politischen Apparat, auch nicht über einen locker organisierten, wie es das Bürgerforum gewesen war, und deshalb hatte er weder die Mittel noch die Neigung, einen Präsidentschaftswahlkampf zu führen.

Er tat das Einzige, was er unter den gegebenen Umständen tun konnte: warten – eine Fähigkeit, die unter Politikern generell nicht weit verbreitet ist. Und er widmete diesem Thema seine Dankesrede, als er am 27. Oktober 1992 in die Pariser Académie des sciences morales et politiques (Akademie der moralischen und politischen Wissenschaften) aufgenommen wurde.

In der Rede setzte er zwei verschiedene Arten des Wartens voneinander ab. Die eine, Warten auf Godot, ist durch Hoffnungslosigkeit bestimmt. Wer glaubt, nicht genug Macht zur Veränderung seiner Lebensumstände zu haben, setzt seine Hoffnung auf eine unbestimmte »Rettung von außen … die Hoffnung der Hoffnungslosen«.[792]

Die andere Art zu warten »beruhte auf dem Wissen, dass es prinzipiell sinnvoll war, Widerstand zu leisten, indem man die Wahrheit sagte, einfach weil es das Richtige war. Ohne darüber zu spekulieren, ob dies morgen oder übermorgen oder überhaupt je irgendwo hinführen könnte … Warten als Zustand der Hoffnung, nicht als Ausdruck der Hoffnungslosigkeit.«[793]

Danach nutzte Havel den Unterschied zwischen den zwei Arten des Wartens, um seine eigene Ungeduld in den vergangenen drei Jahren zu analysieren und scharf zu kritisieren: Nichts wurde je rechtzeitig fertig, und wenn überhaupt etwas fertig wurde, dann nur selten wie geplant. Diese Ungeduld war für Havel ein weiteres Beispiel für den »eitlen Glauben an den Primat der Vernunft und die falsche Annahme, dass die Welt nichts weiter ist als ein Kreuzworträtsel, das gelöst werden muss … Ohne mir dessen bewusst zu sein, erlag auch ich dem perversen Glauben, dass ich Herr der Realität sei, dass die einzige Aufgabe darin bestünde, die Realität nach einem schon existierenden Rezept zu verändern, dass es dabei ganz allein auf mich ankäme und dass es keinen Grund gebe, es nicht sofort zu tun. Kurz gesagt, ich dachte, die Zeit gehöre mir. Das war natürlich ein großer Fehler. Die Welt, das Sein und die Geschichte haben ihre eigene Zeit. Wir können natürlich auf kreative Art in diese Zeit eintreten, aber keiner von uns hat sie ganz in der Hand … Betrachte ich meine eigene politische Ungeduld, so erkenne ich mit neuer Dringlichkeit, dass ein Politiker der Gegenwart und der Zukunft … im tiefsten und besten Sinne des Wortes lernen muss, wie wichtig das Warten ist … Seine Taten dürfen nicht auf einem Gefühl der Überlegenheit beruhen, sondern müssen der Demut entspringen … Selbst ich, der sarkastische Kritiker all jener, die vergeblich versuchen, die Welt zu erklären – musste mich daran erinnern, dass *die Welt nicht nur erklärt werden kann, sondern auch … verstanden werden muss.*«[794]

Jeder kann über die Arroganz der Politiker jammern. Aber zu sagen, dass sie gewählt werden sollten, weil sie warten können, ist sehr kühn. Politiker, würden viele sagen, werden doch gerade dafür gewählt, etwas zu ändern, Ergebnisse zu erzielen, und nicht, damit sie warten. Aber wie viele Politiker, würde die Gegenfrage lauten, erfüllen diese Erwartungen, wie viele erreichen wirklich, was sie versprechen? Beruht die heutige Enttäuschung der Wähler über »die Politiker« nicht zu einem erheblichen Teil auf den nicht erfüllten Erwartungen? Aber erwarten Wähler wirklich, dass sich die Dinge ändern, wenn sie sich immer für die gleichen Politiker, die gleichen Parteien und die gleichen Veränderungsversprechen entscheiden? Tun sie nicht nur so, als ob sie Veränderungen erwarteten, genau wie die Politiker nur so tun, als könnten sie diese herbeiführen? Warten die Wähler letztlich nicht auf Godot, »der nicht kommen wird, weil er nicht existiert«?[795] Die indirekte Widerlegung der romantischen marxistischen Maxime: »Die Philosophen haben die Welt nur verschieden interpretiert, es kommt drauf an, sie zu verändern«,[796] wirft die Frage auf, wie viel von dieser Doktrin immer noch als Rechtfertigung für die Politik, und zwar jeglicher Politik, dient.

Aber ist das nicht falsche Bescheidenheit von einem Mann, dem zugeschrieben wird, zu einer der folgenschwersten Veränderungen in der modernen Geschichte beigetragen zu haben? Hatte er nicht jahrelang gekämpft und gelitten, um genau diese Veränderung zu erreichen? In der Rede und andernorts bestritt er gewöhnlich, dass er dies getan hatte, und mehr noch, dass es der Grund gewesen sei, warum er es getan hatte. Er berief sich eher auf das selbstrechtfertigende Wesen eines Lebens in Wahrheit als auf den Zweck, Veränderungen zu bewirken. Für ihn wären seine Taten genauso sinnvoll gewesen, wenn er zeit seines Lebens keine Veränderungen erreicht hätte.

Nun, da eine andere Veränderung im Gang war, die er weder geplant noch gewünscht hatte, konnte er das als Beweis für seine Überzeugung akzeptieren, dass sich die Geschichte auf geheimnisvolle Weise entfaltet. Er war mit dem Zustand des Wartens zufrieden.

Die neue Machtgruppe, die mit dem Wahlsieg der ODS auf der Bildfläche erschienen war, war völlig anders als ihre Vorgängerin. Sie war ideologisch geschlossen und organisatorisch kompakt, eine Gruppe junger Männer, die sich um ihren unbestrittenen Führer Václav Klaus scharten. Sie teilten seine Abneigung gegen intellektuelles Schwanken, seinen Sinn für Pragmatismus und seine Leidenschaft für schnelle, entschiedene und einfache Lösungen. Wie er waren sie ehrgeizig und wollten sowohl als politische Kraft wie als Individuen vorwärtskommen. Noch weniger als Klaus nahmen sie sich Zeit für die Belange der Opposition, für die Meinungen von Minderheiten oder für differenzierte Lösungen. Für manche, wenn auch nicht alle von ihnen, war Havel irgendwie von gestern. Als sie nun Schlüsselpositionen in der Regierung und im Parlament einnahmen, war es keineswegs sicher, dass sie ihn bei einer Präsidentschaftskandidatur unterstützen würden.

Havel war zwar damit zufrieden zu warten, hatte aber nicht ganz mit der demütigenden Unsicherheit gerechnet, der er unterworfen werden sollte. Während die kleineren Parteien im Parlament, die Christ- und die Sozialdemokraten, ihre Unterstützung für seine Präsidentschaft deutlich machten, bezog die ODS erst am 26. Januar 1993, dem Tag der Wahl durch das Parlament, öffentlich Stellung.[797] Am Ende unterstützen ihn die Vertreter der ODS, weil sie erkannt hatten, dass es zu dem Ex-Präsidenten, was das moralische Format und das internationale Ansehen betraf, »keine Alternative gab«.[798] Zuvor jedoch hatten sie Havel schmerzhaft deutlich gemacht, dass sein politisches Schicksal jetzt von ihrem Wohlwollen abhing. Sie hatten die neue Verfassung so gestaltet, dass sie ihn immer unter Kontrolle haben würden. Wenigstens hofften sie das.

FEGEFEUER DER GEWISSENSBISSE

Es ist ein natürlicher Nachteil der Demokratie, dass sie denen die Hände bindet, die ihr Gutes wünschen, und denen unbegrenzte Chancen eröffnet, die sie nicht ernst nehmen.

Die Retter

Václav Havels dritte Amtszeit begann im Februar 1993 auf einer ganz anderen Grundlage als die ersten zwei Amtszeiten. Nicht nur war er nun der gewählte Präsident eines anderen, in der Tat neuen Landes, und nicht nur waren seine Befugnisse und seine Autonomie erheblich eingeschränkt, auch die Stimmung hatte sich geändert. Drei Jahre zuvor hatten eine wilde Begeisterung und das Gefühl unbegrenzter Möglichkeiten geherrscht. Die Atmosphäre Anfang 1993 war dagegen durch Unsicherheit, Zweifel und ein Gefühl des Verlusts gekennzeichnet. Dies war ein wichtiges Element der Samtenen Scheidung: Beide Parteien waren sich auf der rationalen Ebene einig, dass es am besten war, wenn sie ihrer eigenen Wege gingen, doch sie begannen auch darüber nachzudenken, was sie verloren hatten. Und es ist keine Überraschung, dass das Gefühl des Verlusts in Tschechien stärker war als in der Slowakei, die zum ersten Mal in der Geschichte eine echte Unabhängigkeit erlangt hatte. Die Tschechen mussten lange Zeit eine bewusste Anstrengung machen, um daran zu denken, dass das Land nun an der March endete und die Nationalhymne in der Mitte aufhörte. Oder wie es Jacques Rupnick, Havels Freund und außenpolitischer Berater, formulierte: »Die Tschechische Republik wurde in Wirklichkeit von den Slowaken gegründet.« Eine Art von Phantomschmerz kam ins Spiel, als die beiden Nationen ihre Beziehung neu aufbauten. Trotz der anfänglichen Kühle in der Slowakei während der Mečiar-Ära waren auf beiden Seiten viel guter Wille, echte Zuneigung und höchstwahrscheinlich auch Schuldgefühle vorhanden. Die Beziehung bekam dadurch eine positive Qualität, die sie in der Zeit der Föderation vielleicht nie gehabt hatte. Wenn die Trennung aus diesem Grund im Rückblick richtig erschien, so wirkte sie aus demselben Grund auch irgendwie sinnlos. »Ist das nicht paradox?«, hätte der Braumeister gefragt.

Am Anfang jedoch sah es düster aus. Einige von Havels Freunden überlegten laut, ob es wirklich nötig sei, dass er erneut kandidiere. Er würde nach der neuen Verfassung dem Ministerpräsidenten zwar nicht untergeordnet, aber auf jeden Fall weniger einflussreich sein als dieser. Und der Ministerpräsident war ausgerechnet sein gelegentlicher Verbündeter und häufiger Widersacher Václav Klaus. Wie immer, wenn grundlegende politische Dokumente konzipiert wurden, wollte Havel auch beim Entwurf der Verfassung gern eine zentrale Rolle spielen. Da er jedoch weder über ein Amt noch ein Mandat verfügte, musste er es heimlich tun. Er traf sich mit Mitgliedern der parlamentarischen Verfassungskommission in Prag und in einer Reihe von Kneipen in der Umgebung von Schloss Lány, wohin sich das Gremium zurückgezogen hatte, um seine Arbeit zu vollenden. Dabei konnte er mehr Einfluss auf die Präambel als auf den Haupttext der Verfassung nehmen.[799] Außerdem sollte er nicht der einzige Kandidat für das höchste Staatsamt sein. Die Kommunistische Partei von Böhmen und Mähren, die direkte Erbin der alten KP, hielt es für angemessen, eine renommierte, wenn auch unbekannte Krebsspezialistin antreten zu lassen. Es war eindeutig eine PR-Aktion, bei der nicht mit größerer Unterstützung im Parlament gerechnet wurde. Der dritte Kandidat Miroslav Sládek, Führer der ultranationalistischen Partei Sdružení pro republiku (Vereinigung für die Republik) war da schon von einem anderen Kaliber. Der frühere Funktionär des nationalen Zensurbüros der Kommunistischen Partei, ein geschulter Redner mit unschuldigen blauen Augen in einem engelhaften Gesicht, baute seinen Wahlkampf darauf auf, den Hass auf Roma, Deutsche, Slowaken, Juden, Amerikaner – und Václav Havel zu schüren. Sein Kumpan, der Abgeordnete Vik, sagte, als er dem Parlament Sládek zur Wahl vorschlug, über den Kandidaten der Regierungskoalition: »Der Schaden, den Havels ›humanistische Politik‹ angerichtet hat, ist so gewaltig, dass wir ihre Folgen noch gar nicht fassen können … Die drei Jahre seiner Herrschaft haben zum Zusammenbruch der Wirtschaft und einer katastrophalen Kriminalität geführt … und was am schlimmsten ist … er trägt die Hauptschuld für den Untergang unseres geliebten Landes, der Tschechoslowakei.«[800] Havels Team sah er noch negativer: »Die Burg wird immer noch heimgesucht vom Gespenst der schmierigen und bizarr aussehenden Berater und ihres Kanzlers, eines typischen Vertreters des patriotischen Adels, der stolz Anspruch auf seine Güter und unsere historischen Denkmäler erhebt. Sie wird immer noch heimgesucht von der Gestalt eines Herrschers, der einen Narrenhut mit Glöckchen trug, eines Größenwahnsinnigen und komplexbeladenen Künstlers …«[801]

Die Wahl am 26. Januar 1993 wurde live aus dem Parlament übertragen, und Havel wartete zu Hause in einem Zustand melancholischer Anspannung auf das Urteil. Als er im Fernsehen die Debatte sah, die der Wahl vorausging, glaubte er, dass er keine Mehrheit bekommen würde.[802] Das Parlament war nun wirklich der Souverän. Die Ära des Philosophenkönigs war vorüber, die Ära der parlamentarischen Demokratie hatte begonnen.

Es muss ziemlich schmerzhaft gewesen sein, die Beleidigungen, die Vergleiche mit den Nazis und die ständigen Anspielungen auf Deutsche, Juden und Hochverräter im Fernsehen zu verfolgen, aber Havel hatte in der kommunistischen Ära so viele Beschimpfungen und Verleumdungen über sich ergehen lassen, dass ihn derartige Ausfälle kaum noch berührten. Sorgen machte ihm lediglich der schlechte Zustand einer Gesellschaft, in der eine Sprache, die man seit den späten dreißiger Jahre nicht mehr gehört hatte, wieder tolerabel, ja überhaupt möglich war. Wenn er je Zweifel hatte, ob die ganze Sache es wert war, dann zu diesem Zeitpunkt. Überhaupt schien er auf dem Höhepunkt der Samtenen Revolution weniger gewillt gewesen zu sein, das höchste Staatsamt zu übernehmen, als nun, da nur noch ein Amt mit viel bescheidenerem Zuschnitt im Angebot war.

Ist es möglich, dass die Macht auch ihn korrumpiert hatte, dass ihm das widerfahren war, was er achtzehn Monate zuvor in seiner Dankesrede für den Sonning-Preis in Kopenhagen so gut beschrieben hatte? »Wissen wir und sind wir überhaupt fähig zu erkennen«, hatte er damals gesagt, »wenn es uns nicht mehr um die Interessen des Landes geht, zu dessen Wohl wir diese Privilegien ertragen, sondern wenn wir anfangen, auf die Vorteile selbst Wert zu legen, und sie damit entschuldigen, dass wir uns auf die Interessen des Landes berufen? … Es liegt etwas Verräterisches, Trügerisches, Doppeldeutiges in der Versuchung der Macht. Einerseits verschafft einem politische Macht die wunderbare Gelegenheit, sich den ganzen Tag zu bestätigen, dass man wirklich existiert, dass man seine eigene unbestreitbare Identität hat und dass man mit jedem Wort und jeder Tat eine sehr sichtbare Spur in der Welt hinterlässt. In derselben politischen Macht und in allem, das logisch zu ihr gehört, liegt auch die schreckliche Gefahr, dass die Macht nur so tut, als würde sie unsere Existenz und unsere Identität bestätigen und uns in Wirklichkeit ihrer beraubt.«[803]

Möglich, dass dies auch auf ihn zutraf, aber nicht wahrscheinlich. Schließlich war Havel der Mann, dem man das Rampenlicht, die Vergnügungen und den Luxus des Westens angeboten hatte, der aber lieber ins Gefängnis gegangen war, um seiner Identität treu zu bleiben. Er war der Mann, der zum Zeitpunkt der Rede erst sechs Wochen zuvor als Präsident zurückgetreten war, ohne sicher zu wissen, ob er je zurückgerufen würde. Und er war der Mann, der in derselben Rede gesagt hatte: »An der Macht zu sein macht mich permanent misstrauisch gegen mich selbst.«[804]

Freunde, die damals mit Havel sprachen, wussten, dass er keine Illusionen hatte. Am 28. September, seinem Namenstag, kam er zu mir, um sich zu verabschieden. Ich sollte am nächsten Tag in die Vereinigten Staaten fliegen, um mein Amt als Botschafter anzutreten, und gab meine Abschiedsparty in einer zwielichtigen Prager Bar, bei der klassischer Rock 'n' Roll gespielt und auf den Tischen getanzt wurde. »Du wirst dort nicht viel vermissen«, sagte er. Er wusste, dass er seinen Job immer wieder hassen würde. Dass er ihn trotzdem machte, entsprang seinem Verantwortungsgefühl, das durch ein Schuldgefühl zusätzlich geschärft wurde. Ohne es auszusprechen, machte sich Havel für alles verantwortlich, was mit dem Land nicht stimmte und was mit der Tschechoslowakei schiefgegangen war. Er wusste, dass er eine Tortur vor sich hatte, aber vermutlich dachte er, dass er sie verdient habe. Wenn es in seinem Denken überhaupt eine egoistische Überlegung gab, dann beruhte sie nicht auf der Gier nach Macht und Vergünstigungen, sondern auf der Furcht, ein lustloses, verbittertes Land zu hinterlassen, das einige als sein Erbe ansehen würden.

Der Ton seiner Antrittsrede, nachdem die Hassprediger zu Wort gekommen waren und das Parlament ihn mit 109 Stimmen, einer Mehrheit von nur 55 Prozent, zum Präsidenten gewählt hatte, entsprach der Bescheidenheit des Moments. In scharfem Gegensatz zu der ikonischen Neujahrsrede von 1990, als Havel die Nation schockiert hatte, indem er ihr das Ausmaß des Niedergangs und die Schwierigkeit der zu bewältigenden Probleme klargemacht hatte, versuchte er sich nun darauf zu konzentrieren, was gutgegangen war und was immer noch als solider Ausgangspunkt gelten konnte. Er berief sich auf die besten Traditionen des Landes, auf den Geist der Anständigkeit, des gegenseitigen Respekts und der Solidarität. Gleichzeitig warnte er vor den niedrigsten Instinkten des Volkes, vor »rückgratloser Anpassungsfähigkeit, provinzieller Engstirnigkeit, ungebremster Gier und einem Zynismus, der als Realismus durchgeht«.[805] Keine Frage, er wusste, was auf ihn zukam, und er wusste, dass es nicht schön sein würde.

Die Zeit war gekommen für die größte Eigentumsübertragung in der tausendjährigen Geschichte des Landes. Sie war unvermeidlich. Während in den Nachbarländern Polen und Ungarn wenigstens einige Bereiche von Handel, Gewerbe und Landwirtschaft in Privatbesitz geblieben waren, hatte man in der Tschechoslowakei so gut wie alles beschlagnahmt, enteignet und verstaatlicht. Damit die Volkswirtschaft wieder funktionierte, wurde die Privatisierung nun mit dem Couponverfahren und großangelegten Restitutionen fortgesetzt. Eigentum im Wert von Milliarden Dollar wechselte den Besitzer. Rohe Gier setzte unerwartete kreative Begabungen frei. Es war erstaunlich zu beobachten, wie schnell so mancher, der noch zwei Jahre zuvor vom Kapitalismus und den Marktkräften weitgehend abgeschnitten gewesen war, sämtliche Tricks auf Lager hatte, wenn es darum ging, die eine oder andere Million zu machen. Schneeballsysteme, falsche Sicherheiten wie qualitativ minderwertige Edelsteine, Insiderhandel, Tochterfirmen, die fälschlich als unabhängig firmierten, und Ausschlachtungen von Unternehmen gab es im Überfluss. Die meisten dieser Tatbestände waren im Strafgesetzbuch nicht einmal erwähnt. Einige liberale Privatisierungstheoretiker waren überzeugt davon, dass man mit allen Mitteln eine Konzentration des für Investitionen benötigten Inlandskapitals erreichen müsse, und sprachen von der Notwendigkeit, »den Juristen davonzulaufen«,[806] andere hielten es für erforderlich, das Licht auszumachen.[807] Der neue tschechische Ministerpräsident selbst verkündete, dass er keine wirksame Methode kenne, zwischen sauberem und schmutzigem Geld zu unterscheiden. Andere nahmen das erfreut zur Kenntnis. In weniger als vier Jahren gingen viele der kleinen Banken bankrott, die mehr als die marktüblichen Zinsen geboten hatten, und der Rest stöhnte unter der Last fauler Kredite. Millionen, die sich an der Couponprivatisierung beteiligt hatten, verloren ihre Investitionen. Mancher frischgebackene Millionär floh mit seinem Geld in Steueroasen. Das Land verlor seine Unschuld.

Dies war die Zeit des großen Fegefeuers der Gewissensbisse, das Havel verabscheute und dennoch unter seiner Präsidentschaft ertragen musste. Er hatte nicht die Macht, um den Lauf der

Dinge aufzuhalten, ja er konnte ihn nicht einmal merklich beeinflussen. Ihm blieb nur, die Nation immer wieder zu ermahnen, wie wichtig moralische Werte für das Überleben jeder Gesellschaft seien. Ein großer Teil wollte jedoch nicht ermahnt werden, und so verlor Havel rapide an Popularität. Er bekam das Image eines realitätsfernen und deplatzierten Moralpredigers und wurde ständig daran erinnert, dass sein Platz an der Seite der neuen Herren des neuen Landes sei. In den ersten Jahren seiner neuen Präsidentschaft empfing er fast jeden Mittwoch den Ministerpräsidenten, angeblich um wie die britische Königin über die jüngste Kabinettssitzung informiert zu werden. Ihm graute vor diesen Sitzungen, weil er dort für jedes kleinste Wort in seinen Reden heruntergeputzt wurde, das nicht der Regierungspolitik entsprach. Der Ministerpräsident war dabei effektiv und gnadenlos. Havel fand nie eine Verteidigung gegen die Angriffe.[808] Er verzichtete sogar auf den Heimvorteil und traf den Ministerpräsidenten bei einem Bier in der Kneipe, um die Stimmung etwas aufzuhellen, was natürlich überhaupt keinen Unterschied machte.

Manchmal hielt es der Ministerpräsident für notwendig, seinem Missfallen auch öffentlich Ausdruck zu verleihen. So kritisierte er Havel *coram publico*, weil dieser die Interessen und die Sicherheit des Landes verletzt habe, als er sich im September 1993 mit Salman Rushdie traf, der damals immer noch im Untergrund leben musste. Als Havel durch seinen Sprecher Ladislav Špaček entgegnen ließ, er habe sowohl den Außen- als auch den Innenminister, der selbst ein politischer Gefangener gewesen war, zuvor über den Besuch informiert und beide hätten keine Einwände vorgebracht, brach die Hölle los. Die Regierung bestand darauf, dass er seinen Sprecher opferte. Wenn sich Havel zwischen einem Prinzip und einer Person entscheiden musste, entschied er stets für die Person. Also zog er die Behauptung zurück und behielt den Sprecher.[809]

Wenn Klaus jedoch geglaubt hatte, er könne Havel kleinkriegen und zu seinem Befehlsempfänger degradieren, hatte er dessen Fähigkeit unterschätzt, mit Schmähungen fertigzuwerden. Der Präsident blieb weiterhin höflich und bescheiden, beharrte jedoch ganz ruhig auf seinem Standpunkt und suchte nach einem Ausweg. Außerdem war er sich sehr bewusst, dass er zwar Klaus und anderen lästig fallen mochte, aber dennoch im eigenen Land als Symbol der demokratischen Veränderungen und im Ausland als Symbol des guten Willens der Tschechischen Republik unverzichtbar war. Gemäß der neuen Verfassung vertrat er »das Land im Ausland«, schloss Verträge und Abkommen mit anderen Ländern und ernannte Botschafter. Einige dieser Handlungen bedurften der Zustimmung des Ministerpräsidenten, aber es blieb ein gewaltiger Graubereich, in dem der Staatspräsident große Autonomie genoss. Und von dieser Autonomie sollte er bis an die Grenzen des Möglichen Gebrauch machen.

AUF DER SUCHE NACH VERBÜNDETEN

Viele Tschechen hatten 1993 nicht das Gefühl, dass viel geschehen war. Gewiss, es gab nun östlich der March ein neues Land, in das sie früher zum Skifahren und zum Wandern hatten fahren können, ohne den Pass vorzeigen zu müssen. Doch innerhalb der tschechischen Landesteile, in Böhmen und Mähren und dem kleinen Zipfel Schlesiens, hatte sich nichts geändert.[810] Das Land lag da wie seit tausend Jahren, ein Land, in dem Milch und Honig flossen, mit fleißigen, friedfertigen Menschen, die überall auf der Welt für ihr handwerkliches Können, ihre Intelligenz und ihre Kultur bekannt waren.

Von außen betrachtet, sah das Bild ein wenig anders aus. Nach dem Zerfall Jugoslawiens, der Sowjetunion und der Tschechoslowakei gab es nun plötzlich ein Dutzend neuer Staaten in der östlichen Hälfte Europas. In diesem Gebiet vollzogen sich stürmische Umwälzungen, Auseinandersetzungen zwischen den verschiedenen Volksgruppen brachen aus, an Orten mit unaussprechlichen Namen brachten sich die Menschen gegenseitig um. Die Tschechoslowakei, ja doch, die kannte man, obwohl sie leicht mit Jugoslawien zu verwechseln war. Die Tschechoslowakei war das Land mit dem guten Bier und einer erstklassigen Eishockey-Nationalmannschaft, das Land von Alexander Dubček und Václav Havel. Aber dieses neue Land, man wusste gar nicht, wie man es nennen sollte: Tschechei, Tschechische Republik, Tschechenland oder einfach Tschechien? Ein Brief, der mir in Washington zugestellt wurde, war adressiert an die »Republik der Tschechischen Botschaft«.

Nicht nur für Reinigungsmittel, auch für Länder muss ein Markenname gefunden werden. Es dauerte eine Weile und bedurfte einiger Anstrengungen, bis das Land wieder auf der Weltkarte auftauchte. In Václav Havel hatte die Tschechische Republik wahrscheinlich ihren größten Aktivposten. Zur Bestätigung musste man nur nach Osten schauen, um zu sehen, wie viel schwerer sich die Slowakei unter Vladimir Mečiar tat.

Zudem konnte ein junger Staat mit zehn Millionen Einwohnern schwerlich Bedeutung erlangen in der internationalen Politik, während zugleich das Sowjetimperium in eine Reihe von deutlich größeren und wesentlich weniger geordneten Einheiten zerfiel und im ehemaligen Jugoslawien ethnische Konflikte ausbrachen, in deren Folge die schlimmsten Gräueltaten in Europa nach dem Zweiten Weltkrieg begangen werden sollten. Havel hatte bereits drei Jahre zuvor richtig erkannt, dass der neue Staat nur dann in der Weltpolitik eine ernstzunehmende Rolle würde spielen können, wenn er sich auf Werte berief, die über die engen nationalen Interessen hinauswiesen.

Bei seiner Rede anlässlich der Enthüllung eines Denkmals für den Gründer der Tschechoslowakei, Tomáš Garrigue Masaryk, zitierte Havel den ersten Staatspräsidenten: »Wir wurden begraben, als wir aufhörten, das größere Leben zu leben.«[811] Und Havel ließ keine Zweifel daran, was diese Worte in der Gegenwart bedeuteten: »Sie sind eine Mahnung, zu begreifen, dass das unermessliche Leid unserer Mitmenschen in Bosnien-Herzegowina auch uns angeht, dass wir es unmissverständlich zur Sprache bringen und den Hauptschuldigen benennen müssen, dass wir unseren Teil der Verantwortung für Frieden und Gerechtigkeit in Europa akzeptieren müssen und dass wir, sollten alle anderen Lösungsversuche fehlschlagen, auch entschlossenere Schritte der internationalen Gemeinschaft unterstützen müssen. Als ein Volk, das einst in München Opfer eines schändlichen Zurückweichens vor einem Aggressor geworden ist, sollten wir besser als andere wissen, dass man dem Bösen keine Zugeständnisse machen darf, auch wenn es nicht unmittelbar uns selbst bedroht. Unsere Gleichgültigkeit gegenüber anderen kann letztlich nur zu einem führen: zur Gleichgültigkeit der anderen uns gegenüber.«[812]

Diese eher unbedeutende Rede bei der Feier eines Jahrestags, die in der alten mährischen Provinzstadt Olomouc gehalten wurde, enthält die vielleicht griffigste Zusammenfassung der »Havel-Doktrin«. Diese Doktrin ist beeindruckend in ihrer Schlichtheit. Sie betont die Verantwortung der Menschen, dem Bösen entgegenzutreten, wo und wann immer es sich zeigt, und verurteilt Nachgiebigkeit, Untätigkeit oder Gleichgültigkeit. Es ist die Umkehrung der von Edmund Burke formulierten Maxime: »Damit das Böse triumphieren kann, bedarf es lediglich der Untätigkeit der Guten.« Havel spielte auf das Münchner Abkommen von 1938 an, das dem Zweiten Weltkrieg unmittelbar den Weg bereitete. Es ist jene Doktrin, die Havel in Bezug auf Kuwait und auf das ehemalige Jugoslawien ins Feld führte und die er auch später, wenngleich sie in diesen Fällen auf wesentlich mehr Widerspruch stieß, im Hinblick auf den Kosovo und den Irak für anwendbar hielt. Der Frage war nur – und das weist auf eine Schwäche der Doktrin hin –, wer darüber zu entscheiden hat, was das Böse ist. Diese Definition kann man nicht einem beliebigen Menschen übertragen, und auch Havel war sich der Gefahren durchaus bewusst, als er schrieb, »dass der Schutz des Menschen eine höhere Pflicht ist als der Respekt vor dem Staat. Allerdings muss immer wieder und sehr sorgfältig geprüft werden, ob ein solches humanistisches Argument nicht nur eine hübsche Fassade ist, hinter der sich weniger respektable Interessen verbergen …«[813]

Tschechoslowakische Truppen hatten sich bereits an der Operation »Desert Storm« beteiligt, durch die Saddam Hussein 1991 zum Rückzug aus Kuwait gezwungen worden war. Nun bot die Tschechische Republik an, auch die internationale Intervention im ehemaligen Jugoslawien militärisch zu unterstützen, zunächst im Rahmen der Schutztruppe der Vereinten Nationen (UNPROFOR), dann in den multilateralen Friedenstruppen IFOR und

SFOR, die unter NATO-Kommando standen. Auf seiner ersten Amerikareise im April 1993 verbrachte der tschechische Präsident viel Zeit mit US-Präsident Clinton, bei dem er sich nicht nur für eine Beteiligung der USA an der Stabilisierung der Region einsetzte, sondern auch für die Öffnung der NATO für Neumitglieder. Eine Gelegenheit dazu bot sich bei der Einweihung des United States Holocaust Memorial Museum am 22. April 1993, einer Zeremonie, die im Freien bei strömendem Regen stattfand, der sich schließlich in Schnee verwandelte, während die Gäste, darunter auch mehrere Staatsoberhäupter, fast eine Stunde auf die Ankunft des US-Präsidenten warten mussten. Clinton, der wenige Monate zuvor gewählt worden war, wurde damals noch mehr als das »akademische Viertelstündchen« zugebilligt, außerdem war er noch abgelenkt durch das blutige Ende der Waco-Belagerung drei Tage vorher. Noch länger musste Havel beim anschließenden Empfang im Weißen Haus warten. Als Havel und Lech Wałęsa, die beide dasselbe Laster teilten, nach Aschenbechern Ausschau zu halten begannen, wurden sie taktvoll, aber bestimmt darauf hingewiesen, dass das Weiße Haus auf Anordnung der First Lady eine rauchfreie Zone sei. »Aber wir müssen rauchen. Wo können wir denn rauchen?«, beharrte der polnische Staatspräsident, der von beiden der Impulsivere und Durchsetzungsfähigere war. Auf der Veranda, lautete die Antwort. »Gehen wir, Vašek«, sagte Wałęsa und zog den widerstrebenden Havel am Ärmel. Gerade als sie hinausgehen wollten, erschien Clinton. Wałęsa wie auch Havel hatten jeweils ein Vieraugengespräch mit dem amerikanischen Präsidenten, in dem es größtenteils um die NATO-Erweiterung ging. Bei einem privaten Abendessen im Haus von Madeleine Albright in Georgetown scheute Havel keine Mühen, um dem zögerlichen US-Präsidenten klarzumachen, dass ohne eine amerikanische Beteiligung an einer friedenssichernden oder auch friedensschaffenden internationalen Intervention das Blutvergießen, die Gräueltaten und die ethnischen Säuberungen im ehemaligen Jugoslawien endlos weitergehen würden. Davor war

Clinton an diesem Tag auch schon von Elie Wiesel gewarnt worden, der bei der Eröffnung des Museums abweichend von seinem Redetext gesagt hatte: »Was haben wir gelernt? Wir haben einige Lektionen gelernt, kleinere Lektionen vielleicht, dass wir alle mitverantwortlich sind und dass Gleichgültigkeit eine Sünde und eine Strafe ist.«[814] Doch erst das Essen mit Havel und der Appell von Papst Johannes Paul II. hinterließen einen bleibenden Eindruck bei Clinton.[815]

Der US-Präsident befand sich in einer Zwickmühle. Er hatte seinen Wahlkampf gegen George Bush senior, den Sieger des ersten Golfkriegs, hauptsächlich mit innenpolitischen Argumenten bestritten sowie mit dem Schlagwort »It's the economy, stupid«. Im US-Kongress gab es nur wenig Unterstützung für ein militärisches Eingreifen der USA auf dem Gebiet des ehemaligen Jugoslawien, das als Hinterhof der Europäer galt. Im Jahr 1993 konnte die US-Regierung ihre europäischen Verbündeten nur schwer von der Lift-and-Strike-Strategie überzeugen, die es später den bosnischen Muslimen ermöglichen sollte, ihr Territorium zu behaupten, ohne die Stationierung von Friedenstruppen auf ihrem Boden hinnehmen zu müssen.

Doch Havel (und nicht nur er allein) blieb beharrlich. Die Ereignisse sollten ihm schließlich auf traurige Weise recht geben. Als die bosnischen Serben die von der UNO eingerichtete Schutzzone in Srebrenica überrannten, deren männliche Bewohner massakrierten und auf dem Marktplatz von Sarajevo Bomben hochgehen ließen, begannen die USA mit der Bombardierung serbischer Armeedepots und anderer Ziele, was schließlich dazu führte, dass sich die kriegführenden Parteien Ende 1995 am Konferenztisch in Dayton zu Verhandlungen trafen und unter den wachsamen Augen des mittlerweile verstorbenen Richard Holbrooke ein Abkommen unterzeichneten.

Der Fall des ehemaligen Jugoslawien illustriert sehr anschaulich die Möglichkeiten und Grenzen der Doktrin der humanitären Intervention. Sie sollte in erster Linie ein Instrument sein, das

Blutvergießen zu beenden, die Beteiligten zur Suche nach einer Kompromisslösung anzuregen und die Schuldigen zur Rechenschaft zu ziehen, wenn Gräueltaten begangen wurden. Aber sie ist ein stumpfes Instrument und eignet sich nicht dazu, langwierige, häufig seit Jahrzehnten schwelende Konflikte beizulegen. Wenn das Ziel einer solchen Intervention darin besteht, die Staatsbildung zu ermöglichen, scheitert sie in den meisten Fällen, und ihre Verfechter werden zumindest von einer der Konfliktparteien als voreingenommen, feindselig oder schlicht als ein Feind betrachtet, den es zu bekämpfen gilt. Vielleicht sollte man daher auch im Falle des Irakkriegs eher diese jeder humanitären Intervention innewohnende Schwierigkeit als das Hauptproblem betrachten und weniger äußere Motive oder kriminelle Fahrlässigkeit.

Havels entschiedene Befürwortung einer Intervention im ehemaligen Jugoslawien und im Kosovo ebenso wie sein späteres offenes Eintreten für einen Versuch zur Beseitigung Saddam Husseins (wenn auch nicht für die Methode, die schließlich gewählt wurde) forderten von ihm einen gewissen Preis und beschädigten sein Image als eines Verfechters der Gewaltlosigkeit. Doch hier geht es tatsächlich mehr um das Image als um den Menschen selbst: Wie Gandhi und Mandela verstand auch Havel Gewaltlosigkeit nicht nur als ein moralisches Prinzip, sondern ebenso als eine Waffe im politischen Kampf. Er gab stets einer friedlichen und einvernehmlichen Konfliktregelung den Vorzug, doch er war fest davon überzeugt, dass im Angesicht des Übels eine Politik des Appeasement und des Nachgebens unzulässig war. Er konnte deshalb kein Pazifist sein. Man kann nur darüber spekulieren, ob ihm diese scheinbare Kampfeslust die Chance auf den Friedensnobelpreis nahm, für den er mehrere Male vorgeschlagen wurde, doch wenn das tatsächlich der Fall war, würde es mehr über den Friedensnobelpreis aussagen als über Havel.

Havels sicherheitspolitisches Denken beruhte auf ähnlichen Prämissen. Es stimmt, dass er am Anfang im Einklang mit den Ansichten einiger seiner Freunde, insbesondere mit dem Außenminister Jiří Dienstbier, einen universellen, kollektiven Sicherheitsansatz vertrat, demzufolge nach dem Ende des Kalten Krieges die beiden großen Militärbündnisse aufgelöst und durch eine neue, paneuropäische Sicherheitsarchitektur ersetzt werden sollten, die auf den Vereinbarungen der Konferenz für Sicherheit und Zusammenarbeit in Europa (KSZE) beruhte. Havel hatte die Hoffnung geäußert, dass sein Land »einem Europa angehören [könne], das eine Familie von unabhängigen Nationen und demokratischen Staaten ist, einem Europa, das sich stabilisiert hat, das nicht in Blöcke und Pakte geteilt ist, einem Europa, das nicht des Schutzes durch Supermächte bedarf, weil es imstande ist, sich selbst zu verteidigen und sein eigenes Sicherheitssystem aufzubauen«.[816] Doch in den ersten beiden Jahren seiner Präsidentschaft gewann er den Eindruck, dass die beiden Lager, wie schon zu Zeiten des Kalten Krieges, nicht unter dem Gesichtspunkt der Symmetrie zu betrachten waren.[817] Das postkommunistische Russland hatte andere geopolitische Ansichten über die Welt und ihre aktuellen Probleme als die westlichen Staaten, wie sich bereits im ersten Golfkrieg oder während des Krieges im ehemaligen Jugoslawien gezeigt hatte. Diese Sicht war zumindest nicht hilfreich, was die Schwierigkeiten in einigen der postsowjetischen Staaten, etwa den baltischen Ländern, Moldawien oder den transkaukasischen Republiken, betraf. Die Organisation für Sicherheit und Zusammenarbeit in Europa (OSZE) erwies sich im Umgang mit den Krisen im ehemaligen Jugoslawien, in Transnistrien oder in Nagorny-Karabach als ein ineffizientes Instrument zur Gewährleistung kollektiver Sicherheit. Im Warschauer Pakt gab es keine gemeinsamen ideologischen Überzeugungen mehr, auch keinen gemeinsamen Willen oder gegenseitiges Vertrauen. Die NATO war daher die einzige funktionierende Organisation, die einem Land in der sich rasant verändernden Welt eine Sicherheitsgarantie bieten konnte. Ihr ursprünglicher Zweck, der auf unvergessliche Weise von ihrem ersten Generalsekretär Lord Ismay darin beschrieben wurde, »die Russen draußen, die Amerikaner drinnen und die Deutschen unten zu halten«, kam den Bedürfnissen der Tschechen sehr zupass, zumindest, was die beiden ersten Teile betrifft. In den vier Jahrzehnten, die das Militärbündnis bis dahin bestanden hatte, hatte Deutschland gezeigt, dass es den Werten von Freiheit und Demokratie eng verbunden war und einen wichtigen Beitrag zur Sicherheit des Kontinents leisten konnte. Der Zweck der NATO konnte daher nicht länger darin bestehen, die Deutschen am Boden zu halten, sondern sie mussten vielmehr zu einem aktiven Partner im Zentrum der NATO werden.

Das Denken von Havels politischen Beratern orientierte sich zunehmend in diese Richtung. Sie fanden aufmerksame, wenngleich anfänglich zurückhaltende Gesprächspartner in der Administration von George Bush senior, insbesondere in Robert Hutchings, Direktor des Nationalen Sicherheitsrats für Mittel- und Osteuropa, Paul Wolfowitz, Staatssekretär und später stellvertretender Verteidigungsminister, sowie in Irving Lewis »Scooter« Libby, Unterstaatssekretär, der als Erster mit einer US-Delegation nach Prag kam, um politische Konsultationen über Verteidigungs- und Sicherheitsfragen zu führen.[818] Gefördert wurden diese Bemühungen durch Senator Richard Lugar, der früher einmal republikanischer Vorsitzender im Auswärtigen Ausschuss des Senats gewesen war und auch später dieses Amt wieder übernehmen würde.

Kurz nach seiner Wahl zum tschechischen Staatspräsidenten im Januar 1993 begann sich Havel mit der Frage einer NATO-Erweiterung zu befassen. Die ersten Signale waren nicht sehr ermutigend. Die europäischen Mitgliedsstaaten der NATO waren damit beschäftigt, ihre Friedensdividende einzuheimsen, und man konnte daher nicht erwarten, dass sie bei einem Thema, das die Russen verärgern konnte, eine Führungsrolle übernahmen. Clinton erklärte zwar, er habe bereits in seinem Wahlkampf eine Erweiterung der NATO als eine Möglichkeit betrachtet, Frieden und Demokratie in Mittel- und Osteuropa zu sichern,[819] doch seine Administration war anfänglich skeptisch. Ihr Hauptargument lautete, dass eine Erweiterung der NATO angesichts einer nicht vorhandenen Sicherheitsbedrohung nicht erforderlich sei und sich vielleicht sogar kontraproduktiv auswirken könnte. Das Außenministerium vertrat die Ansicht, dass Russland ein integraler Bestandteil einer neuen europäischen Sicherheitsarchitektur sein sollte. Selbst Madeleine Albright, die mittlerweile ständige Botschafterin der USA bei den Vereinten Nationen war, konnte nicht davon überzeugt werden, sich für dieses Anliegen einzusetzen, da sie nicht als Interessenvertreterin ihrer ursprünglichen Heimatregion angesehen werden wollte.[820] (Was ihr allerdings auch nicht Clintons bissige Bemerkung gegenüber Havel ersparte, dass die Tschechische Republik das einzige Land mit zwei Botschaftern in Washington sei.[821]) So wurde schließlich im Oktober 1993 von der NATO ein Plan über die Einrichtung einer Partnerschaft für den Frieden sowie über die Durchführung vertrauensbildender Maßnahmen und eine begrenzte Kooperation angenommen – zu mehr war die Clinton-Regierung zunächst nicht bereit. Mehrere Ereignisse veränderten diese Haltung. Der Krieg im ehemaligen Jugoslawien veranlasste die US-Regierung dazu, sich auf den Aufbau verlässlicher Sicherheitsstrukturen im postkommunistischen Europa zu konzentrieren. Die Exzesse und die gelegentlichen Ausbrüche von Fremdenhass in Russland unter Jelzin zeigten, dass das Land nicht imstande sein würde, eine verantwortungsvolle Rolle bei der Gewährleistung der Sicherheit in Europa einzunehmen. Einigen europäischen NATO-Mitgliedern wurde klar, dass man eine Sicherheitslösung für Mittel- und Osteuropa finden musste, um Destabilisierung und Konflikte zu vermeiden. NATO-Generalsekretär Manfred Wörner, zu dem Havel bei seinem ersten Besuch in Brüssel im März 1991 gleich einen guten Draht fand, ließ seine Sympathien deutlich erkennen, obwohl er verpflichtet war, die Konsensmeinung des NATO-Rates zu vertreten. Einflussreiche sicherheits- und außenpolitische Denker in den USA, vor allem eine Gruppe in der RAND Corporation, vertraten die Ansicht, dass eine Erweiterung der NATO nicht erst durch tatsächliche Bedrohungen erzwungen werden sollte, sondern vielmehr als Teil einer Strategie zur Förderung der Stabilität und der Einigung Europas zu betrachten sei.[822]

Für eine erfolgreiche Umsetzung des Erweiterungsplans war die Unterstützung durch beide Parteien im US-Kongress von entscheidender Bedeutung. Anfänglich gab es nur wenige Kongressabgeordnete, die bereit waren, sich für dieses Thema einzusetzen. Keiner der möglichen Kandidaten verfügte über genügend Einfluss in Washington, um auf dem Capitol Hill eine große Kampagne zu starten, oder über genügend Geld, um Profis dafür anzuheuern. Die Repräsentanten der Tschechischen Republik, Polens und Ungarns in Washington erkannten schnell, dass sie ihre Kräfte bündeln und als Gruppe auftreten mussten, wenn sie eine Chance auf Erfolg haben wollten. Die Visegrád-Idee begann sich auszuzahlen. Mit Hilfe der beträchtlichen und auch politisch aktiven tschechischen und ungarischen sowie der zahlenmäßig noch wesentlich stärkeren polnischen Minderheit an der Ostküste und im Mittleren Westen konnte die Aufmerksamkeit der US-Abgeordneten geweckt werden.

Präsident Clinton hatte zunächst ebenfalls gezögert, doch als erfahrener Politiker erkannte auch er die Zeichen der Zeit. Nicht zuletzt die leidenschaftlichen Appelle von Havel und Wałęsa, die beide im April 1993 an ihn richteten, sowohl gemeinsam als auch separat, bewogen ihn dazu, dass er »ab diesem Tag einer NATO-Erweiterung eher positiv« gegenüberstand.[823] Für Clinton, der einräumte, dass er von Havel schon beeinflusst worden sei, lange bevor er den tschechischen Präsidenten persönlich kennengelernt habe, wurde es »ein persönliches Anliegen«, die Dinge voranzutreiben.[824] Das Gewicht der Argumente veränderte sich allmählich, als sich der Nationale Sicherheitsberater Anthony Lake gegen Widerstände in seinem Mitarbeiterstab der Idee gegenüber aufgeschlossener zeigte als das Außen- und das Verteidigungsministerium. Als auch unter den Republikanern die Unterstützung für eine NATO-Erweiterung wuchs, wollte die Regierung nicht auf dem falschen Fuß erwischt werden. Nach der Ernennung von Richard Holbrooke zum Staatssekretär für Europa im Außenministerium im September 1994 schwenkte auch das State Department auf diese Linie ein.

Dennoch gab es weiter starken Gegenwind. Viele Leute in der Clinton-Administration betrachteten diese Entwicklung als eine unwillkommene Ablenkung von innenpolitischen Prioritäten und leisteten verdeckten, aber effektiven Widerstand gegen die neue Politik. Ein großer Teil des außenpolitischen Establishments rund um das Council on Foreign Relations, einer privaten Denkfabrik, die großen Einfluss auf die US-amerikanische Außenpolitik ausübte, war besorgt darüber, dass eine NATO-Erweiterung die Beziehungen zu Russland beeinträchtigen könnte, die als wesentlich wichtiger eingeschätzt wurden. Der bekannte Journalist Thomas Friedman wetterte in der *New York Times* gegen eine Ausdehnung der NATO.[825] Es wurde klar, dass es ein harter Kampf werden würde.

Doch Clinton hatte sich entschieden. Er wollte die Änderung seiner Politik auf spektakuläre Weise während seiner Reise zum NATO-Gipfel in Europa im Januar 1994 verkünden. Er schickte Madeleine Albright und John Shalikashvili, den neuen Vorsitzenden der Vereinigten Stabschefs, in die mittel- und osteuropäischen Hauptstädte, um die neuen Demokratien zu ermutigen, mit der NATO zu kooperieren und ihre Fähigkeit zur militärischen und politischen Zusammenarbeit innerhalb der Partnerschaft für den Frieden zu erproben. Nach einigem Drängen entschloss er sich, in Prag zu verkünden, »dass die Frage nun nicht länger lautet, ob die NATO neue Mitglieder aufnehmen wird, sondern wann und wie sie dies tun wird«.[826]

Havel war natürlich begeistert davon, dass der US-Präsident die tschechische Hauptstadt für diese Erklärung sowie für ein Treffen mit einer größeren Gruppe mittel- und osteuropäischer Staatsführer gewählt hatte, ungeachtet der enormen organisatorischen und logistischen Herausforderungen, die solch eine Veranstaltung darstellte. Hatte die Reisegruppe von George Bush senior im November 1990 noch rund 700 Personen umfasst, so zählte Clintons Delegation entsprechend dessen erklärtem Ziel, die »Regierung neu zu erfinden«, 900 Mitglieder, wozu noch die Delegationen der übrigen Länder kamen. Doch wie stets war Havel bemüht, dem Besuch einen informellen, menschlichen und intellektuellen Anstrich zu verleihen. Nachdem er sich mit Madeleine Albright und mir im Prager Restaurant Blaue Ente bei einem gleichnamigen Vogel auf dem Teller verschworen hatte, bereitete er seinen Anschlag vor, der in der Nacht vor der politischen Erklärung stattfinden sollte.

Der Plan wäre beinahe gescheitert, als die kranke Mutter des US-Präsidenten wenige Tage vor dem Besuch starb. Das amerikanische Vorausteam bestand verständlicherweise darauf, dass alle Teile des Programms, die als unernst aufgefasst werden konnten, gestrichen wurden. Das Szenario, das der Dramatiker für den Besuch mit der gleichen Detailbesessenheit entworfen hatte wie seine Theaterstücke, hing buchstäblich in der Luft, als sich das Flugzeug des US-Präsidenten im Anflug auf Prag befand. Doch an Bord der Air Force One gab es eine Mitverschwörerin, die sich die Sache des Gastgebers zu eigen gemacht hatte. Als der Präsident auf das Rollfeld trat, gefolgt von seiner Entourage, waren Havels Augen ebenso aufmerksam auf Clinton wie auf dessen ständige UN-Botschafterin Madeleine Albright gerichtet. Als diese den Daumen nach oben reckte, lächelte Havel. Clinton hatte nachgegeben und aus Respekt gegenüber seinem tschechischen Amtskollegen mit nur zwei kleinen Änderungen an dem ursprünglichen Programm festgehalten. Nach dem offiziellen Empfang und einer Reihe von Gesprächen zeigte Havel seinem Gast seine private Bibliothek auf der Burg, die mit eindrucksvollen Werken moderner Kunst geschmückt war, darunter auch zwei Aktbildern. »Können Sie sich vorstellen, was die Leute sagen würden, wenn ich solche Bilder in meinem Büro hätte?«, fragte Clinton etwas wehmütig.[827] Er ahnte anscheinend nichts. Dann sah der Plan vor, dass die beiden Staatspräsidenten über die berühmte Karlsbrücke zu einer bekannten Kneipe spazierten, in der vor vielen Jahren Bohumil Hrabal, der König der tschechischen Geschichtenerzähler, und seine Kumpanen bei unzähligen Bieren ihre Geschichten ersonnen hatten. Anschließend begaben sie sich über die Národní-Straße zum Reduta-Jazzclub, dessen Name für die große Zeit der kleinen Prager Theater der sechziger Jahre stand und zu dessen Gründern Havels einstiger Mentor Ivan Vyskočil gehört hatte. Eine Jazzgruppe mit dem Frontmann Jiří Stivin, einem legendären tschechischen Saxophonisten, Flötisten und Improvisationstalent, spielte für die beiden Präsidenten. Als die Gruppe eine Pause einlegte, stand Havel auf und überreichte dem US-Präsidenten sein persönliches Geschenk, ein nagelneues goldenes Tenorsaxophon, das in Tschechien hergestellt und mit Havels Namenszug und einem Herzen versehen worden war.[828] Clinton erfasste augenblicklich, was man von ihm erwartete. Nach ein paar Probepustern lieferte er zusammen mit der Gruppe eine improvisierte und durchaus beachtliche Interpretation von »My Funny Valentine«. Dann revanchierte er sich und forderte Havel auf, ihn bei »Summertime« am Schlagzeug zu begleiten. Havel schlug sich wacker. Der Abend hätte fast mit einem Zwischenfall geendet, als ein Autoauspuff gerade in dem Moment fehlzündete, in dem der US-Präsident den Club verließ. Die Sicherheitsleute, die einen Anschlag befürchteten, drängten den Präsidenten kurzerhand in seine gepanzerte Limousine, die im Nu verschwunden war.

Doch der Kampf war noch lange nicht vorüber. Clintons Erklärung, die bezüglich des Zeitrahmens sehr vage gehalten war wie auch im Hinblick darauf, welche Länder der NATO beitreten sollten, war zur einen Hälfte echte Politik und zur anderen Hälfte eine rhetorische Absichtserklärung. Um sie Wirklichkeit werden zu lassen, mussten die anderen 15 NATO-Mitglieder, ihre Regierungen und Parlamente und nicht zuletzt auch der US-Kongress überzeugt werden. Unter den europäischen NATO-Staaten gab es viel Zögern, auch offenen Widerstand. Schon die Partnerschaft für den Frieden war ein Kompromiss gewesen, den die einen als ersten Schritt zur anstehenden Erweiterung betrachten, die anderen als Zwischenstation von unbestimmter Dauer. Letztere bildeten zahlenmäßig die Mehrheit, zu ihnen gehörten auch wichtige Mitgliedsländer wie Frankreich, das sich seit langem allen Bemühungen widersetzte, die Allianz zu stärken.

In den USA tobte der Kampf bis kurz vor dem NATO-Gipfel in Madrid im Juli 1997, der sich formell auf eine Erweiterung des Militärbündnisses um die Tschechische Republik, Ungarn und Polen verständigte. Die US-Regierung und die Beitrittsaspiranten sahen sich einer starken Koalition aus »Russland zuerst«-Anhängern und geopolitischen Realisten gegenüber, die nicht bereit waren, die Chance auf die Entwicklung eines neuen Verhältnisses zu Russland zugunsten einer militärisch bedeutungslosen, politisch riskanten und wirtschaftlich kostspieligen Erweiterung der NATO durch die armen und instabilen Demokratien Mittel- und Osteuropas zu opfern. Der große alte Mann der amerikanischen Diplomatie, George Kennan, verkündete: »Die Erweiterung der NATO könnte der folgenschwerste Fehler der amerikanischen Politik in der Nachkriegsära werden.«[829]

Havel indes weigerte sich, die NATO als eine Einrichtung zu sehen, die lediglich ein bestimmtes Territorium schützte, sondern er betrachtete sie in erster Linie als einen Garanten der Werte und Grundsätze der liberalen Demokratie. Nun, da die Länder Mittel- und Osteuropas dieselben Werte und Grundsätze vertraten, bestand kein Grund, warum man ihnen nicht auch die Chance geben sollte, an den Vorteilen und der Verantwortung der Allianz teilzuhaben. Ihnen diese Möglichkeit vorzuenthalten würde bedeuten, eine Trennlinie künstlich aufrechtzuerhalten, die es seit dem Ende des Kalten Krieges eigentlich nicht mehr gab. Das würde nicht nur unlogisch sein, sondern auch unfair und unmoralisch. Es würde jenen Feinden der Demokratie einen posthumen Sieg ermöglichen, die den Kalten Krieg begonnen hatten.

Havels Konzept der Verantwortung, das dadurch zum Ausdruck kam, dass sich tschechoslowakische und später tschechische Truppen an der Befreiung Kuwaits und an den Friedensmissionen in Jugoslawien beteiligt hatten, schützte vor dem Vorwurf, die Tschechen (und auch die anderen Mitteleuropäer) würden bloß nach einem Sicherheitsschirm für ihre Länder streben. Obwohl diese Überlegung durchaus eine wichtige Rolle spielte – was angesichts der Erfahrungen in den vergangenen Jahren nicht überraschend war –, konnten die Tschechen durchaus unter Beweis stellen, dass sie Sicherheit auch selbst gewährleisten und nicht nur konsumieren wollten.

Havel und sein polnischer Kollege (und zeitweise auch Freund) Lech Wałęsa waren zweifellos die treibenden Kräfte eines Beitritts zur NATO. Aufgrund ihres unanfechtbaren moralischen Rufes und ihrer Aura als Revolutionsführer konnte man sie nicht einfach abtun als Leute, die Angst vor den Russen hatten und nach einer sicheren Zuflucht suchten. Doch trotz aller Gemeinsamkeiten unterschieden sich ihre Vorgehensweisen in einigen Aspekten. Während Wałęsa die heldenhafte Vergangenheit der polnischen Nation verkörperte, stand Havel für die grundlegende Einheit Mitteleuropas, für die Verbindung mit der übrigen Welt im Hinblick auf Kultur, Philosophie und politisches Denken. Während ihm die Katastrophen der Vergangenheit und die möglichen künftigen Gefahren, die von den Russen ausgingen, wohl bewusst waren, war seine Einstellung zu Russland, wie sie erstmals in seiner Rede vor dem US-Kongress zum Ausdruck gekommen war, unvoreingenommen und in die Zukunft gerichtet. Bill Clinton schätzte Havels Unterstützung für Boris Jelzin sehr, den er als »Russlands beste Hoffnung auf einen nicht-aggressiven demokratischen Staat« betrachtete.[830] Havel und Wałęsa ergänzten sich gegenseitig optimal wie seinerzeit Laurel und Hardy. Es ist schwer vorstellbar, dass die NATO-Erweiterung ohne die beiden zustande gekommen wäre. Sie verliehen der Debatte jene Dringlichkeit, die es ermöglichte, die Aufgabe bis zum Ende des Jahrzehnts zu Ende zu führen. Wäre die Diskussion in der Zeit der Anschläge vom 11. September 2001 noch immer im Schwange gewesen, hätten höchstwahrscheinlich andere Überlegungen Vorrang bekommen.

Seit dem Beitritt wird diskutiert, ob der Erfolg von Havel und Wałęsa auch dauerhaft zur Verbesserung der europäischen und der atlantischen Sicherheit beigetragen hat oder ob es sich nicht eher um eine geopolitische Sackgasse handelt. Es sei das alte Denken aus dem Kalten Krieg gewesen, das auf diesen Weg geführt habe, behaupten manche. Dagegen ist es jedoch hilfreich, eines der größten Experimente in der europäischen Geschichte näher zu betrachten: Die Länder Mittel- und Osteuropas, die in zwei Wellen, 1999 und 2004, der NATO beitraten, repräsentieren heute eine Zone politischer und wirtschaftlicher Stabilität mit 100 Millionen Menschen und gleichen sich zunehmend ihren Nachbarn im Westen Europas an. Der stabilisierende Effekt des NATO-Beitrittsprozesses trug dazu bei, ihnen den Weg zu ihrer allmählichen und schwierigen Integration in die Europäische Union zu ebnen. Im Gegensatz dazu befinden sich die Länder, die zwischen dieser Zone und Russland liegen, insbesondere Weißrussland, die Ukraine und Moldawien, in einem geopolitischen Vakuum, werden durch widerstreitende Interessen zerrissen, leiden unter Rückschlägen, Instabilität sowie politischem und wirtschaftlichem Missmanagement. Dasselbe gilt für die Länder Südosteuropas, die sich vom Gravitationsfeld der Erweiterung fernhielten, ebenso für die Transkaukasus-Region. Aufgrund eines wiedererstarkenden Russlands und eines Europas, das durch die Finanzkrise geschwächt ist, hat sich das Fenster für weitere Beitritte geschlossen, zumindest vorläufig.

Und Russland wäre zu keinem anderen Zeitpunkt ein weniger komplizierter Gesprächspartner gewesen, ob mit oder ohne NATO-Erweiterung. Das Trauma des Zusammenbruchs des größten Landes der Welt und der ehrgeizigsten ideologischen Bewegung in Europa seit dem Aufstieg des Christentums wäre auf jeden Fall zum Tragen gekommen. Mit seiner von Tyrannei und Fremdenfeindlichkeit bestimmten Geschichte und dem ständigen Konflikt zwischen westlichen und slawophilen Strömungen konnte das Land nur im Gegensatz und im Widerstand zu dem triumphal auftrumpfenden Westen wieder auf die Beine kommen. Nichts hätte dies ändern können – weder ein größeres Maß an wirtschaftlicher Hilfe, wie sie Mitte der neunziger Jahre angeboten, gewährt und vergeudet wurde, noch weitergehende Sicherheitszusagen, wie sie von den USA und Außenministerin Madeleine Albright abgegeben wurden in Gestalt des NATO-Russland-Rates oder der NATO-Politik der »Drei Nein« von 1997 (keine Absicht, kein Plan und kein Grund, Nuklearwaffen auf dem Gebiet der neuen Mitgliedsstaaten zu stationieren). Und auch noch so viele Versuche, ein »Reset« durchzuführen, die Beziehungen »zurück auf Start« zu setzen, hätten etwas geändert.[831]

Wenn der größte Teil Europas heute sicherer ist als zu jeder anderen Zeit in seiner Geschichte, ist dies nicht zuletzt der Weitsicht von Staatsmännern wie Bill Clinton, Lech Wałęsa und Václav Havel zu verdanken.

ZURÜCK NACH EUROPA

Dieselben Argumente, die den Bemühungen um den Beitritt zur NATO zugrunde lagen, nämlich die fundamentale Übereinstimmung der Werte, der Gesellschaftsformen und der Kulturen, bestimmten auch Havels Denken über die Europäische Union. Die Annäherung an die EU war gewissermaßen eine Selbstverständlichkeit. Innerhalb weniger Wochen nach den Revolutionen in Mittel- und Osteuropa tauchte spontan und unabhängig voneinander in der Tschechoslowakei, in Ungarn und Polen das Motto »Zurück nach Europa« auf. Bereits im Januar 1990 sprach Havel vor dem polnischen Sejm und dem polnischen Senat von einer »gemeinsamen Rückkehr nach Europa«. Im Mai 1991 sprach er in Aachen anlässlich der Verleihung des Karlspreises, den er für seinen Beitrag zur europäischen Idee erhielt, von dem Ehrgeiz, die Vollmitgliedschaft in der EU zu erlangen. Es dauerte noch 13 Jahre, bis die Tschechische Republik und weitere mittel- und osteuropäische Länder dieses Ziel erreichten.

Wiederum wurde Havel zu einem Kristallisationspunkt. Er repräsentierte maßgeblich die europäischen Ambitionen in den osteuropäischen Ländern. Die Idee der europäischen Integration erschien ihm wie eine natürliche Konsequenz, da er sein Leben lang gegen Trennlinien und engstirnigen Nationalismus gekämpft hatte und ein Verfechter universeller Werte war. In den folgenden zehn Jahren, auch nach seinem Ausscheiden aus dem Amt, war er ein entschiedener Befürworter eines EU-Beitritts und ein Kritiker dessen, was er bei seinen eher euroskeptischen Landsleuten als Kleinkariertheit empfand.

Dennoch war er nie jener leichtgläubige, kritiklose Bewunderer der Europäischen Union, als der er bisweilen dargestellt wurde. Von Anfang an verstand er den europäischen Zusammenschluss nicht als einen exklusiven Club und noch weniger als Festung Europa, sondern als integralen Bestandteil eines größeren Ganzen, in dem sich eine »inhärente Verbindung zwischen der europäischen Zivilisation und jener des nordamerikanischen Kontinents« spiegele.[832] Noch mutiger war seine Aussage, dass »keine künftige europäische Ordnung denkbar ist ohne die europäischen Nationen der ehemaligen Sowjetunion, die ein untrennbarer Teil Europas sind«.[833] In seiner ersten Rede vor dem Europäischen Parlament am 8. März 1994 brachte er – wohl wissend, wie weit der Weg für sein Land noch sein würde, welche Hindernisse zu überwinden sein würden und wie sehr es vom guten Willen der EU-Institutionen einschließlich des Parlaments abhängig sein würde – nicht nur seine tiefempfundene Bewunderung für das europäische Projekt zum Ausdruck, sondern fügte auch einige kritische Reflexionen hinzu, die im Rückblick durchaus als visionär verstanden werden können. Nachdem er die EU als ein »bewundernswertes Werk des menschlichen Geistes und dessen rationaler Fähigkeiten«[834] gepriesen und deren Leistung beim Aufbau paneuropäischer Institutionen, eines gemeinsamen Marktes und der Vorbereitung einer Gemeinschaftswährung gerühmt hatte, fuhr er fort: »Doch diese Bewunderung, beinahe Begeisterung mischt sich mit einem Gefühl, das weniger ermutigend ist … Es wird mehr mein Verstand angesprochen als mein Herz.«[835]

Dem europäischen Projekt fehle, so Havel, »eine geistige, moralische oder emotionale Dimension … Unterschiedliche große Reiche, die der Menschheit gewisse Vorteile gebracht haben, waren nicht allein durch ihre Verwaltungsmethoden und ihre Organisation gekennzeichnet, sondern ausnahmslos durchdrungen von einem bestimmten Geist, einer Idee, einem Ethos, und ich würde mich auch nicht scheuen zu sagen, von einem Charisma, die zurückwirkten auf ihre Strukturen … Sie alle hatten den

Menschen etwas anzubieten, das diese dazu brachte, sich gefühlsmäßig mit ihnen zu identifizieren, ein bestimmtes Ideal, das sie ansprach und inspirierte, eine Reihe universell begreifbarer Werte, die jedermann in vollem Umfang teilen konnte und die den Menschen als so wertvoll erschienen, dass sie bereit waren, Opfer zu bringen zur Erhaltung jener Einheit, die sie verkörperte, im Extremfall auch ihr eigenes Leben zu geben.«[836]

Obwohl sie auf einem großen Komplex zivilisatorischer Werte beruhe, fuhr Havel fort, »haben viele Menschen den nachvollziehbaren Eindruck, dass die EU nur aus endlosen Streitereien darüber besteht, wie viele Karotten von einem Ort zum anderen transportiert werden dürfen, wer diese Zahlen festlegt, wer ihre Einhaltung überwacht und wer gegebenenfalls Sanktionen gegen jene verhängt, die gegen die Regeln verstoßen … Ich glaube daher, dass die wichtigste Aufgabe der EU heute wahrscheinlich darin besteht, auf eine neue und wirklich überzeugende Weise darüber nachzudenken, was man als ›europäische Identität‹ bezeichnen kann, auf eine neue und wirklich überzeugende Weise die europäische Verantwortung zu artikulieren und verstärktes Interesse für die tatsächliche Bedeutung der europäischen Integration und ihres Stellenwerts in der heutigen Welt zu entwickeln und sich um eine Neuerschaffung ihres Ethos oder, wenn man so will, ihres Charismas zu bemühen. Allein die Lektüre des Maastricht-Vertrages, so groß seine historische Bedeutung auch sein mag, wird der Europäischen Union keine neuen begeisterten Unterstützer verschaffen, echte Patrioten, die diesen komplexen Organismus als ihr Heimatland begreifen oder zumindest als eine bestimmte Ebene ihres Heimatlandes.«[837]

In den folgenden Jahren betonte Havel immer wieder, welch große Chance der Prozess der europäischen Integration für die »zivilisatorische Selbstreflexion« biete, und er unterstützte die Idee von »Europa als Auftrag«.[838] Im ersten Jahrzehnt des neuen Jahrtausends wurde der zermürbende, unendlich komplexe und politisch heikle Prozess der Eingliederung von zwölf, mittlerweile dreizehn weiteren Ländern in die EU erfolgreich zu Ende geführt, doch Havel blieb weiterhin ein einsamer Mahner in der Wüste. Wer Befürchtungen darüber hegte, ob der Maastricht-Vertrag die Völker Europas tatsächlich inspirieren könne, brauchte nur bis zum Lissabon-Vertrag zu warten und zu versuchen, ihn zu lesen. In der Zwischenzeit verstrickte sich die Vorhut der EU, die Eurozone, in einer Krise. Sie legte all die Schwierigkeiten offen, sich mit dem »Ethos« der Union zu identifizieren und die dafür erforderlichen Opfer zu bringen.

Im Jahr 1999 artikulierte Havel seine Begeisterung und zugleich seine Kritik in einer Rede vor dem französischen Senat, in der er das europäische Konzept bis in die Antike, das Judentum und das Christentum zurückverfolgte und ein spezifisches europäisches Verständnis als einer dynamischen, vorwärtsdrängenden Kraft herausarbeitete. Seiner Ansicht nach war dies in hohem Maße für die Hinwendung Europas zu Fortschritt und Moderne verantwortlich wie auch für den immanent expansiven Charakter der europäischen Kultur. In dieser Rede, gehalten in einem der Tempel des europäischen Rationalismus, vertrat er die radikale Auffassung, dass der Kommunismus nicht mehr gewesen sei als ein »Rauchvorhang«, der die größere Gefahr der in die Katastrophe rasenden, »sich selbst vorantreibenden planetarischen Zivilisation« verdeckt habe. Da es die europäische Zivilisation gewesen sei, welche die Welt auf diesen Pfad geführt habe, müsse nun auch Europa oder in einem spezielleren Sinne die Europäische Union die Verantwortung auf sich nehmen und diese Gefahr abzuwenden versuchen. »Die Verantwortung für die Welt wird geboren, wenn man in das Gesicht des anderen blickt«, paraphrasierte Havel den französischen jüdischen Philosophen Emmanuel Levinas, aus dessen Gedanken er während seiner Jahre im Gefängnis Trost und Inspiration bezogen hatte.

Eine Europäische Union, die sich dieser bedeutsamen Aufgabe gewachsen zeige, würde sich grundlegend unterscheiden von dem gegenwärtigen »ungeheuer komplexen administrativen

Unternehmen, das nur eine spezielle Klasse von Euro-Experten verstehen kann«.[839] Anstatt immer wieder neue Verträge auszuarbeiten, neue Institutionen und Bürokratien zu schaffen, wünschte sich Havel ein zunehmend föderales Europa, das unter einer einfachen, verständlichen Verfassung vereinigt sein und von einem Zweikammerparlament nach dem Muster des US-Kongresses regiert werden solle anstatt von nicht gewählten Bürokraten, die gegenüber den Bürgern der Mitgliedsländer nicht rechenschaftspflichtig seien. Es ist auffällig, wie sehr dieser Vorschlag jenen Ideen ähnelt, die heute von führenden europäischen Politikern zur Überwindung der Krise vorgebracht werden[840] – und die weit von einer Umsetzung entfernt sind.

Im April 2002, im letzten Jahr seiner Präsidentschaft und einer Zeit, in der die Woge der Begeisterung für einen europäischen Exzeptionalismus einen gefährlichen Höhepunkt erreichte, bezeichnete Havel abermals die »höchst ansteckende, beinahe aggressive Idee beständigen Wandels und permanenten Fortschritts, die Idee der Erhöhung, der Erweiterung, der Expansion, der Eroberung, des endlosen Wachstums und des endlosen Wachstums des Wachstums und die Idee einer vollkommenen Welt, die auf friedliche Weise errichtet werden muss, oder, wenn dies nicht funktioniert, durch Gewalt«, als eine Idee, die typisch sei für Europa.[841] Er kritisierte den Anspruch der Europäer, die Vereinigten Staaten von Amerika »einzuholen und zu überholen«, als töricht. Das erinnere ihn an die Vergangenheit, die er und seine Landsleute hinter sich gelassen hätten, und er beklagte die »periodischen Ausbrüche von europäischem Antiamerikanismus«, die im Gefolge der Anschläge vom 11. September 2001 besonders zugenommen hätten, als heuchlerisch. Anknüpfend an ein Leitmotiv seines Denkens und einen seiner am tiefsten verwurzelten Wesenszüge mahnte er seine Zuhörer – und auch sich selbst: »Zur europäischen Geschichte gehören auch die Skeptiker, die Kritiker, die scheuen Geister, die alle Realitäten der Welt hinterfragen, zuerst auch sich selbst, und die zudem imstande sind, ihre Zweifel eindrucksvoll zu artikulieren! Oder verkörpern Persönlichkeiten wie Albert Camus, Franz Kafka, Samuel Beckett, Umberto Eco und andere denn nicht die Tradition der europäischen Ehrfurcht und der europäischen Bescheidenheit, der wir in diesem Augenblick zuerst folgen sollten?«[842]

Es hat beinahe den Anschein, als sei einer der großen Europäer des 20. Jahrhunderts schließlich vollständig in den Bann gezogen worden von jener Institution, der beizutreten und die zu fördern er sich unablässig bemüht hatte. Aus diesem Grund jubelte Havel, als die Tschechische Republik ein Jahr nach seinem Ausscheiden aus dem Amt schließlich in die Europäische Union aufgenommen wurde, und er blieb bis zu seinem Lebensende ein Unterstützer und Verteidiger des europäischen Projekts. Die Debatten, in denen er sich mit den stärker und einflussreicher werdenden Euroskeptikern in der politischen Elite Tschechiens und der Bevölkerung insgesamt auseinandersetzte, boten ihm einige der seltener werdenden Gelegenheiten, am öffentlichen Leben teilzunehmen.

YIN UND YANG

Die beste Idee ist jene, die Platz lässt für die Möglichkeit,
dass es auch ganz anders sein kann.

Václav Havel

An der innenpolitischen Front war es für den Präsidenten wesentlich schwerer, sich Gehör zu verschaffen. Äußerte er eine Meinung, die, so verhalten sie auch vorgetragen wurde, im Gegensatz zur Ansicht der Regierung stand, machten ihn die erzürnten Parlamentarier und die regierungsfreundlichen Medien gleich darauf aufmerksam, wie sehr er doch vom Wohlwollen des Parlaments abhängig sei. Noch schmerzlicher war, dass ihm der Ministerpräsident regelmäßig bei ihren Mittwochsbesprechungen Vorhaltungen machte, die stets mit einer detaillierten und ungehaltenen Analyse der jüngsten Fehlleistungen des Präsidenten begannen. Im tschechischen politischen Jargon sprach man vom »Kopfwaschen«, und Havel war zu höflich, zu konfliktscheu und zu introspektiv, als dass er nicht schon bei den harmlosesten Handlungen oder Worten leise Schuldgefühle empfunden hätte. Die Begegnungen zwischen Klaus und Havel waren in gewisser Weise eine Wiederholung der Dialoge zwischen Sládek und Vaněk in *Audienz*, mit dem Unterschied, dass Klaus, anders als Sládek, sehr diszipliniert im Umgang mit Alkohol war. Wie im Theaterstück standen am Ende dieser Treffen stets ein dominanter Klaus und ein kleinlauter Havel. Bis zum nächsten Mal, denn eines geschah nicht – an seinem Verhalten änderte Havel nichts.

Grundsätzlich unterstützte Havel die wirtschaftlichen Reformen, die die Regierung Klaus zügig umsetzte. Er hatte partielle Einwände, aber weil das Präsidentenamt über keine exekutiven Befugnisse verfügte und auch wegen seiner begrenzten ökonomischen Kenntnisse konnte er Klaus auf diesem Feld schwerlich herausfordern. Die Auseinandersetzung verlagerte sich daher in einen Bereich, den Havel, im Gegensatz zu Klaus, als seinen ureigenen betrachtete.

»Die großangelegte Entstaatlichung, die in unserer Wirtschaft stattfindet, muss nach meiner Ansicht ihre Entsprechung finden im bürgerlichen und im öffentlichen Leben. Der Glaube an das Individuum als wahren Schöpfer wirtschaftlichen Wohlstands sollte zielstrebig und mutiger als bisher erweitert werden zum Glauben an das Individuum als Bürger, ein Bürger, der in der Lage ist, seinen Anteil an der Verantwortung für die öffentlichen Angelegenheiten wahrzunehmen.«[843]

Klaus war anderer Ansicht. Nach seiner konservativen Weltanschauung besaß der Bürger nur eine einzige politische Verantwortung, nämlich seine Repräsentanten zu wählen. Die Lenkung der Gesellschaft und des Staates war demzufolge eine Angelegenheit der gewählten Volksvertreter. Die zahlreichen zivilen Gruppen und Organisationen waren nur selbsternannte Verfechter von Partikularinteressen, konnten und sollten daher die Interessen der gesamten Gesellschaft nicht repräsentieren. Sie waren bestenfalls zu tolerieren. Im Laufe der Zeit verortete Klaus alle diese Gruppen im »linken« Spektrum oder bezeichnete sie als »Menschenrechtler«, obwohl viele von ihnen mit dieser Charakterisierung nicht einverstanden waren. Ausgestattet mit einem beträchtlichen Talent zur Übertreibung, erfand Klaus »-ismen« jeglicher Art, die rituell der Öffentlichkeit vorgeführt und dann niedergemacht wurden, so dass man hätte vermuten können, sein höchstes Bestreben sei, auch für sich selbst irgendeine Art von »-ismus« zu kreieren.

Wahrscheinlich würde er das auch nicht abstreiten. Anders als Havel mit seinem »nicht politischen« und »nicht ideologischen« Verständnis von Politik glaubte Klaus, dass Politik nur als eine Auseinandersetzung zwischen ideologischen Alternativen betrieben werden konnte, die sich in den um die Macht ringenden politischen Parteien verkörperten. In seinem Denken gab es im Grunde nur für zwei Alternativen Platz: für den sozialistischen Weg und den »nicht-sozialistischen«, den konservativen, liberal-kapitalistischen Weg. Es existierten für ihn nur zwei Richtungen, die falsche und die richtige, die anderen und uns. Er sagte gern: »Der Dritte Weg ist der schnellste Weg in die Dritte Welt.«[844]

Es gab noch weitere Unterschiede zwischen den beiden. Einige bezogen sich auf außenpolitische Fragen. Klaus unterstützte den Beitritt Tschechiens zur NATO und war sich der »großen symbolischen Bedeutung dieses Schrittes«[845] bewusst, doch er legte dafür weniger Begeisterung als Havel an den Tag. »Ich möchte es Ihnen nicht verderben«, war die höchste Form der Unterstützung, die NATO-Enthusiasten wie ich von ihm erwarten konnten. Noch weniger begeistert war er von der Aufnahme in die EU, obwohl er, anders als einige andere ihm nahestehende Politiker, erkannte, dass es keinen anderen Weg für das Land gab. Als Ökonom begrüßte er den Nutzen, den der gemeinsame Markt und der einheitliche Wirtschaftsraum boten. Doch er war zutiefst misstrauisch bezüglich der wachsenden Macht der europäischen Institutionen, die nur über ein zweifelhaftes demokratisches Mandat und geringe Verantwortlichkeit verfügten. Er misstraute ebenso der sozialpolitischen, umweltpolitischen und institutionellen Agenda der EU, die er als linke, sozialistische Gesellschaftsklempnerei betrachtete. Deutlich stärker auf Tschechien zentriert, germanophober und russophiler als die westlich orientierte Mehrheit der tschechischen Politiker, betrachtete er den Nationalstaat als die Grundeinheit der politischen Organisation und misstraute supranationalen Institutionen, die er als machthungrige Eindringlinge ohne echte demokratische Legitimation einstufte. Er war ein früher Kritiker des Projekts einer europäischen Gemeinschaftswährung, und zwar aus jenen Gründen, die in jüngster Zeit als Ursachen der Krise der Eurozone benannt wurden. Ihre unterschiedlichen Auffassungen über die europäische Integration und die Kosten und den Nutzen einer Beteiligung Tschechiens führten in den zehn Jahren, die Havel tschechischer Präsident war, zu unzähligen halböffentlichen und öffentlichen Scharmützeln zwischen Klaus und Havel. Anders als bei den innenpolitischen Streitfragen ging Havel, der diesbezüglich vom Großteil der tschechischen politischen Klasse, von der öffentlichen Meinung und auch vom Ausland unterstützt wurde, aus diesen Auseinandersetzungen meist siegreich hervor, während Klaus von der Seitenlinie aus seine bissigen Einwürfe fortsetzte.

Ein weiteres konfliktträchtiges Feld in der Außenpolitik betraf die Frage, wie mit den verschiedenen internationalen Brennpunkten umzugehen sei. Wo Havel sich stets auf die Seite der humanitären Intervention schlug, nahm Klaus eine Position des extremen Realismus ein und zog es vor, sich aus allen Konflikten herauszuhalten, die nicht unmittelbar tschechische Interessen betrafen, und teilweise sogar auch aus solchen. Zudem hatte Klaus, die Verkörperung eines »starken«, kraftvollen politischen Führers, der freilich nach den demokratischen Regeln spielte, eine Schwäche für andere derartige Führungspersönlichkeiten. Zweifellos schätzte er den tollpatschigen, chaotischen Boris Jelzin nicht besonders, sondern kam besser mit Wladimir Putin und dessen methodischem Einsatz machtpolitischer Instrumente zurecht. Er widersetzte sich Havels lautstarker Verurteilung des russischen Feldzugs gegen das abtrünnige Tschetschenien und der schrecklichen Menschenrechtsverletzungen, die dabei begangen wurden. Auch warf er Havel und dem Westen eine voreingenommene Haltung in dem Konflikt im ehemaligen Jugoslawien vor und war nicht mit der Bombardierung Jugoslawiens durch die NATO im Jahr 1999 einverstanden, die darauf zielte, die ethnischen Säuberungen im Kosovo zu unterbinden.

In ihrem Kern wurde die Auseinandersetzung zwischen Klaus und Havel über den Charakter der tschechischen Gesellschaft und die Werte und Grundsätze geführt, an denen sie sich ausrichten solle. Für Klaus ließen sich diese Werte auf individuelle und wirtschaftliche Freiheit reduzieren sowie auf ein vages Bekenntnis zu einer nationalen Gemeinschaft als Vermittlerin von Geschichte, Kultur und Traditionen. Für Havel gehörten dazu auch Solidarität, Toleranz, Menschen- und Minderheitenrechte, Umweltschutz und bürgerschaftliches Engagement. Die Kluft weitete sich im Laufe der Jahre, was schließlich dazu führte, dass Klaus als seelenloser, zynischer Technokrat der Macht karikiert und Havel als eine Verkörperung von »Linkssein«, »Ökologismus« und »Liebe-und-Wahrheit-Pathos« dargestellt wurde.[846]

Doch trotz all dieser Konflikte brachten sich die beiden Männer mehr Respekt entgegen, als die Menschen allgemein oder auch die beiden selbst offen einzugestehen bereit waren. Klaus war überhaupt nicht neidisch auf Havels internationales Ansehen, sondern war sich durchaus bewusst, welchen Gewinn das Land daraus ziehen konnte. Auch muss man fairerweise sagen, dass Havel ohne die Hilfe von Klaus nicht der erste Präsident der Tschechischen Republik hätte werden können.

Klaus gestand ein, dass er in Havels Schuld stehe, weil dieser ihn im November 1989 zur Teilnahme am Bürgerforum eingeladen hatte. Zudem war er, was nur die wenigsten wussten, ein kultivierter Mensch, der wirklich etwas von Literatur und Musik verstand. Er war nur wenig jünger als Havel und sicherlich beeindruckt von dessen Talent als Bühnenautor und Essayist. »Ins Theater am Geländer zu gehen und sich Havels Stücke anzuschauen, das hat zweifellos dazu beigetragen, meine Sicht auf das Leben zu formen.«[847] Und obwohl er bereit war, aus politischen Gründen das »elitäre« Image der Dissidenten in Zweifel zu ziehen, bewunderte er aus tiefstem Herzen Havels »tapferen Kampf gegen den kommunistischen Totalitarismus«[848] in den Jahren der »Normalisierung«. Im Unterschied zu anderen erkannte er an, dass »das kommunistische Gefängnis und die Verfolgung ihn zu einem Symbol des Widerstands gegen den Totalitarismus gemacht und ihn für seine entscheidende Rolle als Führer der Revolution im November [1989] bestimmt hatten«.[849]

Demgegenüber hatte Havel aufrichtigen Respekt für die organisatorische Leistung, die Klaus in seiner Funktion als Manager des Übergangs zur Marktwirtschaft vollbrachte, obwohl er die Goldgräberstimmung, die Bereicherung und die politische Instrumentalisierung kritisierte, die diesen Prozess begleiteten.[850] Er empfand Achtung, vielleicht sogar ein wenig Neid für die solide akademische Bildung von Klaus. Er bewunderte dessen unermüdliche Energie und Zielstrebigkeit und beneidete ihn für seine strenge Selbstdisziplin, die es ihm ermöglichte, sich auch um drei Uhr nachts noch in Debatten durchzusetzen, während seine Gegner einer nach dem anderen vor Erschöpfung die Segel strichen. In all diesen Dingen, das wusste er, konnte er Klaus nicht Paroli bieten. Er war ein zu aufmerksamer Beobachter, um nicht den Yin-Yang-Charakter ihrer Beziehung zu erkennen. Zu Klaus' 60. Geburtstag schrieb er ihm einen persönlichen Brief: »Ich entdecke, dass Sie noch immer fünf Jahre jünger sind als ich. Für die Zukunft wünsche ich Ihnen gute Gesundheit (nicht zu viele Beinbrüche) und vor allem Frieden im Herzen.«[851]

Wenn die Differenzen und die widerstreitenden Ziele der beiden Männer niemals in einen unverhohlenen und destruktiven öffentlichen Kampf umschlugen, lag es an ihnen selbst, nicht an ihrem Umfeld. Sowohl im Lager von Klaus wie auch in jenem von Havel wurde »der andere« über die Maßen verteufelt, was durch die Medien noch gesteigert wurde, die sich einen Nutzen davon versprachen, wenn sie den Konflikt weiter schürten. Trotz aller Vorbehalte und Kritik war Havel imstande, in Klaus auch einen Teil von sich selbst zu sehen. Ob das andersherum auch für Klaus gilt, ist schwer zu sagen, doch er räumt immerhin ein: »Wenn wir uns häufiger getroffen hätten, hätten wir wohl festgestellt, dass wir in vielen anderen Dingen einer Meinung waren.«[852] Er macht Havels »Umfeld« und den Leuten in seiner Umgebung den Vorwurf, dass sie zur Verhärtung der Gegensätze beigetragen hätten. Das mag nicht völlig von der Hand zu weisen sein, obwohl sein »Umfeld« auch in dieser Hinsicht jenem von Havel mehr ähnelte, als er zugeben will.

Viele Beobachter glaubten, in Havels letztem, nach seiner Präsidentschaft vollendetem Werk *Abgang* eine Nacherzählung des Konflikts zwischen ihm und Klaus zu erkennen. Diese Schlussfolgerung liegt nahe, birgt aber einige Fallstricke. Sollte Patrick Klein, der glatte, gierige Karrierist, tatsächlich Václav Klaus sein, dann wäre Havel der ähnlich unsympathische Kanzler Rieger, ein Mann, der sich gegenüber seiner Familie, seinen Freunden, seinen Idealen und sich selbst auf erbärmliche Weise illoyal verhält. Wenn wir annehmen wollen, dass Havel kein derartiger Mensch war, sollten wir auch die Parallelen zu Klaus in Frage stellen. Nach eigener Aussage konzipierte Havel sein »Lear«-Stück, wie er dieses Werk nannte, im Jahr 1987; es keimte also fast zwanzig Jahre lang. Zweifellos spiegeln sich in *Abgang* Havels Erfahrungen mit der Unbeständigkeit politischer Loyalitäten, mit den Versuchungen und Korrumpierungen der Macht, mit der Verlogenheit und dem Neusprech der Politik und der Erbarmungslosigkeit der Medien und auch mit dem Preis, der dafür im Privatleben entrichtet werden muss. Doch es dreht sich nicht darum, Rechnungen zu begleichen, ebenso wenig wie dies in Havels Essays, Memoiren oder Interviews eine Rolle spielte. Klein und Rieger sind nicht Klaus und Havel, sondern die Karikaturen, als die sie die Außenwelt gern sah.

ZWISCHEN LEBEN UND TOD

In der Burg verlor er sein Leben.
Ludvík Vakulík

Die ersten fünf Jahre als Präsident der Tschechischen Republik waren nicht nur von Havels Ringen um die Bewahrung seiner politischen Vision geprägt, sondern auch von schwierigen persönlichen Kämpfen. Havel verbrachte diese fünf Jahre wohl beinahe dauerhaft in einer leichten Depression, die ihrerseits seine Einstellungen und seine Lebensqualität beeinträchtigte. Auf der politischen Ebene kämpfte er mit den neuen politischen Kräfteverhältnissen im Land, mit den Demütigungen, die ihm regelmäßig zugefügt wurden, und mit der durchgreifenden Monetarisierung der Politik, der menschlichen Beziehungen und der Gesellschaft insgesamt. Seine Depression verschlimmerte sich durch das Gefühl – berechtigt oder nicht –, dass er mitverantwortlich war für diese Phänomene und Entwicklungen oder zumindest mitverantwortlich dafür, dass nicht genügend getan worden war, um sie zu verhindern. In dem letzten ausführlichen Interview vor seinem Tod im Jahr 2011 – einer Fernseh-»Befragung« mit einem früheren Klassenkameraden, dem neuen katholischen Erzbischof Dominik Duka, der kurze Zeit später zum Kardinal erhoben werden sollte – bezeichnete es Havel als seinen wahrscheinlich schwersten Fehler, seine Vision einer humanistischen und moralischen Gesellschaft in seiner Zeit als Präsident nicht energischer verfochten zu haben.[853] Nach Ansicht der meisten Menschen dagegen hatte er kaum etwas anderes getan.

Hätte er wirkungsvoller vorgehen können gegen die zunehmende Gier, die um sich greifende Korruption und die wachsende Selbstsucht? Möglicherweise, aber nicht in seiner Zeit als Staatspräsident, in der er durch die verfassungsmäßigen Grenzen seines Amtes und ein feindseliges politisches Umfeld eingeschränkt war. Um es zu versuchen – und hierin liegt der rationale Kern der Kritik, dass er zu lange auf der Burg gewesen sei –, hätte er zurückkehren müssen zur Macht der Machtlosen und den Kampf von außerhalb des politischen Systems führen müssen. Mit seiner einzigartigen Verbindung von Kreativität, Bescheidenheit und Hartnäckigkeit hätte er sich vielleicht nach zwanzig Jahren im Amt Gehör verschaffen können, aber er spürte, dass ihm keine zwanzig Jahre mehr bleiben würden. So wollte er nicht stumm bleiben, aber sein Protest bekam etwas Weltfremdes und Idealistisches.

Auch seine körperliche Verfassung verschlechterte sich. Er hatte noch nie über eine sonderlich robuste Gesundheit verfügt und hielt sich in Schwung, indem er manchmal zwei Schachteln Zigaretten am Tag konsumierte, verbunden mit einer gehörigen Menge Alkohol, meist Weißwein, und dazu einer wachsenden Zahl von Medikamenten, die ihm sein Leibarzt verschrieb. Eine beliebige Einkaufsliste von Havel aus dem Jahr 1998 umfasste Stilnox (ein Schlafmittel), Paralen, Alnagon oder Atonalgin (allesamt Schmerzmittel), Pineapple Power (ein Energydrink mit Koffein), Oikamid (ein Stimulans) und »die Wunderpillen für gute Stimmung« mit der Bemerkung »viel von all dem«.[854] Er nahm Aufputschmittel, wenn er sich müde fühlte, Beruhigungsmittel, wenn er nicht einschlafen konnte, und schluckte noch mehr Schlafmittel, wenn er mitten in der Nacht aufwachte. Nach mehreren Wochen einer solchen Kur erlitt er regelmäßig einen Zusammenbruch, der sich gewöhnlich durch Erstickungsanfälle ausdrückte. Dann musste er sich zur Erholung nach Lány oder Hrádeček zurückziehen.[855] Seine schriftstellerische Arbeit, auf die er sich im Büro angesichts der unzähligen anderen Pflichten nicht konzentrieren konnte, musste in diesen Erholungspausen erledigt werden und wurde mehr und mehr zu einer Qual. Während sich seine Reden aus der tschechoslowakischen Zeit mit der besten

Essayistik der Welt messen können, wurde seine Sprache in der neuen Periode etwas müde, die Gedanken wiederholten sich, und die Satzkonstruktionen wirkten weniger elegant.

Auch die strenge gedankliche Disziplin, mit der er bislang die menschliche Natur und die Gesellschaft untersucht hatte, schien schwächer zu werden. In seiner besonders zu Widerspruch reizenden postmodernen Phase, die vor allem in seiner Rede in Philadelphia von 1994[856] ihren Ausdruck fand, einer Rede, in der er ausführlich über das anthroposophische kosmologische Prinzip und die Gaia-Hypothese sprach, erinnerte er manche ihm ansonsten durchaus wohlgesinnte Beobachter an einen »verrückten Hippie oder einen dieser wildgewordenen Theologen, die in den Romanen von John Updike herumgeistern«.[857]

Während Havel und die Nation zu Beginn seiner Präsidentschaft von den Besuchen internationaler Berühmtheiten profitiert hatten, stießen seine Einladungen nun nicht mehr auf einhellige Zustimmung. Als Michael Jackson im September 1996 erstmals zu einem Konzert nach Prag kam, rieten einige von Havels engsten Beratern ihm davon ab, sich mit ihm zu treffen, doch Havels Neugier setzte sich durch. Er empfing Jackson nicht nur, sondern besuchte auch sein Konzert.

Eine andere Begegnung knapp einen Monat später wäre beinahe geplatzt, als Havels alter Schulkamerad Miloš Forman mit einer ersten Kopie seines neuesten Films *The People vs. Larry Flynt* nach Prag kam, in Begleitung mehrerer Schauspieler, die darin mitgewirkt hatten, wie Woody Harrelson, Courtney Love und Edward Norton sowie dem mittlerweile verstorbenen Journalisten Christopher Hitchens und dessen Frau Carol und ihrem Baby Alexandra. Die Reisegruppe kam zusammen mit Flynt in dessen Privatflugzeug. Angesichts des skandalumwitterten Helden des Streifens und einer erbitterten Kampagne gegen den Film in den amerikanischen Medien, angeführt von der Feministin Gloria Steinem, sprach sich fast die gesamte Präsidialkanzlei dagegen aus, dass der Präsident der Liebe und Wahrheit den

Herausgeber des Männermagazins *Hustler* im Allerheiligsten der tschechischen Nation empfing. Ausnahmsweise beugte sich Havel dem Druck und zog die Einladung zurück, die auch eine private Vorführung des Films im Vorführraum der Burg umfasst hätte. Havel erkannte nicht, dass er dadurch Miloš Forman, den Organisator der Reise, in eine unmögliche Lage brachte. Forman konnte den Filmstars nicht nachvollziehbar erklären, warum der tschechische Präsident, den er als engen Freund bezeichnete, sie nicht sehen wollte, und auch gegenüber Flynt, der immerhin sein Zugpferd war, vermochte er die Brüskierung nicht zu begründen. Er konnte zudem Havels Motive nicht akzeptieren, die er als vorgeschoben betrachtete. Sein Larry Flint war schließlich ein edler Schurke, ein Ausgestoßener, der letzte in einer langen Reihe seiner Filmhelden, angefangen mit George Berger in *Hair* über R. P. McMurphy in *Einer flog über das Kuckucksnest* bis zu Mozart in *Amadeus*. Forman war wütend, eine der ältesten Freundschaften Havels stand kurz davor, in die Brüche zu gehen.

Am Ende kamen die Diplomatie und der Autor dieses Buches zu Hilfe, der damals noch Botschafter in den USA war. Nach einigen Vermittlungsgesprächen erklärte sich Havel bereit, sich mit Forman, Flynt und der Filmcrew in einem Hotel in der Stadt zum Essen und zu einer freundlichen Unterhaltung zu treffen. Das Treffen war nicht gerade erfolgreich. Da Havel den Film noch nicht gesehen hatte, gab es nicht viel zu diskutieren. Woody Harrelsons drei Monate altes Baby störte immer wieder laut die Ausführungen des Präsidenten, und Courtney Love lief jede Viertelstunde zum Händewaschen auf die Toilette. Norton, ein Yale-Absolvent, gab sich allen anderen Anwesenden gegenüber intellektuell überlegen, auch gegenüber Havel, der nichts sagen konnte über Nortons Rolle in *Primal Fear* (*Zwielicht*), da er den Film nicht kannte. Alle wollten ein Foto mit dem Präsidenten, was diesen noch verlegener machte als sonst in solchen Situationen. Nur Larry Flynt blieb gelassen.

Aber immerhin rettete das Treffen die Freundschaft von Havel und Forman und half, das Eis zu brechen. In einem seiner üblichen Anfälle von schuldbewusster Selbstprüfung gab Havel nach. Am nächsten Tag kam nachmittags doch noch eine diskrete Filmvorführung im Amtssitz des Präsidenten zustande. Flynt war anwesend, und ich fungierte als Simultanübersetzer des Gesprächs. Havel gefiel der Film. Die Burg überlebte es.

Sosehr Havel sich bemühte, nicht den Verlockungen der Macht zu erliegen, so war er in Bezug auf Frauen keineswegs ein widerstrebendes Opfer. In seiner Ehe ohnehin nie ein Vorbild für Beständigkeit, bemerkte er manchmal mit Freude und Stolz, um wie viel leichter ihm jetzt seine Eroberungen fielen, ganz im Sinn des Diktums von Henry Kissinger: »Macht ist das beste Aphrodisiakum.« Es gab mehrere kurze Liaisons und einige weitere fehlgeschlagene Versuche. Soweit man feststellen kann, missbrauchte er niemals die Macht seines Amtes, um Frauen, an denen er Interesse zeigte, zu belästigen oder unter Druck zu setzen. Die meisten seiner Techtelmechtel blieben auf einer platonischen Ebene. Und auch seine tatsächlichen Affären glichen eher einem Hilferuf als den Eroberungen eines gewohnheitsmäßigen Schürzenjägers. Seine Mitarbeiter konnten nicht viel mehr tun, als seine Privatsphäre abzuschirmen und sich nach Kräften zu bemühen, möglichst viele Möchtegern-Groupies und Goldgräber abzuschrecken.

Doch wie früher brauchte Havel wieder eine stabilere und ernsthaftere Beziehung. Schon im Frühjahr 1990 begann er sich mit Dagmar Veškrnová zu treffen, einer bekannten Theater-, Film- und Fernsehschauspielerin. Sie hatten sich ein halbes Jahr vorher kennengelernt, beim 30. Geburtstag des SeMaFor-Theaters, dessen Gründer, Jiří Suchý, sie Havel vorstellte. Havel kam in einem Parka, gab sich zurückhaltend und drängte Dáša, Distanz zu wahren, damit sie nicht in Schwierigkeiten käme. Dáša fiel auf, dass er zu viel rauchte und »scheue blaue Augen« hatte.[858] Irgendetwas zog die beiden zueinander hin, doch Havels Mitarbeiter vereitelten bei verschiedenen Gelegenheiten, die alle mit Theateraufführungen zu tun hatten, erfolgreich alle Chancen auf ein persönliches, intimeres Gespräch. Sie waren jedoch machtlos, als Havel Dáša beim jährlichen Wien-Ball in Prag, der am Abend nach seiner Rückkehr aus Israel stattfand, zum Tanz aufforderte. Anschließend lud er sich selbst zu einer diskreten »Tasse Kaffee« in ihre Wohnung ein, wovon jedoch »niemand etwas mitbekommen« solle.[859] Das gelang nicht richtig, dennn am Abend, als Dáša mit dem Taxi nach Hause kam, parkten Fahrzeuge des Sicherheitsdienstes mit blinkenden Blaulichtern an der Straße, und der gesamte Wohnblock, in dem sie lebte, blickte gespannt zu ihren Fenstern, um zu sehen, was sich dort tat. Fünf Tage später fand sie in ihrem Briefkasten eine nicht unterschriebene Mitteilung auf einem Blatt Papier ohne Briefkopf: »Ein geheimnisvoller Mann wird Sie am 30. April um 8 Uhr abends in der Klosterweinstube erwarten. Er wird eine Nelke bei sich tragen.«[860] Havel ließ sich nicht mehr abbringen von seinem Vorhaben. Die Romanze nahm ihren Lauf.

Diese Entwicklung bereitete seinen Mitarbeitern Unbehagen. Dáša war hübsch, eine talentierte Schauspielerin, aber nicht als Intellektuelle bekannt und höchstwahrscheinlich auch keine Dissidentin. Ihr Name erscheint vielmehr auf der Liste jener Kulturschaffenden, die 1977 die Charta verurteilt hatten.[861] Sie muss gespürt haben, wie reserviert viele Leute im Büro des tschechischen Präsidenten ihr begegneten, und das vergaß sie nie.

Aber auch die Loyalität der Freunde wurde einer Prüfung unterzogen. Viele waren von ganzem Herzen Olga zugetan. Andere fürchteten um den Ruf des Präsidenten. Erschwerend kam hinzu, dass es auch noch andere Leute gab, die Havels Aufmerksamkeit beanspruchten. Dies schlug sich in einem sehr komplexen Terminkalender des Präsidenten nieder, mit Phantomterminen, Ersatzterminen, gestrichenen Terminen, Sicherheitsüberprüfungen sowie einer Verschwörung des Schweigens.[862] Einige Mitglieder des engeren Kreises begingen den Fehler, ihre Bedenken gegenüber Dáša dem Präsidenten mitzuteilen. Jene aber, die ihn kannten, waren klüger. Sie akzeptierten seine Wahl in dem Wissen, dass Dáša für die Rolle der Mätresse vorgesehen war, solange Olga noch da war.

Tragischerweise sollte Olga nicht mehr lange leben. In der zweiten Hälfte des Jahres 1994 wurde bei ihr Krebs diagnostiziert, und anderthalb Jahre später starb sie. Lebenslanges Rauchen forderte am Ende seinen Tribut. Die Nachricht von ihrem Tod trieb eine große Zahl von Trauernden auf die Straße, die ihr in der Januarkälte in stummen Reihen die Ehre erwiesen. »Sie wird für immer ein unersetzlicher und wesentlicher Teil meiner Seele sein«, erklärte Havel ein Jahr später, an dem Tag, an dem er ein weiteres Mal heiratete.[863]

Aus ihren beiden letzten gemeinsamen Jahren gibt es nicht viele Belege. Kurz nach Havels Wiederwahl entschloss sich das Paar, nach einem neuen Haus Ausschau zu halten, und kaufte schließlich eine Villa in einem schicken Prager Viertel. Nach knapp sechs Jahren zog Havel endgültig aus der Familienwohnung am Ufer der Moldau aus und verkaufte seinen Anteil an seinen Bruder Ivan und dessen Familie. Die Gründe für diesen Schritt werfen ein Licht auf Havels existentielle Überlegungen zu dieser Zeit. Weder Václav noch Olga kamen gut mit Ivans zweiter Ehefrau Dagmar aus, einer slowakischen Computerwissenschaftlerin mit einer Leidenschaft für Ikebana. Nachdem Ivan ihr den Großteil seines Immobilienbesitzes überschrieben hatte, kam es zu einem Streit zwischen den beiden Zweigen der Familie um die Verfügungsgewalt über das Palais Lucerna. Václavs Entscheidung, seine Hälfte des Komplexes an eine Firma zu verkaufen, die mit der kommunistischen Vergangenheit verbunden war und später bankrott gehen sollte, besiegelte das Zerwürfnis mit seinem Bruder und dessen Frau, die der Ansicht waren, dass sie ein Vorkaufsrecht gehabt hätten. Als nach Olgas Tod Dáša auf der Bildfläche erschien, verschlechterte sich das Verhältnis noch weiter. Keiner der beiden Brüder war ein Familienpatriarch jener Art, der imstande gewesen wäre, die Fehde beizulegen. Beide hielten loyal zu ihren Ehefrauen und schauten zu, wie ihr Verhältnis immer stärker vergiftet wurde. Eine räumliche Trennung erschien daher als ein vernünftiger Schritt.

Es war Olga, die das neue Haus eingerichtet und dekoriert hatte. Havel ließ sie nach ihrer Entlassung aus dem Krankenhaus hierher bringen, damit sie die letzten drei Tage ihres Lebens in den eigenen vier Wänden verbringen konnte. Für ihn dagegen wurde es nie ein richtiges Zuhause. Nachdem er Präsident geworden war, zog er ständig um, was nur zum Teil durch die Umstände erzwungen wurde. Zuerst kam das Stühlerücken auf der Prager Burg, bis er schließlich ein Büro fand, das er als sein eigenes betrachten konnte. Er verbrachte immer weniger Zeit in der Wohnung am Fluss und spielte eine Zeitlang mit der Idee, dauerhaft in den Sommersitz des Präsidenten in Lány zu ziehen, den Masaryk immer gern zur Erholung aufgesucht hatte. Er versuchte sogar wie Masaryk das Reiten zu lernen, doch dieses Hobby begeisterte ihn nicht. Dann folgte ein kurzfristiger Aufenthalt in der sogenannten Masaryk-Wohnung hinter dem Präsidialamt, die jedoch nie zu einem behaglichen Heim gemacht werden konnte, weil ständig Menschen auf der Burg umherliefen, Sicherheitsbedenken geäußert wurden und Auflagen des Denkmalschutzes zu beachten waren. Von dort zogen Havel und Olga vorübergehend in das sogenannte Kleine Haus von Husák, eine Villa im imperialen Stil im Garten der Burg, die ziemlich verschandelt worden war, als man versucht hatte, sie dem Geschmack der kommunistischen Machthaber anzupassen. Er hasste das Haus, nicht zuletzt, weil er dort ein Nahtod-Erlebnis hatte, als er sich in der heißen Präsidentensauna einschloss und dann die Tür von innen nicht mehr öffnen und auch seine Leibwächter nicht alarmieren konnte, die vor dem Fernseher saßen. Am Ende entdeckte er übermenschliche Kräfte in sich und trat die Tür ein. Schließlich ließ er sich in einer Villa in Dělostřelecká nieder, die zehn Minuten von der Prager Burg entfernt war, ein relativ geräumiges, aber eher reizloses Haus mit Swimmingpool und Fitnessraum. Später, als er bereits mit Dáša verheiratet war, kaufte er ein Haus in einem windigen portugiesischen Ferienort mit vollkommen Fremden als Nachbarn.[864]

Havel begann jedes neue Haus stets mit großer Begeisterung einzurichten und seinen Vorstellungen anzupassen, doch bald schwand seine Energie, als wäre er des Ortes bereits ein wenig überdrüssig geworden. Am Ende stand immer ein halbfertiges Produkt mit zahlreichen Erinnerungstücken und den neuesten technischen Spielereien, doch es mangelte an Wärme und oft auch an Komfort. Die einzigen Ausnahmen bildeten Hrádeček und Havels Präsidialamt, die beiden Domizile, die über 45 beziehungsweise 13 Jahre seines Lebens jeweils ein Heim für ihn darstellten. Dort konnte man seinen Sinn für Harmonie spüren wie auch seine liebevolle, fast obsessive Beschäftigung mit kleinen Dingen, sei es ein Lieblingstrinkglas in Hrádeček oder eine tibetanische Thangka, ein Geschenk des Dalai Lama, an der Wand in seinem Amtssitz. Alle anderen Aufenthaltsorte dienten nur als Durchgangsstationen, bevor ihr Bewohner zu einer neuen Bleibe aufbrach, die dann wieder ebenso unbefriedigend sein würde.

In der Mitte des Jahrzehnts rang Havel zwischen seiner Verpflichtung gegenüber seiner lebenslangen und nun sterbenskranken Partnerin und seiner wachsenden Zuneigung zu der Frau, in die er sich verliebt hatte. Er wusste, dass dieses Dilemma unlösbar war, und gemäß seinem Gefühl für Ehrlichkeit und Anstand unternahm er auch nichts, um es zu lösen. Und dann starb Olga schließlich am 27. Januar 1996.

Havels Trauer war zweifellos tief empfunden und aufrichtig. Doch es entsprach nicht seiner Art, Kummer und Schmerz offen zur Schau zu stellen. Seine Reaktion war gedämpft, fast etwas untertrieben. Was befremdlich erschien, war eine Art von Benommenheit, eine plötzliche Flachheit des Ausdrucks bei einem Mann, der zu tiefschürfendster Selbsterforschung fähig war. Doch sein Dilemma war nun gelöst. Er war jetzt frei, um sich ganz auf Dagmar konzentrieren zu können, zumal Olga kurz vor ihrem Tod in ihrer üblichen unverblümten Art gewissermaßen ihren Segen erteilt hatte: Er könne nicht allein leben, hatte sie zu ihm gesagt, und solle deshalb wieder heiraten.[865]

Bevor er das tun konnte, wurde er selbst vom Tod gestreift. Anfang November 1996 verschlechterten sich plötzlich seine chronischen Atemprobleme, die ihn den ganzen Sommer geplagt hatten; er bekam Fieber und wurde sehr müde. Sein Leibarzt Michal Šerf war nicht sonderlich beunruhigt. In den vergangenen Jahren hatten die Bronchitis oder eine beginnende Lungenentzündung für wiederkehrende Krisen gesorgt. Die Beschwerden traten fast regelmäßig im Frühling und Herbst auf. Dieses Mal wollte Dagmar eine zweite ärztliche Meinung einholen. Eine neue Röntgenaufnahme und eine Kernspin-Untersuchung, die, um öffentliche Aufmerksamkeit zu vermeiden, unter dem Namen des Leiters von Havels Personenschutz durchgeführt wurden, zeigten einen Fleck in der Lunge. Weitere Untersuchungen wiesen auf eine wachsende Krebsgeschwulst hin. Professor Pafko, ein führender Prager Chirurg, riet zu einer sofortigen Operation. Havel wollte gerade zu einem Staatsbesuch in die Ukraine aufbrechen, und seine Berater drängten ihn, trotz des Befunds an der Reise festzuhalten, doch Dagmar stellte sich quer.[866]

Bei dem viereinhalbstündigen Eingriff am 2. Dezember 1996 wurden der Tumor sowie die Hälfte des rechten Lungenflügels entfernt. Dass Havel bis zu seinem Tod 2011 keinen Rückfall erlitt, ist, nachträglich betrachtet, ein deutlicher Hinweis auf eine erfolgreiche Operation. Doch was im Folgenden geschah, brachte Havel an den Rand des Todes, sorgte für erhebliche öffentliche und medizinische Kontroversen und gab den ungeheuerlichsten Gerüchten, Anschuldigungen und Medienberichten Auftrieb. Ein Boulevard-Journalist verfasste ein Buch,[867] das nicht so präzise und faktenbezogen war, wie der Autor erklärte, aber auch nicht so verletzend und ruchlos, wie das Regierungslager behauptete.

Zwei Tage nach dem Eingriff verschlimmerten sich die Atemschwierigkeiten des Patienten, und die Ärzte mussten den Schleim aus seinen Lungen absaugen. Als die Probleme fortdauerten, blieb Pafko keine andere Wahl, als einen Luftröhrenschnitt durchzuführen und den Präsidenten künstlich zu beatmen. Doch im städtischen Prager Krankenhaus gab es kein Beatmungsgerät, was ein Schlaglicht warf auf die damalige Situation des tschechischen Gesundheitswesens. Die Klinik verfügte zwar über eine große Zahl hochqualifizierter Ärzte und Pflegekräfte, doch sie litt unter einem chronischen Mangel an Geld für die Infrastruktur, Ausstattung und Ausrüstung. Es gab auch keine zentrale Sauerstoffversorgung im Krankenhaus. Als der Druck in der Sauerstoffflasche am Bett des Präsidenten zurückging, dauerte es eine Weile, bis Ersatz herbeigeschafft war. Wegen des Schlauchs in seiner Luftröhre konnte Havel nicht sprechen und musste mit den Ärzten und den Schwestern über schriftliche Mitteilungen kommunizieren, die er mühsam, aber stets höflich auf das Papier kritzelte und mit dem berühmten Namen und dem Herzen signierte. Er beklagte sich nur darüber, dass er nicht sprechen konnte und sich durch Gebärden verständlich machen musste. »Die Leute sind so verständnislos«, kritzelte er mit einem Anflug von Ironie.[868]

Schließlich entschloss sich Dagmar, überwältigt von der Angst um ihn, die Dinge in die Hand zu nehmen. Da sie zunehmend das Vertrauen verlor, dass die traditionelle Medizin dem Patienten helfen könne, engagierte sie eine Homöopathin, die sich in die Klinik einschleichen und am Sicherheitspersonal vorbei in Havels Krankenzimmer vordringen konnte. Sie verstellte das Bett und legte mehrere »Gammasteine« hinein, denen sie heilende Kräfte zuschrieb. Die neue Therapie flog auf, als der Patient über etwas Hartes unter seinem Rücken klagte. Es folgte eine heftige Auseinandersetzung zwischen dem medizinischen Personal, der Homöopathin, Dagmar und dem Mitarbeiterstab des Präsidenten. Ob die alternative Therapie etwas bewirkte, darüber lässt sich nur spekulieren, aber am 7. Dezember fühlte sich Havel schon ein wenig besser. Die Krise hatte ihren Höhepunkt überschritten.

Dagmars Befürchtungen waren jedoch noch nicht abgeklungen. Sie hatte jegliches Vertrauen in das Krankenhaus, das medizinische Personal und in die Loyalität von Havels Mitarbeitern verloren und fasste den Entschluss, anderwärtig Hilfe zu holen.

Als sie mich in Washington anrief, um mir mitzuteilen, dass der Präsident im Sterben liege, und von mir verlangte, unverzüglich die besten Ärzte aufzutreiben, war es drei Uhr nachts. Ich kannte keinen einzigen amerikanischen Lungenchirurgen, doch gleich am Morgen begann ich herumzutelefonieren. Wendy Luers, die Frau des ehemaligen US-Botschafters in Prag, erreichte Paul A. Marks, den Präsidenten des Memorial Sloan-Kettering Hospital Cancer Center in New York. Er rief mich zurück und erklärte sich bereit, seinen leitenden Chirurgen, Dr. Robert Ginsberg, den Chef des thoraxchirurgischen Teams, nach Prag zu schicken.

Als der Arzt am nächsten Tag mit einem Nachtflugzeug in Prag ankam, fand er einen Patienten vor, der weitgehend stabilisiert war, und ein Team von Ärzten, die verständlicherweise besorgt waren, aber die Lage im Griff hatten. Ginsberg führte selbst einige Untersuchungen durch, gab eine Pressekonferenz, auf der er sich lobend über die Arbeit seiner tschechischen Kollegen äußerte, und flog am nächsten Tag wieder ab.[869] Als ich einige Tage später den Patienten besuchte, wollte Havel, auch wenn ihm das Sprechen schwerfiel, lieber über die jüngste Krise in der tschechischen Regierung und die Ernennung von Madeleine Albright zur US-Außenministerin reden als über seine Krankheit. Einen Tag nach Weihnachten wurde er aus der Klinik entlassen.

Diese Krise hallte noch mehrere Wochen nach, angefeuert durch verschiedene öffentliche Behauptungen, Gegenbehauptungen, Gerüchte und durchgestochene Informationen. Sie trug maßgeblich dazu bei, dass Havels Freundin in den Augen vieler als eine emotionale, unberechenbare, auch ein wenig rachsüchtige Person erschien, die übertrieben fürsorglich war und eifersüchtig auf jeden reagierte, der auch nur im Entferntesten ihre privilegierte Beziehung zu Havel zu gefährden drohte. Die Medizinerzunft betrachtete argwöhnisch ihre amateurhaften und ihrer

Ansicht nach gefährlichen Bemühungen, die Behandlung selbst in die Hand zu nehmen.

Doch es ist durchaus möglich, dass tatsächlich Dagmars unermüdliche Bettwachen, ihre Bitten und Aufrufe wie auch ihre Gefühlsausbrüche Havel dabei halfen, die lebensgefährliche Situation zu meistern. Auf das Risiko hin, sich unbeliebt zu machen, sorgte sie dafür, dass alle Beteiligten ihr Bestes gaben und noch mehr als das. Wir werden es nicht mehr nachprüfen können, aber Havel selbst sagte, Dáša sei seine »Retterin« gewesen.[870]

Die Geschichte sollte schließlich ein Happy End von Hollywood'scher Dimension finden. Ursprünglich sollte der Ablauf einem Szenario folgen, das Havel selbst entworfen hatte, nachdem er Dáša einen Heiratsantrag gemacht und sie im April 1996 in die Hochzeit eingewilligt hatte.[871] Im Laufe des Sommers stellte er in Hrádeček eine Gästeliste zusammen, fertigte Zeichnungen von idealen Hochzeitskleidern und des Brautgebindes an, und wie zwanzig Jahre vorher bei Jitka, erstellte er eine Liste mit sieben öffentlichen Veranstaltungen, um seine neue Partnerin »bekannt zu machen«.[872] Die Hochzeit wurde auf den 26. April 1997 festgesetzt und sollte in einer Dorfkirche in Madé Buky stattfinden, unweit von Hrádeček.[873] Seine Erkrankung brachte allerdings nicht nur den Terminplan durcheinander, sondern erinnerte Havel auch eindringlich an seine Sterblichkeit, so dass er sich entschloss, nicht länger zu warten.

In seiner Neujahrsansprache 1997 redete der Präsident nicht nur über die dunklen Wolken, die über der tschechischen Politik und Wirtschaft hingen, sondern auch über seine persönliche Auseinandersetzung mit dem Tod in den vergangenen zwölf Monaten – zuerst, als Olga starb, und dann, als er selbst eine Woche lang zwischen Leben und Tod schwebte. Er erklärte: »Und ich habe auf eine neue, eindringliche Weise begriffen, dass die einzige echte Quelle des Lebensmutes die Hoffnung ist, die Hoffnung als eine innere Sicherheit, so dass selbst Dinge, die uns als vollkommen unsinnig erscheinen, ihre eigene tiefere Bedeutung haben können, und dass unsere Aufgabe darin besteht, nach ihr zu suchen. Und ich habe verstanden, vielleicht besser als vorher, warum das menschliche Leben lebenswert zu sein aufhört, wenn man nicht von Menschen geliebt wird, die einem nahestehen.«[874]

Am 3. Januar 1997 ließ er seinen Worten Taten folgen und heiratete Dagmar Veškrnová im selben Rathaus, in dem er vor mehr als vierzig Jahren die Ehe mit Olga geschlossen hatte. Jan Tříska war wieder Havels Trauzeuge. Táňa Fischerová, eine zierliche Schauspielerkollegin von Dagmar, war deren Trauzeugin. Die Zeremonie sollte in kleinem privatem Rahmen stattfinden, doch weil die Nachricht durchsickerte, berichteten das Fernsehen und die Boulevardmedien ausführlich.[875]

SCHLECHTE STIMMUNG

Neben den üblichen Glückwünschen möchte ich Ihnen nur eines wünschen: Werden Sie niemals Präsident.

Geburtstagsgrüße Havels an Harold Pinter zu dessen 70. Geburtstag am 10. Oktober 2000

Die Veränderung von Havels Personenstand zog eine unerwartete Reaktion im nationalen Immunsystem nach sich, die mehr als ein Jahr lang nachwirkte. Aus Gründen, die rational nicht nachvollziehbar sind, fiel es den Medien, der Öffentlichkeit und sogar der politischen Klasse schwer, sich mit der neuen Ehe des Staatspräsidenten abzufinden. Dass der Abstand zwischen Olgas Tod und Havels Wiederheirat nur ein knappes Jahr betrug, wurde als Verstoß gegen die guten Sitten kritisiert. Der Unterschied zwischen den beiden Frauen, von denen die eine das Rampenlicht zeit ihres Lebens gescheut hatte, während die andere einer Bühnenkarriere nachgegangen war, wurde zum Nachteil Dášas immer wieder hervorgehoben. Die Medien ließen den Eindruck entstehen, dass die neue First Lady gewissermaßen ein Parvenü sei, ohne es direkt zu sagen. Es wurde der naheliegende, wenngleich unfaire Vergleich mit Evita Perón angestellt.

Eine Zeitlang hatte es den Anschein, als könne das Präsidentenpaar, insbesondere die Präsidentengattin, überhaupt nichts recht machen. Ihr wurde vorgeworfen, dass sie zu wenig vorbereitet sei auf ihre Rolle als First Lady, zugleich aber auch, dass sie zu begierig sei, diese auszuüben. Ihre Garderobe wurde gleichzeitig als zu langweilig und zu übertrieben kritisiert. In der Präsidialkanzlei musste sie mit Zähnen und Klauen um Zugang zu ihrem Ehemann kämpfen und um Unterstützung durch das Büro. Als der Präsident öffentlich anregte, der First Lady einen gewissen rechtlichen Status zu verleihen, der ihre Rechte und Pflichten genauer festlegen sollte, erntete er einen Aufschrei der Entrüstung, als plane er einen Staatsstreich. Die Initiative verlief im Sande, doch Havel ließ nicht locker und verfasste einen Vermerk für seinen Mitarbeiterstab, in dem er klarstellte, dass ein Teil der Schuld an der verfahrenen Situation »bei der Präsidialkanzlei liegt, und zwar kein geringer Teil, weil sie sich nie mit meiner Heirat abfinden konnte ... Ob es einem nun gefällt oder nicht, seit dem 4. Januar 1997 gibt es ein verheiratetes Paar auf der Prager Burg, einen verfassungsmäßigen Amtsträger, der vom Parlament gewählt ist, und eine Frau, die von ihm erwählt wurde (und hoffentlich er auch von ihr).«[876]

Nachdem er die Krankheit überwunden und Dáša geheiratet hatte, hoffte Havel, wieder ein wenig Ordnung und Harmonie in sein Leben zu bringen. Aber es ging nur schwer voran. Im Land schwelte eine politische Krise. Havel wurde hin- und hergerissen zwischen seinen Amtspflichten und dem natürlichen Wunsch, etwas mehr Zeit mit seiner neuen Ehefrau zu verbringen. Seiner mentalen Verfassung war es nicht zuträglich, dass er nun unter strenger Überwachung durch die Ärzte stand, die ihm die Zigaretten verboten hatten, was ihm nach mehr als vierzig Jahren als Raucher beträchtliche Schwierigkeiten bereitete.

Im Frühjahr 1997 hielt das Paar die Zeit für eine erste gemeinsame Urlaubsreise für gekommen, eine Art nachgeholter Flitterwochen. Nach einem Muster, das sich stets wiederholen sollte, war es wie die Reise nach Jerusalem. Václav und Dáša waren nicht sonderlich beeindruckt von dem eleganten und zweifellos romantischen mittelalterlichen Landsitz, den Karel Schwarzenberg für sie in den Tiroler Alpen in der Nähe von Bozen fand. »Er hat etwas ausgesucht, das seinem aristokratischen Geschmack am besten entsprach, ein Haus, das offenkundig von der Vielzahl seiner früheren Bewohner heimgesucht wird«, bemerkte Havel trocken.[877] Da das Haus den beiden zu gespenstisch und auch zu teuer erschien, zogen sie in eine Pension in der Wildnis der Berge, wo Havel lediglich vor der Frage stand, ob er an seiner nächsten Rede arbeiten oder sich entspannen sollte. »Ich kann nicht beides machen.«[878] Er tat schließlich nichts von beidem. Schon nach knapp einer Woche verließ das Paar die Berge und fuhr durch halb Europa, um in einem »luxuriösen und wunderbar eingerichteten Bungalow«[879] in den Niederlanden abzusteigen. »Ich möchte Sie bitten, nicht länger nach den Motiven für diesen Schritt zu fragen und mir zu glauben, dass ich gute Gründe dafür hatte«,[880] lautete die ausführlichste Erklärung, die er jemals dazu abgab.

Die Krankheit oder die Hochzeit, wahrscheinlich beides, hatte Havels Einstellung zu seinem Amt verändert. Während er praktisch seit seinem ersten Tag auf der Prager Burg über Arbeitsüberlastung geklagt hatte, wandelten sich die Klagen nun zu unverhohlenem Widerstand. Er weigerte sich, weiterhin so viel Zeit wie bisher im Büro zu verbringen, und beharrte darauf, dass nur noch die wichtigsten Besprechungen und Veranstaltungen in seinen Terminkalender aufgenommen wurden. Er wollte die offiziellen Auslandsreisen reduzieren und sich mehr auf die innenpolitischen Aufgaben konzentrieren. Er ließ sich die Idee einer »Preisreise« einfallen, die er auf eigene Kosten und zusammen mit Dáša unternehmen und auf der er alle Preise und Auszeichnungen einheimsen wollte, die ihm angetragen worden waren. In einem seltenen Anfall von Extravaganz bestand er darauf, den US-amerikanischen Teil dieser Reise mit dem Überschallflugzeug Concorde zu absolvieren.

All dies war vollkommen verständlich. Havel verbrachte seine Zeit lieber mit Dagmar als in seinem Büro oder mit ausländischen Staatsmännern. Er war jetzt 61 Jahre alt und hatte mehr erreicht, als die meisten Menschen in tausend Leben schaffen würden. Auch wenn er sich dessen vielleicht nicht bewusst war, es gab für ihn praktisch keine Möglichkeit, diese Leistungsbilanz noch weiter zu verbessern. Er konnte den politischen Entwicklungen nicht länger seinen Stempel aufdrücken, wie er es während der Samtenen Revolution getan hatte. Er musste sich mit der Rolle einer moralischen Autorität begnügen, zu Hause wie auch im Ausland. Die Demokratie und der Kapitalismus hatten sich durchgesetzt und zeigten nun ihr alltägliches Gesicht, all ihre Makel und Fehler. Durch seine Kritik an den Unzulänglichkeiten dieses Prozesses erschien er wie ein gekränkter Sieger. Die Tschechische Republik befand sich unumkehrbar auf ihrem Weg in die NATO und in die Europäische Union. Er brauchte das Amt eigentlich nicht mehr, und das Amt brauchte auch ihn nicht mehr unbedingt. Dennoch harrte er aus. Am 23. Juli 1997 erklärte er, dass er sich in einem halben Jahr um eine weitere Amtsperiode bewerben wolle.[881] Dieses Mal zögerte er anscheinend nicht wie sonst. Es gib Hinweise, dass sich das Land aus seiner Sicht nicht in die richtige Richtung entwickelte – in diesem Sinne hatte er seiner Rede vor dem Parlament fünf Monate zuvor eine beinahe überzogene Bedeutung beigemessen. Und obwohl er genug davon hatte, »eine unerschöpfliche Quelle der Hoffnung in hoffnungslosen Umständen« zu sein, entschloss er sich, noch einmal anzutreten, um den politischen Kurs in seinem Sinne zu korrigieren. Freilich sollte auch dies wieder ein einsamer Kampf werden.

Im November 1997 kam er abermals ins Krankenhaus, diesmal mit einer Lungenentzündung. Erneut fürchtete man um sein Leben, und wieder saß Dáša an seinem Krankenbett. Politisch gesehen, hätte er sich für diese Erkrankung keinen schlechteren Zeitpunkt aussuchen können. In zwei Monaten fand die Präsidentenwahl statt. Noch schlimmer war, dass das Land immer tiefer in einer politischen Krise versank, die nicht nur durch einen drohenden Handelskonflikt hervorgerufen wurde, sondern auch durch gravierende Probleme im Bankensektor, durch Berichte über geheime Auslandskonten verschiedener Parteien und durch den Vertrauensverlust der Politik im Allgemeinen und der Regierung im Besonderen. Die Krise hatte sich seit einigen Monaten zusammengebraut. Havel hatte diskrete Gespräche mit den Führern der drei Koalitionsparteien geführt, um herauszufinden, wie eng der Zusammenhalt der Regierung noch war und welche möglichen Alternativen es gab.[882] Ende November spitzte sich die politische Krise zu, als die Koalition zerbrach, nachdem der Partei des Ministerpräsidenten vorgeworfen worden war, sie unterhalte Geheimkonten in ausländischen Steuerparadiesen. Die politischen Karrieren von Václav Klaus und vieler der Politiker, die das Land seit fünf Jahren regierten, schienen am Ende zu sein. Es ist durchaus möglich, dass Havel insgeheim mit dieser Entwicklung einverstanden war. Es ist jedoch eine andere Sache, zu behaupten, dass er aktiv auf einen Sturz der Regierung Klaus hingearbeitet hätte – ein Mythos, der unter den Anhängern des Ministerpräsidenten gewissermaßen zu einem festen Glaubensbestandteil wurde, jedoch von Klaus selbst zurückgewiesen wurde (wenngleich er Havel für eine allgemeine Atmosphäre des Misstrauens mitverantwortlich machte).[883] Ein kurzer Blick in den Terminkalender Havels im Jahr 1997 zeigt, dass er zwischen Krankheit, Heirat, nachträglichen Flitterwochen und offiziellen Reisen kaum noch Zeit fand, sich um innenpolitische Dinge zu kümmern, ganz zu schweigen davon, sich an einer zeitaufwendigen politischen Intrige zu beteiligen. Ihm war wahrscheinlich bekannt, dass es in der Koalition Unmut gegen den Ministerpräsidenten gab und eine Rebellion gegen ihn vorbereitet wurde, und er tat nichts, um dies zu verhindern, aber das lässt sich wohl kaum als schweres Vergehen einstufen. Eines ist sicher: Er unterhielt keine Bankkonten im Ausland.

Seine Parlamentsrede am 9. Dezember 1998 ging als die »Rede über die schlechte Stimmung« in die Geschichte ein und erwies sich als so denkwürdig, wie er es gewünscht hatte. Wenngleich er dadurch nicht die erhoffte Kursänderung erreichen konnte, war sie zweifellos eine sehr mutige Rede. Es gibt wohl nur wenige Beispiele, in denen ein Kandidat für ein hohes politisches Amt vierzig Minuten einer Ansprache darauf verwendet, seine potentiellen Wähler zu tadeln. Zehn Tage nach dem Zusammenbruch der Regierung und der politischen Hierarchie zeichnete Havel ein düsteres Bild des Landes und seines politischen Systems:

> »Viele Menschen … sind besorgt, enttäuscht oder sogar abgestoßen von der allgemeinen Verfassung der Gesellschaft in unserem Land. Viele glauben, dass sich die Macht – Demokratie hin oder her – abermals in den Händen nicht vertrauenswürdiger Personen befindet, deren Hauptsorge ihrem persönlichen Wohlergehen gilt anstatt den Interessen der Menschen. Viele sind überzeugt, dass ehrbare Geschäftsleute nur schwer vorankommen, während Neureiche grünes Licht erhalten. Die vorherrschende Meinung ist, dass es sich in diesem Lande auszahlt, zu lügen und zu stehlen; dass viele Politiker und Beamte korrumpierbar sind; dass die politischen Parteien – obwohl sie alle die besten Absichten mit hehren Worten verkünden – insgeheim durch dubiose Finanzgruppen manipuliert werden. Viele fragen sich, warum unsere wirtschaftliche Leistungsfähigkeit – nach acht Jahren des Aufbaus einer Marktwirtschaft – noch so viel zu wünschen übriglässt und die Regierung sogar gezwungen ist, Sparpakete zu schnüren; warum wir im Smog ersticken, wenn doch angeblich so viel Geld für den Umweltschutz ausgegeben wurde; warum alle Preise, einschließlich der Mieten und der Strompreise, in demselben Maße steigen müssen wie die Renten und andere Sozialleistungen; warum sie um ihre Sicherheit fürchten müssen, wenn sie nachts in den Innenstädten unterwegs sind; warum fast nichts anderes mehr gebaut wird als Banken, Hotels und Häuser für die Reichen; usw., usw.«[884]

Havel weist einen Teil der Verantwortung zutreffend dem »postkommunistischen Morast« zu, einer unvermeidlichen Konsequenz des raschen Wandels, und dem Fehlen von Regeln und Institutionen, was für alle postkommunistischen Gesellschaften galt. Doch der zweite Teil der Analyse ist ein echter Havel:

> »Mir kommt es vor, als sei der Stolz unser Hauptfehler … Wir haben uns wie ein verzogenes Einzelkind in einer Familie ver-

halten, oder wie die Klassenbesten, die sich den anderen überlegen wähnen und glauben, alle anderen belehren zu können. Eigenartigerweise verband sich dieser Stolz mit einer Art Provinzialismus oder Beschränktheit ... Viele von uns haben sich lustig gemacht über all jene, die von globaler Verantwortung in der vernetzten Kultur der heutigen Welt sprachen und behaupteten, dass ein kleines Land wie unseres sich nur mit unseren kleinen tschechischen Problemen beschäftigen solle ... Fasziniert durch unsere makroökonomischen Daten, haben wir die Tatsache unbeachtet gelassen, dass diese Daten früher oder später auch enthüllen werden, was jenseits der makroökonomischen oder technokratischen Wahrnehmung der Welt liegt: all die Dinge, die das einzige vorstellbare Umfeld für jeden wirtschaftlichen Fortschritt bilden, wenn auch ihr Gewicht oder ihre Bedeutung nicht von Buchhaltern erfasst werden kann – Dinge wie Spielregeln, die Herrschaft des Gesetzes, die moralische Ordnung hinter dem System von Regeln, die entscheidend sind für das Funktionieren der Regeln, ein Klima der Koexistenz.«[885]

Die Stimmung war am Ende des Jahres tatsächlich sehr schlecht, und Havel war nicht mehr sicher, ob er erneut zu einer Wahl antreten sollte und ob er gewinnen konnte.[886] Es ist bezeichnend für seine weiterhin unbestrittene moralische Autorität, dass das Parlament, obwohl sich viele Abgeordnete durch Havels Rede brüskiert fühlten, ihn dennoch am 20. Januar 1998 für eine vierte Amtszeit wählte, wenn auch nur mit knapper Mehrheit im zweiten Wahlgang.[887] Der Wahl vorangegangen war eine längere Debatte, die größtenteils aus Angriffen von Vertretern der Kommunistischen Partei und der radikalnationalistischen Republikaner bestand, deren Führer Miroslav Sládek zu diesem Zeitpunkt im Gefängnis saß und auf seinen Prozess wegen Aufwiegelung zu nationalistischem Hass wartete. Aber auch viele der Unterstützungserklärungen für Havel aus den demokratischen Parteien klangen einigermaßen reserviert. Sogar Leute wie ich – ich gehörte mittlerweile als Senator dem tschechischen Parlament an –, die Havel uneingeschränkt unterstützten, fühlten sich veranlasst, ihr Votum in einen bestimmten Kontext einzuordnen: »Wir wissen, dass wir weder einen Halbgott wählen noch einen Philosophenkönig. Wir wählen einen von uns, einen Menschen, der ebenso fehlbar ist wie wir selbst, der aber ein Mann ist, der einen großen Teil seines Lebens, auch die vergangenen acht Jahre, dem Dienst an der Gesellschaft und an dieser Nation geopfert hat … Dieses Land erträgt große Männer nicht gern, doch viele von uns und auch große Teile der Welt sehen zumindest einen großen Mann unter uns, einen fehlbaren großen Mann zugegeben, und es gibt keine anderen, und dieser Mann heißt Václav Havel.«[888]

Dieser Wahlankündigung folgte der Zwischenruf »Schämen Sie sich, Herr Havel« durch den republikanischen Abgeordneten Jan Vik, der durch einen schrillen Pfiff von der Galerie erwidert wurde. Der Pfiff kam von Dáša Havlová, die ihren Ehemann unterstützte. Havel wusste, dass dies seine letzte Wahl sein würde, denn die Verfassung verbot ihm eine erneute Kandidatur.

In der zweiten Februarhälfte 1998 wurde er abermals als Präsident der Tschechischen Republik vereidigt. Die Lage schien sich aufzuhellen. Er hatte eine neue Amtszeit angetreten, und er hatte eine neue Ehefrau. Seine jüngste gesundheitliche Krise war abgeklungen, ebenso die politische Krise. Klaus war nicht länger Ministerpräsident. Sein Platz wurde bis zu den Neuwahlen von Josef Tošovský eingenommen, dem ehemaligen Gouverneur der Nationalbank, der nun einer geschäftsführenden Regierung vorstand, die ihre Autorität und Legitimität in gleichem Maße dem Staatspräsidenten wie den Parlamentsparteien verdankte.

Doch anstatt Befriedigung zu empfinden, fühlte sich Havel niedergeschlagen. »Das vergangene Wochenende habe ich in einer meiner schwersten Depressionen seit langem verbracht«, schrieb er einen Monat nach seiner Amtseinführung.[889] Als Reaktion auf die Kritik, dass er zu einem »Allerweltspolitiker« werde, räumte er ein, dass seine Reden nicht mehr »ergreifend und mit Freude geschrieben« seien.[890] Es war ein unmissverständliches Zeichen seiner Unzufriedenheit mit der politischen Entwicklung, dass er eine abermalige Reorganisation der Präsidialkanzlei anordnete. Dabei war es untypisch für ihn, dass er nun häufiger die Beherrschung verlor, sich gegenüber seinen Mitarbeitern über mangelnde Unterstützung beklagte und unüberlegte Anschuldigungen erhob, die er dann teilweise wieder zurücknehmen musste. Einmal klagte er vor Fernsehkameras über die »Faulheit«, die in seinem Amt während seiner Abwesenheit herrsche. »Ich bin generell überreizt, ich rege mich leicht auf, und dabei verletze ich häufig unabsichtlich andere Menschen«, entschuldigte er sich in einer schriftlichen Erklärung gegenüber seinen Mitarbeitern und begründete seine Gereiztheit zum Teil mit Entzugserscheinungen nach dem Aufgeben des Rauchens.[891] So natürlich und naheliegend diese Erklärung erscheinen mag, sie war keineswegs die ganze Wahrheit. Es hatte auch etwas damit zu tun, dass seine Versuche, die Entwicklung des Landes umzukehren und in die von ihm gewünschte Richtung zu lenken, nicht erfolgreich waren.

Vor den Parlamentswahlen im Juni 1998 stand Václav Klaus von den Toten wieder auf und führte einen wirkungsvollen Wahlkampf unter dem Schlagwort der »Mobilisierung« gegen die angeblich drohende Übernahme des Landes durch die Linken. »Entweder nach links oder mit Klaus«, lautete die unmissverständliche Alternative, die seine Partei den Wählern zeigte. Als die politische Linke, angeführt von dem Sozialdemokraten Miloš Zeman, dennoch die Mehrheit der Stimmen erhielt, gefolgt von der ODS an zweiter Stelle, ließ sich Klaus auf einen verblüffenden politischen Handel ein, den er als »Oppositionsvertrag« oder etwas hochtrabend als »Vereinbarung über politische Stabilität« bezeichnete: Er unterstützte Zemans Minderheitsregierung im Austausch für eine Reihe von Führungspositionen in Staatsunternehmen, die mit hochrangigen ODS-Funktionären besetzt wurden. Das Land orientierte sich nach links, und Klaus wollte mit dabei sein.

Erschwerend für Havel kam hinzu, dass er vor diesen Ereignissen abermals eine Begegnung mit dem Tod hatte. Am 14. April 1998, fünf Tage nachdem er mit Dáša eine weitere unter einem unheilvollen Stern stehende Reise in die österreichischen Alpen unternommen hatte, wurde er mit akuten Unterleibsschmerzen mit dem Hubschrauber in eine Innsbrucker Klinik eingeliefert. Professor Ernst Bodner, ein führender österreichischer Chirurg, diagnostizierte eine Darmperforation und operierte den Patienten unverzüglich. Havel wäre wenige Tage später an einer Blutvergiftung gestorben, und nur dank des Könnens des Chirurgen, dank Havels bemerkenswertem Lebenswillen und der Fürsorge durch Dáša, die keinen Augenblick von seiner Seite wich, wurde er gerettet. Er erholte sich und kehrte Mitte Mai nach Prag zurück.

Gesundheitliche Probleme begleiteten ihn für den Rest des Jahres. Nachdem er sich im August im Krankenhaus eine Fistel hatte entfernen lassen, die bei einer vorhergehenden Operation eingeschleust worden war, kehrten seine Erstickungsanfälle wieder zurück, zudem stellten sich Herzbeschwerden ein. Im Laufe von zwei Jahren musste er sich vier Luftröhrenschnitten unterziehen.

Das Martyrium wurde begleitet durch eine aufdringliche und unentwegte Medienberichterstattung. Neben echter Sorge um die Gesundheit des Präsidenten wurden auch viele Worte über die generellen Unterschiede zwischen dem tschechischen und dem österreichischen Gesundheitssystem verloren sowie für Seitenhiebe auf Dáša, als sei sie die Ursache von Havels Gesundheitsproblemen.

Es ist interessant, dass sich Václav Havel in dieser Zeit angeblich in einen intriganten, machthungrigen Machiavellisten verwandelte, dessen Machenschaften zumindest teilweise für den Sturz von Václav Klaus verantwortlich waren. Wie es mit Havels Sympathien aussah, ist völlig klar, doch das tut nichts zur Sache. Auffällig ist allerdings, dass er in jenen zwei Jahren, in denen er angeblich am intensivsten an seinen Intrigen arbeitete, ganze zwölf Monate akut krank war oder sich im Genesungsprozess befand. Selbst wenn er Václav Klaus, einen Ausbund an körperlicher Fitness, hätte bekämpfen wollen, er war viel zu sehr damit beschäftigt, für sich selbst zu kämpfen.

Die meisten Tschechen rechneten wahrscheinlich nicht mehr damit, dass Havel noch sehr viel länger leben würde. Die Nachrufe waren schon geschrieben, es wurde bereits über mögliche Nachfolger spekuliert. Auch Leute, die Havel gut kannten, mussten der Versuchung widerstehen, sich ins Unvermeidliche zu fügen, doch sie unterschätzten auch den zähen Kämpfer in ihm nicht.

Nicht nur mit Havels Gesundheit, auch mit seiner Popularität ging es bergab. Einstmals eine unantastbare Ikone, war er nun gewissermaßen Freiwild nicht nur für politische Gegner, sondern auch für Prominentenjäger, die die widerwärtigsten Gerüchte in die Welt setzten. Dies hatte einesteils mit der ablehnenden Haltung gegenüber seiner zweiten Ehe und seiner glamourösen Gattin zu tun. Der andere Teil, die vorsätzlichen und bisweilen aufeinander abgestimmten Angriffe politischer Heckenschützen, ist leichter zu verstehen, denn das gehört überall zum politischen Geschäft, wenngleich man traditionell glaubte, dass das Amt des tschechischen Präsidenten nicht in die parteipolitischen Auseinandersetzungen hineingezogen werden sollte. Das Bild wäre allerdings nicht vollständig, würde man den katastrophalen Umgang mit den Medien in den Jahren 1996 bis 1998 außer Acht lassen, nicht so sehr durch das Präsidialamt, sondern durch den Präsidenten selbst.

Da die Sprache Havels Werkzeug war, reagierte er empfindlich auf Ungenauigkeiten, auf Darstellungen, die von ihm als falsch empfunden wurden, oder auf unfaire Kritik an seinen Handlungen. Es drängte ihn danach, mit seinen Kritikern zu diskutieren und ihnen zu erklären, warum sie falsch lagen. Die Menschen in seiner Umgebung wollten ihn davon abhalten, weil sie wussten, dass die Gegenseite auf Diskussionen oder Erklärungen keinen Wert legte. »Man muss die Presse wie Regen behandeln«, lautete gewöhnlich mein resignierter Ratschlag, als ich Havels Sprecher war. »Sie mag unangenehm oder unerfreulich sein, aber man kann nichts dagegen unternehmen.« Fairness und Offenheit gegenüber den Medien waren meiner Ansicht nach das Einzige, was der Präsident tun konnte, um sein Ansehen in der Öffentlichkeit zu verbessern. Doch Spin-Doktoren hatten bei Havel einen schweren Stand.

Havel hörte sich die Vorschläge meistens an, aber nicht immer. Wie er bereits in seinen *Briefen an Olga* geschrieben hatte, verspürte er einen unwiderstehlichen Drang, sich zu erklären, auch wenn keine Erklärungen nötig waren. Ich erwartete immer mit Bangen den Augenblick, wenn Havel den neuesten Rechenschaftsbericht über die Tätigkeit seines Amtes und auch über seine persönlichen Finanzen anforderte. Dass dahinter das Motiv der Schuld stand, war allen bewusst, bis auf Havel, der sich verpflichtet fühlte, ungefähr jedes halbe Jahr offenzulegen, wie viel er als Präsident verdiente (ausgedrückt in US-Dollar pro Jahr), welche Sonderzulagen er erhielt (eine Million Kronen oder knapp 50 000 Dollar zuzüglich Spesen), wie hoch die Tantiemen aus seinen Buchveröffentlichungen waren (wesentlich höher) und welche Einnahmen er aus dem Verkauf seiner restituierten Immobilien erzielte (in Millionen Kronen oder Millionen Dollar) und wie viel davon er an wohltätige Organisationen oder für andere gute Zwecke spendete (alles, was er durch das Präsidentenamt verdiente, und noch einiges darüber hinaus). Die Reaktionen waren vorhersehbar. Die eine Hälfte der Nation war empört über die Summen, die er einnahm, die andere schätzte seine Großzügigkeit gering, da er sich diese offenkundig ohne weiteres leisten konnte. Im Hinblick auf die öffentliche Imagepflege war es ein Alptraum.

Doch das war noch nichts im Vergleich zu den Scharmützeln, die Havel und seine Frau mit den Medien ausfochten. Havel sah sich nur selten bemüßigt, seine Ansichten zu verteidigen, doch er stellte sich immer schützend vor Dáša und reagierte energisch auf jede vermeintliche Kränkung, die ihr angetan wurde, manchmal auch unverhältnismäßig schroff. Er verstand die Handlungsweisen der Medien nur unzureichend und verhielt sich sehr ungeschickt, indem er beispielsweise einmal ein vorgefertigtes Interview mit seiner Ehefrau an *Právo* schickte, die größte Tageszeitung des Landes und die Nachfolgerin des einstigen Sprachrohrs der Kommunistischen Partei, die ihn jahrelang kritisiert und diffamiert hatte. Das Interview erblickte nie das Licht des Tages.

Dann beauftragte Havel Lída Rakušanová, eine ihm freundlich gesinnte Journalistin, die früher bei Radio Free Europe gearbeitet hatte, die »wahre« Geschichte von Dáša und ihrer beider Beziehung zu schreiben. Als das Buch erschien,[892] wurde es zum größten Teil und auch nicht gänzlich unberechtigt als Hagiographie abgetan, die der literarischen und moralischen Maßstäbe Havels unwürdig war.

Solche Ereignisse häuften sich. Einmal, als er sich von Nova, dem größten tschechischen Fernsehsender, der noch nie ein großer Bewunderer von ihm gewesen war, unfair kritisiert fühlte, rief Havel um zehn Uhr abends vom Telefon der Polizeistelle auf der Prager Burg die staatliche tschechische Nachrichtenagentur an und verlangte eine Richtigstellung. Dazu kam, dass er seinen Pressesprecher Ladislav Špaček nicht über diesen Geniestreich informierte, so dass dieser am nächsten Tag den Vorgang dementierte. Das war wieder ein gefundenes Fressen für die Medien.

Als die First Lady vorschlug, dass ein wohlgesinnter Boulevardjournalist sie bei Staatsbesuchen begleiten solle, widersetzte sich der Pressesprecher. Dennoch durfte der Journalist mitreisen.

So ging es immer weiter. Ohne zu wissen, dass er durch sein Verhalten die Aufregung weiter schürte, machte Havel jeden, den er zu fassen bekam, die Medien, seine politischen Gegner, sogar seine Präsidialkanzlei für die verfahrene Situation verantwortlich. Im Herbst 1998 fand er schließlich eine einfache Lösung: »Ich habe aufgehört, Zeitungen zu lesen, fernzusehen und die Medien zu verfolgen. Was für ein schönes Leben!«[893]

Es hätte schön sein können, wäre es von Dauer gewesen. Schon einen Monat später war Havel erneut in eine Medienkontroverse verstrickt. Zu den bekannten Persönlichkeiten, die er anlässlich des Unabhängigkeitstages am 28. Oktober mit den höchsten Orden des Landes auszeichnete, gehörte auch der frühere Wiener Bürgermeister Helmut Zilk, der sich schon seit langem für gute und enge Beziehungen zwischen Tschechien und Österreich einsetzte. Einige Tage vor der Verleihung veröffentlichte die *Süddeutsche Zeitung* die Information, Zilk sei Mitte der sechziger Jahre ein bezahlter Agent des tschechoslowakischen Geheimdienstes gewesen. Zilk bestritt diese Anschuldigungen. Nach einem heftigen Tumult in den Medien und angesichts widersprüchlicher Signale zog Havel die Auszeichnung zurück, was die tschechisch-österreichischen Beziehungen weiter belastete. Sie waren ohnehin wegen des Streits um das tschechische Atomkraftwerk Temelín, das in der Nähe der Grenze zu dem entschieden nuklearfreien Nachbarn lag, angespannt. Nachdem sich der Skandal beruhigt hatte, lud Havel Zilk zu einem privaten Besuch in sein Wohnhaus ein, drückte ihm sein Bedauern über den Vorgang aus und machte die Feindseligkeit der Medien und schlampige Arbeit seiner Präsidialkanzlei dafür verantwortlich. Václav Benda, der ehemalige Mitgefangene und Mitdissident aus alten Tagen, nun Senator der konservativen ODS[894] sowie Leiter der neugeschaffenen Behörde zur Dokumentation und Untersuchung der kommunistischen Vergangenheit (UDV), eines Pendants der Stasiunterlagenbehörde in Deutschland, beschuldigte Havel, dieser habe schon vorher über Zilks unrühmliche Vergangenheit Bescheid gewusst. Havel habe diese Information, die auf Unterlagen des StB beruhte, von ihm erhalten. Havel bezichtigte seinerseits Benda der Lüge, doch dann erklärte sein Stabschef, der ehrenwerte und achtbare Ivan Medek, öffentlich, dass er auf Geheiß des Präsidenten die vorgeschlagenen Kandidaten anhand der Akten der UDV überprüft habe. Medek musste seinen Posten auf der Prager Burg aufgeben. Dann wurden andere Dinge wichtiger. Die brodelnde Affäre wurde durch neu aufkommende Lungenprobleme Havels überschattet, außerdem nahte das Weihnachtsfest.[895]

ABSCHIED NEHMEN

Ich wurde in eine Märchenwelt geschleudert, um dann für viele Jahre wieder auf die Erde zurückzufallen.

Havel an der City University of New York,
20. September 2002

Die beiden schweren problembeladenen Jahre 1997 und 1998 schadeten unvermeidlicherweise auch Havels Popularität. In einer demoskopischen Erhebung im Dezember 1998 bejahten 55 Prozent die Frage: »Sollte der Präsident einen Rücktritt erwägen?« Freilich war diese Frage so suggestiv formuliert, dass man eine politische Voreingenommenheit bei ihren Urhebern vermuten musste.

Wenn Havel zu dieser Zeit an Rücktritt dachte, dann gab er dies nicht zu erkennen. Ihm sollte noch ein weiteres schwieriges Jahr bevorstehen, dieses Mal aber würde er den Kampf erfolgreich bestehen. Am 12. März 1999 wurde einer seiner am längsten gehegten Wünsche, die Aufnahme des Landes in die NATO, nach einem Jahrzehnt unablässigen Werbens endlich Wirklichkeit. Er hatte Bill Clinton überzeugt und auch im Fall Boris Jelzins Erfolg gehabt, indem er dieselbe Vorgehensweise wie Lech Wałęsa wählte und den russischen Präsidenten in der Goldenen Dreizehn in der Prager Kleinseite so reichlich mit Speis und Trank versorgte, bis dieser den Unterschied zwischen dem Warschauer Pakt und der NATO nicht mehr erklären konnte und ihm das auch egal war. Er hatte geschoben und gedrängt, sowohl zu Hause als auch im Ausland. Obwohl ihm die Marx'sche Maxime (jene von *Groucho* Marx) wohlbekannt war, dass man niemals einem Club beitreten sollte, der Leute wie einen selbst als Mitglieder aufnimmt, bemühte er sich, den anderen zu versichern, dass das

Land seinen Worten Taten folgen lassen werde. Drei Monate vor dem Beitrittsdatum fügte er seinem Dankesbrief an die amerikanische Außenministerin Madeleine Albright eine fast verräterische handschriftliche Notiz hinzu: »Vertraulich! Geheim! Seien Sie streng mit uns vor unserer Aufnahme in die NATO! Wir sind eine Nation von Schwätzern!«[896]

Nun gehörte die Tschechische Republik neben Ungarn und Polen zu den ersten postkommunistischen Ländern, die Mitglieder der Nordatlantischen Allianz wurden. Am Tag des Beitritts wurden die Urkunden in einer feierlichen Zeremonie in der Harry S. Truman Presidential Library and Museum of Independence in Missouri unterzeichnet, einem Ort, der auf der Schnellstraße I-70 in zwei Stunden von Fulton aus erreichbar ist, jener Stadt, in der Churchill seinerzeit von dem Eisernen Vorhang gesprochen hatte, der sich über Europa gesenkt habe, »von Stettin an der Ostsee bis Triest an der Adria«.[897] Wenn die Auflösung des Warschauer Pakts formell das Ende des Kalten Krieges markiert hatte, dann hob die NATO-Erweiterung jetzt den langen Schatten der Konferenz von Jalta im Februar 1945 auf, die – zu Recht oder zu Unrecht – als die Auslieferung Mittel- und Osteuropas an Stalins Willkür durch die westlichen Alliierten ausgelegt wurde. Die »alten Staaten Mittel- und Osteuropas«[898] waren nun wieder mit ihren westlichen Nachbarn vereint.

Es wurde sogleich ernst. Zwölf Tage nach dem Inkrafttreten der Erweiterung begannen Kampfflugzeuge der NATO Jugoslawien zu bombardieren, um die Politik der Einschüchterung und der ethnischen Säuberungen gegen die Kosovo-Albaner zu beenden. Die neuen Mitglieder, die mit ihren veralteten sowjetischen, mit der NATO-Luftwaffe nicht kompatiblen Flugzeugen keinen Beitrag zu den Luftschlägen leisten konnten, wurden von dieser Entwicklung einigermaßen überrascht. Die tschechische Regierung debattierte stundenlang über den Sinn der Operation, während die Kampfflugzeuge der NATO in der italienischen Luftwaffenbasis Aviano auf die erforderliche einmütige

Zustimmung der Mitgliedsstaaten warteten. Havel dagegen hatte eine klare Vorstellung, was getan werden musste: »Den Konfliktparteien muss bewusst gemacht werden, dass für Belgrad die einzige Alternative zu Verhandlungen in der Anwendung von Gewalt durch die atlantische Allianz besteht.«[899] Er jubelte zwar nicht und bezeichnete die Operation als »Extremlösung«, doch er erklärte seine uneingeschränkte Unterstützung. Die Aktion war nach seiner Sicht »gänzlich unvermeidbar«.[900] Wie immer, wenn er vor einer schwierigen Entscheidung stand, nahm er Zuflucht zu einem schlichten moralischen Rezept: »Unsere eigene historische Erfahrung hat uns gelehrt, dass man dem Bösen entgegentreten muss, anstatt es zu besänftigen.«[901] Er war bereit, sich über Einwände sowohl der Führer des »Oppositionsvertrags« wie auch des Außenministers Jan Kavan hinwegzusetzen; Letzterer rief zusammen mit dem griechischen Außenminister Giorgios Papandreou eine eigene Friedensinitiative ins Leben, die den Schlachtplan der NATO auf subtile Weise untergrub, indem sie als Erstes eine Einstellung der Bombardierungen und anschließende Verhandlungen forderte. Havel blieb unbeeindruckt. »Die Regierung hat auf zwei Sitzungen über unsere Beteiligung am Krieg diskutiert, und keiner der Minister fühlte sich bemüßigt, zum Telefon zu greifen und den Oberbefehlshaber anzurufen. Somit bin ich frei. Ich muss keinerlei sentimentale Rücksichten auf diese Leute nehmen.«[902]

Sehr wahrscheinlich war ihm nicht bewusst, dass er mit seiner Entscheidung gewissermaßen den Rubikon überschritt. Er vermied die schmerzlichen Erwägungen eines Moralphilosophen, hatte vielmehr das Gefühl, dass er seine Aufgabe als Staatsführer und als Oberbefehlshaber erledigen musste, von dem man eine klare Entscheidung, ein Ja oder ein Nein erwartete. Das trug ihm auch die dauerhafte Feindschaft eines Bündnisses aus heimischen und ausländischen Gegnern der NATO-Intervention ein, das von isolationistischen Konservativen über Anhänger einer pragmatischen Realpolitik bis zu linken Verschwörungstheoretikern reichte, die diese Operation nur als ein weiteres Beispiel für die imperialistischen Weltherrschaftspläne der Amerikaner betrachteten. Denn der Kosovo, der anders als Bosnien oder die Golfregion ein kleines, unwichtiges Gebiet war, das für den Westen keinerlei strategische Bedeutung besaß, gab der Doktrin der humanitären Intervention Auftrieb, einer Militäraktion, deren Zweck einzig darin besteht, das Töten unschuldiger Zivilisten zu verhindern. Diese Doktrin war damals wie heute umstritten, obwohl sie mittlerweile umbenannt worden ist in Responsibility to Protect (R2P). Václav Havel kann man zu Recht als einen der ideologischen Väter dieser Doktrin der Schutzverantwortung betrachten, neben der in Tschechien geborenen und durch das Münchner Abkommen traumatisierten Madeleine Albright, die in dieser Hinsicht gewissermaßen als eine Seelenverwandte Havels gelten kann. Aus der Perspektive poststalinistischer Denker wie Slavoj Žižek[903] und freiheitlicher Sozialisten wie Noam Chomsky, einem erklärten Gegner Havels seit dessen Rede vor dem US-Kongress 1990,[904] erscheint Havel dagegen als ein »nützlicher Idiot« des amerikanischen Imperialismus, ein Etikett, das ihm bei dieser Gelegenheit auch von dem ihm ansonsten zugeneigten und mittlerweile verstorbenen Historiker Tony Judt angeheftet wurde.[905] Doch anders als das moralische Dilemma, den Einsatz todbringender Gewalt zu befürworten, um noch mehr Tod zu verhindern, haben Beschimpfungen irgendwelcher Art meines Wissens Havel niemals den Schlaf geraubt.

Er war zunehmend verärgert über die fortdauernden Verletzungen seiner Privatsphäre sowie über jene Art von Kritik, die offen oder indirekt seine persönlichen Angelegenheiten betraf, insbesondere seine Ehe. Im Herbst 1998, nachdem das Präsidentenpaar einen Staatsbesuch in den USA absolviert hatte, begannen die Boulevardblätter über mögliche Eheprobleme und Seitensprünge zu spekulieren.

Keine dieser oder ähnlicher Behauptungen wurde jemals von unabhängiger Seite erhärtet, und ein Großteil davon ist wohl dem

Boulevardgeschwätz zuzuschreiben. Unbestreitbar ist allerdings, dass Havel in eine ernste Depression verfiel und zum ersten Mal die Möglichkeit eines Rücktritts erwog.[906] Er zeigte zahlreiche Anzeichen von Frustration und Enttäuschung, zwei Gefühle, gegenüber denen er bislang immun gewesen zu sein schien. In einer seiner depressiven Phasen schrieb er an die »Burg«: »Liebe Burg, der Kelch ist übergelaufen. Entweder stimmt in mir etwas nicht mehr oder in der Gesellschaft. Was immer es ist, ich kann es nicht länger ertragen. Ich arbeite, als gäbe es kein Morgen mehr, habe jeden Tag hundert Dinge auf dem Tisch, keinen einzigen Ruhetag, und was ist das Ergebnis? Ich erscheine immer mehr als Arschloch … Ich bin in einem Zustand des Aufbegehrens. Das signalisiere ich schon seit langem, und es ist sehr schade, dass es niemand bemerkt hat … Ich will Frieden. Ich will schreiben, lesen und ausruhen. Ich verdiene diese tägliche Demütigung nicht, nach allem, was ich für das Land getan habe. Übrigens, Dáša und ich werden uns in Spanien ein kleines Haus am Meer kaufen … und werden dort so viel Zeit wie möglich verbringen. Möge mein Land aufblühen unter Klaus.«[907]

Die psychologische Krise war verstärkt worden durch wiederkehrende Lungenprobleme und Krankheitsphasen. In einem sich verfestigenden Muster wechselte Havel zwischen seinen Amtspflichten, Krankenhausaufenthalten, Erholungspausen in Lány oder Hrádeček, erneuten Erkrankungen und Rekonvaleszenzen zu Hause oder im Ausland. Mittlerweile musste er die Hälfte seiner Zeit seinen Gesundheitsproblemen widmen. Sein Wille, Schwierigkeiten zu meistern und Hindernisse zu überwinden, schien zu schwinden. »Nach all diesen Operationen und Kämpfen habe ich nicht mehr die Kraft, weiter zu kämpfen«, vertraute er seiner Sekretärin in einem schwachen Moment an.[908] Im Innersten aber wusste er wahrscheinlich, dass ihm nichts anderes übrigblieb, als weiterzumachen. So viele vertrauten auf ihn, und er fühlte sich so vielen gegenüber verantwortlich. »Bitte geben Sie nichts auf, weder das Öffentlichste noch das Privateste«, schrieb ihm sein Schriftstellerkollege und Freund Jiří Stránsky, der Präsident des tschechischen PEN-Clubs.[909]

Havel kämpfte weiter, doch mit verminderter Entschlossenheit und Energie angesichts wiederkehrender Krankheitsattacken. In einer im April 2000 durchgeführten Meinungsumfrage erklärten 53 Prozent der Befragten, die sich überwiegend der politischen Linken zuordneten, dass Havel zurücktreten solle.[910] Mitte 2000 bemühte er sich zusammen mit der verbliebenen parlamentarischen Opposition darum, die beiden Parteien, die den sogenannten Oppositionsvertrag geschlossen hatten, von einer Änderung des Wahlrechts für das Abgeordnetenhaus des Parlaments abzuhalten, die für die kleineren Parteien das parlamentarische Aus bedeutet und zur Errichtung eines Zweiparteiensystems geführt hätte (die tschechische Verfassung schreibt vor, dass das Abgeordnetenhaus nach dem Verhältniswahlrecht bestimmt wird). Die Opposition verlor die Abstimmung, und das Abgeordnetenhaus überstimmte das Veto des Präsidenten, doch Havel wandte sich daraufhin sofort an das Verfassungsgericht, das die umstrittenen Teile der Neuregelung verwarf.

Havel scheute auch vor einem weiteren, noch heftigeren Konflikt mit der Regierung nicht zurück, als er bei der Besetzung des Postens des Gouverneurs der Nationalbank und dessen Stellvertreters entgegen dem ausdrücklichen Wunsch des scheidenden Gouverneurs Josef Tošovský und des Ministerpräsidenten Miloš Zeman auf seinem Mitspracherecht beharrte. In einem persönlichen Gespräch fielen harsche Worte, als Havel sich nicht umstimmen ließ.[911] Wieder hatte er eindeutig die Verfassung auf seiner Seite, doch er zahlte einen Preis für seine Hartnäckigkeit, sah sich hasserfüllten Angriffen der Presse ausgesetzt und wurde diktatorischer Ambitionen und sogar des Verrats beschuldigt. Manchmal schien ihm alles zu viel zu werden. »Er sagte, er werde nach Portugal ziehen und die tschechische Nation sich selbst überlassen«, notierte seine Sekretärin.[912]

Diese nicht besonders glückliche Periode in Havels Leben

kann man als Beleg für seine Halsstarrigkeit und seine Entschlossenheit betrachten, sich um jeden Preis im Amt zu halten, aber auch als heroische Selbstaufopferung aus Verantwortung gegenüber seiner Aufgabe. Wahrscheinlich war es beides. Die schlichte Wahrheit lautet, dass Havel zwischen November 1996, als sich seine gesundheitlichen Probleme häuften, und dem Ende des Jahrzehnts nicht weniger als 22 Monate, also fast die Hälfte dieser Phase, entweder im Krankenstand, in einer Klinik, im Erholungsurlaub oder in Rekonvaleszenz verbrachte und sich die übrige Zeit elend oder unwohl fühlte. Die Wahrheit ist auch, dass er in diesen Jahren sein Land mehr oder weniger unversehrt durch die schwerste Regierungskrise seiner jüngeren Geschichte führte, die Verfassung vor dem Zugriff der beiden größten Partei schützte, die Unabhängigkeit der Zentralbank von der Regierung verteidigte, die Aufnahme des Landes in die NATO zu Ende führte und dafür sorgte, dass es die erste militärische Operation während seiner Mitgliedschaft ehrenvoll, wenn auch nicht entschlossen bewältigte, das Land auf den unumkehrbaren Weg eines EU-Beitritts brachte und weiterhin das international bekannte Gesicht einer demokratischen und humanen Tschechischen Republik war. Es sei daher die Frage erlaubt, ob ein anderer Mann oder eine andere Frau in dieser Position mit denselben begrenzten verfassungsmäßigen Rechten ebenso viel oder noch mehr hätte leisten können.

Gewiss kann man die Zeit am Ende der neunziger Jahre nicht als Havels kreativste Phase bezeichnen, dennoch war er auch auf schöpferischem Gebiet nicht untätig. Er suchte und fand die intellektuelle Heimat für seine Lebensphilosophie im Forum 2000, einer Konferenz, die er 1997 zusammen mit Elie Wiesel unter der Schirmherrschaft von Yōhei Sasakawa ins Leben gerufen hatte. Diese zweitägige Diskussionsveranstaltung über globale politische, soziale und spirituelle Themen war ursprünglich als einmaliges Ereignis geplant, hat Havel jedoch überdauert und mittlerweile bereits im 17. Jahr stattgefunden.[913] Sichtbarer Ausdruck dieses Engagements war die mit Hilfe seiner und Dagmars Stiftung VIZE 97 (Vision 97) durchgeführte Restaurierung der säkularisierten St.-Anna-Kirche gegenüber dem Theater am Geländer. In diesem ehemaligen Gotteshaus mit mehr als tausendjähriger Geschichte wurde der Veranstaltungsraum Prager Kreuzung geschaffen, eine Begegnungsstätte für Denker und Intellektuelle aus allen Teilen der Welt. Im Jahr 2004 fand hier die Eröffnungsveranstaltung des Forum 2000 statt, wodurch auf symbolische Weise die beiden Initiativen miteinander verschmolzen. Im Laufe der vergangenen 15 Jahre haben hier beispielsweise der Dalai Lama, Bill und Hillary Clinton, Elie Wiesel, Madeleine Albright, Schimon Peres, George Soros, Richard von Weizsäcker, Francis Fukuyama, James Woolsey, Grigori Jawlinski und Henry Kissinger über die aktuellen Probleme und die Zukunft des Planeten diskutiert. Aung San Suu Kyi, eine Seelenverwandte, die Havel nie persönlich kennenlernte, sprach per Videobotschaft aus ihrem Hausarrest in Burma.[914]

Sich selbst machte Havel ein Geschenk durch die Herausgabe der »kleinen grünen Box« im Dezember 1999, einer siebenbändigen Ausgabe seiner gesammelten Werke.[915] In Bezug auf die Zeit und die Sorgfalt, die auf dieses Unternehmen verwendet wurden, könnte es durchaus als ein Projekt der Eitelkeit erscheinen. Doch die unbezweifelbar hohe Qualität und die Bandbreite der Schriften wie auch der eindeutige Wunsch des Autors, seinen Ordnungs- und weniger einen Größenwahnsinn zu befriedigen, machen derlei Spekulationen überflüssig. Schließlich hatte Havel bereits mit 17 Jahren erstmals »Gesammelte Werke« herausgegeben.

Gelegentlich äußerte sich Havel auch öffentlich über seine schriftstellerischen Pläne für die Zeit nach der Präsidentschaft. Er sprach von einem neuen Stück und deutete manchmal an, dass er dabei auf das Lear-Motiv zurückgreifen werde, das er vor der Revolution unvollendet liegen gelassen hatte, hin und wieder aber sprach er auch von einem Stück über ein neues und überraschendes Thema, das »nichts mit Politik zu tun haben« würde. Wiederholt stellte er klar, dass er keine politischen Memoiren über seine Zeit als Präsident schreiben werde, wenngleich er ein Buch für möglich hielt, in dem er seine Erfahrungen und Erlebnisse im Amt verarbeiten würde, das Ganze dann aber mehr »zwischen Henry Kissinger und Charles Bukowski«.[916]

Entsprechend seinem lebenslangen Bedürfnis nach intellektueller Anregung förderte Havel auch eine Reihe informeller und nichtöffentlicher Diskussionen mit einer überschaubaren Zahl von Teilnehmern über verschiedene Themen. Die Treffen fanden meistens in der beschaulichen Jagdhütte Amálie im waldbestandenen Wildgehege des Schlosses Lány statt. Zwischen 1994 und 2010 gab es 84 derartige Veranstaltungen, auf denen über Themen wie den Irakkrieg, über Verfassungsprobleme bis hin zu grüner Politik diskutiert wurde – eine weitere Einrichtung, die Havels Präsidentschaft überdauerte.

Die letzten Jahre der Präsidentschaft wurden bestimmt durch die Bemühungen, seine Gesundheitsprobleme in den Griff zu bekommen und sich Kraft zu bewahren für einige vordringliche Aufgaben. Nur wenige davon hatten mit Innenpolitik zu tun, denn nach den Konflikten von 1999 und 2000 hatte sich im Kampf zwischen dem Staatspräsidenten und dem politischen Establishment eine quälende Pattsituation herausgebildet. Nachdem er sämtliche Versuche abgewehrt hatte, die Balance zwischen den Verfassungsorganen zu verändern, fehlte Havel die Kraft, in die Tagespolitik einzugreifen, die von den beiden Parteien des Oppositionsvertrags bestimmt wurde. Die einzige Ausnahme war die Außenpolitik, wo er dank der Verfassung und seines enormen internationalen Prestiges meist die Oberhand behielt, etwa in den Scharmützeln mit dem unermüdlich intrigierenden Außenminister Kavan (Havel war sehr erleichtert, als sich Kavan entschloss, in der Wahlperiode 2002/03 als Präsident der Vollversammlung der Vereinten Nationen zu kandidieren).[917]

So war es nicht überraschend, dass sich Havel im letzten Jahr seiner Amtszeit auf zwei große internationale Ereignisse konzentrierte. Das erste war sein letzter offizieller Besuch in den USA, jenem Land, in dem er seinen wahrscheinlich ruhmreichsten politischen Augenblick erlebt hatte und das ihm nach wie vor als Leuchtturm der Freiheit und der Demokratie erschien. Das zweite Ereignis war das Gipfeltreffen der Staatschefs der Mitglieder der Nordatlantischen Allianz, das im November 2002 in Prag stattfinden sollte, die erste derartige Tagung in der Hauptstadt eines ehemals kommunistischen Landes. Bei dem Treffen sollte die zweite Erweiterungsrunde der NATO durch den Beitritt sieben weiterer postkommunistischer Länder, darunter auch der ehemals zur Sowjetunion gehörenden baltischen Republiken, beschlossen werden. Die Ausrichtung dieses prestigeträchtigen Ereignisses wurde nach Prag vergeben dank der emsigen und hartnäckigen Lobbyarbeit von Havel selbst und seines langjährigen loyalen Mitarbeiters Saša Vondra, des späteren tschechischen Botschafters in den USA, der den Gipfel organisieren sollte. Bereits eineinhalb Jahre vor dem Termin entwarf Havel seine Pläne für das Gipfeltreffen, das er als eindrucksvolles Spektakel ebenso wie als formelles Treffen von Staatsmännern und Generälen gestalten wollte.

Zwei unvorhersehbare Ereignisse veränderten den Charakter sowohl der USA-Reise wie auch des Gipfels. Das erste waren die Anschläge vom 11. September 2001. Als Havel nach Amerika aufbrach, befanden sich die USA bereits im Krieg in Afghanistan, und der Countdown für den Einmarsch im Irak hatte begonnen. Havels Einladung zu einem Treffen mit dem Präsidenten im Oval Office war nicht nur eine Geste in Anerkennung seiner historischen Verdienste, sondern auch eine Belohnung für die unverbrüchliche Unterstützung, sowohl moralischer als auch materieller Art, welche die Tschechische Republik den USA im Gefolge der Terroranschläge entgegengebracht hatte. »Sie waren der Erste«, sagte Bush zu Havel, »der mir [nach 9/11] Unterstützung bekundet hat. Ich habe etwas von Ihnen gelernt. Man muss moralisch sprechen [und] klar.«[918] Bush erklärte ferner: »Ich habe keinen Zweifel, dass Saddam Massenvernichtungswaffen besitzt und dass er sich Nuklearwaffen verschaffen möchte. Ich habe auch keinen Zweifel, dass er weiterhin seine eigenen Bürger umbringen wird.«[919]

Solche Zusicherungen vom Regierungs- und Staatschef der letzten verbliebenen Supermacht genügten Havel, um seine Unterstützung für die Politik der Konfrontation mit dem Irak zu erklären: »Man muss sich dem Bösen gleich am Anfang widersetzen ... Wir empfinden eine Mitverantwortung mit den Vereinigten Staaten ... Die meisten Mitglieder des Sicherheitsrats werden eine ähnliche Haltung einnehmen, wenn Saddam weiterhin die UN-Resolutionen verletzt.«[920]

An seiner grundsätzlichen Unterstützung der amerikanischen Position hielt Havel bis zum Beginn des Krieges fest, doch sie war nicht bedingungslos. In einer Rede am Aspen-Institut vor dem NATO-Gipfel in Prag äußerte er sich unverblümt über das moralische Dilemma, das eine solche Unterstützung nach sich zog:

> Persönlich glaube ich, dass man dem Bösen bereits in seiner embryonalen Form entgegentreten muss, bevor es die Chance bekommt zu wachsen, und dass das Leben der Menschen, die Freiheit der Menschen und die Würde der Menschen höhere Werte sind als die Souveränität eines Staates. Vielleicht gibt mir diese Einstellung das Recht, diese zweifellos äußerst ernsthafte und schwierige Frage aufzuwerfen.
>
> Während meiner Lebenszeit hat mein Land zwei Lektionen gelernt, die beide mit einschneidenden, weitreichenden und dauerhaften Folgewirkungen verbunden waren: Die erste war die Kapitulation von München, als sich die beiden bedeutendsten europäischen Demokratien, angeblich im Interesse der Erhaltung des Friedens, Hitlers Druck beugten und ihm erlaubten, die Tschechoslowakei zu zerschlagen. Natürlich führte das nicht zum Frieden. Im Gegenteil: Hitler betrachtete ihr Verhalten in München als das letzte Signal, dass er einen blutigen europäischen Krieg beginnen konn-

> te, der schließlich die ganze Welt erfassen sollte. Ich denke, dass nicht nur ich, sondern auch viele meiner Mitbürger die Erfahrung von München als ein starkes Argument dafür begreifen, dass man sich dem Bösen von Anfang an entgegenstellen muss.
> Aber wir haben auch noch eine andere Erfahrung gemacht: die Besetzung [der Tschechoslowakei] durch die Länder des Warschauer Pakts 1968. Damals sprach die gesamte Nation immer wieder das Wort ›Souveränität‹ aus und verfluchte die offizielle sowjetische Behauptung, dass sie ›brüderliche Hilfe‹ geleistet habe, im Namen höherer Werte als der nationalen Souveränität, das heißt im Namen des Sozialismus, der durch unser Land bedroht worden sei, was angeblich die Hoffnungen der gesamten Menschheit auf ein besseres Leben zunichtezumachen drohte. Fast alle wussten, dass hier schlicht die sowjetische Hegemonie und die wirtschaftliche Ausbeutung durch die Sowjetunion auf dem Spiel standen, obwohl wahrscheinlich Millionen Menschen in der Sowjetunion tatsächlich glaubten, dass die nationale Souveränität im Interesse eines höheren, humanistischen Wertes unterdrückt wurde.
> Diese zweite Erfahrung mahnt mich zur Vorsicht. Ich glaube, dass wir uns immer, wenn wir gegen ein bestimmtes Land vorgehen wollen, in der erklärten Absicht, menschliches Leben zu schützen, die Frage stellen müssen – und sei es auch nur für eine Sekunde und insgeheim –, ob es sich hierbei nicht auch um eine Form von ›brüderlicher Hilfe‹ handelt.[921]

Das andere Ereignis, das die Stimmung in dieser letzten Phase von Havels Präsidentschaft maßgeblich beeinflusste, war heimischen Ursprungs und nicht menschengemacht. Im August 2002 verwüstete eine Jahrhundertflut große Teile Tschechiens und die Ufer der Moldau in Prag. Dabei fanden 17 Menschen den Tod, es entstanden Schäden in Milliardenhöhe, und ein Seelöwe aus dem Prager Zoo wurde bis nach Wittenberg in Sachsen-Anhalt geschwemmt, das rund 300 Kilometer entfernt liegt. Als die Katastrophe Mitte August über das Land hereinbrach, befand sich

Havel gerade in seinem Ferienhaus in Portugal. Da er alleine mit den unvollständigen und teilweise widersprüchlichen Informationen über das Ausmaß der Ereignisse zurechtkommen musste und sich seine Rückkehr nach Prag schwierig gestaltete, benötigte er 48 Stunden, bis er wieder auf dem Posten war. In dieser Zeit erklärte jedoch sein Pressesprecher Ladislav Špaček, der ebenfalls nur über spärliche Informationen verfügte, wahrheitsgemäß, aber unglücklicherweise, dass der Präsident seines Wissens nicht die Absicht habe, seinen Urlaub abzubrechen.

In diesem Zusammenhang werden Erinnerungen an den Hurrikan Katrina wach, der drei Jahre später in Amerika wüten sollte. Obwohl der tschechische Staatspräsident wesentlich begrenztere Befugnisse beim Umgang mit Naturkatastrophen besitzt als der US-Präsident, griffen die Medien das Thema auf und mokierten sich darüber, dass sich Havel am Strand erhole, während seine Mitbürger in den Schlammfluten ertränken. Der mediale Sturm ging wesentlich schneller vorüber, als die Folgen der Flut beseitigt werden konnten, doch Havel fühlte sich schmerzlich gedemütigt, zumal er so entschlossen gehandelt hatte, wie es ihm möglich gewesen war. Er warf der Präsidialkanzlei vor, ihn im Stich gelassen zu haben, und entschied, für den Rest seiner Präsidentschaft sämtliche Erholungsurlaube zu streichen. »Das Gefühl der größtmöglichen Schmach am Ende meiner Amtszeit ist für meine Gesundheit schädlicher als der schlimmste böhmische Smog.«[922]

Das Land erholte sich von der Katastrophe schneller als der Präsident. Als er im September 2002 die USA besuchte und das letzte Mal als tschechischer Präsident zum Essen ins Weiße Haus eingeladen war, wurde er noch immer mit Mitleidsbekundungen und Hilfsangeboten überhäuft, doch er sah keine Notwendigkeit, um materielle Hilfe zu bitten.

Der NATO-Gipfel sollte Havels Schwanengesang sein, und er war entschlossen, ihn nicht unbeachtet verstreichen zu lassen. Mittlerweile ein alter Hase auf diesem Gebiet, wusste er nur zu gut, dass sämtliche Reden, Erklärungen und die ganze Choreographie bei derartigen Anlässen vorgekocht werden, so dass alles am Ende wie ein abgestandenes Flugzeugessen schmeckt. In seinem Redemanuskript würde er nur wenig Möglichkeiten für Abweichungen haben, und er empfand auch keine Neigung, den geladenen Staatschefs durch ein rhetorisches Feuerwerk die Schau zu stehlen. Dennoch wollte er ein Zeichen setzen. Eine Gelegenheit dazu bot sich beim offiziellen Essen am ersten Gipfeltag, das anders als das Treffen selbst auf der Prager Burg stattfinden sollte und für das es keinen vorgegebenen Inhalt und kein vorgeschriebenes Format gab.

Die Vorbereitungen des großen Abends förderten alle Stärken und Schwächen von Havels Regierungsstil zutage. Schon eineinhalb Jahre vor dem großen Tag wählte er sein Thema, entwarf die Dramaturgie und ließ die Burg umbauen, damit sie dem Ereignis gerecht werden konnte. Wie üblich erlaubte es ihm sein Perfektionismus nicht, sich allein auf das Hauptthema zu konzentrieren, sondern er kümmerte sich auch um die Zusammensetzung des Menüs, bechäftigte sich mit den Tafelaufsätzen und der Farbe der Lichthalter an den Wänden. Gleichwohl verlor er das große Bild nicht aus den Augen. Er wollte dieses Treffen von Staatsmännern, Bürokraten, Strategen und ranghohen Militärs zu einer eindrucksvollen Feier der Freiheit machen, nicht nur im politischen Sinn, sondern auch in einer Weise, dass jeder sich seiner eigenen inneren Freiheit erfreuen sollte. Das Erste, was die Essensgäste bei der Ankunft zu Gesicht bekamen, war ein großes neonfarbenes Herz, schon seit langem Bestandteil von Havels Unterschrift, das hoch über der Burg hing, ein Werk des Bildhauers Jiří David.

Das Essen, ein aufwendiges Dinner mit vier Gängen, bei dem Reden gehalten und Trinksprüche ausgebracht wurden von NATO-Generalsekretär Robertson und dem französischen Präsidenten Jacques Chirac und bei dem der Gastgeber nur eine kurze Begrüßungsansprache hielt, fand nicht wie die meisten Staatsempfänge im barocken Spanischen Saal oder in der Rudolf-Galerie statt, sondern im mittelalterlichen Vladislav-Saal, wo seit dem 15. Jahrhundert Krönungszeremonien, königliche Bankette und Bälle abgehalten worden waren und wo Havel 1989 zum ersten Mal zum Präsidenten gewählt worden war. Doch der Hauptgang kam erst nach dem Essen, in Gestalt einer »Feier der Freiheit«, einer Gesangs- und Tanzdarbietung eines modernen Balletts, die von Jiří Kylian choreographiert worden war, einem gebürtigen Prager, der mittlerweile künstlerischer Leiter des Nederlands Dans Theater war. Darauf folgte ein bemerkenswertes postmodernes Medley mit Songs wie John Lennons »Power to the People« und »Imagine«, mit Beethovens »Ode an die Freude«, dem nach dem amerikanischen Bürgerkrieg entstandenen »Oh, Freedom« und, im Sinne der Ausgewogenheit, der »Marseillaise«. Die Musik wurde von Michal Pavlíček, einem legendären tschechischen Rockgitarristen, arrangiert und von den bedeutendsten tschechischen Rockstars gespielt. Eine Herausforderung stellte der Text der »Ode an die Freude« dar, dessen aus dem 19. Jahrhundert stammende englische Übersetzung Havel zu altmodisch erschien, so dass er sich ratsuchend an mich wandte. Ich war mittlerweile der Vorsitzende des Ausschusses für Auswärtige Beziehungen, Verteidigung und Sicherheit des tschechischen Senats, doch in meinen jungen Jahren hatte ich mich auch als mäßig erfolgreicher Rocklyriker betätigt. Ich war entsetzt. »Ach, kommen Sie, Václav, das meinen Sie doch nicht ernst. Hier geht es um Schiller und Beethoven, nicht um die Mamas and Papas. Nein, das kann ich nicht!« – »Ich verstehe«, erwiderte der stets verständnisvolle Präsident, »ganz wie Sie meinen, aber ist schon jemals eines Ihrer Stücke vor fünfzig ausländischen Staatsoberhäuptern gespielt worden?« Und so habe ich den Text geschrieben, aber den Cherub und die Tochter aus Elysium weggelassen.

Dem Beifall nach zu urteilen, dürfte der Abend bei den meisten, wenn nicht sogar allen Anwesenden sehr gut angekommen sein. Als ein Gast US-Vizepräsident Cheney fragte, ob ihm die Darbietung gefallen habe, antwortete Cheney: »Nun, ich bin aus Nebraska.«[923]

Am 30. Januar 2003 sollte noch ein weiteres Spektakel stattfinden, diesmal allerdings nicht von Havel organisiert. Ohne Wissen ihres Ehemannes hatte Dáša eine »Hommage an Václav Havel« zusammengestellt, geschrieben und produziert. In ihr brachten viele der bekanntesten Schauspieler, Musiker und Sänger des Landes ihre Wertschätzung für den großen Mann zum Ausdruck, dazu gab es Videobotschaften von Madeleine Albright, Kofi Annan, Sean Connery sowie George Bush senior und junior. Diese Show für ein handverlesenes Publikum der Reichen und Berühmten fand in der »goldenen Kapelle« des nationalen und kulturellen Lebens Tschechiens statt, wie das Prager Nationaltheater gelegentlich auch genannt wird.

Trotz aller Bemühungen, die Dáša in die Organisation des Ereignisses investiert, und all der Talente, die sie rekrutiert hatte, war es nur ein mäßiger Erfolg. Zwar hatten tatsächlich die populärsten Künstler mitgemacht, doch viele von Havels Freunden hatten den Eindruck, dass die Darbietung zu wenig mit seinem Leben zu tun hatte und mit der Art von Mensch, der er war. Zu den Akteuren gehörten auch einige bekannte Stars aus der Zeit der »Normalisierung«, wie etwa die »goldenen Stimmen« Karel Gott und Helena Vondráčková, und sogar ein oder zwei Polizeispitzel. Auf der anderen Seite fehlten einige Leute aus Havels innerem Kreis, wie etwa die Plastic People.

Viele von denen, die in der Hommage nicht vorgekommen waren, warteten auf Havel auf der anderen Straßenseite im Restaurant Parnas neben dem Café Slavia, um mit ihm nach der Show etwas zu trinken und ein paar Worte zu wechseln. Erwartungsgemäß waren die Glückwünsche aus dieser Gruppe so verklausuliert, dass ein Außenstehender sie wohl kaum als solche erkannt hätte.

Der 2. Februar 2003 war Havels letzter Arbeitstag und eine Übung in Demut. Er verbrachte diesen Tag absichtlich damit, dass er etwas tat, wovon er stets erklärt hatte, dass dies nicht der Grund gewesen sei, warum er Präsident werden wollte – er legte Kränze nieder, einen zu Ehren von Tomáš G. Masaryk an dessen

Denkmal vor der Prager Burg, zwei an den Gräbern der Opfer der kommunistischen Verfolgung und einen vor der Wenzelstatue auf dem Wenzelsplatz, wo sich Jan Palach verbrannt hatte und wo die Saat der Samtenen Revolution zu keimen begonnen hatte.

Am Abend verabschiedete er sich von den Bürgern. Er danke »all jenen, die mir ihr Vertrauen geschenkt, Sympathien für mich empfunden oder mich auf andere Weise unterstützt haben«, er bedankte sich auch bei seiner Ehefrau. Den Zuhörern versicherte er, dass er stets versucht habe, »mich an die Weisungen jener Autorität zu halten, unter der ich meinen Amtseid geleistet habe – an die Weisungen des besten Teils meines Bewusstseins und meines Gewissens«, alles eher wohlbekannte Abschiedsfloskeln. Dann aber fügte er einen Satz hinzu, der echt war, der unmissverständlich und zweifelsfrei von ihm stammte und Welten von realpolitischen Gepflogenheiten entfernt war: »Gegenüber all jenen von Ihnen, die ich in irgendeiner Weise enttäuscht habe, die mit meinen Handlungen nicht einverstanden waren oder die mich schlicht als hassenswert empfunden haben, möchte ich mich aufrichtig entschuldigen und vertraue darauf, dass Sie mir vergeben.«[924] Dann war es vorbei.

AUF EHRENWORT ENTLASSEN

Wie schön ist es dagegen, etwa Schriftsteller zu sein!
In ein paar Wochen schreibt man etwas auf, und es ist auf ewig da!
Was bleibt von Präsidenten oder Premierministern?
Eine Erwähnung in Schulbüchern, ohne Zweifel verkorkst.

Havel, Fassen Sie sich bitte kurz

Nach 13 Jahren waren Havels politische Reputation, seine Popularität und sein Einfluss spürbar geschwunden, und manch einer betrachtete ihn als einen Mann der Vergangenheit. Doch diesen Eindruck konnte nur gewinnen, wer die bemerkenswerte Bilanz seiner Präsidentschaft ausklammerte. Ihm ist der friedliche Übergang des Landes von der totalitären Herrschaft zur Demokratie zuzuschreiben, ebenso wie der Aufbau eines stabilen Systems demokratischer politischer Institutionen, die im Allgemeinen, auch einschließlich ihrer Unzulänglichkeiten, mit den schon lange bestehenden Systemen im Westen vergleichbar sind. Er hatte das Land erfolgreich nach Europa zurückgeführt und es zu einem festen Bestandteil der westlichen Sicherheitsallianz gemacht, und er blieb ein Ideengeber und ein unerschütterlicher Unterstützer des Kampfes für Freiheit und Menschenrechte auf der Welt. Zur Minus-Seite seiner Bilanz gehört, dass er am Steuerruder stand, als die Tschechoslowakei auf die Spaltung zustrebte, doch dieser Makel wurde wieder kleiner durch den friedlichen und einvernehmlichen Charakter der Trennung. Havel scheiterte auch darin, die Gesellschaft insgesamt für seine Ideale der Moral, der Toleranz und des bürgerschaftlichen Geistes zu gewinnen, doch das sagt wohl mehr über die Gesellschaft aus als über ihn. Wahrscheinlich hatte er auch nie erwartet, in vollem Umfang erfolgreich zu sein.

Sein Ausscheiden aus dem Amt und die Wahl von Václav Klaus zum Staatspräsidenten markierten das Ende einer Epoche. Vorbei war es mit den Improvisationen und den spontanen Initiativen. Vorbei war es auch mit dem Idealismus der revolutionären Tage. Die neue Ära gehörte den Pragmatikern, den Politikmanagern und den Medienexperten. Auf der internationalen Bühne verblasste das – vielleicht nie ganz gerechtfertigte – Image des Landes als einer friedfertigen, platonischen Republik, die von Künstlern und Philosophen im Geiste der Aufklärung regiert wurde (wenngleich Plato kein Demokrat gewesen war). Der neue Präsident war zweifellos eine starke Führungspersönlichkeit mit klaren Ansichten und der Bereitschaft und Fähigkeit, diese zu Hause und im Ausland zur Geltung zu bringen, doch international entsprachen seine Auffassungen zweifellos nur dem Geschmack einer Minderheit. Vielleicht mehr als die Ansichten selbst war es seine konfrontative, direkte Art, die viele dazu brachte, sich wehmütig an den zurückhaltenden, aber lockeren Havel zu erinnern.

Havel wollte Klaus das Leben nicht schwermachen. Er wusste, dass er zumindest am Anfang unsichtbar bleiben musste. Außerdem benötigte er eine längere Erholungspause. Gleichzeitig dachte er aber auch nicht daran, sich völlig aus der Politik zurückzuziehen, Golf zu spielen oder Blumen zu züchten. Sein Terminkalender war gefüllt mit den üblichen Anfragen für Besuche und Vorträge, für die er während seiner Zeit als Präsident keine Zeit gefunden hatte, und in seinem Kopf schwirrten Ideen umher, die er seit Jahren mit sich herumtrug und die auf Umsetzung warteten.

Erstmals in der Geschichte des Landes standen die Regierung und das Parlament vor der Frage, wie man mit einem ehemaligen Staatsoberhaupt umgehen sollte. Die meisten der früheren Präsidenten, angefangen mit Masaryk, waren praktischerweise entweder im Amt oder kurz nach ihrem Ausscheiden gestorben. Nachdem das Parlament ein Jahr lang über diese Frage debattiert hatte, bewilligte es im zweiten Anlauf Havel und allen seinen Nachfolgern eine bescheidene Pension, ein Büro und einen kleinen Mitarbeiterstab sowie einen Dienstwagen und Personenschutz.[925]

Nun wiederholte sich das Syndrom, das Havel in Bezug auf seine Haftentlassung und im größeren Rahmen nach der Freilassung des Landes aus dem Kerker des Totalitarismus beschrieben hatte, auch nach seiner Entlassung aus dem Gefängnis des Amtes. »Meine Vorstellungen darüber, wie frei ich künftig sein würde, erwiesen sich als große Illusionen.«[926] Er fühlte sich entwurzelt und verwirrt. Außerdem war er vollkommen erschöpft. Seine Gesundheit war angeschlagen, hauptsächlich aufgrund des Verlusts eines großen Teils seiner Lungenkapazität. Jede kleine Atemwegsinfektion war potentiell lebensbedrohlich. Abermals kam er sich vor wie ein »Ballon, aus dem man die Luft herausgelassen hat«. Im Laufe weniger Monate begriff er, dass die Umstände seiner neugewonnenen Freiheit wesentlich komplexer und widersprüchlicher waren, als er erwartet hatte. Sosehr er sich auch bemühen mochte, er würde nie wieder richtig frei sein. Er hatte nicht die Freiheit wiedererlangt, er war auf Ehrenwort entlassen worden.

Im ersten Jahr nach dem Ende seiner Präsidentschaft versuchte er das Ganze leichtzunehmen. Er hatte nun endlich mehr Zeit für Dagmar und für Dinge, von denen er seit Jahren träumte, wie etwa wieder selbst Auto zu fahren (als glühender Anhänger des Umweltschutzes kaufte er sich einen schweren Mercedes-SUV) und zu kochen. In diesem Sommer unternahm er zusammen mit Dagmar eine Reise quer durch Europa nach Andalusien. Dort gab das teure Gefährt seinen Geist auf, und sie mussten mit Bahn und Flugzeug nach Hause zurückkehren. Die beiden machten noch weitere Reisen in diesem Jahr, flogen nach Barbados, fuhren zweimal ins Ferienhaus nach Portugal, in die Tiroler Alpen und reisten am Jahresende nach Gran Canaria. Havel verbrachte auch fast einen Monat in Hrádeček. Er unternahm einige »offizielle« Reisen, alle nur sehr kurz, darunter im Juli eine dreitägige Reise in die USA, wo er die Freiheitsmedaille des Präsidenten entgegennahm, die höchste zivile Auszeichnung der USA. Zu den übrigen Empfängern der Auszeichnung in diesem Jahr gehörten Edvard Teller, der Schöpfer der Wasserstoffbombe, und Charlton Heston, der einstmals für *Ben Hur* den Oscar bekommen hatte.

Es entsprach jedoch nicht Havels Art, längere Zeit untätig zu sein. Als die Müdigkeit überwunden war, kehrte die Ruhelosigkeit zurück. Er wurde auch freimütiger, denn er sah nun keine Notwendigkeit mehr, die Würde des Amtes zu wahren. Er war irritiert über die materialistische, engstirnige und kleingeistige Einstellung, die sich im Land zu verbreiten schien. Als im Dezember 2003 vor der Spanischen Synagoge in Prag eine avantgardistische »Reiterstatue« von Franz Kafka, des deutsch-jüdischen Sohns der Stadt, enthüllt wurde, beteiligte sich Havel an der Zeremonie mit einer launig-ironischen Rede. In ihr erweckte er den Anschein, die Stimme des Volkes wiederzugeben: »Wir leben in einer Zeit, in der jeder gewissenhafte und ehrlich arbeitende oder unternehmerisch tätige Tscheche mit neuer Dringlichkeit die Bedeutung des nationalen Interesses Tschechiens und unseres Kampfes um dieses Interesse erkennt. Unser nationales Interesse liegt in unserem nationalen Interesse, und wir müssen uns dafür interessieren, wie es verteidigt wird und ob alles, was wir tun, wirklich im Interesse unseres Interesses liegt. Als ehrlich arbeitender und unternehmerisch tätiger Tscheche muss ich daher eine Frage stellen, die vielleicht unpopulär sein mag, aber in unserem Interesse liegt: ›Gibt es nicht genügend gewissenhafte, ehrlich arbeitende oder unternehmerisch tätige … Tschechen, die noch kein Denkmal in Prag haben und die es mehr verdienen [als Franz Kafka] aufgrund ihres Wirkens für unsere Nation und ihres Patriotismus?‹«[927] Der Dissident war zurück.

Auch sein Humor war zurückgekehrt. Dass er verschwunden war, wenn auch nie ganz, war vermutlich das sicherste Indiz ebenso für die Niedergeschlagenheit und die Unzufriedenheit, die seine letzten Jahre im Amt durchdrungen hatten, wie für seine schlechte gesundheitliche Verfassung. Offenbar war die angeschlagene Gesundheit eine Folge der Unzufriedenheit. Im Gegensatz zu den vorhergehenden fünf Jahren erlitt Havel jedenfalls nach seinem Ausscheiden aus dem Amt bis zum Ende dieses Jahres keinen ernsten Krankheitsschub. Er begann sich wieder mit Freunden zu treffen, ging ins Theater, ins Kino und besuchte in Prag Konzerte der Rolling Stones und – in Begleitung seiner Freundin Mia Farrow – von Bob Dylan, und von Zeit zu Zeit sah man ihn auch in seinen geliebten »kleinen Kneipen« in der Prager Altstadt. Allmählich kehrte auch seine Arbeitsenergie wieder zurück.

Mehrere Projekte strebten der Vollendung entgegen, andere wurden begonnen. Die Prager Kreuzung wurde weitestgehend fertiggestellt und eröffnet. Das Forum 2000 lief weiter und wurde von Jahr zu Jahr größer unter der fähigen Leitung von Oldřich Černý, der früher Sicherheitsberater und Leiter des Auslandsgeheimdienstes gewesen war. Dagmar kümmerte sich um die praktischen Angelegenheiten im Zusammenhang mit ihrer Stiftung VIZE 97.

Zwei weitere Dinge beschäftigten den ehemaligen Staatspräsidenten. Das eine war sein Vermächtnis. Nach den gängigen Maßstäben der Literatur wie der Politik war Havel ein außergewöhnlich produktiver Mensch. Neben einer Reihe von Bühnenstücken und Dutzenden bedeutender Essays hatte er Hunderte von kürzeren Texten verfasst, Hunderte von Reden und Kolumnen, hatte Tausende Interviews gegeben und war sowohl Autor wie Adressat einer umfangreichen Korrespondenz. Das Sekundärmaterial – Texte, die über Havel geschrieben wurden, Dokumentationen der Aufführungen seiner Stücke, seiner Entscheidungen und Anweisungen in seiner Funktion als Staatspräsident sowie die Utensilien seiner Tätigkeit in der Präsidialkanzlei – war noch umfangreicher. Und nur wenig davon würde einen Sinn ergeben, wenn man es nicht im Kontext der grundlegenden historischen Veränderung betrachtete.

Es bedurfte einer auf diesen Zweck ausgerichteten Institution, die all das Material sammeln, sortieren, untersuchen und der Öffentlichkeit zugänglich machen sollte. Wie in vielen anderen

Dingen war Havel auch hier vom amerikanischen Modell inspiriert und begann an eine Präsidentenbibliothek zu denken. Craig Stapleton, der damalige US-Botschafter in Prag, stand ihm bei der Entwicklung dieser Idee zur Seite. Tatsächlich hatte Havel diesen Gedanken schon seit seinem Ausscheiden aus dem Amt verfolgt. Der wohlhabende Unternehmer Zdeněk Bakala, der von dem gemeinsamen Freund Bessel Kok ermutigt wurde, brachte den Großteil der anfänglichen und langfristigen Finanzierung des Projekts auf. Im Juli 2004 begann die Václav Havel Library mit ihrer Tätigkeit. In der Zeit, die seither vergangen ist, hat sie eine enorme Leistung erbracht beim Sammeln und Digitalisieren von Havels Primärwerken und eines Großteils des Sekundärmaterials.[928]

Die zweite Aufgabe, die Havel beschäftigte, war komplizierter. In all den Jahren als Präsident hatte er sich – bisweilen verzweifelt – bemüht, seine Kernidentität als Künstler und Dramatiker zu wahren. In Anlehnung an den Satz von Jan Patočka, dass ein Mann nicht daran gemessen wird, wie er seine selbstgesteckten Ziele bewältigt, sondern daran, wie er mit den Herausforderungen des Lebens zurechtkommt, betrachtete er seine politische Karriere als etwas, das die Wechselfälle der Geschichte ihm aufgedrängt hatten, als eine vorübergehende Ablenkung von seiner wahren Berufung, so wichtig und ehrenwert das politische Amt auch gewesen sein mochte. Nun war es an der Zeit, zu dem zurückzukehren, was er wirklich tun wollte.

Wie zu erwarten, war das einfacher gesagt als getan. Abgesehen von Freunden und Künstlerkollegen wusste die Außenwelt nicht mehr allzu viel von Havels früherem Leben, und sie respektierte auch nicht sehr das Bedürfnis eines Schriftstellers und ehemaligen Präsidenten nach Ruhe und Zurückgezogenheit. Ihre Forderungen an Havels Zeit und Aufmerksamkeit waren nicht spürbar zurückgegangen, wohl aber Havels Fähigkeit, ihnen gerecht zu werden, nachdem er nicht mehr den Apparat der Präsidialkanzlei und die Mechanismen des staatlichen Protokolls nutzen konnte. Zum Teil war er auch selbst daran schuld. Da es ihm immer schon schwergefallen war, nein zu sagen, hatte er viele der Einladungen, Auftritte und zugesagten Texte in die Zeit nach seiner Präsidentschaft hinausgeschoben. Nun musste er diese Schulden begleichen.

Aber er wollte auch schreiben. In seiner Abschiedsrede an die Bürger sagte er, dass er ihnen »einen Bericht« über seine Amtszeit schulde. Zugleich aber warnte er, dass diese Aufgabe »Zeit, Reflexion, Gesundheit und Gemütsruhe« erfordern werde.[929] Zwei Jahre waren dafür eher knapp bemessen. Seine gesundheitliche Verfassung war weiterhin prekär, jederzeit konnte er in eine neue Krise stürzen. Er hatte keine Zeit in der Gegenwart, und es war ihm wohl bewusst, dass ihm auch nicht mehr viel Zeit in der Zukunft bleiben würde. Schlimmer noch war, dass es ihm schwerfiel, sich zu konzentrieren angesichts all der Verpflichtungen, denen ein Elder Statesman nachzukommen hatte. Noch während seiner Amtszeit hatte er sich häufig nach Lány zurückgezogen, das durch eine Mauer und einen Wachposten von der Außenwelt abgeschirmt wurde, und kam dann mit einem weitgehend fertigen Text zurück. Nun stellte er fest, dass er dies in seinem Büro oder in seiner Villa nicht tun konnte. Bald erkannte er, dass er der einzige Mann in einem Haushalt war, der ansonsten aus lauter weiblichen Wesen bestand. Da waren Dášas Tochter Nina mit ihrer eigenen Tochter, Dášas alte Mutter und Dašas beide Boxerhündinnen Šugr und deren Tochter Madlenka.[930] Allmählich räumte Havel in der geräumigen Villa, die er zusammen mit Olga gekauft hatte, immer mehr Platz für die Bewohnerinnen frei und zog sich in ein kleines Schlafzimmer im ersten Stock zurück, das fast einer Mönchszelle ähnelte. Gegenüber Freunden bezeichnete er sein Domizil gelegentlich als »Haus des Schreckens«.

Das Ferienhaus in Portugal war zu weit weg, um es spontan aufsuchen zu können. War er beim Kauf noch von der romantischen Vorstellung geleitet worden, händchenhaltend mit Dáša auf der Terrasse zu sitzen und bei einer Flasche Rotwein dem Sonnenuntergang zuzuschauen, erwies sich diese Entscheidung nun eher als Torheit. Das Haus war zu weit von der Straße entfernt und mit dem Flugzeug nicht leicht erreichbar, am Strand war es sehr windig, und das Wasser war die meiste Zeit des Jahres zu kalt. Der einzige Ort, wo Havel in Ruhe schreiben konnte, war Hrádeček. Doch auch dort gab es ein Problem. Er hielt sich nicht gern alleine in dem Haus auf, und Dáša gefiel es hier nicht und konnte meist auch nach ihrer Rückkehr auf die Bühne nicht so lange bleiben wie er. Sie beanspruchte zudem mehr von seiner Zeit und seiner Aufmerksamkeit als die unabhängige und selbständige Olga. Und sie wusste, dass sie von Andrej Krob und Anna Freimanová, ihren Nachbarn in Hrádeček, und Havels großem Freundeskreis nicht annähernd so geschätzt wurde wie ihre Vorgängerin.

Wieder einmal stand Havel vor dem Problem, einen Rückzugsort zu finden. Zum Ausruhen konnte er nach Portugal fahren oder in das königliche Feriendomizil auf den Kanarischen Inseln, in das ihn das spanische Königspaar wiederholt einlud. Zum Schreiben aber benötigte er Zugang zu Quellen und Bibliotheken und Kontakt zu Menschen.

Ähnlich schwer fiel es ihm, die widerstreitenden Absichten und Erwartungen seiner Familie unter einen Hut zu bringen. Er liebte seine junge Ehefrau aufrichtig, auf eine romantischere und sinnlichere Weise, als er Olga geliebt hatte. Was Dáša betrifft, besteht ebenfalls kein Zweifel, dass ihre Gefühle für ihn nicht aufrichtig gewesen wären. Aber er war 68 Jahre alt, müde und kränklich nach all den Anstrengungen und Bestrafungen seines Lebens, und er sah sich für den Rest seiner Lebenszeit in erster Linie als Denker und Schriftsteller, ein wenig auch als Elder Statesman. Dáša war 18 Jahre jünger als er und eine leidenschaftliche Schauspielerin, die das Rampenlicht und die Aufmerksamkeit der Zuschauer und ihrer Bewunderer genoss. Sie sah ihre gemeinsame Zukunft eher im Kreis der Schönen und Berühmten, ein Leben zwischen Filmfestspielen, Schönheitswettbewerben und Königshöfen, ergänzt durch gelegentliche karitative Aktivitäten. Darüber hinaus entwickelte Dáša einen Hang zu den Superreichen.

Bald buhlten Milliardäre um ihre Gunst und ihre Aufmerksamkeit, einfache Millionäre machten ihr teure Geschenke, luden sie zu Auslandsreisen ein und nahmen sie in ihren Privatjets mit. Im Gegenzug konnten sie sich bei Theatereröffnungen, Konzerten und Filmfestivals an der Seite des Präsidentenpaares fotografieren lassen. Sie hatten auch das Privileg, als Erste um Spenden für die neue VIZE 97 Stiftung und andere Wohltätigkeitsprojekte gebeten zu werden. Havel war kein Einsiedler, auch er fühlte sich auf Partys sehr wohl, aber seine Bedürfnisse waren schlichter und intellektuell anspruchsvoller zugleich. Aufgrund seiner tiefen Zuneigung zu Dáša akzeptierte er Einladungen, unternahm Reisen ins Ausland und gab sich mit Leuten ab, die er sonst als uninteressant empfunden hätte. Das hatte aber zur Folge, dass er sich nach vielen dieser gesellschaftlichen Ereignisse noch erschöpfter und deprimierter fühlte, noch unruhiger und verkaterter war als vorher.

Seine Lösung für diesen Problemkomplex und seine Antwort auf die unvereinbaren Anforderungen, die an ihn gestellt wurden, war einmal mehr Amerika. Die Kongressbibliothek in Washington hatte ihm einen zweimonatigen Gastaufenthalt angeboten. Nachdem ein erster Versuch 2004 aufgrund einer Verletzung vereitelt worden war, nahm er die Sache schließlich im Frühjahr 2005 in Angriff. Es war allerdings keine leichte logistische Operation, denn nicht nur seine Ehefrau und ein Leibwächter sollten ihn begleiten, sondern auch die beiden Boxerhunde. Da Dáša entschieden dagegen war, dass ihre Lieblinge im Frachtraum eines Verkehrsflugzeuges reisten, musste ein wohlhabender Freund gebeten werden, ihnen seinen Privatjet zur Verfügung zu stellen.

Das Ehepaar und die Hunde bezogen Quartier in einem Haus in Georgetown. Madeleine Albright wohnte nicht weit entfernt und stand Havel bei mehreren Gelegenheiten als Führerin und Begleiterin bei Besuchen in Restaurants und den Häusern verschiedener Washingtoner Berühmtheiten zur Seite. Die Kongressbibliothek stellte ihm ein Zimmer bereit und zahlte eine kleine Aufwandsentschädigung. Er konnte seine Zeit nach Belieben verbringen.

Havel machte kein Hehl daraus, warum er nach Amerika gegangen war. In seinem Buch *Fassen Sie sich bitte kurz,*[931] das zu großen Teilen während seines Aufenthalts in Washington geschrieben wurde, legte er diese Gründe gleich im ersten Absatz dar: »Ich bin geflohen. Ich bin nach Amerika geflohen … Ich bin geflohen in der Hoffnung, hier mehr Zeit und etwas Konzentration zum Schreiben zu finden.«[932]

Dieses Buch enthält gewissermaßen seine Erinnerungen als Staatspräsident, doch es ist ebenso ungewöhnlich und einzigartig, wie sein Autor als Präsident war. Vordergründig ein wenig sarkastisch, verbindet es die Reflexionen des Autors über seine Amtszeit in Form eines Interviews mit dem Journalisten Karel Hvížďala mit Auszügen aus seinen »Anweisungen an die Burg«, die vermutlich das wichtigste Kommunikationsinstrument mit den Mitarbeitern der Präsidialkanzlei in seiner Zeit als tschechischer Präsident darstellten, und mit spontanen Notizen zum Beispiel zu der Frage, was man mit einer Fledermaus tun soll, die sich in einem Schrank zum Schlafen niedergelassen hat, oder wie man mit einer Pike umgehen soll, die er als Geschenk erhalten hatte. Zugleich ist es ein Tagebuch über Havels Zeit in Washington und seine Eindrücke von Amerika und die ersten Wochen nach seiner Rückkehr, die er zum großen Teil in Hrádeček verbrachte. Darüber hinaus ist es eine existentielle Meditation über die Bedeutung des Lebens, der Politik und der Liebe, wofür die Präsidentschaft lediglich den Hintergrund darstellt.

In einigen seiner Tagebucheinträge in Washington schildert Havel seine Begegnungen mit einer Reihe bedeutender amerikanischer Persönlichkeiten, etwa mit dem früheren Präsidenten Clinton, dessen Ehefrau Hillary, Senator John Kerry und vielen anderen Personen bei verschiedenen Abendessen und anderen Anlässen. Einige dieser Darstellungen sind amüsante Miniaturen über das Leben in Amerika beziehungsweise über Havels Wahrnehmung des Lebens in Amerika. »Nach einigen Tagen in Washington scheint es mir überhaupt so zu sein, dass die Menschen hier insgesamt sehr viel angenehmer miteinander umgehen als bei uns. Sie sind geduldig (die Stunden, die sie in den Verkehrsspitzen demütig hinter dem Steuer sitzen, um einige Meter voranzukommen!), rücksichtsvoll (der Charakter der Gesellschaft lässt sich am Verhalten der Autofahrer gegenüber den Fußgängern erkennen; ich erinnere mich, wie in Moskau Autofahrer die Fußgänger für Insekten hielten, die entweder zur Seite springen oder überfahren werden), freundlich, verständnisvoll, lächeln; sie haben glatte Haut, die Haare gut geschnitten, es ist zu sehen, dass sie Zeit haben, sich zu pflegen, sie grüßen sich gegenseitig und vor allem – sie sind arbeitsam.«[933] Havel war allerdings nicht so naiv oder uninformiert, dass er die Straßen von Georgetown mit Amerika insgesamt gleichgesetzt hätte; die subtilen Anspielungen, die er hier und an anderen Stellen im Buch machte, zielten auf die Leser zu Hause.

Aus dem Buch geht deutlich hervor, wie sehr Havel Amerika schätzte und wie gern er sich dort aufhielt. Sogar seine kritischen Bemerkungen, etwa über die »ägyptische« Architektur der Hauptstadt, über die amerikanischen Essgewohnheiten und die Auswüchse der Konsumgesellschaft, werden auf verständnisvolle und humorvolle Weise vorgetragen. Als wirklich störend empfand es Havel nur, dass es zum Essen meistens kein Salz gab, aber auch dafür fand er eine Lösung: »Ich habe mir Salz besorgt und trage es immer bei mir. Jetzt kann mir niemand mehr.«[934]

Auf einer zweiten Ebene lässt er im Buch in Form von Antworten auf Fragen, die nicht selten von Havel selbst angeregt werden, seine Präsidentschaft noch einmal Revue passieren und erläutert, rechtfertigt oder verteidigt dabei die Positionen, die er in unterschiedlichen Situationen vertreten hat. Diesen Teil kann man als jene »Rechenschaft« lesen, die er den Bürgern beim Ausscheiden aus dem Amt versprochen hatte.

Auf einer dritten Ebene tritt er hinter die Bühne, breitet die

Notizen, Anweisungen und Kommentare aus, die er in den zehn Jahren von 1993 bis zum Ende seiner Präsidentschaft an seine Mitarbeiter adressierte. Dazu gehören Pläne zur Dramaturgie verschiedener Besuche und Reisen, frühe Entwürfe verschiedener Reden, Klagen über seine Unfähigkeit, Termine oder Ablaufpläne einzuhalten, aber auch Augenblicke des Erstaunens, der Verwunderung und der Verzweiflung: »Lieber V., alle meine Dokumente, alte und neue, werden nur in einem seltsamen englischen Alphabet geschrieben. Deine Instruktionen zur Abhilfe sind wirkungslos. Ich war nach einer halben Stunde schon bereit, mit der Hand zu schreiben, als das Programm im Grunde zufällig zur normalen Schrift übersprang.«[935] Manchmal wirken seine Klagen fast etwas übermütig: »Wie Sie wissen, bin ich ein Kneipenmensch, bin neugierig auf alles, nichts schockiert mich. Deshalb hat es mir, als ich diese berühmte Avenue in Bangkok entlangging, die Sie alle kennen, im Herzen weh getan, als ich an den erotischen Gassen vorbeikam. Wie gern hätte ich mir das einmal im Leben angeschaut! Aber ich wusste, dass ich Gast des Königs bin, dass der König von jedem meiner Schritte weiß und dass ich mir das einfach nicht erlauben kann. Warum ich aber davon spreche: Ich halte es nicht für glücklich, dass fast meine gesamte Delegation mit dem Finanzminister an der Spitze die erwähnten Orte besucht hat … und sich darüber hinaus dort fotografieren ließ … Was der thailändische König davon hält, weiß ich nicht.«[936] Einige dieser Einträge reflektieren auch Havels Gespür für den Unterschied zwischen den Fallstricken des hohen Amtes und den wiederkehrenden kleinen Problemen des Alltagslebens: »In der Kammer, wo der Staubsauger steht, lebt auch eine Fledermaus. Wie vertreibt man sie? Die Glühbirne ist gelockert, damit sie sie nicht aufweckt und reizt …«[937] Doch das Buch hat auch eine dunklere Seite, in der sich die existentielle Angst des Autors spiegelt. Nach all seinen Triumphen und Beschwernissen zweifelt er nach wie vor an seinem Selbstwert und an der Bedeutung der absurden Komödie, in der er so lange die Hauptrolle spielte. Obwohl er eigentlich kein Bedauern oder sogar eine gewisse Befriedigung über die Ereignisse empfindet, an denen er maßgeblich beteiligt war, ist er nicht sonderlich optimistisch, was die Zukunft der tschechischen Gesellschaft und der Welt insgesamt betrifft. Er weist auch auf eine wachsende Entfremdung in seiner Ehe hin, die ihn dazu bringt, sich noch mehr in sich zurückzuziehen, im Angesicht des bevorstehenden Endes. In der ergreifendsten Passage des Buches, die am 5. Dezember 2005 in Hrádeček geschrieben wurde, kehrt er zurück zum Anfangsthema des Werkes: »Ich fliehe. Ich fliehe immer mehr … Ich fliehe vor der Öffentlichkeit, fliehe aus der Politik, fliehe vor den Menschen, fliehe wohl auch vor meiner Retterin und hauptsächlich wohl vor mir selbst.«[938]

Was zunächst als Anfall von Existenzangst begann, entwickelt sich bald zu einer umfassenden eschatologischen Auseinandersetzung, die Havels beeindruckende Kraft zur Selbstprüfung zum Ausdruck bringt wie auch seine Fähigkeit, das Weltliche mit dem Höheren zu verbinden:

> Wovor fürchte ich mich eigentlich? Schwer zu sagen. Interessant ist, dass ich, obwohl ich hier allein bin und allein sein werde, niemanden erwarte und auch niemand vorhat zu kommen, ständig das Haus in gehöriger Ordnung halte, alle Dinge exakt an dem ihnen bestimmten Platz habe, alles schön Kante auf Kante liegen muss, nichts irgendwo hervorschauen oder schief liegen darf. Zugleich muss der Kühlschrank immer voll mit den unterschiedlichsten Lebensmitteln sein, die ich selber kaum je aufessen werde, und in den Vasen müssen frische Blumen stehen. Aber: es sieht aus, als ob ich ständig jemanden erwarte. Aber wen? Einen unbekannten und unangemeldeten Gast? Eine unbekannte Schönheit oder Verehrerin? Meine Retterin, die manchmal gern unangemeldet kommt? Irgendwelche alten Freunde? Wie kommt es, dass ich niemanden sehen will und dabei immer jemanden erwarte? Jemanden, der zu schätzen weiß, dass alle diese Dinge an ihrem Platz und richtig geordnet sind?

> Ich habe nur eine Erklärung: Ich bemühe mich, allzeit auf das Jüngste Gericht vorbereitet zu sein. Ein Gericht, dem nichts verborgen bleibt, das alles, was zu schätzen ist, gehörig einschätzt, und ganz von selbst alles bemerkt, das nicht richtig ist. Ich gehe offensichtlich davon aus, dass der höchste Richter genauso ein Pedant ist wie ich. Warum aber liegt mir so sehr an der endgültigen Bewertung? Das alles könnte mir doch egal sein. Es ist mir nicht egal, weil ich davon überzeugt bin, dass meine Existenz – so wie alles, was je geschehen ist – die Oberfläche des Seins gekräuselt hat, welches nach dieser meiner Welle, wie nebensächlich und unbedeutend und vergänglich sie auch war, anders ist als vorher und aus Prinzip für immer anders sein wird.[939]

Es mag seltsam erscheinen, dass jemand, der solche Sätze schreibt, das Gefühl hat, er würde vor dem Schreiben fliehen. Was Havel meint und worüber er sich an anderen Stellen im Buch Gedanken macht, ist seine fortdauernde Unfähigkeit, das Werk zu vollenden, mit dem er bereits vor vielen Jahren begonnen hatte und das er nach dem Abschied aus dem Amt abschließen wollte. Das ist nicht jenes Buch, das er gerade schreibt und bei dem es sich nur um die Begleichung einer Schuld handelt. Es ist ein Bühnenstück.

ABGANG

Du warst albern wie wir; deine Gabe überdauerte alles:
Die Gemeinde reicher Frauen, körperlichen Verfall,
Dich selbst …

W. H. Auden, Zum Gedenken an W. B. Yeats

Für Havel war das Schreiben von *Abgang* eine Art verspäteter Belohnung. Nachdem er das Stück erstmals 1987 als Variation von Shakespeares *König Lear* in einer milderen tschechowschen Tonart konzipiert hatte, erwähnte er dieses »Lear«-Stück gelegentlich in privaten Gesprächen mit Freunden und klagte dabei häufig, dass er sich nicht ernsthaft darauf konzentrieren könne, solange er sein öffentliches Amt ausübe. Ende der achtziger Jahre hatte er ausgiebige Notizen und erste Entwürfe der Dialoge verfasst, dann aber befand er sich eine Weile in dem Glauben, die Aufzeichnungen seien den revolutionären Wirren zum Opfer gefallen. Nun entdeckte er sie wieder in Hrádeček, sechs Schulhefte, dazu einige Seiten, die mit einem alten Nadeldrucker bedruckt worden waren.[940] Als er seine Frau Dagmar in der Rolle der Madame Ranjewskaja im Vinohrady-Theater sah, kam ihm die Idee, das »Lear«-Thema auf das Gerüst von Tschechows *Kirschgarten* aufzusetzen.[941]

Seine Erfahrungen als Staatsmann eröffneten ihm eine einzigartige Perspektive und verschafften ihm eine Menge an komödientauglichem Material für eine meditative Betrachtung des generellen Zwiespalts zwischen öffentlicher und privater Identität und des unabwendbaren Prozesses des Alterns, des Verfalls und des Rückzugs. Einige der Nebenstränge, wie etwa Kanzler Riegers Grübeleien darüber, welche der Tausende Geschenke, die sich im Lauf der Jahre angehäuft hatten, rechtmäßig dem Staat zustanden und welche davon persönliche Geschenke an den Staatsmann waren, beruhen offenkundig auf persönlichem Erleben.[942] Ähnliches gilt für die heftige Abneigung gegenüber der Klatschpresse, ein Phänomen, das Havel noch unbekannt gewesen war, als er sich erstmals mit dem Stück beschäftigt hatte. Am auffälligsten ist jedoch, wie nah das Stück am ursprünglichen Konzept blieb und wie verblüffend genau der Autor ein Milieu vorausahnte, das ihm 1987 noch völlig fremd gewesen war.

Die Hauptfigur ist Kanzler Rieger, ein vor kurzem abgewählter Staatsmann, der wegen des Machtverlusts an Entzugssymptomen leidet. Nach und nach wird ihm sein unterstützendes Netzwerk genommen, seine Vergünstigungen und die Erinnerungsstücke aus seiner Amtszeit; schließlich soll er auch noch aus der Dienstvilla ausziehen, die er mittlerweile praktisch als sein Eigentum betrachtet. Patrick Klein, sein langjähriger politischer Gegenspieler, bietet ihm scheinheilig seine Hilfe an, während ihm einst nahestehende Menschen in den Rücken fallen und die Medien sich sensationslüstern auf den Fall stürzen.

Das Stück steckt voller Zitate, Umschreibungen und Anspielungen. Einige Formulierungen stammen wörtlich aus *König Lear* und dem *Kirschgarten*. Lears Monolog, den er dem Sturm entgegenschleudert – »Blast, Winde, sprengt die Backen!« – wird im Kirschgarten vorgetragen, was seinem dramatischen Effekt spürbar abträglich ist. Eine der Figuren, der Alte Jepichdow, streift betrunken in den Kulissen umher. Andere Bezüge, einschließlich Zitaten von Samuel Beckett und anderer Dramatiker, sind weniger offenkundig. Bei einigen handelt es sich um Verweise auf frühere Stücke Havels oder um Zitate aus seinen berühmten Reden. Und einige Verweise, insbesondere jene in einem Interview, in dem Rieger sich bemüht, seine politische Philosophie für die Nachwelt zusammenzufassen, sind schlicht Persiflagen des Politikers Havel: »Der Staat ist für den Bürger da, nicht der Bürger für den Staat – … Ich habe zum Beispiel großen Wert auf die Menschenrechte gelegt. Im Namen der Redefreiheit habe ich die Zensur bedeutend eingeschränkt – ich habe die Versammlungsfreiheit geachtet – ist doch während meiner Zeit noch nicht einmal die Hälfte aller Demonstrationen aufgelöst worden!«[943]

Rieger ist kein durchweg bewundernswerter Charakter. Er ist eitel und selbstbezogen, wie Politiker es gern sind. Er posiert, er betrügt seine Ehefrau und ist vollkommen unfähig, die Macht loszulassen. Als ihm am Ende der demütigende Posten eines »Beraters eines Beraters eines Beraters eines Beraters« angetragen wird, akzeptiert er ihn mit einer tragikomischen Rechtfertigung, die Havel immer gern benutzte, um die moralische Kapitulation der Helden in seinen Stücken aus der kommunistischen Ära zu illustrieren:

»In meinem Falle gibt es heute nur zwei Möglichkeiten. Die erste Möglichkeit: ich werde auf Dauer nur von dem leben, was einmal war, mich ständig daran erinnern, immer wieder und im Kreis darauf zurückkommen, es analysieren, erklären und verteidigen, immer wieder es mit dem vergleichen, was jetzt ist, und nachwiesen, um wie viel besser damals alles war, mich einfach nur noch der eigenen Spur in der Geschichte widmen, meinen längst vergangenen Verdiensten, meinem eigenen Andenken … Und die Folge? Man würde mich für einen alten, verbitterten Mann halten, der hochnäsig das großzügige Angebot ausschlug, seine Erfahrung in den Dienst seines Landes zu stellen. Das … ist der erste Entschluss, den ich fassen muss, aber es gibt noch einen anderen – … jedermann klar zu zeigen, dass der Dienst an meinem Land für mich einen höheren Wert darstellt als meine persönliche Stellung. Nach diesem Grundsatz habe ich mich mein ganzes Leben lang gerichtet … und ich sehe nicht ein, warum ich davon abgehen sollte wegen einer solchen Petitesse, dass ich – formal gesehen – eine etwas niedrigere Funktion haben soll, als sie bisher –«[944]

Hier verwandelt sich eine Gesellschaftskomödie in eine Identitätstragödie. Unabhängig davon, wie moralisch, demütig und widerstandsfähig man gegenüber den Versuchungen der Macht ist – sobald man sie besitzt, ist es unmöglich, sich wieder von ihr zu befreien. Je mehr man erreicht hat, je höher man gestiegen ist, umso stärker wird sie einen im Griff haben. Man kann sie nicht behalten, zumindest nicht in einer Demokratie, doch psychologisch kann man sie auch nicht aufgeben. Für den Rest des Lebens wird man nicht dadurch beschrieben werden, was man tut, sondern was man getan hat. Man ist dazu verurteilt, Ex-Kanzler, Ex-Minister, Ex-Präsident zu sein.[945]

Auch davor versuchte Havel zu fliehen. Im Stück gelingt es ihm, indem er die Möglichkeiten des Dramatikers zur Gänze ausschöpft, mit Zitaten und Anachronismen spielt, den Handlungsverlauf durch plötzliche Kommentare aus dem Hintergrund unterbricht, die Schauspieler tadelt, sich selbst karikiert und sich »reine Autorenlaunen« erlaubt. Abermals ist er es und nur er allein, der sein Handwerk und seine Charaktere beherrscht.

Im wirklichen Leben war das eine unerfüllbare Aufgabe. Die Außenwelt und ihre Anforderungen brachen immer wieder durch, während er das Stück verfasste, und Havels stark ausgeprägtes Verantwortungsbewusstsein erlaubte ihm nicht, sie zu ignorieren. Es waren immer wieder neue Besucher zu empfangen, es gab Veranstaltungen, an denen er teilnehmen musste. Sogar die Produktion des Bühnenstücks wurde von theaterpolitischen Problemen begleitet, die ebenso tückisch und unbarmherzig sein können wie die Machenschaften der Parteipolitik. Wie früher auch schon, hatte Havel auch dieses Mal beim Schreiben die passenden Schauspieler bereits im Kopf. Den Kanzler Rieger sollte Havels alter Freund, der wunderbare Schauspieler Jan Tříska spielen, der die Tschechoslowakei in den siebziger Jahren verlassen hatte und in die USA gegangen war. Riegers langjährige und lange leidende Geliebte sollte keine Geringere als Dáša verkörpern.

Es war vielleicht etwas unklug, dass sich Havel an das Nationaltheater wandte, dessen Leitung Zweifel hegte, ob man Dáša in ein Ensemble einbinden konnte, das zum großen Teil aus Schauspielern bestand, die schon lange keine Hauptrolle mehr gespielt hatten. Ihr »Heimattheater« Na Vinohradech lehnte dagegen Tříska ab und war auch nicht mit einem externern Regisseur einverstanden.

Schließlich wurde das Stück in dem passenden Rahmen von Archa produziert, der tragenden Säule des alternativen Theaters in Prag, und unter der Regie von David Radok, dem Sohn von Havels altem Mentor und Freund Alfred Radok. Radok junior, der im Exil in Stockholm aufgewachsen und auf Opern spezialisiert war, bemühte sich, das Werk unter getreuer Beachtung der Vorstellungen des Autors auf die Bühne zu bringen. Die Darsteller aber hatten eigene Ideen. Tříska setzte auf die dramatischen Gesten und Deklamationen eines tragischen Schauspielers, so dass er fast zu einer Karikatur von Rieger wurde, der ohnehin schon fast eine Karikatur ist. Dáša wollte sich aber auch nicht die Schau stehlen lassen. Die Probleme, die sich daraus ergaben, führten schließlich dazu, dass sie aus der Produktion ausstieg und durch Zuzana Stivínová ersetzt wurde, einer vielseitigen Schauspielerin, Komödiantin und begabten Sängerin. Als das Stück am 22. Mai 2008 uraufgeführt wurde, reichten die Reaktionen von überschäumender Begeisterung bis zu respektvoller Bewunderung, trotz der wilden Spekulationen über die Parallelen zum Verhältnis zwischen Havel und Klaus. Havel war zufrieden mit dem Ergebnis, aber unglücklich darüber, dass er Dáša nicht in der Hauptrolle eines seiner Bühnenstücke hatte erleben können.

Das dürfte eines seiner Motive gewesen sein, warum er sich entschloss, das Werk auch auf die Leinwand zu bringen. Vielleicht spielte aber auch sein tiefempfundenes Verlangen, aus Begrenzungen und Stereotypen auszubrechen, eine Rolle.

Das Stück bot eine unkomplizierte, wenn auch nicht sehr verheißungsvolle Grundlage für einen Film. Havel hielt an der Beschränkung auf einen einzigen Schauplatz fest und drehte den gesamten Film, mit Ausnahme der Abschlussszene, an einem Drehort, einer Villa in Ostböhmen. Ihm zur Seite standen die Besten der tschechischen Filmindustrie. Jan Malíř, ein angesehener Kameramann, übernahm den fotografischen Part, Jiří Brožek kümmerte sich um die Bearbeitung, und Jaroslav Bouček war der Produzent. Michal Pavlíček von Tribute to Freedom komponierte die Musik. Josef Abrhám vom Schauspielclub, wahrscheinlich der populärste tschechische Schauspieler seiner Generation, spielte Vilém Rieger, Dáša war seine Lebensgefährtin Irene, und Jaroslav Dušek, ein beliebter Komiker, übernahm die Rolle des Patrick Klein. Die Grande Dame des tschechischen Theaters und Widerstandsheldin Vlasta Chramastová spielte die Großmutter. Viele Mitglieder der ersten Garde des tschechischen Films begnügten sich mit Nebenrollen. Pavel Landovský, Havels alter Kneipenkumpel, mimte den Lenker der Postkutsche (entlehnt aus John Fords Film *Stagecoach* von 1939), die den in Ungnade gefallenen Kanzler wegbrachte.

Selten befand sich ein angehender Regisseur in einer beneidenswerteren Position, umgeben von einer Gruppe von Freunden, die allesamt vollendete Profis auf ihrem Gebiet waren, frei von kommerziellem Druck und zudem in der Lage, nach Belieben zu schalten und zu walten. »Der Regisseur macht eigentlich nicht viel. Die meiste Zeit wartet er«, beschrieb Havel seine Funktion. Zugleich aber widmete er sich dem Film mit der gleichen zielstrebigen Konzentriertheit, Sorgfalt und Umsicht, die er in seiner schriftstellerischen Tätigkeit wie auch im Präsidentenamt an den Tag gelegt hatte. Eine Zeitlang konnte man mit Havel kaum noch über ein anderes Thema reden. Er betreute das Projekt auch in allen Phasen der Postproduktion und kümmerte sich um viele Aspekte der Filmpremiere am 22. März 2011. Diese fand symbolträchtig im Kino des Palais Lucerna statt, das Havels Großvater vor hundert Jahren gebaut hatte, dann von den Kommunisten enteignet worden war und nun Havels Schwägerin Dagmar gehörte, der Frau seines Bruders Ivan.

Bis zum letzten Augenblick war Havel nicht sicher, ob er an der Premiere würde teilnehmen können. Ein erneutes Aufflammen seiner regelmäßig im Frühjahr wiederkehrenden Atembeschwerden fesselte ihn an ein Bett im Zentralen Militärkrankenhaus. Er wurde erst am 20. März entlassen.

Ihn erwartete ein Trommelfeuer an Vorbesprechungen und Kritiken, die zum größten Teil negativ waren. Die weitgehend zutreffende Beobachtung, dass der Film im Grunde ein auf die Leinwand transportiertes Bühnenstück sei, war davon noch die mildeste. Die Schlussfolgerung vieler Kritiker, dass diese Konzentration von Begabungen und Kreativität lediglich einen mittelmäßigen Film hervorgebracht habe, war vielleicht die vernichtendste. Andere Kritiker sprachen von einer eigennützigen Belanglosigkeit, die Havel um sich selbst und seine Freunde veranstaltet habe, und behaupteten, dass »Havels *Abgang* uns mit seiner Absurdität quält«.[946]

Anders als die erwähnten Verrisse, die, zumindest einige von ihnen, charakteristisch sind für das Genre der Filmkritik, nutzte eine Reihe von Leuten die Gelegenheit zu einem Generalangriff. Vitežlav Jandák, der ehemalige sozialdemokratische Kulturminister und Schauspieler, der durch seine erfolgreiche Verkörperung verschiedener volkstümlicher Charaktere bekannt geworden war, bezeichnete den Film als »Mist«, der typisch sei für »die Verfechter von Liebe und Wahrheit, die das Land mit ihrem heuchlerischen Pseudohumanismus und ihrem kleingeistigen Tschechenhumor überschwemmen«.[947] Petr Hájek, der Journalist, Autor und stellvertretende Leiter der Präsidialkanzlei von Staatspräsident Klaus, der vor einigen Jahren Aufsehen erregt hatte durch die Behauptung, dass die Anschläge vom 11. September 2001, so wie sie dargestellt wurden, nie stattgefunden hätten, machte sich Jandáks Meinung zu eigen und wies darauf hin, dass der Film, der 44 Millionen Kronen gekostet hatte (rund 1,6 Millionen Euro), zum Teil durch das tschechische Fernsehen finanziert worden sei.[948] So ging es weiter.

Äußerlich schien diese Kritik Havel nicht zu beeindrucken. »Ich überlasse es den Kritikern, zu entscheiden, wohin dieser Film gehört«, sagte er bei der Premiere. Innerlich aber war er tief verletzt, nicht so sehr wegen der mangelnden Anerkennung seines cineastischen Talents, sondern mehr durch den ungebremsten Hass, der in einigen der Kritiken und verstärkt in den nachfolgenden Diskussionen im Internet sein Ventil fand.

Dieser Hass hatte seit langem geköchelt und sich in vergiftetem Lob geäußert, in abfälligen Bemerkungen und Angriffen auf Ersatzziele, wie beispielsweise Havels Berater, politische Unterstützer oder seine neue Ehefrau. Sie alle waren Freiwild, doch Havel selbst war die volle Wucht der Angriffe erspart geblieben, solange er durch das Präsidentenamt vor »Majestätsbeleidigungen« geschützt gewesen war. Selbst nach seinem Rückzug hatte der verbliebene Respekt für das Amt lediglich höfliche, respektvolle und themenbezogene Kritik erlaubt. Nun aber war der Damm gebrochen, und die Häme und die Schmähungen schlugen über ihm zusammen.

Die psychologischen Hintergründe dieses Hasses sind nur schwer zu erklären. Zum kleineren Teil mag es mit der bedauerlichen Neigung einer Nation mit starken plebejischen und kleinbürgerlichen Wurzeln zu tun haben, jedermann in die Schranken zu weisen. Auch Masaryk wurde zu seiner Zeit ein ähnliches Maß an Verachtung durch einen beträchtlichen Teil der tschechischen Politiker und Journalisten entgegengebracht. Doch dazu kam noch etwas anderes. Es war etwas an dem bohemehaften, liberalen, kontaktfreudigen Havel, das manche Leute irritierte und das es bei dem gelehrten, puritanischen, fast strengen Masaryk so nicht gegeben hatte. Das Stichwort hier lautete »heuchlerisch«. Welches Recht hatte dieser Mann, der nie seine lasche Einstellung zu Drogen geleugnet und seine Ehefrau, selbst als sie krank war und im Sterben lag, jahrelang betrogen hatte, der gegen die mafiosen Kapitalisten wetterte, während er zugleich die unrechtmäßig erzielten Gewinne seiner kapitalistischen Vorfahren einstrich – welches Recht hatte dieser Mann, anderen moralische

Vorschriften zu machen? Und es war nicht nur er allein, sondern auch alle seine saufenden, herumhurenden, auf dem hohen Ross sitzenden Freunde. Saubermänner allesamt mit ihrer »Liebe und Wahrheit«, die den anderen Moral predigten, anstatt sie einfach in Ruhe zu lassen. Nun bot sich die Chance, es dem saubersten von ihnen heimzuzahlen.

Diese Wunde sollte nicht mehr heilen. Havel zog sich vollends in die Krankheit zurück. Schon vorher hatten Freunde bei ihm eine gewisse Resignation bemerkt, die dem Kämpfer, der er den größten Teil seines Lebens gewesen war, so gar nicht entsprach. »Ich habe das Kämpfen satt«, beklagte er sich gegenüber seinem Assistenten.[949] Gelegentlich, wenn er sicher sein konnte, dass nicht plötzlich seine Frau erscheinen würde, steckte er sich eine Zigarette an. Wenn Freunde ihn davon abzuhalten versuchten, wischte er ihre Einwände mit einer matten Geste beiseite.[950] »Das macht jetzt auch keinen Unterschied mehr«, fügte er manchmal hinzu.

Doch die Flut der Schmähungen und Anwürfe im Gefolge der Filmpremiere brachte das Fass zum Überlaufen. In den nächsten fünf Monaten sagte Havel fast alle Termine ab und hielt sich die meiste Zeit allein in Hrádeček auf. Er war schon lange kein großer Esser mehr gewesen, doch nun stellte er die Nahrungsaufnahme weitgehend ein. Er wurde so schwach, dass er sich ohne Hilfe kaum noch bewegen konnte. Ein paar Nonnen wurden engagiert, die sich abwechselnd um ihn kümmerten. Seine Freunde waren beunruhigt und rechneten schon damit, bald von ihm Abschied nehmen zu müssen. Dáša, die von ihrer Schauspielarbeit und ihren karitativen Aktivitäten in Beschlag genommen wurde, hielt sich die meiste Zeit in Prag auf. Havel besuchte pflichtschuldig eine Probe und die beiden ersten Vorstellungen der Musicalversion des Films *Cyrano*, wo sie die Roxane gab, zog sich dann aber wieder nach Hrádeček zurück.

In diesem Sommer empfing er nur noch sehr wenige Besucher. Zweimal traf er sich mit seinem alten Freund Dominik Duka, dem nunmehrigen Primas der tschechischen Katholiken und Erzbischof von Prag. In einem Dorf in der Nähe von Hrádeček schaute er sich den Film *The Tree of Life* an.

Ende des Sommers stand ihm ein weiterer Schlag bevor. Eine wenig bekannte tschechische Autorin namens Irene Obermannová veröffentliche *Das geheime Buch*, angeblich eine Darstellung ihrer Liebesgeschichte mit dem »Größten aller Tschechen«, in dem eindeutig der alternde Ex-Präsident erkennbar war. Havel bestritt die Behauptungen verärgert, und die meisten Rezensenten und Kritiker verurteilten das Buch als einen Versuch, aus Havels Bekanntheit Kapital zu schlagen. Die genauen Umstände dieser Affäre, die angeblich im Jahr 2010 stattfand, als Havel mit der Postproduktion von *Abgang* beschäftigt war, konnten nicht von unabhängiger Seite verifiziert werden, aber es besteht kaum Zweifel, dass sich Havel in die Schriftstellerkollegin verliebt und sich bei verschiedenen Gelegenheiten mit ihr getroffen hatte. Dáša war außer sich vor Wut, wohl nicht in erster Linie wegen der Untreue ihres Ehemannes, sondern eher wegen ihrer öffentlichen Demütigung. Abermals fanden Havels Feinde in seinem schwachen Dementi einen Beleg für seine Heuchelei. Der Mann, der einst Präsident Clintons schlechten Geschmack in Bezug auf Frauen dafür verantwortlich gemacht hatte, dass dieser sich mit Frauen eingelassen hatte, die später intime Dinge öffentlich ausplauderten, hatte sich in seiner eigenen Schlinge verfangen. Seine Ehefrau wollte nicht mehr mit ihm reden, und seine selbsterklärte Freundin war tödlich beleidigt, weil er nicht zu ihr stand.

Als sich Havels Gesundheit gegen Ende des Sommers ein wenig verbesserte, eröffnete er routiniert seine letzte Tagung des Forum 2000. Am 5. Oktober wurde er 75 Jahre alt. Am Samstag davor versammelten sich viele seiner engsten Freunde sowie ein paar weitere Gratulanten im DOX Zentrum für Moderne Kunst in Prag. Einige reisten aus dem Ausland an, wie etwa Madeleine Albright, Adam Michnik und Tom Stoppard. Dáša kam separat, mit einer Entourage aus ihrer eigenen Familie und Verwandten, und ging recht früh wieder. Diesmal gab es keine Helena Vondráčková und keinen Karel Gott. Die musikalische Umrahmung wurde von den Plastic People of the Universe, einer flippigen Rock-'n'-Roll-Band sowie von Folk- und Protestsängern aus seligen Dissidentenzeiten bestritten. Den größten Teil des Abends saß Havel auf der oberen Galerie und nahm die Glückwünsche entgegen. Er war wie gewohnt höflich und geduldig, aber seine Jacke war zwei Nummern zu groß, sein Gesicht hager und eingefallen, seine Augen wässerig. Jedes Mal wenn einer der Freunde kam, zeigte er ihm ein schwaches Lächeln des Erkennens und der Dankbarkeit. »Michael«, sagte er, anscheinend erfreut, mich zu sehen, doch auf die Frage, wie es ihm gehe, antwortete er aufrichtig: »Ich bin ein Wrack.«

Eine Woche später hatte er eine weitere Begegnung mit Erzbischof Duka. Im Jahr 2011 gab es insgesamt mehr Treffen zwischen den beiden ehemaligen Gefängniskollegen als in all den Jahren seit ihrer Freilassung. Im November trafen sie sich am Sitz des Erzbischofs zu einem Fernsehgespräch über Erinnerung und Hoffnung. Am 10. Dezember, 23 Jahre nach der ersten von den Behörden erlaubten Demonstration auf dem Škroupovo-Platz, empfing Havel seinen Freund Tendzin Gyatsho, den Dalai Lama. Der bemerkte Havels schlechten Gesundheitszustand und empfahl ihm tibetische Medizin. »Ich sagte ihm, dass ich mich jetzt gegenüber meinem langjährigen Freund wie ein tibetischer Arzt verhalte«, erklärte er anschließend.[951] Er wünschte Havel, dass er noch weitere zehn Jahre leben möge. Die beiden Männer verbrachten eine halbe Stunde in einem weitgehend stummen Dialog. Am Ende der Begegnung berührten sie einander mit den Köpfen.

Der Transport in einem Krankenwagen von Hrádeček zu dem Treffen mit dem Dalai Lama und wieder zurück erschöpfte Havel vollends, doch diese Begegnung hatte er sich nicht nehmen lassen wollen. Die folgende Woche verbrachte er größtenteils im Bett, häufig zu schwach und zu müde, um aufzustehen. Nichtsdestotrotz kommunizierte er mit den Nonnen und nahm Anrufe von Freunden entgegen. Er sprach offen über sein bevorstehendes Ende und hatte sich damit versöhnt. Am Samstag, dem 17. Dezember, fühlte er sich ein wenig besser und wollte mit Dáša, die an diesem Tag kam, über das Weihnachtsfest sprechen. Er wollte es in Hrádeček verbringen, und sie sollte bei ihm sein.

Am Sonntagmorgen traf ihn eine der Nonnen, Veritas Holiková, in wachem Zustand an und ermutigte ihn, aufzustehen, um die Morgentoilette zu erledigen. »Ich möchte noch ein bisschen schlafen, kommen Sie bitte in einer Stunde wieder«, sagte er. Als die Schwester eine Stunde später erschien, schlief er, und sein Atem wurde flacher. Irgendwann zwischen 9.45 Uhr und 9.50 Uhr hörte er auf zu atmen. »Es war, wie wenn eine Kerze verlöscht, ganz still.«[952]

DANK

Die einzige Sorge, die mich beim Erstellen einer Liste jener Menschen umtreibt, denen ich Dank schulde, besteht darin, dass ich unabsichtlich jemanden vergesse. Falls das geschieht, bitte ich vorsorglich um Verzeihung.

Václav Havel ist tot, aber ich schulde ihm großen Dank dafür, dass er für mich eine ständige Gegenwart war, eine Inspiration und ein unsichtbarer Führer bei der Arbeit an diesem Buch. Seine Witwe Dagmar hat mich während des ganzen Prozesses unterstützt, die meisten meiner Fragen beantwortet und mir keine Grenzen bei der Darstellung auferlegt, obwohl sie wusste, dass einiges für sie schmerzhaft zu lesen sein würde. Václavs Bruder Ivan und seine Ehefrau Dagmar Havlová-Ilkovičová sind seit vielen Jahren meine Freunde, haben mir großzügig ihre Zeit, ihre Erinnerungen und Dokumente zur Verfügung gestellt und auch meine unbescheidensten Bitten nach noch mehr Material erfüllt.

Allen meinen Interviewpartnern bin ich zu Dank verpflichtet. Die meisten von ihnen waren Freunde von Havel und von mir, die mir die Arbeit ebenfalls zu einem Vergnügen gemacht haben. Dazu gehören Madeleine Albright, Timothy Garton Ash, Joan Baez, Zdeněk und Michaela Bakala, Jiří Bartoška, Pavel Bratinka, Martin Bútora, Marián Čalfa, Věra Čáslavská, der verstorbene Oldřich Černy, Bill Clinton, Luboš Dobrovský, Jaroslav Dominik Duka, David Dušek, Mia Farrow, Miloš Forman, Anna Freimanová, Tomáš Halik, Vladimir Hanzel, Steven Heintz, die Gruppe Hornosin, Petr Jančárek, František Janouch, Lenka Jungmannová,

Ladislav Kantor, Helena Kašperová, Václav Klaus, Michael Kocáb, Pavel Kohout, Bessel Kok, Pavel Kolář, Pavel und Petr Král, Eda Kriseová, Andrej Krob, Daniel Kroupa, Pavel Landovský, Bill und Wendy Luers, Ovo Mathé, Vladimir Merta, Martin Palouš, Petr Pithart, Jan Ruml, Jacques Rupnik, Karel Schwarzenberg, Brent Scowcroft, Roger Scruton, Jiřina Šiklová, Ladislav »Agnes« Snopko, Jan Sokol, Lise Stone, Tom Stoppard, Alois Strnad, Jiří Suk, Aung San Suu Kye, Ladislav Špaček, Bára Štěpanová, Tendzin Gyathso, Martin Vidlák, Jitka Vodňanská, Alexandr Vondra und Paul Watson.

Mein großer Dank geht an Marta Smoliková, Jan Hiron, Jan Macháček, Ondřej Němec, Erika Zlámalová sowie das gesamte Team der Vaclav Havel Library in Prag; ohne ihre Unterstützung und ohne den Zugang zu den digitalisierten Dokumenten in ihren Archiven wäre es mir unmöglich gewesen, in London das Buch zu schreiben. Mein Dank geht auch an Štěpán Gilar und das Archiv des tschechischen Außenministeriums, das Museum für Tschechische Literatur, das Institut für Zeitgeschichte in Prag, an Vit Smetana und andere. Mein früherer Kollege und Vorgesetzter bei Reuters, Colin McIntyre, hat zusammen mit dem Archivar David Cutler freundlicherweise das Reuters-Archiv für mich geöffnet.

Ich habe viele Fotografen um mehr Bilder gebeten, als ich verwenden konnte. Sie haben mich belohnt mit der Chance, denkwürdige Augenblicke in Havels Leben und manchmal auch meines Lebens neu aufleben zu lassen. Dafür habe ich Karel Cudlin, Bohdan Holomiček, Jaroslav Kořán, Tomki Němec, Tomaš Novák, Alan Pajer, Ivo Šilhavý, dem verstorbenen Oldřich Škácha und anderen zu danken.

Als Autor, der zum ersten Mal ein Buch auf Englisch geschrieben hat, hatte ich das große Glück, in Andrew Nurnberg und seinem hervorragenden Team eine Agentur zu finden, die mich mit ganzem Herzen unterstützt hat. Ebenso viel Glück hatte ich mit den Verlegern Toby Mundy von Atlantic Books und Morgan

Entrekin von Grove Atlantic sowie den hochprofessionellen und ungemein freundlichen Lektorinnen Margaret Stead und Corinna Barsan.

Mein besonderer Dank gilt meiner persönlichen Assistentin Dana Pšenicová, die seit einem Vierteljahrhundert gewissermaßen mein Datenspeicher, meine Stütze und Krisenmanagerin ist.

Eric Ormsby, mein Lieblingsschwager, war mein erster Leser. Ich habe mir viele Peinlichkeiten erspart dank seiner vollendeten Kenntnis der englischen Grammatik und Ausdrucksweise.

Zu guter Letzt danke ich meiner Frau Jana dafür, dass sie mir als Erste gesagt hat, worauf ich mich eingelassen habe, mir aber nichtsdestotrotz immer zur Seite gestanden hat.

BIBLIOGRAPHIE

ZITIERTE WERKE VON VÁCLAV HAVEL

Abgang. Schauspiel in fünf Akten, übersetzt von Joachim Bruss, Copyright © Rowohlt Taschenbuch Verlag GmbH, Reinbek bei Hamburg 1989.

Am Anfang war das Wort. Texte von 1969 bis 1990, übersetzt von Joachim Bruss, Reinbek bei Hamburg 1990.

Angst vor der Freiheit. Reden des Staatspräsidenten, übersetzt von Joachim Bruss und Gudrun Heißig, Reinbek bei Hamburg 1991.

Briefe an Olga, übersetzt von Joachim Bruss, Reinbek bei Hamburg 1990.

Das Gartenfest. Die Benachrichtigung. Zwei Dramen, Essays, Antikoden, übersetzt von August Scholtis und Eva Berkmann, Copyright © Rowohlt Taschenbuch Verlag GmbH, Reinbek bei Hamburg 1989.

Die Gauneroper. Erschwerte Möglichkeit der Konzentration. Das Berghotel. Der Fehler, übersetzt von Franz Peter Künzel, Gabriel Laub und Joachim Bruss, Copyright © Rowohlt Taschenbuch Verlag GmbH, Reinbek bei Hamburg 1990.

Fassen Sie sich bitte kurz. Gedanken und Erinnerungen zu Fragen von Karel Hvížďala, übersetzt von Joachim Bruss, Copyright © Rowohlt Verlag GmbH, Reinbek bei Hamburg 2007.

Fernverhör. Das Gespräch mit Karel Hvížďala, übersetzt von Joachim Bruss, Reinbek bei Hamburg 1990.

Gewissen und Politik. Reden und Ansprachen 1984–1990, übersetzt von Joachim Bruss, Gudrun Heißig und Otfrid Pustejowski, München 1990.

Motomorfózy (Motomorphosis), Prag 2011.

Open Letters, Selected prose 1965–1990, hg. v. Paul Wilson, London 1991.

Prase aneb Václav Havel's Hunt for a Pig, Prag 2010.

Sommermeditationen, übersetzt von Joachim Bruss, Berlin 1992.

Spisy 1 (Werke, Bd. I), *Gedichte, Antikoden*, Prag 1999.

Spisy 2 (Werke, Bd. II), *Theaterstücke*, Prag 1999.

Spisy 3 (Werke, Bd. III), *Essays und andere Texte 1953–69*, Prag 1999.
Spisy 4 (Werke, Bd. IV), *Essays and andere Texte 1970–89*, Prag 1999.
Spisy 5 (Werke, Bd. V), *Briefe an Olga*, Prag 1999.
Spisy 6 (Werke, Bd. VI), *Reden 1990–92, Sommermeditationen*, Prag 1999.
Spisy 7 (Werke, Bd. VII), *Reden und andere Texte 1992–99*, Prag 1999.
Spisy 8 (Werke, Bd. VIII), *Reden und andere Texte 1999–2006, Fassen Sie sich bitte kurz, Abgang*, Prag 2007.
The Art of the Impossible, Politics and Morality in Practice, New York/Toronto 1997.
Toward a Civil Society, Prag 1995.
Vaněk-Trilogie. Audienz – Vernissage – Protest. Versuchung – Sanierung, übersetzt von Gabriel Laub und Joachim Bruss, Copyright © Rowohlt Taschenbuch Verlag GmbH, Reinbek bei Hamburg 1989.
Versuch, in der Wahrheit zu leben. Von der Macht der Ohnmächtigen, übersetzt von Gabriel Laub, Copyright © Rowohlt Taschenbuch Verlag GmbH, Reinbek bei Hamburg 1980/1989.

AUSWAHLBIBLIOGRAPHIE

Albright, Madeleine: *Madam Secretary*, New York 2003 (dt. Ausgabe: *Die Autobiographie*, München 2003).
–, *Prague Winter*, New York 2012 (dt. Ausgabe: *Winter in Prag. Erinnerungen an meine Kindheit im Krieg*, Darmstadt 2013).
Asmus, Ronald D.: *Opening NATO's Door*, New York 2002.
Bartuška, Václav: *Polojasno* (Teilweise unklar. Eine Untersuchung über die Schuldigen am 17. November 1989), Prag 1990.
Benčík, Antonín: *Téma Alexander Dubček*, Prag 2012.
Blažek, Petr/Bursík, Tomáš: *Pražský proces 1979* (Der Prager Prozess 1979. Die Ermittlungen, der Prozess und die Verurteilung der Mitglieder des Komitees zur Verteidigung der Opfer kommunistischer Verfolgung), Prag 2010.
Boučková, Tereza: *Indiánský běh* (Indianischer Lauf), Prag 1991.
Bratinka, Pavel/Havel, Ivan M./Neubauer, Zdeněk/Kroupa, Daniel/Palouš, Martin/Palouš, Radim/Webrová, Helena: *Faustování s Havlem* (Gesammelte Texte von Havel), Prag (Václav Havel Library) 2010.
Bútora, Martin: *Odklínanie* (Exorzismus), Bratislava 2004.
Císařovská, Blanka/Prečan, Vilém (Hrsg.): *Charta 77. Dokumenty 1977–1989*, 3 Bde., Prag 2007.
Dahrendorf, Ralf: *Reflections on the Revolutions in Europe. In a letter intended to have been sent to a gentleman in Warsaw*, New York 1990.
Day, Barbara: *The Velvet Philosophers*, London 1999.

Forman, Miloš/Novák, Jan: *Turnaround (Co já vím?)*, New York 1994 (dt. Ausgabe: *Rückblende*, Hamburg 1994)
Freimanová, Anna (Hrsg.): *Příležitostný portrét Václava Havla* (Ein beiläufiges Porträt von Václav Havel), Prag (Václav Havel Library) 2013.
–, *Síla věcnosti Olgy Havlové* (Die Macht der Nüchternheit von Olga Havel), Prag (Václav Havel Library) 2013.
–, *Václav Havel o divadle* (Václav Havel im Theater), Prag (Václav Havel Library) 2012.
Garton Ash, Timothy: *The Magic Lantern. The Revolution of '89 Witnessed in Warsaw, Budapest, Berlin and Prague*, New York 1990.
Gerová, Irena: *Vyhrabávačky* (Verschrottung), Prag 2009.
Gjuričová, Adéla u. a. (Hrsg.): *Rozděleni minulostí* (Getrennt durch die Vergangenheit. Das Entstehen politischer Identitäten in der Tschechoslowakei nach 1989), Prag (Václav Havel Library) 2011.
Goldgeier, James M.: *Not Whether But When. The U.S. Decision to Enlarge NATO*, Washington 1999.
Hanzel, Vladimír (Hrsg.): *Zrychlený tep dějin* (Beschleunigter Puls der Geschichte), Prag 2006.
Havel, Ivan M. u. a.: *Dopisy od Olgy* (Briefe von Olga), Prag (Václav Havel Library) 2010.
Havel, Václav: *Citizen Vaněk/Občan Vaněk*, übersetzt von Jan Novák, Prag 2009.
Havel, Václav u. a.: *Circus Havel*, Brünn o.J.
Havel, Václav/Janouch, František: *Korespondence 1978–2001*, Prag 2007.
Havel, Václav/Landovský, Pavel/Kohout, Pavel/Dienstbier, Jiří: *V hlavní roli Ferdinand Vaněk* (Ferdinand Vaněk in der Titelrolle), Prag 2006.
Havel, Václav/Prečan, Vilém: *Korespondence 1983–1989*, Tschechoslowakisches Dokumentationszentrum 2011.
Havlová, Božena: *Didasko-Učím. Naučné obrázky Boženy Havlové* (Didaktische Bilder von Božena Havlová), Prag 2003.
Havlová-Ilkovičová, Dagmar (Hrsg.): *Podněcování a trest* (Anstiftung und Bestrafung), Prag (Václav Havel Library) 2009.
Hejdánek, Ladislav: *Havel je uhlík* (Havel ist Kohlenstoff. Philosoph und politische Verantwortung), Prag (Václav Havel Library) 2009.
Hiršal, Josef/Grögerová, Bohumila: *Let let* (Das Vergehen der Jahre. Versuch einer Rekapitulation), 3 Bde., Prag 1994.
Horáček, Michal: *Jak pukaly ledy* (Als das Eis brach), Prag 1990.
Hutchings, Robert L.: *American Diplomacy and the End of the Cold War. An Insider's Account of U.S. Policy in Europe, 1989–1992*, Washington 1997.
Institut für Geschichte der Tschechischen Akademie der Wissenschaf-

ten, Historische Kommission des Koordinierungszentrums des Bürgerforums, *Deset pražských dnů* (Zehn Tage in Prag, 17.–27. November 1989, Dokumentation), Prag 1990.

Jirous, Ivan Martin: *Magorův zápisník* (Tagebuch eines Scheißkerls), Prag 1997.

–, *Pravdivý příběh Plastic People* (Die wahre Geschichte der Plastic People), Prag 2008.

Juráček, Pavel: *Deník 1959–1974* (Tagebücher), Prag 2003.

Kaiser, Daniel: *Disident, Václav Havel 1936–1989*, Prag 2008.

Kaplan, Karel: *Všechno jste prohráli* (Sie haben alles verspielt), Prag 1997.

Keane, John: *Václav Havel. A Political Tragedy in Six Acts*, London 1999 (dt. Ausgabe: *Václav Havel. Biographie eines tragischen Helden*, München 2000).

Kipke, R./Vodička, K.: *Rozloučení s Československem* (Abschied von der Tschechoslowakei), Prag 1993.

Klíma, Ivan: *My Crazy Century, A Memoir*, New York 2013.

Kohout, Pavel: *Kde je zakopán pes* (Wo der Hund begraben liegt. Memoiren-Roman), Brünn 1990.

–, *Můj život s Hitlerem, Stalinem a Havlem* (Mein Leben mit Hitler, Stalin and Havel), 2 Bde., Prag 2011.

Komeda, Václav V. u. a. (Hrsg.): *Hnědá kniha o procesech s českým undergroundem* (Das Schwarzbuch über die Prozesse gegen den tschechischen Untergrund), Prag 2012.

Kosatík, Pavel: *Člověk má dělat to, nač mí sílu* (Man sollte tun, wozu man die Kraft hat. Das Leben von Olga Havel), Prag 2008.

–, *Ústně více* (Mehr zur Person), Brünn 2006.

Kriseová, Eda: *Václav Havel. Dichter und Präsident. Die autorisierte Biographie*, übersetzt von Eckhard Thiele, Gudrun Heißig und Marianne Pasetti, Berlin 1991.

Kroupa, Daniel: *Dějiny kampademie* (Die Geschichte von Kampademia), Prag (Václav Havel Library) 2011.

Landovský, Pavel: *Soukromá vzpoura* (Eine private Rebellion), Gespräch mit Karel Hvížďala, Prag 2010.

Larkin, Philip: *Gedichte*, übersetzt von Waltraud Anna Mitgutsch, Stuttgart 1988.

Matějková, Jolana: *Děda se taky nebál* (Auch Großvater hatte keine Angst. Interview mit Alexandr Vondra), Prag 2012.

Müllerová, Alena/Hanzel, Vladimír u. a.: *Albertov 16:00, Příběhy sametové revoluce* (Albertow 16 Uhr, Geschichten aus der Samtenen Revolution), Prag, Tschechisches Fernsehen, 2009.

Neubauer, Zdeněk: *Consolatio philosophiae hodierna. On Václav Havel's Sixteen letters*, Prag (Václav Havel Library) 2010.

Patočka, Jan: *Kacířské eseje o filosofii dějin* (Ketzerische Essays zur Geschichtsphilosophie), Prag 1990.
Pithart, Petr: *Devětaosmdesátý* (Die Achtundneunzig), Prag 1989.
Prečan, Vilém (Hrsg.): *Charta 77 1977–1989. From a moral to a democratic revolution*, Scheinfeld-Schwarzenberg, Bratislava, Tschechoslowakisches Zentrum für unabhängige Literatur, ARCHA, 1990.
–, *Prague-Washington-Prague. Reports from the United States Embassy in Czechoslovakia, November-December 1989*, Prag (Václav Havel Library) 2004.
Pryce-Jones, David: *The Strange Death of the Soviet Empire*, New York 1995.
Putna, Martin C. (Hrsg.): *Měli jsme underground a máme prd* (Früher hatten wir den Untergrund und jetzt haben wir überall Mist), Prag 2009.
–, *Václav Havel, duchovní portrét v rámu české kultury 20. století* (Ein spirituelles Porträt im Kontext der tschechischen Kultur des 20. Jahrhunderts), Prag (Václav Havel Library) 2011.
Rakušanová, Lída: *Václav and Dagmar Havlovi, Dva osudy v jednom svazku* (Zwei Leben in einem Band), Prag 1997.
Rocamora, Carol: *Acts of Courage. Václav Havel's Life in the Theater*, Hannover 2004.
Rupnik, Jacques: *The Other Europe*, New York 1989.
Rychlík, Jan: *Rozdělení Česko-Slovenska 1989–1992* (Die Teilung der Tschechoslowakei 1989–1992), Prag 2012.
Scruton, Roger: *Notes from Underground*, New York 2014.
Shawcross, William: *Dubcek*, New York 1990.
Simmons, Michael: *The Reluctant President. A Political Life of Vaclav Havel*, London 1991 (dt. Ausgabe: *Vaclav Havel. Staatsmann mit Idalen*, Zürich 1992).
Škvorecký, Josef: *The Miracle Game*, Toronto 1991.
Smetana, Vít (Hrsg.): *Historie na rozcestí* (Geschichte an der Wegscheide), Brünn 2013.
Špaček, Ladislav: *Deset let s Václavem Havlem* (Zehn Jahre mit Václav Havel), Prag 2012.
Stein, Eric: *Czecho/Slovakia. Ethnic Conflict, Constitutional Fissure, Negotiated Breakup*, Ann Arbor 2000.
Stoppard, Tom: *Rock 'n' roll*, New York 2006 (dt. Ausgabe: *Rock'n'Roll*, Köln 2007).
Suk, Jiří (Hrsg.): *Občanské forum II, listopad-prosinec 1989, Dokumenty* (Bürgerforum II, November-Dezember 1989, Dokumente), Brünn 1998.
–, *Labyrintem revoluce* (Durch das Labyrinth der Revolution), Prag 2003.

–, *Občanské forum I, listopad-prosinec 1989, Události* (Das Bürgerforum I, November-Dezember 1989, Ereignisse), Brünn 1998.
–, *Politika jako absurdní drama. Václav Havel v letech 1975–1989* (Politik als absurdes Drama. Václav Havel in den Jahren 1975–1989), Prag 2013.
Svora, Přemysl: *Sedm týdnů, které otřásly hradem* (Sieben Wochen, die die Burg erschütterten), Prag 1998.
Tichý, Zdeněk A./Ježek, Vlastimil (Hrsg.), *Šest z šedesátých* (Sechs aus den Sechzigern), Prag 2003.
Tucker, Aviezer: *The Philosophy and Politics of Czech Dissidence from Patočka to Havel*, Pittsburgh 2000.
Tůma, Oldřich: *Zítra zase tady* (Morgen wieder hier. Die Vornovember-Demonstrationen in Prag gegen das Regime als politisches und soziales Phänomen), Prag 1994.
Uhl, Petr/Pavelka, Zdenko: *Dělal jsem, co jsem považoval za správné* (Ich habe getan, was ich für richtig hielt), Prag 2013.
Urbánek, Zdeněk: *Stvořitelé světa* (Die Erschaffer der Welt), Prag (Václav Havel Library) 2012.
Vacek, Miroslav: *Proč bych měl mlčet* (Warum ich schweigen sollte), Prag 1991.
Vaculík, Ludvík: *Český snář* (Tschechisches Traumbuch), Brünn 1990 (dt. Ausgabe: *Tagträume*, Luzern 1981).
Vladislav, Jan: *Otevřený deník* (Ein offenes Tagebuch, 1977–1981), Prag 2012.
Wilson, Paul: *Bohemian Rhapsodies*, Prag 2012.
Zábrana, Jan: *Celý život* (Ein ganzes Leben. Ausgewählte Tagebücher), 2 Bde., Prag 1992.

ANMERKUNGEN

1 *Fassen Sie sich bitte kurz*, S. 388.
2 Die drei interessantesten sind nach Meinung des Autors folgende Bücher: Carol Rocamora, *Acts of Courage. Václav Havel's Life in the Theater*, Martin C. Putna, *Václav Havel. Ein geistiges Porträt im Rahmen der tschechischen Kultur des 20. Jahrhunderts* und Jiří Suk, *Politik als absurdes Drama. Václav Havel in den Jahren 1975–1989*, wobei die beiden Letzteren bedauerlicherweise aber nur auf Tschechisch vorliegen. Die drei allgemeinen, wenngleich unvollständigen Biographien Eda Kriseová, *Václav Havel. Dichter und Präsident. Die autorisierte Biographie*, John Keane, *Václav Havel. Biographie eines tragischen Helden* und Daniel Kaiser, *The Dissident. Václav Havel 1936–1989* sind wegen ihres Detailreichtums und ihrer Ausführlichkeit lesenswert, vertreten aber bisweilen zweifelhafte Ansichten. Der Autor konnte dankenswerterweise alle diese Werke heranziehen.
3 Erklärung des Präsidenten der Tschechischen Republik zum Tode des früheren tschechischen Präsidenten Václav Havel, 18. Dezember 2011, www.klaus.cz/clanky/3002.
4 Remembering Václav Havel, RIBA, London, 1. März 2012.
5 John L. Motley, *The Rise of the Dutch Republic*, Ebook 4811, Projekt Gutenberg 2012.
6 Remembering Václav Havel, RIBA, London, 1. März 2012.
7 Auden, *Epitaph on a Tyrant*, 1940.
8 »Václav Havel ist am 18. Dezember 2011 verstorben«, www.lidovky.cz, 19. Dezember 2011.
9 Rede des Präsidenten der Tschechischen Republik beim feierlichen Zusammentreffen zu Ehren des verstorbenen Präsidenten Václav Havel, 21. Dezember 2011, www.klaus,cz/clanky/3005.
10 Rede des Präsidenten der Tschechischen Republik auf der Trauerfeier im Veitsdom, 23. Dezember 2011, www.klaus.cz/clanky/3007.
11 Wystan H. Auden, *Zum Gedenken an W. B. Yeats.*
12 Im April 1969 schickte Václavs Bruder Ivan, der zu dieser Zeit in

Berkeley Medizin studierte, seinem Vater eine Postkarte, die das Cliff House und die umliegenden Seal Rocks zeigte. »Die Seelöwen sind echt. Ich habe sie gesehen und habe gehört, wie sie bellen.« Am Rande fügte er hinzu: »Innen gleicht es noch mehr Barrandov.« Archiv von Ivan M. Havel, Václav Havel Library (VHL), ID18301.

13 *Fernverhör*, S. 9.

14 Ebenda, S. 12.

15 Ebenda, S. 10.

16 Gespräch mit Ivan M. Havel, Košik-Anwesen, 20. August 2012.

17 Wie bei vielen häufig vorkommenden Namen haben sich auch für »Václav« im Tschechischen mehrere umgangssprachliche Formen und Kurzformen entwickelt, die unterschiedliche Grade von Vertrautheit und Zuneigung signalisieren, wie etwa Véna, Verica, Venda, Venoušek, Vašek, Vasiček etc., mit denen Havel im Laufe seines Lebens von anderen Menschen bedacht wurde. Interessant ist, dass Božena, indem sie das »u« in »Venóškovo« weglässt, hier ihre schlesische Herkunft andeutet.

18 Gespräch mit Ivan M. Havel, 20. August 2012.

19 Familienalbum von 1938, Archiv der Václav Havel Library (VHL), ID1788. In Wirklichkeit deckt dieses Album einen Zeitraum von zwei Jahren (1938–1940) ab.

20 Gespräch mit Ivan M. Havel, 20. August 2012.

21 *Eine Erkältung, so groß wie ein Elefant, Zeichnung*, Winter 1946, Archiv der Václav Havel Library (VHL), ID1389.

22 Brief an Hugo und Josefina Vavrečka, 11. Januar 1946, VHL, ID1472.

23 Ebenda.

24 Brief an Hugo und Josefina Vavrečka, 2. Februar 1946, VHL, ID1472.

25 Brief an Hugo und Josefina Vavrečka, 9. Januar 1946, VHL, ID1472.

26 VHL, ID1390.

27 Brief an Hugo Vavrečka, 25. Januar 1947, VHL, ID1480.

28 Božena Havlová an Josefine Vavrečka, 22. Januar 1947, VHL, ID1456.

29 Briefe an Hugo und Josefine Vavrečka, 18. Februar 1947, VHL, ID1474; 7. Februar 1947, VHL, ID1481.

30 Božena Havlová an Josefine Vavrečka, 22. Januar 1947, VHL, ID1456.

31 *Fernverhör*, S. 10.

32 Ebenda.

33 Ebenda, S. 12.

34 Božena Havlová (2003).

35 Ivan M. Havel Archiv, kürzlich entdeckt.

36 Ebenda.

37 Unbedenklichkeitsbescheinigung für die Gebrüder Havel, 18. Juni 1945, Archiv von Ivan M. Havel, Václav Havel Library (VHL), ID18241.

38 *Tadáran dobra* (*Gute Werke*), VHL, ID16271. Die Bibliothek ordnet dieses Dokument in die fünfziger Jahre ein, aber das ist unwahrscheinlich.
39 Nach Ivans Erinnerung war der Name ein Wortspiel, das sich auf den Namen des berühmten tschechischen Ingenieurs Škoda bezog, was »Pech« oder »Verschwendung« bedeutet, also das Gegenteil dessen, was die Havel-Brüder anstrebten. Noch offenkundiger leitet sich der Name Zlín von »zlo« ab, was »schlecht, böse« bedeutet. Gespräch mit Ivan M. Havel, 12. August 2012.
40 Siehe Vít Smetana, »Pod hvězdy a pruhy? Pod křídla *Sovětů*?« (Unter Stars and Stripes? Unter den Flügeln der Sowjets?), in: Smetana (2013), S. 81–123.
41 Josef und sein älterer Bruder Ctirad, ebenfalls Schüler des Internats, gehörten zu einer kleinen Gruppe von Tschechen, die einen bewaffneten Aufstand gegen das kommunistische Regime begann und sich schließlich bis zur amerikanisch besetzten Zone Berlins durchkämpfte. Während des Aufstands töteten die Widerstandskämpfer einen unbewaffneten Zivilisten sowie mehrere Polizisten. Nach dem Zusammenbruch des Kommunismus lehnte Havel die Forderung ab, die beiden Brüder öffentlich zu rehabilitieren.
42 Skype-Gespräch mit Alois Strnad, 25. November 2012.
43 Gespräch mit Milan Jirásek, London, 8. August 2012.
44 Forman und Novák (1994), zitiert aus der tschechischen Übersetzung *Co já vim?*, Brünn 1994, S. 47.
45 Ebenda.
46 Ebenda, außerdem im Gespräch mit Miloš Forman, Warren, Connecticut, 13. April 2013. An diese Geschichte erinnerte sich auch Jirásek, wenngleich er sie weniger ausschmückte.
47 Gespräch mit Milan Jirásek, London, 8. August 2012.
48 Siehe dazu z. B. Madeleine Albright (2012), S. 385–394.
49 Diesen Spitznamen hatte er anscheinend von Forman erhalten, wenngleich dieser sich nicht dazu bekennen möchte. Gespräch mit Miloš Forman, 9. August 2012.
50 Gespräch mit Milan Jirásek, London, 8. August 2012.
51 Chronik des Pfadfinderlagers, 29. Juni bis 25. Juli 1948, Archiv von Ivan M. Havel, VHL, ID1654.
52 Kopecký war der Sohn eines ranghohen Diplomaten aus der Vorkriegszeit, Macháček stammte aus einer großbürgerlichen Prager Familie.
53 Die Informationen über die »Sechsunddreißiger« stammen zum größten Teil aus einer ausgezeichneten, ausführlichen Untersuchung über diese Gruppe: Pavel Kosatík, *Ústně více*, Brünn 2006.

54 Havel in seinem Vorwort zu Kosatík (2006).
55 Brief an Radim Kopecký, Archiv Radim Kopecký, VHL, ID1782. Dieses Zitat findet sich auch in Kosatík (2006).
56 Ebenda.
57 Brief an Radim Kopecký, 17. Dezember 1952, Archiv Radim Kopecký, VHL, ID1779. Diese Äußerungen, die in deutlichem Kontrast zu Havels späterem Denken stehen, werden auch in Kosatík (2006) sowie in *Der Dissident*, Prag 2009 zitiert.
58 Brief an Jiří Paukert, undatiert, 1953, VHL, ID1514.
59 Brief an Jiří Paukert, 4. Oktober 1953, VHL, ID1517.
60 Brief an Jiří Paukert, undatiert, August 1953, VHL, ID1658, S. 7.
61 Ebenda, S. 8.
62 Brief an Jiří Paukert, 24. Oktober 1953, VHL, ID1520, auch zitiert in Kosatík (2006), S. 46.
63 Ebenda.
64 Zdeněk Urbánek bestätigte, dass Černý die Gruppe gegründet hatte, was häufig Kolář zugeschrieben wird. Brief an Václav Havel, 3. Oktober 1997, VHL, ID6905.
65 »Ein Brief aus dem Roman *1472 Stufen* von Karel Trinkewitz«, 1985, in: *Spisy* (Werke) Bd. IV, S. 605.
66 Věra Linhartová, ebenfalls Mitglied der Gruppe, in einem Interview mit Martin C. Putna, 29. März 2010, VHL Archiv.
67 Paukert nahm später den Namen Kuběna an, nach seinem Lebensgefährten, und erscheint in den Bibliographien unter diesem Namen. Havels Briefe sind jedoch an »Jiří Paukert« adressiert.
68 Brief an František Press, 1. September 1957, nicht abgeschickt, VHL, ID17628.
69 *Pochyby o programu*, in: *Spisy*, Bd. III, S. 54–59.
70 Gespräch mit Theodore Wilden, London, 18. Juni 2012.
71 Gespräch mit Ivan M. Havel, 20. August 2012.
72 »Pokyny pozůstalé«, VHL, ID17725.
73 In *Fernverhör* (S. 41) erwähnt Havel Kunderas Beitrag, um den »Unsinn« zu widerlegen, zwischen den beiden Männern habe aufgrund ihres Streits über das »tschechische Schicksal« im Jahr 1970 ein Leben lang persönliche Feindschaft geherrscht. Dennoch blieb das Verhältnis zwischen den beiden international bekanntesten tschechischen Schriftstellern belastet, aus Gründen, die nicht völlig geklärt sind.
74 Ebenda.
75 Ebenda.
76 Ebenda.
77 Brief an Jiří Paukert, 18. September 1957, VHL, ID1610.

78 Gespräch mit Andrej Krob und Anna Freimanová, Prag, 21. Oktober 2012.
79 Ebenda.
80 Postkarte an Jiří Paukert, 1. November 1957, VHL, ID1614.
81 Brief an Jiří Paukert, 25. September 1957, VHL, ID1611.
82 Ebenda.
83 *Život před sebou*, 1959, VHL, ID7110. Eine freie Adaption des Stückes wurde 1994 unter dem Titel *Mlýny* (Mühlen) vom Theater Sklep (Keller) auf die Bühne gebracht.
84 Siehe dazu z. B. Rocamora (2004), S. 23.
85 Karel Brynda, zitiert in Keane (1999), S. 145.
86 Brief an Jiří Paukert, in VHL, ID1619, auf den 17. März 1958 datiert. Nach dem Kontext des Briefes (»Es bleiben noch 219 Tage«) muss es sich aber um das Jahr 1959 handeln.
87 Keane (2004), S. 147 f.
88 *Ta vojna*, ein Drehbuch, 1958, VHL, ID17627.
89 Brief an Jiří Paukert, 21. Dezember 1958, VHL, ID1623.
90 Als er bereits ein erfolgreicher Dramatiker war, wurde Havel schließlich 1966 doch noch als externer Student an der Filmschule angenommen, was in ihm gemischte Gefühle hervorrief.
91 *Fernverhör*, S. 191.
92 Anna Freimanová, »Ein Interview mit Zdena Pospíchalová«, in: *Síla věcnosti* (Die Macht der Nüchternheit von Olga Havel), VHL, 2013, S. 60.
93 »Žádná harlkýnka« (Keine Harlekin-Romanze), Interview mit Olga Havel, in: Wilson (2011), S. 143.
94 Gespräch mit Andrej Krob, 21. Oktober 2012.
95 *Fernverhör*, S. 191.
96 Brief an Jiří Paukert, 28. August 1958, VHL, ID1622.
97 Gespräch mit Ivan Havel, 20. August 2012.
98 Brief an Václav Maria Havel, 14. Juli 1964, in: *Síla věcnosti* (2013), S. 12.
99 Ebenda.
100 Ebenda.
101 Ebenda.
102 Ebenda.
103 Ebenda, S. 13.
104 Er spielte u. a. in dem Film *Die Zwölf Geschworenen* von Sidney Lumet den Geschworenen Nr. 11, den europäischen Einwanderer.
105 »Einige Bemerkungen zum *Schwedischen Zündholz*« (1962), überarbeitet unter dem Titel »Radoks Arbeit mit Schauspielern« (1963), beide in: *Spisy*, Bd. III, S. 416–461 bzw. S. 571–588.

106 *Fernverhör*, S. 51.
107 Richard Erml/Jan Kebr, »Eine wunderbare Zeit in meinem Leben«, Interview mit Václav Havel, *Divadelní noviny*, Nr. 1–2, 2004.
108 Ebenda.
109 Das Stück, das heute eigentlich nur noch von historischem Interesse ist, wurde veröffentlicht in *Spisy*, Bd. II (1999), S. 7–35 und erst im Jahr 2000 am Theater Na Vinohradech uraufgeführt.
110 Ivan erhebt bescheiden keinerlei Ansprüche auf *Die Benachrichtigung*, bis auf die ursprüngliche Anregung dazu. Anfänglich wusste er gar nicht, dass Václav an dem Thema arbeitete. Gespräch mit Ivan Havel, 20. August 2012.
111 Interview mit Václav Havel, *Divadelni noviny*, Nr. 1–2, 2004.
112 Manuskript, VHL, ID16266.
113 *Motomorfóza* (Motomorphose), Manuskript, VHL, ID17615.
114 Vladimír Hulec, »Ein Interview mit Ivan Vyskočil«, in: Zdenek A. Tichý/Ježek Vlastimil (Hrsg.), *Sechs von den Sechzig* (*Šest z sedešátých*), Radioservis, Prag 2003, S. 61.
115 Im Tschechischen hat der Titel eine zweite Bedeutung und heißt so viel *Die besten Jahre von Frau Hermann.*
116 Warum dieses Stück mit dem Namen einer südostfranzösischen Stadt belegt wurde, ist nicht nur dem Autor ein Rätsel.
117 »Eine wunderbare Zeit in meinem Leben« (2004).
118 *Fernverhör*, S. 77.
119 »Ein Interview mit Ivan Vyskočil« (2003).
120 Eine Komödie in drei Akten und ein Intermezzo, Manuskript, 1961, VHL, ID17614.
121 Kriseová (1991), S. 63.
122 Brief an Václav Havel von Marie Málková, 5. Oktober 1996, Archiv von Marie Málková, VHL, ID6786.
123 Ebenda.
124 Nach Angaben von Zdeněk Urbánek in: Kriseová (1991). Es gibt auch andere Versionen dieser Geschichte, einige von Havel selbst, einschließlich jener, die in Kaiser (2008) wiedergegeben wird. Nach Angaben von Krob (Gespräch vom 21. Oktober 2012) hat sich Krejča aktiv und bereitwillig an den Mauscheleien beteiligt.
125 Die Zensoren in der »Hauptverwaltung zur Aufsicht über die Presse« (HSTD) handelten präventiv. Wenn ein Theaterstück von der HSTD genehmigt war, konnte man davon ausgehen, dass auch gegen spätere Aufführungen keine Einwände zu erwarten sein würden.
126 *Das Gartenfest/Die Benachrichtigung*, S. 79.
127 Der Autor gesteht, dass er es sieben- oder achtmal gesehen hat.

128 *Das Gartenfest*, S. 62.
129 Ebenda, S. 49.
130 Havel verwendete diesen Begriff in seiner aufrührerischen Rede auf dem Schriftstellerkongress am 8. Juni 1965.
131 *Das Gartenfest*, S. 74.
132 Ebenda, S. 33.
133 Ebenda, S. 79.
134 Ebenda, S. 201–245.
135 Kafka begann mit der Arbeit an dem Roman erst knapp fünf Jahre später und wurde wahrscheinlich mehr beeinflusst von seinem Aufenthalt in der südböhmischen Stadt Planá, in deren Nähe das Schloss Štrkov liegt.
136 Während Wissenschaftler und Schriftsteller Kafka häufig als mystischen Visionär verstehen, hatten viele tschechische Bürger im 20. Jahrhundert gute Gründe dafür, ihn als einen bodenständigen Realisten zu betrachten.
137 www.english.illinois.edu/maps/poets/g_l/ginsberg/life.htm.
138 Allen Ginsberg, *Selected Poems 1947–1995*, New York 2001, S. 147.
139 Ein appetitzügelndes Stimulans mit ähnlichen Wirkungen wie Amphetamine.
140 Brief an Jan Grossman, undatiert, Anfang der sechziger Jahre, VHL, ID6538.
141 Kaiser (2009), S. 56.
142 Gespräch mit Pavel Landovský, 20. Oktober 2012.
143 Jan Kopecký, »Vier Theaterabende«, *Rudé právo*, 14. Dezember 1963.
144 Rede vor der Konferenz des tschechoslowakischen Schriftstellerverbands, 9. Juni 1965, abgedruckt in *Literární Noviny*, 19. Juni 1965, VHL, ID4574.
145 Václav Havel, »Josef Čapek«, 1963, in: *Spisy*, Bd. III, S. 547.
146 Ebenda, S. 542 f.
147 Ebenda, S. 546.
148 »Text im Katalog zu einer Ausstellung von Jiří Janeček«, 1964, in: *Spisy*, Bd. III, S. 613 f.
149 Die Anregung zu diesem Titel kam von einer gleichnamigen Gedichtsammlung (1931) von František Halas, die durch ihren metaphysischen Gestus hervorstach: »Die Nacht prüft mich / Ob ich nicht vergessen habe / Die Tage, die voller Geheimnis waren / Als ich hervortrat aus der Dunkelheit.«
150 *Fernverhör*, S. 96.
151 Kaplan (1997), S. 40, auch zitiert in: Kaiser (2009), S. 57.
152 *Fernverhör*, S. 108.

153 Ebenda.
154 Ebenda, S. 109.
155 Siehe z.B. das Gespräch mit Petr Pithart, 28. August 2012.
156 *Fernverhör*, S. 96.
157 Druckpapier – wie auch dem Herstellen von Druckerzeugnissen allgemein – wurde vom Regime eine strategische Bedeutung beigemessen und wurde daher nur in bestimmten Mengen zugeteilt.
158 *Fernverhör*, S. 97.
159 Ebenda, S. 111.
160 Ebenda, S. 113.
161 TOMIS III, Geheimdienstarchiv, Prag, N. 597862, S. 23.
162 Vereinbarung zwischen den Barrandov Filmstudios und Václav Havel, 3. Februar 1964, VHL, ID17759.
163 Das entsprach nach damaliger Kaufkraft ungefähr 20 US-Dollar.
164 Vereinbarung zwischen den Barrandov Filmstudios und Václav Havel, 14. Februar 1964, VHL, ID17756.
165 Vereinbarung zwischen den Barrandov Filmstudios und Václav Havel, 18. März 1964, VHL, ID17756.
166 Vereinbarung zwischen den Barrandov Filmstudios und Václav Havel, 25. November 1963, VHL, ID17760.
167 Vereinbarung zwischen den Barrandov Filmstudios und Václav Havel, 4. Mai 1964, VHL, ID7755.
168 Vereinbarung zwischen den Barrandov Filmstudios und Václav Havel, 1. Juni 1964, VHL, ID17753.
169 *Zahradni slavnost*, Drehbuch, VHL, ID16222.
170 Brief an Jiří Kolář, 29. November 1964, Museum der tschechischen Literatur, VHL, ID13795.
171 *Die Benachrichtigung*, S. 131.
172 Jaroslav Opavaský, »Eine Benachrichtung in der Sprache Ptydepe«, *Rudé právo*, 29. September 1965.
173 Jindřich Černý, *Lidová democracie*, 1965.
174 *Die Benachrichtigung*, S. 119 (der zweite Teil des Zitats ist in der deutschen Übersetzung nicht enthalten).
175 Ebenda, S. 146.
176 Kaplan (1997).
177 Rede vor dem 4. Schriftstellerkongress, in: *Der vierte Kongress des tschechoslowakischen Schriftstellerverbands*, Prag 1968; Hervorhebung durch den Autor.
178 *Fernverhör*, S. 121.
179 Ebenda, S. 125. Die Version, die von Josef Škorecky in *The Miracle Game* (S. 149–156) verbreitet und von Keane (1999), S. 197, übernommen wurde, erscheint dagegen weniger glaubhaft. Es entsprach

nicht Havels Charakter, sich über andere Leute lustig zu machen, auch nicht in angetrunkenem Zustand.

180 *Literární listy*, 4. April 1968.

181 Havels Artikel wurde bereits im Mai 1968 in der *Literaturnaya Gazeta* angegriffen.

182 *Fernverhör*, S. 123.

183 Ebenda, S. 122.

184 Wenn man mit der Syntax und der Melodie der tschechischen Sprache vertraut ist, stellt sich unwillkürlich die Frage, ob dieser Titel nicht eine Anregung, vielleicht auch eine unbewusste, für Kunderas späteres Werk *Die unerträgliche Leichtigkeit des Seins* war.

185 Man braucht nicht viel psychoanalytisches Gespür, um sich zu fragen, warum der Name der Maschine mit dem in der Familie gebräuchlichen Spitznamen für Havels Bruder Ivan identisch war.

186 *Erschwerte Möglichkeit der Konzentration*, in: *Die Gauneroper*, S. 222f.

187 Mel Gussow, »Theater, Ironic Computer«, *The New York Times*, 5. Dezember 1969.

188 Brief an Josef Šafařík, 1. Februar 1968, VHL, ID13801.

189 Interview mit Jan Procházka, *Divadelní noviny*, 14. Februar 1968.

190 *Spisy*, Bd. II, S. 197–218.

191 *Spisy*, Bd. II, S. 219–256.

192 *Fassen Sie sich bitte kurz*, S. 13.

193 »Bericht über meine Teilnahme am Eisenbahnerball«, in: *Spisy*, Bd. IV, S. 199.

194 Die erste Vorpremiere der *Benachrichtigung* in den USA fand am 23. April 1968 statt. Die Broadway-Premiere des Musicals *Hair*, die Havel laut *Fassen Sie sich bitte kurz* besuchte, fand am 29. April statt.

195 Videointerview mit Petr Jančarek, 17. August 2008, www.iHned.cz.

196 Keane (1999), S. 186.

197 Ebenda, S. 194.

198 Videointerview mit Petr Jančarek, 17. August 2008, www.iHned.cz.

199 *The Velvet Underground & Nico*, 1967.

200 *Literární listy*, Nr. 18, 1968.

201 Ebenda.

202 Anscheinend glaubte Breschnew seiner eigenen Propaganda so sehr, dass er um seine persönliche Sicherheit fürchtete, nachdem er die Grenze zu dem gesetzlosen Land überquert hatte. Seine tschechoslowakischen Genossen hegten ähnliche Befürchtungen, für die es jedoch durchaus historische Gründe gab.

203 »Fünf Radioansprachen«, 21. August 1968, in: *Spisy*, Bd. III, S. 848.

204 Jan Hus, der böhmische Reformator, wurde 1415 wegen Ketzerei auf dem Scheiterhaufen verbrannt.
205 »An alle Bürger«, 26. August 1968, in: *Spisy*, Bd. III, S. 857f.
206 *Fernverhör*, S. 138.
207 Brief an Alfred Radok, 14. März 1969.
208 *Antikoden II*, in: *Spisy*, Bd. I, S. 335.
209 Ebenda, S. 338.
210 Auftritt im tschechoslowakischen Fernsehen, Videoarchiv, Januar 1969, VHL, ID6492, ID6495.
211 Ebenda.
212 Ebenda.
213 Milan Kundera, »Česky úděl«, *Listy*, 1968, Nr. 7–8.
214 Ebenda.
215 Ebenda.
216 Ebenda.
217 Ebenda.
218 »Českе úděl?« (Das tschechische Schicksal?), *Tvář*, Nr. 2, 1969, S. 30–33.
219 Ebenda.
220 Ebenda.
221 Ebenda.
222 T. G. Masaryk, *Česká otázka (Die tschechische Frage)*, in: Masaryk, T. G., *Werke*, Bd. 6, Prag 2000.
223 Kaiser (2009), S. 85.
224 Milan Kundera, »The Tragedy of Central Europe« (übers. v. Edmund White), *The New York Review of Books*, Jg. 31, Nr. 7, 26. April 1984 (der Artikel ist auf Wunsch von Kundera im Archiv der Zeitschrift nicht mehr verfügbar).
225 Brief an Jan Vladislav, 30. Juni 1984, Nationalmuseum, Tschechoslowakisches Dokumentationszentrum, VHL, ID13966.
226 Adam Hradilek/Petr Třešňák, »Udání Milana Kundery« (Milan Kunderas Denunziation), *Respekt*, 42/2008, englischer Text unter http://respekt.ihned.cz/english/c1-36389440-milan-kundera-s-denunciation.
227 »Eine seltsame Episode« (Zvláštní přhoda), *Listy*, Nr. 4, S. 5, in: *Spisy*, Bd. III, S. 880–885.
228 Die Episode wird ausführlich dargestellt in: Kaiser (2009), S. 81f.
229 Brief an Alexander Dubček, 8. August 1969, in: *Spisy*, Bd. III, S. 911–929.
230 *Fernverhör*, S. 144.
231 Ludvík Vaculík in einem Brief an das Institut für Zeitgeschichte, 8. August 1990, Institut für Zeitgeschichte, Prag.

232 *Fernverhör*, S. 139.
233 Brief an Jiří Paukert, 22. April 1970, VHL, ID1645.
234 Zátopeks Name fehlt allerdings auf der Kopie des Dokuments in der VHL.
235 Stadtgericht, Prag, 6. Juli 1970, VHL, ID17779; Oberster Gerichtshof, 26. August 1970, VHL, ID17780; Stadtgericht, Prag, 4. September 1970, VHL, ID17718.
236 Mitteilung an Václav Havel, 14. Oktober 1970, VHL, ID17638.
237 Brief an Alfred Radok, 9. Januar 1971, VHL, ID10862.
238 *Fernverhör*, S. 145.
239 Brief an Alfred Radok, 25. Dezember 1969, VHL, ID10861.
240 26. Dezember 1970, VHL, ID1647. Havel schrieb auch an seinen Bruder (Gespräch mit Ivan Havel, 14. Mai 2014).
241 *Listář*, April 1999, in: *Spisy*, Bd. III, S. 898.
242 Juráček (2003), S. 801.
243 Ebenda, S. 802.
244 Kaiser (2009), S. 87. Da beide vorher genannten Episoden und auch diese sich in Muchas Haus ereigneten, ist es durchaus möglich, dass es sich um dieselbe Party handelte und dass eine der Quellen es falsch darstellte.
245 Brief an Alfred Radok, 8. Januar 1972, VHL, ID10860.
246 Ebenda.
247 1970, VHL, ID25597.
248 1970, VHL, ID16223.
249 Es spricht für die grandiosen Leistungen der Kommunisten, dass auch Ketchup und Zahnpasta, wonach es Havel verlangte, zu den Luxusartikeln gehörten (Brief an Václav M. Havel, siebziger Jahre, Archiv von Ivan Havel, kürzlich entdeckt).
250 Brief an Alfred Radok, undatiert (1972), VHL, ID10849.
251 Brief an Alfred Radok, 3. Oktober 1972, VHL, ID10859.
252 Brief an Josef Šafařík, 3. Oktober 1972, VHL, ID13811.
253 In einem undatierten Brief aus dem Jahr 1972 (VHL, ID10850) dankt er Alfred Radok für Sojasoße und bittet um eine exotische Salatwürze, die er in den USA kennengelernt hatte, obwohl er nicht genau wusste, ob sie in Schweden erhältlich sein würde.
254 Gespräch mit Pavel Kohout, 22. Oktober 2012.
255 Eine nahezu vollständige Liste der Besucher findet sich in *Fernverhör*, S. 146 f.
256 Ebenda, S. 144.
257 Ebenda, S. 147.
258 Ebenda, S. 145.
259 Brief an Alfred Radok, 1. Februar 1972, VHL, ID10849.

260 Brief an Alfred Radok, undatiert (1972), VHL, ID10850.
261 Nachwort zu *Plays. 1970–1976*, Toronto 1977, in: *Spisy*, Bd. IV, S. 152.
262 Brief an Tom Stoppard, 28. Januar 1984, VHL, ID22548; siehe auch *Fernverhör*, S. 146.
263 *Spisy*, Bd. III. Das Original befindet sich im Archiv von Havels Übersetzerin und Briefpartnerin Vera Blackwell, The Columbia University Rare Book and Manuscript Library, New York.
264 Brief an Josef Šafarik, 3. Oktober 1972, Archiv der Masaryk-Universität, Brünn, VHL, ID13811.
265 *Briefe an Olga*, S. 116.
266 Rocamora (2004), S. 112.
267 »Anmerkungen zu den ›*Rettern*‹«, in: *Spisy*, Bd. III, S. 11.
268 Ebenda, S. 12.
269 Ebenda, S. 17.
270 Etwa die Sonning-Preisrede, Kopenhagen, 28. Mai 1991, abgedruckt in: *The Art of the Impossible*, S. 69–74.
271 Brief an Alfred Radok, 27. Dezember 1973, Archiv von David Radok, VHL, ID10851.
272 *Das Berghotel*, S. 133.
273 *Fernverhör*, S. 147.
274 *Das Berghotel*, S. 113.
275 *Briefe an Olga*, S. 118.
276 Nachwort zu *Stücke. 1970–1976*, in: *Spisy*, Bd. IV, S. 157.
277 27. Dezember 1973, VHL, ID10851.
278 *Fernverhör*, S. 148.
279 Er sollte später einen Essay zu diesem Thema schreiben, »§ 203«, 1. April 1978, in: *Spisy*, Bd. IV, S. 206–214.
280 Brief an Alfred Radok, 18. Februar 1973, VHL, ID10852.
281 Kaiser (2009), S. 94.
282 2. Dezember 1974, VHL, ID10854.
283 Ebenda.
284 *Audienz*, in: *Vaněk-Trilogie*, S. 35.
285 Ebenda, S. 37.
286 Vladimír Merta, »Die Tonaufzeichnung von *Audienz*«, 17. Oktober 2012, Archiv des Autors.
287 Ebenda, siehe auch *Fernverhör*, S. 150.
288 Im tschechischen Original trägt Vaněk den Namen Bedřich. Da er eindeutig ein weiteres *Alter Ego* des Autors ist, erhält er beispielsweise in englischen Übersetzungen und Produktionen des Stücks den Namen seines Homologs in *Audienz*, nämlich Vaněk. Beide Stücke werden häufig zusammen mit dem dritten Vaněk-Einakter *Protest* aufgeführt.

289 »Radio Prag kritisiert Wien wegen Havel«, Radio Free Europe, 19. Oktober 1976.
290 *Die Presse*, 11. Oktober 1976, S. 5.
291 Brief an Pavel Kohout, April 1976, Mährisches Landmuseum, VHL, ID32921.
292 Brief an Alfred Radok, Sommer 1972, Archiv von David Radok, VHL, ID10850.
293 Interview mit Jan Kačer, in: Rocamora (2004), S. 126.
294 John Gay, *The Beggar's Opera*, London 1921, S. 91.
295 Brief an Alfred Radok, 3. Juli 1975, VHL, ID10855.
296 *Spisy*, Bd. II, S. 517.
297 »Lieber Dr. Husák«, in: *Open Letters*, S. 54.
298 Ebenda, S. 60.
299 Ebenda, S. 62.
300 Ebenda, S. 74.
301 Ebenda, S. 75.
302 Ebenda.
303 Siehe dazu Shawcross (1990), S. 21 und Benčík (2012), S. 101 ff.
304 Benčík (2012), S. 104.
305 »Lieber Jean Paul Sartre«, *Le Monde*, 29. Juni 1975.
306 »Ein offener Brief an den Generalsekretär«, *The New York Review of Books*, 30. Oktober 1975.
307 23. April 1975, siehe Benčík (2012), S. 111.
308 Kaiser (2009), S. 99.
309 Resolution des Präsidiums des ZK der KPTsch vom 18. April 1975, in: Benčík (2012), S. 100.
310 Ebenda.
311 Am 29. September 1975 schrieb Havel Krob einen Brief, aus dem eine Mischung aus Freude über die Tatsache, dass das Stück inszeniert werden sollte, und kaum verhohlenen Bedenken bezüglich der Fähigkeiten des Amateur-Regisseurs und seiner Amateur-Schauspieler spricht, in: Freimanová (2013), S. 500–510.
312 Zitat aus den Polizeiakten über Krob, Nr. 650 175, in: Kaiser (2009), S. 100.
313 Kriseová (1991), S. 104.
314 Brief an Zdeněk Urbánek, 15. Oktober 1975, VHL, ID5495.
315 Gespräch mit Anna Freimanová und Andrej Krob, 15. Dezember 2012.
316 Zur Aufführung der *Gauneroper* am 25. Dezember 1975 siehe auch: *Spisy*, Bd. IV, S. 114–124.
317 Dort begann er eine neue, mäßig erfolgreiche Karriere im amerikanischen Kino und Theater; er wirkte u. a. mit bei den Aufführungen

von *Ragtime, People vs. Larry Flint, Master and Margarita* am New York Public Theater sowie von *Largo Desolato* am Yale Repertory Theater und bei anderen Stücken.

318 *Die Gauneroper*, S. 97.

319 Dieser Begriff wird hier in seiner erweiterten Bedeutung verwendet und umfasst modernen Blues, Folkrock sowie eine Vielzahl von Mischgenres.

320 Pavel Ptáčník, »První festival druhé kultury« (Das erste Festival der zweiten Kultur), in: *Sborník Archivu bezpečnostních složek* 5/2007, S. 343–351.

321 Ivan Jirous, »*Zpráva o třetím českém hudebním obrození*« (Bericht über die dritte tschechische musikalische Erneuerung), in: Jirous (1997), S. 197.

322 *Fernverhör*, S. 153.

323 Havel sprach gewöhnlich recht freimütig über andere Dissidenten, was dem Geist der Offenheit in der Gemeinschaft hinter der Charta 77 entsprach. Dass er hier den Namen seines Gastes nicht nennen will, weist darauf hin, dass dieser zu einer Gruppe von Sympathisanten gehörte, die sich aber noch nicht öffentlich erklärt hatten.

324 *Fernverhör*, S. 153 f.

325 Ebenda, S. 155.

326 Ed Vullamy, »Children of the Revolution«, in: *The Observer*, 6. September 2009.

327 *Fernverhör*, S. 156.

328 »Kein Grund, sich Sorgen zu machen« (Zbytečná starost), *Rudé právo*, 8. April 1977. Die Aufzählung der Todsünden stammte eigentlich aus Jirous' bewundernder Beschreibung des Auftritts einer anderen Band, die sich Akord nannte und bei dieser Strafaktion unbehelligt blieb.

329 »Brief an Präsident Husák«, 8. April 1976, VHL, ID5519.

330 »Eine Erklärung«, 12. Juni 1976, in: Komeda u. a. (2012), S. 145.

331 Abgedruckt in: ebenda, S. 146 f.

332 Ebenda, S. 148.

333 »Brief an Heinrich Böll«, 28. August 1976, in: ebenda, S. 146 f.

334 »Der Prozess«, 11. Oktober 1976, in: *Spisy*, Bd. IV, S. 135–142.

335 Ebenda, S. 135.

336 Ebenda, S. 136.

337 Ebenda, S. 139.

338 Ebenda, S. 138.

339 Ebenda, S. 140 f.

340 Pavel Kohout, *And This Was My Life?*, in: Kohout (2011), Bd. 2, Kindle Edition loc. 5904.

341 Laut ebenda, loc. 5914 wurde die endgültige, zur Verteilung bestimmte Fassung am 17. Dezember fertiggestellt.
342 Císařovská/Prečan (2007), Bd. III, P1/1, S. 4–7.
343 Ebenda, P1/3, S. 9–12.
344 Ebenda, S. 11.
345 Ebenda.
346 Ebenda, P1/2, S. 8 f.
347 Kaiser (2009), S. 117.
348 18./19. Dezember 1976, ebenda, P1/4, S. 12–15.
349 *Dálkový výslech*, S. 118, Übersetzung durch den Autor.
350 Kaiser (2009), S. 117.
351 Vladislav (2012), S. 641.
352 *Fernverhör*, S. 166.
353 Uhl (2013), S. 165. Zu den Unterschriften: Kaiser (2009), S. 119; Suk (2013), S. 51. In *Fernverhör* spricht Havel von »ungefähr zehn« Unterschriftensammlern, aber die Ungenauigkeit in diesem Buch, das vor 1989 publiziert wurde, könnte beabsichtigt gewesen sein, um die Geheimpolizei in die Irre zu führen.
354 Keane (1999) lässt das Treffen irrtümlich in Havels Wohnung am Fluss stattfinden, wo Havel und Olga schon seit Jahren nicht mehr wohnten.
355 Die Zahl der Unterschriften unter dem Gründungsdokument wird unterschiedlich mit 243, 242 und 241 angegeben. Am wahrscheinlichsten ist letztere Zahl, die auf eingehenden Recherchen von Prečan u. a. (Císařovská/Prečan, 2007) beruht.
356 Z. B. Kaiser (2009), S. 118.
357 Císařovská/Prečan (2007), Bd. III, P7/11, S. 169.
358 Siehe Uhl (2013), S. 165.
359 Laut dem tschechischen Historiker Petr Blažek, der Zugang zu den Polizeiarchiven hatte, wurde Jan Patočka, einer der drei Sprecher der Initiative, bereits am 5. Januar verhaftet (*Historisches Magazin*, Tschechisches Fernsehen, 6. Juli 2007).
360 Kaiser (2009), S. 121.
361 Möglicherweise besaß die Polizei auch eine menschliche Quelle. In solchen Fällen wurde jedoch gewöhnlich auf Informationen verwiesen, die durch elektronische Überwachung gewonnen worden waren, um diese Quelle zu schützen.
362 Gespräch mit Pavel Kohout, 22. Oktober 2012.
363 Gespräch mit Pavel Landovský, 20. Oktober 2012.
364 Havel verfasste einen hundertseitigen Bericht über die Gründung der Charta und deren Folgen, den er so gut versteckte, dass er ihn später nicht mehr wiederfand (*Fernverhör*, S. 155).

365 Wiedergegeben in Kriseová (1991), S. 127 ff. Es gibt weitere, fast deckungsgleiche Berichte in Landovský (2010), S. 227–230 sowie im Gespräch mit Pavel Landovský, 20. Oktober 2012. Für nachstehende Darstellung wurden alle drei Berichte herangezogen.
366 Gespräch mit Pavel Landovský, 20. Oktober 2012.
367 Besondere Mitteilung Nr. 7, 13. Januar 1977, Archiv des Innenministeriums, V-33766, in: Císařovská/Prečan (2007), Bd. 3, P9/3, S. 212 sowie Kriseová (1991), S. 127.
368 Ebenda.
369 Ebenda, S. 128.
370 Ebenda.
371 Ebenda, S. 128 f.
372 Ebenda, S. 129.
373 Ebenda, S. 132.
374 Kohout (2011), loc. 5924–5932, auch Gespräch mit Pavel Kohout, 22. Oktober 2012.
375 Resolution des Politbüros der KPTsch zur Erklärung der Charta 77 mit Anweisungen für die Gerichte und die Staatsanwaltschaft, Nr. VIII FG a 0022/77, in: Císařovská/Prečan (2007), Bd. III, P7/3, S. 143, Faksimile 408.
376 *Rudé právo*, 7. Januar 1977, S. 2.
377 Ebenda.
378 Ebenda.
379 Ebenda.
380 »Ztroskotanci a samozvanci«, *Rudé právo*, 12. Januar 1977.
381 Jiří Záruba zog am 26. Januar 1977 seine Unterschrift zurück, Císařovská/Prečan (2007), Bd. III, S. 377.
382 »Für neue schöpferische Großtaten im Namen des Sozialismus und des Friedens«, *Rudé právo*, 29. Januar 1977, S. 1.
383 In: Císařovská/Prečan (2007), Bd. III, P9/5, S. 216.
384 Vladimír Merta, »Die Tonaufzeichnung von *Audienz*«, Archiv des Autors.
385 Vladislav (2012), S. 21.
386 »Čím je a čím není Charta 77«, in: Císařovská/Prečan (2007), P3/4, S. 36 ff.
387 Ebenda, S. 36.
388 »Die letzte Unterhaltung« (Poslední rozhovor), geschrieben im Gefängnis Ruzyně, 1. Mai 1977, in: *Spisy*, Bd. IV, S. 171–176.
389 Ebenda, S. 174.
390 Císařovská/Prečan (2007), Bd. III, P3/7, S. 54.
391 Ebenda, P3/8, S. 55 ff.
392 Angeblich erbot sich der Geheimpolizist, der den Professor ein

Vierteljahrhundert lang ausspioniert hatte, ebenfalls eine Grabrede zu halten, da er schließlich den Verstorbenen besser gekannt habe als irgendjemand anderer. Siehe dazu Kriseová (1991), S. 141.

393 Der Verhörplan in der *Ermittlungsakte gegen den Beschuldigten Václav Havel* (*Vyšetřovaci a trestní spis proti obviněnému Václavu Havlovi*), Archiv der Sicherheitsbehörden, Prag, V32021MV/7, S. 217ff., VHL, ID3015 legt nahe, dass die Polizei erwog, Havel auf der Grundlage von § 103 des Strafgesetzbuches auch wegen des Briefes an Husák von 1975 anzuklagen.

394 Ebenda, S. 32.

395 *Briefe an Olga*, S. 282.

396 *Ermittlungsakte gegen den Beschuldigten Václav Havel*, S. 162.

397 *Rudé právo*, Nr. 21, 1977, S. 2.

398 *Briefe an Olga*, S. 282.

399 Ebenda, S. 284.

400 Brief an den Ermittler, 6. April 1977, *Ermittlungsakte gegen den Beschuldigten Václav Havel*, S. 26f.

401 Ebenda, undatiert, S. 28, 28a, 29.

402 Ebenda, S. 165.

403 Landovský (2010), S. 226. Kaiser (2009), S. 139 liefert eine andere, leicht abweichende Version.

404 Archiv des Innenministeriums, Nr. VV33766, Bd. X, S. 161–164, zitiert in Císařovská/Prečan (2007), Bd. III, D15, S. 44.

405 Erklärung von Václav Havel, 21. Mai 1977, Císařovská/Prečan (2007), Bd. I, D15.1, S. 43f. Siehe zur Erklärung der Charta vom 26. Mai: Erklärung des Rücktritts vom Amt des Sprechers der Charta 77 von Václav Havel, Císařovská/Prečan (2007), Bd. I, D15, S. 43.

406 Tschechoslowakischer Rundfunk, 9. März 1977.

407 Debatte mit Timothy Garton Ash und Studenten der Universität Oxford, 22. Oktober 1998, VHL, ID17274.

408 Kaiser (2009), S. 138.

409 *Briefe an Olga*, S. 283.

410 Ebenda.

411 *Fernverhör*, S. 174f.

412 Brief an Jan Werich, 24. Juli 1977, Nationalarchiv, VHL, ID20754, zitiert von Kaiser (2009), S. 141.

413 *§ 202*, 17. Januar 1978, in: *Spisy*, Bd. IV, S. 190.

414 Kohout (1990), zitiert in: Kohout (2011), loc. 16920.

415 Ebenda.

416 »Bericht über meine Teilnahme am Ball der Eisenbahner«, in: *Spisy*, Bd. IV, S. 193.

417 »Stellungnahme zu der Polizeioperation und Inhaftierung von drei

Unterzeichnern der Charta 77 im Zusammenhang mit den Ereignissen auf dem Ball der Eisenbahner in Prag«, 28. Januar 1978, in: Císařovská/Prečan (2007), Bd. I, D43, S. 119.

418 »Bericht über meine Teilnahme am Ball der Eisenbahner«, S. 199. Die ganze Episode war aufregend genug, auch ohne die sensationslüsterne und extrem ungenaue Schilderung in: Keane (2000), S. 292, der Havel »blutend« »auf das vereiste Pflaster« stürzen lässt. Havel selbst sagte nur, er sei gekitzelt worden.

419 Laut Kaiser (2009), S. 142, wurden Havel und andere unter anderem dank einer »ungewöhnlich objektiven Staatsanwältin« freigesprochen. Laut Keane (2000), S. 293, fand nie ein Prozess statt. Er scheint in diesem Punkt recht zu haben. Das Verfahren wurde offenbar im April 1979 eingestellt, siehe Suk (2013), S. 113.

420 Kaiser (2009), S. 114.

421 Pavel Landovský in: *Hovory v Lánech* (Gespräche in Lány), 30. Dezember 1990, Prag 2013, S. 360.

422 Eine Operation der Geheimpolizei mit dem unheilschwangeren Decknamen »Slumsanierung« wurde ab Januar 1978 durchgeführt. Sie war für die erzwungene Emigration mehrerer Hundert Aktivisten der Charta 77 verantwortlich und sollte Havel später zu dem Titel für sein Theaterstück *Sanierung* inspirieren.

423 Siehe z. B. Suk (2013), S. 117–120.

424 *Versuch, in der Wahrheit zu leben*, S. 25

425 Ebenda, S. 18.

426 Ebenda, S. 29.

427 »Dizi-rizika« (Dissi-Risiken), in: Václav Havel u. a. (Hrsg.), *O svobodě a moci* (Über Freiheit und Macht), Köln 1980, S. 281.

428 *Versuch, in der Wahrheit zu leben*, S. 64.

429 Ebenda, S. 68.

430 Ebenda, S. 62 f.

431 Ebenda, S. 71.

432 Day (1999), Scruton (2014).

433 Kroupa (2011).

434 Das zweite Treffen der Charta 77, vertreten durch Havel, Benda, Dienstbier und andere, mit dem polnischen KOR, vertreten durch Kuroń, Michnik, Lipinski, Romaszewski und anderen, fand Ende September 1978 statt. Dabei wurde beschlossen, gemeinsame Arbeitsgruppen zu gründen und Verteidiger der Menschenrechte aus dem ganzen Sowjetblock zur Mitarbeit einzuladen. (Kommuniqué des tschechoslowakisch-polnischen Treffens, September 1978, VHL, ID3030).

435 *Versuch, in der Wahrheit zu leben*, S. 72.

436 Martin Bútora, »Vyvzdorúvanie alebo každodennosť pozitívnych deviantov« (Gewohnheitsmäßige Abweichung oder der Alltag positiver Abweichler), in: Michal Ač (Hrsg.), *Lesk a bieda každodennosti* (Glanz und Elend des Alltags), Bratislava 1990.
437 *Versuch, in der Wahrheit zu leben*, S. 90.
438 In: *Do Rzeczy*, Februar 2012. Vom Autor um eine Erklärung für diese gegensätzlichen Einschätzungen gebeten, sagte Klaus, dass er da überhaupt keinen Widerspruch sehe. Gespräch mit Václav Klaus, 30. August 2013.
439 Z. B. Kaiser (2009), S. 157.
440 *Versuch, in der Wahrheit zu leben*, S. 83.
441 Ebenda, S. 85.
442 Ebenda, S. 87.
443 Ebenda, S. 87 f.
444 Kaiser (2009), S. 159.
445 *Versuch, in der Wahrheit zu leben*, S. 83.
446 *První zpráva o mém domácím vězení* (Erster Bericht über meinen Hausarrest), 6. Januar 1979, in: *Spisy*, Bd. IV, S. 335 f.
447 Ebenda, S. 335–344; *Druhá zpráva o mém domácím vězení* (Zweiter Bericht über meinen Hausarrest), in: *Spisy*, Bd. IV, S. 363–374.
448 Z. B. in Kriseová (1991), S. 144.
449 Die Vaněk-Trilogie wurde so populär, dass andere Autoren sich die Figur für ihre eigenen Stücke ausliehen, um sowohl ihre Solidarität als auch ihre künstlerische Affinität zu zeigen: Unter anderem Pavel Kohout (*Attest*, 1978, *Marast*, 1981 und *Safari*, 1985), Pavel Landovský (*Arrest*, 1983), Jiří Dienstbier (*Kontest*, 1978) und, mutatis mutandis, Tom Stoppard (*Rock 'n' Roll*, 2006). Während ich dies schreibe, gibt es elf Theaterstücke mit Tausenden von Aufführungen in Tschechien und anderswo.
450 »Milý pane Ludvíku« (Lieber Herr Ludvík), in: *Spisy*, Bd. IV, S. 345–349. Es ist symptomatisch für die gegenseitige Achtung der beiden Männer, dass sie einander stets mit der formalen Anrede »Herr Ludvík« und »Herr Václav« anredeten.
451 »Meze statečnosti« (Grenzen des Mutes), in: Václav Havel, *O lidskou identitu* (Über menschliche Identität), Prag 1990, S. 201.
452 Gespräch mit Anna Freimanová und Andrej Krob, 15. Dezember 2012.
453 Anna Kohoutová an Václav Havel, undatiert, VHL, ID4210.
454 In *Václav Havel* (2000), S. 323, stellt Keane die rätselhafte Behauptung auf, die Polizei habe Havel frühmorgens aus dem Bett geholt. Er schmückt seine Schilderung mit weiteren kontrafaktischen Details aus. Wenn Havel tatsächlich schlief, war es sein Mittagsschlaf.

455 *Fernverhör*, S. 175 f.
456 Gefängnisunterlagen, 1. Juni 1979, VHL, ID18121.
457 Rocamora (2004), S. 175.
458 *Fernverhör*, S. 190.
459 Kaiser (2009), S. 167.
460 Kosatík (2008), S. 147.
461 Vladislav (2012), S. 595.
462 Kaiser (2009), S. 167.
463 Anna Freimanová in: ebenda, S. 167.
464 Ebenda.
465 Brief an Olga, Nr. 10, Faksimile, Museum für tschechische Literatur, VHL, ID2833.
466 Die folgende Zeile hat Havel gestrichen. Sie heißt offenbar, »z. B. wenn ich einige Zeit gewartet hätte«, ebenda.
467 *Briefe an Olga*, S. 24.
468 Ebenda.
469 *Letters to Olga*, Nr. 15, S. 42.
470 *Briefe an Olga*, S. 41.
471 *Fernverhör* (1987), S. 178.
472 Ebenda, S. 178 ff.
473 Ebenda, S. 179.
474 Kaiser (2009), S. 161.
475 Gesammelt in: Ivan M. Havel et al., *Dopisy od Olgy* (Briefe von Olga), Prag 2010.
476 »Bewertung der Führung des Häftlings Václav Havel während seines Aufenthalts in der Justizvollzugsanstalt Ostrava-Heřmanice«, Dokument der Strafvollzugsbehörde, 17. Juli 1981, Nationalarchiv, VHL, ID18061.
477 *Letters to Olga*, Nr. 13, S. 46.
478 *Briefe an Olga*, Nr. 12, S. 23.
479 *Letters to Olga*, Nr. 9, S. 35.
480 »An meinem Geburtstag denke genau um 19 Uhr an mich! Ich werde auch an dich denken!«, *Briefe an Olga*, Nr. 10, S. 22.
481 Brief, Nr. 15, 1. Dezember 1979, Faksimile, Museum für tschechische Literatur, VHL, ID2838.
482 »No Harlequin Romance«, Interwiew mit Olga Havlová in: Wilson (2012), S. 142.
483 Boučková (1991). In dem Buch schildert die Tochter von Pavel und Anna Kohout romanhaft und nicht unbedingt exakt die Affäre ihrer Mutter mit Havel, wie sie sie als Teenager erlebte.
484 *Briefe an Olga*, Nr. 13, S. 28, und *Letters to Olga*, Nr. 13, S. 48.
485 *Briefe an Olga*, Nr. 1, S. 23 ff.

486 Brief an Olga, Nr. 2, Faksimile, Museum für tschechische Literatur, VHL, ID2825.
487 Brief an Olga, Nr. 3, Faksimile, Museum für tschechische Literatur, VHL, ID2826.
488 Brief an Olga, Nr. 4, Faksimile, Museum für tschechische Literatur, VHL, ID2827.
489 Brief an Václav Havel, 3. August 1979, in: Havel, Ivan M. et al. (2010).
490 Brief an Olga, Nr. 6, Faksimile, Museum für tschechische Literatur, VHL, ID2829.
491 *Briefe an Olga*, Nr. 12, S. 23.
492 Wilson (2012), S. 155.
493 *Briefe an Olga*, Nr. 13, S. 27.
494 Ebenda, Nr. 14, S. 30.
495 Wer sich das BBC-Interview mit Joan Bakewell und das spätere Geturtel zwischen Havel und seinem Kollegen und Bewunderer Harold Pinter von Ende Juni 1968 anhört, hat das Gefühl, dass Havel nie ein besseres Englisch sprach.
496 »Die pädagogischen und psychologischen Besonderheiten des Gefangenen Václav Havel«, 22. Januar 1980, VHL, ID18114.
497 Gemeinsames Interview von Václav Havel und Dominik Duka am 11. November 2011 im Tschechischen Fernsehen, www.ceskatelevize.cz/porady/10389664200-Václav-havel-a-dominik-duka-spolecny-vyslech/31129838012/.
498 »Urgence ohledně způsobu trestu Václava Havla«, (Untersuchung über die Art der Verurteilung von Václav Havel), 24. Februar 1981, ÚSNV-9658-Z/41-81, VHL, ID18064; Stadtgericht Prag, 1 T 11/77, 5. März 1981, VHL, ID18090.
499 Archiv von Zdeněk Urbánek, kürzlich entdeckt.
500 Gefängniskarte von Václav Havel, VHL, ID18040.
501 *Fernverhör* (1987), S. 185.
502 Gefängnisbericht, ÚSNV – 018829 – Z/409,921-81, 14. September 1981, VHL, ID18063.
503 *Letters to Olga*, Nr. 25, 8. März 1980, S. 76.
504 Ebenda, Nr. 60, S. 85.
505 In seinen Erinnerungen an die gemeinsame Zeit in Bory schweigt Duka über diesen Aspekt des Samstagnachmittags, »des glücklichsten Tages«, möglicherweise wegen der »krypto-zionistischen Gefängnisleitung«, Ivan M. Havel et al. (2010), S. 466 ff.
506 *Letters to Olga*, Nr. 123, S. 306.
507 Zdeněk Neubauer in Ivan M. Havel et al. (2010), S. 418 f.
508 Eine sensible und tiefschürfende Analyse dieses Themas findet sich in: Putna (2011), S. 215–221.

509 Brief an Olga, Nr. 159, nicht publiziert, VHL, ID2978.
510 *Briefe an Olga*, Nr. 68, S. 107.
511 Ebenda.
512 *Letters to Olga*, Nr. 13, S. 46 f.
513 Ivan M. Havel et al. (2010). Ein ausgezeichnetes Beispiel für Ivans geradezu überirdische Bescheidenheit ist der Titel des Buches *Dopisy od Olgy* (Briefe von Olga). Keiner der Briefe stammte von Olga.
514 Ebenda, Nr. 1., Juni 15, 1979, S. 28.
515 *Briefe an Olga*, Nr. 135, S. 271.
516 Ebenda, Nr. 143, S. 305.
517 Ebenda, Nr. 138, S. 283.
518 Ebenda, S. 285.
519 Ebenda, S. 287.
520 Ebenda, S. 305.
521 Ebenda, Nr. 144, S. 310.
522 Brief an Olga, Nr. 145, 11. September 1982, nicht publiziert, Museum für tschechische Literatur, VHL, ID2966.
523 Brief an Olga, Nr. 153, 6. November 1982, nicht publizierter Teil, Museum für tschechische Literatur, VHL, ID2973.
524 Brief an Olga, Nr. 154, 13. November 1982, nicht publiziert, Museum für tschechische Literatur, VHL, ID2974.
525 Brief an Olga, Nr. 164, 30. Januar 1983, nicht publiziert, Museum für tschechische Literatur, VHL, ID2984.
526 Überführungsbefehl, 28. Januar 1983, Nationalarchiv, VHL, ID18125.
527 Brief an Olga, Nr. 165, 2. Februar 1983, nicht publiziert, Museum für tschechische Literatur, VHL, ID2985.
528 Brief an Pavel Kohout, 20. März 1983, Nationalmuseum, tschechoslowakisches Dokumentationszentrum, VHL, ID13981.
529 Brief an Samuel Beckett, 17. April 1983, Archiv von František Janouch, VHL, ID5852.
530 Brief an Pavel Kohout, 27. Juni 1983, Nationalmuseum, tschechoslowakisches Dokumentationszentrum, VHL, ID13979.
531 *Spisy*, Bd. II, S. 675–684.
532 *Plamen*, Nr. 6, 1964, S. 115 f., VHL, ID608. Der Stil dieses frühen Textes ist jedoch seltsam uncharakteristisch für Havel. Sehr wahrscheinlich wurde er von seinem Bruder Ivan geschrieben.
533 *Brief an Pavel Kohout*, 27. Juni 1983.
534 Z. B. der Brief von Vera Blackwell an Tom Stoppard, 28. September 1983, Václav-Havel-Archiv, Nationalarchiv, VHL, ID26497.
535 *Briefe an Olga*, Nr. 40, S. 56.
536 *Notizen zu* Largo Desolato, in: *Spisy*, Bd. IV, S. 502.
537 Die vorhergehenden und die folgenden Abschnitte beruhen zum

größten Teil auf mehreren Gesprächen mit Jitka Vodňanská im Sommer 2012. Natürlich könnten die verstorbene Olga und Anna, die krank war, als ich das Buch schrieb, eine andere Sicht auf die Dinge gehabt haben.

538 Brief an den Generalstaatsanwalt, 25. August 1985, Nationalmuseum, tschechoslowakisches Dokumentationszentrum, VHL, ID10955.

539 Gespräch mit Roger Scruton, 24. Januar 2013.

540 Kaiser (2009), S. 184.

541 Ebenda.

542 Ebenda, S. 176–180.

543 Beschrieben in: John Updike, *Bech in Bedrängnis*, Reinbek bei Hamburg 2000.

544 Roths Besuch in Prag wurde unsterblich gemacht im Epilog zu Philip Roths Zuckerman-Trilogie: *Die Prager Orgie*, München 1986.

545 Darunter schon früher Arthur Miller, dessen Theaterstück *Im Palais des Erzbischofs* (1977) auf seinen Begegnungen mit Havel, Pavel Kohout und ein paar anderen beruht.

546 Gespräch mit William und Wendy Luers, Washington Depot, 13. April 2013, und Briefwechsel mit William Luers, 19. und 22. April 2013.

547 Roman Tureček, »Neoficiální informační kanály mezi Československem a Západem v období 1969–1989 se zaměřením na tzv. kurýrní cestu« (Inoffizielle Informationskanäle zwischen der Tschechoslowakei und dem Westen in der Zeit von 1969–1989 unter besonderer Berücksichtigung des sogenannten Kurierkanals), Magisterarbeit, Masaryk-Universität, Brünn 2010, S. 72.

548 Havel/Prečan (2011), S. XIX–XX.

549 Damals etwa 3000 Dollar.

550 Jiří Suk, »Podrobná zpráva o paralelní polis« (Detaillierter Bericht über die parallele Polis), in: Havel/Janouch (2007), S. 9–29.

551 Ebenda, S. 14.

552 Der Janouch-Kanal war bestimmt nicht der einzige in diesem geheimen Finanzierungs- und Distributionsnetz, an dem zahlreiche mutige und großzügige Menschen beteiligt waren. Er war jedoch der wichtigste, was die Geschichte von Václav Havel betrifft.

553 Havel an Janouch, Nr. 170, 1. August 1988, Havel/Janouch (2007), S. 395.

554 »Seznam trvalých příkazů« (Daueraufträge für 1986), VHL, ID5444.

555 Erasable Programmable Read-Only Memory.

556 Havel/Janouch (2007), Nr. 130, 2. November 1986, S. 289. Die »Experten, die mir nahestehen«, waren Havels Bruder Ivan und seine Frau Dagmar, beide Mathematiker und Computerwissenschaftler.

Der unglückliche Herr B. war der Philosoph Václav Benda, Havels ehemaliger Mitgefangener.

557 Nach dem November 1989 kehrte Jan Kavan nach Prag zurück und wurde ins Parlament gewählt. Es stellte sich heraus, dass er bei der Geheimpolizei als Agent registriert gewesen war. Doch er wurde in einem Gerichtsverfahren entlastet und machte schließlich in Tschechien eine ebenso umstrittene Karriere, bei der er es bis zum tschechischen Außenminister brachte.

558 Janouch an Havel, 23. April 1985, Havel/Janouch (2007), S. 167.

559 Havel an Janouch, 14. Mai 1985, ebenda, S. 174.

560 Gespräch mit Roger Scruton, 24. Januar 2013.

561 Havel an Janouch, 3. August 1986, Havel/Janouch (2007), S. 268.

562 Havel an Janouch, 6. September 1986, ebenda, S. 281.

563 Am 30. Mai 1983, in: Císařovská/Prečan (2007), Bd. I, D243, S. 519.

564 Am 12. Juni 1983, ebenda, D244, S. 520.

565 *Am Anfang war das Wort*, S. 115–159.

566 Ebenda, S. 144 f.

567 Ebenda, S. 146.

568 Ebenda.

569 Ebenda, S. 147.

570 Ebenda, S. 148.

571 13. August 1984, Havel/Prečan (2011), S. 216 f.

572 Vaculík (1990), S. 325.

573 Brief an Josef Škvorecký, 1. September 1983, Hoover Institution Archives, VHL, ID33246.

574 »Odpovědnost jako osud« (Verantwortung als Schicksal), in: *Spisy*, Bd. IV, S. 407.

575 Havel an Janouch, Nr. 95, 8. Dezember 1985, Havel/Janouch (2007).

576 Havel an Prečan, Nr.121, 14. September 1985, Havel/Prečan (2011).

577 Brief an Pavel Landovský, 16. März 1986, VHL, ID16216.

578 Ebenda.

579 Bratinka et al. (2010).

580 Z. B. Ivan Martin Jirous, »Havlovy hlubiny« (Havels Tiefen), in: Vokno 11/1986, VHL ID4302.

581 Mehr über *O divadle* findet sich in: Kriseová (1991), S. 227. Siehe auch: Havels Brief an Janouch, 7. Juli 1986, Havel/Janouch (2007), S. 263.

582 »Erklärung zur Verleihung des Erasmuspreises«, 22. Januar 1986, in: *Spisy*, Bd. IV, S. 612.

583 »Ich bekomme mehr Publicity und Ehrungen, als ich verdiene.« Havel an Janouch, 25. Januar 1985, Havel/Janouch (2007), S. 155.

584 Einschätzung der rechtlichen Risiken bei einer Annahme der mit dem Erasmuspreis verbundenen Vergütung, 1986, VHL, ID5456.

585 Havel an Janouch, 6. September 1986, Havel/Janouch (2007), S. 281.
586 *Frankfurter Allgemeine Zeitung*, 20. Oktober 1986.
587 Dankesrede anlässlich des Erasmuspreises, in: *Spisy*, Bd. IV, S. 616.
588 Ebenda, S. 613.
589 »Setkání s Gorbačovem« (Begegnung mit Gorbatschow), Juli 1987, in: *Spisy*, Bd. IV, S. 960–963.
590 Der deutsche Titel gibt den tschechischen Titel *Asanace* (Slumsanierung) nur halb wieder. Hierbei handelte es sich um das Codewort der Geheimdienstoperation, mit der die Unterzeichner der Charta aus dem Land getrieben werden sollten.
591 Wie auch in anderen Stücken verwendet Havel hier Namen von Freunden und Bekannten für Figuren des Stückes. Im wirklichen Leben ist Plechanov ein in Russland geborener tschechischer Systemtechniker, der zu der Gruppe in Hornosín gehört hatte. Er bekam später die Aufgabe, das erste Bürokommunikations- und Datenverwaltungssystem im Büro des Präsidenten einzurichten.
592 »O Asanaci« (Über Slumsanierung), in: Freimanová (2012), S. 589.
593 Franz Kafka, »Betrachtungen über Sünde, Leid, Hoffnung und den wahren Weg«, in: *Beim Bau der Chinesischen Mauer*, Berlin 1931, S. 230.
594 *Prase, or Václav Havel's Hunt for a Pig*, Prag 2010, S. 11.
595 Mich eingeschlossen. Ich hatte das Lager seit seiner Gründung besucht.
596 Diskussionsgruppe in Hornosín, 23. Juli 2012.
597 Petr Pospíchal, »Zemřel Augustín Navrátil« (Nachruf auf Augustín Navrátil, in: www.totalita.cz/vysvetlivky/o_navratila.php.
598 Gespräch mit Karel Schwarzenberg, 2. März 2012.
599 »Popis mého psacího stolu« (Beschreibung meines Schreibtischs), Hrádeček, 1988, in: *Spisy*, Bd. IV, S. 1068 ff.
600 Michael Wise, »Police round up dissidents to block protest«, Reuters, 27. Oktober 1988.
601 Kriseová (1991), S. 235, nennt fälschlich den 10. November als Datum.
602 Das Zitat und andere Details stammen aus: Timothy Garton Ash, »The Prague Advertisement«, in: *New York Review of Books*, 22. Dezember 1988.
603 »Police roundup to block Prague seminar nets over 40 dissidents«, Reuters, 13. November 1988.
604 Brief an Ministerpräsident Ladislav Adamec, 14. November 1988, Národní museum, tschechoslowakisches Dokumentationszentrum, VI-19, VHL, ID10954.

605 Michael Wise, »Thousands cheer dissidents at authorized rally«, Reuters, 10. Dezember 1988.
606 Michael Wise, »Prague police attack thousands chanting demands for freedom«, Reuters, 15. Januar 1989.
607 Michael Wise, »Police attack demonstrators in Prague for second day«, Reuters, 16. Januar 1989.
608 Michael Wise, »Police use truncheons and water cannon to disperse crowds«, Reuters, 17. Januar 1989.
609 Michael Wise, »Prague police let thousands demonstrate after U.S. protest«, Reuters, 18. Januar 1989.
610 Michael Wise, »Truncheon-wielding police crush Prague protest«, Reuters, 19. Januar 1989.
611 Michael Wise, »800 detentions in biggest wave of protests in 20 years«, Reuters, 22. Januar 1989.
612 Eine Ironie der Geschichte wollte es, dass Devátý nach dem November 1989 Chef des tschechischen Inlandsnachrichtendiensts BIS, des widerwilligen Erben des StB, wurde.
613 Tatsächlich gab es zwei Petitionen, eine kleinere von Kulturschaffenden im Januar und eine spätere, größere des Komitees, das Havels Bewährungsantrag unterstützte.
614 Michael Wise, »Czech dissident Havel freed after serving half jail term«, Reuters, 17. Mai 1989.
615 Telegramm aus der US-amerikanischen Botschaft in der Tschechoslowakei an das State Department, Nr. 07892, 9. November 1989, in: Prečan (2004), S. 45.
616 Ebenda, S. 47.
617 Ebenda.
618 Michael Žantovský, »Resumption. The Gears of 1989«, in: *World Affairs Journal*, Januar/Februar 2010.
619 *Fassen Sie sich bitte kurz*, S. 71.
620 Alexandr Vondra, in: art.ihned.cz/c1-37533960-autori-nekolika-vet-prepnuli-jsme-na-vyssi-rychlostni-stupen, 22. Juni 2009.
621 Gespräch mit Alexandr Vondra, 9. August 2012.
622 Der Titel war dem berühmten »Manifest der 2000 Worte« des Prager Frühlings nachempfunden und stammte von Křižan, der offenbar meinte, dass ein paar Sätze reichen würden. Tatsächlich waren es nur 458 Worte.
623 Jiří Urban, »Několik vět« (Ein paar Sätze), in: *Paměť a dějiny*, 2010/1, S. 39 ff.
624 *Rudé právo*, 30. Juni 1989, S. 2.
625 Der komische Auftritt ist zu sehen auf: www.youtube.com/watch?v=ILrxWv2teTw sowie Highlights mit englischen Untertiteln:

Teil I: www.youtube.com/watch?v=h_OW9zIRFoU und Teil II: www.youtube.com/watch?v=UpPTh_O2PMQ.

626 Milan Bárta, »K zajištění klidu a veřejného pořádku …« (Zur Aufrechterhaltung von Ruhe und Ordnung …), in: *Paměť a dějiny* 2009/4, S. 8.

627 Michael Wise, »Prague riot police charge protesters on invasion anniversary«, Reuters, 21. August 1989.

628 »Two Hungarians involved in Prague protests to be tried«, Reuters, 26. August 1989.

629 Tonaufnahme Nr. 6, in: Gerová (2009).

630 Das Regime war so kleinlich, sogar den Namen der Gruppe zu verbieten, weshalb sie gezwungen war, den extrem nichtssagenden Namen Hudba Praha (Musik Prag) anzunehmen.

631 In Keane (2000), S. 397, wird der Hof als »pittoreskes Landhaus« bezeichnet, was mögliche Pilger unnötig verwirren dürfte.

632 Tonaufnahme Nr. 6, in: Gerová (2009).

633 Interview mit Eda Kriseová, 23. März 2013. Sie befand sich auf der Party, war aber nicht dabei, als Havel beinahe ertrunken wäre. Havel sagte, er sei bei dem Unfall »völlig nüchtern« gewesen und habe sich erst danach betrunken. Auf die mystische Bedeutung des Ereignisses, über das er Eda Kriseová berichtete, bezieht er sich in einem Brief an Jiří Gruša, 28. September 1989, VHL, ID18167.

634 Eine Solidarność-Delegation, angeführt von Adam Michnik, besuchte Havel in Hrádeček im Juli 1989, offensichtlich eine Geste der Solidarität unter Kampfgefährten.

635 Oldřich Tůma, »Exodus východních Němců přes Prahu v září 1989« (Exodus der Ostdeutschen via Prag im September 1989), in: *Soudobé dějiny*, 1999, Nr. 2–3, S. 147–164.

636 Telefongespräch mit František Janouch, 4. Oktober 1989, in: Havel/Janouch (2007), Anhang XVIII, S. 529.

637 Havel/Janouch (2007), Anhang XIX, 5. Oktober 1989, S. 531–534.

638 Gespräch mit Joan Baez, Prag, 20. Oktober 2012.

639 Gerová (2009), S. 106.

640 »Ein Wort über das Wort«, tschechisch und deutsch unter: www.boersenverein.de/sixcms/media.php/806/1989_havel.pdf, S. 11–22, Zitat: S. 21 f.

641 Ebenda, S. 22.

642 Gespräch mit Daniel Kroupa, 1. März 2013.

643 Michael Wise, »Czech Dissidents detained ahead of pro-democracy demonstration«, Reuters, 27. Oktober 1989.

644 Michael Wise, »Police break up rally of over 10 000 in Prague«, Reuters, 28. Oktober 1989.

645 Gespräch mit Alexandr Vondra, 9. August 2012.
646 Gespräch mit Jitka Vodňanská, Hornosín, 12. Juli 2012.
647 Gerová (2009), S. 130.
648 Müllerová/Hanzel (2009), S. 31–35. Die Organisatoren schätzten die Teilnehmerzahl auf mehr als 30 000, aber dies ist mit der Situation in den späteren Phasen der Demonstration nicht in Einklang zu bringen.
649 Paula Butturini, die für die *Chicago Tribune* berichtete, landete mit einem Schädelbruch im Krankenhaus. Ihr erging es kaum besser als ihrem Mann John Tagliabue von der *New York Times*, der einen Monat später im rumänischen Temeschwar angeschossen und beinahe getötet wurde.
650 Michael Žantovský, »Czechoslovak student beaten to death in protest, activist says«, Reuters, 18. November 1989.
651 Das falsche Gerücht beruhte auf angeblichen Augenzeugenberichten, die von den führenden Dissidenten Petr Uhl und Václav Benda an Journalisten übermittelt wurden. Wie sich später herausstellte, waren die beiden unabhängigen Quellen, auf die mehrere Journalisten, einschließlich des Autors, ihre Berichte stützten, ein und derselbe Zeuge – ein nachweislich unzuverlässiger Mann und möglicherweise ein Schauspieler. Havel hatte nichts mit der Sache zu tun und wusste anfänglich gar nichts von ihr.
652 Die Geschichte der Samtenen Revolution ist auch die Geschichte der Prager Theateravantgarde, die bis in die sechziger Jahre zurückreicht. Siehe z. B. Rocamora (2004), S. 282.
653 Gespräch mit Alexandr Vondra, 9. August 2012.
654 Müllerová/Hanzel (2009), S. 25.
655 Hejdánek, Ladislav, *Havel je uhlík* (Havel ist Kohlenstoff), Sešity VHL, 3/2009.
656 Gespräch mit Ladislav Kantor, Roztoky, 27. Februar 2013.
657 Telegramm aus der amerikanischen Botschaft in Prag an das State Department, Prag, 21. November 1989, in: Prečan (2004), S. 106. Andere Quellen, z. B. Suk (2013), S. 330, geben die Zahl mit 200 000 wahrscheinlich zu hoch an. Auch die für die folgenden Tage behaupteten 300 000 Personen sind höchst unwahrscheinlich. Sie würden acht Personen pro Quadratmeter bedeuten.
658 Gespräch mit Ladislav Kantor, Prag, 27. Februar 2013.
659 Ein beliebter Scherz in Form einer Quizfrage lautete: Sind die Sowjets unsere Freunde oder unsere Brüder? Antwort: Brüder, weil man sich seine Freunde aussuchen kann.
660 Gespräch mit Ladislav Kantor, 27. Februar 2013.
661 Ebenda.

662 Rede vor den Demonstranten auf dem Wenzelsplatz, 22. November 1989, in: *Spisy*, Bd. IV, S. 1161.
663 Interview mit Marián Čalfa, Institut für Zeitgeschichte, Prag 1994. Die Übersetzung wird dem tschechischen »nějak bylo, nějak bude« nicht ganz gerecht.
664 Ebenda, S. 34.
665 Vaculík (1990), S. 325.
666 Ludvík Vaculík an Václav Havel, 27. November, 1989, VHL, ID4833.
667 Hanzel (2006), S. 44.
668 Anders als in einem früheren Interview (Institut für Zeitgeschichte 1994, S. 29) vertritt Adamecs Nachfolger Čalfa heute die Ansicht, dass Adamec dies schon die ganze Zeit geplant hatte, auch wenn Čalfa nie glaubte, dass er Erfolg haben könnte (Gespräch mit Marian Čalfa, 29. August 2013).
669 Hanzel (2006), S. 179.
670 Dies führte zu einem gewissen Galgenhumor: »Budaj ist Heizer, oder? Vielleicht sollte er Energieminister werden?« (Aufnahme einer Sitzung des Bürgerforums, Bd. 6, Archiv von Vladimír Hanzel).
671 Gespräch mit Marian Čalfa, Prag, 29. August 2013.
672 Gespräch mit Petr Pithart, 28. August 2012.
673 Ebenda. Die James-Bond-Version mit mysteriösen »dänischen Profis«, die den Raum nach Wanzen durchsuchen, findet sich in: Suk (2013), S. 393. Sie stammt offenbar ursprünglich von Pithart und scheint reine Vermutung zu sein.
674 Gespräch mit Marián Čalfa, Prag, 29. August 2013.
675 Den einzigen wichtigen Befehl gab der stellvertretende Innenminister Alojs Lorenc, der für den StB zuständig war. Er ließ Akten vernichten, um der neuen Regierung und später den Historikern die Identifizierung der Agenten des alten Regimes zu erschweren.
676 Müllerová/Hanzel (2009), S. 37.
677 Gespräch mit Alexandr Vondra, 9. August 2012.
678 »Ich habe die ›Präsidentschaft‹ angenommen? Moment mal, ich habe überhaupt nichts angenommen.« Suk (1998).
679 Pavel Tigrid/Jan Otava, »A Report on the Situation in Central Europe«, *Svědectví*, Nr. 87/1989, S. 525.
680 Gespräch mit Pavel Kohout, Prag, 22. Oktober 2012.
681 Gespräch mit Daniel Kroupa, Prag, 1. März 2013.
682 Petr Pithart sagt, er habe einfach nicht glauben können, dass Havel wirklich Präsident werden wollte. Gespräch mit Petr Pithart, 28. August 2012.
683 Erweiterte Krisengruppe, 8. Dezember, Archiv von Ladislav Kantor, zitiert in: Kaiser (2009), S. 223.

684 Václav Klaus räumt ein, dass er bei dem Gedanken, dass Havel Präsident werden könnte, die »Stirn runzelte«, erinnert sich jedoch nicht daran, über die Frage abgestimmt zu haben (Gespräch mit Václav Klaus, 30. August 2013).

685 Gespräch mit Jiří Bartoška, Prag, 1. März 2013.

686 Suk (2003), S. 142.

687 Gespräch mit Marian Čalfa, 29. August 2013.

688 Suk (1998), S. 62 f.

689 Gespräch mit Alexandr Vondra, 10. August 2012.

690 William Luers, »Remarks at the Lion and the Eagle Symposium«, NYU, New York, 8. Mai 2012.

691 Keane (1999), S. 382.

692 Simmons (1991), S. 196.

693 »Ihr umschwärmt mich wie Küken eine Henne, dass ich Kopfweh kriege und völlig erschöpft bin, wenn ich in meinem Büro ankomme.« Protokoll des Collegiums, 21. Mai 1990, Archiv von Bára Štěpánová.

694 Z. B. von *Signum Laudis* (1980).

695 Z. B. für den preisgekrönten »Eastern« *Je třeba zabít Sekala* (Sekal muss sterben) von 1998.

696 Gespräch mit Alexander Vondra, 9. August 2012.

697 Der Eifer, mit dem Havel versuchte, alle Möbelstücke, Gemälde und Dekorationen zu beseitigen, die nach der kommunistischen Ära aussahen, war eine der Eigenarten, für die er häufig, und manchmal zu Recht, kritisiert wurde. Selbst einige seiner Mitarbeiter im Büro hatten das Gefühl, dass er zu viel Zeit auf den Versuch verwendete, die Ästhetik des Kommunismus auszulöschen, und zu wenig darauf, die Verbrecher der kommunistischen Ära ihrer gerechten Strafe zuzuführen.

698 Der wirkliche Name des Theaters war Gans an der Schnur (HuSa na provázku), HuSa stand dabei für Humor und Satire und nicht so sehr für den Vogel. Leider war der Name wegen der großen Ähnlichkeit des Wortes Husa mit dem Namen des Normalisierungspräsidenten Gustav Husák (was »Gänserich« bedeutet) unannehmbar für die Staatsmacht, und so wurde Husa der Hals abgeschnitten.

699 www.lidovky.cz/havluv-pritel-joska-skalnik-donasel-na-americany-f6x-/zpravy-domov.aspx?c=a091201_213155_ln_domov_ani.

700 Z. B. in: Keane (2000), S. 429 ff.

701 *Fassen Sie sich bitte kurz*, S. 119. Im Rückblick gesehen, wäre ein slowakischer Vizepräsident vielleicht gar keine so schlechte Idee gewesen und hätte sich auf die späteren Kontroversen positiv ausgewirkt. Der Autor erinnert sich, die Möglichkeit mit Havel und an-

deren Mitgliedern des Teams diskutiert zu haben, kann sich jedoch nicht mehr an die Gründe erinnern, warum sich alle einig waren, dass sie nicht durchführbar war. Havels Erinnerung, der Posten sei womöglich in dem Verfassungsentwurf enthalten gewesen, den er dem Parlament vorlegte, ist offenbar nicht richtig.

702 Karel Schwarzenberg sollte in der Tschechischen Republik Außenminister werden. Im Januar 2013 scheiterte er knapp mit dem Versuch, als Präsident in Havels Fußstapfen zu treten.

703 Havel selbst war kein Fan des Krauts, aber Marihuana war ein unverzichtbarer Bestandteil der Untergrundszene und des Oppositionellenmilieus. Es wurde fast ausschließlich selbst angebaut, war deshalb ziemlich mild und wurde umsonst angeboten und gemeinsam geraucht.

704 Er hatte die Rede klugerweise schon vor der Party am Vortag geschrieben und aufgezeichnet.

705 »Von welcher Republik ich träume«, Neujahrsansprache 1990, in: *Am Anfang war das Wort*, S. 235.

706 Gespräch mit Pavel und Petr Král, Prag, 22. Februar 2013.

707 *Am Anfang war das Wort*, S. 237.

708 Instruktionen für die Burg, Archiv des Autors.

709 Rede bei einer Demonstration auf dem Wenzelsplatz, 10. Dezember 1989, www.89.usd.cas.cz/en/documents.html.

710 *Václav Havel, Praha-Hrad*, Dokumentarfilm von Martin Vidlák und Petr Jančárek, Tschechisches Fernsehen, 2000.

711 Auch war er mit den harten und demütigenden Bedingungen in den überfüllten Haftanstalten vertraut und spürte intuitiv, dass es notwendig war, Dampf abzulassen. Tatsächlich brach zwei Monate nach seinem Amtsantritt als Präsident der größte Gefängnisaufstand der tschechoslowakischen Geschichte aus. Er fand in dem berüchtigten Hochsicherheitsgefängnis von Leopoldov statt. Wie durch ein Wunder wurde bei seiner Niederschlagung niemand getötet.

712 Ironischerweise bekam Havel in Reaktion auf seinen Antrag, zum Empfang des Olof-Palme-Preises nach Schweden reisen zu dürfen, seinen Pass zurück, als die Samtene Revolution schon eine Woche im Gange war und er nicht im Traum daran dachte, nach Schweden zu reisen. Der Preis wurde ihm in der Tschechoslowakei durch den schwedischen Botschafter überreicht.

713 Pithart (2009), S. 248.

714 Heute erinnert man sich nur noch mit Mühe daran, aber es gab tatsächlich einmal zwei Deutschlands. Havel traf sich in München mit führenden Politikern der Bundesrepublik und in Berlin mit führenden Politikern der DDR.

715 Bei der Operation »ZÁSAH« (INTERVENTION) sollten 7632 Offiziere, 476 Lastwagen, 92 gepanzerte Mannschaftstransportwagen und 155 Panzer zum Einsatz kommen (Abschlussbericht des Untersuchungsausschusses für die Ereignisse am 17. November 1989, Bundesversammlung der Tschechischen und Slowakischen Föderativen Republik, www.psp.cz/eknih/1990fs/tisky/t1236_01.htm).

716 Eine dieser Verschwörungstheorien entstand durch eine durch ein angeschaltetes Mikrofon übertragene, geflüsterte, aber unkluge Bemerkung, die der Autor dieses Buchs auf einer Pressekonferenz machte. Als der stellvertretende Innenminister Jan Ruml, ein Freund von mir, zögerte, den Journalisten die finanziellen Details eines dieser Fälle zu enthüllen, flüsterte ich ihm zu: »Nun lass dir schon was einfallen« (Tak tam něco prskni).

717 Gespräch mit Petr Pithart, 28. August 2012.

718 Gespräch mit Alexandr Vondra, 8. August 2012.

719 Im Nachhinein vertritt Pithart (2009) die Ansicht, dass ein System mit Mehrheitswahlrecht bei den ersten demokratischen Wahlen zu einem Parlament mit zwei Parteien geführt hätte, dem Forum und den Kommunisten in der Tschechischen Republik und Öffentlichkeit gegen Gewalt und den Kommunisten in der Slowakei. Das ist ein Irrtum. Gemäß den tatsächlichen Zahlen, nach denen das Forum mehr als die Hälfte der Stimmen gewann, hätten die Kommunisten bei einem System mit Mehrheitswahlrecht in der Tschechischen Republik keinen einzigen Sitz gewonnen. In der Slowakei waren sie nicht einmal die zweitstärkste Partei.

720 Gespräch mit Petr Pithart, 28. August 2012.

721 Damit dies möglich war, musste in der anderen Republik eine zweite Partei gleichen Namens gegründet werden.

722 Die 2014 verstorbene Shirley Temple Black war großzügig, aber nicht besonders geschickt bei der Wahl ihrer Geschenke für den Präsidenten. Der konservierte Piranha mit der Widmung »Für Václav Havel von STB«, beschwor eher Erinnerungen an die kommunistische Geheimpolizei als an die hübsche Botschafterin herauf und landete in meinem Büro. Einmal brachte sie Havel eine künstliche Topfblume, die sich beim Klang von Popmusik drehte, wenn man auf einen Knopf drückte. Sie kam nur selten zum Einsatz. Bei ihrer Abschiedsaudienz bot sie dem Präsidenten an, ihm ihren Hund zu vermachen, dem sie die Strapazen des langen Flugs nach Kalifornien nicht zumuten wollte. »Aber ich habe schon einen Hund«, wandte Havel höflich ein.

723 Es handelte sich um eine Antiüberwachungseinrichtung und nicht

um ein »Überwachungssystem«, als das sie fälschlich bezeichnet wird in: Keane (2000), S. 424.

724 Der unverbesserlich neugierige Havel testete den Apparat sofort nach seiner Entdeckung. Er erreichte eine russisch sprechende Dame und bat sie, ihn mit Präsident Gorbatschow zu verbinden. Sie bat ihn, am Apparat zu bleiben, gleich darauf war die Leitung für immer tot.

725 Instruktionen für die Burg, 1. Januar 2002, Archiv von Jaroslava Dutková, VHL, ID5657.

726 Interview mit Jiří Křižan, 19. August 2006, Prager Institut für Zeitgeschichte.

727 Interview mit Václav Havel von Mikuláš Kroupa, 17. März 2010, http://www.pametnaroda.cz/witness/clip/id/1627/clip/7118/«cs_7118.

728 Dieser erinnert sich, dass ihn Havel zunächst umarmte und ihm ein wichtiges Amt anbot, nur um ihn später auszuschließen, weil einige seiner Mitarbeiter wegen Kohouts kommunistischer Vergangenheit intervenierten. Er hat teilweise recht, obwohl Havel genau wusste, was vor sich ging.

729 Václav Havel, »Revolutionary«, in: *New Yorker*, 20. Dezember 1993.

730 Empfang von Frank Zappa in der Prager Burg, 22. Januar 1990, VHL, ID17191.

731 »Sie können entweder mit den Vereinigten Staaten oder mit Frank Zappa zusammenarbeiten«, soll der amerikanische Außenminister James Baker bei seinem Besuch in Prag im Februar 1990 gesagt haben. Der Autor, der bei den Gesprächen zugegen war, kann sich daran nicht erinnern.

732 Die Geschichte von Havels Besuch im Jahr 1998 und dem Dinner im Weißen Haus findet sich in Vondras Bericht in: Matějková (2012), S. 242 f.

733 Gespräch mit Bill Clinton, 11. November 2013.

734 *Spisy*, Bd. VI, S. 25.

735 Das neue Wappen wurde von dem Grafikdesigner Joska Skalník, einem Berater Havels, entwickelt.

736 Brief an Václav Havel, 24. August 1990, VHL, ID4775.

737 Havel, das Forum und die Öffentlichkeit hatten statt der üblichen Amtszeit von vollen fünf Jahren auf einer verkürzten Amtszeit von sechs Monaten bestanden, weil nur ein wirklich demokratisch gewähltes Parlament ein wirklich legitimes Staatsoberhaupt wählen konnte.

738 Der enorme Aufklärungsbedarf wird durch die Tatsache am deutlichsten, dass vieles von dem wenigen, was man im Büro des Prä-

sidenten über amerikanische Politik wusste, von mir kam, und ich hatte meine Informationen durch Lesen und Übersetzen und nicht durch direkte Erfahrung erworben.

739 Es gab noch ein weiteres Flugzeug mit einer etwas anderen Reiseroute für alle, die nicht mehr in das erste Flugzeug gepasst hatten.

740 Škvorecký überlebte Havel um zwei Wochen.

741 Wenig später bekam ein Abschnitt der Straße auf Betreiben der Frau eines mitteleuropäischen Botschafters zum Gedenken an die Revolutionen von 1989 den etwas kitschigen Namen Spring of Freedom Street (Quelle-der-Freiheit-Straße), sehr zum Missfallen der Washingtoner Taxifahrer, denen die Umbenennung noch jahrelang das Leben schwermachte.

742 Das Gebäude ist heute die Rock Creek Gallery.

743 Siehe Albright (2003), S. 116.

744 Auch für mich war die Rede denkwürdig, wenn auch aus anderen Gründen. Havel traute seinem Englisch nicht, also musste ich als seine amerikanische Stimme fungieren und die Rede simultan übersetzen, während er sprach. Auf dem Flug nach Amerika hatte ich wegen der Luftdruckveränderungen jedoch in beiden Ohren schmerzhafte Pfropfen entwickelt. Danach hatte ich keine Zeit gehabt, einen Arzt aufzusuchen. Deshalb hörte ich kaum, was Havel sagte, und musste meinen Weg durch die Rede vor allem dadurch finden, dass ich ihm von den Lippen ablas. Die Erfahrung war fürchterlich. Noch Jahre danach rächte ich mich jedes Mal, wenn Havel seine Rede vor den beiden Kammern des Kongresses erwähnte, mit der Bemerkung, dass er in Wirklichkeit zu mir gesprochen habe und ich für seine Worte taub gewesen sei.

745 Tatsächlich war seine Mutter Terézie Fecková Slowakin, aber niemand hatte die Zeit, sich mit nebensächlichen Details aufzuhalten.

746 *Fassen Sie sich bitte kurz*, S. 119 f.

747 Auf Russisch wörtlich »Diensthabende«.

748 Zu diesem Thema waren freilich schon seit Januar Vorbereitungsgespräche geführt worden.

749 Schachnasarow war genau wie Schewardnadse und viele andere sowjetische Reformer kein ethnischer Russe, sondern ein Armenier und in Aserbaidschan geboren. Prag war ihm nicht fremd; er hatte dort für den *World Marxist Review* gearbeitet, der in Prag von dem Verlag Frieden und Sozialismus herausgegeben wurde, eine von den Sowjets kontrollierte Propagandazeitschrift der Komintern, die sich freilich zur Brutstätte für sowjetische Reformer wie Gennadi Gerassimow, Alexander Lukin, Jegor Wladimirowitsch Jakowlew und Georgi Arbatow entwickelte.

750 In seinem Bericht über den Vorfall (*Fassen Sie sich bitte kurz*, S. 171) legt Havel seine typische Großzügigkeit an den Tag: »Ich weiß nicht, ob das Begriffsstutzigkeit oder der Versuch war, einen Witz zu machen, aber lieber würde ich an die zweite Alternative glauben.« Vondras bis auf ein paar Details identische Version der Geschichte findet sich in: Matějková (2012), S. 111.

751 Ronald Reagan hätte den Orden natürlich auch verdient gehabt, aber er war damals schon zu krank, um ihn in Empfang zu nehmen.

752 *Václav Havel, Praha-Hrad*, II, Dokumentarfilm von Petr Jančárek, Tschechisches Fernsehen, 2009.

753 Auf dem letzten Treffen des Politischen Beratenden Ausschusses des Warschauer Pakts in Prag, 1. Juli 1991, VHL, ID944.

754 Oleg Baklanow, Wladimir Krjutschkow, Walentin Pawlow, Boris Pugo, Wassili Starodubzew, Alexander Tisjakow, Gennadi Janajew, Dmitri Jasow.

755 Ein Lastwagenfahrer erzählte eines Tages in einer Prager Bar seinen Freunden, wie groß die Bandbreite an Gütern war, die er regelmäßig in die Sowjetunion lieferte. »Und was bringst du wieder zurück?«, fragten sie. »Zurück? Zurück laufe ich.«

756 Das Abkommen wurde von einer undurchsichtigen Firma vermittelt, und die Tschechische Republik gewährte einen erheblichen Rabatt. Es umfasste die Lieferung modernster russischer Militärhubschrauber, zweier schwerer Lufttransportmaschinen und sogar die tschechische Teilnahme am russischen Raumfahrtprogramm. Während ich dies schreibe, stehen alle drei Dinge noch aus. Ende 2013 wurde die Schuld dennoch für beglichen erklärt.

757 Die Abneigung muss auf Gegenseitigkeit beruht haben. Zu Havels Beerdigung schickte Putin den Präsidenten des russischen Paralympischen Komitees Wladimir Lukin.

758 Interview mit Petra Procházková, *Lidové noviny*, 19. März 2008.

759 K.H. Borovský, »Slovan a Čech« (Der Slawe und der Tscheche), *Pražské noviny*, 1846.

760 *Spisy*, Bd. VI, S. 44–53.

761 Václav Havel, Prager Burg.

762 Rede anlässlich des Besuchs des deutschen Bundespräsidenten Richard von Weizsäcker, 15. März 1990, in: *Gewissen und Politik*, S. 98.

763 Ebenda.

764 Die neue Politik der »intensiven Beschäftigung mit den wirklichen Demokraten« wurde von Außenminister Howe schon im September 1983 auf einer Konferenz in Chequers formuliert, die Thatcher einberufen hatte (privater Briefwechsel im Archiv des Autors).

765 Dominic Lawson, »Inside the castle«, *Spectator*, 15. September 1990.

766 Hebräische Universität Jerusalem, 26. April 1990, in: *Gewissen und Politik*, S. 123.

767 Ebenda, S. 124 f.

768 Salzburger Festspiele, 26. Juli 1990, in: *Gewissen und Politik*, S. 182.

769 Friedrich Dürrenmatt, »Die Schweiz – ein Gefängnis«, Rede bei der Verleihung des Gottlieb-Duttweiler-Preises an Václav Havel in Zürich, 22. November 1990; www.juerg-buergi.ch/Aktuell/Aktuell/assets/Rede_Duerrenmatt.pdf.

770 Später kam noch der außenpolitische Berater Alexandr Vondra dazu.

771 Gespräch mit Madeleine Albright, Washington, 9. November 2013.

772 Auf dieses Treffen folgten mehrere Runden Hinterzimmerdiplomatie mit dem Ziel, eine Kompromisslösung für die Sudetendeutschen zu finden. Sie sollte auf deutscher Seite die Annullierung des Münchner Abkommens beinhalten und es einzelnen Sudetendeutschen ermöglichen, die tschechische Staatsbürgerschaft wiederzuerlangen. Obwohl beide Parteien dicht vor einem Abkommen standen, brach Bundeskanzler Kohl die Gespräche nach einer angeblichen Indiskretion der tschechoslowakischen Seite ab. Laut anderen Beteiligten führte Kohls Forderung, das Eigentum zu restituieren, zum Abbruch der Gespräche. Sie war in einem Brief an Havel enthalten, der inzwischen verschwunden ist. Bei den Gesprächen mit Havel anlässlich der Unterzeichnung eines Vertrags zwischen den zwei Ländern am 27. Februar 1992 in Prag wurde nur über die Gründung einer gemeinsamen Stiftung zur Entschädigung der Opfer des von beiden Seiten im Krieg begangenen Unrechts verhandelt (Notizen über die Gespräche im Archiv des Autors). In der gemeinsamen Erklärung der beiden Staaten von 1997 wurde diese Idee übernommen.

773 Gespräch mit Pavel und Petr Král, 21. Februar 2013.

774 Begrüßung Seiner Heiligkeit Johannes Paul II. auf dem Prager Flughafen, 21. April 1990, in: *Gewissen und Politik*, S. 119.

775 Begrüßung Seiner Heiligkeit Johannes Paul II. auf der Prager Burg, 21. April 1990, in: ebenda, S. 121 f.

776 »Rede vor beiden Kammern des Kongresses«, 21. Februar 1990, in: ebenda, S. 78.

777 1. Mose 18,25.

778 Dahrendorf (1990).

779 Gespräch mit Václav Klaus, 30. August 2013.

780 Zákon o zmírnění následků některých majetkových křivd, Nr. 403/1990 Sb.

781 Die Bestimmung über den Wohnsitz wurde später aufgehoben.

782 *Angst vor der Freiheit*, S. 15.
783 Martin Bútora/Zora Bútorová, »Nesnesitelná lehkost rozchodu« (Die unerträgliche Leichtigkeit der Trennung), in: Kipke/Vodička (1993).
784 Brief an Ivan Medek, 27. Januar 1984, VHL, ID9100.
785 Einschließlich großer Mengen Semtex-Plastiksprengstoffs, die an Oberst Gaddafi verkauft wurden, der sie bereitwillig an die IRA oder den Schwarzen September weiterleitete.
786 Gespräch mit Marian Čalfa, 29. August 2013.
787 Handschriftliche Notizen, 3. Februar 1991, Archiv des Autors.
788 Michal Kováč, Rede an die slowakische Nation, 31. Dezember 1992.
789 Den Sprecher der Bundesversammlung Alexandr Dubček, den Ministerpräsidenten des Bundes Marian Čalfa, den slowakischen Ministerpräsidenten Ján Čarnogurský, den tschechischen Ministerpräsidenten Petr Pithart, den Präsidenten des Slowakischen Nationalrats František Mikloško, die tschechische Justizministerin Dagmar Burešová, den stellvertretenden Präsidenten des tschechischen Nationalrats Jan Kalvoda und die Bundesminister Jan Stráský und Pavel Hoffmann.
790 Adressaten: Havel, Schwarzenberg, Křižan, Vondra, Kantor, Masák, 25. Februar 1991, Archiv des Autors.
791 Rede an die slowakische Nation, Bratislava, 14. März 1993, in: *Spisy*, Bd. VI, S. 336.
792 »Académie des sciences morales et politiques«, Paris, 17. Oktober 1992, in: *The Art of the Impossible* (1997), S. 104.
793 Ebenda.
794 Ebenda, S. 105 ff., Hervorhebung durch den Autor.
795 Ebenda, S. 107.
796 Karl Marx, 11. These über Feuerbach.
797 In privaten Gesprächen waren die Mitglieder der Partei entgegenkommender (Notizen über das Gespräch am 7. Juli 1992, Archiv des Autors).
798 Gespräch mit Václav Klaus, 30. August 2013.
799 Špaček (2012), S. 11.
800 Digitales Archiv des Abgeordnetenhauses des Parlaments der Tschechischen Republik, www.psp.cz/eknih/1993ps/stenprot/002schuz/s002003.htm.
801 Ebenda.
802 Gespräch mit Ladislav Špaček, 31. Mai 2013.
803 »The Sonning Prize«, 28. Mai 1991, in: *The Art of the Impossible* (1997), S. 73.
804 Ebenda, S. 138.

805 Antrittsrede, Prager Burg, 2. März 1993, in: *Spisy*, Bd. VII, S. 41.

806 Das Zitat wird Tomáš Ježek, dem Privatisierungsminister der Regierung Klaus, zugeschrieben, siehe z. B. Petr Pithart, »Právo a právníci v procesu privatizace« (Das Recht und die Juristen im Transformationsprozess), 10. Oktober 2006, www.pithart.cz.

807 So zum Beispiel der letzte Ministerpräsident der tschechoslowakischen Bundesregierung Jan Stráský: »Co Klaus sám necítí, nikdy neposlechne« (Was Klaus nicht selbst denkt, hört er sich niemals an), 3. März 2013, www.ihned.cz.

808 Siehe Špaček (2012), S. 17.

809 Ebenda, S. 89. Die Situation wird allen ehemaligen und gegenwärtigen Pressesprechern schmerzlich vertraut erscheinen.

810 Das gesamte Schlesien war im Besitz der böhmischen Krone, bis der preußische Herrscher Friedrich der Große es 1742 im Österreichischen Erbfolgekrieg eroberte.

811 Rede anlässlich der Enthüllung eines Denkmals für Tomáš Garrigue Masaryk, Olomouc, 7. März 1993, in: *Spisy*, Bd. VI, S. 66.

812 Ebenda, S. 69.

813 *Fassen Sie sich bitte kurz*, S. 195.

814 www.ushmm.org/research/library/faq/languages/en/06/01/ceremony/?content=wiesel.

815 Gespräch mit Bill Clinton, 11. November 2013.

816 Rede vor dem polnischen Sejm und dem polnischen Senat, 25. Januar 1990, in: *Spisy*, Bd. VI, S. 50 f.

817 Siehe dazu *Die Anatomie der Zurückhaltung*, in: *Spisy*, Bd. IV, S. 523–561.

818 Wenn dies dank des Vorteils der Rückschau wie eine frühe Version der neokonservativen Agenda erscheinen mag, so zeigt sich auch, dass die Rückschau nicht immer allzu viel nützt. Wie kritisch man das Verhalten von Wolfowitz und Libby in den späteren Jahren auch bewerten mag, sie haben maßgeblich dazu beigetragen, Europa nach dem Ende des Kalten Krieges zu stabilisieren.

819 Gespräch mit Bill Clinton, 11. November 2013.

820 Albright (2003), S. 252.

821 Gespräch mit Bill Clinton, 11. November 2013.

822 Ronald D. Asmus, Richard I. Kugler und F. Stephen Larabee, »Building a New NATO«, *Foreign Affairs*, Sept./Okt. 1993, S. 28–40.

823 Goldgeier (1999).

824 Gespräch mit Bill Clinton, 11. November 2013.

825 Auch nach zwanzig Jahren hält er dies für »das Dümmste, was wir jemals getan haben« (*Why Putin Doesn't Respect Us*, 5. März 2014), missachtet dabei aber die großen Unterschiede zwischen dem heu-

tigen Polen, der Tschechischen Republik oder Estland auf der einen Seite und Weißrussland oder der Ukraine auf der anderen.

826 Pressekonferenz von Präsident Clinton mit den Führern der Visegrád-Staaten in Prag, 12. Januar 1994, www.presidency.ucsb.edu/ws/index.php?pid=49832«ixzz1tLuVTvbf.

827 Siehe auch Albright (2003).

828 Clinton verwendet dieses Instrument noch immer, neben einem alten Saxophon, das 1861 noch von Alfred Sax höchstpersönlich hergestellt wurde. Gespräch mit Bill Clinton, 11. November 2013.

829 »A Fateful Error«, *New York Times*, 5. Februar 1997.

830 Gespräch mit Bill Clinton, 11. November 2013.

831 Die Lehre, die in den beiden letzten Absätzen zusammengefasst wird, gewinnt noch mehr an Bedeutung vor dem Hintergrund der jüngsten russischen Aggression gegen die Ukraine.

832 Internationaler Karlspreis, Aachen, 9. Mai 1991, in: *Toward a Civil Society* (1995), S. 128.

833 Ebenda.

834 In: *Spisy*, Bd. VII, S. 219–230.

835 Ebenda.

836 Ebenda.

837 Ebenda.

838 »Europa als Auftrag«, Internationaler Karlspreis, Aachen, 15. Mai 1996, in: *Spisy*, Bd. VII, S. 596–608.

839 Rede vor dem französischen Senat, 3. März 1999, in: *Spisy*, Bd. VII, S. 826–839.

840 So z. B. der deutsche Finanzminister Wolfgang Schäuble 2012 bei der Entgegennahme des Karlspreises, den er 22 Jahre nach Havel erhielt. Siehe http://karlspreis.de/preistraeger/2012/rede_von_dr_wolfgang_schaeuble.html.

841 »Europa und die Welt«, Rede vor dem italienischen Senat, 4. April 2002, in: *Spisy*, Bd. VIII, S. 159–167.

842 Ebenda.

843 Neujahrsansprache 1994, in: *Spisy*, Bd. VII, S. 223.

844 Václav Klaus, *The Third Way and Its Fatal Conceits. A speech to the Montpelerin Society*, Vancouver, 30. August 1999, www.klaus.cz.

845 Gespräch mit Václav Klaus, 30. August 2013.

846 Nach der Niederlage seiner früheren Partei ODS in den Parlamentswahlen im Oktober 2013 machte Klaus dafür die Infiltration der Partei durch den »Havelismus« verantwortlich.

847 Gespräch mit Václav Klaus, 30. August 2013.

848 Erklärung von Präsident Václav Klaus zum Tode von Václav Havel, 18. Dezember 2011, www.klaus.cz/clanky/3000.

849 Rede von Präsident Klaus bei der Trauerfeier für Václav Havel, 21. Dezember 2011, www.klaus.cz/clanky/3004.

850 Havel kritisierte, dass Klaus über viele Machenschaften und Betrügereien hinweggesehen habe, nicht, dass er sich persönlich bereichert habe.

851 Juni 2001, VHL, ID15756.

852 Gespräch mit Václav Klaus, 30. August 2013.

853 www.ceskatelevize.cz/porady/10389664200-Václav-Havel-a-dominik-duda-spolecny-vyslech/31129838012/video/.

854 Eine Medikamentenliste, VHL, ID10413.

855 Der Autor, selbst ehemaliger Arzt, konnte Havels gesundheitliche Probleme unmittelbar beobachten und diskutierte darüber allgemein auch mit dessen persönlichem Physiotherapeuten.

856 Die Philadelphia-Freiheitsmedaille, 4. Juli 1994. *The Art of the Impossible* (1997), S. 165–172. Der Entwurf dieser Rede führte zu einem heftigen Streit zwischen Havel und dem Autor dieses Buches, der damals Botschafter in Washington war. Havel nahm ein paar kosmetische Änderungen vor, hielt jedoch im Großen und Ganzen am ursprünglichen Konzept fest.

857 Paul Berman, »The Poet of Democracy and His Burdens«, *The New York Times Magazine*, 11. Mai 1997, S. 32–59.

858 Gespräch mit Dagmar Havlová, 11. Juli 2012.

859 Ebenda.

860 Ebenda.

861 »Die Anti-Charta 25 Jahre später«, *Lidové noviny*, 24. Januar 2002, S. 18. Dáša kann sich nicht erinnern, ein solches Dokument unterzeichnet zu haben.

862 Bereits in den ersten beiden Havel-Administrationen gab es eine Fülle nichtexistenter vogelnamiger Charaktere wie einen »Professor Nachtigall«, einen »Botschafter Lerche« und einen »Herrn Sperling« im Terminkalender des Präsidenten.

863 »Wir lieben einander und wir werden heiraten«, ČTK, 6. Januar 1997.

864 Das Haus wurde 2005 wieder verkauft.

865 *Die Gespräche in Lány*, 5. Januar 1997, VHL, ID2074.

866 Gespräch mit Dagmar Havlová, 11. Juli 2012.

867 Svora (1998).

868 Aufzeichnungen aus dem Krankenhaus nach der Operation, Mitte Dezember 1996, VHL, ID9531.

869 Wendy Luers behauptet, gestützt auf ihre Gespräche mit Paul A. Marks (Dr. Ginsberg starb 2003), Ginsberg habe eine zweite Operation durchgeführt und zwei weitere Krebsknoten entfernt. Der

Autor konnte dafür keine unabhängige Bestätigung finden. Gespräch mit Bill und Wendy Luers, 13. April 2013.

870 *Fassen Sie sich bitte kurz*, S. 371.

871 Gespräch mit Dagmar Havlová, 11. Juli 2012.

872 Ebenda.

873 Ebenda.

874 Neujahrsansprache 1997, in: *Spisy*, Bd. VII, S. 663 ff.

875 Zu den bis heute ungeklärten Aspekten der Geschichte von Havels Erkrankung und seiner nachfolgenden Heirat gehört die Frage, wer aus Havels engstem Mitarbeiterstab während der Krise Informationen privatester Art an die Medien weitergab. In Verdacht geriet, wie stets in solchen Fällen, Havels Sprecher Ladislav Špaček, der jedoch seine Unschuld beteuert und die Sicherheitsbeamten des Präsidenten als wahrscheinliche Quellen des Lecks betrachtet (Gespräch mit Ladislav Špaček, 31. Mai 2013).

876 Anweisungen an die Burg, undatiert, Februar 1997, Archiv von Ladislav Špaček, VHL, ID5650.

877 Notizen und Anweisungen an die Burg, 13. April 1997, Archiv von Ladislav Špaček, VHL, ID5649.

878 Ebenda.

879 Ebenda.

880 Ebenda.

881 Erklärung des Präsidenten zu seiner Kandidatur bei der Präsidentschaftswahl, 12. Juli 1997, VHL, ID5561.

882 Bemerkungen zur Regierungskoalition, z. B. 22. Mai 1997, Archiv von Ladislav Špaček, VHL, ID5722. Der Autor räumt ein, dass er der Vorsitzende einer dieser Koalitionsparteien war.

883 Gespräch mit Václav Klaus, 30. August 2013.

884 Rede vor dem Abgeordnetenhaus und dem Senat des tschechischen Parlaments, 9. Dezember 1997, in: *Spisy*, Bd. VII, S. 733–744.

885 Ebenda.

886 Gespräch mit Petr Pithart, 28. August 2012.

887 Havel siegte mit einer Stimme Mehrheit in der Abstimmung des Abgeordnetenhauses, hätte jedoch in einem möglichen dritten Wahlgang, an dem beide Parlamentskammern beteiligt gewesen wären, mit fünf Stimmen Vorsprung gewonnen.

888 Erste gemeinsame Sitzung der beiden Kammern des Parlaments der Tschechischen Republik zur Wahl des Präsidenten der Republik, 20. Januar 1998.

889 Anweisungen an die Burg, 3. März 1998, Archiv von Ladislav Špaček, VHL, ID5651.

890 Ebenda.

891 Anweisungen an die Burg (Liebe Kollegen), 6. Juni 1998, Archiv von Jaroslava Dutková, VHL, ID5772.

892 Rakušanová (1997).

893 Mitteilung an Ladislav Špaček, 29. September 1998, Archiv von Ladislav Špaček, VHL, ID9483.

894 Benda, der ein halbes Jahr später starb, wurde manchmal – durchaus nicht unberechtigt – als Vater des »Oppositionsvertrags« bezeichnet.

895 Die Zeitung *MF DNES* druckte eine Reihe faksimilierter Dokumente aus den StB-Akten, aus denen hervorging, dass Zilk zwischen 1965 und 1968 unter dem Decknamen »HOLEC« als Mitarbeiter des StB geführt wurde und für seine Dienste eine beträchtliche Geldsumme sowie diverse Geschenke erhielt.

896 Brief an Madeleine Albright, 7. Dezember 1998, Nationalarchiv, Prag, VHL, ID15910.

897 Winston Churchill, *Sinews of Peace*, Rede am Westminster College, Fulton, Missouri, 5. März 1946.

898 Ebenda.

899 Erklärung zur Lage im Kosovo, Prag, 28. Januar 1999, VHL, ID1106.

900 Erklärung zur Lage im Kosovo, Prag, 25. März 1999, VHL, ID1113.

901 Erklärung des Präsidenten der Republik Václav Havel zur Militärintervention der NATO in Jugoslawien, Prag, 24. März 1999, VHL, ID1112.

902 Anweisungen an die Burg, 11. April 1999, VHL, ID5656.

903 »Attempts to Escape the Logic of Capitalism«, *London Review of Books*, Jg. 21, Nr. 21, 28. Oktober 1999, S. 3–6.

904 »On Václav Havel Speech«, in: Alexander Cockburn, *The Golden Age Is In Us*, Verso 1995, S. 149 ff.

905 »Bush's Useful Idiots«, *London Review of Books*, Jg. 28, Nr. 18, 21. September 2006, S. 3 ff.

906 »Er erwägt einen Rücktritt«, Tagebuch von Jaroslava Dutková, Privatsekretärin von Václav Havel, 9. September 1999. Archiv von Jaroslava Dutková, VHL, ID10306.

907 Anweisungen an die Burg (Liebe Burg), 23. September 1999, Archiv von Ladislav Špaček, VHL, ID5713. Es ist vielleicht symptomatisch, dass es zu diesem Zeitpunkt dem Land unter der sozialdemokratischen Regierung von Miloš Zeman relativ gut ging, anders als unter Klaus, der nun den repräsentativen Posten des Sprechers des Abgeordnetenhauses bekleidete. Das Haus, das Havel und seine Frau schließlich erwarben, lag nicht in Spanien, sondern in Portugal.

908 Tagebuch von Jaroslava Dutková, 29. März 2000, Archiv von Jaroslava Dutková, VHL, ID10318.

909 Brief von Jiři Stránský an Václav Havel, 27. Februar 2000, VHL, ID6823.
910 Demoskopische Erhebung durch Sofres-Factum, Tschechische Nachrichtenagentur, 9. Mai 2000.
911 Tagebuch von Jaroslava Dutková, 23. November 2000, Archiv von Jaroslava Dutková, VHL, ID10324. Dieser Vorfall wurde auch von Ivo Mathé, Havels damaligem Leiter der Präsidialkanzlei, in einem Gespräch mit dem Autor bestätigt, 31. August 2013, sowie von Dáša Havlová, »Ich musste Anstoß nehmen an Zemans Angriff auf meinen Ehemann«, ČTK, 1. Dezember 2000.
912 Tagebuch von Jaroslava Dutková, 25. Juli 2000, Archiv von Jaroslava Dutková, VHL, ID10320.
913 Der Autor sitzt in der Programmkommission des Forum 2000.
914 Als Aung San Suu Kyi schließlich 2013 persönlich das Forum besuchen konnte, lebte Havel nicht mehr.
915 Prag 1999. Ein achter Band von Texten, die zwischen 1999 und 2006 entstanden, wurde vom selben Verlag 2007 herausgebracht.
916 »Havel plant, ein Buch zu schreiben«, *Lidové noviny*, 20. August 2001.
917 Anweisungen an die Burg, 15. Mai 2001, Archiv von Ladislav Špaček, VHL, ID5664.
918 Aufzeichnungen über die Begegnung im Oval Office, 15. September 2002, Archiv von Ladislav Špaček, VHL, ID5721.
919 Ebenda.
920 Ebenda.
921 Eröffnungsrede bei der Konferenz »Die Transformation der NATO«, Prag, Sovoy mlýny, 20. November 2002.
922 Anweisungen an die Burg, 26. September 2002, Archiv von Ladislav Špaček, VHL, ID5679.
923 Laut David Remnick, in: »Exit Havel. The King leaves the Castle«, *The New Yorker*, 17. Februar 2003 sagte Cheney: »Ich habe nichts verstanden. Ich komme aus Chicago«, aber das muss ein Gerücht sein.
924 Abschiedsrede an die Bürger Tschechiens von Václav Havel, Präsident der Republik, Tschechisches Fernsehen, Tschechischer Rundfunk, 2. Februar 2003, www.Václavhavel.cz/index.php?sec=3&id=1&setln=2.
925 Gesetz über die Versorgung des Präsidenten der Republik nach dem Ende seines Mandats, 21. Januar 2004, Nr. 48/2004.
926 Interview mit *Lidové noviny*, 15. November 2003.
927 Rede von Václav Havel anlässlich der Enthüllung eines Denkmals für Franz Kafka, 4. Dezember 2003, VHL, ID3793.

928 Ihre Leitung und ihre Mitarbeiter haben durch ihre Kooperationsbereitschaft, ihren Rat und ihre Hilfe auch maßgeblich dazu beigetragen, dass ich die Arbeit an diesem Buch bewältigen konnte.
929 Abschiedsrede an die Bürger Tschechiens, 2. Februar 2003.
930 Havel hatte die Angewohnheit, seine Hunde nach Politikern zu benennen. Den schäferhundähnlichen Mischling, den er Ende der siebziger und Anfang der achtziger Jahre hatte, nannte er Golda nach der israelischen Ministerpräsidentin Golda Meir, der gelegentlich beißende Schnauzer, den er in der zweiten Hälfte der achtziger und Anfang der neunziger Jahre besaß, hieß Ďjula nach dem ungarischen Außenminister Gyula Horn, und Madlenka … nun, nach wem wurde sie wohl benannt?
931 Die tschechische Originalausgabe (2006) trägt den Titel *Prosím, stručně* (Kurz, bitte).
932 *Fassen Sie sich bitte kurz*, S. 9.
933 Ebenda, S. 34.
934 Ebenda, S. 174.
935 Ebenda, S. 203.
936 Ebenda, S. 25.
937 Ebenda, S. 161.
938 Ebenda, S. 387.
939 Ebenda, S. 387 f.
940 Entwürfe und Notizen zu *Abgang*, VHL, ID6551.
941 Gespräch mit Dagmar Havlová, 11. Juli 2012.
942 »Aber was sagt das Gesetz in meinem Fall? Was gehört mir und was dem Staat«, Anweisungen an die Burg, 20. Mai 2001, VHL, ID5663.
943 *Abgang*, 1. Akt.
944 Ebenda, 5. Akt.
945 Diese vier Absätze sind ein bearbeiteter Auszug aus dem Aufsatz des Autors »Tanned and Rested. Václav Havel Marks His Return with ›Leaving‹«, *World Affairs Journal*, Januar/Februar 2011.
946 Kamil Filla, 16. März 2011, www.aktualne.cz.
947 »Jandák drischt brutal auf Havels Regiedebüt ein«, 16. März 2011, www.parlamentnilisty.cz.
948 »Hájek macht sich lustig über Havels Film«, 18. März 2011, www.parlamentnilisty.cz.
949 Gespräch mit Martin Vidlák, Prag, 28. Februar 2013.
950 Gespräch mit Jacques Rupnik, Prag, 17. September 2013.
951 Gespräch mit Seiner Heiligkeit dem Dalai Lama, London, 18. Juni 2012.
952 Eliška Bártová, Interview mit Veritas Holiková, 22. Dezember 2013.

PERSONENREGISTER

Bildnachweis

ARGO (Prag): Karel Cudlín: 28; Erich Einhorn: 4; Familienarchiv Havel: 1–3, 5; Jan Kašpar: 10, 13, 16; Jaroslav Kukal: 15; Alan Pajer: 24, 27, 29; Oldřich Škácha: 6, 7, 21
ČTK Fotobanka: 14, 18, 19, Jiří Bednář: 8; Michal Doležal: 22; René Fluger: 32; Martin Gust: 23; Michal Kamaryt: 31; Ivan Prokop: 17; Judita Thomová-Mauerová: 25
Němec, Ondřej: 9, 11
picture alliance / ASSOCIATED PRESS / Dusan Vranic: 20
Šilhavý, Ivo: 30
ullstein bild – BPA: 26
Vaclav Havel Library (vaclavhavel-library.org): 12